贵州统计年鉴 2017

GUIZHOU STATISTICAL YEARBOOK

中国统计出版社
China Statistics Press

贵州省统计局 国家统计局贵州调查总队 编
Compiled by Guizhou Provincial Bureau of Statistics NBS Survey Office in Guizhou

贵州统计年鉴 2017

GUIZHOU STATISTICAL YEARBOOK

中国统计出版社
China Statistics Press

图书在版编目(CIP)数据

贵州统计年鉴. 2017 : 汉英对照 / 贵州省统计局, 国家统计局贵州调查总队编. -- 北京 : 中国统计出版社, 2017.8

ISBN 978-7-5037-8258-9

Ⅰ. ①贵… Ⅱ. ①贵… ②国… Ⅲ. ①统计资料-贵州-2017-年鉴-汉、英 Ⅳ. ①C832.73-54

中国版本图书馆 CIP 数据核字(2017)第 184167 号

贵州统计年鉴-2017

作　　者/ 贵州省统计局 国家统计局贵州调查总队
英文翻译/ 贵州财经大学贵州统计应用研究院
责任编辑/ 佘竞雄
出版发行/ 中国统计出版社
地　　址/ 北京市丰台区西三环南路甲 6 号　邮政编码/100073
电　　话/ 邮购(010)63376909　书店(010)68783171
网　　址/ http://www.zgtjcbs.com
印　　刷/ 贵州新华印务有限责任公司
经　　销/ 新华书店
开　　本/ 890mm×1240mm　1/16
字　　数/ 1800 千字
印　　张/ 36.5
版　　别/ 2017 年 10 月第 1 版
版　　次/ 2017 年 10 月第 1 次印刷
定　　价/ 330.00 元

本书附同版本 CD-ROM 一张，光盘内容以书面文字为准。
如有印装差错，由本社发行部调换。

编 者 说 明

一、《贵州统计年鉴-2017》系统收录了2016年贵州省国民经济和社会发展等各方面统计数据，改革开放以来特别是2012年以来的主要统计数据，全省各市（州）、县（市、区、特区）和全国及各省（区、市）主要统计数据，是反映贵州省情的重要工具书之一。

二、本年鉴包括26个部分：综合，国民经济核算，人口，就业人员和职工工资，固定资产投资，对外经济贸易，能源，财政税收，价格指数，人民生活，城市概况，资源和环境，农业，工业，建筑业，运输和邮电，批发、零售、住宿和餐饮业，旅游业，金融业，教育，科学技术，文化、体育和卫生，社会服务及其他，民族自治地方、市（州）县（市、区、特区）资料，全国及各省（区、市）资料。为便于读者了解和使用统计数据，在每部分首页列示简要说明，后面附有主要统计指标解释。

三、本年鉴中，凡由有关部门（单位）提供的数据都在表式注释中说明了数据来源，部分指标统计范围、口径发生变化的在表下均有注释，使用时请读者注意。

四、本年鉴中部分数据合计数或相对数由于计算单位或取舍不同而产生的计算误差，均未作机械调整。

五、本年鉴表中符号使用说明："…"表示数据不足最小计量单位，"空格"表示该统计指标数据不详或无数据，"#"表示上级指标的其中项。

本年鉴在编辑、出版、发行过程中，得到了有关部门（单位）的大力支持和帮助，在此谨致衷心感谢！

Editor´s Notes

I. Guizhou Statistical Yearbook 2017 is an annual statistical publication, which reflects comprehensively the economic and social development of Guizhou Province. It covers data for 2016, key statistical data for the years since Reform and Opening–up especially the year 2012, main statistics of all the cities (autonomous prefectures), counties (cities, districts, special regions) of the province, and province (autonomous regions, municipalities) as well as the whole country. It is a useful reference book to thoroughly know Guizhou.

II. The Yearbook contains 26 chapters: General Survey; National Accounts; Population; Employment and Wages; Investment in Fixed Assets; Foreign Trade and Economic Cooperation; Energy; Government Finance and Taxation; Price Indices; Peoples Living Conditions; General Survey of Cities; Resources and Environment; Agriculture; Industry; Construction; Transport, Postal and Telecommunication Services; Wholesale and Retail Trades; Hotel, Catering Services and Tourism; Financial Intermediation; Education, Science and Technology; Culture, Sports and Public Health; Social Services and Others; Private Economy; Minority Nationality Autonomous Areas; Economically Strong Counties; Anti–poverty and Development; Main Statistics of Prefectures and Counties; Main Statistics of Provinces (autonomous regions, municipalities) and the Whole Country; Historical Statistics. Explanatory Notes on Main Statistical Indicators is attached to the end of each chapter to help the readers to use the statistical data in this book.

III. Notes are taken under the data tables in which the data are provided by relative departments (unit) In part of the statistical divisions or the caliber of the changes in table are all noted. Please pay attention when you use it. IV. Statistical discrepancies on totals and relative figures due to rounding are not adjusted in the yearbook.

V. Notations used in the yearbook: " …" indicates that the figure is not large enough to be measured with the smallest unit in the table; " blank space" indicates that data are unknown or are not available; " #" indicates a major breakdown of the total.

Thanks for enthusiastic of many relational departments and individuals to the editing, publication and distribution of the Yearbook!

《贵州统计年鉴-2017》编辑委员会

季　可（省地税局局长）

阳向东（省工商局局长）

朱新武（省新闻出版广电局局长）

张玉广（省体育局局长）

李建民（省安全监管局局长）

沈　健（省粮食局局长）

宋宇峰（省食品药品监管局局长）

李　建（省扶贫办主任）

张　雄（省国税局副局长）

赵广忠（省气象局局长）

尚凯莺（省通信管理局局长）

张瑞怀（人民银行贵阳中心支行行长）

沈　扬（贵阳海关关长）

陈　晏（贵阳市代市长）

李　刚（六盘水市市长）

魏树旺（遵义市市长）

陈训华（安顺市市长）

陈少荣（铜仁市代市长）

桑维亮（毕节市市长）

杨永英（黔西南州州长）

冯仕文（黔东南州州长）

吴胜华（黔南州州长）

Editorial Board

Zhang Yuguang:	Director of the Provincial Sport Administration
Li Jianmin:	Director of the Provincial Safety Production Supervision and Management
Shen Jian:	Director of the Provincial Grain Administration
Song Yufeng:	Director of Guizhou province food and drug supervision bureau
Li Jian:	Director of the Provincial Anti-poverty Office
Zhang Xiong:	Deputy Director of the Provincial National Taxation Administration
Zhao Guangzhong:	Director of Guizhou Meteorological Bureau
Shang Kaiying:	Director of Guizhou Communication
Zhang Ruihuai:	Director of the People´s Bank of China Guiyang Branch
Shen Yang:	Director of Guiyang Customs of the People´s Republic of China
Chen Yan:	Aeting Deputy Mayor of Guiyang City
Zhou Rong:	Mayor of Liupanshui City
Wei Shuwang:	Mayor of Zunyi City
Chen Xunhua:	Mayor of Anshun City
Chen Shaorong:	Aeting Deputy Mayor of Tongren City
Sang Weiliang:	Mayor of Bijie City
Yang Yongying:	Chief Executive of Qianxinan Autonomous prefectare.
Feng Shiwen:	Chief Executive of Qiandongnan Autonomous prefectare.
Wu Shenghua:	Chief Executive of Qiannan Autonomous prefectare.

《贵州统计年鉴-2017》编辑人员

主　　　编：张　平　程军虎

副　主　编：肖云慧　王文忠　董安娜　彭　龙　冯育毅

唐晓川　廖金昌　刘文华　王　渝

编辑部主任：陈应芳　刘　杰

编辑部副主任：周惠云

分科主编：（按姓氏笔划为序）

弋文军　王　瑛　王朝晖　邓　曼　邓伟庆　刘　旭

刘　晴　李青忆　李贵东　李武星　李鹤群　杨　丽

杨兆顺　肖　瑶　肖成华　吴　江　张小芳　张忠阳

金泽波　周　蓉　胡　刚　徐昌兴　徐　锋　黄　茹

龚　勇　谢小青　廖建伟　谭春明

编辑人员：（按姓氏笔划为序）

万朝晖　王　品　冯　璐　卢　艳　刘　娟　刘彦成

刘维炼　吕　林　孙　珊　张铃铃　李国玉　杨永彦

肖　羽　陈雅婷　林　涛　罗　洪　赵　超　夏仁国

顾　贤　高鹿鹿　黄　威　游涛英　童晓珠　董建巍

英文翻译：白万平　霍　博

校　　　对：罗　韵　吴昌志　秦　怡

Gui Zhou Statistical rearbook-2017 Editorial staff

目　录

CONTENTS

一　综　合
General Survey

二　国民经济核算
National Accounts

三 人 口
Population

四 就业人员和职工工资
Employment and Wages

五 固定资产投资
Investment in Fixed Assets

八 财政税收
Government Finance and Taxation

十二 资源和环境

Resources and Environment

十三 农 业

Agriculture

十四　工 业
Industry

十五 建筑业
Construction

十六 运输和邮电
Transport, Postal and Telecommunication Services

十七 批发、零售、住宿和餐饮业
Wholesale and Retail Trades

二十 教育 Education

二十一 科学技术 Technology

二十二 文化、体育和卫生 Culture, Sports and Public Health

二十三 社会服务及其他
Social Services and Others

二十四 民族自治地方
Minority Nationality Autonomous Areas

二十六 全国及各省(区、市)资料
Main Statistics of Provinces(autonomous regions, municipalities) in the Whole Country

综合

General Survey 1

简 要 说 明

一、主要内容

综合部分包括全省行政区划、法人单位数、国民经济和社会发展综合资料。

二、资料来源

国民经济综合资料是本年鉴之精华，集中反映全省国民经济和社会发展的总量、速度、结构、比例和效益状况及变化。由省统计局国民经济综合统计处编辑整理。

“行政区划”资料由省民政厅汇总整理并提供。

法人单位统计范围为所有法人单位和产业活动单位。

Brief Introduction

一、Main Contents

This chapter consists of four parts: divisions of administrative areas, number of legal entities , summary data on the national economy and social development.

二、Sources of Data

The summary data on the national economy reflect the overall situation of the economic and social development by presenting further processed statistics including growth, structure, ratio and efficiency data derived from other chapters, which edited by Comprehensive Department of Guizhou Provincial Bureau.

Data on divisions of administrative areas in Guizhou Province are prepared and provided by Civil Affairs Bureau

Statistical coverage of legal entities is all legal entities and industrial active entities.

1-1 行政区划(2016)

Divisions of Administrative Areas

单位:个 (unit)

市(州)名称	City (Autonomous Prefecture) Name	地级单位 Units at Prefectural Level	#市 Cities	县级单位 Units at County Level	县 Counties	自治县 Autonomous Counties	县级市 Cities at County Level	市辖区 Districts under the Jurisdiction of City
全省合计	**Total**	**9**	**6**	**88**	**54**	**11**	**7**	**15**
贵阳市	Guiyang	1	1	10	3		1	6
六盘水市	Liupanshui	1	1	4	2			1
遵义市	Zunyi	1	1	14	7	2	2	3
安顺市	Anshun	1	1	6	1	3		2
毕节市	Bijie	1	1	8	6	1		1
铜仁市	Tongren	1	1	10	4	4		2
黔西南布依族苗族自治州	Qianxinan	1		8	7		1	
黔东南苗族侗族自治州	Qiandongnan	1		16	15		1	
黔南布依族苗族自治州	Qiannan	1		12	9	1	2	

注：资料来源于省民政厅(下表同)。

Note:Data in the table are obtained from the department of civil affairs(the same applies to the next table).

1-1 续表 continued

单位：个 (unit)

市(州)名称	City (Autonomous Prefecture) Name	特区 Special District	镇 Town	街道办事处 Street Communities	乡 Township	#民族乡 Ethnic Community Township	城市社区居民委员会 Neighbourhood Committees	村民委员会 Village Committees
全省合计	**Total**	**1**	**832**	**221**	**326**	**193**	**14619**	**3769**
贵阳市	Guiyang		47		30	18	944	577
六盘水市	Liupanshui	1	39	22	26	25	881	223
遵义市	Zunyi		181	50	21	8	1552	474
安顺市	Anshun		48	21	18	10	1047	157
毕节市	Bijie		131	35	97	72	2267	1383
铜仁市	Tongren		95	31	49	38	2564	398
黔西南布依族苗族自治州	Qianxinan		83	26	17	3	1008	203
黔东南苗族侗族自治州	Qiandongnan		129	17	60	15	3170	180
黔南布依族苗族自治州	Qiannan		79	19	8	4	1186	174

1-2　各市(州)、县(市、区、特区)名称(2016)

Name of Each City(Autonomous Prefecture) and County(City,District,Special Region)

市(州)名称 City(Autonomous Prefecture)	县(市、区、特区)名称 County(City,District,Special Region)
贵阳市 Guiyang	南明区　云岩区　花溪区　乌当区　白云区　观山湖区　清镇市　开阳县　息烽县　修文县 Nanming　Yunyan　Huaxi　Wudang　Baiyun　Guanshanhu　Qingzhen　Kaiyang　Xifeng　Xiuwen
六盘水市 Liupanshui	钟山区　六枝特区　盘县　水城县 Zhongshan　Liuzhi　Panxian　Shuicheng
遵义市 Zunyi	红花岗区　汇川区　播州区　赤水市　仁怀市　桐梓县　绥阳县　正安县 Honghuagang　Huichuan　Bozhou　Chishui　Renhuai　Tongzi　Suiyang　Zhengan 凤岗县　湄潭县　余庆县　习水县　道真仡佬族苗族自治县　务川仡佬族苗族自治县 Fenggang　Meitan　Yuqing　Xishui　Daozhen　Wuchuan
安顺市 Anshun	西秀区　平坝区　普定县　关岭布依族苗族自治县　镇宁布依族苗族自治县 Xixiu　Pingba　Puding　Guanling　Zhenning 紫云苗族布依族自治县 Ziyun
毕节市 Bijie	七星关区　大方县　黔西县　金沙县　织金县　纳雍县　赫章县　威宁彝族回族苗族自治县 Qixingguan　Dafang　Qianxi　Jinsha　Zhijin　Nayong　Hezhang　Weining
铜仁市 Tongren	碧江区　万山区　江口县　石阡县　思南县　德江县　沿河土家族自治县　松桃苗族自治县 Bijiang　Wanshan　Jiangkou　Shiqian　Sinan　Dejiang　Yanhe　Songtao 玉屏侗族自治县　印江土家族苗族自治县 Yuping　Yinjiang
黔西南布依族苗族自治州 Qianxinan	兴义市　兴仁县　普安县　晴隆县　安龙县　望谟县　贞丰县　册亨县 Xingyi　Xingren　Puan　Qinglong　Anlong　Wangmo　Zhenfeng　Ceheng
黔东南苗族侗族自治州 Qiandongnan	凯里市　黄平县　施秉县　三穗县　镇远县　岑巩县　天柱县　锦屏县 Kaili　Huangping　Shibing　Sansui　Zhenyuan　Cengong　Tianzhu　Jinping 剑河县　台江县　黎平县　榕江县　从江县　雷山县　麻江县　丹寨县 Jianhe　Taijiang　Liping　Rongjiang　Congjiang　Leishan　Majiang　Danzhai
黔南布依族苗族自治州 Qiannan	都匀市　福泉市　荔波县　贵定县　瓮安县　平塘县　罗甸县　长顺县　龙里县　惠水县 Duyun　Fuquan　Libo　Guiding　Wengan　Pingtang　Luodian　Changshun　Longli　Huishui 独山县　三都水族自治县 Dushan　Sandu

1-3 法人单位数
Number of Legal Entities

单位：个 (unit)

指 标	Item	2012年	2013年	2014年	2015年	2016年
法人单位数	**Number of Legal Entities**	**133420**	**174739**	**209858**	**265382**	**339564**
按三次产业分	**Grouped by Three Strata of Industry**					
第一产业	Primary Industry	9842	26764	30956	44993	69148
第二产业	Secondary Industry	24323	32330	40673	51081	62614
#工业	Industry	21480	28717	35521	43383	50595
第三产业	Tertiary Industry	99255	115645	138229	169308	207802
按经济类型分	**Grouped by Registration Status**					
国有经济	State-owned Economic Units	34105	28242	32066	32139	32301
集体经济	Collective Economic Units	3558	2762	3590	3696	2788
私营经济	Private Economic Units	44773	67985	88523	131101	183593
联营经济	Joint Ownship Units	302	609	668	671	675
股份制经济	Share cooperative Units	1945	1920	2360	2577	2730
外商投资经济	Foreign Investment Units	225	158	218	239	257
港澳台商投资经济	Units with Funds from Hong Kong, Macao and Taiwan	194	168	218	249	276
其他经济	Others	48318	72895	82215	94710	116944
按机构类型分	**Grouped by Type of Institutions**					
企业	Enterprises	76029	118290	147401	199132	247409
事业单位	Institutions	21702	18610	20901	21450	21448
机关	Agencies	7211	6851	7190	7271	7270
社会团体	Social Organization	3785	4643	5546	6190	5703
民办非企业单位	Private non-enterprise unit	2300	2295	2701	3053	3127
农民专业合作社	Farmer professional cooperatives					31986
其他组织机构	Others	22393	24050	26119	28286	22621

注：1.2013年为第三次经济普查数据(下表同)。2.因统计口径调整，按机构类型分组中，2016年农民专业合作社单列。

Note:1.Data in 2013 is provided by the third economy census.2.As a result of the statistical caliber adjustment, the 2016 farmer professional cooperatives are listed separately in grouped by type of institutions.

1-4 按行业分法人单位数

Number of Legal Entities Grouped by sector

单位：个 (unit)

行业门类	Item	2012年	2013年	2014年	2015年	2016年
全省总计	**Total**	**133420**	**174739**	**209858**	**265382**	**339564**
农、林、牧、渔业	Farming、Forestry、Animal Hasbandry 、Fishery	10235	27662	32131	46520	71134
采矿业	Mining	5630	5575	6917	7361	7636
制造业	Manufacturing	14525	21696	26912	33897	40573
电力、燃气及水的生产和供应业	Production and Supply of Electricity, Heat,Gas and Water	1404	1606	1877	2125	2386
建筑业	Construction	2843	3613	4967	7914	12268
批发和零售业	Wholesale and Retail Trades	19844	28354	36267	47826	65613
交通运输、仓储和邮政业	Transport,Storage and Post	1971	2679	3300	4392	5619
住宿和餐饮业	Hotels and Catering services	2144	4060	5043	8149	11495
信息传输、软件和信息技术服务业	Information Transmission,Software and Information Technology	1195	1401	1907	3042	4851
金融业	Financial Intermediation	1159	1378	1761	2163	2417
房地产业	Real Estate	5660	5542	7367	8751	9930
租赁和商务服务业	Leasing and Business Services	6385	9068	12131	17043	23830
科学研究和技术服务业	Scientific Research and Technical Services	3532	4240	4756	5710	6650
水利、环境和公共设施管理业	Management of Water Conservancy、Environment and Public Facilities	1262	1223	1510	1904	2311
居民服务、修理和其他服务业	Services to Households ,Repairs and Other Services	2414	3404	4451	6403	9197
教育	Education	9869	9925	11290	12180	12807
卫生和社会工作	Health and Social Service	3926	4027	4537	4955	5225
文化、体育和娱乐业	Culture, Sports and Entertainment	2896	2854	3476	4617	5829
公共管理、社会保障和社会组织	Public Management 、Social Security and Social Organization	36526	36432	39258	40430	39793

注：行业分类2012年起按《国民经济行业分类》(GB/T4754—2011)45执行。

Note:《classification of national economy industry》(GB/T4754-2011) was used after 2012.

1-5 国民经济和社会发展主要指标

指 标	Item	总 量 指 标			
		1978	2000	2005	2010
人口	**Population**				
年末常住人口(万人)	Total Population at the Year-end (10000 persons)	2686.40	3755.72	3730	3479
#城镇人口	Urban Population	323.97	896.49	1002.25	1176.25
乡村人口	Rural Population	2362.43	2859.23	2727.75	2302.75
#男性人口	Male	1364.82	1968.00	1920.55	1797.43
女性人口	Female	1321.58	1787.72	1809.45	1681.57
年平均人口(万人)	Annual Average Population(10000 persons)	2663.27	3732.89	3717.61	3508
就业	**Employment**				
就业人员(万人)	Year-end Employees (10000 persons)	1053.67	1866.28	1944.29	1770.90
#非私营单位在岗职工人数	Staff and Workers	171.19	193.96	202.02	210.67
城镇登记失业人数（万人)	Urban Registeration Unemployment (10000 persons)		10.23	12.13	12.18
国民经济核算	**National Accounting**				
地区生产总值(亿元)	Gross Domestic Product (100 million yuan)	46.62	1029.92	2005.42	4602.16
第一产业增加值	Value-added of Primary Industry	19.42	271.20	368.94	625.03
第二产业增加值	Value-added of Secondary Industry	18.73	391.20	821.16	1800.06
第三产业增加值	Value-added of Tertiary Industry	8.47	367.52	815.32	2177.07
人均地区生产总值(元)	Per capita GDP(yuan)	175	2759	5394	13119
固定资产投资	**Investment in Fixed Assets**				
全社会固定资产投资(亿元)	Total Investment in Fixed Assets in the Whole Province (100 million yuan)	10.93	402.50	1018.25	3186.28
消费	**Consumption**				
社会消费品零售总额(亿元)	Total Retail Sales of Consumer Goods(100 million yuan)	21.23	355.58	615.75	1531.64
对外贸易	**Foreign Trade**				
进出口总额（亿美元)	Total Value of Imports and Exports(USD 100 million)	0.16	6.60	14.04	31.47
#出口额	Total Exports	0.03	4.21	8.59	19.20
利用外资	**Utilization of Foreign Capital**				
签订合同项目(个)	Projects of Agreements and Contracts(unit)		59	61	42
实际利用外资金额(万美元)	Foreign Capital Actually Absorbed(USD 10000)	※148	19545	19568	34026
财政	**Government Finance**				
财政总收入(亿元)	Total Financial Revenue(100 million yuan)	14.20	153.04	366.16	969.57
#一般公共预算收入(亿元)	General Public Budget Revenue (100 million yuan)	6.26	85.23	182.50	533.73
一般公共财政支出(亿元)	General Public Financial Expenditure (100 million yuan)	12.30	201.57	520.73	1631.48
价格指数(上年=100)	**Price Indices(preceding year=100)**				
居民消费价格总指数	Consumer Price Index	100.3	99.5	101.0	102.9
商品零售价格总指数	Retail Price Index	100.3	97.3	101.3	103.0
农业生产资料价格总指数	General Price Index of Means of Agricultural Production	△102.1	100.6	110.2	101.1
工业生产者出厂价格指数	Ex-Factory Price Index of Industrial Producer		100.4	107.2	104.7
工业生产者购进价格指数	Purchasing Price Index of Industrial Producer		102.9	107.4	109.8

Major Indicators on National Economic and Social Development

Aggregate Indicators			增长速度（%） Indices and Growth Rates (%)							
2011	2015	2016	2016年比以下各年增长 Increase Rate in 2016 over the Following years					平均增长速度 Average Annual Growth Rate		
			1978	2000	2005	2010	2015	1979–2016	2001–2016	2012–2016
3469	3529.50	3555.00	32.3	-5.3	-4.7	2.2	0.7	0.7	-0.3	0.5
1212.76	1482.74	1569.53	384.5	75.1	56.6	33.4	5.9	4.2	3.6	5.3
2256.24	2046.76	1985.47	-16.0	-30.6	-27.2	-13.8	-3.0	-0.5	-2.3	-2.5
1801.21	1820.63	1833.45	34.3	-6.8	-4.5	2.0	0.7	0.8	-0.4	0.4
1667.79	1708.87	1721.55	30.3	-3.7	-4.9	2.4	0.7	0.7	-0.2	0.6
3474	3518.77	3542.25	33.0	-5.1	-4.7	1.0	0.7	0.8	-0.3	0.4
1792.80	1946.65	1983.72	88.3	6.3	2.0	12.0	1.9	1.7	0.4	2.0
225.91	277.62	278.57	62.7	43.6	37.9	32.2	0.3	1.3	2.3	4.3
12.51	14.49	14.78		44.5	21.8	21.3	2.0		2.3	3.4
5725.27	10539.62	11776.73	3838.8	494.0	262.0	99.9	10.5	10.2	11.8	11.6
726.22	1640.61	1846.19	512.9	111.1	76.3	39.9	6.0	4.9	4.8	6.7
2212.55	4175.24	4669.53	6738.6	617.0	299.5	120.3	11.3	11.8	13.1	13.1
2786.50	4723.77	5261.01	8254.4	648.1	315.1	101.3	11.4	12.3	13.4	11.5
16480	29953	33246	2863.1	526.6	280.4	97.8	9.8	9.4	12.2	11.2
5101.55	10945.54	13204.00					20.6			20.5
1751.62	3283.02	3708.99	17370.5	943.1	502.4	142.2	13.0	14.6	15.8	16.2
48.88	122.21	57.00	34550.5	763.6	305.9	81.1	-53.4	16.6	14.4	3.1
29.85	99.49	47.43	166321.1	1027.7	452.0	147.0	-52.3	21.6	16.3	9.7
70	187	207		250.8	239.3	392.9	10.7		8.2	24.2
71674	262747	321631		1545.6	1543.7	845.3	22.4		19.1	35.0
1329.99	2291.82	2409.35	16867.3	1474.3	558.0	148.5	5.1	14.5	18.8	12.6
773.08	1503.38	1561.34	24841.5	1731.9	755.5	192.5	3.9	15.6	19.9	15.1
2249.40	3939.50	4262.36	34553.3	2014.6	718.5	161.3	8.2	16.6	21.0	13.6
105.1	101.8	101.4								
105.5	100.1	100.2								
111.1	103.1	103.0								
105.4	96.1	97.9								
115.0	97.5	98.5								

1-5 续表1

指　　标	Item	总量指标			
		1978	2000	2005	2010
能源生产与消费	**Total Production and Consumption of Energy**				
一次能源生产总量（万吨标准煤）	Total Production of Primary Energy(10000 tons of SCE)	1204.51	3288.83	7957.07	13100.00
能源消费总量(万吨标准煤)	Total Energy Consumption(10000 tons of SCE)	674.50	4278.60	5641.25	8175.43
农业	**Agriculture**				
主要农产品产量(万吨)	Output of Major Farm Products(10000 tons)				
粮　　食	Grain	643.36	1161.30	1152.06	1112.30
油　　料	Oil-bearing Crops	9.89	74.34	84.89	60.34
#油菜籽	Rapeseed	7.34	66.20	76.51	51.62
烤　　烟	Flue-cured Tobacco	8.11	31.09	34.45	37.02
肉类总产量	Meat	12.80	124.06	187.01	179.09
水 产 品	Aquatic Products	0.37	6.24	9.46	8.79
工业	**Industry**				
规模以上工业企业	Industrial Enterprises above Designated Size				
增加值（亿元）	Added Value(100 million yuan)		216.99	585.85	1227.17
#轻工业	Light Industry		82.16	177.19	413.99
重工业	Heavy Industry		134.83	408.66	813.18
主营业务收入(亿元)	Revenue from Principal Business(100 million yuan)		593.80	1577.16	3926.01
利税总额(亿元)	Total Profits(100 million yuan)		87.44	232.49	671.39
主要工业产品产量	Output of Major Industrial Products				
发电量(亿千瓦小时)	Electricity(100 million kwh)	41.43	404.70	786.78	1358.69
原铝(万吨)	Aluminum(10000 tons)	2.32	27.19	41.99	88.79
成品钢材(万吨)	Rolled Steel(10000 tons)	4.95	150.93	214.85	391.04
水泥(万吨)	Cement(10000 tons)	130.93	783.88	1557.97	3694.84
磷矿石(万吨)	Phosphorite(10000 tons)	169.02	588.70	878.79	1579.21
茅台酒(吨)	Mao-Tai Chiew(ton)	1067	5397	8885	12911
卷烟(万箱)	Cigarettes(10000 cases)	31.60	187.40	208.21	239.24
建筑业	**Construction**				
建筑业总产值(亿元)	Gross Output Value of Construction(100 million yuan)	4.40	109.06	271.23	622.96
房屋建筑施工面积(万平方米)	Floor Space of Buildings under Construction(10000 sq.m)	313	1792	3153	5756
房屋建筑竣工面积(万平方米)	Floor Space of Buildings Completed(10000 sq.m)	164	824	1150	1350
交通运输业	**Transportation**				
运输线路长度(公里)	Length of Transportation Routes(km)				
铁路营业里程	Length of Railways	1365	1641	1986	2002
公路线路里程	Length of Highways in Operation	25954	34643	46893	151644
客运量(万人)	Passenger Traffic(10000 persons)	3294	53032	64450	97793
旅客周转量(亿人公里)	Passenger-Kilometers(100 million passenger-km)	25.50	238.36	312.40	514.41
货运量(万吨)	Freight Traffic(10000 tons)	3467	15615	21771	40310
货物周转量(亿吨公里)	Freight Ton-Kilometers(100 million ton-km)	79.60	404.07	646.55	1012.20

continued

Aggregate Indicators			增长速度（%） Indices and Growth Rates (%)							
			2016年比以下各年增长 Increase Rate in 2016 over the Following years					平均增长速度 Average Annual Growth Rate		
2011	2015	2016	1978	2000	2005	2010	2015	1979–2016	2001–2016	2012–2016
12739.97	15061.47	14251.23	1083.2	333.3	79.1	8.8	-5.4	6.7	9.6	2.3
9067.85	9948.48	10226.90	1416.2	139.0	81.3	25.1	2.8	7.4	5.6	2.4
876.90	1180.00	1192.38	85.3	2.7	3.5	7.2	1.0	1.6	0.2	6.3
78.85	101.34	103.43	945.8	39.1	21.8	71.4	2.1	6.4	2.1	5.6
71.81	89.03	90.25	1129.6	36.3	18.0	74.8	1.4	6.8	2.0	4.7
32.50	32.93	27.50	239.1	-11.55	-20.17	-25.72	-16.5	3.3	-0.8	-3.3
179.97	201.94	199.28	1456.9	60.6	6.6	11.3	-1.3	7.5	3.0	2.1
10.88	24.98	28.99	7735.1	364.6	206.4	229.8	16.1	12.2	10.1	21.7
1723.58	3542.03	4032.11		793.1	315.5	114.7	9.9		14.7	12.2
563.48	1374.19	1559.37		732.4	310.7	116.2	10.1		14.2	12.0
1160.10	2167.84	2472.74		808.9	318.7	114.3	9.8		14.8	12.3
5022.11	9876.81	11172.44		1781.5	608.4	184.6	13.1		20.1	17.3
901.37	1460.84	1625.14		1758.6	599.0	142.1	11.2		20.0	12.5
1344.14	1740.92	1839.71	4340.5	354.6	133.8	35.4	5.7	10.5	9.9	6.5
90.36	85.52	86.48	3627.6	218.1	106.0	-2.6	1.1	10.0	7.5	-0.9
462.36	463.04	526.18	10529.9	248.6	144.9	34.6	13.6	13.1	8.1	2.6
5000.19	9909.52	10748.76	8109.5	1271.2	589.9	190.9	8.5	12.3	17.8	16.5
2052.82	4323.10	5256.00	3009.7	792.8	498.1	232.8	21.6	9.5	14.7	20.7
13815	22373	25167	2258.7	366.3	183.3	94.9	12.5	8.7	10.1	12.7
245.23	252.34	232.13	634.6	23.9	11.5	-3.0	-8.0	5.4	1.3	-1.1
824.72	1947.74	2362.95	53603.4	2066.7	771.2	279.3	21.3	18.0	21.2	23.4
6779	16770	19355	6091.4	979.8	513.9	236.3	15.4	11.5	16.0	23.3
1530	3194	4112	2408.2	399.0	257.7	204.6	28.7	8.8	10.6	21.9
2070	2810	3270	139.6	99.3	64.7	63.3	16.4	2.3	4.4	9.6
157820	186407	191626	638.3	453.1	308.6	26.4	2.8	5.4	11.3	4.0
120554	87541	89464								
631.74	658.23	674.86								
44890	84540	89525	2482.2	473.3	311.2	122.1	5.9	8.9	11.5	14.8
1060.69	1379.00	1482.00								

1-5 续表2

指　标	Item	总量指标 1978	2000	2005
邮电通信业	**Post and Telecommunication**			
邮政业务总量（亿元）	Business Volume of Postal Services (100 million yuan)			
邮路总长度(公里)	Number of Postal Routes(km)		63538	64926
函件(万件)	Number of Letters(10000 pcs)	3880	6943	5728
交换机容量(万门)	Capacity of Telephone Exchanges(10000 lines)	8.95	260.46	1369.55
年末固定电话用户(万户)	Number of Fixed Telephones Subscribers at the Year-end (10000 subscribers)	3.80	153.70	466.49
移动电话用户(万户)	Number of Mobile Telephones Subscribers(10000 subscribers)		79.70	509.42
互联网宽带接入端口(万个)	Number of Subscribers of Internet Service(10000 subscribers)			51.21
旅游业	**Tourism**			
旅游总人数(万人次)	Total Number of Visitors(10000 persons)		1980	3099
#入境旅游人数	Number of International Tourists Inbound		18.39	27.62
旅游总收入(亿元)	Total Tourism Income(100 million yuan)		57.95	242.83
#国际旅游外汇收入(万美元)	International Earnings from Tourism (USD 10000)		6092	10141
金融业	**Financial Intermediation**			
全部金融机构人民币各项存款余额(亿元)	Total Savings Deposit Balance(100 million yuan)	18.05	1106.64	2777.54
#个人储蓄存款	Savings Deposit	1.84	539.49	1350.90
全部金融机构人民币各项贷款余额(亿元)	Total Loan Balance (100 million yuan)	21.62	1064.82	2303.93
教育	**Education**			
专任教师数	Full-time Teachers			
普通高等学校(万人)	Regular Institutions of Higher Education (10000 persons)	0.28	0.72	1.44
普通中学(万人)	Regular Secondary Schools (10000 persons)	5.42	8.12	12.27
小学(万人)	Primary Schools(10000 persons)	15.59	17.48	18.37
在校学生数	Students Enrollment			
普通高等学校(万人)	Regular Institutions of Higher Education (10000 persons)	1.33	7.55	20.68
普通中学(万人)	Regular Secondary Schools(10000 persons)	137.17	157.20	254.96
小学(万人)	Primary Schools(10000 persons)	423.60	500.21	473.76
小学学龄儿童入学率(%)	Enrollment Rate of School-age Children (%)	89.5	98.5	98.3
文化	**Culture**			
图书总印数(万册)	Number of Books Printed Copies (10000 copies)	5842	10289	9993
杂志总印数(万册)	Number of Magazines Printed Copies(10000 copies)	69	994	1349
报纸总印数(万份)	Number of Newspapers Printed Copies(10000 copies)	11930	28799	35172
家庭	**Household**			
城镇居民平均每户常住家庭人口(人)	Average Persons Per Urban Household(person)	5.41	3.11	3.06
农村居民平均每户常住人口(人)	Average Persons Per Rural Household(person)	5.80	4.52	4.40
婚姻	**Marital**			
准予登记结婚(万对)	Marriage Registration Permitted(10000 households)	△7.02	28.02	21.13
离婚人数(万人)	Divorce(10000 persons)	△0.38	1.54	8.21
居住	**Residence**			
城镇人均住宅建筑面积(平方米)	Per Capita Building Space in Urban Areas(sq.m)	5.45	17.60	26.40
农村居民人均年末使用房屋面积(平方米)	Per Capita Living Space in Rural Areas(sq.m)		19.75	23.50
收入	**Income**			
城镇常住居民人均可支配收入(元)	Per Capita Annual Disposable Income of Urban Households (yuan)	261	5121	8147
农村常住居民人均可支配收入(元)	Per Capita Annual Net Income of Rural Residents(yuan)	109	1374	1877

continued

Aggregate Indicators				增长速度 (%) Indices and Growth Rates (%)							
				2016年比以下各年增长 Increase Rate in 2016 over the Following years					平均增长速度 Average Annual Growth Rate		
2010	2011	2015	2016	1978	2000	2005	2010	2015	1979–2016	2001–2016	2012–2016
15.50		33.77	42.69				175.4	26.4			
96174	99155	187688	185922		192.6	186.4	93.3	-0.9		6.9	13.4
5939	5041	3795	4321	11.4	-37.8	-24.6	-27.2	13.9	0.3	-2.9	-3.0
3673.01	5423.48	5545.40	5280.50	58900.0	1927.4	285.6	43.8	-4.8	18.3	20.7	-0.5
432.61	403.96	312.50	258.69	6707.6	68.3	-44.5	-40.2	-17.2	11.7	3.3	-8.5
1964.40	2175.22	3172.30	3262.43		3993.4	540.4	66.1	2.8		26.1	8.4
231.69	437.87	916.68	1094.98			2038.2	372.6	19.5			20.1
12913.02	17019.36	37630.01	53148.42		2584.3	1615.0	311.6	41.2		22.8	25.6
50.01	58.51	94.09	110.19		499.2	299.0	120.3	17.1		11.8	13.5
1061.23	1429.48	3512.82	5027.54		8575.7	1970.4	373.7	43.1		32.2	28.6
12958	13507	20111.94	25270.74		314.8	149.2	95.0	25.7		9.3	13.3
7363.92	8742.79	19438.64	23770.93	131594.9	2048.0	755.8	222.8	22.3	20.8	21.1	22.1
3244.99	3934.48	6861.43	7795.01	423541.8	1344.9	477.0	140.2	13.6	24.6	18.2	14.7
5747.53	6841.92	15051.94	17857.80	82498.5	1577.1	675.1	210.7	18.6	19.3	19.3	21.2
2.04	2.19	3.05	3.31	1102.3	357.2	130.6	62.6	8.5	6.8	10.0	8.7
14.31	14.74	17.99	18.81	246.9	131.8	53.3	31.4	4.6	3.3	5.4	5.0
19.79	19.71	19.35	19.71	26.4	12.7	7.3	-0.4	1.9	0.6	0.8	0.0
32.33	34.41	50.09	57.39	4215.0	660.1	177.6	77.5	14.6	10.4	13.5	10.8
276.75	282.71	295.86	288.51	110.3	83.5	13.2	4.2	-2.5	2.0	3.9	0.4
433.50	408.74	346.31	353.37	-16.6	-29.4	-25.4	-18.5	2.0	-0.5	-2.1	-2.9
97.9	98.6	99.5	99.6	11.3	1.2	1.3	1.7	0.1	0.3	0.1	0.2
8069	8492	9636	8823	51.0	-14.2	-11.7	9.3	-8.4	1.1	-1.0	0.8
1300	1413	1756	1713	2382.6	72.3	27.0	31.8	-2.4	8.8	3.5	3.9
37004	44931	33375	30351	154.4	5.4	-13.7	-18.0	-9.1	2.5	0.3	-7.5
3.03	2.98	3.05	3.08	-43.1	-1.0	0.7	1.7	1.0	-1.5	-0.1	0.7
4.34	4.32	3.53	3.59	-38.1	-20.6	-18.4	-17.3	1.7	-1.3	-1.4	-3.6
37.51	37.34	49.26	45.32		61.7	114.5	20.8	-8.0		3.0	3.9
12.79	14.44	21.68	24.20		1469.0	194.8	89.2	11.6		18.8	10.9
27.42	27.83	36.37	37.17	582.0	111.2	40.8	35.6	2.2	5.2	4.8	6.0
27.26	29.63	32.33	34.16		73.0	45.4	25.3	5.7		3.5	2.9
14143	16495	24580	26743	1328.9	258.1	140.7	61.8	7.2	7.3	8.3	7.9
3472	4145	7387	8090	1057.8	272.6	195.1	88.6	8.3	6.7	8.6	10.6

1-5 续表3

指 标	Item	总量指标 1978	2000	2005	2010
社会保险	**Social Insurance**				
社会保险基金收入(亿元)	Revenue of Social Insurance Fund (100 million yuan)		22.87	57.34	201.56
社会保险基金支出(亿元)	Expenses of Social Insurance Fund (100 million yuan)		23.41	53.78	151.41
参加城镇职工基本养老保险人数(万人)	Number of Urban Employees Basic Pension Insurance (10000 persons)		165.42	183.67	257.31
参加失业保险人数(万人)	Number of Unemployment Insurance (10000 persons)		131.33	129.30	152.48
卫生	**Health Care**				
医院、卫生院(个)	Number of Hospitals and Health Centers(unit)	4510	1878	1843	2005
执业(助理)医师(万人)	Number of Licensed (Assistant) Doctors (10000 persons)	2.12	4.57	3.55	4.22
医院、卫生院床位数(万张)	Number of Beds(10000 beds)	3.75	5.51	5.84	9.75
城市市政建设	**Municipal Construction**				
供水总量(万立方米)	Volume of Tap Water Supply(10000 cu.m)	5389	45693	63705	63572
城市排水管道长度(公里)	Length of Sewer Pipelines(km)	214	1665	4313	5507
出租汽车(辆)	Taxi(unit)	☆33	7352	12386	15087
年末公共交通运营车辆数(辆)	Number of Public Vehicles under Operation at Year-end (Buses and Trolley Buses, etc.)(unit)	●326	●4144	5814	4984
年末实有道路长度(公里)	Length of Paved Roads at Year-end(km)	184	1679	3518	4081
城市园林绿地面积(公顷)	Area of Parks and Green Land (hectare)	1037	9939	31161	45500
环境	**Environment**				
环保资金投入(亿元)	Environment Protection Investment(100 million yuan)	☆0.17	10.98	33.26	89.52
环境污染事故(起)	Accident of Environment Pollution(unit)			28	4
火灾、交通事故	**Basic Statistics on Fires and Traffic Accidents**				
火灾发生数(起)	Number of Fires(case)	2501	1608	2299	1630
直接财产损失(万元)	Direct Property Loss(10000 yuan)	1734.21	2814.70	1078.50	4416.80

注：1.年末常住人口及分项指标1978、2000年为常住一年口径。2.规模以上工业统计口径2000—2010年为年主营业务收入500万元及以上的工业企业，2011年起为年主营业务收入2000万元及以上工业企业(以下相关表同)。茅台酒产量从2005年起按包装量统计。3.全社会固定资产投资统计口径2010年为计划总投资50万元及以上固定资产项目投资、房地产开发投资及农村农户投资，2011年起为计划总投资500万元及以上固定资产项目投资、房地产开发投资及农村农户投资(以下相关表同)。4.由于交通运输部对公路、水运运输量统计方案进行调整，2013年相关数据统计口径发生变化，相同指标数据与以往年份不可比(下表同)。5.本表速度指标中，地区生产总值、工业增加值和城乡居民收入及分项指标均按可比价格计算。6.工业生产者出厂价格指数2010年及以前为全部工业品出厂价格指数，工业生产者购进价格指数2010年及以前为全部原材料、燃料、动力价格指数，统计口径不变。7.储蓄存款2010年及以前为城乡居民储蓄存款(以下相关表同)。8.农村常住居民人均可支配收入2013年及以前为农民人均纯收入。9."△"为1979年数据；"☆"为1981年数据；"●"为"标台"。

continued

Aggregate Indicators			增长速度(%) Indices and Growth Rates (%)							
			2016年比以下各年增长 Increase Rate in 2016 over the Following years					平均增长速度 Average Annual		
2011	2015	2016	1978	2000	2005	2010	2015	1979–2016	2001–2016	2012–2016
256.94	463.97	582.84		2448.9	916.5	189.2	25.6		22.4	17.8
181.74	362.85	487.49		1982.1	806.5	222.0	34.4		20.9	21.8
282.06	392.09	423.58		156.1	130.6	64.6	8.0		6.1	8.5
314.06	205.31	218.10		66.1	68.7	43.0	6.2		3.2	-7.0
2071	2631	2661	-41.0	41.7	44.4	32.7	1.1	-1.4	2.2	5.1
4.40	6.34	6.90	225.0	51.1	94.3	63.7	8.8	3.2	2.6	9.4
10.80	18.73	19.99	432.6	262.5	242.3	105.0	6.7	4.5	8.4	13.1
67766	85454	92090	1608.9	101.5	44.6	44.9	7.8	7.8	4.5	6.3
5976.84	9529	9761	4461.2	486.2	126.3	77.2	2.4	10.6	11.7	10.3
17196	25697	28713		290.5	131.8	90.3	11.7		8.9	10.8
5364	7889	8565			47.3	71.8	8.6			9.8
4487.28	7014	8021	4259.2	377.7	128.0	96.5	14.4	10.4	10.3	12.3
48024	73980	78631	7482.5	691.1	152.3	72.8	6.3	12.1	13.8	10.4
106.70	161.16	177.18		1513.7	432.7	97.9	9.9		19.0	10.7
7	9	12			-57.1	200.0	33.3			11.4
1170	3483	4008	60.3	149.3	74.3	145.9	15.1	1.2	5.9	27.9
6625.40	6538.00	8416.00	385.3	199.0	680.3	90.5	28.7	4.2	7.1	4.9

Note:1.As to permanent population at the year-end and subitems in this table,the year 1978 and 2000 refer to permanent population in one year scope. 2.The scale above ind ustrial enterprises statistics was the industrial of main business income of 5 million yuan and above in 2000 to 2010. And from 2011, it is the industrial of main business income of 20 million yuan and above(The relative tables in this chapter are the same). 3.In 2010, data in the table referred to those projects that planned to invest 500,000 yuan at least in investment in fixed assets, real estate development and rural household investment. From 2011,the statistical coverage has referred to those projects that planned to invest 5000,000 yuan at least in investment in fixed assets, real estate development and rural household investment(The relative tables in the chapter are the same). 4.Because the statistics schemes of highway, waterway transport volume are adjusted by the Ministry of Transport of the People's Republic of China, the correlation data statistics caliber changes for 2013, the same indicators can not compare with previous years (the same applies to the next table). 5.As to growth rates in the table,GDP,value-added of industry, per capita annual disposable income of urban households and per capita annual net income of rural residents and their sub items were calculated at constant price. The average annual growth rate of total inve stment in fixed assets in the whole province and its sub items were calculated by accumulation method. 6.The year 2010 and before, Ex-Factory price index of industrial product refere to the ex-factory price index of the whole industrial products and purchasing price index of industrial producer refer to the price index of the whole raw materials, fuels and power. The statistics caliber isn't changed. 7.The year 2010 and before,savings deposit refer to resident savings deposit of urban and rural(The relative tables in this chapter are the same). 8.Ruralpermanent residents's disposable income in 2013 and before was per capita net income of farms. 9.Data with "△" refer to the year 1979, with "☆" refer to the year 1981, with "※" refer to the year 1985, and with "●" refer to standard unit.

1-6 国民经济和社会发展主要指标结构

Composition Indicators on National Economic and Social Development

单位：% (%)

指　标	Item	2012	2013	2014	2015	2016
人口	**Population**					
城镇、乡村	Grouped by Urban and Rural Area					
城　镇	Urban Population	36.4	37.8	40.0	42.0	44.1
乡　村	Rural Population	63.6	62.2	60.0	58.0	55.9
性别	Grouped by Sex					
男性	Male	52.2	52.0	51.8	51.6	51.6
女性	Female	47.8	48.0	48.2	48.4	48.4
就业人员	**Employment**					
第一产业	Primary Industry	65.1	63.3	61.3	59.7	57.3
第二产业	Secondary Industry	13.0	14.2	15.3	16.2	17.2
第三产业	Tertiary Industry	21.8	22.5	23.4	24.1	25.5
国民经济核算	**National Accounting**					
地区生产总值	GDP					
第一产业增加值	Value-added of Primary Industry	13.0	12.3	13.8	15.6	15.7
第二产业增加值	Value-added of Secondary Industry	39.2	40.6	41.7	39.6	39.7
第三产业增加值	Value-added of Tertiary Industry	47.8	47.1	44.5	44.8	44.6
投资	**Investment in Fixed Assets**					
全社会固定资产投资	Structure of Total Investment in Fixed Assets in the Whole Province					
#中央	Central	6.8	6.7	6.7	5.5	3.0
地方	Local	93.2	93.3	93.2	94.5	97.0
#国有经济	State-owned Economic Unit	44.3	44.5	46.2	49.5	46.9
非国有经济	Non-State-owned Economic Unit	55.7	55.5	53.8	50.5	53.1
资金来源结构	Grouped by Source of Funds					
国家预算内资金	State Budgetary Appropriation	8.6	6.8	6.5	7.8	8.7
国内贷款	Domestic Loans	15.3	11.9	11.9	13.2	16.4
利用外资	Foreign Investment	0.2	0.2	0.3	0.1	0.3
自筹资金	Self-raising Funds	52.5	55.8	57.3	55.9	59.3
其他资金	Others	23.4	25.4	24.1	23.0	15.4
对外贸易	**Foreign Trade**					
出　口	Total Exports	74.7	83.1	87.2	81.4	83.2
进　口	Total Imports	25.3	16.9	12.8	18.6	16.8
财政	**Government Finance and Tax**					
一般公共预算收入	General Public Budget Revenue					
省　级	Provincial Level	17.7	17.5	18.3	18.3	18.9
市　级	Prefectural Level	20.2	20.6	20.9	20.5	19.5
县　级	County level	51.2	52.2	50.1	51.4	50.8
乡　级	Township Level	10.9	9.8	10.7	9.8	10.8

1-6 续表1 continued

单位：% (%)

指 标	Item	2012	2013	2014	2015	2016
能源	**Energy**					
一次能源生产总量	Structure of Total Energy Production					
原 煤	Coal	88.8	89.4	85.5	82.1	82.5
水 电	Hydro-power	11.2	10.6	14.4	17.7	17.0
能源终端消费总量	Structure of Total Energy Consumption					
#原 煤	Coal	48.0	38.2	37.9	42.6	39.8
天然气	Natural Gas	0.7	1.3	1.3	1.6	1.7
电 力	Electricity	33.1	37.4	37.1	35.4	37.2
农业	**Agriculture**					
农林牧渔业增加值	Structure of Value-added of FFAFS					
农 业	Farming	62.9	62.6	64.7	64.0	61.2
林 业	Forestry	4.2	4.6	5.2	5.4	6.9
畜牧业	Animal Husbandry	27.5	27.2	25.2	24.3	24.7
渔 业	Fishery	2.0	2.3	2.2	2.1	2.2
农林牧渔服务业	FFAF Services	3.4	3.2	2.7	4.2	5.0
工业	**Industry**					
规模以上工业增加值	In the Industrial Enterprises above Designated Size					
#轻工业	Light Industry	37.6	38.3	38.0	38.8	38.7
重工业	Heavy Industry	62.4	61.7	62.0	61.2	61.3
#大型企业	Large Industry	44.0	43.8	38.7	33.8	29.5
中型企业	Medium-sized Industry	26.2	29.9	29.3	25.3	23.0
小型企业	Small Industry	29.2	26.0	31.5	40.3	44.5
建筑业	**Construction**					
建筑业总产值	Structure of Gross Output Value of Construction					
国有及国有控股	State-owned	82.7	80.8	77.1	76.9	65.9
非国有经济	Non-state-owned	17.3	19.2	22.9	23.1	34.1
交通运输业	**Transportation**					
货运量	Structure of Freight Traffic					
铁 路	Railways	12.6	8.9	7.4	6.8	6.3
公 路	Highways	85.3	89.5	91.0	91.5	91.9
水 运	Waterways	2.1	1.6	1.6	1.7	1.8
客运量	Structure of Passenger Traffic					
铁 路	Railways	2.7	5.2	5.1	5.6	5.8
公 路	Highways	95.6	92.7	92.7	92.1	91.9
水 运	Waterways	1.7	2.1	2.2	2.3	2.3
旅游业	**Tourism**					
来黔涉外旅游人数	Structure of Tourists Visiting Guizhou					
外 国 人	Foreigners	43.1	41.1	42.0	42.3	47.1
港澳同胞	Compatriots from Hong Kong and Macao	29.6	29.5	28.7	28.8	26.4
台湾同胞	Compatriots from Taiwan	27.3	29.3	29.3	28.9	26.5
金融业	**Financial Intermediation**					
金融机构人民币各项存款余额	Structure of Total Savings Deposit Balance					
#财政存款	Treasury Deposit	3.9	3.2	3.5	3.9	3.4
个人储蓄存款	Personal Savings Deposit	45.6	44.6	43.4	35.3	32.8

1-6 续表2 continued

单位：% (%)

指　标	Item	2012	2013	2014	2015	2016
金融机构人民币各项贷款余额	Structure of Total Loan Balance					
#短期贷款	Short-Term Loan	21.1	22.2	22.7	20.9	19.2
中长期贷款	Middle-Term & Long-Term Loan	77.4	76.8	76.0	77.6	79.0
教育(学历教育口径)	**Education**					
在校学生	Structure of Students Enrollment					
#高等教育阶段	Higher Education	6.4	7.1	7.8	8.3	9.2
高中阶段	Senior Secondary Schools	15.3	17.7	19.5	20.6	20.1
初中阶段	Junior Secondary Schools	27.9	27.9	27.2	25.8	24.7
小学阶段	Primary Schools	50.4	47.2	45.5	45.2	46.0
专任教师	Structure of Full-time Teachers					
#高等教育阶段	Higher Education	5.9	6.5	7.0	7.3	7.7
高中阶段	Senior Secondary Schools	13.9	15.5	16.8	17.5	18.0
初中阶段	Junior Secondary Schools	29.4	29.2	29.2	29.3	29.1
小学阶段	Primary Schools	50.8	48.8	47.1	45.8	45.2
人民生活	**People's Living Conditions**					
城镇居民消费性支出	Consumption Structure of Urban Residents					
#食品类	Food	39.7	35.9	34.9	34.0	33.2
衣着类	Clothing	11.1	10.2	8.2	8.0	7.9
居　住	Residence	8.1	10.9	15.9	17.7	17.8
家庭设备用品及服务	Household Facilities,Articles and Services	6.8	7.9	7.1	6.4	6.6
医疗保健	Medicines and Medical Services	5.2	4.6	6.1	5.2	5.5
交通和通信	Transport and Communications	15.0	13.6	12.3	13.3	14.0
教育文化娱乐服务	Education, Cultural and Recreation Services	11.1	14.2	13.6	13.7	13.0
农村居民生活消费支出	Consumption Structure of Rural Residents					
#食品类	Food	44.6	43.0	41.7	39.8	38.7
衣着类	Clothing	5.8	5.4	5.7	5.3	5.0
居　住	Residence	19.4	20.7	20.1	20.4	20.2
家庭设备、用品及服务	Household Facilities,Articles and Services	5.4	5.7	5.9	5.7	5.8
医疗保健	Medicines and Medical Services	7.2	6.4	6.2	6.8	7.0
交通和通信	Transport and Communications	9.5	10.3	10.7	11.8	12.8
文教、娱乐、用品及服务	Recreation,Education and Cultural Articles and Services	5.8	6.4	8.1	8.8	9.2
卫生	**Health Care**					
卫生机构床位数	Structure of Beds of Health Care Institutions					
#医院、卫生院	Hospitals and Health Centers	95.0	95.4	95.8	95.3	95.1
卫生技术人员	Medical Technical Personnels					
#执业(助理)医师	Licensed(Assistant) Doctors	37.9	35.7	34.0	33.9	33.7
环境	**Environment**					
环境保护投入资金	Structure of Environment Protection Investment					
#老工业污染源治理资金	Old Industry Pollute Fountain Treatment	12.8	14.1	10.5	6.6	3.2
城市环境基础设施建设	Urban Environment Infrastructure Investment	36.7	43.5	48.0	54.4	53.0

1-7 国民经济和社会发展主要指标比例、效益
Major Indicators on Proportions and Efficiency in National Economic and Social Development

指　标	Item	2012	2013	2014	2015	2016
人口与就业	**Population and Employment**					
城镇人口比重(%)	Proportion of Urban Population(%)	36.4	37.8	40.01	42.01	44.15
人口出生率(‰)	Birth Rate(‰)	13.27	13.05	12.98	13.00	13.43
人口死亡率(‰)	Death Rate(‰)	6.96	7.15	7.18	7.20	6.93
人口自然增长率(‰)	Natural Growth Rate(‰)	6.31	5.90	5.80	5.80	6.50
城镇登记失业率(%)	Registered Unemployment Rate in Urban Areas(%)	3.29	3.26	3.27	3.29	3.24
国民经济核算	**National Accounting**					
县域经济增加值占GDP比重(%)	Add Value in County Economy Share of GDP(%)	66.3	67.0	68.0	66.1	64.3
民营经济增加值占GDP比重(%)	Add Value in Non-public-owned Economic Share of GDP(%)	40.3	43.2	46.1	50.0	52.0
人均地区生产总值(元)	Per Capita Gross Domestic Product(yuan)	19786	23233	26531	29953	33246
固定资产投资	**Investment in Fixed Assets**					
固定资产交付使用率(%)	Rate of projects fixed assets completed and put into use(%)	53.6	50.2	58.1	68.1	55.8
项目投产竣工率(%)	Rate of projects completed and put into use(%)	73.8	68.8	74.1	77.6	67.7
消费	**Consumption**					
社会消费品零售总额相当于地区生产总值比例(%)	Proportion of Retail Sales of Consumer Goods to GDP(%)	29.6	29.6	31.7	31.3	31.6
人均社会消费品零售额(元)	Per Capita Ratail Sales of Consumer Goods(yuan)	5832	6774	8379	9330	10470
对外贸易	**Foreign Trade**					
进出口总额相当于地区生产总值比例(%)	Proportion of Total Value of Imports and Exports as Percentage to GDP(%)	6.1	6.4	6.2	7.2	3.2
财政	**Government Finance**					
财政总收入相当于地区生产总值比例(%)	Proportion of Total Financial Revenues to GDP(%)	24.0	24.0	23.0	21.8	20.5
一般公共预算支出相当于地区生产总值比例(%)	Proportion of General Budget Expenditure to GDP (%)	40.2	38.5	42.5	37.5	36.3
能源	**Energy**					
能源生产弹性系数	Elasticity Ratio of Energy Production	1.26		0.47		
电力生产弹性系数	Elasticity Ratio of Electricity Production	1.27	0.33	0.38	0.98	0.12
能源消费弹性系数	Elasticity Ratio of Energy Consumption	0.66	0.65	0.41	0.23	0.27
电力消费弹性系数	Elasticity Ratio of Electricity Consumption	0.80	0.61	0.39	0.004	0.550
每万元地区生产总值能耗(吨标准煤/万元)(可比价)	Energy Consumption Per Unit of GDP (ton of SCE/10000 yuan) (equivalent value)	1.4322	1.3762	1.2967	1.2000	0.8813
农业	**Agriculture**					
每亩播种面积农产品产量	Output of Farm Crops Per Mu of Sowning Area					
粮　食(公斤)	Grain(kg)	236	220	242	253	255
油　料(公斤)	Oil-bearing Crops(kg)	106	109	112	114	116

注：县域经济增加值占GDP比重，是除贵阳市南明区、云岩区、花溪区、乌当区、白云区、观山湖区，六盘水市钟山区，遵义市红花岗区、汇川区，播州区、安顺市西秀区、平坝区，毕节市七星关区，铜仁市碧江区、万山区等15个区之外的74个县(市、特区)经济总量占88个县(市、区、特区)GDP合计数的比重。

Note:The add value in county economy share of GDP is the proportion of 74 counties economy the 15 districts such as Nanming,Yunyan,Huaxi, Wudang,Baiyun,Guan shanhu,Zhongshan,Honghuagang,Huichuan,Bozhou,Xixiu,Pinba,Qixingguan,Bijiang,Wanshan,etc to total GDP of 88 counties.

1-7 续表1 continued

指　　标	Item	2012	2013	2014	2015	2016
工业（规模以上）	**Industry(above Designated Size)**					
总资产贡献率(%)	Ratio of Total Assets to Industrial Output Value(%)	15.97	19.11	13.00	12.41	12.75
资本保值增值率(%)	Capital Maintenance and Appreciation Rate (%)	121.72	117.66	115.87	117.94	111.14
流动资产周转次数(次/年)	Turnover Times of Circulating Assets(times/year)	1.89	1.72	1.86	1.77	1.9
成本费用利润率(%)	Ratio of Profits to Industrial Cost(%)	11.89	14.53	8.03	8.24	8.42
建筑业	**Construction**					
技术装备率(元/人)	Value of Machinery Per Laborer (yuan/person)	8148			8006	9047
产值利税率(%)	Ratio of Per-tax Profits to Gross Output Value(%)	5.5		5.9	5.9	6.0
交通运输业	**Transportation**					
铁路网密度(公里/万平方公里)	Railway Density(km/10000 sq.km)	116.82	118.83	134.70	159.48	185.62
公路网密度(公里/万平方公里)	Highway Density(km/10000 sq.km)	9340.26	9797.13	10165.30	10579.28	10876.00
邮电通信业	**Postal and Telecommunication Services**					
电话普及率(包括移动电话)（部/百人)	Popularization Rate of Telephone (set/100 persons)	83.27	93.25	97.98	100.50	99.76
移动电话普及率(部/百人)	Popularization Rate of Mobile Telephone (set/100 persons)	72.34	82.78	88.21	91.50	92.43
旅游业	**Tourism**					
来黔境外旅游者人均消费支出（美元/人·天)	Daily Expenditure of Per Tourists Visiting Guizhou(USD/preson and day)	167.13	181.05	180.65	201.01	189.29
金融	**Finance**					
金融机构人民币各项存款余额相当于地区生产总值比例(%)	Deposit of Financial Institutions as Percentage of GDP(%)	153.8	164.0	164.7	185.1	202.6
金融机构人民币各项贷款余额相当于地区生产总值比例(%)	Loans of Financial Institutions as Percentage of GDP(%)	120.8	124.9	133.5	143.3	152.2

1-7 续表2 continued

指 标	Item	2012	2013	2014	2015	2016
教育	**Education**					
学龄儿童入学率(%)	Enrollment Rate of School-age Children(%)	99.3	99.3	99.1	99.5	99.6
初中阶段毛入学率(%)	Enrollment Rate of Primary School Graduates Entering into Junior Secondary Schools(%)	97.4	101.1	102.5	104.0	107.9
九年义务教育巩固率（%）	The Consolidation Rate of Nine Year Compulsory Education（%）	78.6	84.0	85.0	87.6	88.0
高中阶段毛入学率(%)	Enrollment Rate of Junior secondary School Graduates Entering into Senior secondary Schools(%)	62.2	68.0	78.0	86.1	87.0
高等教育毛入学率(%)	Enrollment Rate of Senior secondary School Graduates Entering into Institution of Higher Learning(%)	25.5	27.4	29.4	31.2	33.0
教师负担学生系数(学生/教师)	Student-Teacher Ratio (student/teacher)					
普通高校	Regular Institution of Higher Education	16.83	16.53	16.36	16.41	17.35
普通高中	Regular Senior Secondary Schools	18.59	18.25	18.00	17.42	16.28
普通初中	Regular Junior Secondary Schools	18.31	18.23	17.29	16.01	14.88
小 学	Primary Schools	19.20	18.43	17.96	17.90	17.93
城乡收入比例	**Urban-rural Income Ratio**					
城乡居民收入比(以农村常住居民人均可支配收入＝1)	Ratio of Annual Income of Urban Residents to Rural(rural resident=1)	3.93	3.80	3.38	3.33	3.31
卫生	**Health Care**					
每万人拥有执业(助理)医师数(人)	Number of Licensed(Assistant) Doctors Per 10000 Persons(person)	11.2	13.0	13.4	18.0	19.4
每万人拥有床位数(张)	Number of Beds in Hospitals and Health Centers Per 10000 Persons(bed)	32.1	38.1	42.0	55.7	59.1
城市建设	**City Construction**					
人均公园绿地面积(平方米)	Per Capita Area of Parks and Green Land (sq.m)	6.68	7.98	8.66	9.6	11.7
用水普及率(%)	Percentage of Population with Access to Tap Water(%)	87.6	88.5	90.2	91.8	92.8
燃气普及率(%)	Percentage of Households with Access to Tap Gas(%)	55.2	58.7	60.3	70.7	72.1
环境、灾害	**Environment and Disaster**					
环保投入相当于地区生产总值比例(%)	Environment Protection Investment as Percentage to GDP(%)	1.4	1.7	1.9	1.5	1.5
亿元地区生产总值生产安全事故死亡人数(人/亿元)	Deaths of Industrial Accidents per Unit of GDP(person/100 million yuan)	0.19	0.14	0.11	0.08	0.12

1-8 贵州经济社会主要指标占全国比重
Proportion of Guizhou's Main Economic and Social Indicators to the Whole Country

指 标	Item	全 国 China		贵 州 Guizhou		贵州占全国比重(%) Proportion of Guizhou to China(%)	
		2015	2016	2015	2016	2015	2016
土地面积(万平方公里)	**Area of Territory(10000 sq.km)**	**960**	**960**	**17.62**	**17.62**	**1.8**	**1.8**
人口	**Population**						
年末总人口(万人)	Total Population at the Year-end (10000 persons)	137462	138271	3530	3555	2.6	2.6
就业	**Employment**						
就业人员(万人)	Employees(10000 persons)	77451	77603	1946.65	1983.72	2.5	2.6
非私营单位在岗职工年平均工资(元)	Average Wage of Staff and Workers(yuan)	62029	67569	62591	69678	100.9	103.1
国民经济核算	**National Accounting**						
地区生产总值(亿元)	Gross Domestic Product (100million yuan)	689052	744127	10539.62	11776.73	1.5	1.6
第一产业增加值	Value-added of Primary Industry	60862	63671	1640.61	1846.19	2.7	2.9
第二产业增加值	Value-added of Secondary Industry	282040	296236	4175.24	4669.53	1.5	1.6
第三产业增加值	Value-added of Tertiary Industry	346150	384221	4723.77	5261.01	1.4	1.4
人均地区生产总值(元)	Per Capita Gross Domestic Product (yuan)	50251	53980	29953	33246	59.4	61.4
固定资产投资	**Investment in Fixed Assets**						
全社会固定资产投资(亿元)	Total Investment in Fixed Assets (100 million yuan)	562000	606466	10945.54	13204.00	1.9	2.2
消费	**Consumption**						
社会消费品零售总额(亿元)	Total Retail Sales of Consumer Goods (100 million yuan)	300931	332316	3283.02	3708.99	1.1	1.1
对外贸易	**Foreign Trade**						
进出口总额(亿美元)	Total Value of Imports and Exports (USD 100 million)	39530	36856	122.21	57.00	0.3	0.2
#出口	Total Exports	22735	20976	99.49	47.43	0.4	0.2
财政	**Government Finance**						
一般公共预算收入(亿元)	General Public Budget Revenue(100 million yuan)	83002	87195	1503.38	1561.34	1.8	1.8
一般公共预算支出(亿元)	General Public Budget Expenditure(100 million yuan)	150336	160437	3939.50	4262.36	2.6	2.7
能源	**Energy**						
一次能源生产总量(万吨标准煤)	Total Production of Primary Energy(10000 tons of SCE)	362000	346000	15061.47	14251.23	4.2	4.1
能源终端消费总量(万吨标准煤)	Consumption of Energy (10000 tons of SCE)	430000	436000	9319.60	9444.78	2.2	2.2
农业	**Agriculture**						
粮食产量(万吨)	Output of Grain(10000 tons)	62144	61625	1180.00	1192.38	1.9	1.9
油料产量(万吨)	Output of Oil-bearing Crops (10000 tons)	3537	3629	101.34	103.43	2.9	2.8
工业	**Industry**						
发电量(亿千瓦小时)	Output of Electricity (100 million kwh)	58106	61425	1740.92	1839.71	3.0	3.0
卷 烟(亿支)	Output of Cigarettes (100 million cases)	25891	23826	1262	1161	4.9	4.9

1-8 续表 continued

指 标	Item	全国 China 2015	2016	贵州 Guizhou 2015	2016	贵州占全国比重(%) Proportion of Guizhou to China(%) 2015	2016
交通运输业	**Transportation**						
铁路营业里程(万公里)	Length of Railways(10000 km)	12.10	12.40	0.28	0.33	2.3	2.6
公路里程(万公里)	Length of Highways(10000 km)	457.73	469.63	18.64	19.16	4.1	4.1
旅客周转量(亿人公里)	Passenger-Kilometers (100 million passenger-km)	30059	31258	658.23	674.86	2.2	2.2
货物周转量(亿吨公里)	Freight Ton-Kilometers(100 million ton-km)	177835	186629	1379.00	1482.00	0.8	0.8
邮电通信业	**Post and Telecommunication**						
电信业务总量(亿元)	Business Revenue of Telecommunications (100 million yuan)	23142	35948.3	481.00	796.58	2.1	2.2
邮政业务总量(亿元)	Business Volume of Postal Services (100 million yuan)	5078.7	7397.2	33.77	42.69	0.7	0.6
旅游业	**Tourism**						
国际旅游外汇收入(亿美元)	International Earnings from Tourism (USD 100 million)	1136.5	1200.00	2.01	2.53	0.2	0.2
国内旅游收入(亿元)	Domestic Earnings from Tourism (100 million yuan)	34195.1	39390.0	3500.46	5011.94	10.2	12.7
金融业	**Finance**						
金融机构人民币各项存款余额(亿元)	Total Savings Deposit Balance (100 million yuan)	1357022	1505864	19439	23771	1.4	1.6
金融机构人民币各项贷款余额(亿元)	Total Loan Balance(100 million yuan)	939540	1066040	15052	17858	1.6	1.7
教育	**Education**						
普通高等学校(所)	Regular Institutions of Higher Education (unit)	2560	2596	59	64	2.3	2.5
普通高等学校专任教师(万人)	Full-time Teachers of Regular Institutions of Higher Education(10000 persons)	157.3	160.2	3.1	3.3	1.9	2.1
普通高校在校大学生(万人)	Students Enrollment of Regular Institutions of Higher Education(10000 persons)	2625.3	2695.8	50.1	57.4	1.9	2.1
文化	**Culture**						
图书总印数(亿册)	Number of Books Printed Copies (100 million copies)	86.6	86	0.96	0.88	1.1	1.0
期刊总印数(亿册)	Number of Magazines Printed Copies (100 million copies)	28.8	27	0.18	0.17	0.6	0.6
报纸总印数(亿份)	Number of Newspapers Printed Copies (100million copies)	430.1	394	3.34	3.04	0.8	0.8
卫生	**Health Care**						
医医疗卫生机构(万个)	(10000 unit)	98.35	99.30	2.87	2.80	2.9	2.8
执业(助理)医师(万人)	Number of Licensed(Assistant) Doctors (10000 persons)	304	319	6.34	6.90	2.1	2.2
医院床位(万张)	Number of Beds in Hospitals(10000 beds)	533	569	18.73	19.99	3.5	3.5
人民生活	**People's Livelihood**						
城镇常住居民人均可支配收入(元)	Per Capita Annual Disposable Income of Urban Permanent Households(yuan)	31195	33616	24580	26743	78.8	79.6
农村常住居民人均可支配收入(元)	Per Capita Annual Disposable Income of Rural Residents(yuan)	11422	12363	7387	8090	64.7	65.4

注：贵州占全国比重中，非私营单位职工平均工资、人均地区生产总值、城乡居民人均收入占比表示贵州相当于全国的比例。

Note: In the proportion of Guizhou to China, the ratio in average wage of workers in non-private units, in per capita gross domestic product, and in per capita income of urban and rural households shows the proportion of Guizhou to China.

主要统计指标解释

行政区划 国家对行政区域的划分。

国民经济行业分类 2012年起统计定期报表使用《国民经济行业分类》（GB/T4754-2011）。该分类是由国家统计局组织修订，经国家质检总局和国家标准化委员会批准，于2011年4月29日发布实施。该次修订是在2002年分类标准的基础上，参照联合国《国际标准产业分类》修订第四版（ISIC/Rev.4）进行的。修订后的《国民经济行业分类》（GB/T4754-2011）共有门类20个，大类96个，中类432个，小类1094个。

可比价格 指计算各种总量指标所采用的扣除价格变动因素的价格，可进行不同时期总量指标的对比。按可比价格计算总量指标有两种方法：一种是直接用产品产量乘某一年的不变价格计算；另一种是用价格指数进行缩减。

平均增长速度 我国计算平均增长速度有两种方法：一种是“水平法”，又称几何平均法，是以间隔期最后一年的水平同基期水平对比来计算平均每年增长（或下降）速度；另一种是“累计法”，又称代数平均法或方程法，是以间隔期内各年水平的总和同基期水平对比来计算平均每年增长（或下降）速度。在一般正常情况下，两种方法计算的平均每年增长速度比较接近；但在经济发展不平衡、出现大起大落时，两种方法计算的结果差别较大。

本《年鉴》内所列的平均增长速度，除固定资产投资用“累计法”计算外，其余均用“水平法”计算。从某年到某年平均增长速度的年份，均不包括基期年在内。如改革开放以来年平均增长速度是以 1978 年为基期计算的，则写为 1979-2016 年平均增长速度。

Explanatory Notes on Main Statistical Indicators

Divisions of Administrative Areas Refers to the division of administrative areas by the state.

Industrial Classification of the National Economy The Industrial Classification of the National Economy (GB/T 4754-2011) is introduced starting from the compilation of 2012 annual statistics. The revision, based on the 2002 classification, was organized by the National Bureau of Statistics taking into consideration of the International Standards of the Industrial Classification of All Economic Activities (ISIC/Rev.4) of the United Nations. The new Classification was promulgated by the National Administration of Quality Supervision, Inspection and Quarantine and State Committee for Standardization on April 29, 2011. The revised version of the Industrial Classification of the National Economy (GB/T 4754-2002) is composed of 20 sections, 96 divisions, 432 major groups and 1094 classes.

Comparable Price Refers to the calculation of the total amount of indicators used to deduct the price changes in the price, can be carried out in different periods of the total index contrast. There are two ways to calculate the total amount of the total index: one is that the output of the product is directly used for one year. The other is to reduce the price by the price index.

Average Annual Growth Rate There are two methods of method for calculating the average growth rate of our country: one is "horizontal", also known as the geometric mean method is to last year's levels of interval compared with the base period level to calculate the average annual growth (or decline) speed; another is the "cumulative method", also known as algebraic average method and equation method is combined with a interval in each level compared with the base period level to calculate average annual growth (or decline) speed. In the normal case, two methods for calculating the average annual growth rate is close to; but when the unbalanced economic development, the emergence of big ups and downs, two methods to calculate the results vary greatly.

The average annual growth rates listed in the Yearbook are calculated by the level approach except for the growth rates of investment in fixed assets.The base year is not listed in the duration for which average annual growth ratesnare computed. For instance, the average annual growth rate of the 36 years since 1978 is shown as the average annual growth rate of 1979-2016 without showing the base year 1978.

国民经济核算

National Accounts 2

简 要 说 明

一、主要内容

国民经济核算资料主要包括地区生产总值及其有关资料。

二、地区生产总值

地区生产总值数据是根据不同产业部门、不同支出构成的特点和资料来源情况而采用不同方法计算的。

本年鉴公布的地区生产总值数据，如遇普查，在能够获得更详细基础资料的情况下，地区生产总值的历史数据还会发生变动。2013 年是第三次经济普查年度，按照国家统计局统一要求，重新计算经济普查年度的地区生产总值，并利用趋势离差法，修订历史数据。

地区生产总值是一个价值量指标，其价值的变化受价格变化和物量变化两大因素影响。不变价地区生产总值是把按当期价格计算的地区生产总值换算成按某个固定期（基期）价格计算的价值，从而使两个不同时期的价值进行比较时，能够剔除价格变化的影响，以反映物量变化，反映生产活动成果的实际变动。随着经济的不断发展，各行业的价格结构也会不断发生变化，为了更好地反映这种变化对于经济的影响，计算不变价国内生产总值需要每隔若干年调整一次基期。我国自开始核算国内生产总值以来，共有 1952 年、1957 年、1970 年、1980 年、1990 年、2000 年、2005 年、2010 年、2015 年 9 个不变价基期，目前的基期是 2015 年。按照国家统计局要求，根据地区生产总值核算方法的调整变动，从 2016 年起将研发支出计入地区生产总值核算，同时对 2011-2015 年地区生产总值及各行业数据进行修订。

三、资料来源

本篇资料由省统计局国民经济核算处根据产业部门资料加工计算。

Brief Introduction

I. Main Contents

Statistics on national accounts include Gross Regional Product and other related data.

II. Gross Regional Product

Data on GRP are computed based on different approaches in the light of the different features of various sectors, various expenditure structures and different data sources.

Data on GRP and related indicators of the most recent year published in the Yearbook are not final and are subject to changes when more information from financial data and administrative records become available. Where a census has been conducted, historical data of GRP of the previous years may also undergo change. The 3rd National Economic Census was conducted in 2013. According to the Uniform requirements of NBS, historical data of GDP were revised by trend deviation method.

Gross Regional Product (GRP) is a measurement of value which changes depending on changes of price and production. GRP at constant prices converts the gross domestic product based on the current price into a value based on the price of the base period. When adjusted for price changes, the values of two different periods can be compared to reflect changes of both products and production activities. As economy grows, changes will take place in the price structures of various industries, and the base period for the measurement of constant-price GRP thus needs to be adjusted every few years in order to better reflect the impact of price change on the economy. Since China started GRP calculation, nine constant-price base periods have been used, i.e., 1952, 1957, 1970, 1980, 1990, 2000, 2005, 2010, and 2015 and the current base period is 2015.

Accoding to requirements of Provincial Statistical Bureau, the R&D expenditure has charged into the calcutinon of GDP which has changed.AS the same,revising the date of various industries from 2011 to 2016.

III. Sources of Data

Data in this chapter which based on various industry sectors are computed by National Accounts Department of Guizhou Provincial Bureau of Statistics.

2-1 地区生产总值
Gross Domestic Product

单位：亿元 (100 million yuan)

指 标	Item	2012	2013	2014	2015	2016	2016年比2015年增长(%) Increase Rate in 2016 over 2015(%)
地区生产总值	**Gross Domestic Product**	**6878.78**	**8115.47**	**9299.45**	**10539.62**	**11776.73**	**10.5**
按产业分	**By Three Strata of Industry**						
第一产业增加值	Primary Industry	891.91	998.47	1280.45	1640.61	1846.19	6.0
第二产业增加值	Secondary Industry	2698.06	3297.30	3882.17	4175.24	4669.53	11.3
第三产业增加值	Tertiary Industry	3288.81	3819.70	4136.83	4723.77	5261.01	11.4
按国民经济行业分	**By Sector**						
农 业	Agriculture	891.91	1031.70	1316.08	1712.65	1944.32	5.9
#农林牧渔服务业	Farming Forestry, Animal Husbandry and Fishery Services	30.02	33.23	35.63	72.04	98.12	3.7
工 业	Industry	2237.13	2707.29	3165.32	3342.99	3715.64	9.9
#金属制品、机械和设备修理业	Repair Serivice of Metal Products, Machinery and Equipment		0.97	1.13	1.19	1.55	12.6
建筑业	Construction	460.93	590.98	717.98	833.44	955.44	16.6
批发和零售业	Wholesale and Retail Trades	514.49	582.05	624.17	671.39	732.71	10.4
交通运输、仓储和邮政业	Transport, Storage and Post	687.45	772.44	828.69	920.36	987.47	10.1
住宿和餐饮业	Hotels and Catering Services	266.58	294.86	322.71	360.38	400.93	10.9
金融业	Financial Intermediation	365.87	444.53	491.65	607.11	689.40	13.5
房地产业	Real Estate	176.75	202.94	220.48	232.07	249.20	7.2
营利性服务业	For-profit Services	467.70	546.19	591.43	687.46	809.67	17.7
非营利性服务业	Non-profit Services	809.97	942.49	1020.94	1171.77	1291.96	9.8
人均地区生产总值(元)	**Per Capita Gross Domestic Product(yuan)**	**19786**	**23233**	**26531**	**29953**	**33246**	**9.8**

注：1.2013年数据根据第三次经济普查资料进行修订；2.2013年起按照国家统计局统一要求，采用《国民经济行业分类》（GB/T4754－2011）和《三次产业划分规定》（国统字〔2012〕108号），第一产业增加值等于农业、林业、畜牧业、渔业增加值之和，不包含农林牧渔服务业；第二产业增加值等于工业与建筑业增加值之和再扣除工业中开采辅助活动增加值、金属制品机械和设备修理业增加值。农林牧渔服务业，开采辅助活动，金属制品机械和设备修理业归入第三产业。3.2016年地区生产总值含研发支出（R&D)的数据。（以下相关表同）

Note: 1.Data of 2013 is revised according to third time econimic census;2 Data of national economy account has to adapt to 《National economy industrial classification》 and 《Three industry division rule》 according to national statistical department.From 2013,the first industry added value has included added value of agriculture, forestry,graziery and fishery excepet service of those industries.the second industry added value equals to the sum of industry's added value and construction's added value, then deduct the added value of exploit activities, metal product machinery and equipment repair. the third industry includes service in agriculture, forestry,graziery ,fishery, exploit activities, metal product machinery and equipment repair. 3.The data of research and development (R&D) expenditure does included in gross domestic product (GDP) in 2016 (the related tables in the chapter are the same)

2-2 地区生产总值构成

Compostion of Gross Domestic Product

单位：%　　　　(%)

指　标	Item	2012	2013	2014	2015	2016
地区生产总值	**Gross Domestic product**	**100.0**	**100.0**	**100.0**	**100.0**	**100.0**
按产业分	**By Three Strata of Industry**					
第一产业增加值	Primary Industry	13.0	12.3	13.8	15.6	15.7
第二产业增加值	Secondary Industry	39.2	40.6	41.7	39.6	39.7
第三产业增加值	Tertiary Industry	47.8	47.1	44.5	44.8	44.6
按国民经济行业分	**By Sector**					
农　业	Agriculture	13.0	12.7	14.2	16.2	16.5
#农林牧渔服务业	Agriculture Forestry, Animal Husbandry and Fishery Services	0.4	0.4	0.4	0.7	0.8
工　业	Industry	32.5	33.4	34.0	31.7	31.6
#金属制品、机械和设备修理业	Repair Serivice of Metal Products, Machinery and Equipment		…	…	…	…
建筑业	Construction	6.7	7.3	7.7	7.9	8.1
批发和零售业	Wholesale and Retail Trade	7.5	7.2	6.7	6.4	6.2
交通运输、仓储和邮政业	Transport Storage and Post	10.0	9.5	8.9	8.7	8.4
住宿和餐饮业	Hotel and Catering Services	3.9	3.6	3.5	3.4	3.4
金融业	Financial Intermediation	5.3	5.5	5.3	5.8	5.9
房地产业	Real Estate	2.6	2.5	2.4	2.2	2.1
营利性服务业	For-profit Services	6.8	6.7	6.4	6.5	6.9
非营利性服务业	Non-profit Services	11.8	11.6	11.0	11.1	11.0

2—3 地区生产总值(按支出法计算)
Gross Domestic Product（Accounted by Expenditure）

指 标	Item	2012	2013	2014	2015	2016	2016年比2015年增长(%) Increase Rate in 2016 over 2015(%)
地区生产总值(亿元)	**Gross Domestic Product (100 million yuan)**	**6878.78**	**8115.47**	**9299.45**	**10539.62**	**11776.73**	**10.5**
最终消费	Final Consumption Expenditures	3950.64	4535.82	5288.50	5957.73	6745.95	12.0
居民消费	Household Consumption Expenditures	2910.93	3332.70	3982.27	4530.88	5195.17	13.3
农村居民	Rural Household	994.67	1182.14	1417.43	1632.70	1791.70	8.8
城镇居民	Urban Household	1916.26	2150.56	2564.84	2898.18	3403.47	15.9
政府消费	Government Consumption Expenditures	1039.71	1203.12	1306.23	1426.85	1550.78	7.7
资本形成总额	Gross Capital Formation	4190.95	5290.02	6147.37	7141.57	8195.04	16.2
固定资本形成总额	Gross Fixed Capital Formation	4093.84	5170.36	5961.86	6951.20	7975.49	16.2
库存增加	Changes in Inventories	97.11	119.66	185.51	190.37	219.55	18.6
货物和服务净出口	Net Exports of Goods and Services	-1262.81	-1710.37	-2136.42	-2559.68	-3164.26	-
构成(%)	**Composition(%)**						
以最终消费为100	Final Consumption Expenditures=100						
居民消费	Household Consumption Expenditures	73.7	73.5	75.3	76.1	77.0	
政府消费	Government Consumption Expenditures	26.3	26.5	24.7	23.9	23.0	
以居民消费为100	Household Consumption Expenditures =100						
农村居民	Rural Household	34.2	35.5	35.6	36.0	34.5	
城镇居民	Urban Household	65.8	64.5	64.4	64.0	65.5	
最终消费率(%)	**Final Consumption Rate(%)**	**57.4**	**55.9**	**56.9**	**56.5**	**57.3**	
资本形成率(%)	**Capital Formation Rate(%)**	**60.9**	**65.2**	**66.1**	**67.8**	**69.6**	
城乡居民人均消费水平比(农村居民=1)	**Urban/Rural Consumption Ratio (rural households=1)**	**3.47**	**3.08**	**2.84**	**2.55**	**2.51**	

注：表中居民消费按常住半年人口计算，城乡居民人均消费水平比根据第六次人口普查数据进行修订。

Note:The Data of Household Consumption in the table are calculated based on permanent population in half a year scope.Urban/Rural Consumption ratio is adjusted according to the result of the sixth National population census.

2-4 三次产业贡献率

Share of the Contributions of the Three Strata of Industry to the Increase of the GDP

单位：% (%)

指 标	Item	2012	2013	2014	2015	2016
地区生产总值	**Gross Domestic Product**	**100.0**	**100.0**	**100.0**	**100.0**	**100.0**
第一产业增加值	Primary Industry	7.6	5.1	6.4	6.0	9.0
第二产业增加值	Secondary Industry	49.6	46.8	47.7	45.0	42.1
#工 业	Industry	38.7	36.2	35.4	31.8	29.6
第三产业增加值	Tertiary Industry	42.8	48.1	45.9	49.0	48.9

2-5 三次产业对地区生产总值增长的拉动

Contribution of the Three Strata of Industry to GDP Growth

单位：百分点 (percentage points)

指 标	Item	2012	2013	2014	2015	2016
地区生产总值	**Gross Domestic Product**	**13.6**	**12.5**	**10.8**	**10.7**	**10.5**
第一产业增加值	Primary Industry	1.1	0.6	0.7	0.6	0.9
第二产业增加值	Secondary Industry	6.7	5.9	5.1	4.8	4.4
#工 业	Industry	5.3	4.5	3.8	3.4	3.1
第三产业增加值	Tertiary Industry	5.8	6.0	5.0	5.3	5.2

2−6 历年地区生产总值

Gross Domestic Product Over the Years

单位：亿元 (100 million yuan)

年 份 Year	地 区 生产总值 Gross Domestic Product	第一产业 增加值 Primary Industry	第二产业 增加值 Secondary Industry	工 业 Industry	建筑业 Construction	第三产业 增加值 Tertiary Industry	#交通运输、仓储和邮政业 Transport, Storage and Post	人均地区 生产总值 (元) Per Capita GDP(yuan)
1978	46.62	19.42	18.73	15.24	3.49	8.47	1.68	175
1979	55.28	23.29	22.41	18.33	4.08	9.58	1.86	204
1980	60.26	24.86	24.00	19.37	4.63	11.40	2.01	219
1981	67.89	29.90	24.95	20.36	4.59	13.04	2.56	242
1982	79.39	37.37	27.44	22.58	4.86	14.58	2.74	278
1983	87.38	37.76	33.14	28.16	4.98	16.48	3.76	302
1984	108.27	45.73	43.51	36.85	6.66	19.03	4.66	371
1985	123.92	50.45	49.88	41.96	7.92	23.59	5.86	420
1986	139.57	56.46	50.96	43.57	7.39	32.15	7.34	467
1987	165.50	66.46	60.11	49.93	10.18	38.93	7.74	546
1988	211.79	85.20	78.63	68.32	10.31	47.96	9.78	683
1989	235.84	92.88	86.74	77.26	9.48	56.22	12.36	750
1990	260.14	100.10	92.83	82.15	10.68	67.21	11.69	810
1991	295.90	115.71	101.54	88.96	12.58	78.65	13.98	896
1992	339.91	121.18	122.08	106.41	15.67	96.65	19.00	1034
1993	417.69	133.41	155.03	135.40	19.63	129.25	25.45	1234
1994	524.46	183.56	194.80	173.03	21.77	146.10	18.02	1527
1995	636.21	227.13	232.52	208.75	23.77	176.56	22.77	1826
1996	723.18	254.53	255.09	225.36	29.73	213.56	26.79	2048
1997	805.79	271.96	288.99	251.10	37.89	244.84	23.51	2250
1998	858.39	265.04	319.40	273.82	45.58	273.95	29.14	2364
1999	937.50	267.75	350.41	294.42	55.99	319.34	59.17	2545
2000	1029.92	271.20	391.20	328.73	62.47	367.52	75.86	2759
2001	1133.27	274.41	433.52	360.73	72.79	425.34	88.47	3000
2002	1243.43	281.10	481.96	395.45	86.51	480.37	102.48	3257
2003	1426.34	298.69	569.37	473.38	95.99	558.28	119.26	3701
2004	1677.80	334.50	681.50	577.40	104.10	661.80	134.90	4317
2005	2005.42	368.94	821.16	707.35	113.81	815.32	138.65	5394
2006	2338.98	382.06	967.54	839.13	128.41	989.38	192.95	6305
2007	2884.11	446.38	1124.79	978.86	145.93	1312.94	282.04	7878
2008	3561.56	539.19	1370.03	1195.30	174.73	1652.34	370.65	9855
2009	3912.68	550.27	1476.62	1252.67	223.95	1885.79	399.77	10971
2010	4602.16	625.03	1800.06	1516.87	283.19	2177.07	480.32	13119
2011	5725.27	726.22	2212.55	1846.96	365.59	2786.50	590.91	16480
2012	6878.78	891.91	2698.06	2237.13	460.93	3288.81	687.45	19786
2013	8115.47	998.47	3297.30	2707.29	590.98	3819.70	772.44	23233
2014	9299.45	1280.45	3882.17	3165.32	717.98	4136.83	828.69	26531
2015	10539.62	1640.61	4175.24	3342.99	833.44	4723.77	920.36	29953
2016	11776.73	1846.19	4669.53	3715.64	955.44	5261.01	987.47	33246

注：1.三次产业划分1978—2004年按老行业分类标准计算，2005年开始按新行业分类标准计算，第三产业中“交通运输、仓储、邮电通信业”从2005年起按新标准分类为“交通运输、仓储和邮政业”，2013年起用新的分类标准，详见2−1表注；2.2005—2011年人均地区生产总值按人口普查资料修订。3.2005年起人均地区生产总值按常住半年人口计算，以往年份按常住一年人口计算(以下相关表同)。

Note: 1. New standards of classification of three industries started From 1978 to 2004, data in the table were calculated by the Old Industry Classificati Standard;from 2005, data in the table were calculated by the New Industry Classification Standard; from 2005,acording to the New the Industry Classification Standard, the data of Transportation, Storage,Post and telecommunications refers to data of Transportation, Storage and Post fro 2013, details in the 2-1 note. 2. From 2005 to 2011,the data of per capital GDP have been adjusted according to the result of national populatior census. 3. Data from 2005 were calculated by permanent resident population in half a year scope,while they were calculated by permanent popula in a year scope in the past(the relative tables in the chapte are the same).

2-7 历年地区生产总值增长速度

Growth Rate of Gross Domestic Product Over the Years

单位：% (%)

年份 Year	地区生产总值 Gross Domestic Product	第一产业增加值 Primary Industry	第二产业增加值 Secondary Industry	工业 Industry	建筑业 Construction	第三产业增加值 Tertiary Industry	#交通运输、仓储和邮政业 Transport, Storage and Post	人均地区生产总值 Per Capita GDP
1978	23.7	6.6	37.3	39.7	23.7	32.7	33.6	21.4
1979	11.0	2.8	17.3	19.1	5.2	11.4	7.2	9.1
1980	4.4	0.4	4.3	6.9	-14.4	11.7	6.5	2.7
1981	6.5	9.9	1.7	-0.9	12.7	9.5	9.8	4.7
1982	15.8	23.0	9.3	11.4	1.3	12.6	3.6	13.8
1983	12.6	4.6	22.9	26.4	8.8	12.3	34.6	11.2
1984	19.8	18.2	23.8	23.8	23.5	14.9	37.6	18.6
1985	7.9	-1.2	12.8	12.0	16.6	17.8	24.3	6.7
1986	5.6	6.1	-2.0	-0.3	-9.5	20.9	8.7	4.3
1987	10.8	2.9	16.2	13.8	28.6	14.8	13.9	9.3
1988	8.6	-1.0	13.2	15.5	3.1	15.0	8.3	6.2
1989	4.5	6.3	3.9	6.8	-10.6	3.3	13.0	3.1
1990	4.3	1.7	6.1	5.6	8.8	4.6	-15.1	2.1
1991	9.2	13.2	3.5	3.5	3.8	11.2	6.8	6.2
1992	8.1	-0.7	15.0	16.0	8.0	12.6	21.2	8.6
1993	10.4	3.9	13.5	15.8	-4.8	14.8	15.1	8.8
1994	8.4	3.7	11.8	12.4	5.8	9.8	11.9	6.9
1995	7.5	2.4	10.5	11.1	4.0	9.3	7.8	5.9
1996	8.9	3.8	12.6	12.1	17.8	9.2	11.1	7.4
1997	9.0	4.2	12.3	11.8	18.0	9.3	12.5	7.5
1998	8.5	1.5	11.8	10.4	26.4	10.5	17.5	6.9
1999	8.8	3.4	13.2	11.8	25.1	7.3	14.5	7.3
2000	8.4	3.6	7.6	7.5	8.3	13.7	17.5	7.0
2001	8.8	1.1	9.4	9.2	10.7	13.6	12.0	7.5
2002	9.1	2.2	13.2	11.0	24.5	9.4	5.4	7.9
2003	10.1	4.6	13.3	13.3	13.5	10.1	10.9	9.1
2004	11.4	5.3	14.2	15.9	6.5	12.0	16.0	10.4
2005	12.7	5.2	12.0	13.0	7.4	17.6	26.5	17.9
2006	12.8	4.6	13.4	13.8	11.2	16.0	29.6	13.1
2007	14.8	3.3	13.2	14.0	7.8	21.1	29.4	16.4
2008	11.3	6.8	8.1	8.6	4.7	15.8	19.4	12.8
2009	11.4	4.3	12.1	10.2	25.6	13.1	5.3	12.9
2010	12.8	4.7	16.6	15.7	22.1	12.1	15.2	14.7
2011	15.4	1.2	18.8	18.9	18.5	16.7	15.3	16.5
2012	13.6	8.6	16.7	15.5	23.3	12.1	13.8	13.5
2013	12.5	5.8	14.1	13.1	19.2	12.6	12.4	11.9
2014	10.8	6.6	12.3	11.1	18.2	10.4	9.3	10.4
2015	10.7	6.5	11.4	9.8	18.2	11.1	9.4	10.3
2016	10.5	6.0	11.3	9.9	16.6	11.4	10.1	9.8

2-8 历年地区生产总值指数（1978年=100）

Indices of Gross Domestic Product Over the Years (year of 1978=100)

年份 Year	地区生产总值 Gross Domestic Product	第一产业增加值 Primary Industry	第二产业增加值 Secondary Industry	工业 Industry	建筑业 Construction	第三产业增加值 Tertiary Industry	人均地区生产总值 Per Capita GDP
1978	100.0	100.0	100.0	100.0	100.0	100.0	100.0
1979	111.0	102.8	117.3	119.1	105.2	111.4	109.1
1980	115.9	103.2	122.3	127.3	90.1	124.4	112.0
1981	123.4	113.4	124.4	126.2	101.5	136.3	117.3
1982	142.9	139.5	135.9	140.5	102.9	153.4	133.5
1983	160.9	145.9	167.1	177.6	111.9	172.3	148.4
1984	192.8	172.5	206.8	219.9	138.2	198.0	176.0
1985	208.0	170.4	233.4	246.3	161.1	233.2	187.9
1986	219.6	180.8	228.7	245.6	145.8	281.9	195.9
1987	243.4	186.0	265.8	279.4	187.5	323.7	214.1
1988	264.3	184.2	300.9	322.8	193.3	372.2	227.5
1989	276.2	195.8	312.6	344.7	172.8	384.5	234.4
1990	288.1	199.1	331.7	364.1	188.0	402.2	239.4
1991	314.6	225.4	343.3	376.8	195.1	447.2	254.2
1992	340.1	223.8	394.8	437.1	210.8	503.6	276.1
1993	375.3	232.5	448.3	506.1	200.6	578.3	300.5
1994	407.0	241.2	501.1	568.7	212.2	635.2	321.2
1995	437.4	246.8	553.7	632.0	220.6	693.9	340.3
1996	476.1	256.3	623.4	708.7	259.8	757.9	365.3
1997	519.0	267.1	700.3	792.3	306.6	828.6	392.8
1998	562.9	271.0	783.1	874.8	387.6	915.3	420.0
1999	612.4	280.0	886.4	978.4	485.0	982.5	450.5
2000	663.7	290.2	953.4	1051.5	525.1	1117.4	481.8
2001	721.8	293.4	1043.5	1148.3	581.5	1269.5	517.9
2002	787.2	300.0	1181.3	1274.5	724.2	1388.3	558.7
2003	866.6	313.8	1338.4	1443.5	821.8	1528.6	609.4
2004	965.4	330.4	1528.4	1673.0	874.9	1711.4	673.1
2005	1088.0	347.6	1711.8	1890.5	939.6	2012.6	793.6
2006	1227.3	363.6	1941.2	2151.4	1044.8	2334.6	897.6
2007	1408.9	375.6	2197.4	2452.6	1126.3	2827.2	1044.8
2008	1568.1	401.1	2375.4	2663.5	1179.2	3273.9	1178.5
2009	1746.9	418.3	2662.8	2935.2	1481.1	3702.8	1330.5
2010	1970.5	438.0	3104.8	3396.0	1808.4	4150.8	1526.1
2011	2274.0	443.3	3688.5	4037.8	2143.0	4844.0	1759.6
2012	2583.2	481.4	4304.5	4663.7	2642.3	5430.1	2002.4
2013	2906.1	509.3	4911.4	5274.7	3149.6	6114.3	2250.7
2014	3220.0	542.9	5515.5	5860.1	3722.8	6750.2	2460.0
2015	3564.5	578.2	6144.3	6434.4	4400.3	7499.5	2691.3
2016	3938.8	612.9	6838.6	7071.4	5130.8	8354.4	2963.1

主要统计指标解释

国内生产总值(GDP) 指一个国家所有常住单位在一定时期内生产的全部最终产品和服务的价值总和。国内生产总值有三种表现形态，即价值形态、收入形态和产品形态。从价值形态看，它是所有常住单位在一定时期内生产的全部产品和服务价值减去同期投入的全部产品和服务价值的差额，即所有常住单位的增加值之和；从收入形态看，它是所有常住单位在一定时期内的生产活动所形成的原始收入之和；从产品形态看，它是所有常住单位在一定时期内最终使用的产品和服务减去进口的产品和服务的价值总和。在实际核算中，国内生产总值有三种计算方法，即生产法、收入法和支出法。三种方法分别从不同的方面反映国内生产总值及其构成。

对于一个地区来说，称为地区生产总值。

三次产业 三次产业的划分：

第一产业指农业、林业、畜牧业、渔业（不含农林牧渔服务业）。

第二产业指采矿业（不含开采辅助活动），制造业（不含金属制品、机械和设备修理业），电力、热力、燃气及水的生产和供应业，建筑业。

第三产业指除第一、二产业以外的其他行业。

Explanatory Notes on Main Statistical Indicators

Gross Domestic Product (GDP) refers to the final products and services produced by all resident units in a country (or a region) during a certain period of time. Gross domestic product is expressed in three different perspectives, namely value, income, and products respectively. GDP in its value perspective refers to the balance of total value of all goods and services produced by all resident units during a certain period of time, minus the total value of input of goods and services of the nature of non-fixed assets; in other words, it is the sum of the value-added of all resident units. GDP from the perspective of income includes the primary income created by all resident units and distributed to resident and non-resident units. GDP from the perspective of products refers to the value of all goods and services for final demand by all resident units plus the net exports of goods and services during a given period of time. In the practice of national accounting, gross domestic product is calculated from three approaches, namely production approach, income approach and expenditure approach, which reflect gross domestic product and its composition from different angles.

For a region, it is called as Gross Regional Product.

Three Strata of Industry Classification of economic activities into three strata of industry :

Primary industry refers to farming, forestry, animal husbandry and fishery.（excluding services in support of these industries）

Secondary industry refers to mining and quarrying(excluding support activities for mining), manufacturing (excluding Repair Services of metal Products, Machinery and Equipment), production and supply of electricity, heat, gas and water, and construction.

Tertiary industry refers to all other economic activities not included in the primary or secondary industries.

人 口

Population 3

简 要 说 明

一、主要内容

本篇资料反映全省人口方面的基本情况，包括六次人口普查数据；年末常住人口数、城镇人口、乡村人口；出生率、死亡率、自然增长率、人口受教育程度、婚姻等。

二、统计调查方法

目前由省统计局人口和就业统计处实施的人口统计调查有：在逢“0”的年份进行全省人口普查；在逢“5”的年份进行全省 1%人口抽样调查；其余年份进行全省人口变动情况抽样调查，其样本量约占总人口的 1‰左右。人口抽样调查是以全省为总体，市级单位为次总体，采用分层、多阶段、整群概率比例抽样方法抽取样本。

三、资料来源

本篇资料由省统计局人口和就业统计处整理。年末常住人口数据资料来源于人口普查和年度人口变动抽样调查数据，户籍人口数据资料由省公安厅提供，计划生育数据资料由省卫生计生委提供，婚姻数据资料由省民政厅提供，残疾人事业基本情况数据由省残联提供。

Brief Introduction

I. Main Contents

Data in this chapter show the basic condition of the population in Guizhou Province，which include six times census data, the main statistical indicators included: provincial residential population at the year-end, urban population and rural population over the years; as well as birth rates, death rates, natural growth rates, population dependency coefficient and education attainments of the population, marriges etc.

II. Sampling Methodology

The statistical surveys on population which are conducted by Department of Population and Employment Statistics of Guizhou Provincial Bureau of Statistics are as follows: The provincial population census is conducted in the year ending with 0; the provincial 1 percent population sample survey is conducted in the year ending with 5; sample surveys on population changes are conducted in the rest of the years which cover about 1 per thousand of the total population of the province. The sample survey on population change takes the whole province as the population and each city, autonomous region or municipality as sub-populations, and the stratified multi-stage systematic PPS cluster sampling scheme is used.

III. Sources of Data

Data in this chapter are prepared by the Department of Population and Employment Statistics of Guizhou Provincial Bureau of Statistics. The data provincial residential population over the years comes from the data which sample surveys on population changes are conducted in the rest of the years, and the household population provides by the Public Security Department of Guizhou province. Family planning data in the table are provided from the Health and Family Planning of Guizhou Provincial. Marriage data provided by the Department of Provincial Civil Affairs. The date of basic Statistics on the work for person with disablities provided by Disabled Federation of GuiZhou Province.

3-1 全省历次人口普查主要指标

Main Indicators on Province Population Census in 1953,1964,1982,1990,2000 and 2010

单位：万人 (10000 persons)

指 标	Item	第一次 (1953年) The First	第二次 (1964年) The Second	第三次 (1982年) The Third	第四次 (1990年) The Forth	第五次 (2000年) The Fifth	第六次 (2010年) The Sixth
总人口	**Total Population**	**1503.73**	**1714.05**	**2855.29**	**3239.11**	**3524.77**	**3474.65**
按城镇、乡村分	**Grouped by Residence**						
城镇人口	Urban population	109.91	203.55	540.22	623.17	844.51	1174.78
乡村人口	Rural population	1393.82	1510.51	2315.07	2615.94	2680.25	2299.87
城镇人口比重（%）	The proportion of urban population(%)	7.31	11.88	18.92	19.24	23.96	33.81
按性别分	**Grouped by Gender**						
男	Male	759.80	868.48	1464.08	1676.88	1846.45	1795.15
女	Female	743.93	845.57	1391.21	1562.22	1678.32	1679.50
性别比(以女性为100)	Sex Ratio(female=100)	102.13	102.71	105.24	107.34	110.02	106.89
人口年平均增长率(%)	The growth rate of Annual Average Population(%)		1.32	2.89	1.59	0.82	-0.14
家庭总户数(万户)	Total Number of Household (10000 households)	340.15	390.96	565.93	721.04	923.94	1038.96
户均规模(人/户)	Average Family Size(person/household)	4.42	4.38	4.93	4.41	3.74	3.24
人口自然变动(‰)	**Natural Change of Population(‰)**						
出生率	Birth Rate	38.43	52.62	24.81	23.09	20.59	13.96
死亡率	Death Rate	17.61	20.66	7.60	7.90	7.53	6.55
自然增长率	Natural Growth Rate	20.82	31.96	17.21	15.19	13.06	7.41
年龄结构(%)	**Age Composition (%)**						
0-14岁	Ages 0-14	37.88	38.82	40.88	32.68	30.17	25.22
15-64岁	Ages 15-64	58.52	58.42	54.45	62.71	63.87	66.21
65岁及以上	Ages 65 and Above	3.59	2.76	4.66	4.61	5.97	8.57
民族	**Population by Ethnicity**						
汉族	Han	1109.84	1312.89	2112.95	2114.88	2191.17	2219.85
占总人口比重(%)	Percentage to Total Population(%)	73.81	76.61	74.00	65.29	62.16	63.89
年均增长率(%)	Annual average growth rate(%)		0.37	-0.35	-1.24	-0.49	0.27
少数民族	Ethnic Minorities(10 000 persons)	393.89	401.16	742.35	1124.23	1333.60	1254.80
占总人口比重(%)	Percentage to Total Population(%)	26.19	23.39	26.00	34.71	37.84	36.11
年均增长率(%)	Annual average growth rate(%)		-1.12	1.06	2.93	0.87	-0.46
受教育程度	**Education Attainments**						
小 学	Primary School		352.71	822.65	1210.75	1535.30	1368.07
初 中	Junior Secondary School		53.80	325.86	475.78	727.48	1035.07
高 中	Senior Secondary School		13.38	84.72	127.50	199.67	253.02
大专以上	College and Higher Level		3.96	11.09	25.06	67.49	183.88
文盲人口	Illiterate Population			1202.24	969.11	598.58	303.85
文盲率（%）	Illiterate Rate(%)			42.11	29.92	16.98	8.74
每十万人口拥有的各种受教育程度人口(人)	**Population with Various Education Attainments Per 100000 Persons(person)**						
小 学	Primary School				37379	43557	39373
初 中	Junior Secondary School				14688	20639	29789
高中/中专	Senior Secondary School and Technical Secondary School				3973	5665	7282
大专及以上	College and Higher Level				774	1915	5292

注：数据来源于历次人口普查公报。

Note:Data in this table come from the communique of the six national population censuses.

3-2 第六次人口普查全省世居民族人口数

Population of all ethnic groups on the Sixth National Population Census

单位：万人 (10000 persons)

指 标	Item	第六次人口普查(2010年) The Sixth Population Census(2010)
总人口	Total Population	3474.86
男	Male	1790.55
女	Female	1684.31
汉族	Han	2234.42
男	Male	1151.79
女	Female	1082.63
蒙古族	Mongolian	4.16
男	Male	2.32
女	Female	1.84
回族	Hui	18.48
男	Male	9.50
女	Female	8.98
苗族	Miao	396.84
男	Male	204.09
女	Female	192.75
彝族	Yi	83.45
男	Male	42.96
女	Female	40.49
壮族	Zhuang	5.26
男	Male	2.65
女	Female	2.61
布依族	Bouyei	251.06
男	Male	127.11
女	Female	123.95
满族	Manchu	2.31
男	Male	1.19
女	Female	1.12
侗族	Dong	143.19
男	Male	75.02
女	Female	68.17
瑶族	Yao	4.09
男	Male	2.14
女	Female	1.95
白族	Bai	17.95
男	Male	9.59
女	Female	8.36
土家族	Tujia	143.70
男	Male	73.65
女	Female	70.05
畲族	She	3.66
男	Male	1.91
女	Female	1.75
水族	Shui	34.87
男	Male	18.03
女	Female	16.84
仫佬族	Mulam	2.50
男	Male	1.33
女	Female	1.17
羌族	Qiang	0.16
男	Male	0.09
女	Female	0.07
毛南族	Maonan	2.73
男	Male	1.42
女	Female	1.31
仡佬族	Gelao	49.52
男	Male	25.89
女	Female	23.62
未定族称人们共同体	Undetermined called People Community	61.28
男	Male	32.01
女	Female	29.27

注：数据来源于第六次人口普查机器汇总数。

Note:Data in this table are obtained from machine summany number of the Sixth Population Census.

3-3 常住人口主要指标

Permanent Resident Population (at least half a year)

单位：万人 (10000 persons)

指 标	Item	2012	2013	2014	2015	2016
年末总人口	**Total Population at the Year-end**	**3484**	**3502.22**	**3508.04**	**3529.50**	**3555.00**
家庭年末总户数(万户)	Total Number of Household (10000 households)	1103.77	1125.07	1133.00	1068.51	1100.62
家庭户规模(人/户)	Average Family Size(person/household)	3.10	3.11	3.08	3.20	3.23
人口自然变动	**Natural Change of Population**					
出生人数	Number of Birth	46.13	45.58	45.50	45.74	47.40
出生率(‰)	Birth Rate(‰)	13.27	13.05	12.98	13.00	13.43
死亡人数	Number of Death	24.20	24.97	25.17	25.34	24.46
死亡率(‰)	Death Rate(‰)	6.96	7.15	7.18	7.20	6.93
自然增长人数	Natural Increase of Population	21.93	20.61	20.33	20.40	22.94
自然增长率(‰)	Natural Growth Rate(‰)	6.31	5.90	5.80	5.80	6.50

3-4 常住人口年龄结构和抚养比

Age Composition and Dependency Ratio of Population

单位：万人 (10000 persons)

指 标	Item	2014	2015	2016
年末总人口	Total population (year-end)	3508.04	3529.50	3555.00
0-14岁人口数	Population ages 0-14	779.84	783.17	791.70
占总人口比重(%)	% of total	22.23	22.19	22.30
15-64岁人口数	Population ages 15-64	2378.10	2386.32	2396.42
占总人口比重(%)	% of total	67.79	67.61	67.40
65岁及以上人口数	Population ages 65 and above	350.10	360.01	366.88
占总人口比重(%)	% of total	9.98	10.20	10.30
总抚养比(%)	Gross Dependency Ratio	47.51	47.91	48.35
少儿抚养比(%)	Children Dependency Ratio	32.79	32.82	33.04
老年抚养比(%)	Old-age Dependency Ratio	14.72	15.09	15.31

3-5 6岁及以上人口受教育程度构成

Population Ages 6 and above by Education

单位：% (%)

指　标	Item	2015	2016
6岁及以上人口	**Population Ages 6 and above**		
未上过学	No schooling	10.93	9.70
小学	Primary schools	34.73	34.70
初中	Junior Secondary schools	35.23	35.90
高中	Semior Secondary schools	10.66	10.90
大专	College Students	8.45	8.80
6岁及以上人口平均受教育年限(年)	Average Years of Education for People Ages 6 and Above (years)	7.85	8.03
15岁及以上人口平均受教育年限(年)	Average Years of Education for People Ages 15 and Above (years)	7.97	8.11
成人识字率	**Adult Literacy Rate**	**88.39**	**89.12**
青壮年识字率	**Young Adult Literacy Rate**	**95.93**	**96.08**

3-6 计划生育

Family Planning

单位：万人 (10000 persons)

指　标	Item	2012	2013	2014	2015	2016
生育政策符合率(%)	Family Planning Rates(%)	94.7	95.0	95.2	95.2	91.7
采取节育措施人数	Number of Contraception Users	611.10	622.72	610.26	604.03	579.47
避孕率(含复合使用药具)(%)	Contraception Rates(Including Using contraceptives)(%)	89.0	89.0	89.1	88.7	85.4

注：资料来源于省卫生计生委。

Note:Data in the table are provided from the Health and Family Planning of Guizhou Provincial.

3-7 婚姻
Marriages and Divorces

指　标	Item	2012	2013	2014	2015	2016
准予登记结婚(对)	**Registered Marriages(couple)**	**417840**	**429812**	**437203**	**492606**	**453162**
#初婚(人)	First Marriages(person)	780707	835350	852237	953016	866973
再婚(人)	Remarriages(person)	54973	24274	22169	32196	39351
#女性	Female	29838	12462	11267	16180	19877
涉外婚姻(对)	**Registered Marriages with Foreigner and the Citizen of Hong Kong,Macao,Taiwan(couple)**	**440**	**438**	**409**	**393**	**385**
#国内公民(人)	Domestic Citizen(person)	439	438	409	393	385
#女性	Female	367	359	333	293	282
离婚人数(人)	**Divorces(person)**	**162460**	**171478**	**191428**	**216790**	**241962**
#民政部门批准	Permitted by Civil Administration Department	118810	124674	141696	162586	185672

注：资料来源于省民政厅。民政部门批准离婚人数为内地居民离婚人数。

Note: Data in the table are provided by provincial Civil Affairs Department. The number of divorced persons approved by the civil affairs department is the number of divorced residents in the Mainland.

3-8 残疾人事业基本情况

Basic Statistics on the Work for Person with Disablities

单位：人 (person)

指 标	Item	2013	2014	2015	2016
康复	**Rehabilitation**				
视力残疾康复	Rehabilitation of Persons with Visual Disability				
贫困白内障患者免费手术(例)	Free Surgeries for Poor Cataract Patients(case)	9220	9292	10158	1724
低视力者配用助视器	Persons with Low-vision Fitted with Vision-aids	3807	2745	3200	8476
盲人定向行走训练	Blind Persons Receiving Orientation Skill Training	2275	2300	1810	4331
聋儿康复	**Rehabilitation of Children with Hearing Disability**				
年收训聋儿	Deaf Children Trained in the year	381	383	421	823
培训家长	Parents Trained	759	690	745	875
精神病防治康复	**Prevention and Rehabilitation of Mental Illness (PRMI)**				
开展精神病防治康复工作市县数(个)	Counties Carried on the Works of Prevention and Rehabilitation of Mental Illness(unit)	86	86	83	83
接受治疗的精神病患者	Treatment Provided for Patients with Sever Psychiatric Diseases	13675	14262	16312	13240
孤独症儿童训练	Children with Autism Trained	309	308	304	867
肢体残疾康复	**Rehabilitation of Persons with Physical Disability**				
肢体残疾人社区康复训练	Persons with Mobility Impairment Receiving Rehabilitation Training in Communities	1415	1419	1677	1665
脑瘫儿童机构康复训练	Rehabilitation Training Institutions for Children with Cerebral Palsy	398	374	466	774
贫困肢体残疾儿童矫治手术	Rehabilitation of Children with Physical Disability in Poverty	218	252	209	182
智力残疾康复	**Rehabilitation of Persons with Intellectual Disability**				
智残儿童社区康复训练	Children with Intellectual Disability Receiving Rehabilitation Training at Community	369	369	408	1416
智残儿童机构康复训练	Children with Intellectual Disability Receiving Rehabilitation Training at Institutions	370	562	1085	1492
辅助器具供应服务数(件)	**Provision of Assistive Devices (piece)**	**18476**	**18464**	**20932**	**70685**
贫困残疾人假肢装配例数(例)	**Prosthesis Installed for Poor Disabled(case)**	**734**	**528**	**614**	**731**
社区康复协调员培训	**Workers Trained for Disabled person at Community**	**1926**	**1488**	**1179**	**1198**
教育	**Education**				
高中阶段特殊教育	Special education in Senior High School				
机构数(个)	Number of Institutions (unit)				5
在校生人数（人）	Number of students in attendance (person)				309
普通高等院校当年录取残疾考生数（人）	The number of disabled candidates admitted by ordinary institutions of higher learning(person)				500

注：资料来源于省残联。

Note :Data in the table are provided by Disabled Federation of Guizhou Province.

3-8 续表 Continued

单位：人 (person)

指 标	Item	2013	2014	2015	2016
就业	**Employment**				
城镇残疾人就业状况	Employed PWDs in Urban Areas				63924
农村残疾人就业状况	Employed PWDs in Rural Areas				146246
按比例就业	Employed by Quote Scheme				9800
#城镇残疾人	Urban disabled				7535
农村残疾人	Rural disabled				2265
集中就业	Employed in Collective Form				16842
#城镇残疾人	Urban disabled				13722
农村残疾人	Rural disabled				3120
个体及其他形式就业	Self-employed or Employed in Other Forms				16225
#城镇残疾人	Urban disabled				6089
农村残疾人	Rural disabled				10136
公益性岗位安置	Employed at Public Institution				8070
#城镇残疾人	Urban disabled				7329
农村残疾人	Rural disabled				741
辅助性就业	Auxiliary employment				15057
#城镇残疾人	Urban disabled				12351
农村残疾人	Rural disabled				2706
从事农业种养就业	Engaged in agricultural breeding and employment				113947
#城镇残疾人	Urban disabled				8055
农村残疾人	Rural disabled				105892
灵活就业	Flexible employment				30229
#城镇残疾人	Urban disabled				8843
农村残疾人	Rural disabled				21386
残疾人就业服务机构(个)	Employment Service Institutions for Handicapped (unit)				
省	Provinces	1	1	1	1
市、州	Prefectures、Autonomous Prefectures	9	9	9	15
县、市、区	County、Cities	63	63	61	66
盲人按摩	**Massage by Persons with Visual Disability**				
保健按摩人员培训	Massage Therapists Training	467	496	388	647
医疗按摩人员培训	Keep-fit Massage Training	27	48	20	60
扶贫	**Poverty Alleviation**				
本年度退出建档立卡贫困残疾户	Disabled Persons Overcoming Poverty				24819
本年度退出建档立卡贫困残疾人	PWDs im Rural Areas				30661
本年度返贫残疾人	Disabled Persons at the Local Low-income Level				4709
残联组织建设	**Organization Development of the Disabled Persons' Federation**				
残联机关工作人员	Workers Working for the Disabled	3294	3237	2739	2766

3-9 历年年末常住人口

Permanent Population at the year-end Over the Years

单位：万人 (10000 persons)

年 份 Year	合 计 Total	按城镇、乡村分 Grouped by Urban and Rural		按性别分 Grouped by Sex		性别比 Sex Ratio (女=100) (female=100)	年平均人口 Annual Average Population
		城 镇 Urban	乡 村 Rural	男 Male	女 Female		
1978	2686.40	323.97	2362.43	1364.82	1321.58	103.27	2663.27
1979	2730.99	520.82	2210.17	1386.93	1344.06	103.19	2708.70
1980	2776.67	543.18	2233.49	1409.61	1367.06	103.11	2753.83
1981	2826.78	528.41	2298.37	1439.89	1386.89	103.82	2801.73
1982	2875.21	542.13	2333.08	1470.43	1404.78	104.67	2851.00
1983	2901.46	550.96	2350.50	1484.73	1416.73	104.80	2888.33
1984	2931.85	854.14	2077.71	1501.55	1430.30	104.98	2916.65
1985	2972.18	883.18	2089.00	1522.93	1449.25	105.08	2952.02
1986	3025.86	909.55	2116.31	1550.90	1474.96	105.15	2999.02
1987	3072.58	1002.93	2069.65	1576.23	1496.35	105.34	3049.22
1988	3127.27	951.23	2176.04	1599.01	1528.26	104.63	3099.93
1989	3171.00	1000.26	2170.74	1628.85	1542.15	105.62	3149.14
1990	3267.53	1083.67	2183.86	1684.53	1583.00	106.41	3219.27
1991	3314.63	1238.48	2076.15	1709.31	1605.32	106.48	3291.08
1992	3360.96	2256.05	1104.91	1735.46	1625.50	106.76	3337.80
1993	3408.69	2324.92	1083.77	1761.65	1647.04	106.96	3384.83
1994	3458.41	2371.06	1087.35	1789.32	1669.09	107.20	3433.55
1995	3508.08	2408.78	1099.30	1815.63	1692.45	107.28	3483.25
1996	3555.41	2457.33	1098.08	1840.38	1715.03	107.31	3531.75
1997	3605.81	2503.75	1102.06	1866.48	1739.33	107.31	3580.61
1998	3657.60	2539.76	1117.84	1893.29	1764.31	107.31	3631.70
1999	3710.06	2539.80	1170.26	1920.40	1789.66	107.30	3683.83
2000	3755.72	896.49	2859.23	1968.00	1787.72	110.08	3732.89
2001	3798.51	910.12	2888.39	1973.41	1825.10	108.13	3777.12
2002	3837.28	932.11	2905.17	1993.15	1844.13	108.08	3817.90
2003	3869.66	958.52	2911.14	2010.22	1859.44	108.11	3853.47
2004	3903.70	1025.89	2877.81	2022.22	1881.48	107.48	3886.68
2005	3730	1002.25	2727.75	1920.55	1809.45	106.14	3717.61
2006	3690	1013.27	2676.73	1908.85	1781.15	107.17	3710
2007	3632	1025.68	2606.32	1879.70	1752.30	107.27	3661
2008	3596	1046.79	2549.21	1868.73	1727.27	108.19	3614
2009	3537	1057.21	2479.79	1827.56	1709.44	106.91	3567
2010	3479	1176.25	2302.75	1797.43	1681.57	106.89	3508
2011	3469	1212.76	2256.24	1801.21	1667.79	108.00	3474
2012	3484.07	1268.54	2215.53	1818.64	1665.43	109.20	3476.53
2013	3502.22	1324.89	2177.33	1822.5	1679.72	108.50	3493.15
2014	3508.04	1403.57	2104.47	1817.91	1690.13	107.56	3505.13
2015	3529.50	1482.74	2046.76	1820.63	1708.87	106.54	3518.77
2016	3555.00	1569.53	1985.47	1833.45	1721.55	106.50	3542.25

注：1. 2000年及以后的城镇、乡村人口的划分标准按国家统计局1999年发布的《关于统计上划分城乡的规定》计算，与以前年份数据不可比。2.2005年及以后为常住半年口径。 3.2006—2009年常住总人口数据已根据第六次人口普查资料进行修订（下表同）。

Note:1.Since 2000,standards of grouping rural and urban residents were calculated on the basis of Statistical Partition Ordain about Urban or Rural that had been issued by National Bureau of Statistial of China, So the data are not comparable with the preceding years. 2.Population cablier have refer to permanent population in half a year scope since 2005. 3.Data from 2006 to 2009 had been verified according to the Six National Population Census since 2005(the same applies to the next table).

3-10 历年人口自然变动

Natural Change of Population Over the Years

单位：万人 (10000 persons)

年 份 Year	出 生 Birth		死 亡 Death		自然增长 Natural Growth	
	人 数 Number of Persons	率(‰) Rate(‰)	人 数 Number of Persons	率(‰) Rate(‰)	人 数 Number of Persons	率(‰) Rate(‰)
1978	76.22	28.62	19.65	7.38	56.57	21.24
1979	72.84	26.89	19.23	7.10	53.61	19.79
1980	68.02	24.70	19.39	7.04	48.63	17.66
1981	66.46	23.72	21.07	7.52	45.39	16.20
1982	70.73	24.81	21.67	7.60	49.06	17.21
1983	60.11	20.81	26.46	9.16	33.65	11.65
1984	54.98	18.85	21.29	7.30	33.69	11.55
1985	59.97	20.33	17.43	5.91	42.54	14.42
1986	72.04	24.11	18.08	6.05	53.96	18.06
1987	71.77	23.69	25.87	8.54	45.90	15.15
1988	73.76	23.81	18.62	6.01	55.14	17.80
1989	67.08	21.23	21.58	6.83	45.50	14.40
1990	74.13	23.09	25.36	7.90	48.77	15.19
1991	72.96	22.42	26.39	8.11	46.57	14.31
1992	73.61	22.40	28.00	8.52	45.61	13.88
1993	74.96	22.6	28.19	8.50	46.77	14.10
1994	76.93	22.92	27.32	8.14	49.61	14.78
1995	76.14	21.86	26.47	7.60	49.67	14.26
1996	77.88	22.05	27.16	7.69	50.72	14.36
1997	79.31	22.15	27.46	7.67	51.85	14.48
1998	79.97	22.02	28.18	7.76	51.79	14.26
1999	80.75	21.92	28.29	7.68	52.46	14.24
2000	76.86	20.59	28.11	7.53	48.75	13.06
2001	70.10	18.56	27.31	7.23	42.79	11.33
2002	68.57	17.96	27.53	7.21	41.04	10.75
2003	61.31	15.91	26.47	6.87	34.84	9.04
2004	58.61	15.08	24.68	6.35	33.93	8.73
2005	54	14.59	25	7.21	29	7.38
2006	51.83	13.97	24.89	6.71	26.94	7.26
2007	48.62	13.28	24.16	6.60	24.46	6.68
2008	48.75	13.49	24.47	6.77	24.28	6.72
2009	48.68	13.65	23.86	6.69	24.82	6.96
2010	48.52	13.96	22.76	6.55	25.76	7.41
2011	46.24	13.31	24.07	6.93	22.17	6.38
2012	46.13	13.27	24.20	6.96	21.93	6.31
2013	45.58	13.05	24.97	7.15	20.61	5.90
2014	45.50	12.98	25.17	7.18	20.33	5.80
2015	45.74	13.00	25.34	7.20	20.40	5.80
2016	47.40	13.43	24.46	6.93	22.94	6.50

3-11 历年户籍人口

Household Registered Population Over the Years

单位：万人 (10000 persons)

年 份 Year	年末总人口 Total Population at the Year-end	按农业非农业分 Grouped by Agriculture and Non-agriculture		占总人口比重(%) Proportion(%)	
		农 业 Agriculture	非农业 Non-agriculture	农 业 Agriculture	非农业 Non-agriculture
1978	2686.40	2380.52	305.88	88.6	11.4
1979	2730.99	2416.67	314.32	88.5	11.5
1980	2776.67	2456.37	320.30	88.5	11.5
1981	2826.78	2500.74	326.04	88.5	11.5
1982	2875.21	2544.10	331.11	88.5	11.5
1983	2901.46	2564.92	336.54	88.4	11.6
1984	2931.85	2588.11	343.74	88.3	11.7
1985	2967.91	2609.04	358.87	87.9	12.1
1986	3007.99	2643.57	364.42	87.9	12.1
1987	3051.39	2678.60	372.79	87.8	12.2
1988	3143.94	2760.47	383.47	87.8	12.2
1989	3184.05	2793.35	390.70	87.7	12.3
1990	3236.97	2840.21	396.76	87.7	12.3
1991	3271.40	2868.27	403.13	87.7	12.3
1992	3300.97	2887.95	413.02	87.5	12.5
1993	3332.30	2910.71	421.59	87.3	12.7
1994	3380.58	2927.54	453.04	86.6	13.4
1995	3419.54	2957.32	462.22	86.5	13.5
1996	3459.54	2979.85	479.69	86.1	13.9
1997	3495.50	3004.76	490.74	86.0	14.0
1998	3536.54	3032.50	504.04	85.7	14.3
1999	3582.05	3063.23	518.82	85.5	14.5
2000	3676.63	3144.98	531.65	85.5	14.5
2001	3710.20	3156.33	553.87	85.1	14.9
2002	3747.68	3175.17	572.51	84.7	15.3
2003	3786.84	3196.70	590.14	84.4	15.6
2004	3831.19	3224.62	606.57	84.2	15.8
2005	3867.73	3258.05	609.68	84.2	15.8
2006	3921.91	3295.08	626.83	84.0	16.0
2007	3985.04	3346.09	638.95	84.0	16.0
2008	4036.75	3385.66	651.09	83.9	16.1
2009	4090.78	3429.36	661.43	83.8	16.2
2010	4189.00	3512.92	676.07	83.9	16.1
2011	4238.44	3551.18	687.26	83.8	16.2
2012	4249.48	3557.14	692.34	83.7	16.3
2013	4286.15	3584.17	701.98	83.6	16.4
2014	4325.49	3616.27	709.22	83.6	16.4
2015	4395.33				
2016	4452.80				

注：资料来源于省公安厅。1984年及以前为公安、统计共同使用的数据，1985年起为公安户籍人口统计口径。2015年户籍制度改革，取消农业、非农业之分。

Note: Data in the table is provided by Provincial Public Security Department. Data after 1985 in the table is obtained from the Public Security Department of Guizhou Province,while data before 1984 are used by Statistics Beaura and Public Security Department of Guizhou Province. The 2015 reform of the household registration system abolish the distinction between agriculture and non-agricultrue.

主要统计指标解释

总人口 指一定时点、一定地区范围内的有生命的个人的总和。年度统计的年末人口数指每年 12 月 31 日 24 时的人口数。

城镇人口和乡村人口 城镇人口是指居住在城镇范围内的全部常住人口；乡村人口是除上述人口以外的全部人口。

出生率(又称粗出生率) 指在一定时期内(通常为一年)一定地区的出生人数与同期内平均人数之比，用千分率表示。本资料中的出生率指年出生率，其计算公式为：

$$出生率=\frac{年出生人数}{年平均人数}\times 1000‰$$

公式中：出生人数指活产婴儿，即胎儿脱离母体时(不管怀孕月数)，有过呼吸或其他生命现象。年平均人数指年初、年底人口数的平均数，也可用年中人口数代替。

死亡率(又称粗死亡率) 指在一定时期内(通常为一年)一定地区的死亡人数与同期内平均人数之比，用千分率表示。本资料中的死亡率指年死亡率，其计算公式为：

$$死亡率=\frac{年死亡人数}{年平均人数}\times 1000‰$$

人口自然增长率 指在一定时期内(通常为一年)人口自然增加数(出生人数减死亡人数)与该时期内平均人数之比，用千分率表示。计算公式为：

$$人口自然增长率=\frac{本年出生人数-本年死亡人数}{年平均人数}\times 1000‰$$

$$=人口出生率-人口死亡率$$

Explanatory Notes on Main Statistical Indicators

Total Population refers to the total number of people alive at a certain point of time within a given area. The annual statistics on total population is taken at midnight, the 31st of December.

Urban Population and Rural Population Urban population refers to all people residing in cities and towns, while rural population refers to population other than urban population.

Birth Rate (or Crude Birth Rate) refers to the ratio of the number of births to the average population during a certain period of time (usually a year), expressed in ‰. Birth rate in the chapter refers to annual birth rate. The following formula is used:

$$\text{Birth Rato}=\frac{\text{Number of Births}}{\text{Annual Average Population}}\times 1000‰$$

Number of births in the formula refers to live births, i.e. when a baby has breathed or showed any vital phenomena regardless of the length of pregnancy.

Annual average population is the average of the number of population at the beginning of the year and that at the end of the year. Sometimes it is substituted by the mid-year population.

Death Rate(or Crude Death Rate) refers to the ratio of the number of deaths to the average population during a certain period of time (usually a year), expressed in ‰. Death rate in the chapter refers to annual death rate. The following formula is used:

$$\text{Death Rato} = \frac{\text{Number of Death}}{\text{Annual Average Population}} \times 1000‰$$

Natural Growth Rate of Population refers to the ratio of natural increase in population (number of births minus number of deaths) in a certain period of time (usually a year) to the average population of the same period, expressed in ‰. The following formula is applied:

$$\text{Natural Growth Rate of Population} = \frac{\text{Number of Births} - \text{Number of Death}}{\text{Annual Average Population}} \times 1000‰$$

$$= \text{Birth Rate} - \text{Death Rate}$$

就业人员和职工工资

Employment and Wages 4

简 要 说 明

一、主要内容

本篇资料反映劳动经济方面的基本情况，包括：就业人员数、就业人员工资总额、平均工资、城镇新增就业数等。

二、统计范围及统计调查方法

《劳动工资统计报表制度》的调查范围为城镇地区全部法人单位；《劳动力调查制度》的调查范围为全省 16 岁及以上人口；《培训就业统计报表制度》的填报范围为全省就业服务和职业介绍机构；私营企业及个体工商业统计范围为全社会。

劳动工资统计中，城镇非私营单位采用全面调查方法，城镇私营单位采用抽样调查方法；劳动力调查采用抽样调查方法；就业统计及私营企业和个体工商业统计利用行政登记资料加工整理。

三、资料来源

就业基本情况及分组资料、工资总额等资料，由省统计局人口和就业统计处根据《劳动工资统计报表制度》、《劳动力调查制度》搜集资料，加工整理。

城镇新增就业、城镇登记失业人数，由省人力资源社会保障厅整理提供。

私营企业及个体工商业就业人员，由省工商局提供。

Brief Introduction

I. Main Contents

Data in this chapter show the basic conditions of the labour economy, such as the economically active population, number of employed persons, number of registered unemployed persons in urban areas, total wages bills of employed persons and average wages, etc.

II. Scope and Methodology of Statistics

The Reporting Form System on Labour Wage Statistics covers corporate units in all urban area. The scope of survey of The Sample Survey System on Labour Force are the population aged 16 and over of the whole province. The System of Rural Social and Economic Surveys covers all rural areas below township level in Guizhou. The Reporting Form System on Training and Employment Statistics covers all agencies and units providing employment services and job centers. The scope of statistics on private enterprises and self-employed individuals covers the whole province.

A complete reporting form system from lower-level statistical bureaus to higher level statistical bureaus is used in the labour wage statistics of urban non-private enterprises, and sampling methods is used in the statistics of urban private enterprises. The Sample Survey on Labour Force is conducted by using sampling methods. Statistics on employment, private enterprises and self-employed individuals are collected and compiled on basis of administrative registering records.

III. Sources of Data

Data on basic conditions of employment, data by groups, total wage bills of staff and workers are collected and compiled through The Reporting Form System on Labour Wage Statistics, The Sample Survey System on Labour Force, and The System of Rural Social and Economic Surveys by the Department of Population and Employment Statistics of Guizhou Provincial Bureau of Statistics.

Data on the urban new employment conditions and on the number of registered unemployed persons in urban areas are provided by the Ministry of Human Resources and Social Security of Guizhou Province.

Data on the number of employed persons in private enterprises and self-employed individuals are provided by the Administration for Industry and Commerce of Guizhou Province.

4-1 全社会就业人员

Number of Employed Personnels

指　标	Item	2012	2013	2014	2015	2016	2016年比2015年增长(%) Increase Rate in 2016over2015(%)
就业人员(万人)	**Number of Employed Persons (10000 persons)**	**1825.82**	**1864.21**	**1909.69**	**1946.65**	**1983.72**	**1.9**
按产业分	**Grouped by Three Strata of Industry**						
第一产业	Primary Industry	1189.04	1179.76	1171.02	1161.54	1136.87	-2.1
第二产业	Secondary Industry	238.10	264.32	291.42	315.38	340.41	7.9
第三产业	Tertiary Industry	398.68	420.13	447.25	469.73	506.44	7.8
按城乡分	**Grouped by Urban and Rural Areas**						
城镇	Urban Area	596.06	639.67	690.28	739.41	793.16	7.3
乡村	Rural Area	1229.76	1224.54	1219.41	1207.24	1190.56	-1.4

4-2 城镇单位就业人员及平均工资

Number of Employed Persons and Wages in Urban Units

指　标	Item	2012	2013	2014	2015	2016	2016年比2015年增长(%) Increase Rate in 2016over2015(%)
城镇单位就业人数(万人)	**Number of Employed Persons in Urban Units (10000 persons)**		**398.66**	**416.67**	**428.05**	**438.86**	**2.5**
非私营单位就业人数(万人)	Number of Employed Persons in Non-private Units(10000 persons)	269.50	296.71	304.75	307.47	310.48	1.0
非私营单位在岗职工人数(万人)	Total Number of Staff and Workers of Non-privately-owned unit (10000 persons)	249.67	273.27	278.63	277.62	278.57	0.3
私营单位就业人数（万人）	Number of Engaged Persons in Private Units(10000 persons)	87.90	101.95	111.92	120.58	128.38	6.5
城镇单位就业人员平均工资(元)	**Average Wage of Employed Persons in Urban Units (yuan)**		**42815**	**47466**	**53094**	**58398**	**10.0**
非私营单位就业人员平均工资(元)	Average Wage of Employed Persons in Non-private Units(yuan)	41156	47364	52772	59701	66279	11.0
非私营单位在岗职工平均工资(元)	Average Wage of Staff and Workers of Non-privately-owned unit (yuan)	42733	49087	54685	62591	69678	11.3
私营单位就业人员平均工资（元）	Average Wage of Engaged Persons in Private Units(yuan)	25962	29370	32785	36044	39058	8.4

注：在岗职工包含劳务派遣人员(以下相关表同)。

Note:The working staff at work include labor dispatching personnel (the related tables in the chapter are the same).

4-3 非私营单位就业人员年末人数(2016)

Number of Employed Persons in Non-private Units at Year-end

单位：人 (person)

指 标	Item	就业人员 Number of Employed	国有单位 State-owned Units	集体单位 Collective-owned Units	其他单位 Unit of Other Type of Ownership
总 计	**Total**	**3104774**	**1721280**	**47561**	**1335933**
按企事业、机关分	**By Enterprises,Institutions and Agencies**				
企 业	Enterprises	1739264	360083	46855	1332326
事 业	Institutions	921115	917147	676	3292
机 关	Agencies	444395	444050	30	315
按产业分	**By Three Strata of Industry**				
第一产业	Primary Industry	10863	7936	177	2750
第二产业	Secondary Industry	1115379	217855	23518	874006
第三产业	Tertiary Industry	1978532	1495489	23866	459177
按国民经济行业分	**By Sector**				
农、林、牧、渔业	Farming,Forestry,Animal Husbandry and Fishery	10863	7936	177	2750
采矿业	Mining	134127	7440	1084	125603
制造业	Manufacturing	401975	62525	3283	336167
电力、热力、燃气及水生产和供应业	Production and Supply of Electricity Heat, Gas and Water	122146	89388	380	32378
建筑业	Construction	457131	58502	18771	379858
批发和零售业	Wholesale and Retail Trades	123912	25552	3764	94596
批发业	Wholesale	63055	23089	2412	37554
零售业	Retail Trades	60857	2463	1352	57042
交通运输、仓储和邮政业	Transport,Storage and Post	119890	61982	1442	56466
住宿和餐饮业	Hotels and Catering Services	27738	3255	452	24031
信息传输、软件和信息技术服务业	Information Transmission, Software and Information Technology	35983	2893	17	33073
金融业	Financial Intermediation	90315	19164	11745	59406
房地产业	Real Estate	87896	4547	1551	81798
租赁和商务服务业	Leasing and Business Services	50478	9829	2959	37690
租赁业	Leasing Services	1481	60	44	1377
商务服务业	Business Services	48997	9769	2915	36313
科学研究、技术服务业	Scientific Research and Technic Services	73220	57812	271	15137
水利、环境和公共设施管理业	Management of Water Conservancy, Environment and Public Facilities	51883	40454	230	11199
居民服务、修理和其他服务业	Services to Households,Repair and Other Services	13571	3536	224	9811
教 育	Education	542636	527418	294	14924
卫生和社会工作	Health and Social Service	205050	192281	766	12003
卫 生	Health	201689	189305	718	11666
社会工作	Social Service	3361	2976	48	337
文化、体育和娱乐业	Culture,Sports and Entertainment	22983	15016	35	7932
#新闻和出版业	News Publishing Company	4247	2116		2131
广播、电视、电影和影视录音制作业	Radio,Television,Movies and Video Recordings	7059	6188	15	856
体 育	Sports	2239	398	20	1821
公共管理、社会保障和社会组织	Public Management、Social Securities and Social Organization	532977	531750	116	1111

4-4 非私营单位女性就业人员年末人数(2016)

Number of Employed Female in Non-private Units at the Year-end

单位：人 (person)

行业	Sector	女性就业人员数 Number of Female Employed	国有单位 State-owned Units	集体单位 Collective-owned Units	其他单位 Unit of Other Type of Ownership
总　计	**Total**	1075178	694236	13289	367653
农、林、牧、渔业	Farming,Forestry,Animal Husbandry and Fishery	3453	2207	75	1171
采矿业	Mining and Quarrying	15315	922	64	14329
制造业	Manufacturing	135677	20400	1225	114052
电力、热力、燃气及水生产和供应业	Production and Supply of Electricity,Heat,Gas and Water	32203	24981	81	7141
建筑业	Construction	47076	9265	2282	35529
批发和零售业	Wholesale and Retail Trades	51692	7357	1412	42923
批发业	Wholesale	20844	6330	875	13639
零售业	Retail Trades	30848	1027	537	29284
交通运输、仓储和邮政业	Transport,Storage and Post	32866	16022	592	16252
住宿和餐饮业	Hotels and Catering Services	17085	1893	285	14907
信息传输、软件和信息技术服务业	Information Transmission,Software and Information Technology	13913	1002	10	12901
金融业	Financial Intermediation	45207	8596	5262	31349
房地产业	Real Estate	32474	1748	644	30082
租赁和商务服务业	Leasing and Commerce Services	15406	3382	428	11596
租赁业	Leasing Services	464	28	14	422
商务服务业	Commerce Services	14942	3354	414	11174
科学研究、技术服务业	Scientific Research,Technic Services	21580	17588	57	3935
水利、环境和公共设施管理业	Management of Water Conservancy, Environment and Public Facilities	27937	22224	83	5630
居民服务、修理和其他服务业	Services to Households Repair and Other Services	6585	1778	79	4728
教　育	Education	270326	261918	174	8234
卫生和社会工作	Health and Social Service	131761	122921	476	8364
卫　生	Health	130070	121456	447	8167
社会工作	Social Service	1691	1465	29	197
文化、体育和娱乐业	Culture,Sports and Entertainment	10398	6381	10	4007
#新闻和出版业	News Publishing Company	2060	920		1140
广播、电视、电影和影视录音制作业	Broadcasting,Television,Film and Video Trade	2840	2441	5	394
体　育	Sports	993	123	5	865
公共管理、社会保障和社会组织	Public Administration Social Securities and Social Organization	164224	163651	50	523

4-5 非私营单位各行业在岗职工年末人数(2016)

Working Staff and Workers in Non-private Units at the Year-end by Sector

单位：人 (person)

指 标	Item	职工人数 Number of Staff and Workers	国有单位 State-owned Units	集体单位 Collective-owned Units	其他单位 Unit of Other Type of Ownership
总 计	**Total**	**2785739**	**1547947**	**41453**	**1196339**
按企事业、机关分	**By Enterprises,Institutions and Agencies**				
企 业	Enterprises	1571958	338353	40749	1192856
事 业	Institutions	825914	822060	674	3180
机 关	Agencies	387867	387534	30	303
按产业分	**By Three Strata of Industry**				
第一产业	Primary Industry	9758	7077	134	2547
第二产业	Secondary Industry	983945	205042	19099	759804
第三产业	Tertiary Industry	1792036	1335828	22220	433988
按国民经济行业分	**By Sector**				
农、林、牧、渔业	Farming,Forestry,Animal Husbandry and Fishery	9758	7077	134	2547
采矿业	Mining	127640	6979	1080	119581
制造业	Manufacturing	392586	60913	3211	328462
电力、热力、燃气及水生产和供应业	Production and Supply of Electricity,Heat, Gas and Water	114882	83045	375	31462
建筑业	Construction	348837	54105	14433	280299
批发和零售业	Wholesale and Retail Trades	119833	24168	3474	92191
批发业	Wholesale	60520	21900	2227	36393
零售业	Retail Trades	59313	2268	1247	55798
交通运输、仓储和邮政业	Transport,Storage and Post	114265	59294	1199	53772
住宿和餐饮业	Hotels and Catering Services	26715	3024	450	23241
信息传输、软件和信息技术服务业	Information Transmission,Software and Information Technology	34842	2783	17	32042
金融业	Financial Intermediation	77413	18839	11068	47506
房地产业	Real Estate	84505	4230	1230	79045
租赁和商务服务业	Leasing and Business Services	48287	8469	2896	36922
租赁业	Leasing Services	1446	54	40	1352
商务服务业	Business Services	46841	8415	2856	35570
科学研究、技术服务业	Scientific Research and Technic Services	68466	54004	262	14200
水利、环境和公共设施管理业	Management of Water Conservancy, Environment and Public Facilities	37352	26404	230	10718
居民服务、修理和其他服务业	Services to Households Repair and Other Services	12574	2831	198	9545
教 育	Education	500150	485400	290	14460
卫生和社会工作	Health and Social Service	184587	172218	755	11614
卫 生	Health	181398	169413	707	11278
社会工作	Social Service	3189	2805	48	336
文化、体育和娱乐业	Culture,Sports and Entertainment	21423	13738	35	7650
#新闻和出版业	News Publishing Company	4194	2065		2129
广播、电视、电影和影视录音制作业	Radio,Television,Movies and Video Recordings	6380	5549	15	816
体 育	Sports	2124	372	20	1732
公共管理、社会保障和社会组织	Public Managemen、 Social Securities and Social Organization	461624	460426	116	1082

4-6 非私营单位在岗职工工资总额(2016)

Total Wages Bill of Working Staff and Workers in Non-private Units

单位：亿元 (100 million yuan)

指标	Item	工资总额 Total Wage Bill	国有单位 State-owned Units	集体单位 Collective-owned Units	其他单位 Unit of Other Type of Ownership
总计	**Total**	**1914.79**	**1185.99**	**30.77**	**698.03**
按企事业、机关分	**By Enterprises,Institutions and Agencies**				
企业	Enterprises	988.95	262.54	30.17	696.24
事业	Institutions	623.95	621.69	0.58	1.68
机关	Agencies	301.89	301.76	0.02	0.10
按产业分	**By Three Strata of Industry**				
第一产业	Primary Industry	5.60	4.76	0.03	0.80
第二产业	Secondary Industry	572.92	149.47	7.91	415.54
第三产业	Tertiary Industry	1336.27	1031.76	22.83	281.68
按国民经济行业分	**By Sector**				
农、林、牧、渔业	Farming,Forestry,Animal Husbandry and Fishery	5.60	4.76	0.03	0.80
采矿业	Mining	67.07	3.90	0.49	62.68
制造业	Manufacturing	229.28	52.59	1.17	175.52
电力.热力.燃气及水生产和供应业	Production and Supply of Electricity,Heat,Gas and Water	100.48	72.75	0.14	27.60
建筑业	Construction	176.09	20.24	6.10	149.75
批发和零售业	Wholesale and Retail Trades	72.74	26.41	1.25	45.08
批发业	Wholesale	47.16	25.32	0.84	21.00
零售业	Retail Trades	25.58	1.09	0.41	24.08
交通运输、仓储和邮政业	Transport,Storage and Post	81.35	45.32	0.65	35.38
住宿和餐饮业	Hotels and Catering Services	10.84	1.65	0.16	9.03
信息传输、软件和信息技术服务业	Information Transmission,Software and Information Technology	27.83	1.87	0.01	25.96
金融业	Financial Intermediation	111.62	19.87	18.51	73.24
房地产业	Real Estate	45.08	2.27	0.46	42.36
租赁和商务服务业	Leasing and Business Services	24.70	5.57	1.03	18.09
租赁业	Leasing Services	0.70	0.05	0.02	0.64
商务服务业	Business Services	24.00	5.53	1.01	17.45
科学研究、技术服务业	Scientific Research and Technic Services	50.73	41.36	0.11	9.27
水利、环境和公共设施管理业	Management of Water Conservancy, Environment and Public Facilities	16.48	12.74	0.06	3.68
居民服务、修理和其他服务业	Services to Households Repair and Other Services	4.74	1.39	0.06	3.29
教育	Education	381.47	375.00	0.13	6.34
卫生和社会工作	Health and Social Service	141.19	135.50	0.32	5.37
卫生	Health	139.21	133.66	0.30	5.24
社会工作	Social Service	1.98	1.84	0.02	0.13
文化、体育和娱乐业	Culture,Sports and Entertainment	14.64	10.82	0.02	3.79
#新闻和出版业	News Publishing Company	3.13	1.65		1.48
广播.电视.电影和影视录音制作业	Radio,Television,Movies and Video Recordings	5.09	4.68	0.00	0.41
体育	Sports	1.11	0.27	0.01	0.82
公共管理、社会保障和社会组织	Public Management Social Securities and Social Organization	352.86	351.98	0.07	0.81

4-7 非私营单位各行业在岗职工平均工资(2016)

Average Wages of Working Staff and Workers in Non-private Units by Sector

单位：元 (yuan)

指　　标	Item	平均工资 Average Wage	国有单位 State-owned Units	集体单位 Collective-owned Units	其他单位 Unit of Other Type of Ownership
总　　计	**Total**	**69678**	**77585**	**75197**	**59231**
按企事业、机关分	**By Enterprises,Institutions and Agencies**				
企　业	Enterprises	63932	79177	75007	59251
事　业	Institutions	76321	76398	86557	54009
机　关	Agencies	78691	78726	76333	33535
按产业分	**By Three Industries**				
第一产业	Primary Industry	57742	67234	33376	31928
第二产业	Secondary Industry	59076	74402	41833	55406
第三产业	Tertiary Industry	75557	78124	104148	66127
按国民经济行业分	**By Sector**				
农、林、牧、渔业	Farming, Forestry, Animal Husbandry and Fishery	57742	67234	33376	31928
采矿业	Mining	50862	56963	49352	50538
制造业	Manufacturing	58859	87056	35136	53873
电力、热力、燃气及水生产和供应业	Production and Supply of Electricity,Heat,Gas and Water	86280	87860	37173	82914
建筑业	Construction	53049	39802	43001	56107
批发和零售业	Wholesale and Retail Trades	61772	112989	36130	49583
批发业	Wholesale	79205	119800	37937	58030
零售业	Retail Trades	43943	48697	32892	44000
交通运输、仓储和邮政业	Transport,Storage and Post	72323	77406	53498	67109
住宿和餐饮业	Hotels and Catering Services	40880	54302	37256	39183
信息传输、软件和信息技术服务业	Information Transmission,Software and Information Technology	80275	67764	37529	81378
金融业	Financial Intermediation	147461	106601	171415	158332
房地产业	Real Estate	54179	59060	38000	54188
租赁和商务服务业	Leasing and Business Services	51634	68599	35145	49204
租赁业	Leasing Services	50032	84907	51385	48558
商务服务业	Business Services	51682	68490	34927	49228
科学研究、技术服务业	Scientific Research and Technic Services	74468	76946	40402	65669
水利、环境和公共设施管理业	Management of Water Conservancy,Environment and Public Facilities	46624	48618	25619	41311
居民服务、修理和其他服务业	Services to Households Repair and Other Services	39047	48920	28005	36191
教　育	Education	76844	77802	46407	44799
卫生和社会工作	Health and Social Service	78066	80314	44380	46993
卫　生	Health	78343	80555	44801	47286
社会工作	Social Service	62523	65982	38417	37298
文化、体育和娱乐业	Culture,Sports and Entertainment	69053	78930	50229	50947
#新闻和出版业	News Publishing Company	74758	79656		69976
广播、电视、电影和影视录音制作业	Radio,Television,Movies and Video Recordings	79920	84454	18000	50146
体　育	Sports	56469	74236	74400	52093
公共管理、社会保障和社会组织	Public Management Social Securities and Social Organization	77331	77339	59362	75939

4-8 非私营单位各行业从业人员平均工资(2016)

Average Wages of Working Staff and Workers in Non-private Units by Sector

单位：元 (yuan)

指 标	Item	平均工资 Average Wage	国有单位 State-owned Units	集体单位 Collective-owned Units	其他单位 Unit of Other Type of Ownership
总 计	**Total**	**66279**	**72237**	**69802**	**58355**
按企事业、机关分	**By Enterprises,Institutions and Agencies**				
企 业	Enterprises	62348	75893	69559	58375
事 业	Institutions	71013	71066	86307	52903
机 关	Agencies	71665	71692	76333	32898
按产业分	**By Three Industries**				
第一产业	Primary Industry	53874	61791	26565	31560
第二产业	Secondary Industry	58009	71131	40433	55169
第三产业	Tertiary Industry	70958	72454	99368	64539
按国民经济行业分	**By Sector**				
农、林、牧、渔业	Farming,Forestry,Animal Husbandry and Fishery	53874	61791	26565	31560
采矿业	Mining	49909	56337	46332	49576
制造业	Manufacturing	58288	85641	34749	53454
电力、热力、燃气及水生产和供应业	Production and Supply of Electricity,Heat, Gas and Water	81297	81252	37021	81917
建筑业	Construction	53487	39923	41196	56258
批发和零售业	Wholesale and Retail Trades	60617	105635	34840	49279
批发业	Wholesale	76777	111718	36672	57636
零售业	Retail Trades	43587	47557	31563	43704
交通运输、仓储和邮政业	Transport,Storage and Post	70936	75993	57524	65669
住宿和餐饮业	Hotels and Catering Services	40505	52420	37112	38943
信息传输、软件和信息技术服务业	Information Transmission,Software and Information Technology	79355	66105	37529	80531
金融业	Financial Intermediation	132964	105608	163767	135880
房地产业	Real Estate	53467	56414	32428	53713
租赁和商务服务业	Leasing and Business Services	50522	62404	34746	48791
租赁业	Leasing Services	49155	79383	52581	47699
商务服务业	Business Services	50563	62295	34488	48832
科学研究、技术服务业	Scientific Research and Technic Services	72107	74407	40248	63764
水利、环境和公共设施管理业	Management of Water Conservancy, Environment and Public Facilities	40230	40341	25619	40113
居民服务、修理和其他服务业	Services to Households Repair and Other Services	38246	45254	27967	35823
教 育	Education	72580	73382	46088	44277
卫生和社会工作	Health and Social Service	73553	75352	44097	46752
卫 生	Health	73766	75533	44491	47031
社会工作	Social Service	60948	64018	38417	37258
文化、体育和娱乐业	Culture,Sports and Entertainment	67427	75955	50229	50740
#新闻和出版业	News Publishing Company	74145	78342		69947
广播、电视、电影和影视录音制作业	Radio,Television,Movies and Video Recordings	77516	81497	18000	49519
体 育	Sports	56042	71329	74400	52224
公共管理、社会保障和社会组织	Public Management Social Securities and Social Organization	70060	70053	59362	74494

4-9 城乡私营企业户数和就业人员(2016)
Number of Private Enterprises and Employed Persons in Urban and Rural Areas by Sector

指　标	Item	私营企业户数(户) Number of Private Enterprises (Household)	城 镇 Urban Areas	乡 村 Rural Areas	就业人员(人) Number of Employees (Person)	城 镇 Urban Areas	乡 村 Rural Areas
总　计	**Total**	**402309**	**127567**	**274742**	**2955707**	**805487**	**2150220**
农、林、牧、渔业	Farming,Forestry,Animal Husbandry and Fishery	55612	7299	48313	896195	53633	842562
采掘业	Mining	6329	1221	5108	48935	12573	36362
制造业	Manufacturing	44223	12699	31524	294813	104854	189959
电力、热力、燃气及水的生产和供应业	Production and Supply of Electricity Heat Gas and Water	1810	570	1240	14022	4955	9067
建筑业	Construction	25803	6788	19015	149532	49672	99860
批发和零售业	Wholesale and Retail Trades	129049	51691	77358	717033	317388	399645
交通运输、仓储和邮政业	Transport,Storage and Post	9081	2824	6257	53272	17906	35366
住宿和餐饮业	Hotels and Catering Services	13926	6782	7144	82101	50064	32037
信息传输、软件和信息技术服务业	Information Transmission,Software and Information Technology	16732	3418	13314	93323	17789	75534
房地产业	Real Estate	11844	4934	6910	70522	33544	36978
租赁和商务服务业	Leasing and Business Services	50505	16507	33998	299894	61540	238354
居民服务、修理和其他服务业	Services to Households Repair and Other Services	15518	6548	8970	90898	37551	53347
卫生和社会工作	Health and Social Service	1102	352	750	18381	6176	12205
文化、体育和娱乐业	Culture,Sports and Entertainment	5047	1640	3407	28194	9538	18656
其他行业	Others	15728	4294	11434	98592	28304	70288

注：资料来源于省工商局(下表同)。
Note: Data in the table are obtained from Guizhou Provincial Industrial and Commercial Bureau(the same applies to the next table).

4-10 城乡个体工商户数和就业人员(2016)

Number of Household and Self-Employed Individuals in Urban and Rural Areas

指标	Item	个体工商户数(户) Number of individual industrial and commercial households(Household)	城镇 Urban Areas	乡村 Rural Areas	就业人员(人) Number of Employed (Person)	城镇 Urban Areas	乡村 Rural Areas
总计	**Total**	**1662081**	**646399**	**1015682**	**2886896**	**1133036**	**1753860**
农、林、牧、渔业	Farming,Forestry, Animal Husbandry and Fishery	33759	9405	24354	73254	13657	59597
采矿业	Mining	3293	1028	2265	13661	3911	9750
制造业	Manufacturing	82523	32583	49940	183833	66528	117305
电力、热力、燃气及水的生产和供应业	Production and Supply of Electricity Heat Gas and Water	514	143	371	1230	316	914
建筑业	Construction	4057	914	3143	11075	2406	8669
批发和零售业	Wholesale and Retail Trades	1087548	419271	668277	1612104	670476	941628
交通运输、仓储和邮政业	Transport,Storage and Post	27734	11444	16290	42245	20134	22111
住宿和餐饮业	Hotels and Catering Services	225581	95528	130053	518140	198604	319536
信息传输、软件和信息技术服务业	Information Transmission, Software and Information Technology	9806	3876	5930	14308	5917	8391
房地产业	Real Estate	349	111	238	999	320	679
租赁和商务服务业	Leasing and Business Services	18327	7174	11153	35433	12670	22763
居民服务、修理和其他服务业	Services to Households Repair and Other Services	145157	55333	89824	314054	115080	198974
卫生和社会工作	Health and Social Service	3794	1871	1923	11225	4818	6407
文化、体育和娱乐业	Culture,Sports and Entertainment	8134	3293	4841	33224	12218	21006
其他行业	Others	11505	4425	7080	22111	5981	16130

4-11 城镇新就业人数和失业人数

Number of Newly Employed Persons and Unemployed Persons in Urban Areas

单位：万人 (10000 persons)

指 标	Item	2012	2013	2014	2015	2016
新就业人数总计	Total Incremental Employed Personnels	50.63	63.39	75.03	79.71	82.93
#新增就业人数	Number of Newly Incremental employed persons	42.23	55.49	68.37	72.68	75.78
城镇登记失业人数	Number of Registered Unemployed Persons in Urban Areas	12.56	13.66	14.09	14.49	14.78
城镇登记失业率(%)	Registered Unemployment Rate in Urban Areas(%)	3.29	3.26	3.27	3.29	3.24

注：资料来源于省人力资源社会保障厅(以下相关表同)。

Note: Data in the table are obtained from Guizhou Department of Human Resources and Social Security (the related tables in the chapter are the same).

4-12 下岗失业人员享受再就业优惠政策情况

Statistics of Re-employment Preferential Policies for Laid-off Workers

单位：人 (person)

指 标	Item	2013	2014	2015	2016	2016年比2015年增 长(%) Increase Rate in 2016 over 2015(%)
下岗失业人员实现再就业	Laid-off Workers	141833	152902	145504	139941	-3.8
#就业困难对象实现就业	Residents Experiencing Employment Difficulty	70397	74902	72836	75446	3.6
消除零就业家庭(户)	Number of Househoulds rased Zero-employment Families (househould)	256	171	145	192	32.4
促进零就业家庭成员就业	Promoting Zero-employment Families Employed	318	191	189	271	43.4
从事公益性岗位人数	Number of Persons Engaged in Public-service Jobs	89620	74430	76252	67509	-17.4
享受职业培训补贴人数	Number of Persons Receiving Professional Training Subsidies	149368	80310	88815	181485	104.3
享受职业介绍补贴人数	Number of Persons Receiving Job Services Subsidies	4084	1957	4720	136	-97.1
享受技能鉴定补贴人数	Number of Persons Receiving Skill Identification Subsidies	39108	28656	42764	53889	26.0
享受社会保险补贴人数	Number of Persons Receiving Social Insurance Subsidies	84683	62512	63520	70794	11.5
使用就业再就业资金(万元)	Using Employment and Re-employment Fund(10000 yuan)	214296	187105	182949	207989	13.7
#社会保险补贴	Social Insurance Subsidies	55450	41625	38831	44494	14.6
岗位补贴	Post Subsidies	84805	69639	77694	93219	20.0
职业培训补贴	Professional Training	35622	33897	21459	31455	46.6
职业介绍补贴	Job Services	257	234	265	4	-98.5
扶持公共就业服务	Supporting Public Employment Service	1122	2888	4624	2919	-36.9

4-13 职业技能鉴定

Occupation Skill Appraisal

单位:人 (person)

指 标	Item	2012	2013	2014	2015	2016
参加职业技能鉴定	Number of Persons Joining in Occupation Skill Appraisal	135948	132382	188815	190104	203329
获取证书人数	Number of Persons With Qualification Certificates	125959	123983	175487	164900	179025
#高级技工	Advanced Mechanic	13454	11463	20346	18891	27595
#技 师	Technician	364	837	1116	996	736
#高级技师	Advanced Technician	115	375	333	247	322

4-14 历年就业人员
Employed Persons Over the Years

单位：万人　　(10000 persons)

年份 Year	就业人员 Total Employed Persons	第一产业 Primary Industry	第二产业 Secondary Industry	第三产业 Tertiary Industry
1978	1053.67	872.89	108.26	72.52
1979	1060.62	873.88	105.63	81.11
1980	1109.63	919.69	102.01	87.93
1981	1152.95	954.55	102.64	95.76
1982	1207.06	989.78	109.53	107.75
1983	1234.18	1014.15	109.99	110.04
1984	1285.32	1037.71	122.12	125.49
1985	1335.17	1018.38	185.98	130.81
1986	1383.17	1053.26	197.09	132.82
1987	1435.85	1115.35	180.53	139.97
1988	1501.32	1172.51	185.80	143.01
1989	1570.84	1228.64	163.19	179.01
1990	1651.75	1292.30	169.10	190.35
1991	1701.47	1329.56	177.72	194.19
1992	1739.03	1359.00	173.35	206.68
1993	1779.01	1374.00	171.00	234.01
1994	1828.30	1365.00	181.90	281.40
1995	1812.20	1312.80	268.80	230.60
1996	1783.20	1235.60	278.50	269.10
1997	1796.70	1251.10	256.60	289.00
1998	1844.43	1284.72	251.57	308.14
1999	1832.50	1299.90	201.40	331.20
2000	1866.28	1305.28	221.80	339.20
2001	2068.01	1692.33	133.88	241.80
2002	2106.14	1698.39	108.89	298.86
2003	2145.00	1671.20	120.49	353.31
2004	2186.00	1672.29	124.60	389.11
2005	1944.29	1497.26	164.00	283.04
2006	1953.24	1487.40	174.17	291.67
2007	1872.64	1388.02	172.31	312.31
2008	1867.20	1350.32	180.73	336.15
2009	1841.92	1299.29	197.60	345.03
2010	1770.90	1209.55	203.52	357.82
2011	1792.80	1194.39	215.86	382.55
2012	1825.82	1189.04	238.10	398.68
2013	1864.21	1179.76	264.32	420.13
2014	1909.69	1171.02	291.42	447.25
2015	1946.65	1161.54	315.38	469.73
2016	1983.72	1136.87	340.41	506.44

注：2010年数据是根据第六次人口普查长表数据推算，2005—2009年数据是根据第六次人口普查结果采用趋势离差法进行修订，2011年及以后按同口径进行推算。

Note:Data of employees were estimated according to the 6th National Population Census in 2010,From 2005 to 2009, according to the result of the first National Population Census,the total number of employees were revised by the trend deviation method,and the same to 2011 and after.

4-15 历年非私营单位在岗职工人数

Number of Employed persons in Non-private Units Over the Years

单位：万人 (10000 persons)

年份 Year	合 计 Total	国有单位 State-owned Units	集体单位 Collective-owned Units	其他单位 Units of Other Types of Owership
1978	171.19	137.66	33.53	
1979	175.56	142.32	33.24	
1980	178.18	146.14	32.04	
1981	185.73	153.50	32.23	
1982	191.03	158.08	32.95	
1983	193.33	160.54	32.79	
1984	197.13	159.53	37.60	
1985	202.33	162.11	40.03	0.19
1986	206.69	167.81	38.78	0.10
1987	211.92	172.58	38.88	0.46
1988	214.43	176.32	37.56	0.55
1989	216.70	180.10	35.90	0.70
1990	225.48	185.35	39.19	0.94
1991	231.88	190.45	40.49	0.94
1992	235.80	193.61	40.94	1.25
1993	233.11	192.83	38.35	1.93
1994	230.88	194.47	34.87	1.54
1995	226.55	193.36	29.63	3.56
1996	231.64	196.60	30.45	4.59
1997	232.80	196.08	31.33	5.39
1998	207.01	167.14	23.98	15.89
1999	197.80	156.86	21.03	19.91
2000	193.96	153.55	19.00	21.41
2001	189.18	148.87	15.73	24.58
2002	188.47	146.96	14.39	27.12
2003	188.70	141.75	13.71	33.24
2004	192.67	139.57	12.77	40.33
2005	202.02	140.50	9.81	51.71
2006	201.87	137.86	8.86	55.15
2007	207.53	141.48	8.10	57.95
2008	199.76	140.97	7.42	51.37
2009	206.44	141.79	6.69	57.96
2010	210.67	146.81	6.41	57.45
2011	225.91	158.26	7.17	60.47
2012	249.67	161.19	6.16	82.32
2013	273.27	152.41	5.49	115.37
2014	278.63	153.30	5.27	120.07
2015	277.62	152.36	4.62	120.64
2016	278.57	154.79	4.15	119.63

4-16 历年非私营单位在岗职工平均工资

Average Wages of Employed persons in Non-private Units Over the Years

单位：元 (yuan)

年 份 Year	在岗职工平均工资 Average Wages of Staff and Workers	国有单位 State-owned Units	集体单位 Collective-owned Units	其他单位 Units of Other Types of Owership
1978	616	642	450	
1979	654	692	448	
1980	755	797	502	
1981	774	804	535	
1982	783	815	562	
1983	801	830	608	
1984	913	949	708	
1985	1066	1132	787	
1986	1216	1297	859	1236
1987	1319	1395	961	1204
1988	1531	1627	1072	1389
1989	1676	1777	1158	1647
1990	1947	2070	1347	2281
1991	2090	2214	1489	2527
1992	2406	2543	1717	3286
1993	2823	2958	2104	3375
1994	3870	4085	2618	4475
1995	4475	4672	3061	5369
1996	4917	5125	3456	5613
1997	5206	5434	3556	6461
1998	5775	5819	4426	7289
1999	6595	6695	5008	7456
2000	7453	7594	5444	8325
2001	8991	9308	6218	8831
2002	9810	10150	6566	9680
2003	11037	11390	7504	10975
2004	12431	12870	8630	12103
2005	14344	14681	10506	14161
2006	16815	17638	12873	15365
2007	20668	22106	16893	17668
2008	24602	25874	20914	21659
2009	28245	29956	22167	24772
2010	31458	32718	24703	29006
2011	37331	38914	31601	33851
2012	42733	45825	40420	36816
2013	49087	52327	50545	44819
2014	54685	56918	59458	51627
2015	62591	69068	69106	54087
2016	69678	77585	75197	59231

主要统计指标解释

就业人员 指在16周岁及以上，从事一定社会劳动并取得劳动报酬或经营收入的人员。

单位就业人员 指在各级国家机关、政党机关、社会团体及企业、事业单位中工作，取得工资或其他形式的劳动报酬的全部人员。包括在岗职工、再就业的离退休人员、民办教师以及在各单位中工作的外方人员和港澳台方人员、兼职人员、借用的外单位人员和第二职业者。不包括离开本单位仍保留劳动关系的职工。各单位的就业人员反映了各单位实际参加生产或工作的全部劳动力。

在岗职工 指在本单位工作并由单位支付工资的人员，以及有工作岗位，但由于学习、病伤产假等原因暂未工作，仍由单位支付工资的人员。

国有单位职工指在国有经济单位及其附属机构工作，并由其支付工资的各类人员。

城镇集体单位职工指在城镇集体经济单位及其管理部门工作，并由其支付工资的各类人员。

其他单位职工指在联营经济、股份制经济、外商投资经济、港、澳、台投资经济单位工作，并由其支付工资的各类人员。

工资总额 指各单位在一定时期内直接支付给本单位全部就业人员的劳动报酬总额。工资总额的计算原则应以直接支付给就业人员的全部劳动报酬为根据。各单位支付给就业人员的劳动报酬以及其他根据有关规定支付的工资，不论是计入成本的还是不计入成本的，不论是按国家规定列入计征奖金税项目的，还是未列入计征奖金税项目的，不论是以货币形式支付的还是以实物形式支付的，均包括在工资总额内。

平均工资 指企业、事业、机关单位的就业人员在一定时期内平均每人所得的货币工资额。它表明一定时期职工工资收入的高低程度，是反映就业人员工资水平的主要指标。计算公式为：

$$\text{平均工资}=\frac{\text{报告期实际支付的全部就业人员工资总额}}{\text{报告期全部就业人员平均人数}}$$

城镇登记失业人员 在一定的劳动年龄内(16 周岁至退休年龄)，有劳动能力，无业而要求就业，并在当地劳动保障部门进行失业登记的人员。

城镇登记失业率 城镇登记失业人员与城镇单位就业人员(扣除使用的农村劳动力、聘用的离退休人员、港澳台及外方人员)、城镇单位中的不在岗职工、城镇私营业主、个体户主、城镇私营企业和个体就业人员、城镇登记失业人员之和的比。计算公式为：

$$\text{城镇登记失业率}=\frac{\text{城镇登记失业人数}}{\begin{array}{l}\text{(城镇单位就业人员}-\text{使用的农村劳动力}-\text{聘用的离退休人员}-\text{聘用的港澳台}\\\text{及外方人员)}+\text{不在岗职工}+\text{城镇私营业主}+\text{城镇个体户主}+\text{城镇私营企业}\\\text{及个体就业人员}+\text{城镇登记失业人数}\end{array}}\times 100\%$$

Explanatory Notes on Main Statistical Indicators

Employed Persons refer to persons aged 16 and over who are engaged in social working and receive remuneration payment or earn business income.

Persons Employed in Various Units refer to all the persons working in government agencies of various levels, political and party organizations, social organizations, enterprises and institutions, and receiving wages or other forms of payment. They include fully-employed staff and workers, re-employed retirees, teachers in the schools run by the local people, foreigners and Chinese compatriots from Hong Kong, Macao, and Taiwan working in various units, part-time employees, employees of other units working temporarily at current posts, and employees holding the second job, but exclude staff and workers who have left their working units while keeping their labour contract (employment relation) unchanged. This indicator reflects the total number of laborers actually engaged in production or other operations in various units.

Employed Staff and Workers refer to persons who work in, and receive wages from their working units, including persons who have their work posts but are temporarily absent from work for reasons of study or on sick, injury or maternal leave and still receive wages from their working units.

Staff and Workers in State-Owned Unit refer to the person who work in the state-owned economic units and their subsidiary bodies, and all kinds of personnel to pay wages.

Staff and Workers of Collective Owned Units in Urban Areas refers to the person who work in collective owned units in urban areas and their management department and receive payment therefrom

Staff and Workers in Units of Other types of Ownership refers to the joint venture, the joint stock economy, foreign investment in the economy, Hong Kong, Macao, Taiwan investment economic units, and by the payment of all kinds of personnel.

Total Wage Bill refers to the total remuneration payment to employed persons in various units during a certain period of time. The calculation of total wage bill is based on the total remuneration payment to employed persons . Therefore, all the wages and salaries and other payments to employed persons are included in the total wage bill regardless of sources, reckoning the cost of production or not, category, listing as items of premium taxation or not, and forms, paying in cash or in kind.

Average Wage refers to the average wage in money terms per person during a certain period of time for employed persons in enterprises, institutions, and government agencies, which reflects the general level of wage income during a certain period of time and is calculated as follows:

$$\text{Average Wage} = \frac{\text{Total Wage Bill of Employed Personsat Reference Time}}{\text{Average Number of Persons Employed at Reference Time}}$$

Registered Unemployed Persons in Urban Areas refer to the persons at certain working ages (16 years old to retirement age), who are capable of working, unemployed and willing to work, and have been registered at the local employment service agencies to apply for a job.

Registered Unemployment Rate in Urban Areas refers to the ratio of the number of the registered unemployed persons to the sum of the number of persons employed in various units (minus the employed rural labour force, re-employed retirees, and Hong

Kong, Macao, Taiwan or foreign employees), laid-off staff and workers in urban units, owners of private enterprises in urban areas, owners of self-employed individuals in urban areas, employees of private enterprises in urban areas, employee of self-employed individuals in urban areas, and the registered unemployed persons in urban areas. The formula is as follows:

$$\text{Registered unemployment rete in urban areas} = \frac{\text{number of registered urban unemployed persons}}{\begin{gathered}\text{(number of persons employed in urban units} - \text{employed rural labour forcere} - \text{employed retirees} - \text{Hong Kong, Macan, Taiwan of foreign employees)} \\ + \text{laid-off staff and workers} + \text{owners of urban private enterprises} + \text{owners of urban self-employed individuals} \\ + \text{employees of urban private enterprises} + \text{employees of urban self-employed individuals} \\ + \text{registered unemployed persons in urban areas}\end{gathered}} \times 100\%$$

固定资产投资

Investment in Fixed Assets 5

简 要 说 明

一、主要内容

本篇资料通过对一定时期全社会建造和购置固定资产活动的数量描述，反映报告期内固定资产投资规模、速度、结构和比例关系，以及固定资产投资资金来源和投资效果等。

二、统计口径

全社会固定资产投资统计口径为全省计划总投资 500 万元及以上的固定资产项目投资、房地产开发项目投资和农户投资。

固定资产投资统计口径为全省计划总投资500万元及以上的固定资产项目投资和房地产开发项目投资。

房地产开发企业统计范围包括全省纳入基本单位名录的所有房地产开发企业。

三、资料来源

本篇资料由省统计局固定资产投资统计处提供。

Brief Introduction

I. Main Contents

Statistics in this chapter describe activities on the construction and purchase of fixed assets of the whole country during a given period of time, and reflect the size, growth, structure, ratio, financing and results of the investment in fixed assets during the reference period.

II. Scope of Statistics

The total investment in fixed assets refers to those projects that planned to invest at least 5 million yuan, investments in real estate development projects and rural household investment.

The fixed assets refers to those projects that planned to invest at least 5 million yuan in investment in fixed assets and real estate development.

The statistics scope of real estate development enterprises are the whole real estate development enterprises in Guizhou Province which are included in the basic unit directory.

III. Sources of Data

Data in this chapter are provided by the Department of fixed Assets Investment Department of Guizhou Provincial Bureau of Statistics.

5-1 全社会固定资产投资
Total Investment in Fixed Assets in the whole Province

单位：亿元 (100 million yuan)

指　　标	Item	2012	2013	2014	2015	2016	2016年比2015年增长(%) Increase Rate in 2016 over 2015(%)
全社会固定资产投资	**Total Investment in Fixed Assets in theWhole Province**	**5717.80**	**7373.60**	**9025.75**	**10945.54**	**13204.00**	**20.6**
#房地产开发	Real Estate Development	1467.60	1942.54	2187.67	2205.09	2148.96	-2.5
按隶属关系分	Grouped by Jurisdiction of Management						
中　央	Central	389.96	492.80	605.60	601.60	391.14	-35.0
地　方	Local	5327.85	6880.80	8420.15	10343.95	12812.85	23.9
按经济类型分	Grouped by Registration Status						
国有经济	State-owned Units	2530.97	3284.11	4167.03	5423.18	6186.73	14.1
集体经济	Collective-owned Units	42.55	27.33	21.97	39.59	46.52	17.5
个体经济	Self-employed Units	1141.36	1706.29	2121.21	2586.37	3185.30	23.2
联营经济	Joint Ownership Units	6.71	2.80	6.54	10.62	5.35	-49.6
股份制经济	Share holding Units	205.34	2062.31	2399.36	2505.13	3486.14	39.2
外商投资经济	Foreign Funded Units	29.45	28.83	36.65	32.71	51.17	56.4
港澳台商投资经济	Units with Funds from Hong Kong,Macao and Taiwan	117.60	77.70	100.49	62.27	120.44	93.4
其他经济	Others	1643.81	184.23	172.51	285.68	122.35	-57.2
按构成分	Grouped by Structure						
建筑安装工程	Construction and Installation	4150.18	5707.82	7272.65	9095.00	10867.42	19.5
设备工具器具购置	Purchase of Equipment and Instruments	531.71	581.84	654.88	766.69	828.81	8.1
其他费用	Others	1035.91	1083.94	1098.21	1083.86	1507.77	39.1
按三次产业分	Grouped by Three Strata of Industry						
第一产业	Primary Industry	150.58	185.69	210.37	251.20	334.57	33.2
第二产业	Secondary Industry	1636.25	1953.90	2328.31	2746.40	3082.04	12.2
#建筑业	Construction	22.26	12.36	15.90	27.91	13.54	-51.5
第三产业	Tertiary Industry	3930.97	5234.01	6487.07	7947.94	9787.39	23.1
资金来源合计	**Total Sources of Funds**	**6219.71**	**8199.43**	**9955.33**	**11352.30**	**11558.15**	**1.8**
国家预算资金	State Budget	537.04	559.21	644.40	880.66	1002.69	13.9
国内贷款	Domestic Loans	950.02	975.43	1183.18	1501.68	1895.43	26.2
利用外资	Foreign Investment	11.49	14.19	27.76	16.59	34.66	108.9
自筹资金	Self-raising Funds	3263.76	4571.70	5704.03	6346.87	6848.79	7.9
其他资金	Others	1457.41	2078.89	2395.96	2606.51	1776.59	-31.8
房屋建筑面积(万平方米)	**Floor Space of Buildings(10000 sq.m)**						
施工面积	Floor Space under Construction	18510	27642	34043	31114.69	32965.88	5.9
#住　宅	Residential Buildings	11045	16775	17256	17506.45	16516.09	-5.7
竣工面积	Floor Space Completed	3496	7299	8143	9381.89	8680.09	-7.5
#住　宅	Residential Buildings	1880	5032	4730	5027.50	3876.74	-22.9

注：全社会固定资产投资统计口径为计划总投资500万元及以上固定资产项目投资、房地产开发项目投资及农村农户投资。

Note: This table's statistical criteria is total investment plan of 5 Million yuan and above the fixed assets investment projects, investment in real estate development project and rural household investment.

5-2 按行业分固定资产投资

Investment of Fixed Assets by Sector

指 标	Item	2012	2013	2014	2015	2016
固定资产投资（亿元）	Investment in Fixed Assets(100 million yuan)	**5504.95**	**7102.78**	**8778.40**	**10676.70**	**12929.17**
农、林、牧、渔业	Farming, Forestry, Animal Husbandry and Fishery	115.62	168.37	259.97	471.67	540.86
采矿业	Mining	408.35	400.25	446.00	495.14	531.95
#煤炭开采和洗选业	Mining and Washing of Coal	308.38	273.49	289.01	326.10	331.83
制造业	Manufacturing	951.83	1218.19	1516.84	1795.67	2019.23
#农副食品加工业	Processing of Food from Agricultural Products	60.27	54.84	65.39	97.62	167.01
食品制造业	Manufacture of Foods	18.87	14.87	19.27	38.98	57.03
酒、饮料和精制茶制造业	Manufacture of Liquor, Beverages and Refined Tea	97.24	182.35	215.57	258.30	276.51
烟草制品业	Manufacture of Tobacco	3.94	3.95	4.12	5.48	6.84
石油加工、炼焦和核燃料加工业	Processing of Petroleum, Coking, Processing of Nuclear Fuel	32.13	30.44	16.12	10.93	5.07
化学原料和化学制品制造业	Manufacture of Raw Chemical Materials and Chemical Products	75.76	114.38	131.10	143.36	154.54
医药制造业	Manufacture of Medicines	26.55	55.78	69.26	87.84	109.76
非金属矿物制品业	Manufacture of Non-metallic Mineral Products	157.40	230.69	287.99	293.35	266.03
黑色金属冶炼和压延加工业	Smelting and Pressing of Ferrous Metals	85.21	49.23	48.88	49.27	51.20
有色金属冶炼和压延加工业	Smelting and Pressing of Non-ferrous Metals	55.41	60.30	71.09	84.78	98.18
汽车制造业	Manufacture of Automobiles	63.76	51.30	94.40	72.12	76.86
电气机械和器材制造业	Manufacture of Electrical Machinery and Apparatus	27.86	51.97	49.69	79.73	72.77
计算机、通信和其他电子设备制造业	Manufacture of Computer,Communication and Other Electronic Equipment	17.56	16.22	41.36	42.17	82.45
电力、热力、燃气及水生产和供应业	Production and Supply of Electricity, Hear, Gas and Water	253.81	331.64	374.97	455.41	525.32
#电力、热力生产和供应业	Production and Supply of Electric Power and Heat Power	219.16	271.31	308.61	369.11	300.74
建筑业	Construction	22.13	12.36	9.25	10.97	9.04
交通运输、仓储和邮政业	Transport, Storage and Post	1002.30	1291.52	1725.64	1917.02	2193.84
#铁路运输业	Railway Transport	263.45	324.05	390.89	363.83	311.29
道路运输业	Road Transport	695.76	920.42	1263.11	1462.35	1758.43
仓储业	Storage	20.97	26.99	41.83	58.52	72.49
信息传输.软件和信息技术服务业	Information Transmission, Software and Information Technology	19.74	20.74	54.73	72.87	107.95
#电信、广播电视和卫星传输服务业	Telecommunication Radio and Television and Satellite Transmission Services	16.34	16.46	45.36	51.23	68.68
批发和零售业	Wholesale and Retail Trades	56.66	67.54	102.36	163.34	198.91
住宿和餐饮业	Hotels and Catering Services	54.55	66.83	85.11	115.73	171.05
金融业	Financial Intermediation	3.05	4.52	5.45	8.77	12.51
房地产业	Real Estate	1682.85	2249.76	2580.40	2845.26	3132.66
租赁和商务服务业	Leasing and Business Services	17.60	25.06	48.67	113.02	192.35
租赁业	Leasing	0.62	0.78	1.57	1.69	1.96
商务服务业	Business Services	16.98	24.28	47.10	111.33	190.39
科学研究和技术服务业	Scientific Research and Technical Service	9.20	14.80	21.04	28.64	42.23
#研究和试验发展	Research and Experimental Development	1.35	5.07	4.63	4.01	6.63
水利、环境和公共设施管理业	Management of Water Conservancy, Environment and Public Facilities	696.96	947.92	1236.21	1713.69	2552.29
#水利管理业	Management of Water Conservancy	50.07	70.79	90.60	134.20	227.36
居民服务、修理和其他服务业	Services to Households, Repair and Other Services	12.44	17.93	29.69	50.65	52.29
教 育	Education	85.25	101.15	139.37	203.30	292.11
卫生和社会工作	Health and Social Service	25.90	37.43	38.37	63.17	106.05
#卫 生	Health	21.15	31.77	32.99	53.08	90.00
文化、体育和娱乐业	Culture, Sports and Entertainment	32.69	46.93	59.99	106.05	185.81
#文化艺术业	Cultural and Art Activities	15.14	20.92	21.97	44.44	77.84
公共管理、社会保障和社会组织	Public Management, Social security and Social Organization	54.00	79.82	44.32	46.34	62.72

注：本表统计口径为计划总投资500万元及以上的固定资产项目投资、房地产开发项目投资。（下表同）

Note: The statistical criteria is total investment plan of 5 Million yuan and above the fixed assets investment projects, investment in real estate development project.

5-3 按行业、隶属关系和注册类型分固定资产投资(2016)

单位：亿元

指 标	Item
固定资产投资（亿元）	**Investment in Fixed Assets**
农、林、牧、渔业	Farming, Forestry, Animal Husbandry and Fishery
采矿业	Mining
#煤炭开采和洗选业	Mining and Washing of Coal
制造业	Manufacturing
#农副食品加工业	Processing of Food from Agricultural Products
食品制造业	Manufacture of Foods
酒、饮料和精制茶制造业	Manufacture of Liquor, Beverages and Refined Tea
烟草制品业	Manufacture of Tobacco
石油加工、炼焦和核燃料加工业	Processing of Petroleum, Coking, Processing of Nuclear Fuel
化学原料和化学制品制造业	Manufacture of Raw Chemical Materials and Chemical Products
医药制造业	Manufacture of Medicines
非金属矿物制品业	Manufacture of Non-metallic Mineral Products
黑色金属冶炼和压延加工业	Smelting and Pressing of Ferrous Metals
有色金属冶炼和压延加工业	Smelting and Pressing of Non-ferrous Metals
汽车制造业	Manufacture of Automobiles
电气机械和器材制造业	Manufacture of Electrical Machinery and Apparatus
计算机、通信和其他电子设备制造业	Manufacture of Computer,Communication and Other Electronic Equipment
电力.热力.燃气及水生产和供应业	Production and Supply of Electricity, Hear, Gas and Water
#电力、热力生产和供应业	Production and Supply of Electric Power and Heat Power
建筑业	Construction
交通运输、仓储和邮政业	Transport, Storage and Post
#铁路运输业	Railway Transport
道路运输业	Road Transport
仓储业	Storage
信息传输.软件和信息技术服务业	Information Transmission, Software and Information Technology
#电信.广播电视和卫星传输服务业	Telecommunication Radio and Television and Satellite Transmission Services
批发和零售业	Wholesale and Retail Trades
住宿和餐饮业	Hotels and Catering Services
金融业	Financial Intermediation
房地产业	Real Estate
租赁和商务服务业	Leasing and Business Services
租赁业	Leasing
商务服务业	Business Services
科学研究和技术服务业	Scientific Research and Technical Service
#研究和试验发展	Research and Experimental Development
水利、环境和公共设施管理业	Management of Water Conservancy, Environment and Public Facilities
#水利管理业	Management of Water Conservancy
居民服务、修理和其他服务业	Services to Households, Repair and Other Services
教 育	Education
卫生和社会工作	Health and Social Service
#卫 生	Health
文化、体育和娱乐业	Culture, Sports and Entertainment
#文化艺术业	Cultural and Art Activities
公共管理、社会保障和社会组织	Public Management, Social security and Social Organization

Investment in Fixed Assets by Sector, Jurisdiction of Management and Registration Status

(100 million yuan)

按隶属关系分 Grouped by Jurisdiction of Management		按注册类型分 Grouped by Status of Registration			
中央 Central	地方 Local	内资企业 Domestic Enterprises	港、澳、台商投资企业 Enterprises with Funds from Hong Kong, Macao and Taiwan	外商投资企业 Foreign Funded Enterprises	个体经营 Self-employed Individual
391.14	**12538.03**	**12720.44**	**120.44**	**51.17**	**37.12**
0.92	539.94	528.40	0.55	0.93	10.98
6.93	525.02	513.72	5.82	0.51	11.91
5.63	326.21	323.22	5.18		3.43
22.29	1996.94	1988.32	12.06	11.31	7.54
	167.01	165.43			1.58
	57.03	56.25			0.77
0.10	276.41	270.88		4.72	0.91
0.65	6.19	6.84			
	5.07	4.28			0.79
	154.54	154.54			
	109.76	108.87	0.40	0.49	
1.60	264.43	263.82	0.27	0.08	1.87
	51.20	48.67		2.52	
14.63	83.56	98.18			
	76.86	68.24	8.62		
0.50	72.27	72.77			
0.27	82.19	82.45			
123.09	402.23	496.81	24.99	3.40	0.12
122.03	178.71	276.13	22.25	2.36	
0.25	8.79	9.04			
178.08	2015.76	2191.80	1.91		0.13
165.44	145.85	311.29			
12.32	1746.12	1758.43			
0.32	72.17	70.58	1.91		
38.34	69.61	81.06	0.47	26.24	0.18
38.34	30.34	42.03	0.42	26.24	
0.02	198.89	193.23		3.62	2.06
	171.05	165.07	3.43		2.55
0.39	12.12	12.51			
2.83	3129.82	3056.18	71.21	5.17	0.11
	192.35	192.29			0.06
	1.96	1.96			
	190.39	190.33			0.06
2.44	39.79	42.23			
2.44	4.19	6.63			
8.03	2544.26	2552.24			0.05
3.46	223.90	227.36			
0.36	51.92	51.89			0.40
5.57	286.54	291.17			0.94
0.12	105.93	106.05			
	90.00	90.00			
0.51	185.30	185.72			0.10
0.07	77.76	77.84			
0.96	61.76	62.72			

5-4 分行业工业投资
Industry Investment in the Whole Province

单位：亿元 (100 million yuan)

指 标	Item	2012	2013	2014	2015	2016	2016年比2015年增长(%) Increase Rate in 2016 over 2015(%)
工业投资	**Industry Investment**	**1614.00**	**1950.07**	**2337.81**	**2746.22**	**3076.50**	**12.0**
按隶属关系分	**Grouped by Jurisdiction of Morenagement**						
中 央	Central	115.55	157.01	191.81	219.63	152.31	-30.6
地 方	Local	1498.45	1793.06	2146.00	2526.59	2924.19	15.7
按国民经济行业分	**By Sector**						
采矿业	Mining	408.35	400.25	446.00	495.14	531.95	7.4
#煤炭开采和洗选业	Mining and Washing of Coal	308.38	273.49	289.01	326.10	331.83	1.8
黑色金属矿采选业	Mining and Processing of Ferrous Metal Ores	12.44	8.02	9.35	21.14	16.11	-23.8
有色金属矿采选业	Mining and Processing of Non-Ferrous Metal Ores	26.64	35.14	24.16	19.30	23.49	21.7
制造业	Manufacturing	951.83	1218.19	1516.84	1796.19	2019.23	12.5
#农副食品加工业	Processing of Food from Agricultural Products	60.27	54.84	65.39	97.62	167.01	71.1
食品制造业	Manufacture of Foods	18.87	14.87	19.27	38.98	57.03	46.3
酒、饮料和精制茶制造业	Manufacture of Liquor, Beverages and Refined Tea	97.24	182.35	215.57	258.30	276.51	7.0
烟草制品业	Manufacture of Tobacco	3.94	3.95	4.12	5.48	6.84	24.9
石油加工、炼焦和核燃料加工业	Processing of Petroleum, Coking, Processing of Nuclear Fuel	32.13	30.44	16.12	10.93	5.07	-53.6
化学原料和化学制品制造业	Manufacture of Raw Chemical Materials and Chemical Products	75.76	114.38	131.10	143.36	154.54	7.8
医药制造业	Manufacture of Medicines	26.55	55.78	69.26	87.84	109.76	25.0
非金属矿物制品业	Manufacture of Non-metallic Mineral Products	157.40	230.69	287.99	293.35	266.03	-9.3
黑色金属冶炼和压延加工业	Smelting and Pressing of Ferrous Metals	85.21	49.23	48.88	49.27	51.20	3.9
有色金属冶炼和压延加工业	Smelting and Pressing of Non-ferrous Metals	55.41	60.30	71.09	84.78	98.18	15.8
汽车制造业	Manufacture of Automobiles	63.76	51.30	94.40	72.12	76.86	6.6
电气机械和器材制造业	Manufacture of Electrical Machinery and Apparatus	27.86	51.97	49.69	79.73	72.77	-8.7
计算机、通信和其他电子设备制造业	Manufacture of Computer,Communication and Other Electronic Equipment	17.56	16.22	41.36	42.17	82.45	95.5
电力、热力、燃气及水生产和供应业	Production and Supply of Electricity, Heat, Gas and Water	253.81	331.64	374.97	455.45	525.32	15.3
#电力、热力生产和供应业	Production and Supply of Electric Power and Heat Power	219.16	271.31	308.61	369.11	300.74	-18.5

注：1.本表统计口径为计划总投资500万元及以上的固定资产项目。2.行业划分按国民经济行业分类(GB/T 4754-2011)执行。

Note:1.The statistical criteria is total investment plan of 5 Million yuan and above the fixed assets investment projects. 2.According been classified by Sector Classification (GB / T 4754-2011)

5-5 房地产开发投资主要指标
Main Indicator on Real Estate Development

指　标	Item	2012	2013	2014	2015	2016	2016年比2015年增长(%) Increase Rate in 2016over 2015(%)
本年土地购置面积(万平方米)	**Land Space Purchased This Year (10000 sq.m)**	**708**	**1210**	**936**	**601.20**	**317.06**	**-47.3**
本年完成投资(亿元)	**Investment Completed This Year (100 million yuan)**	**1467.60**	**1942.54**	**2187.67**	**2205.09**	**2148.96**	**-2.5**
#住　宅	Residential Buildings	930.31	1224.23	1350.34	1327.77	1243.60	-6.3
资金来源合计(亿元)	**Source of Funds(100 million yuan)**	**1696.00**	**2500.55**	**2807.78**	**2655.63**	**2641.66**	**-0.5**
#国内贷款	Domestic Loans	230.61	226.82	242.62	220.30	**201.46**	**-8.5**
利用外资	Foreign Investment	4.29	—	3.41	0.85	—	—
自筹资金	Self-raising Funds	518.44	877.20	964.86	898.35	834.77	-7.1
房屋建筑面积(万平方米)	**Floor Space of Buildings(10000 sq.m)**						
施工面积	Floor Space under Construction	13245	17357	20369	20878	20352	-2.5
#本年新开工面积	Floor Space Started This Year	3788	5628	4616	4206	3468	-17.6
#住　宅	Residential Buildings	9654	12316	13793	13593	12847	-5.5
竣工面积	Floor Space Completed	1417	1765	2842	2583	1901	-26.4
#住　宅	Residential Buildings	1120	1352	2046	1927	1283	-33.4

5-6 房地产开发企业基本情况(2016)

单位：亿元

指　标	Item	总 计 Total
企业个数(个)	**Number of Enterprises(unit)**	**2638**
年末从业人员总计(人)	**Number of Employed Persons at the Year-end (person)**	**75842**
本年完成投资	**Investment Completed This Year**	**2148.96**
按工程用途分	By Use of Project	
#商品住宅	Residential Buildings	1243.60
办公楼	Office Buildings	151.81
商业营业用房	Houses for Business Use	562.53
其　他	Others	191.02
按构成分	Grouped by Structure	
建筑工程	Construction	1709.55
安装工程	Installation	169.38
设备工器具购置	Purchase of Equitment and Instruments	25.25
其他费用	Others	244.78
资金来源合计	**Total Source of Funds This Year**	**2641.66**
#国内贷款	Domestic Loans	201.46
利用外资	Foreign Investment	—
自筹资金	Self-raising Fund	834.77
其他资金来源	Others	1143.04
#个人按揭贷款	Personal Housing Mortgage Loans	431.46
土地购置费	Land Acquisition Costs	82.03
待开发土地面积(万平方米)	Land Space Pending Development (10000 sq.m)	926.65
购置土地面积(万平方米)	Land Space Purchased This Year(10000 sq.m)	317.06
施工房屋面积(万平方米)	Floor Space of Buildings Under Construction(10000 sq.m)	20352.24
竣工房屋面积(万平方米)	Floor Space of Buildings Completed(10000 sq.m)	1901.45
房屋建筑面积竣工率(%)	Rate of Floor Space of Buildings Completed(%)	9.3
新开工房屋面积(万平方米)	**Floor Space Started This Year(10000 sq.m)**	**3467.55**
住　宅	Residential Buildings	2172.14
办公楼	Office Buildings	81.06
商业营业用房	Houses for Business Use	732.19
其　他	Others	482.17

Basic Conditions of Real Estate Development Enterprises

(100 million yuan)

内资企业 Domestic Funded	#国有企业 State-owned Enterprises	#私营有限责任公司 Private Limited Liability Company	#私营股份有限公司 Private Share-holding Corporations Limited	港澳台商投资企业 Enterprises with Funds from HongKong, Macao and TaiWan	外商投资企业 Foreign Funded Enterprises
2599	**32**	**1150**	**83**	**30**	**9**
74232	**810**	**27463**	**2090**	**1272**	**338**
2072.59	**13.33**	**707.58**	**43.99**	**71.21**	**5.17**
1205.77	8.13	416.87	28.40	34.92	2.91
148.52	0.01	21.27	2.95	2.67	0.62
537.18	1.92	206.30	9.12	24.63	0.73
181.12	3.27	63.15	3.52	8.99	0.91
1652.69	10.41	557.70	37.02	52.93	3.93
167.15	1.27	77.27	4.24	1.17	1.06
25.07	0.10	10.45	1.84	0.07	0.11
227.67	1.55	62.16	0.89	17.05	0.06
2558.37	**31.70**	**842.14**	**46.40**	**76.31**	**6.98**
196.47	0.96	44.01	3.95	4.99	—
—	—	—	—	—	—
821.83	12.67	363.23	16.39	12.41	0.53
1111.95	8.94	321.76	17.87	25.05	6.03
427.15	5.38	133.05	8.47	2.38	1.93
77.50	1.40	34.04	0.17	4.53	—
816.11	81.68	277.93	21.68	110.55	—
309.29	12.69	173.92	1.49	7.77	—
20021.25	179.33	6947.75	566.40	206.32	124.67
1849.22	25.59	377.92	21.92	52.22	—
9.20	14.30	5.40	3.90	25.30	—
3413.13	**34.91**	**1663.23**	**43.78**	**42.18**	**12.23**
2136.52	23.12	1009.30	31.14	35.44	0.17
81.06	0.19	43.83	0.05	—	—
720.41	6.13	376.23	6.83	1.98	9.80
475.14	5.47	233.87	5.76	4.77	2.26

5-7 房地产开发企业商品房屋销售面积(2016)

Floor Space of Commercialized Buildings Sold of Enterprises for Real Estate Development

单位：万平方米 (10000 sq.m)

指　标	Item	商品房屋销售面积 Floor Space of Commercialized Buildings Sold	#住宅 Residential Buildings
总计	**Total**	**4156.93**	**3426.96**
现房	Existing House	796.37	591.95
期房	Forward House	3360.56	2835.01
按登记注册类型分	**Grouped by status of Registration**		
#内资企业	Domestic Funded	4093.82	3374.58
#国有企业	State-owned Enterprises	33.90	30.40
集体企业	Collective-owned Enterprises		
其他有限责任公司	Other Limited Liability Corporations	2165.75	1806.75
股份有限公司	Share-holding Corporations Ltd.	115.84	96.64
私营独资企业	Private-funded Enterprises	1.11	1.11
私营有限责任公司	Private Limited Liability Corporations	1609.69	1299.24
私营股份有限公司	Private Share-holding Corporations Ltd.	109.53	88.53
港澳台商投资企业	Enterprises with Funds from Hong Kong,Macao and Taiwan	47.51	43.73
#与港澳台商合资经营企业	Joint-venture Enterprises	4.44	4.44
港澳台商独资经营企业	Enterprises with Sole Fund	39.87	38.33
外商投资企业	Foreign Funded Enterprises	15.61	8.65

5-8 房地产开发企业商品房屋销售额(2016)

Total Sale of Commercialized Buildings Sold of Enterprises for Real Estate Development

单位：亿元 (100 million yuan)

指　标	Item	商品房屋销售额 Total Sale of Commercialized Buildings Sold	#住宅 Residential Buildings
总计	**Total**	**1790.53**	**1269.43**
现房	Existing House	317.76	192.15
期房	Forward House	1472.77	1077.28
按登记注册类型分	**Grouped by status of Registration**		
#内资企业	Domestic Funded	1751.02	1236.40
#国有企业	State-owned Enterprises	13.85	10.84
集体企业	Collective-owned Enterprises		
其他有限责任公司	Other Limited Liability Corporations	972.21	705.60
股份有限公司	Share-holding Corporations Ltd.	39.99	29.38
私营独资企业	Private-funded Enterprises	0.25	0.25
私营有限责任公司	Private Limited Liability Corporations	652.25	440.74
私营股份有限公司	Private Share-holding Corporations Ltd.	47.31	28.90
港澳台商投资企业	Enterprises with Funds from Hong Kong,Macao and Taiwan	33.03	30.09
#与港澳台商合资经营企业	Joint-venture Enterprises	2.73	2.73
港澳台商独资经营企业	Enterprises with Sole Fund	28.68	26.97
外商投资企业	Foreign Funded Enterprises	6.48	2.94

5-9 历年全社会固定资产投资

Total Investment in Fixed Assets in the Whole Province Over the Years

单位：亿元 (100 million yuan)

年 份 Year	全社会固定资产投资 Total Investment in Fixed Assets in the Whole Province	比上年增长(%) Growth Rate(%)	按经济类型分 Grouped by Ownership		
			国有经济 State-owned Units	集体经济 Collective-Owned Units	其 他 Others
1978	10.93		9.73	0.56	0.64
1979	11.94	9.2	10.20	0.61	1.13
1980	13.97	17.0	11.59	0.83	1.55
1981	15.16	8.5	12.06	0.99	2.11
1982	15.52	2.4	11.56	1.08	2.88
1983	17.07	10.0	11.88	1.23	3.96
1984	23.02	34.9	15.02	0.98	7.02
1985	33.14	44.0	21.24	1.76	10.14
1986	35.99	8.6	24.09	1.71	10.19
1987	42.97	19.4	27.10	3.61	12.26
1988	45.42	5.7	33.05	2.74	9.63
1989	44.08	-3.0	32.29	2.73	9.06
1990	51.51	16.9	36.95	2.14	12.42
1991	58.44	13.5	42.97	3.67	11.80
1992	78.82	34.9		3.59	16.41
1993	106.30	34.9	77.84	6.81	21.65
1994	140.95	32.6	93.74	9.77	37.44
1995	173.66	23.2	108.85	12.94	51.87
1996	207.10	19.3	133.19	14.75	59.16
1997	247.23	19.4	149.75	15.09	82.39
1998	304.91	23.3	188.93	19.34	96.64
1999	333.90	9.5	210.80	22.19	100.91
2000	402.50	20.5	259.95	28.45	114.10
2001	533.74	32.6	357.69	22.45	153.60
2002	632.44	18.5	423.88	18.86	189.70
2003	754.13	19.2	457.10	39.26	257.77
2004	869.25	15.3	507.74	38.41	323.10
2005	1018.25	17.1	545.37	12.61	460.27
2006	1197.68	17.6	602.50	12.93	582.25
2007	1488.80	24.3	697.68	17.27	773.85
2008	1864.45	25.2	910.69	25.23	928.53
2009	2450.99	31.5	1250.42	29.70	1170.87
2010	3186.28	30.0	1605.82	29.01	1551.45
2011	5101.55	60.1	2412.97	57.23	2631.36
2012	5717.80	35.0	2530.97	42.55	3144.28
2013	7373.60	29.0	3284.11	27.33	4062.17
2014	9025.75	22.4	4167.03	21.97	4836.76
2015	10945.54	21.3	5423.18	39.59	5482.78
2016	13204.00	20.6	6186.73	46.52	6970.75

注：2011年及以前统计口径为计划总投资50万元及以上固定资产项目投资、房地产开发投资及农户投资；2012年起统计口径为计划总投资500万元及以上的固定资产项目投资、房地产开发投资及农村农户投资，增长速度为可比口径速度。

Note: Data before 2011 refers to planing investment 500 thousand yuan at least in fixed asset, real estate and household investment. While the data 2012 refers to planing investment 5 millions at least in fixed asset, real estate and household investment.and the growth rate is the ration of

主要统计指标解释

固定资产投资 是以货币形式表现的在一定时期内全社会建造和购置固定资产的工作量以及与此有关的费用的总称。该指标是反映固定资产投资规模、结构和发展速度的综合性指标,又是观察工程进度和考核投资效果的重要依据。全社会固定资产投资包括固定资产项目投资、房地产开发投资和农户投资。全社会固定资产投资按登记注册类型可分为国有、集体、个体、联营、股份制、外商、港澳台商、其他等。

房地产开发投资 指各种登记注册类型的房地产开发公司、商品房建设公司及其他房地产开发法人单位和附属于其他法人单位实际从事房地产开发或经营活动的单位统一开发的包括统代建、拆迁还建的住宅、厂房、仓库、饭店、宾馆、度假村、写字楼、办公楼等房屋建筑物和配套的服务设施,土地开发工程(如道路、给水、排水、供电、供热、通讯、平整场地等基础设施工程)的投资;不包括单纯的土地交易活动。

固定资产投资的资金来源 根据固定资产投资的资金来源不同,分为国家预算资金、国内贷款、债券、利用外资、自筹资金和其他资金。

(1)国家预算资金 指各级政府用于固定资产投资的财政资金。国家预算包括一般预算、政府性基金预算、国有资本经营预算和社保基金预算。各类预算中用于固定资产投资的资金全部作为国家预算资金填报,其中一般预算中用于固定资产投资的部分包括基建投资、车购税、灾后恢复重建基金和其他财政投资。各级政府债券也应归入国家预算资金。

(2)国内贷款 指报告期固定资产投资项目单位向银行及非银行金融机构借入用于固定资产投资的各种国内借款,包括银行利用自有资金及吸收存款发放的贷款、上级主管部门拨入的国内贷款、国家专项贷款(包括煤代油贷款、劳改煤矿专项贷款等),地方财政专项资金安排的贷款、国内储备贷款、周转贷款等。

(3)利用外资 指报告期收到的境外(包括外国及港澳台地区)资金(包括设备、材料、技术在内)。包括对外借款(外国政府贷款、国际金融组织贷款、出口信贷、外国银行商业贷款、对外发行债券和股票)、外商直接投资、外商其他投资(包括利用外商投资收益在国内进行固定资产再投资活动的资金)。不包括我国自有外汇资金(国家外汇、地方外汇、留成外汇、调济外汇和国内银行自有资金发放的外汇贷款等)。各类外资按报告期末的外汇牌价(中间价)折成人民币计算。

(4)自筹资金 指固定资产投资单位在报告期内,由各企事业单位筹集用于固定资产投资项目建设和购置的资金,包括各类企事业单位的自有资金、股东投入资金和借入资金,但不包括各类财政性资金、从各类金融机构借入资金和国外资金。

(5)其他资金来源 指在报告期收到的除以上各种资金之外的用于固定资产投资的资金。包括社会集资、个人资金、无偿捐赠的资金及其他单位拨入的资金等。

固定资产投资按国民经济行业分 根据建设项目建成投产后的主要产品或主要用途及社会经济活动性质来确定国民经济行业。一般情况下,一个建设项目或一个企业、事业单位只能属于一种国民经济行业。

固定资产投资按隶属关系分 是按照建设单位或企业、事业、行政单位的主管上级机关确定的。

(1)中央 是由中共中央、人大常委会和国务院各部、委、局、总公司以及直属机构直接领导的建设项目和企业、事业、行政单位。这些单位的固定资产投资计划由国务院各部门直接编制和下达,统一组织或委托下级实施。

(2)地方 是由省(自治区、直辖市)、地区(州、盟、省辖市)、县(旗、县级市)三级政府及业务主管部门直接领导和管理的建设项目、企业、事业、行政单位。地方项目还包括不隶属以上各级政府及主管部门的建设项目和企业、事业单位,如外商投资企业和无主管部门的企业等。

固定资产投资按构成分 固定资产投资活动按其工作内容和实现方式分为建筑安装工程,设备、工具、器具购置,其他费用三个部分。

(1)建筑安装工程(建筑安装工作量):指各种房屋、建筑物的建造工程和各种设备、装置的安装工程。包括各种房屋建造工程;各种用途设备基础和各种工业窑炉的砌筑工程及金属结构工程;为施工而进行的各种准备工作和临时工程以及完工后的清理工作等；铁路、道路的铺设，矿井的开凿及石油管道的架设等；水利工程；防空地下建筑等特殊工程；列入房屋工程预算内的暖气、卫生、通风、照明、煤气等设备的价值及装设油饰工程；列入建筑工程预算内的各种管道(蒸汽、压缩空气、石油、给排水等管道)、电力、电讯、电缆、导线等的敷设工程；以及各种机械设备的安装工程；为测定安装工程质量，对设备进行的试运工作；房地产开发单位进行的商品房屋开发建设工程、土地开发工程。其中：建筑工程指各种房屋、建筑物的建造工程所发生的费用支出。这部分工程必须兴工动料，通过施工活动才能实现，是固定资产投资的重要组成部分。安装工程指各种设备、装置在安装过程中发生的费用支出。

在安装工程中，不包括被安装设备本身的价值。

(2) 设备、工具、器具购置：指建设单位或企、事业单位购置或自制的，达到固定资产标准的设备、工具、器具的价值。新建单位及扩建单位的新建车间，按照设计或计划要求购置或自制的全部设备、工具、器具，不论是否达到固定资产标准均计入"设备、工具、器具购置"中。

(3) 其他费用：指在固定资产建造和购置过程中发生的，除建筑安装工程和设备、工器具购置投资完成额以外的应当分摊计入固定资产投资的费用，不指经营中财务上的其他费用。

房屋施工面积 指报告期内施工的全部房屋建筑面积。包括本期新开工的面积、上期跨入本期继续施工的房屋面积、上期停缓建在本期恢复施工的房屋面积、本期竣工的房屋面积以及本期施工后又停缓建的房屋面积。多层建筑应填各层建筑面积之和。

房屋竣工面积 指报告期内房屋建筑按照设计要求已全部完工，达到住人和使用条件，经验收鉴定合格或达到竣工验收标准，可正式移交使用的各栋房屋建筑面积的总和。

竣工面积以房屋单位工程（栋）为核算对象，在整栋房屋符合竣工条件后按其全部建筑面积一次性计算，而不是按各栋施工房屋中已完成的部分或层次分割计算。

计算本年房屋竣工面积，要求严格执行房屋竣工验收标准。民用建筑一般应按设计要求在土建工程和房屋本身附属的水、电、卫（包括设计中有的煤气、暖气）工程已经完工，通风、电梯等设备已经安装完毕，做到水通、灯亮，经验收鉴定合格，并正式交付给使用单位后，才能计算竣工面积。工业及科研等生产性房屋建筑一般应按设计要求在土建工程（包括水、暖、电、卫、通风）及属于房屋组成部分的生活间、操作间等已经完成（不包括安装设备的基础工程），可以进行工艺设备和管线安装时，方可计算本年房屋竣工面积。

商品房销售面积 指报告期内出售商品房屋的合同总面积(即双方签署的正式买卖合同中所确定的建筑面积)。由现房销售建筑面积和期房销售建筑面积两部分组成。

商品房销售额 指报告期内出售商品房屋的合同总价款(即双方签署的正式买卖合同中所确定的合同总价)。该指标与商品房销售面积同口径，由现房销售额和期房销售额两部分组成。

Explanatory Notes on Main Statistical Indicators

Total Investment in Fixed Assets in the Whole Country refers to the volume of activities in construction and purchases of fixed assets of the whole province and related fees, expressed in monetary terms during the reference period. It is a comprehensive indicator which shows the size, structure and growth of the investment in fixed assets, providing a basis for observing the progress of construction projects and evaluating results of investment. Total investment in fixed assets in the whole province includes investment in fixed assets , investment in real estate development and rural household investment. Total investment in fixed assets in the whole province includes, by type of ownership, the investment by State-owned units, collective-owned units, individuals, joint ownership units, share-holding units, as well as investments by entrepreneurs from foreign investors and from Hong Kong, Macao and Taiwan, and by other units.

Investment in Real Estate Development refers to investment by real estate development companies, commercialized buildings construction companies and other real estate development units of various types of ownership in the construction of buildings, such as residential buildings, factory buildings, warehouses, hotels, guesthouses, holiday villages, office buildings, the complementary service facilities and land development projects, such as roads, water supply, water drainage, power supply, heating supply, telecommunications, land leveling and other infrastructural projects. It does not include activities in pure land transactions.

Sources of Funds for Investment in Fixed Assets are categorized as funds from the State budget, domestic loans, bonds , foreign investment, self-raised funds, and others, depending on the sources of investment.

(1) **Fund from the State budget** the financial funds of all levels of government that is using for investment in fixed assets are budget funds.State budget consists of general budget, government fund budget, operation budget of state-owned assets and social security fund budget. Funds for investment in fixed assets from various budgets are reported as fund from the state budget, of which, the general budget utilized on fixed assets investment includes investment on infrastructure construction, vehicle purchase tax, post-disaster restoration and reconstruction funds and other financial investment. Government bonds at all levels should also be included.

(2) Domestic loans refer to loans of various forms borrowed by investing units from banks and non-bank financial institutions during the reference period for the purpose of investment in fixed assets, including loans issued by banks from their self-owned funds and deposit, loans appropriated by higher authorities, special loans by government(Including loan for substituting petroleum with coal, special loans for reform-though-labour coal mines), loans arranged by local government from special funds, domestic reserve loan, and revolving loan, etc.

(3) Foreign investment refers to foreign overseas (including foreign countries ,Hong Kong, Macao and Taiwan) funds received during the reference period(covering equipment, materials and technology), including foreign borrowings (loans from foreign governments and international financial institutions, export credit, commercial loans from foreign banks, issue of bonds and stocks overseas), foreign direct investment and other foreign investments(including funds from foreign direct investment income that are reinvested in fixed assets domestically). Excluded from this category is capital in foreign exchanges owned by China (foreign exchanges owned by the central and local governments, foreign exchanges retained by enterprises, foreign exchanges by enterprises through the regulating mechanism, loans in foreign exchanges issued by the Bank of China with its own fund, etc.). In calculating the utilization of foreign capital, foreign currencies are converted into Chinese Renminbi applying the exchange rate (central parity rate) at the end of the reference period.

(4) Self-raised funds refer to funds for investment in fixed assets received during the reference period by investing units, including investment in fixed assets using own funds of various enterprises and institutions or funds raised from other units other than financial funds, funds borrowed from financial institutions and overseas funds.

(5) Others refer to funds for investment in fixed assets received from sources other than those listed above,funds raised from individuals and through donations, and funds transferred from other units.

Investment in Fixed Assets by Sector refer to the classification of construction projects by sector is determined by the major products or the purpose of the projects when they are put into production or use, and by the nature of their social economic activities. In general, one project or one enterprise or institution can only be classified into one sector.

Investment in Fixed Assets by Jurisdiction of Management refers to the classification of investment by the competent authorities under which investment is made by construction units, enterprises, institutions or administrative units.

(1) **Central investment** refers to the investment in projects or by enterprises, institutions or administrative units which are under the direct leadership and management of the State Council and of the national commissions, ministries, agencies and State-owned large corporations. Various ministries and departments of the State Council prepare and implement plans through unified organization or lower-level commissions.

(2) (2) Local investment refers to the investment in projects or by enterprises, institutions or administrative units which are under the direct leadership and management of competent departments and governments at the level of province (autonomous regions and municipalities directly under the Central Government), prefecture (prefectures, cities and leagues) and county (districts, cities and banners). Also included are projects by foreign-invested enterprises and enterprises without competent managing authorities.

Investment in Fixed Assets by Structure By their contents and the mode of implementation, investment activities are classified into 3 categories, i.e. construction and installation, purchase of equipment and instrument, and other expenses.

(1) Construction and installation (work volume of construction and installation): refers to the construction of houses and buildings and the installation of various kinds of equipment and instruments. They include construction of houses; equipment foundations, industrial kilns and stoves, and metal structure work; preparation works and temporary works for project construction, and clearing up works post project construction; pavement of railways and roads, drilling of mines and putting up of oil pipes; construction of water conservancy; construction of underground air-raid shelters and construction of other special projects; value of equipment for heating, sanitation, ventilation, lighting, gas, painting, etc. that are covered by the budget of housing projects; laying out of various pipelines (for steam, compressed air, petroleum, tap water and sewage) and wiring and cabling for electric power and for communications; installation of various machinery and equipment; testing operation for pre-testing the quality of installation projects, and land and other development work conducted by real estate developers for commercialized housing. The value of equipment installed is itself not included in the value of installation projects.

(2) Purchase of equipment and instruments: refers to the total value of equipment, tools, and instruments purchased or self-produced which come up to the cut-off point for fixed assets by the construction units or investing enterprises or institutions. Equipment, tools and instruments purchased or self-produced for new workshops by newly established or expanded units are categorized as "purchase of equipment and instruments" no matter whether they come up to the cut-off point for fixed assets.

(3) Other expenses: refer to expenses arising during the construction or purchase of fixed assets other than those those expenses on construction, installation and purchase of equipment and instruments. Other financial expenses arising in operation are not included.

Floor Space of Buildings under Construction refers to the total floor space area of all the buildings in the reference period, It includes buildings started in the year, continued from the previous year, suspended in earlier years but restarted in the year, completed in the year, and started in the year but suspended in the year as well. The floor space of a multi-storied building should be the sum of floor space of all the stories.

Floor Space of Buildings Completed refers to the total floor space area of the buildings completed in the reference period, which meet the requirements as designed, reach the criteria set for people to live in or use, have passed the acceptance checks, and are ready for delivery or use.

The accounting object of the completion of the area is unit of housing project (building), the entire houses meet the completed conditions, in accordance with all construction area to disposable calculated, rather than divisional calculated in accordance with the construction of the building house which finished part or hierarchical.

In calculating the size of houses completed this year is demanded strictly enforced housing completion and acceptance criteria. Civil construction should generally be in accordance with the design requirements of civil works and the house itself attached water, electricity, health (including the design of some gas, heating) project has been completed, Ventilation, elevators and other equipment has been installed, to water and lights, through acceptance accreditation, and formally delivered to the use of the unit, in order to calculate the completion of the area. Industry and research and other production of housing construction general design requirements should be in the civil works (including water, heating, electricity, health, ventilation) and are an integral part of life, housing, the operating room, etc. which have been completed (not including the installation of foundation engineering equipment), process equipment and piping can be installed, then we can calculate the area of housing construction this year.

Housing construction area completion rate refers to the rate of total gross floor area of completed housing area accounted for housing construction area during the reference period.

Area of Commercialized Housing Sold refers to total contracted area of commercialized housing (i.e. area of floor space as designated in the formal contracts signed by both sides) during the reference time. It constitutes floor space of completed housing and floor space of future housing.

Value of Commercialized Housing Sold refers to the total contracted value (i.e. value of sales/purchase for selling/purchase of commercialized housing as designated in the contract signed by both sides) during the reference time. This indicator has the same coverage as the area of commercialized housing sold, which constitutes floor space of completed housing and floor space of housing yet to be completed.

对外经济贸易

Foreign Trade and Economic Cooperation

6

简 要 说 明

一、主要内容

本篇资料综合反映全省对外贸易、利用外资、对外直接投资、对外经济合作等情况。

对外贸易主要内容包括进出口总额、按地区分进出口商品总额、进出口商品分类等项目。

利用外资主要内容包括外商直接投资和外商其他投资，外商投资企业登记注册情况。

二、统计范围

对外贸易统计范围：按照联合国的国际贸易统计原则制定，凡能引起中华人民共和国关境内物质资源存量增加或减少的进出口货物，除制度另有规定者外，均列入该项统计。调查方法为全面调查。

利用外资统计范围：凡经工商行政管理机关核准登记，在贵州省所有利用外资的单位和部门，经批准设立的中外合资经营企业、合作经营企业、外资企业、外商投资股份制企业、合作开发项目等具有法人资格的独立核算企业(包括港澳台地区投资企业)，在贵州省从事经营活动的外国及港澳台地区企业及外国公司在贵州省境内设立的分支机构。

对外直接投资统计范围：境内投资主体通过直接投资在境外设立的各类公司型企业和非公司型企业。

三、资料来源

对外贸易统计资料来源于贵阳海关。

利用外资统计资料来源于省发展改革委、省商务厅。

对外直接投资资料来源于省商务厅。

Brief Introduction

I. Main Contents

Data in this chapter comprehensive reflected the province situation of foreign trade, utilization of foreign capital, overseas direct investment and overseas economic cooperation etc.

Data on foreign trade include: total value of imports and exports, total value of imports and exports of goods by region, imports and exports of goods classification etc.

Utilization of foreign capitals includes: foreign direct investments and other foreign investments, and the basic condition of registration of foreign funded enterprises.

II. Statistics Cover

The scope of foreign trade statistics are designed according to United Nations' principles on international trade statistics, that is: all imports or exports that will lead to stock changes of material resources with the territory of People's Republic of China; excluding goods by escape clause. The survey method is overall statistical survey.

The utilization of foreign capitals' statistics cover all the units and departments which have utilized foreign capitals, all the Sino-foreign joint ventures, Sino-foreign cooperative enterprises, ventures exclusively with foreign investment, foreign-funded stock companies, Sino-foreign cooperative development projects (including the enterprises funded by the entrepreneurs from Hong Kong, Macao and Taiwan) with independent accounting system and legal person status, and all foreign enterprises or enterprises funded by the entrepreneurs from Hong Kong Macao and Taiwan which engaged in business activities, and branches of foreign companies which have been approved to be set up within the boundaries of Guizhou Province after verification and registration through administrative authorities for industry and commerce.

The overseas direct investment statistics cover all types of overseas corporate and non-corporate enterprises by direct investment of domestic investors.

III. Sources of Data

Sources of data on foreign trade are from Guiyang Customs.

Sources of data on utilization of foreign capitals are from Guizhou Development & Reform Commission and the Department of Commerce.

Sources of data on overseas direct investment are from the Department of Commerce of Guizhou Province.

6-1 进出口总额
Total Value of Imports and Exports

指　标	Item	2012	2013	2014	2015	2016	2016年比2015年增长(%) Increase Rate in 2016 over 2015(%)
进出口总额(万元)	**Total Value of Imports and Exports(RMB 10000 yuan)**	**4189987**	**5136541**	**6623074**	**7612878**	**3756311**	**-50.7**
出口总额	Total Exports	3129409	4265712	5778924	6185585	3124923	-49.5
进口总额	Total Imports	1060578	870829	844150	1427293	631387	-55.8
进出口差额	Balance	2068831	3394883	4934774	4758292	2493536	
进出口总额(万美元)	**Total Value of Imports and Exports(USD 10000)**	**663156**	**829009**	**1077133**	**1222142**	**569962**	**-53.4**
出口总额	Total Exports	495223	688598	939726	994862	474279	-52.3
进口总额	Total Imports	167933	140411	137407	227279	95682	-57.9
进出口差额	Balance	327290	548187	802319	767583	378597	

注：资料来源于贵阳海关(以下相关表同)。
Note: Data in the table are obtained from Guiyang Customhouse(the same applies to the relative tables below) .

6-2 按地区分的进口商品总额
Total Value of Imports by Region

单位：万美元 (USD 10000)

地　区	Region	2012	2013	2014	2015	2016
总　计	**Total**	**167933**	**140411**	**137407**	**227279**	**95682**
亚　洲	Asia	54464	46860	45111	148007	50682
非　洲	Africa	16509	20491	21483	8191	6491
欧　洲	Europe	8317	16465	16475	11584	6781
拉丁美洲	Latin America	23920	7005	10634	13533	5308
北美洲	North America	25409	16705	11065	35016	15084
大洋洲	Oceanic	39314	32885	32639	10939	11336
其　他	Others				9	

6－3 按国别（地区）分的进出口总额
Imports and Exports by Countries or Regions

单位：万美元 (USD 10000)

国别（地区）	Country (Region)	进出口总额 Total Imports and Exports		进口 Imports		出口 Exports	
		2015	2016	2015	2016	2015	2016
进出口贸易总额	Total Import-Export Value	1222142	569962	227279	95682	994862	474279
亚洲	Asia	735215	355018	148007	50682	587208	304336
#香港	Hong Kong	111417	94723	10110	21	101308	94703
印度	India	46380	38141	79	718	46301	37423
印度尼西亚	Indonesia	39355	12982	159	45	39196	12937
澳门	Macau	13797	9774	-	14	13797	9760
马来西亚	Malaysia	62018	20842	4872	5784	57146	15058
巴基斯坦	Pakistan	21198	7510	262	164	20937	7346
菲律宾	Philippines	16347	7512	277	199	16070	7313
沙特阿拉伯	Saudi Arabia	24258	11798	6485	5981	17773	5818
新加坡	Singapore	54281	14541	227	485	54054	14056
韩国	South Korea	64365	23819	874	2679	63491	21140
泰国	Thailand	37264	28057	8803	11181	28462	16876
阿拉伯联合酋长国	UAE	22665	11099	3306	4609	19359	6490
越南	Vietnam	24017	16121	1067	779	22950	15341
台湾	Taiwan	107851	12814	83543	8289	24308	4525
非洲	Africa	84773	27841	8191	6491	76582	21349
#南非	South Africa	12194	8776	7403	5211	4791	3564
欧洲	Europe	124661	58160	11584	6781	113076	51379
#比利时	Belgium	6018	7181	217	115	5802	7065
英国	UK	18355	5734	535	553	17820	5181
德国	Germany	20523	6504	4936	2473	15587	4031
法国	France	8990	5220	849	924	8140	4296
俄罗斯	Russia	12841	6280	635	742	12206	5539
拉丁美洲	Latin America	51614	25222	13533	5308	38081	19914
#巴西	Brazil	24878	6522	12934	4017	11943	2505
墨西哥	Mexico	4403	7426	199	616	4204	6810
北美洲	North America	169631	62284	35016	15084	134615	47200
#加拿大	Canada	13829	5143	5623	1963	8206	3180
美国	USA	155802	57140	29393	13121	126409	44019
大洋洲	Oceania	56239	41437	10939	11336	45300	30101
#澳大利亚	Australia	40342	30156	10868	9840	29473	20316
新西兰	New Zealand	14102	9157	71	739	14031	8418
东盟组织	Asean	242282	105494	15412	18475	226870	87019
欧盟组织	European Union	104759	49165	7604	5728	97155	43438

6-4 海关出口商品分类

单位：万美元

指 标	Item
总 计	**Total**
#活动物；动物产品	Live Animals;Animal Products
植物产品	Vegetable Products
动、植物油、脂及其分解产品；精制的食用油脂；动、植物蜡	Animal or Vegetable Fats and Oils and their Cleavage Products;Prepared Edible Fats; Animal or Vegetable Waxes
食品；饮料、酒及醋；烟草及烟草代用品的制品	Prepared Foodstuffs; Beverages, Spirits And Vinegar; Tobacco and Manufactured Tobacco Substitutes
矿产品	Mineral Products
化学工业及其相关工业的产品	Products of The Chemical or Industries Allied
塑料及其产品；橡胶及其制品	Plastics and Articles Thereof Rubber and Articles Thereof
生皮、皮革、毛皮及其制品；鞍具及挽具；旅行用品、手提包及类似品；动物肠线(蚕胶丝除外)制品	Raw Hides and Skins, Leather, Fur Skins and Articles Thereof; Saddlery and Harness; Travel Goods, Handbags and Similar Containers; Articles of Animal Gut (Other Than Silk-Worm Gut)
木及木制品；木炭；软木及软木制品；稻草、秸秆、针茅或其他编结材料制品；篮筐及柳条编结品	Wood and Articles of Wood; Wood Charcoal; Cork and Articles of Cork; Manufactures of Straw, of Esparto or of Other Plaiting Materials; Basket Ware and Wickerwork
木浆及其他纤维状纤维素浆；纸及纸板的废碎品；纸、纸板及其制品	Pulp of Wood or of Other Fibrous Cellulosic Material; Waste and Scrap of Paper or Paperboard; Paper and Paperboard and Articles Thereof
纺织原料及纺织制品	Textiles and Textile Articles
鞋、帽、伞、杖、鞭及其零件；已加工的羽毛及其制品；人造花；人发制品	Footwear, Headgear, Umbrellas, Sun Umbrellas, Walking-Sticks, Seat-Sticks, Whips, Riding-Crops and Parts Thereof; Prepared Feathers and Articles Made Therewith; Artificial Flowers; Articles of Human Hair
石料、石膏、水泥、石棉、云母及类似材料的制品；陶瓷产品；玻璃及其制品	Articles of Stone,Plaster,Cement,Asbestos,Mica or Similar Materials;Ceramic Products ;Glass and Glassware
天然或养殖珍珠、宝石或半宝石、贵金属、包贵金属及其制品；仿首饰；硬币	Natural or Cultured Pearls, Precious or Semi-Precious Stones, Precious Metals, Metals Clad With Precious Metal and Stones, Precious Metals, Metals Clad With Metal and Articles Thereof; Imitation Jewellery; Coin
贱金属及其制品	Base Metals and Articles of Base Metal
机器、机械器具、电气设备机器及其零件、录音机及放声机、电视图象、声音的录制和重放设备及其零件、附件	Machinery and Mechanical Appliances; Electrical Equipment; Parts Thereof; Sound Recorders and Reproducers, Television Image and Sound Recorders and Reproducers; and Parts and Accessories of Recorders and Reproducers; and Parts and Accessories of Such Articles
车辆、航空器、船舶及有关运输设备	Vehicles, Aircraft, Vessels And Associated Transport Equipment
光学、照相、电影、计量、检验、医疗或外科用仪器及设备、精密仪器及设备；钟表；乐器及上述物品的零件、附件	Optical, Photographic, Cinematographic, Measuring, Checking, Precision, Medical or Surgical Instruments and Apparatus; Clocks And Watches; Musical Instruments; Parts and Accessories Thereof
杂项制品	Miscellaneous Manrfactured Articles
艺术品、收藏品及古物	Works of Art, Collectors' Pieces and Antiques

Value of Exports Commodities by Category

(USD 10000)

2012	2013	2014	2015	2016	2016年比2015年增长(%) Increase Rate in 2016 over 2015(%)
495223	**688598**	**939726**	**994862**	**474279**	**-52.3**
120	109	147	163	161	-1.0
1620	1786	2971	3249	4394	35.2
295	321	195	112	316	182.7
26934	23871	25174	29815	43108	44.6
13313	14074	14690	17680	12487	-29.4
129288	81290	134626	158556	113375	-28.5
53324	77174	84378	64957	33230	-48.8
17137	31400	29758	31560	5733	-81.8
206	607	2072	3881	1066	-72.5
5403	15830	21127	22546	4906	-78.2
45892	67867	144816	94856	23941	-74.8
17649	30953	43120	39336	9701	-75.3
24899	62294	63551	67739	14521	-78.6
44	1238	5701	17043	2200	-87.1
38193	67344	87861	84636	33062	-60.9
50648	72093	118467	227919	141550	-37.9
8196	10997	15290	12738	8149	-36.0
4872	8997	11582	11059	3802	-65.6
56868	119590	131642	106072	18415	-82.6
322	763	710	939	141	-85.0

6–5 海关进口商品分类

Value of Import Commodities by category

单位：万美元 (USD 10000)

指　标	Item	2012	2013	2014	2015	2016	2016年比2015年增长(%) Increase Rate in 2016over 2015(%)
总　计	**Total**	**167933**	**140411**	**137407**	**227279**	**95682**	**-57.9**
#活动物产品	Live Animals;Animal Products	282	140	1		758	—
植物产品	Vegetable Products	96	365	1756	7206	582	-91.9
动、植物油、脂及分解品;精制的食用油脂;动、植物蜡	Animal or Vegetable Fats and Oils and their Cleavage Products; Prepared Edible Fats; Animal or Vegetable Waxes	1				7	—
食品；饮料、酒及醋；烟草及烟草代用品的制品	Prepared Foodstuffs; Beverages,Spirits And Vinegar;Tobacco and Manufactured Tobacco Substitutes	54	38	60	195	165	-15.3
矿产品	Mineral Products	118523	94334	84089	43468	35148	-19.1
化学工业及其相关工业的产品	Products of The Chemical or Industries Allied	1713	1682	2975	1588	1475	-7.2
塑料及其产品；橡胶及其产品	Plastics and Articles Thereof Rubber and Articles Thereof	22983	17508	15789	11435	11326	-1.0
生皮、皮革、毛皮及其制品；鞍具及挽具；旅行用品、手提包及类似品；动物肠线(蚕胶丝除外)制品	Raw Hides and Skins, Leather, Fur Skins and Articles Thereof; Saddlery and Harness; Travel Goods, Handbags and Similar Containers; Articles of Animal Gut (Other Than Silk-Worm Gut)	9	26	24	52	28	-45.4
木及木制品；木炭；软木及软木制品；稻草、秸秆、针茅或其他缠结材料制品；篮筐及柳条编结品	Wood and Articles of Wood; Wood Charcoal; Cork and Articles of Cork; Manufactures of Straw, of Esparto or of Other Plaiting aterials; Basket Ware and Wickerwork	5		441	8	163	1922.9
木浆及其他纤维状纤维素浆；纸及纸板的废碎品；纸、纸板及其制品	Pulp of Wood or of Other Fibrous Cellulosic Material; Waste and Scrap of Paper or perboard; Paper and Paperboard and Articles Thereof	412	402	487	275	153	-44.5
纺织原料及纺织制品	Textiles and Textile Articles	328	761	443	108	488	350.4
鞋、帽、伞、杖、鞭及其零件；已加工的羽毛及其制品；人造花；人发制品	Footwear, Headgear, Umbrellas, Sun Umbrellas, Walking-Sticks, Seat-Sticks, Whips, Riding-Crops and Parts Thereof; Prepared Feathers and Articles Made Therewith; Artificial Flowers; Articles of Human Hair		33	2	4	13	220.5

6-5 续表 continued

单位：万美元 (USD 10000)

指　标	Item	2012	2013	2014	2015	2016	2016年比2015年增长(%) Increase Rate in 2016over 2015(%)
石料、石膏、水泥、石棉、云母及类似材料的制品；陶瓷产品；玻璃及其制品	Articles of Stone, Plaster, Cement, Asbestos, Mica or Similar Materials; Ceramic Products; Glass and Glassware	50	33	15	61	38	-37.6
天然或养殖珍珠、宝石或半宝石、贵金属、包贵金属及其制品；仿首饰;硬币	Natural or Cultured Pearls, Precious or Semi-Precious Stones, Precious Metals, Metals Clad With Precious Metal and Stones, Precious Metals, Metals Clad With Precious Metal and Articles Thereof; Imitation Jewellery; Coin	38	20	2	9616	82	-99.2
贱金属及其制品	Base Metals and Articles of Base Metal	2870	2748	1361	1830	3010	64.5
机器、机械器具、电气设备及其零件；录音机及放声机、电视图象、声音的录制和重放设备及其零件、附件	Machinery and Mechanical Appliances; Electrical Equipment; Parts Thereof; Sound Recorders and Reproducers, Television Image and Sound Recorders and Reproducers; and Parts and Accessories of Recorders and Reproducers; and Parts and Accessories of Such Articles	15409	16938	23888	136879	36910	-73.0
车辆、航空器、船舶及有关运输设备	Vehicles, Aircraft, Vessels And Associated Transport Equipment	642	947	305	7306	293	-96.0
光学、照相、电影、计量、检验、医疗或外科用仪器及设备、精密仪品及设备；钟表；乐器；上述物品的零件、附件	Optical, Photographic, Cinematographic, Measuring, Checking, Precision, Medical or Surgical Instruments and Apparatus; Clocks And Watches; Musical Instruments; Parts and Accessories Thereof	4496	4393	3705	7192	4915	-31.7
杂项制品	Miscellaneous Manufactured Articles	22	41	27	51	121	135.4
艺术品、收藏品及古物	Works of Art, Collectors' Pieces and Antiques			1	4	9	96.9

6-6 利用外资
Foreign Capital Absorbed

指 标	Item	2012	2013	2014	2015	2016
项目数(个)	**Number of Projects(unit)**	**53**	**149**	**172**	**187**	**207**
#直接利用外资	Direct Foreign Investment	53	75	67	75	79
合资企业	Joint Venture	22	20	26	30	38
合作经营企业	Contractual Joint Venture		4	2	2	6
独资企业	Solely-foreign Enterprise	31	51	39	43	34
外商投资股份制	FDI Sharholding Inc.					1
签订合同金额(万美元)	**Contracted Foreign Capital(USD 10000)**	**57383**	**118021**	**338663**	**408530**	**515286**
#直接利用外资	Direct Foreign Investment	57383	118021	178699	180080	277271
合资企业	Joint Venture	37868	22423	23142	47217	72503
合作经营企业	Contractual Joint Venture	240	6163	7691	4563	29881
独资企业	Solely-foreign Enterprise	19275	89435	147779	128300	153040
外商投资股份制	FDI Sharholding Inc.			87		21847
实际利用外资额(万美元)	**Foreign Capital Actually Absorbed (USD 10000)**	**109805**	**157415**	**213053**	**262747**	**321631**
#直接利用外资	Direct Foreign Investment	49116	57673	46565	41941	96739
合资企业	Joint Venture	17845	14979	8800	9885	10701
合作经营企业	Contractual Joint Venture	320		817	1304	6086
独资企业	Solely-foreign Enterprise	30951	42694	36948	30752	57931
外商投资股份制	FDI Sharholding Inc.					22021
外商投资企业基本情况	**Registered Foreign-funded Enterprise**					
期末实有外商投资法人企业(户)	Number of Foreign-funded Enterprises at the year-end(unit)	686	740	594	662	634
#本年登记户数(户)	Number of Registered Enterprises at the year-end(unit)	46	77	60	71	77
期末投资总额(万美元)	Total Investment(USD 10000)	766967	969886	1547158	1814689	2371930
期末注册资本(万美元)	Registered Capital(USD 10000)	419657	523496	775630	1018034	1312175
#外 方	Capital from Foreign Partners	329321	423032	612198	829752	1000054

注：1.资料来源于省工商局、省商务厅。2.实际利用外资统计口径为直接利用外资、外商投资企业投注差外债实际到位资金和外商投资企业境内投资实际到位资金两部分(以下相关表同)。

Note:1.Data in this table come from the Provincial Administration for Industry and Commerce, the Department of Commerce; 2.The statistical caliber of actual utilization of foreign capital has changed, which in addition to the direct use of foreign capital,including FIEs bets poor external debt actual funds and foreign-invested enterprises in the territory of actual funds invested in two parts as well (The relative tables in this chapter are the same).

6-7 外商直接投资按行业分项目个数

Number of Projects for Contracted Foreign Direct Investment by Sector

单位：个 (unit)

行业	Sector	2012	2013	2014	2015	2016
总计	**Total**	**53**	**75**	**67**	**75**	**79**
农、林、牧、渔业	Farming,Forestry,Animal Husbandry and Fishery	11	9	11	8	15
采矿业	Mining	3	1	1	1	1
制造业	Manufacturing	20	28	17	21	24
电力、热力、燃气及水生产和供应业	Production and Supply of Electricity, Gas and Water	3	8	4	3	5
建筑业	Construction	1	1		2	
交通运输、仓储和邮政业	Transport, Storage and Post	1	1	1	1	3
信息传输、软件和信息服务业	Information Transmission, Software and Information Technology		1		3	4
批发和零售业	Wholesale and Retail Trades	3	9	8	9	3
住宿和餐饮业	Hotels and Catering Services	2		2	1	2
金融业	Financial Intermediation			4	1	
房地产业	Real Estate	1	3	4	3	1
租赁和商务服务业	Leasing and Business Services	6	8	6	6	14
科学研究和技术服务业	Scientific Research and Technical Service		1	1	6	1
水利、环境和公共设施管理业	Management of Water Conservancy, Environment and Public Facilities	1	3	6	4	4
居民服务、修理和其他服务业	Services to Households, Repair and Other Services		2	1	3	1
文化、体育和娱乐业	Culture, Sports and Entertainment			1	2	
教育	Education					1
公共管理、社会保障和社会组织	Public Management, Social security and Social Organization	1			1	

6-8 按行业分外商直接投资协议金额

Agreement Value of Foreign Direct Investment by Sector

单位：万美元 (USD 10000)

行业	Sector	2012	2013	2014	2015	2016
总计	**Total**	**57383**	**118021**	**178699**	**180080**	**277271**
农、林、牧、渔业	Farming,Forestry,Animal Husbandry and Fishery	5783	11277	7579	7127	69577
采矿业	Mining	3677	-530	5643	781	4476
制造业	Manufacturing	23779	67099	50265	51763	118902
电力、热力、燃气及水的生产和供应业	Production and Supply of Electricity, Gas and Water	3068	15072	23417	25612	12885
建筑业	Construction	142	-1952		2633	
交通运输、仓储和邮政业	Transport, Storage and Post	8053	350	980	3656	11553
信息传输、软件和信息技术服务业	Information Transmission, Software and Information Technology Services		-68		5779	3644
批发和零售业	Wholesale and Retail Trades	-1160	1576	6546	4960	52
住宿和餐饮业	Hotels and Catering Services	155		15	1	13
金融业	Financial Intermediation	510		53999	5586	
房地产业	Real Estate	483	7510	7898	2426	1094
租赁和商务服务业	Leasing and Business Services	12314	3517	4938	215	44364
科学研究和技术服务业	Scientific Research and Technical Service		500	-2020	31026	41
水利、环境和公共设施管理业	Management of Water Conservancy, Environment and Public Facilities	64	13183	19425	8028	10343
居民服务、修理和其他服务业	Services to Households, Repair and Other Services		487	4	30015	304
文化、体育和娱乐业	Culture, Sports and Entertainment				362	
教育	Educaiton			10		23
公共管理、社会保障和社会组织	Public Management, Social security and Social Organization	515			110	

6-9 按行业分外商实际直接投资额

Actually Used Amount of Foreign Direct Investment by Sector

单位：万美元 (USD 10000)

指　标	Item	2012	2013	2014	2015	2016
总　计	**Total**	**49116**	**57673**	**46565**	**41941**	**96739**
农、林、牧、渔业	Farming, Forestry, Animal Husbandry and Fishery	755	2009	3266	1967	308
采矿业	Mining	450	4	1644	784	845
制造业	Manufacturing	5179	24528	17000	11504	34059
电力、热力、燃气及水的生产和供应业	Production and Supply of Electricity, Gas and Water	8188	10173	5809	6501	18870
建筑业	Construction	5328	9			
交通运输、仓储和邮政业	Transport, Storage and Post				980	8991
信息传输、软件和信息技术服务业	Information Transmission, Software and Information Technology	500	32			1232
批发和零售业	Wholesale and Retail Trades	2526	1342	1447	1149	1929
住宿和餐饮业	Hotels and Catering Services	103	50		5	3
金融业	Financial Intermediation				16346	
房地产业	Real Estate	22484	4218	12701	2101	302
租赁和商务服务业	Leasing and Business Services	548	7554	1743	427	24649
科学研究和技术服务业	Scientific Research and Technical Service	2991				4955
水利、环境和公共设施管理业	Management of Water Conservancy, Environment and Public Facilities	64	7485	2955	173	572
居民服务、修理和其他服务业	Services to Households, Repair and Other Services		163		4	24
教育	Education		16			
文化、体育和娱乐业	Culture, Sports and Entertainment		90			

6-10 对外经济合作

Economic Cooperation with Foreign Countries or Regions

指　标	Item	2012	2013	2014	2015	2016
境外经济合作	**Economic Cooperation with Foreign Countries or Territories**					
签订合同项目(个)	Number of Contracts(unit)	22	23	43	36	55
#对外承包工程	Contracted Projects	22	23	43	36	55
签订合同金额(万美元)	Contracted Value (USD 10000)	21430	16897	61792	57608	59614
#对外承包工程	Contracted Projects	21430	16897	61792	57608	59614
实际营业额(万美元)	Actual Turnover(USD 10000)	40007	45940	60166	80904	97179
#对外承包工程	Contracted Projects	40007	45940	50129	67756	68133
年末在外人员(人)	Persons in Abroad by the End of Year(perso	2442	1615	2114	4920	2068
#对外承包工程	Contracted Projects	2442	1615	2114	4920	2068
省外经济合作	**Economic Cooperation with Other Provinces**					
引进省外项目(个)	Number of Contracted Projects(unit)	2368	2325	2341	4322	4545
引进省外资金(亿元)	Contracted Value(100 million yuan)	3857	5017	6271	7214	8086

注：表中数据不含铝镁设计院及国内国际标的项目。

Note: Data in the table don't contain bidding projects of the Magnesium and Design Institute and the domestic and international.

6-11 历年进出口总额、实际利用外资

Total Value of Imports and Exports and Total Amount of Foreign Investment Actually Utilized

年 份 Year	进出口总额(万美元) Total Value of Imports and Exports (USD 10000)	#出口额 Exports	实际利用外资额(万美元) Total Amount of Foreign Investment Actually Utilized (USD 10000)	#国外贷款 Foreign Loans	#外商直接投资 Foreign Direct Investments
1978	1645	285			
1979	2111	703			
1980	2797	1641			
1981	4782	3617			
1982	5455	4522			
1983	5238	4186			
1984	6997	4548	61	61	
1985	8720	4010	286	12	148
1986	8605	6361	1276	38	74
1987	12488	9296	376	127	101
1988	15527	11586	1408	425	440
1989	18681	13322	2102	826	747
1990	21802	15358	2983	1925	463
1991	24614	18958	2845	1436	1034
1992	33907	22424	3574	1595	1979
1993	36470	24491	4922	628	4294
1994	53595	37346	8363	2000	6363
1995	68144	43023	9637	3934	5703
1996	64240	43554	10628	7490	3138
1997	67660	48239	13834	8857	4977
1998	62243	38794	18100	13565	4535
1999	54763	35780	19532	15442	4090
2000	66002	42060	19545	17044	2501
2001	64978	42170	14010	11181	2829
2002	69141	44181	9383	5684	3700
2003	98477	58834	13191	7565	5626
2004	151442	86709	13932	7399	6533
2005	140425	85925	19568	8800	10768
2006	161745	103874	18413	9029	9384
2007	227285	146513	15333	2682	12651
2008	337037	190084	17379	2475	14904
2009	230732	135856	18027	4663	13364
2010	314680	192018	34026	4480	29546
2011	488758	298509	71674	4353	51541
2012	663156	495223	109805	5223	49116
2013	829009	688598	157415	4853	57673
2014	1077133	939726	213053	6524	46565
2015	1222142	994862	262747	10324	41941
2016	569962	474279	363331	41700	96739

注：1.进出口总额1997年及以前数据来源于原省对外贸易经济合作厅，1998年起数据来源于贵阳海关。2.实际利用外资额数据来源于省发展改革委、省商务厅。

Note:1.The total amount of import and export were obtained from the former provincial department of foreign trade and economic cooperation in 1997 and before, while After 1998 they obtained from Guiyang Customs.2.Data of foreign capital actually utilized are obtained from Provincial Development and Reform Commission and Department of Commerce.

主要统计指标解释

进出口总额 指实际进出我国国境并引起我国物质资源存量增加或者减少的货物金额。包括我国境内法人和其他组织、个人进出口的一般贸易、易货贸易、加工贸易、补偿贸易、保税区和保税仓库进出境货物、国际援助物资或捐赠品。我国规定出口货物按离岸价格统计，进口货物按到岸价格统计。

外商直接投资 指外国企业和经济组织或个人（包括华侨、港澳台胞以及我国在境外注册的企业）按我国有关政策、法规，用现汇、实物、技术等在我国境内开办外商独资企业、与我国境内的企业或经济组织共同举办中外合资经营企业、合作经营企业或合作开发资源的投资（包括外商投资收益的再投资），以及经政府有关部门批准的项目投资总额内企业从境外借入的资金。

对外承包工程 指各对外承包公司以招标议标承包方式承揽的下列业务：(1)承包国外工程建设项目；(2)承包我国对外经援项目；(3)承包我国驻外机构的工程建设项目；(4)承包我国境内利用外资进行建设的工程项目；(5)与外国承包公司合营或联合承包工程项目时我国公司分包部分；(6)对外承包兼营的房屋开发业务。对外承包工程的营业额是以货币表现的本期内完成的对外承包工程的工作量，包括以前年度签订的合同和本年度新签订的合同在报告期内完成的工作量。

Explanatory Notes on Main Statistical Indicators

Total imports and exports refers to the actual cause of out of our borders and the stock of material resources to increase or decrease the amount of goods, including my own country legal persons and other organizations, individuals, import and export of general trade, barter trade, processing trade, compensation trade, bonded and bonded warehouse entry and exit of goods, international aid or donations. China provides export goods at FOB, CIF value of imported goods according to statistics.

Foreign Direct Investment refers to the investments inside China by foreign enterprises and economic organizations or individuals (including overseas Chinese, compatriots from Hong Kong, Macao and Taiwan, and Chinese enterprises registered abroad), following the relevant policies and laws of China, for the establishment of ventures exclusively with foreign own investment, Sino-foreign joint ventures and cooperative enterprises or for co-operative exploration of resources with enterprises or economic organizations in China. It includes the re- investment of the foreign entrepreneurs with the profits gained from the investment and the funds that enterprises borrow from abroad in the total investment of projects which are approved by the relevant department of the government.

Overseas Contracted Project refers to projects undertaken by Chinese contractors (project contracting companies) through bidding process. They include: (1) overseas civil engineering construction projects financed by foreign investors; (2) overseas projects financed by the Chinese government through its foreign aid programs; (3) construction projects of Chinese diplomatic missions, trade offices and other institutions stationed abroad; (4) construction projects in China financed by foreign investment; (5) sub-contracted projects to be taken by Chinese contractors through a joint umbrella project with foreign contractor(s); (6) housing development projects. The business income from international contracted projects is the work volume of contracted projects completed during the reference period, expressed in monetary terms, including completed work on projects signed in previous years.

能 源

Energy 7

简 要 说 明

一、主要内容

本篇资料主要包括能源生产、消费及品种构成，能源生产和消费弹性系数，综合能源平衡表和主要能源品种的单项平衡表，分行业、分主要能源品种的消费量，能源加工转换效率及生活用能源消费量等。

二、统计范围、统计口径和计算方法

本篇资料的统计范围为全社会。

1.一次能源生产量与能源产品产量统计数字一致。

2.能源生产与消费弹性系数分别以能源生产、消费增长速度与地区生产总值增长速度相比求得。

3.综合能源平衡表中，电力折算标准煤系数按平均发电煤耗计算。

4.效率表中，规模以上工业能源消费量电力折算标准煤系数采用当量值计算，每千瓦小时折 0.1229 千克标准煤。

5.GDP 按可比价格计算。

三、资料来源

本篇资料由省统计局能源统计处根据《贵州省能源统计报表制度》加工整理。

Brief Introduction

I. Main Contents

Data in this chapter cover mainly energy production, consumption, and composition; elasticity ratio of energy production and consumption; overall balance sheet of energy and balance sheets by different types of energy; consumption of energy by sector and by types of energy; efficiency of energy processing and conversion; and the consumption of energy for non-production uses.

II. The Scope, Notes on Coverage and Compilation of Data

The scope of data in this chapter is the whole province.

(1) The data on production of primary energy are the same as the corresponding data on output of energy products.

(2) The elasticity ratio of energy production is calculated as the quotient of the growth rate of energy production divided by the growth rate of GDP; and the elasticity ratio of energy consumption is calculated as the quotient of the growth rate of energy consumption divided by the growth rate of GDP.

(3) In the energy balance sheet, the coefficient for conversion of electric power into the standard coal equivalent is calculated according to the average consumption of coal for generating electricity.

(4) In the table on the efficiency of energy conversion, Above scale industrial energy consumption electric power conversion standard coal coefficient calculated by the equivalent value. One kilowatt is equal to 0.1229 kg SCE.

(5) Gross domestic product are calculated at constant prices.

III. Sources of Data

Data in this chapter are collected and compiled by the Energy Statistics Department of Guizhou Provincial Bureau of Statistics, which accordance with the Guizhou Provincial energy statistics report system.

7-1 能源生产、消费总量及构成

Total Production and Consumption of Energy and Its Composition

单位：万吨标准煤 (10000 tons of SCE)

指 标	Item	2012	2013	2014	2015	2016
绝对数	**Absolute Figure**					
一次能源生产总量	Total Production of Primary Energy	13135.74	14404.15	15136.11	15061.47	14251.23
#原 煤	Coal	11468.18	12881.58	12933.72	12361.54	11758.58
水 电	Hydro-power	1667.56	1522.57	2181.11	2659.24	2421.52
能源终端消费总量	Final Consumption of Energy	7873.57	8715.48	9015.18	9319.60	9444.78
#原 煤	Coal	3018.20	3332.22	3417.21	3966.90	3762.63
天然气	Natural Gas	62.08	109.99	118.10	145.50	156.43
电 力	Electricity	3031.64	3257.13	3346.96	3303.36	3511.80
构成(%)	**Composition(%)**					
一次能源生产总量	Total Production of Primary Energy	100.0	100.0	100.0	100.0	100.0
#原 煤	Coal	88.8	89.4	85.5	82.1	82.5
水 电	Hydro-power	11.2	10.6	14.4	17.7	17.0
能源终端消费总量	Final Consumption of Energy	100.0	100.0	100.0	100.0	100.0
#原 煤	Coal	48.0	38.2	37.9	42.6	39.8
天然气	Natural Gas	0.7	1.3	1.3	1.6	1.7
电 力	Electricity	33.1	37.4	37.1	35.4	37.2

注：1.电力按等价热值折算。2.各年数据根据第三次经济普查资料进行修订(以下各表同)。

Note: 1.Electric power and heating pouer are converted on the basic of equal caloric value. 2.The data adjusted according to the third economy census (The same as in the following tables).

7-2 综合能源平衡表
Overall Energy Balance Sheet

单位：万吨标准煤 (10000 tons of SCE)

指　标	Item	2012	2013	2014	2015	2016
可供消费的能源总量	**Total Energy Available for Consumption**	**8645.48**	**9405.14**	**9802.02**	**10428.39**	**10591.06**
一次能源生产量	Primary Energy Output	13135.74	14404.15	15136.11	15061.47	14251.23
省外调入	Inflow from Other Provinces	1047.60	1339.15	1302.67	1619.06	1836.88
调出省外	Outflow from Guizhou Province	5617.01	6344.93	6120.25	6443.42	6262.91
年初年末库存差额	Stock Changes in the Year	78.50	6.78	-519.35	191.30	761.38
能源消费总量	**Total Energy Consumption**	**8604.19**	**9298.54**	**9708.78**	**9948.48**	**10226.90**
农、林、牧、渔、水利业	Farming, Forestry, Animal Husbandry, Fishery and Water Conservancy	128.48	136.16	146.86	158.33	211.69
工　业	Industry	5873.70	5452.49	5529.57	5369.02	5374.24
建筑业	Construction	95.23	113.37	138.49	129.15	161.07
交通运输、仓储和邮政业	Transport,Storage and Post	610.45	665.41	711.87	778.49	857.42
批发、零售业和住宿、餐饮业	Wholesale and Retail Trades, Hotels and Catering Services	783.17	831.99	816.29	1056.76	1031.75
其　他	Others Sectors	885.30	957.24	1102.53	1180.11	1189.52
生活消费	Household Consumption	1023.14	1141.89	1263.19	1286.68	1401.19
终端消费	End-use Consumption	7873.57	8715.49	9015.18	9319.60	9444.78
#工　业	Industry	4347.81	4869.44	4835.96	4740.08	4592.12
加工转换损失量	Losses During the Process of Energy Conversion	513.68	354.31	386.07	299.18	486.67
#炼　焦	Coking	88.06	86.22	76.81	84.12	74.09
损失量	Energy Losses	216.94	228.74	307.53	329.70	295.46
平衡差额	**Balance**	**41.29**	**106.60**	**93.25**	**479.92**	**364.15**

7-3 煤炭平衡表

Coal Balance Sheet

单位：万吨 (10000 tons)

指 标	Item	2012	2013	2014	2015	2016
可供量	**Total Energy Available for Consumption**	**14114.22**	**13717.84**	**13279.50**	**13419.75**	**14147.11**
生产量	Output	18107.05	18517.78	18508.29	17204.99	16850.64
调出省外	Outflow from Guizhou Province	4221.14	5137.04	4816.78	4414.08	4207.05
年初年末库存差额	Stock Changes in the Year	-39.88	-11.36	-701.08	307.61	1115.65
消费量	**Total Energy Consumption**	**14048.96**	**13650.74**	**13117.60**	**12833.49**	**13642.75**
农、林、牧、渔、水利业	Farming,Forestry,Animal Husbandry, Fishery and Water Conservancy	151.04	152.84	164.00	168.40	195.47
工 业	Industry	11163.25	10802.63	10118.51	9754.74	10539.74
建筑业	Construction	24.00	27.69	26.83	30.50	35.00
交通运输、仓储和邮政业	Transport,Storage and Post	76.76	80.86	68.00	9.19	8.00
批发、零售业和住宿、餐饮业	Wholesale and Retail Trades, Hotels and Catering Services	1001.73	976.06	945.42	1163.28	1189.98
其 他	Others Sectors	979.14	928.36	1033.87	971.09	904.68
生活消费	Household Consumption	648.22	682.30	760.97	736.29	769.89
终端消费	End-use Consumption	4936.76	5211.62	5710.81	5666.61	5690.38
#工 业	Industry	2055.87	2363.51	2711.72	2587.86	2587.36
中间消费(用于加工转换)	Intermediate Consumption (Consumed in Conversion)	9112.20	8439.12	7406.79	7166.88	7952.38
#发 电	Power Generation	5742.00	5714.04	4931.64	5121.79	6021.16
炼 焦	Coking	1034.10	1198.30	1028.31	1016.59	880.98
平衡差额	**Balance**	**65.26**	**67.10**	**161.90**	**586.26**	**504.36**

7-4 电力平衡表

Electricity Balance Sheet

单位：亿千瓦小时 (100 million kwh)

指　标	Item	2012	2013	2014	2015	2016
可供量	**Total Energy Available for Consumption**	**1046.72**	**1128.02**	**1173.73**	**1174.21**	**1241.77**
生产量	Output	1610.89	1678.10	1747.71	1930.62	1955.05
水　电	Hydropower	537.30	492.70	700.52	859.47	789.80
火　电	Thermal Power	1073.59	1185.40	1047.19	1071.15	1165.25
调出省外	Outflow from Guizhou Province	564.17	550.08	573.98	756.41	713.29
消费量	**Total Energy Consumption**	**1046.72**	**1128.02**	**1173.73**	**1174.21**	**1241.77**
农、林、牧、渔、水利业	Farming, Forestry,Animal Husbandry, Fishery and Water Conservancy	3.95	4.51	4.83	5.24	7.07
工　业	Industry	782.96	851.90	864.37	851.16	874.76
建筑业	Construction	13.33	16.87	20.36	19.11	24.05
交通运输、仓储和邮政业	Transport,Storage and Post	26.26	21.89	24.35	23.86	25.99
批发、零售业和住宿、餐饮业	Wholesale and Retail Trades, Hotels and Catering Services	18.72	21.48	25.09	28.19	20.94
其　他	Others Sectors	31.53	36.65	43.35	49.11	71.07
生活消费	Household Consumption	169.98	174.72	191.38	197.54	217.91
终端消费	End-use Consumption	976.82	1054	1074.96	1067.65	1145.40
#工　业	Industry	713.06	777.88	765.60	744.60	778.39
输配损失量	Losses in Transmission	69.90	74.02	98.77	106.56	96.37

7-5 分行业能源消费总量
Total Consumption of Energy by Sector

单位：万吨标准煤 (10000 tons of SCE)

行 业	Sector	2012	2013	2014	2015	2016
工业	**Industrial**	**5873.70**	**5452.49**	**5529.57**	**5369.02**	**5374.24**
采矿业	Mining and Quarrying	338.59	616.66	613.17	634.51	821.81
#煤炭开采和洗选业	Mining and Washing of Coal	311.11	520.68	517.93	539.54	785.57
黑色金属矿采选业	Mining and Processing of Ferrous Metal Ores	13.14	11.65	9.53	7.30	8.98
有色金属矿采选业	Mining and Processing of Non-Ferrous Metal Ores	5.64	16.52	16.28	12.54	2.38
非金属矿采选业	Mining and Processing of Nonmetal Ores	8.67	38.13	39.09	41.18	24.88
制造业	Manufacturing	4874.56	4168.82	4313.53	4201.03	3578.81
#农副食品加工业	Processing of Food from Agricultural Products	16.59	20.97	21.83	30.81	16.52
食品制造业	Manufacture of Foods	9.37	16.24	18.47	53.55	11.21
酒、饮料和精制茶制造业	Manufacture of Liquor,Beverages and Refined Tea	57.03	42.98	46.27	46.92	44.31
烟草制品业	Manufacture of Tobacco	16.94	18.29	20.10	7.96	5.86
纺织业	Manufacture of Textile	0.95	1.98	4.18	4.62	3.30
纺织服装、服饰业	Manufacture of Textile Wearing Apparel and Accessories	0.66	1.50	0.99	2.86	1.89
皮革、毛皮、羽毛及其制品和制鞋业	Manufacture of Leather,Furs,Feather and Related Products and Footwear	1.45	1.24	0.58	1.30	2.43
木材加工和木、竹、藤、棕、草制品业	Processing of Timber,Manufacture of Wood, Bamboo, Rattan,Palm and Straw Products	5.88	11.17	13.81	14.87	8.14
家具制造业	Manufacture of Furniture	0.26	2.30	3.32	5.90	1.44
造纸和纸制品业	Manufacture of Paper and Paper Products	25.47	28.85	27.33	16.02	16.52
印刷业和记录媒介复制业	Printing and Reproduction of Recording Media	0.70	3.93	5.19	5.85	1.61
文教、工美、体育和娱乐用品制造业	Manufacture of Articles for Culture, Education, Arts and Crafts, Sports and Entertainment Activities	0.57	0.92	0.98	0.81	2.08

注：表中数据按国民经济行业分类(GB/T4754-2011)分。
Note:Data in this table is classified by sector of the National Economy Industry(GB/T4754-2011).

7-5 续表 continued

单位：万吨标准煤 (10000 tons of SCE)

行业	Sector	2012	2013	2014	2015	2016
石油加工、炼焦和核燃料加工业	Processing of Petroleum,Coking and Processing of Nuclear Fuel	271.57	229.98	253.35	250.77	129.04
化学原料和化学制品制造业	Manufacture of Raw Chemical Materials and Chemical Products	1221.50	771.43	773.68	848.66	825.36
医药制造业	Manufacture of Medicines	14.28	17.48	17.34	21.10	14.98
化学纤维制造业	Manufacture of Chemical Fiber	6.40	6.01	6.24	15.03	0.43
橡胶和塑料制品业	Manufacture of Rubber and Plastics Products	245.86	29.55	23.43	33.60	33.60
非金属矿物制品业	Manufacture of Non-metallic Mineral Products	1124.48	701.30	713.99	905.81	1063.57
黑色金属冶炼和压延加工业	Smelting and Pressing of Ferrous Metals	1241.31	1068.62	1089.57	834.59	735.16
有色金属冶炼和压延加工业	Smelting and Pressing of Non-ferrous Metals	553.37	1008.61	1025.73	851.26	573.14
金属制品业	Manufacture of Metal Products	4.31	88.33	117.41	105.32	19.21
通用设备制造业	Manufacture of General Purpose Machinery	18.74	12.93	13.58	26.38	4.33
专用设备制造业	Manufacture of Special Purpose Machinery	5.12	9.34	11.08	3.84	7.14
汽车制造业	Manufacture of Automobiles	11.07	9.94	15.63	19.14	15.47
铁路、船舶、航空航天和其他运输设备制造业	Manufacture of Railway, Ship, Aerospace and Other Transportation Equipments	9.27	17.44	12.01	4.08	10.00
电气机械和器材制造业	Manufacture of Electrical Machinery and Apparatus	3.74	3.84	3.05	15.75	10.28
计算机、通信和其他电子设备制造业	Manufacture of Computers,Communication and Other Electronic Equipment	0.90	2.47	1.78	8.95	4.87
仪器仪表制造业	Manufacture of Measuring Instruments and Machinery	0.96	0.88	2.15	1.16	0.43
其他制造业	Others Manufacture	1.06	13.86	20.96	47.80	6.93
废弃资源综合利用业	Utilization of Waste Resources	4.73	10.99	18.37	16.33	7.36
金属制品、机械和设备修理业	Repair Service of Metal products, Machinery and Equipment		15.45	31.14	0.01	2.19
电力、热力、燃气及水生产和供应业	Electric Power, Heat, Gas and Water Production and Supply	660.54	667.00	602.87	533.48	973.61
电力、热力生产和供应业	Production and Supply of Electric Power and Heat Power	635.20	615.82	563.37	503.75	946.30
燃气生产和供应业	Production and Supply of Gas	18.99	30.98	18.18	9.58	14.30
水的生产和供应业	Production and Supply of Water	6.35	20.20	21.32	20.15	13.02
建筑业	**Construction**	**95.22**	**113.37**	**138.48**	**129.14**	**161.07**
交通运输、仓储及邮政	**Transport,Storage and Post**	**610.45**	**665.41**	**711.87**	**778.50**	**857.42**
批发、零售业和住宿、餐饮业	**Wholesale,Retail Trade and Hotel,Restaurants**	**783.17**	**831.99**	**816.29**	**1046.76**	**1031.75**
其他行业	**Others**	**885.30**	**957.24**	**1102.53**	**1180.11**	**1189.52**
生活消费	**Residential Consumption**	**1023.14**	**1141.89**	**1263.19**	**1286.68**	**1401.19**

7-6 能源生产消费弹性系数
Elasticity Ratio of Energy Production and Consumption

指 标	Item	2012	2013	2014	2015	2016
地区生产总值比上年增长(%)	Growth Rate of Gross Domestic Product (GDP) over Preceding Year	13.6	12.5	10.8	10.7	10.5
能源生产比上年增长(%)	Growth Rate of Energy Production over Preceding Year	17.2	-3.5	5.1	-0.5	-5.4
能源消费总量比上年增长(%)	Growth Rate of Energy Consumption over Preceding Year	8.9	8.1	4.4	2.5	2.8
电力生产比上年增长(%)	Growth Rate of Electricity Production over Preceding Year	17.3	4.2	4.1	10.5	1.3
电力消费比上年增长(%)	Growth Rate of Electricity Consumption over Preceding Year	10.9	7.6	4.2	0.04	5.8
能源生产弹性系数	Elasticity Ratio of Energy Production	1.26		0.47		
能源消费弹性系数	Elasticity Ratio of Energy Consumption	0.66	0.65	0.41	0.23	0.27
电力生产弹性系数	Elasticity Ratio of Electricity Production	1.27	0.33	0.38	0.98	0.12
电力消费弹性系数	Elasticity Ratio of Electricity Consumption	0.80	0.61	0.39	…	0.55

注：地区生产总值增长速度按可比价格计算。
Note:The growth rates of GDP are calculated at comparable prices.

7-7 生活能源消费量
Energy Consumption for Households

能源品种	Item	2012	2013	2014	2015	2016
生活能源消费量（万吨标准煤）	**Energy Consumption for Households (10000 tons of SCE)**	**1023.14**	**1141.89**	**1263.19**	**1286.68**	**1401.19**
煤炭(万吨)	Coal (10000 tons)	648.22	682.30	760.97	736.29	769.89
煤油(万吨)	Kerosene (10000 tons)	0.05	0.06	…	…	…
液化石油气(万吨)	Liquefied Petroleum Gas (10000 tons)	8.49	6.57	10.84	11.00	13.06
天然气(亿立方米)	Natural Gas(100 million cu.m)	0.99	1.90	2.24	3.70	4.89
煤气(亿立方米)	Coal Gas (100 million cu.m)	1.43	3.75	3.41	2.94	4.76
电力(亿千瓦小时)	Electricity (100 million kwh)	169.98	174.72	191.38	197.54	217.91

7-8 人均生活能源消费量
Annual Average per Capita Energy Consumption of Households

指　标	Item	2012	2013	2014	2015	2016
平均每人生活消费能源（千克标准煤/人）	**Average per Capita Energy Consumption of Households (kg of SCE/person)**	**369.73**	**326.89**	**360.38**	**364.55**	**394.15**
煤炭(千克)	Coal(kg)	252.33	195.32	217.10	208.61	216.57
电力(千瓦小时)	Electricity(kwh)	488.94	500.18	546.00	559.68	612.97
液化石油气(千克)	Liquefied Petroleum Gas(kg)	2.44	1.88	3.09	3.12	3.67
煤气(立方米)	Coal Gas(cu.m)	4.11	10.74	9.73	8.33	13.39

7-9 能源利用效率
Using Efficiency of Energy

指　标	Item	2012	2013	2014	2015	2016
每万元地区生产总值能源消费量（吨标准煤/万元）（可比价）	**Energy Consumption Per Unit of GDP (ton of SCE/10000 yuan) (at comparable prices)**	**1.4322**	**1.3762**	**1.2967**	**1.2000**	**0.8813**
每万元地区生产总值能耗上升或下降（%）	**Energy Consumption Rise or Fall Per Unit of GDP(%)**	**-4.06**	**-3.91**	**-5.78**	**-7.46**	**-6.96**
每万元地区生产总值电力消费量（千瓦小时/万元）	**Electricity Consumption Per Unit of GDP(kwh/10000 yuan)**	**1742**	**1667**	**1568**	**1416**	**1070**
每万元地区生产总值煤炭消费量（吨/万元）	**Coal Consumption Per Unit of GDP (ton/10000 yuan)**	**2.22**	**2.02**	**1.75**	**1.55**	**1.16**
能源消费总量(万吨标准煤)	Total Energy Consumption (10000 tons of SCE)	8604.19	9298.54	9708.78	9948.49	10226.90
每吨能源生产的地区生产总值(万元/吨标准煤)	GDP Produced by Per Unit of Energy (10000 yuan/ton of SCE)	0.70	0.73	0.77	0.83	1.13
规模以上工业能源消费量(万吨标准煤)	Energy Consumption of Industry above Designated Size (10000 tons of SCE)	5142.00	5759.90	5549.08	5336.37	5536.65
规模以上工业万元增加值能耗上升或下降(%)	Million yuan added value Energy Consumption Rise or Fall of Industry above Designated Size (%)	-8.52	-4.75	-13.39	-10.84	-6.1

注：地区生产总值2012—2015年按2010年可比价格计算，2016年按2015价计算。
Note: GDP has been calculated at 2010 comparable prices in2012 to 2015, 2016 based on the price of 2015 to calculating.

7—10 平均每天能源消费量

Average Daily Energy Consumption by Type of Energy

能源品种	Item	2012	2013	2014	2015	2016
合计（万吨标准煤）	Total (10000 tons of SCE)	23.573	25.475	26.599	27.256	28.019
煤炭（万吨）	Coal (10000 tons)	38.490	37.399	35.939	35.160	37.377
焦炭（万吨）	Coke (10000 tons)	1.047	1.160	1.028	0.850	0.694
燃料油（万吨）	Fuel Oil (10000 tons)	0.013	0.001	0.000	0.001	0.001
汽油（万吨）	Gasoline (10000 tons)	0.434	0.535	0.596	0.805	0.942
煤油（万吨）	Kerosene (10000 tons)	0.036	0.060	0.082	0.086	0.106
柴油（万吨）	Diesel Oil (10000 tons)	0.921	1.038	1.042	1.244	1.345
天然气（亿立方米）	Natural Gas (100million cu.m)	0.014	0.023	0.029	0.036	0.047
电力（亿千瓦小时）	Electricity (100million kwh)	2.868	3.090	3.216	3.217	3.402

7—11 规模以上工业企业水消费

Water Consumption of Scale Industry

单位：万立方米 (10000 cu.m）

行 业	Sector	2012	2013	2014	2015	2016
取水总量	**the Total Amount of Water**	**92652.55**	**102687.30**	**105271.34**	**111203.21**	**121707.62**
#地表水	Suface Water	75955.00	83948.20	87760.29	91924.22	100903.64
地上水	Groundwater	6319.70	6249.00	6048.82	5704.54	5343.22
自来水	Tap Water	7915.40	10368.90	8797.73	10427.12	12080.22
中水	Reclaimed Water	2144.40	1809.60	280.96	574.95	413.76
其他水	Other Water	23.80	44.80	532.57	575.37	742.84
重复用水	Repeated Water	81532.60	1078166.80	949796.46	878885.84	845310.87
工业企业污水排放量	Discharge of Industrial Sewage	9858.80	11437.40	12928.56	42528.14	48312.50

注：2014年水表制度修订，“其他水、再生水”指标解解及统计范围发生变化。

Note: Due to the revised of water meter system in 2014, other water and recycled water's indicators of the interpretation and statistical range has changed.

7—12 发电装机容量

Installed Capacity of Power Generation

单位：万千瓦 (kilowatts)

能源品种	Item	2012	2013	2014	2015	2016
发电装机容量	Installed Capacity of Power Generation	3845	4286	4458	4837	5272
火电	Thermal Power	1563	1719	1744	1828	1850
水电	Hydropower	2186	2433	2482	2684	3014
风电	Wind Power	96	135	233	323	362
太阳能发电	Solar Power				3	46

注：本表统计口径为6000千瓦及以上电厂期末设备容量。

Note: The estimated diameter of this table is 6000 kw and the final equipment capacity of the above power plant.

主要统计指标解释

能源生产总量 指一定时期内全省一次能源生产量的总和。一次能源生产量包括原煤、原油、天然气、水电、核能及其他动力能(如风能、地热能等)发电量，不包括低热值燃料生产量、生物质能、太阳能等的利用和由一次能源加工转换而成的二次能源产量。

能源消费总量 指一定时期内全省各行业和居民生活消费的各种能源的核算能源消费总量指标。能源消费总量分为终端能源消费量、能源加工转换损失量和损失量三部分。

终端能源消费量：指一定时期内全省各行业和居民生活消费的各种能源在扣除了用于加工转换二次能源消费量和损失量以后的数量。

能源加工转换损失量：指一定时期内全省投入加工转换的各种能源数量之和与产出各种能源产品之和的差额，是观察能源在加工转换过程中损失量变化的指标。

能源损失量：指一定时期内能源在输送、分配、储存过程中发生的损失和由客观原因造成的各种损失量，不包括各种气体能源放空、放散量。

能源生产弹性系数 是能源生产量的增长与国民经济增长速度之间的比值。计算公式为：

$$能源生产弹性系数=\frac{能源生产总量年平均增长速度}{地区生产总值年平均增长速度}$$

电力生产弹性系数 是电力生产量的增长与国民经济增长速度之间的比值。计算公式为：

$$电力生产弹性系数=\frac{电力生产量年平均增长速度}{地区生产总值年平均增长速度}$$

能源消费弹性系数 是能源消费增长速度与国民经济增长速度之间的比值。计算公式为：

$$能源消费弹性系数=\frac{能源消费量年平均增长速度}{地区生产总值年平均增长速度}$$

电力消费弹性系数 是电力消费增长速度与国民经济增长速度之间的比值。计算公式为：

$$电力消费弹性系数=\frac{电力消费量年平均增长速度}{地区生产总值年平均增长速度}$$

每万元地区生产总值能源消耗量 指一定时期内，每生产一个计量单位的地区生产总值所消耗的能源。计算公式为：

$$每万元地区生产总值能源消耗量=\frac{能源消费总量}{地区生产总值}$$

每万元地区生产总值电力消耗量 指一定时期内，每生产一个计量单位的地区生产总值所消耗的电力。计算公式为：

$$每万元地区生产总值电力消耗量=\frac{全社会用电量}{地区生产总值}$$

Explanatory Notes on Main Statistical Indicators

Total Energy Production refers to the total production of primary energy by all energy producing enterprises in the country in a given period of time. The production of primary energy includes that of coal, crude oil, natural gas, hydro-power and electricity generated by nuclear energy and other means such as wind power and geothermal power. However, it excludes the production of fuels of low calorific value, bio-energy, solar energy and the secondary energy converted from the primary energy.

Total Energy Consumption refers to the total consumption of energy of various kinds by the production sectors and the households in our province in a given period of time. Total energy consumption can be divided into three parts: end-use energy consumption; loss during the process of energy conversion; and energy loss.

End-use Energy Consumption: It refers to the total energy consumption by material production sectors, non material production sectors and households in the country(region) in a given period of time, but excludes the consumption during the conversion of primary energy into the secondary energy and the loss in the process of energy conversion.

Loss During the Process of Energy Conversion: It refers to the total input of various kinds of energy for conversion, minus the total output of various kinds of energy in the country in a given period of time. It is an indicator to show the loss that occurs during the process of energy conversion.

Energy Loss: It refers to the total of the loss of energy during the course of energy transport, distribution and storage and the loss caused by any objective reason in a given period of time. The loss of various kinds of gas due to gas discharges and stocktaking is excluded.

Elasticity Ratio of Energy Production is an indicator to show the relationship between the growth rate of energy production and the growth rate of the national economy. The formula is:

$$\text{Elasticity Ratio of Energy Production} = \frac{\text{Average Annual Growth Rate of Energy Production}}{\text{Average Annual Growth Rate of National Economy}}$$

Elasticity Ratio of Electricity Production is an indicator to show the relationship between the growth rate of electricity production and the growth rate of the national economy. Its formula is:

$$\text{Elasticity Ratio of Electricity Production} = \frac{\text{Average Annual Growth Rate of Electricity Production}}{\text{Average Annual Growth Rate of National Economy}}$$

Elasticity Ratio of Energy Consumption is an indicator to show the relationship between the growth rate of energy consumption and the growth rate of the national economy. The formula is:

$$\text{Elasticity Ratio of Energy Consumption} = \frac{\text{Average Annual Growth Rate of Energy Consumption}}{\text{Average Annual Growth Rate of National Economy}}$$

Elasticity Ratio of Electricity Consumption is an indicator to show the relationship between the growth rate of electricity consumption and the growth rate of the national economy. The formula is:

$$\text{Elasticity Ratio of Electricity Consumption} = \frac{\text{Average Annual Growth Rate of Electricity Consumption}}{\text{Average Annual Growth Rate of National Economy}}$$

Energy Consumption per Unit of GDP(ton of SCE/10000 yuan) refers to the energy consumption per unit of Gross Domestic Product in a country or the Gross Regional Product in a region in the same reference period. The formula is:

$$\text{Energy Consumption per Unit of GDP} = \frac{\text{Total Energy Consumption}}{\text{Gross Domestic Product}}$$

Electricity Consumption per Unit of GDP(KWh/10000 yuan) refers to the electricity consumption per unit of Gross Domestic Product in a country or the Gross Regional Product in a region in the same reference period. The formula is:

$$\text{Electricity Consumption per Unit of GDP} = \frac{\text{Total Electricity Consumption}}{\text{Gross Domestic Product}}$$

财政税收

Government Finance and Taxation

8

简 要 说 明

一、主要内容

本篇反映全省财政收支状况、税收情况。

一般公共预算收支是指政府凭借国家政治权力，以社会管理者身份筹集以税收为主体的财政收入，用于保障和改善民生、维持国家机构正常运转、保障国家安全等方面的各项收支。本篇资料根据《2016 年度财政总决算报表》加工整理编制。

二、统计口径

2007 年起财政收支科目实施了较大改革，特别是财政支出项目口径变化很大，与以前年度数据不可比。从 2011 年开始，预算外资金全部纳入预算内管理。

三、资料来源

财政资料来源于省财政厅，税收资料来源于省地税局、省国税局。

Brief Introduction

I. Main Contents

The data in this chapter shows the government revenue and expenditure situation, the tax collection.

The General Public Budget Revenue and Expenditure refers to the revenues and expenditures mainly in a form of taxes collected by the government as the administration of the society using its State political power for the purposes of assuring and improving the people’s life, maintaining the regular operation of the government, and defending the national security.This table are compiled on the basis of information from the total final accounts table of revenue and expenditure in 2016.

II. Scope of Data

Compared with the previous years, the classifications of revenue and expenditure accounts have been adjusted largely in 2007. Therefore, the data on the state revenue and expenditure and the data on general public budget revenue and expenditure after 2007 are not comparable with the data of earlier years. Starting from 2011, the extra-budgetary funds is included in the budgetary management.

Ⅲ. Sources of Data

Sources of data on finance are from Guizhou Provincial Finance Bureau.

Sources of data on tax are from National Tax Bureau and Local Taxation Bureau of Guizhou Province.

8-1 财政收入
Financial Revenue

单位：亿元 (100 million yuan)

指　　标	Item	2012	2013	2014	2015	2016	2016年比2015年增长(%) Increase Rate in 2016 over 2015(%)
财政总收入	**Total Government Revenue**	**1644.48**	**1918.23**	**2130.90**	**2291.82**	**2409.35**	**5.1**
#一般公共预算收入	General Public Budget Revenue	1014.05	1206.41	1366.67	1503.38	1561.34	8.1
#增值税(含改征增值税)	Value Added Tax	85.74	96.06	117.03	120.47	256.28	9.1
营业税	Business Tax	241.53	300.78	344.49	353.08	179.92	
企业所得税	Corporate Income Tax	86.53	103.15	123.84	127.35	127.12	-0.2
个人所得税	Individual Income Tax	32.29	34.65	32.52	33.27	35.08	5.4
资源税	Resource Tax	12.72	15.33	17.05	24.67	23.15	6.2
城市维护建设税	City Maintenance and Construction Tax	45.79	53.71	57.64	59.80	61.92	3.6
房产税	House Property Tax	11.60	17.13	23.43	29.48	30.51	3.5
契　税	Deed Tax	33.00	41.42	66.93	73.40	91.92	25.2
土地增值税	Land Appreciation Tax	19.07	29.41	64.64	86.57	95.01	9.7
国有资本经营收入	Operation Income from Government Capital	7.21	10.97	12.91	15.80	43.12	172.9
罚没收入	Penalty Receipts	25.14	31.15	33.29	32.60	38.85	19.2
行政事业性收费	Charge of Administrative and Institutional Units	65.71	76.71	70.73	75.72	72.48	-5.3
专项收入	Special Program Receipts	84.85	73.84	65.08	96.34	88.45	4.8

注：1.资料来源于省财政厅(以下相关表同)。2.2016年财务制度改革，增值税和营业税合并统计，增长速度为同口径增速。

Note:1.Data in the table are provided by the Provincial Department of Finance(The relative tables in this chapter are the same).2.According to new financial system in 2016, the value-added tax and business tax are combined to count, but the growth rate is calculated by the same caliber.

8-2 财政支出
Financial Expenditure

单位：亿元 (100 million yuan)

指　　标	Item	2012	2013	2014	2015	2016	2016年比2015年增长(%) Increase Rate in 2016 over 2015(%)
一般公共预算支出	**General Public Budget Expenditure**	**2755.68**	**3082.66**	**3542.80**	**3939.50**	**4262.36**	**7.9**
#一般公共服务	General Public Services	430.16	488.78	422.49	428.61	446.11	4.1
国　防	National Defense	4.58	4.74	5.25	5.09	4.55	10.5
公共安全	Public Security	146.21	168.22	187.97	215.95	249.96	15.7
教　育	Education	500.51	560.67	637.03	772.91	843.54	9.1
科学技术	Science and Technology	28.98	34.27	44.34	58.68	69.30	18.1
文化体育与传媒	Culture, Sport and Media	49.85	48.68	54.69	61.20	67.34	10.0
社会保障和就业	Social Safety Net and Employment Effort	235.40	264.52	299.72	340.33	367.23	7.9
医疗卫生与计划生育	Medical and Health Care,and Family Planning	201.05	228.71	303.25	360.80	392.51	8.8
节能环保	Energy Saving and Environment Protection	65.73	66.44	85.34	96.49	127.09	31.5
城乡社区	Urban and Rural Community Affairs	100.65	109.46	101.29	127.71	131.91	3.3
农林水	Farming, Forestry and Water Conservancy	361.87	400.31	447.19	534.26	629.38	17.7
交通运输	Transportation	288.56	299.79	432.01	392.25	289.97	-26.1

8-3 分级一般公共预算收入(2016)

General Public Budget Revenue by Level

单位：亿元 (100 million yuan)

指 标	Item	总 计 Total	省 级 Province	地 级 Prefecture	县 级 County	乡镇级 Villages and Towns
一般公共预算收入	**General Public Budget Revenue**	1561.34	294.30	305.13	793.30	168.62
税收收入	**Tax Revenue**	1120.44	183.49	227.05	552.30	157.59
#增值税	Value Added Tax	256.28	57.97	64.28	100.43	33.59
营业税	Business Tax	179.92	44.22	41.43	74.73	19.54
企业所得税	Corporate Income Tax	127.12	61.28	23.05	34.01	8.77
个人所得税	Individual Income Tax	35.08	7.02	8.87	15.60	3.58
资源税	Resource Tax	23.15	6.91	3.77	6.24	6.24
城市维护建设税	City Maintenance and Construction Tax	61.92	0.07	24.36	31.65	5.85
房产税	House Property Tax	30.51		0.27	25.13	5.11
契 税	Deed Tax	91.92		19.90	60.26	11.76
土地增值税	Land Appreciation Tax	95.01		3.21	68.48	23.33
非税收入	**Non-tax Revenue**	440.90	110.80	78.09	241.00	11.02
#专项收入	Special Program Receipts	88.45	29.55	25.11	30.74	3.05
行政事业性收费	Charge of Administrative and Institutional Units	72.48	17.24	15.31	38.24	1.68
罚没收入	Penalty Receipts	38.85	9.35	8.42	20.29	0.79
国有资本经营收入	Operation Income of State-owned Assets	43.12	18.44	1.17	23.50	0.01

8-4 分级一般公共预算支出(2016)

General Public Budget Expenditure by Level

单位：亿元 (100 million yuan)

指 标	Item	总 计 Total	省 级 Province	地 级 Prefecture	县 级 County	乡镇级 Villages and Towns
一般公共预算支出	**General Public Budget Expenditure**	**4262.36**	**905.10**	**456.44**	**2601.51**	**299.31**
#一般公共服务	General Public Services	446.11	43.92	55.92	243.44	102.83
国 防	National Defense	4.55	0.78	1.68	2.07	0.03
公共安全	Public Security	249.96	58.59	48.46	140.72	2.19
教 育	Education	843.54	81.70	72.24	670.45	19.15
科学技术	Science and Technology	69.30	16.40	8.60	41.00	3.30
文化体育与传媒	Culture, Sport and Media	67.34	15.97	13.27	33.95	4.15
社会保障和就业	Social Safety Net and Employment Effort	367.23	75.36	62.40	211.29	18.17
医疗卫生	Medical and Health Care	392.51	25.24	38.32	308.64	20.30
节能环保	Energy Saving ang Environment Protection	127.09	14.63	16.52	90.65	5.30
城乡社区事务	Urban and Rural Community Affairs	131.91	0.99	19.10	102.34	9.47
农林水事务	Farming, Forestry and Water Conservancy	629.38	184.64	36.58	315.73	92.44
交通运输	Transportation	289.97	251.79	11.56	26.06	0.57

8−5 历年财政收支

Financial Revenue and Expenditure Over the Years

单位：亿元 (100 million yuan)

年份 Year	财政总收入 Total Financial Revenue		一般公共预算收入 General Public Badget Revenue		一般公共预算支出 General Public Badget Expenditure	
	绝对数 Absolute Numbers	比上年增长(%) Growth Rates(%)	绝对数 Absolute Numbers	比上年增长(%) Growth Rates(%)	绝对数 Absolute Numbers	比上年增长(%) Growth Rates(%)
1978	14.20	48.2	6.26	157.6	12.30	39.9
1979	14.26	0.4	6.54	4.5	13.30	8.1
1980	13.23	-7.2	6.69	2.3	12.66	-4.8
1981	13.74	3.9	6.32	-5.5	13.28	4.9
1982	16.00	16.4	7.70	21.8	15.11	13.8
1983	18.26	14.1	9.56	24.2	16.38	8.4
1984	21.81	19.4	11.81	23.5	22.28	36.0
1985	26.71	22.5	15.17	28.5	24.55	10.2
1986	31.38	17.5	17.01	12.1	30.43	24.0
1987	36.80	17.3	21.37	25.6	31.43	3.3
1988	39.55	7.5	25.96	21.5	36.14	15.0
1989	45.37	14.7	32.14	23.8	45.89	27.0
1990	49.36	8.8	35.37	10.0	47.87	4.3
1991	55.71	12.9	42.80	21.0	53.42	11.6
1992	60.98	9.5	47.28	10.5	60.63	13.5
1993	68.43	12.2	56.50	19.5	67.39	11.1
1994	77.30	13.0	31.24	-44.7	74.23	10.1
1995	87.40	13.1	38.80	24.2	85.33	15.0
1996	103.92	18.9	49.46	27.5	99.58	16.7
1997	116.19	11.8	57.90	17.1	113.79	14.3
1998	136.31	17.3	65.34	12.8	133.09	17.0
1999	133.75	-1.9	74.26	13.7	170.72	28.3
2000	153.04	14.4	85.23	14.8	201.57	18.1
2001	177.04	15.7	99.75	17.0	275.20	36.5
2002	203.03	14.7	108.28	8.6	316.67	15.1
2003	236.64	16.6	124.56	15.0	332.35	5.0
2004	296.48	25.3	149.29	19.9	418.42	25.9
2005	366.16	23.5	182.50	22.2	520.73	24.5
2006	448.88	22.6	226.82	24.3	610.64	17.3
2007	556.98	24.1	285.14	25.7	795.40	30.3
2008	674.58	21.1	349.55	22.6	1055.39	32.7
2009	779.59	15.6	416.48	19.1	1372.27	30.0
2010	969.57	24.4	533.73	28.2	1631.48	18.9
2011	1329.99	37.2	773.08	44.8	2249.40	37.9
2012	1644.48	23.6	1014.05	31.2	2755.68	22.5
2013	1918.23	16.7	1206.41	19.0	3082.66	11.9
2014	2130.90	11.1	1366.67	13.3	3542.80	14.9
2015	2291.82	7.6	1503.38	10.0	3939.50	11.2
2016	2409.35	5.1	1561.34	8.1	4262.36	7.9

8-6 税收收入(按产业分)

Tax Revenue (by Industry)

单位：亿元 (100million yuan)

指 标	Item	2012	2013	2014	2015	2016
税收收入合计	**Total Tax Revenue**	**1308.63**	**1546.50**	**1787.08**	**1911.58**	**1964.18**
第一产业	Primary Industry	1.63	2.42	3.07	5.85	3.67
第二产业	Secondary Industry	684.06	776.41	835.11	898.62	861.14
采矿业	Mining	152.21	130.72	115.92	85.59	68.69
制造业	Manufacturing	330.55	380.35	406.62	431.21	400.44
电力、燃气及水的生产和供应业	Production and supply of Electricity, gas and Water	70.72	74.70	71.86	86.13	87.06
建筑业	Construction	130.58	190.63	240.73	295.69	304.95
第三产业	Tertiary Industry	622.92	767.67	948.89	1007.10	1099.37
交通运输、仓储及邮政业	Transport,Storage and Post	19.13	20.31	19.35	18.66	27.17
信息传输、计算机服务和软件业	Information Transmission,Computer Services and Software	17.64	18.66	13.65	15.41	18.67
批发和零售业	Wholesale and Retail Trades	205.71	250.46	282.74	281.48	331.30
住宿和餐饮业	Hotel and Catering Services	10.45	10.23	9.79	8.55	6.89
金融业	Financial Intermediation	77.11	90.97	129.09	147.65	152.35
房地产业	Real Estate	137.09	174.32	217.77	207.66	194.16
租赁和商务服务业	Leasing and Business Services	37.52	49.40	83.62	140.23	141.54
科学研究和技术服务业	Scientific Reasearch and Technical Services	9.68	10.90	16.87	16.41	21.58
居民服务和其他服务业	Services to Households and Other Services	38.24	52.64	57.85	42.38	40.06
教 育	Education	1.54	2.34	2.78	2.79	3.85
卫生和社会工作	Health and Social Work	1.53	2.64	3.28	4.04	5.68
文化、体育和娱乐业	Culture,Sports and Entertainment	2.90	3.52	3.38	3.33	3.46
公共管理、社会保障和社会组织	Public Management,Social Security and Social Organization	31.13	40.49	58.79	67.46	93.93
其他行业	Others	33.26	40.79	49.95	51.04	58.73

注：1.资料来源于省地税局、省国税局。2.地税包含耕地占用税、契税。3.国民经济行业分类按(GB/T4754—2011)执行。4.2015年地税统计口径调整，2015年数据与2014年不可比。（以下相关表同）

Note:1.Data in this table is provided by Guizhou Provincial National Taxation Bureau and Local Taxation Bureau of Guizhou Province. 2.Land tax includes farmland occupancy tax and deed tax. 3.data in this table is classified by sector of the National Economy (GB / T4754-2011). 4.In 2015, adjustment of local taxation statistics caliber. Data of 2015 and 2014 is not comparable(The relative tables in this chapter are the same)

8-7 税收收入(按企业类型分)

Taxation Revenue (by Business Entities)

单位：亿元 (100 million yuan)

指　标	Item	2012	2013	2014	2015	2016
总　计	**Total**	**1308.63**	**1546.50**	**1787.08**	**1911.58**	**1964.18**
内资企业	Domestic Enterprises	1188.71	1405.02	1637.36	1762.62	1801.76
国有企业	State-owned Enterprises	154.24	182.57	196.92	236.62	225.08
集体企业	Collective-owned Enterprises	19.31	18.40	20.87	18.19	18.93
股份合作企业	Cooperative Enterprises	14.61	12.26	16.54	15.05	11.70
联营企业	Joint Ownership Enterprises	0.88	0.78	0.91	0.82	0.49
#国有控股	State-owned and State-controlled Enterprises	0.32	0.08	0.05	0.54	0.35
股份公司	Share-holding Corporations Limited	824.87	1006.37	1193.25	1316.57	1359.12
#国有控股	State-owned and State-controlled Enterprises	316.77	411.32	444.02	666.36	604.61
私营企业	Private Enterprises	111.52	106.01	95.60	71.90	81.65
其它企业	Other Enterprises	63.28	78.63	113.28	103.47	104.79
港澳台投资企业	Enterprises Invested from Hong Kong, Macao and Taiwan	7.47	11.22	14.35	12.68	15.73
#国有控股	State-owned and State-controlled Enterprises	0.26	0.28	0.19	2.03	2.43
外商投资企业	Foreign Invested Enterprises	19.42	20.75	21.87	25.27	26.00
#国有控股	State-owned and State-controlled Enterprises	1.49	1.20	1.80	8.53	10.25
个体经营	Self-employed Individuals	93.03	109.51	113.50	111.01	120.69
附：乡镇企业	Township Enterprises	82.53	93.83	110.67		

8-8 国税税收收入(按产业分)

National Tax Revenue (by Industry)

单位：亿元 (100 million yuan)

指标	Item	2012	2013	2014	2015	2016
税收收入合计	**Total Tax Revenue**	**647.79**	**729.65**	**805.65**	**840.69**	**1028.03**
第一产业	Primary Industry	1.35	2.01	2.45	1.35	0.84
第二产业	Secondary Industry	422.69	458.69	479.05	484.52	526.75
采矿业	Mining	85.08	70.83	66.08	46.63	39.22
制造业	Manufacturing	279.55	324.39	351.67	361.50	338.72
电力、燃气及水的生产和供应业	Production and supply of Electricity, Gas and Water	54.28	59.70	55.92	70.88	74.21
建筑业	Construction	3.78	3.76	5.39	5.51	74.60
第三产业	Tertiary Industry	223.74	268.95	324.14	354.82	500.44
交通运输、仓储及邮政业	Transport,Storage and Post	2.33	6.84	12.59	11.73	13.11
信息传输、计算机服务和软件业	Information Transmission, Computer Services and Software	9.33	8.96	6.02	10.98	13.35
批发和零售业	Wholesale and Retail Trades	132.19	164.35	188.52	205.37	257.83
住宿和餐饮业	Hotel and Catering Services	0.23	0.18	0.15	0.12	2.21
金融业	Financial Intermediation	27.57	27.37	41.49	51.84	79.34
房地产业	Real Estate	15.30	12.23	11.56	9.92	43.37
租赁和商务服务业	Leasing and Business Services	1.29	2.96	6.20	8.85	20.35
科学研究和技术服务业	Scientific Research and Technical Services	2.62	3.00	6.26	7.16	9.67
居民服务和其他服务业	Services to Households and Other Services	1.54	1.83	2.17	2.00	7.99
教　育	Education	0.14	0.19	0.13	0.19	0.72
卫生、社会保险和社会福利业	Health,Social Security and Social Welfare	0.15	0.14	0.25	0.18	0.23
文化、体育和娱乐业	Culture,Sports and Entertainment	0.25	0.49	0.99	0.65	1.19
公共管理和社会组织	Public Management and Social Organization	4.44	4.51	3.42	9.69	1.56
其他行业	Others	26.36	35.90	44.40	36.11	49.52

8-9 地方系统税收收入(按产业分)

Local Tax Revenue (by Industry)

单位：亿元 (100 million yuan)

指　标	Item	2012	2013	2014	2015	2016
税收收入合计	**Total Tax Revenue**	**660.84**	**816.85**	**981.43**	**1070.89**	**936.15**
第一产业	Primary Industry	0.28	0.41	0.62	4.51	2.83
第二产业	Secondary Industry	261.37	317.72	356.06	414.10	334.39
采矿业	Mining	67.13	59.89	49.84	38.96	29.47
制造业	Manufacturing	51.00	55.96	54.95	69.71	61.72
电力、燃气及水的生产和供应业	Production and Supply of Electricity, Gas and Water	16.44	15.00	15.94	15.25	12.85
建筑业	Construction	126.80	186.87	235.34	290.18	230.35
第三产业	Tertiary Industry	399.18	498.72	624.75	652.28	598.93
交通运输、仓储及邮政业	Transport,Storage and Post	16.80	13.47	6.76	6.93	14.06
信息传输、计算机服务和软件业	Information Transmission,Computer Services and Software Industry	8.31	9.70	7.63	4.43	5.32
批发和零售业	Wholesale and Retail Trades	73.53	86.11	94.22	76.10	73.47
住宿和餐饮业	Hotel and Catering Services	10.22	10.05	9.64	8.43	4.68
金融业	Financial Intermediation	49.54	63.60	87.60	95.81	73.01
房地产业	Real Estate	121.79	162.09	206.21	197.74	150.79
租赁和商务服务业	Leasing and Business Services	36.23	46.44	77.42	131.38	121.19
科学研究和技术服务业	Scientific Research and Technical Services	7.06	7.90	10.61	9.25	11.91
居民服务和其他服务业	Services to Households and Other Services	36.70	50.81	55.68	40.38	32.07
教　育	Education	1.40	2.15	2.65	2.60	3.13
卫生和社会工作	Health and Social Work	1.38	2.50	3.03	3.86	5.45
文化、体育和娱乐业	Culture,Sports and Entertainment	2.65	3.03	2.39	2.68	2.27
公共管理、社会保障和社会组织	Public Management Social Security and Social Organization	26.69	35.98	55.37	57.77	92.37
其他行业	Others	6.90	4.89	5.55	14.92	9.21

8-10 国税税收收入(按企业类型分)

National Taxation Revenue (by Business Entities)

单位：亿元 (100 million yuan)

指 标	Item	2012	2013	2014	2015	2016
总 计	**Total**	**647.79**	**729.65**	**805.65**	**840.69**	**1028.03**
内资企业	Domestic Enterprises	592.32	658.69	716.83	752.37	926.70
国有企业	State-owned Enterprises	72.89	86.14	95.99	119.94	138.64
集体企业	Collective-owned Enterprises	9.20	6.54	9.45	6.63	8.53
股份合作企业	Cooperative Enterprises	9.70	7.15	10.08	8.93	6.90
联营企业	Joint Ownership Enterprises	0.66	0.44	0.35	0.07	0.10
#国有控股	State-owned Holding Company	0.31	0.07	0.05	0.05	0.05
股份公司	Joint-stock Company	436.34	500.17	550.56	580.90	723.45
#国有控股	State-owned Holding Company	265.56	360.34	387.71	393.82	360.10
私营企业	Private Enterprises	59.54	52.99	46.46	32.68	44.51
其它企业	Other Enterprises	3.99	5.26	3.94	3.22	4.57
港澳台投资企业	Enterprises Invested from Hong Kong, Macao and Taiwan	3.88	6.75	8.92	8.23	9.73
#国有控股	State-owned Holding Company	0.15	0.07	0.17	0.51	0.82
外商投资企业	Foreign Invested Enterprises	12.50	13.27	15.47	18.31	20.37
#国有控股	State-owned Holding Company	0.26	0.47	1.56	6.03	6.75
个体经营	Self-employed Individuals	39.09	50.94	64.43	61.78	71.23
附:乡镇企业	Township Enterprises	29.10	34.10	35.92		

8-11 地方系统税收收入(按企业类型分)

Local Taxation Revenue (by Business Entities)

单位：亿元 (100 million yuan)

指 标	Item	2012	2013	2014	2015	2016
总 计	**Total**	**660.84**	**816.85**	**981.43**	**1070.89**	**936.15**
内资企业	Domestic Enterprises	596.39	746.33	920.53	1010.25	875.06
国有企业	State-owned Enterprises	81.35	96.43	100.93	116.68	86.44
集体企业	Collective-owned Enterprises	10.11	11.86	11.42	11.56	10.40
股份合作企业	Cooperative Enterprises	4.91	5.11	6.46	6.12	4.80
联营企业	Joint Ownership Enterprises	0.22	0.34	0.56	0.75	0.39
#国有控股	State-owned Holding Company	0.01	0.01	0.00	0.49	0.30
股份公司	Joint-stock Company	388.53	506.20	642.69	735.67	635.67
#国有控股	State-owned Holding Company	51.21	50.98	56.31	272.54	244.51
私营企业	Private Enterprises	51.98	53.02	49.14	39.22	37.14
其它企业	Other Enterprises	59.29	73.37	109.34	100.25	100.22
港澳台投资企业	Enterprises Invested from Hong Kong, Macao and Taiwan	3.59	4.47	5.43	4.45	6.00
#国有控股	State-owned Holding Company	0.11	0.21	0.02	1.52	1.61
外商投资企业	Foreign Invested Enterprises	6.92	7.48	6.40	6.96	5.63
#国有控股	State-owned Holding Company	1.23	0.73	0.24	2.50	3.50
个体经营	Self-employed Individuals	53.94	58.57	49.07	49.23	49.46
附:乡镇企业	Township Enterprises	53.43	59.73	74.75		

8−12 国家税收收入(分行业、分税种)(2016)

单位：亿元

指　标	Item	合　计 Total
合　计	**Total**	**1028.03**
第一产业	Primary Industry	0.84
第二产业	Secondary Industry	526.75
采矿业	Mining	39.22
制造业	Manufacturing	338.72
电力、燃气及水的生产和供应业	Production and Supply of Electricity, Gas and Water	74.21
建筑业	Construction	74.60
第三产业	Tertiary Industry	500.44
交通运输、仓储及邮政业	Transport,Storage and Post	13.11
信息传输、软件和信息技术服务业	Information Transmission,Computer Services and Software	13.35
批发和零售业	Wholesale and Retail Trades	257.84
住宿和餐饮业	Hotels and Catering Services	2.21
金融业	Financial Intermediation	79.34
房地产业	Real Estate	43.37
租赁和商务服务业	Leasing and Business Services	20.35
科学研究和技术服务业	Scientific Research and Technical Services	9.67
居民服务、修理和其他服务业	Services to Households and Other Services	7.99
教　育	Education	0.72
卫生和社会工作	Health and Social Work	0.23
文化、体育和娱乐业	Culture,Sports and Entertainment	1.19
公共管理、社会保障和社会组织	Public Management ,Social Security and Social Organization	1.56
其他行业	Others	49.49

Taxation Revenue of the Central Government (By Industrial Sector and Taxation Category)

(100 million yuan)

国 内 增值税 Domestic Value-added Tax	#一般纳税人 增 值 税 Value-added Tax from General Taxpayer	国 内 消费税 Domestic Consumption Tax	企 业 所得税 Corporate Income Tax	车 辆 购置税 Vehicle Purchasing Tax
560.59	**466.01**	**232.32**	**180.95**	**54.17**
0.71	0.26	0.00	0.06	0.07
300.48	238.16	186.41	39.15	0.71
38.38	36.20		0.79	0.04
134.06	131.81	186.41	17.95	0.31
59.14	54.24		14.99	0.08
68.91	15.91		5.41	0.28
259.40	227.59	45.91	141.73	53.39
9.74	5.56		1.76	1.61
4.81	4.14		8.49	0.06
143.71	133.53	45.91	67.38	0.84
2.02	1.03		0.14	0.05
31.11	30.91		48.13	0.10
33.10	31.42		10.12	0.16
17.26	10.03		2.57	0.52
7.84	5.26		1.75	0.08
6.92	3.69		0.74	0.33
0.48	0.27		0.11	0.14
0.07	0.03		0.09	0.07
1.06	0.86		0.11	0.02
0.70	0.39		0.01	0.85
0.60	0.47		0.34	48.55

8-13 地方系统税收收入(分行业、分税种)(2016)

单位：亿元

指 标	Item	合 计 Total	营业税 Business Tax	企业所得税 Corporate Income Tax
合 计	**Total**	**936.15**	**196.58**	**126.95**
第一产业	Primary Industry	2.83	0.05	0.05
第二产业	Secondary Industry	334.39	102.52	66.02
采矿业	Mining	29.47	0.21	4.75
制造业	Manufacturing	61.72	0.95	12.64
电力、燃气及水的生产和供应业	Production and Supply of Electricity, Gas and Water	12.85	0.77	1.13
建筑业	Construction	230.35	100.59	47.50
第三产业	Tertiary Industry	598.93	94.01	60.87
交通运输、仓储及邮政业	Transport,Storage and Post	14.06	0.72	0.91
信息传输、软件和信息技术服务业	Information Transmission, Software and Information Technology	5.32	0.51	0.16
批发和零售业	Wholesale and Retail Trades	73.47	1.42	28.20
住宿和餐饮业	Hotel and Catering Services	4.68	2.02	0.24
金融业	Financial Intermediation	73.01	30.01	1.91
房地产业	Real Estate	150.79	43.50	16.37
租赁和商务服务业	Leasing and Business Services	121.19	7.30	8.10
科学研究和技术服务业	Scientific and Technical services	11.91	0.77	2.03
居民服务、修理和其他服务业	Resident Services, Repairs and Other Services	32.07	3.81	1.40
教 育	Education	3.13	0.49	0.29
卫生和社会工作	Health and Social Work	5.45	0.02	0.13
文化、体育和娱乐业	Culture,Sports and Entertainment	2.27	0.41	0.11
公共管理、社会保障和社会组织	Public Management，Social Security and Social Organization	92.37	1.86	0.49
其他行业	Others	9.21	1.17	0.53

Taxation Revenue of the Local Government
(By Industrial Sector and Taxation Category)

(100 million yuan)

个人所得税 Individual Income Tax	城市维护建设税 City Maintenance and Construction Tax	房产税 House Property Tax	印花税 Stamp Tax	城镇土地使用税 Urban Land Use Tax	土地增值税 Land Appreciation Tax	其他各税 Other Taxes
87.69	**62.05**	**30.51**	**17.88**	**30.12**	**95.01**	**289.36**
0.10	0.02	0.05	0.06	0.09	0.01	2.40
23.45	36.40	8.74	6.56	11.57	13.66	65.47
5.11	1.83	0.36	0.27	0.96	0.03	15.95
8.41	21.33	3.96	1.27	6.22	0.68	6.26
3.03	3.46	1.26	0.42	1.19		1.59
6.90	9.78	3.16	4.60	3.20	12.95	41.67
64.15	25.62	21.72	11.26	18.45	81.35	221.50
2.40	0.52	0.66	0.61	1.37	0.02	6.85
1.21	0.67	0.55	0.16	0.76	0.76	0.54
7.19	11.95	2.26	1.76	2.09	1.74	16.86
1.06	0.24	0.75	0.02	0.16	0.06	0.13
19.34	4.10	2.20	0.73	0.77	1.17	12.78
4.38	4.69	6.25	1.82	8.15	35.56	30.07
5.19	1.55	6.35	2.64	2.32	34.95	52.79
2.69	0.51	0.34	0.19	0.51	1.08	3.79
3.63	0.59	1.24	0.69	1.02	3.51	16.18
1.96	0.06	0.11	0.01	0.11		0.10
5.11		0.05	0.02	0.01	0.02	0.09
1.15	0.08	0.13	0.01	0.06		0.32
8.75	0.51	0.81	2.04	0.49	1.95	75.47
0.09	0.15	0.02	0.56	0.63	0.53	5.53

主要统计指标解释

一般公共预算收入 指政府为履行职能,按国家法律法规规定收取的纳入预算内管理的各项税收及非税收入总和。1994年我国实行分税制改革后,一般公共预算收入划分为中央固定收入、地方固定收入、中央与地方共享收入三部分。其中,地方一般公共预算收入(习惯上称地方财政收入)由地方固定收入和中央与地方共享收入地方分成部分组成,具体又可分为税收收入和非税收入两类。

一般公共预算支出 指地方政府为履行职能需要,通过预算内资金安排的用于维持政权运转及支持各项社会事业发展等方面的支出。主要包括:

(1)一般公共服务:指政府提供基本公共管理与服务的支出,包括人大事务、政协事务、政府办公厅(室)及相关机构事务、发展与改革事务、统计信息事务、财政事务、税收事务、审计事务、海关事务、人力资源事务、纪检监察事务、人口与计划生育事务、商贸事务、知识产权事务、工商行政管理事务、国土资源事务、海洋管理事务、测绘事务、地震事务、气象事务、民族事务、宗教事务、港澳台侨事务、档案事务、共产党事务、民主党派事务及工商联事务、群众团体事务、彩票事务等。

(2)国防:指政府用于国防方面的支出,包括用于现役部队、预备役部队、民兵、国防科研事业、专项工程、国防动员等方面的支出。

(3)公共安全:指政府维护社会公共安全方面的支出,包括武装警察、公安、国家安全、检察、法院、司法行政、监狱、劳教、国家保密、缉私警察等。

(4)教育:指政府教育事务支出,包括教育行政管理、学前教育、小学教育、初中教育、普通高中教育、普通高等教育、初等职业教育、中专教育、技校教育、职业高中教育、高等职业教育、广播电视教育、留学生教育、特殊教育、干部继续教育、教育机关服务等。

(5)科学技术:指用于科学技术方面的支出,包括科学技术管理事务、基础研究、应用研究、技术研究与开发、科技条件与服务、社会科学、科学技术普及、科技交流与合作等。

(6)文化教育与传媒:指政府在文化、文物、体育、广播影视、新闻出版等方面的支出。

(7)社会保障和就业:指政府在社会保障与就业方面的支出,包括社会保障和就业管理事务、民政管理事务、财政对社会保险基金的补助、补充全国社会保障基金、行政事业单位离退休、企业改革补助、就业补助、抚恤、退役安置、社会福利、残疾人事业、城市居民最低生活保障、其他城镇社会救济、农村社会救济、自然灾害生活救助、红十字事务等。

(8)医疗卫生:指政府医疗卫生方面的支出,包括医疗卫生管理事务支出、医疗服务支出、医疗保障支出、疾病预防控制支出、卫生监督支出、妇幼保健支出、农村卫生支出等。

(9)城乡社区事务:指政府城乡社区事务支出,包括城乡社区管理事务支出、城乡社区规划与管理支出、城乡社区公共设施支出、城乡社区住宅支出、城乡社区环境卫生支出、建设市场管理与监督支出等。

(10)农林水事务:指政府农林水事务支出,包括农业支出、林业支出、水利支出、扶贫支出、农业综合开发支出等。

(11)交通运输:指政府交通运输和邮政业方面的支出,包括公路运输支出、水路运输支出、铁路运输支出、民用航空运输支出、邮政业支出等。

Explanatory Notes on Main Statistical Indicators

General Public Finance Budget Revenue refer to the sum of various tax and non-tax revenue which is charged into the budget management according to the national laws and regulations for the government to fulfill its functions. After the implementation of the tax reform in our country in 1994, General public revenue divided into the central fixed income, local fixed-income, central and local revenue sharing three parts. Among them, the local General public revenue (customarily known as local revenues) consists of Local fixed income and revenue sharing between central and local areas into parts, Specifically, it can be divided into tax revenues and non-tax revenue categories.

General Public Finance Budget Expenditure refers to local governments in order to fulfill functional needs, through budgetary funding arrangements for the operation and maintenance of the regime to support the development of social undertakings and other spending. It includes the following main items:

(1) Expenditure for general public services: It refers to the spending on the basic public management and services which provided by governments, including the expense on affairs of People's Congress, affairs of People's Political Consultative Conference, affairs of government general office and relative institutions, affairs of development and reform, affairs of statistics, affairs of finance, affairs of taxation, affairs of audit, affairs of customs, affairs of human resources and social security, affairs of discipline inspection and supervision, affairs of population and family planning, affairs of commerce and trade, affairs of intellectual property, affairs of administration for industry and commerce, affairs of land and resources, affairs of oceanic administration, affairs of surveying and mapping, affairs of earthquake, ethnic affairs, religious affairs, affairs of Hong Kong, Macao, Taiwan, and Overseas Chinese, affairs of archives administration, affairs of Chinese Communist Party, affairs of democratic parties and federation of industry and commerce, affairs of mass organization, and affairs of lottery, etc.

(2) Expenditure for national defence: It refers to the spending of government on national defence, including the expense on active force, reserve force, militia, scientific research on national defence, special projects, mobilization of national defence, etc.

(3) Expenditure for public security: It refers to the spending of government on maintaining social and public security, including the expense on armed police force, public security, state security, prosecution, courts, justice, prison, labour education and rehabilitation, protection of state secrecy, anti-smuggling police, etc.

(4) Expenditure for education: It refers to the spending of government on education, including the expense on the administration of education, pre-primary education, primary education, secondary education, high school education, regular higher education, primary vocational education, secondary vocational education, technical school education, vocational high school education and higher vocational education, radio and television education, student abroad education, special education, on the job training of cadres, education authorities services, etc.

(5) Expenditure for science and technology: It refers to the spending of government on science and technology (S&T), including the expense on the administration of S&T, basic research, applied research, research and development, conditions and services of S&T,

popularization of social science, science and technology, exchanges and cooperation of S&T, etc.

(6) Expenditure for culture, sport and media: It refers to the spending of government on culture, cultural heritage, sports, radio, film, television, press and publication, etc.

(7) Expenditure for social safety net and employment effort: It refers to the spending of government on social safety net and employment, including the expense on administration of social safety net and employment, civil affairs, budgetary subsidy on the social insurance funds, subsidy on National Social Security Fund, retirees of administrative units and institutions, subsidy on enterprise reform, subsidy on employment effort, pension, placement of ex-serviceman, social welfare, the handicapped undertakings, the system of cost of living allowances for urban residents, other urban social relief, rural social relief, living relief of natural disasters, affairs of Red Cross Society, etc.

(8) Expenditure for medical and health care: It refers to the spending of government on medical and health care, including the expense on administration of medical and health care, medical services, health care, disease prevention and control, health inspection and supervision, women and children's health, rural health care, etc.

(9) Expenditure for urban and rural community affairs: It refers to the spending of government on urban and rural community affairs, including the expense on administration of urban and rural community, planning and management of urban and rural community, public facilities of urban and rural community, housing of urban and rural community, sanitation of urban and rural community, management and supervision on the construction market, etc.

(10) Expenditure for agriculture, forestry and water conservancy: It refers to the spending of government on agriculture, forestry and water conservancy, including the expense on agriculture, forestry, water conservancy, poverty alleviation, comprehensive agricultural development, etc.

(11) Expenditure for transportation: It refers to the spending of government on transportation and postal services, including the expense on road transportation, waterway transportation, railway transportation, civil aviation transportation, and postal services.

价格指数

Price Indices 9

简要说明

一、主要内容

本篇资料主要反映生产、流通、消费与投资等环节的价格变动趋势和变动幅度。包括居民消费价格指数、商品零售价格指数、工业生产者出厂价格指数、工业生产者购进价格指数、农业生产资料价格指数、固定资产投资价格指数等。

二、统计范围及调查方法

1. 居民消费、商品零售价格指数：编制居民消费、商品零售价格指数的资料采用抽样调查和重点调查相结合的方法取得。

目前，居民消费价格调查按用途划分为 8 大类，262 个基本分类，各调查市县每月调查 600 种以上的规格品价格；商品零售价格按用途划分为 16 个大类，229 个基本分类，各地每月调查 500 种以上的规格品价格。

2. 工业生产者出厂价格指数：工业生产者出厂价格是工业品第一次出售时的出厂价格。该项调查采用重点调查与典型调查相结合的调查方法。重点调查对象为年主营业务收入 2000 万元及以上的工业法人企业；典型调查对象为年主营业务收入 2000 万元以下的工业法人企业。

目前《工业生产者出厂价格调查目录》包括 11000 多种产品，并将其划分为 1702 个基本分类；《工业生产者购进价格调查目录》包括 6000 多种产品，并划分为 900 多个基本分类。

3. 固定资产投资价格指数：固定资产投资价格调查采用重点调查与典型调查相结合的方法。固定资产投资价格调查所涉及的价格是构成固定资产投资额实体的实际购进价格或结算价格。调查内容包括构成当年建筑工程实体的钢材、木材、水泥、地方材料(如砖、瓦、灰、沙、石等)、化工材料(如油漆等)等主要建筑材料价格；作为活劳动投入的劳动力价格（单位工资）和建筑机械使用费用；设备工器具购置和其他费用投资价格。

三、资料来源

本篇资料由国家统计局贵州调查总队依据国家统计局统一制定的价格统计调查制度从基层采集原始数据加工整理后提供。

Brief Introduction

I. Main Contents

Data on price indices in this chapter show the changing trends and the change rates in the prices of production, trade, consumption and investment, including mainly consumer price indices, retail price indices, producer price indices for industrial products, purchasing price indices for industrial producers, producer price indices for farm products, price indices for investment in fixed assets.

II. Scope and Methodology of Data

1. Consumer Price Indices and Retail Price Indices: Data for compilation of the consumer price indices and the retail price indices in China are collected through a combination of sample surveys and surveys of key units.

At present, data are collected on over 600 specifications each month under 262 basic headings in 8 categories in the consumer price surveys. For the retail price surveys, data are collected on more than 500 specifications each month under 229 basic headings in 16 categories.

2. Producer Price Indices for Industrial Products: Producer prices for industrial products refer to the ex-factory price of manufactured goods when they are first sold. The survey program is a combined use of the key units' survey and typical units' survey methods. Key units refer to those industrial enterprises with annual revenue from the primary activities at and above 20 million yuan. Typical units refer to the industrial enterprises with annual revenue from the primary activities below 20 million yuan.

The survey catalog of Producer Prices for Industrial Products includes over 11,000 goods, and they are divided into 1702 basic classification; Survey catalog of Purchasing Price for Industrial Producers includes over 6000 goods, and they are divided into over 900 basic classifications.

3. Price Indices for Investment in Fixed Assets: Data on prices of investment in fixed assets are collected by a program involving the combined use of surveys on key units and surveys on typical units. The prices collected in the surveys of investment in fixed assets are the actual purchasing prices or settlement prices of entities of investment in fixed assets. The survey content includes the prices of main construction materials that constitute the architectural engineering entity in the year, such as steel, timber, cement, local construction materials (such as brick, tile, calcareous ashes, sand, stone, etc.), chemical materials (such as oil paint, etc.), the price of labor force as input (wages), prices for renting of building machinery and equipment, the purchasing price of equipment, tools and instruments and the prices of others investments.

III. Sources of Data

Data in this chapter are collected and compiled by the Department of Guizhou Survey, NBS. Which accordance with the scheme of price survey system stipulated by the NBS, and collect data from the grassroots units in, tabulate them and report them to the higher agencies.

9-1 居民消费价格分类指数
Consumer Price Indices by Category

(上年=100) (preceding year=100)

指　标	Item	2016
居民消费价格总指数	**General Consumer Price Index**	**101.4**
非食品烟酒价格指数	Non-Food Price Index	100.4
服务价格指数	Services Price Index	101.4
消费品价格指数	**Consumer Goods Price Index**	**101.3**
非食品价格指数	Non-Food Price Index	100.5
食品烟酒	Food and	103.6
食品	Food	104.5
粮食	Grain	100.9
薯类	Tubers	108.5
豆类	Beans	100.9
食用油	Edible Oil and Fats	106.7
菜	Vegetables	106.4
畜肉类	Livetock for Slaughtering	112.0
禽肉类	Meat	98.7
水产品	Aqustic Products	101.8
蛋类	Eggs	97.7
奶类	Milk	100.1
干鲜瓜果类	Dried and Fresh Melons and Fruits	99.0
糖果糕点类	Candy and Cake	100.6
调味品	Flavoring	101.2
其他食品类	Other Foods	99.5
茶及饮料	Tea and Beverages	100.1
烟酒	Tobacco and Liquor	100.8
烟草	Tobacco	101.7
酒类	Liquor	98.8
白酒	Distilled Spirit	98.0
啤酒	Beer	100.6
在外餐饮	Dining Out	102.5

注：2016年居民消费价格统计制度改革，调整部分调查项目和统计口径，2016年数与往年数据不可比。(以下相关表同)

Note: due to the residents of the consumer price statistics system reform in 2016, adjusted part of the survey items and statistical caliber, 2016 years and the previous year data is not comparable. (The following related table)

9-1 续表1 continued

(上年=100) (preceding year=100)

指 标	Item	2016
衣着	Clothing	99.6
服装	Garments	99.8
服装材料	Clothing Material	101.6
其他衣着及配件	Other Clothing and Accessories	100.5
衣着加工服务费	Clothing Manufacturing Servies	102.3
鞋类	Footwear	98.8
居住	Residence	100.8
租赁房房租	Renting	101.3
住房保养维修及管理	Housing Maintenance and Management	100.4
水电燃料	Water,Electricity and Fuels	100.5
自有住房	Privats Housing	101.0
生活用品及服务	Daily Supplies and Services	99.9
家具及室内装饰品	Furniture and Interior Decorations	99.5
家用器具	Household Appliances	98.8
家用纺织品	Home Textiles	99.9
家庭日用杂品	Daily Use Houshold Articles	100.4
个人护理用品	Personal Care Products	100.4
家庭服务	Household Services	101.5
交通和通信	Transportation and Communication	98.7
交通	Transportation	98.8
交通工具	Transportation Facility	98.5
交通工具用燃料	Fuels	95.4
交通工具使用和维修	Fees for Vehicles Use and Maintenance	100.7
交通费	Incity Traffic Fare	102.4
通信	Communication	98.6
通信工具	Communication Facility	94.2
通信服务	Communication Service	100.0
邮递服务	Post Service	98.7

9-1 续表2 continued

(上年=100) (preceding year=100)

指　　标	Item	2016
教育文化和娱乐	Recreation, Education and Culture Articles	101.3
教育	Education	101.9
教育用品	Teaching Materials and Referernce Books	100.2
教育服务	Education Services	101.9
文化娱乐	Culture and Recreational Articles	100.7
文娱耐用消费品	Entertainment Durable Consumer Goods	97.0
其他文娱用品	Other Recreational Items	100.3
文化娱乐服务	Culture and Recreational Articles Services	101.7
旅游	Touring and Outing	102.8
医疗保健	Health Care	101.5
药品及医疗器具	Medicine and Medical Instrument	100.7
中药	Traditional Chinese Medicine	101.0
西药	Western Medicine	100.8
滋补保健品	Health Care Appliances and Articles	100.1
医疗卫生器具	Medical Instrument	99.7
保健器具	Health Care Appliances	100.2
医疗服务	Health Care Services	102.1
综合医疗类	Comprehensive Medical	105.5
诊断类	Diagnostic	99.8
治疗类	Treatment	104.2
康复类	Rehabilitation	99.9
中医医疗服务类	Traditional Chinese Medicine Services	105.3
其他医疗服务	Other Medical Services	107.2
其他用品和服务	Other Articles and Services	101.0
其他用品类	Other Articles	101.7
首饰手表	Jewelry and Watch	104.8
其他杂项用品	Other Articles	99.4
其他服务类	Other Services	100.5
旅馆住宿	Hotel Accommodation	97.6
美容美发洗浴	Beauty Salons and Bathing	101.9
养老服务	Services for the Aged	100.2
金融保险	Financial Insurance	100.5
其他服务类	Other Services	100.5

9-2 商品零售价格分类指数
Retail Price Indices by Category

(上年=100) (preceding year=100)

指　标	Item	2016
商品零售价格指数	**Retail Price Index**	**100.2**
食品	Food	104.2
粮食	Grain	101.1
薯类	Tubers	109.9
豆类	Beans	101.2
食用油	Edible Oil and Fats	105.6
菜	Vegetables	107.3
畜肉类	Livetock for Slaughtering	111.5
禽肉类	Meat	100.2
水产品	Aqustic Products	102.6
蛋类	Eggs	97.7
奶类	Milk	99.7
干鲜瓜果类	Dried and Fresh Melons and Fruits	98.5
糖果糕点类	Candy and Cake	100.9
调味品	Flavoring	101.7
其他食品类	Other Foods	99.5
在外餐饮	Dining Out	102.3
饮料、烟酒	Beverages,Tobacco and Liquor	100.5
服装、鞋帽	Garments,Shoes and Hats	99.8
纺织品	Textiles	99.9
家用电器及音像器材	Household Appliances, Music and Video Equipment	98.2
文化办公用品	Cultural and Office Appliances	98.9
日用品	Articles for Daily Use	100.0
体育娱乐用品	Sports and Recreation Articles	100.3
交通、通信用品	Transportation and Communication Appliances	97.6
家具	Furniture	100.0
化妆品	Cosmetics	100.6
金银饰品	Gold,Silver and Jewelry	106.6
中西药品及医疗保健用品	Traditional Chinese and Western Medicines and Health Care Articles	101.5
书报杂志及电子出版物	Books, Newspapers, Magazines and Electronic Publications	99.9
燃料	Fuels	96.1
建筑材料及五金电料	Building Materials and Hardware	99.8

注：2016年商品零售价格统计制度改革，调整部分调查项目和统计口径，2016年数与往年数据不可比。

Note: due to the residents of the retail price statistics system reform in 2016, adjusted part of the survey items and statistical caliber, 2016 years and the previous year data is not comparable. (The following related table)

9-3 工业生产者出厂价格分类指数

Producer Price Indices for Industrial Products by Category

(上年=100) (preceding year =100)

指　　标	Item	2012	2013	2014	2015	2016
工业生产者出厂价格指数	**Producer Price Indices for Industrial Products**	**101.0**	**97.4**	**98.3**	**96.1**	**97.9**
按轻、重工业分	**Grouped by Light or Heavy Industries**					
轻工业	Light Industry	103.6	102.4	100.2	101.1	100.8
重工业	Heavy Industry	100.4	96.3	97.9	95.0	97.1
按用途分	**Grouped by Use**					
生产资料	Means of Production	100.3	96.1	97.8	94.8	97.1
采掘工业	Mining & Quarrying Industry	99.0	93.2	96.8	96.4	98.4
原材料工业	Raw Materials Industry	102.3	95.7	97.9	95.0	96.9
加工工业	Processing Industry	97.5	97.0	97.8	94.2	97.2
生活资料	Consumer Goods	103.5	102.4	100.3	100.9	100.5
食品类	Food	103.3	102.3	100.2	101.3	100.7
衣着类	Clothing	105.5	100.2	100.2	100.5	99.6
一般日用品	Articles for Daily Use	103.1	101.6	101.3	103.8	98.0
耐用消费品	Durable Consumer Goods	105.4	104.8	100.8	94.2	100.1
按工业大类行业分	**Grouped by Sector**					
#煤炭开采和洗选业	Mining and Washing of Coal	94.5	85.8	94.8	91.0	98.4
有色金属矿采选业	Mining and Processing of Non-Ferrous Metal Ores	98.1	96.2	91.5	99.5	96.0
非金属矿采选业	Mining and Processing of Nonmetal Ores	122.3	92.2	89.4	95.8	98.2
农副食品加工业	Processing of Food from Agricultural Products	110.5	107.0	101.3	103.3	99.1
食品制造业	Processing of Foods	102.6	101.9	101.8	100.5	101.9
饮料制造业	Manufacture of Beverages	104.4	102.1	99.3	103.0	102.2
烟草制品业	Manufacture of Tobacco	101.7	100.9	100.2	100.1	100.0
纺织业	Manufacture of Textile	86.6	97.4	100.0	100.0	100.0
纺织服装、鞋、帽制造业	Manufacture of Textile Wearing Apparel, Footware and Caps	101.8	100.2	100.5	100.3	99.5
皮革、毛皮、羽毛（绒)及其制品业	Manufacture of Leather, Fur, Feather and Related Products	107.3	100.2	100.0	100.5	99.6

注：工业大类行业2012年起按国民经济行业分类(GB/T 4754—2011)划分。

Note: From 2012, industrial sectors are classified by Sector of the National Economy (GB/T4754-2011) .

9-3 续表 Continued

(上年=100) (preceding year=100)

指 标	Item	2012	2013	2014	2015	2016
木材加工及木、竹、藤、棕、草制品业	Processing of Timber,Manufacture of Wood, Bamboo,Rattan,Palm and Straw Products	108.9	106.5	99.6	106.6	99.6
家具制造业	Manufacture of Furniture	100.6	100.1	100.3	100.0	100.0
造纸及纸制品业	Manufacture of Paper and Paper Products	95.6	102.5	97.0	100.8	99.4
印刷业和记录媒介的复制	Printing,Reproduction of Recording Media	98.6	99.8	102.4	101.6	99.5
文教体育用品制造业	Manufacture of Articles For Culture,Education and Sport Activities	109.3	102.4	107.3	91.3	98.7
石油加工、炼焦及核燃料加工业	Processing of Petroleum,Coking,Processing of Nuclear Fuel	94.3	85.0	97.5	87.1	105.3
化学原料及化学制品制造业	Manufacture of Raw Chemical Materials and Chemical Products	104.8	93.3	94.1	98.5	94.9
医药制造业	Manufacture of Medicines	101.0	102.1	100.3	99.5	98.7
橡胶制品业	Manufacture of Rubber	95.6	95.6	99.6	99.4	97.2
非金属矿物制品业	Manufacture of Non-metallic Mineral Products	96.7	102.8	99.4	90.9	98.4
黑色金属冶炼及压延加工业	Smelting and Pressing of Ferrous Metals	90.8	93.7	97.1	87.2	93.5
有色金属冶炼及压延加工业	Smelting and Pressing of Non-ferrous Metals	98.2	92.5	95.5	93.7	104.1
金属制品业	Manufacture of Metal Products	96.7	96.6	98.3	96.4	101.2
通用设备制造业	Manufacture of General Purpose Machinery	99.1	100.0	99.2	99.0	98.2
专用设备制造业	Manufacture of Special Purpose Machinery	102.2	104.3	101.0	100.7	99.9
交通运输设备制造业	Manufacture of Transport Equipment	90.6	95.6	91.9	100.0	99.8
电气机械及器材制造业	Manufacture of Electrical Machinery and Equipment	98.6	103.5	99.9	94.0	102.1
通信设备、计算机及其他电子设备制造业	Manufacture of Communication Equipment, Computers and Other Electronic Equipment	102.5	103.0	103.7	98.5	99.8
仪器仪表及文化、办公用机械制造业	Manufacture of Measuring Instruments and Machinery for Cultural Activity and Office Work	99.2	99.1	97.1	100.1	99.8
电力、热力的生产和供应业	Production and Supply of Electric Power and Heat Power	106.9	100.7	100.2	97.1	93.4
燃气生产和供应业	Production and Supply of Gas	104.8	115.5	104.7	107.4	94.2
水的生产和供应业	Production and Supply of Water	103.2	105.4	100.8	100.9	103.2

9－4 工业生产者购进价格指数

Purchasing Price Index for Industrial Producers

(上年=100) (preceding year =100)

指　　标	Item	2012	2013	2014	2015	2016
工业生产者购进价格指数	**Purchasing Price Indices for Industrial Producers**	**102.3**	**96.4**	**98.6**	**97.5**	**98.5**
燃料、动力类	Fuel and Power	107.2	96.3	100.3	98.0	98.0
黑色金属材料类	Ferrous Metals	93.2	93.8	98.0	88.5	97.7
#钢　材	Rolled-steel	96.2	93.8	95.7	90.5	98.6
有色金属材料和电线类	Nonferrous Metals	98.4	97.9	95.8	94.7	101.6
化工原料类	Raw Chemical Materials	94.6	85.2	92.9	98.9	97.6
木材及纸浆类	Timber and Paper Pulp	100.9	101.3	100.2	98.7	97.1
建筑材料及非金属矿类	Building Materials and Nonmetal Minerals Processing	116.1	102.2	98.1	94.7	97.1
其他工业原材料及半成品类	Other Industrial Raw Materials and Semi-products	103.9	104.9	101.2	100.1	99.7
农副产品类	Agricultural Products	106.1	104.9	101.7	102.4	98.7
纺织原料类	Textile Materials	100.0	104.2	105.1	101.7	99.5

9－5 农业生产资料价格分类指数

Price Indices for Means of Agricultural Production by Category

(上年=100) (preceding year =100)

指　　标	Item	2016
农业生产资料价格指数	**Price Indices for Means of Agricultural Production**	**103.0**
农用手工工具	Farm Handtools	99.7
饲料	Forage	99.0
仔畜幼禽及产品畜	Commodity Animals	125.1
半机械化农具	Semi-mechanized Farm Tools	100.2
机械化农具	Mechanized Farm Machinery	99.4
化学肥料	Chemical Fertilizer	99.4
农药及农药器械	Pesticide & Its Appliances	98.5
化学农药	Chemical Pesticide	98.5
农药器械	Appliances for Pesticide	98.2
农机用油	Oil for Farm Machinery	97.7
其他农用生产资料	Others Means of Agricultural Production	99.3
农业生产服务	Service for Agricultural Production	104.7

注：2016年农业生产资料价格统计制度改革，调整部分调查项目和统计口径，2016年数与往年数据不可比。

Note: due to the residents of the agricultural production price statistics system reform in 2016, adjusted part of the survey items and statistical caliber, 2016 years and the previous year data is not comparable.

9-6 固定资产投资和房地产销售价格指数

Price Indices for Investment in Fixed Assets and Real Estate

(上年=100) (preceding year =100)

指 标	Item	2012	2013	2014	2015	2016
固定资产投资价格指数	**Price Indices for Investment in Fixed Assets**	**101.5**	**100.9**	**101.1**	**98.4**	**98.6**
建筑安装工程	Price Indices of Construction and Installation	102.0	101.5	101.3	98.1	98.3
人工费	Labor Costs	108.4	111.8	111.8	106.5	107.0
材料费	Materials Costs	99.7	97.9	97.7	94.4	93.0
钢 材	Rolled Steel	96.2	93.3	93.6	90.3	90.4
木 材	Timber	101.3	104.1	101.0	103.8	102.1
水 泥	Cement	99.1	96.0	103.6	93.7	90.9
电 料	Electrical Materials	102.8	101.2	96.5	100.7	98.2
化工材料	Raw Chemical Materials	107.3	99.9	100.3	91.2	96.2
地方建筑材料	Local Building Materials	101.9	103.5	101.0	100.6	96.8
其他材料	Others	102.9	106.2	106.0	100.9	100.3
机械使用费	Costs for Using Machine	102.7	101.7	101.6	102.0	102.2
设备、工器具购置	Purchase of Equipment,Tools and Instruments	99.1	99.2	99.3	99.5	99.2
其他费用	Others	101.5	100.1	101.1	99.4	100.9
新建住宅价格指数(贵阳市)	**Price Indices of New Residential Housings(Guiyang)**	**101.2**	**104.5**	**102.6**	**97.1**	**102.3**
新建商品住宅价格指数(贵阳市)	Price Indices of New Commodity Residential Housings(Guiyang)	101.3	105.0	102.8	96.8	102.3

主要统计指标解释

居民消费价格指数 是反映一定时期内城乡居民所购买的生活消费品价格和服务项目价格变动趋势和程度的相对数。

商品零售价格指数 是反映城乡商品零售价格变动趋势和程度的相对数。零售物价的变动直接反映城乡居民的生活支出和国家的财政收入，影响居民购买力和市场供需平衡，影响消费与积累的比例关系。

工业生产者价格指数 工业生产者价格包括工业企业产品第一次出售时的出厂价格和企业作为中间投入的原材料、燃料、动力购进价格(简称工业生产者购进价格)。工业生产者价格调查的目的在于及时、准确、科学地反映各工业行业产品价格水平及其变动趋势和幅度，为国民经济核算、计算工业发展速度、宏观经济分析和调控、理顺价格体系等提供科学、准确的依据。

农业生产资料价格指数 是反映一定时期内农业生产资料价格变动趋势和程度的相对数。农业生产资料价格指数分为农用手工工具、饲料、仔畜幼玩禽及产品畜、半机械化农具、机械化农具、化学肥料、农药及农药器械、农机用油、其他农业生产资料、农业生产服务。

固定资产投资价格指数 是反映固定资产投资额价格变动趋势和程度的相对数。固定资产投资额是由建筑安装工程投资完成额、设备、工器具购置投资完成额和其他费用投资完成额三部分组成的。编制固定资产投资价格指数应首先分别编制上述三部分投资的价格指数，然后采用加权算术平均法求出固定资产投资价格总指数。

Explanatory Notes on Main Statistical Indicators

Consumer Price Index reflects the trend and degree of changes in prices of consumer goods and services purchased by urban and rural residents during a given period.

Retail Price Index reflects the trend and degree of change in retail prices of commodities. The change and adjustment in retail prices directly affect the living expenditure of urban and rural residents, government revenue, purchasing power of residents and the equilibrium of market supply and demand, and the ratio of consumption to accumulation.

Price Index of Industrial Producer enterprises and enterprises as the prices of intermediate inputs of raw materials, fuel and power purchase price (hereinafter referred to as industrial producer price). Industrial producer prices survey was designed to timely, accurate and scientifically reflect various industrial products industry trends and changes in the price level and the magnitude of national accounts to calculate the speed of industrial development, macroeconomic analysis and control, rationalize the price system to provide scientific and accurate basis.

Price Indices of Means of Agricultural Production reflects the trend and degree of changes in prices of means of agricultural production during a given period. Price indices of means of agricultural production are composed of 10 categories including hand tools, feeds, newborn animal and domestic animals for meat, semi-mechanized farm machinery, mechanized farm machinery, chemical fertilizers, pesticides and spraying machinery, fuels for farm machinery, other means of agricultural production and services.

Price Index of Investment in Fixed Assets reflects the trend and degree of changes in prices of investment in fixed assets. The investment in fixed assets consists of three components, namely the investment in construction and installation, the investment in purchases of equipment and instrument, and the investment in other items. Price index of investment in fixed assets is calculated as the weighted arithmetic mean of the price indices of the three components of investment in fixed assets.

人民生活

People's Living Conditions 10

简要说明

一、主要内容

本篇资料反映人民生活现状及变化情况。

二、调查方法

2013 年起，按照城乡一体化住户收支与生活状况调查制度，国家统计局贵州调查总队每年收集调查户 12 个月的记账数据，在此基础上汇总计算出当年的全省居民可支配收入、城镇居民可支配收入、农村居民可支配收入等收支数据。

城乡一体化住户收支与生活状况调查是以省为总体，采用分层、多阶段、与人口规模大小成比例的概率抽样方法，随机抽选调查住宅，确定调查户。

城乡一体化住户收支与生活状况调查是在 95%置信度下，全省居民人均可支配收入抽样误差小于 1%。采用调查户日记账的方式采集居民收支数据，同时辅之以统一的调查问卷，收集与收入支出有关的其他调查内容。

三、资料来源

本篇资料由国家统计局贵州调查总队依据国家统计局统一制定的统计调查制度从基层采集原始数据加工整理后提供。

Brief Introduction

I. Main Contents

Data in this chapter show the people's living conditions and their changes in China.

II. Methodology of Data

In terms of the system of Integrated Urban and Rural Households on Income and Expenditures and Living

Conditions conducted since 2013, the Department of Guizhou Survey, NBS collected accounts of 160,000 households about 12 months, at this basis, NBS tabulated comparable national disposable income and expenditures of urban and rural households.

The integrated household survey is conducted by selecting sampled houses randomly, deciding surveyed households, with all households in the province as the population, with stratified sampling, multi-stage sampling, probability sampling in proportion to population scale.

Survey on Income and Expenditures and Living Conditions is required that the sampling error should not exceed ±1%, with a confidence probability as 95%. Methods of collecting income and expenditure data are keeping diaries of the households, and questionnaires as assistance to collect other relevant data.

Ⅲ. Sources of Data

Data in this chapter are collected and compiled by the Department of Guizhou Survey, NBS, which accordance with the scheme of statistic survey system stipulated by the NBS, and collect data from the grassroots units in, tabulate them and report them to the higher agencies.

10-1 城乡居民生活水平
People's Livelihood in Urban and Rural Areas

指 标	Item	2012	2013	2014	2015	2016
就业	**Employment**					
城镇居民家庭每户就业人口(人)	Average Number of Employed Persons per Urban Household(person)	1.45	1.61	1.56	1.54	1.58
城镇居民家庭每个就业者赡养人口(人)	Number of Dependents per Employee of Urban Household(person)	2.08	1.87	1.93	1.98	1.95
城镇平均每户就业面(%)	Proportion of Employment per Urban Household(%)	0.48	0.53	0.52	0.51	0.51
城镇登记失业人数(万人)	Number of Registered Unemployment Persons in Urban Areas (10000 persons)	12.56	13.66	14.09	14.49	14.78
城镇登记失业率(%)	Registered Unemployment Rate in Urban Areas(%)	3.29	3.26	3.27	3.29	3.24
农村平均每户整、半劳动力(人)	Average Number of Full/Semi Laborer Force per Rural Household(person)	2.82	3.00	2.07	2.15	2.21
农村居民家庭每一劳动力赡养人口(人)	Number of Dependents per Laborer of Rural Household(person)	1.53	1.56	1.69	1.64	1.62
收入与支出	**Income and Expenditure**					
城镇常住居民人均可支配收入(元)	Annual Per Capita Disposable Income of Urban Households(yuan)	18701	20667	22548	24580	26743
城镇常住居民人均消费性支出(元)	Annual Per Capita Consumption Expenditure of Urban Households(yuan)	12586	13703	15255	16914	19202
在岗职工平均工资(元)	Average Wage of Staff and Workers in their Posts(yuan)	42733	49087	54685	62591	69678
农村常住居民人均可支配收入(元)	Annual Per Capita Disposable Income of Rural Households (yuan)	4753	5434	6671	7387	8090
农村常住居民人均生活消费支出(元)	Annual Per Capita Living Consumption Expenditure of Rural Households (yuan)	3902	4740	5970	6645	7533
生活质量	**Life Quality**					
居民家庭恩格尔系数(%)	**Household's Engle Coefficient(%)**					
城 镇	Urban	39.7	35.9	34.9	34.0	33.2
农 村	Rural	44.6	43.0	41.7	39.8	38.7
居住条件	**Residence Condition**					
城镇居民人均住宅建筑面积(平方米)	Per Capita Floor Space of Residential Building in Urban Areas(sq.m)	27.86	34.84	36.58	36.37	37.17
农村居民人均住房面积(平方米)	Per Capita Floor Space of Residential Building in Rural Areas(sq.m)	29.75	27.08	31.61	32.33	34.16
交通条件	**Traffic Condition**					
城市人均拥有道路面积(平方米)	Per Capita Area of Paved Roads in City(sq.m)	6.93	8.95	9.72	10.86	10.28
每百户城镇居民拥有家用汽车(辆)	Number of Family Vehicles Per 100 Urban Households(unit)	13.17	15.84	19.66	23.74	33.52
每百户农村居民拥有家用摩托车(辆)	Number of Motorcycles Per 100 Rural Households(unit)	39.02	41.37	48.38	54.88	55.71
通信条件	**Communication Condition**					
每百户拥有移动电话(部)	Mobile Telephone Per 100 Households(set)					
城 镇	Urban	215	212	228	237	248
农 村	Rural	173	190	218	227	241
城市公用设施普及占有率	City Public Utility Rate					
用水普及率(%)	Rate of Access to Tap Water(%)	87.6	88.5	90.2	91.8	91.9
燃气普及率(%)	Rate of Access to Gas(%)	55.2	58.7	60.3	70.7	73.5
人均公园绿地面积(平方米)	**Per Capita Green Area(sq.m)**	6.68	7.98	8.66	9.61	9.8

注：2013年全国城乡一体化住户调查改革，调查范围、调查样本、调查对象以及调查方式均进行重大改革。贵州城镇住户调查范围由17个县（市、区）扩大到44个，调查样本全部更换；农村住户调查范围由32个县（市、区）扩大到44个，调查样本全部更换。因此2013年起城乡住户有关数据请慎与往年比较（以下相关表同）。

Note: At 2013 in the National urban and rural household survey reform ,the survey range , survey samples , survey objects and investigation methods were carried out major reforms. The survey range of Guizhou urban household expanded from 17 counties(cities, districts) to 44, the survey samples all have been replacedl. So please carefully compare the relevant data of urban and rural residents for 2013 with data in previous relative tables in the chapter are the same) .

10-1 续表 continued

指 标	Item	2012	2013	2014	2015	2016
文化、教育和卫生	**Culture, Education and Health Care**					
文化	**Culture**					
广播节目综合人口覆盖率(%)	Radio Coverage Rate of the Population (%)	88.5	90.0	91.5	92.3	93.0
电视节目综合人口覆盖率(%)	TV Coverage Rate of the Population(%)	93.0	94.1	95.4	96.0	96.1
每百户彩色电视机拥有量(部/百户)	Number of Color TV per 100 Households(set)					
城镇	Urban	115.67	101.84	105.05	106.23	106.83
农村	Rural	95.94	96.53	98.88	101.76	103.11
每百户家用电脑拥有量(部/百户)	Number of Computers per 100 Households(set)					
城镇	Urban	71.22	55.72	63.56	64.44	62.68
农村	Rural	4.87	5.77	8.05	9.74	13.04
居民家庭文教娱乐支出比重(%)	Percentage of Household Expenditure on Education,Culture and Entertainment(%)					
城镇	Urban	11.1	14.2	13.6	13.7	13.0
农村	Rural	5.8	6.4	8.1	8.8	9.2
教育	**Education**					
学龄儿童入学率(%)	Enrollment Rate of School-age Children(%)	99.3	99.3	99.1	99.5	99.6
初中阶段毛入学率(%)	Enrollment Rate of Primary School Graduates Entering into Junior Secondary Schools(%)	97.4	101.1	102.5	104.0	107.9
高中阶段毛入学率(%)	Enrollment Rate of Juniorsecondary School Graduates Entering into Senior secondary Schools (%)	62.2	68.0	78.0	86.1	87.0
高等教育毛入学率(%)	Enrollment Rate of Senior secondary School Graduates Entering into Institution of Higher Education(%)	25.5	27.4	29.4	31.2	33.0
卫生	**Health Care**					
居民家庭医疗保健支出比重(%)	Percentage of Resident Expenditure on Health Care(%)					
城镇	Urban	5.2	4.6	6.1	5.2	5.5
农村	Rural	7.2	6.4	6.2	6.8	7.0
社会保障	**Social Security**					
城镇职工基本养老保险参保人数(万人)	Number of Urban Employees Joining in Basic Pension Insurance(10 000 persons)	309.38	337.29	361.45	392.09	423.58
#参保职工	Number of Employees	231.67	254.68	274.32	297.26	323.94
城镇职工基本医疗保险参保人数(万人)	Number of Urban Employees Joining in Urban Basic Medical Care System (10 000 persons)	329.27	344.72	354.76	372.74	389.81
失业保险参保人数(万人)	Number of Employees Joining in Unemployment Insurance (10 000 persons)	173.46	185.17	191.86	205.31	218.10
工伤保险参保人数(万人)	Number of Employees Joining in Work Injury Insurance (10 000 persons)	238.19	260.39	275.41	290.22	305.02
生育保险参保人数(万人)	Number of Persons Joining in Maternity Insurance(10 000 persons)	221.58	238.75	248.82	263.64	286.27
社会保险基金收入(亿元)	Revenue of Social Insurance Fund(100 million yuan)	310.85	351.06	386.81	463.97	582.84

注：1.城镇职工基本养老保险参保人数2012—2013年为基本养老保险参保人数，统计口径一致。2.2016年起社会保险基金收入包括城乡居民基本养老保险和城乡居民基本医疗保险

Note：1.The number of people who get Urban workers' basic pension refers to basic pension insurance number from 2012 to 2013, the statistics cabliers of both are the same. 2.Since 2016, the urban and rural residents' basic pension insurance and basic medical care insueance are included in the social insurance fund.

10-2 城镇居民家庭生活基本情况
Basic Conditions of Urban Households Life

指 标	Item	2012	2013	2014	2015	2016
调查户数(户)	**Number of Households Surveyed(household)**	**1720**	**1129**	**1612**	**1621**	**1635**
平均每户常住家庭人口(人)	Average Number of Permanent Residents(person)	3.01	3.01	3.01	3.05	3.08
平均每户就业人员(人)	Average Number of Employed Persons Per Household (person)	1.45	1.61	1.56	1.54	1.58
平均每户就业面(%)	Average Proportion of Employment per Household(%)	0.48	0.53	0.52	0.51	0.51
平均每个就业者赡养人口(人)	Average Number of Dependents per Employee(person)	2.08	1.87	1.93	1.98	1.95
城镇常住居民人均年可支配收入(元)	**Per Capita Annual Disposable Income of Urban Household(yuan)**	**18701**	**20667**	**22548**	**24580**	**26743**
平均每人消费性支出(元)	**Per Capita Annual Consumption Expenditure(yuan)**	**12586**	**13703**	**15255**	**16914**	**19202**
食 品	Food	4993	4915	5320	5757	6383
衣 着	Clothing	1399	1402	1246	1347	1525
居 住	Residence	1014	1496	2433	2994	3421
家庭设备用品及服务	Household Facilities, Articles and Services	850	1084	1091	1079	1270
医疗保健	Health Care and Medical Services	655	634	927	872	1050
交通和通信	Transport and Communication	1891	1870	1873	2248	2684
教育文化娱乐服务	Education, Culture and Recreation Services	1396	1950	2071	2313	2494
其他商品与服务	Miscellaneous Goods and Services	389	352	294	305	375
平均每人消费性支出构成(%)(人均消费性支出=100)	**Composition of Per Capita Annual Consumption Expenditure (%)**					
食 品	Food	39.7	35.9	34.9	34.0	33.2
衣 着	Clothing	11.1	10.2	8.2	8.0	7.9
居 住	Residence	8.0	10.9	15.9	17.7	17.8
家庭设备用品及服务	Household Facilities, Articles and Services	6.8	7.9	7.1	6.4	6.6
医疗保健	Health Care and Medical Services	5.2	4.6	6.1	5.2	5.5
交通和通信	Transport and Communication	15.0	13.6	12.3	13.3	14.0
教育文化娱乐服务	Education, Culture and Recreation Services	11.1	14.2	13.6	13.7	13.0
其他商品与服务	Miscellaneous Goods and Services	3.1	2.6	1.9	1.8	2.0

10−3 城镇居民人均收支情况

Per Capita Income and Consumption Expenditure of Urban Households

单位：元 (yuan)

指 标		2014	2015	2016
城镇居民人均收入	Per Capita Income of Urban Households			
可支配收入	Disposable Income	22548	24580	26743
工资性收入	Income of Wages and Salaries	13148	14166	15351
经营净收入	Net Business Income	3173	3730	4282
财产净收入	Net Income from Property	1747	1868	1941
转移净收入	Net Income from Transfer	4482	4816	5168
现金可支配收入	Cash Disposable Income	21719	23568	25728
工资性收入	Income of Wages and Salaries	13114	14142	15318
经营净收入	Net Business Income	3540	4048	4683
财产净收入	Net Income from Property	711	683	679
转移净收入	Net Income from Transfer	4353	4695	5048
家庭现金总支出	**Total Households Cash Expenditure**	19936	24040	28110
消费支出	Consumption Expenditure	13312	14756	16892
财产性支出	Expenses on Properties	96	72	104
转移性支出	Expenses on Transfers	828	947	1424
#交纳的个人收入税	Individual Income Tax	33	38	53
各种非储蓄性保险支出	Various Nonsaving Insurance Expenditure	0	0	0
其他转移性支出	Others	100	80	103
社会保障支出	Expenses on Social Seurity	575	736	1139
购房与建房支出	Expenses on Purchasing or Building House	538	437	702

10-4 城镇居民家庭人均消费性支出

Per Capita Consumption Expenditure of Urban Household

单位：元 (yuan)

指　标	Item	2012	2013	2014	2015	2016
消费性支出	**Consumption Expenditure**	**12586**	**13703**	**15255**	**16914**	**19202**
食　品	**Food**	**4993**	**4915**	**5320**	**5757**	**6383**
#粮　食	Grain	396	450	598	609	647
糖、烟、酒、饮料类	Sugar, Cigarette,Liquor and Beverage	592	711	783	890	1008
在外饮食	Dining Out	1055	725	742	835	948
衣　着	**Clothing**	**1399**	**1402**	**1246**	**1347**	**1525**
居　住	**Residence**	**1014**	**1496**	**2433**	**2994**	**3421**
#房　租	Rent	80	186	141	162	178
水　费	Water	101	133	125	140	153
电　费	Electricity	463	542	505	553	574
燃料费	Fuels	162	219	171	174	179
家庭设备用品及服务	**Household Facilities,Articles and Services**	**850**	**1084**	**1091**	**1079**	**1270**
#耐用消费品	Durable Consumer Goods	271	446	238	211	260
医疗保健	**Health Care and Medical Services**	**655**	**634**	**927**	**872**	**1050**
交通和通信	**Transport and Communications**	**1891**	**1870**	**1873**	**2248**	**2684**
交　通	Transport	1146	1006	1029	1349	1681
通　信	Communications	745	864	844	899	1003
教育文化娱乐服务	**Education, Culture and Recreation Services**	**1396**	**1950**	**2071**	**2313**	**2494**
#文化娱乐用品	Recreation Articles	316	314	336	330	346
书报杂志	Books,Newspaper and Magazines	27	30	32	28	23
文化娱乐服务	Recreation Services	580	639	731	796	784
其他商品和服务	**Miscellaneous Goods and Services**	**389**	**352**	**294**	**305**	**375**
恩格尔系数(%)	**Engel's Coefficient(%)**	**39.7**	**35.9**	**34.9**	**34.0**	**33.2**

10-5 城镇居民家庭人均购买主要商品数量

Per Capita Annual Purchases of Major Commodities of Urban Househoulds

单位：公斤 (kg)

指 标	Item	2012	2013	2014	2015	2016
粮 食	Grain	68.13	82.82	85.35	86.96	88.56
食用植物油	Edible Vegetable Oil	8.40	11.81	9.54	10.01	9.65
猪 肉	Pork	24.93	28.37	24.38	25.78	26.75
牛、羊肉	Beef and Mutton	1.82	2.27	1.97	2.21	2.53
禽 类	Poultry	8.61	7.36	7.11	7.59	8.39
蛋 类	Eggs	5.70	5.21	5.02	5.67	5.81
水产品类(元)	Aquatic Products(yuan)	99.05	88.59	86.29	106.32	122.81
鲜 菜	Fresh Vegetables	92.88	92.95	76.70	79.53	85.38
糖类(元)	Sugar(yuan)	61.01	43.03	37.58	36.78	40.00
烟草类(元)	Cigarettes(yuan)	308.76	429.95	400.61	452.31	510.74
酒 类	Liquor	3.56	6.20	5.30	5.09	5.18
糕点类	Cake	2.90	3.23	3.19	3.45	3.58
干鲜瓜果类	Dried and Fresh Melons and Fruits	38.70	36.31	36.57	40.11	45.29
奶类及制品(元)	Milk and Dairy Products(yuan)	169.88	160.14	170.50	201.40	229.09

10-6 每百户城镇居民家庭耐用消费品拥有量

Number of Durable Goods Owned Per 100 Urban Households

单位：台 (set)

指 标	Item	2012	2013	2014	2015	2016
摩托车(辆)	Motorcycle(unit)	5.42	15.39	20.83	17.91	14.76
家用汽车(辆)	Automobile(unit)	13.17	15.84	19.66	23.74	33.52
洗衣机	Washing Machine	99.87	95.50	95.70	97.90	97.92
电冰箱	Refrigerator	97.63	89.98	90.69	93.94	96.77
彩色电视机	Color TV Set	115.67	101.84	105.05	106.23	106.83
家用电脑	Household Computer	71.22	55.72	63.56	64.44	62.68
组合音响(套)	Hi-Fi Stereo Component System(unit)	28.02	14.41	13.49	12.06	10.34
照相机(架)	Camera(unit)	29.87	21.78	21.87	18.89	16.07
微波炉	Microwave Oven	47.59	40.73	40.91	42.78	45.72
空调器	Air Conditioner	21.71	18.70	20.48	27.81	30.85
淋浴热水器	Water Heater for Shower	78.51	77.36	76.63	82.28	87.66
健身器材(套)	Healthy Equipment(unit)	4.06	2.22	3.84	5.04	3.53
移动电话(部)	Mobile Phone(unit)	214.73	211.72	228.15	236.52	247.53

10-7 按收入等级分城镇居民家庭收入、消费情况(2016)

Statistics of Income and Consumption of Urban Househoulds by Level of Income

指 标	Item	低收入户 (20%) Low Income Households	中低收入户 (20%) Lower Middle Income Households	中等收入户 (20%) Middle Income Households	中高收入户 (20%) Upper Middle Income Households	高收入户 (20%) High Income Households
平均每人年可支配收入(元)	**Per Capita Annual Disposable Income(yuan)**	**9450**	**18480**	**26339**	**35294**	**54563**
人均购买主要商品数量	**Per Capita Purchases of Major Commodities**					
粮食(千克)	Grain(kg)	80.24	84.51	94.36	88.67	99.35
食用植物油(千克)	Edible Vegetable Oil(kg)	7.67	9.30	10.31	10.70	11.07
猪肉(千克)	Pork(kg)	22.31	24.15	28.33	27.88	33.73
牛肉(千克)	Beef(kg)	1.24	1.79	2.38	2.92	3.08
鸡(千克)	Chicken(kg)	3.97	5.00	6.70	7.15	8.16
鸭(千克)	Duck(kg)	0.96	0.92	1.18	1.15	1.24
鲜蛋(千克)	Eggs(kg)	3.67	4.58	5.93	6.25	6.65
鱼(千克)	Fish(kg)	2.51	2.60	3.78	4.21	4.37
鲜菜(千克)	Fresh Vegetables(kg)	65.68	83.03	92.67	88.70	105.05
糖类(元)	Sugar(yuan)	25.55	29.37	45.33	47.16	61.52
烟草类(元)	Cigarettes(yuan)	271.91	412.49	512.09	747.62	729.07
白酒(千克)	Liquor(kg)	2.12	2.34	2.44	3.39	4.64
鲜瓜果(千克)	Fresh Fruit(kg)	28.21	33.76	42.17	48.22	55.02
糕点(千克)	Cakes(kg)	1.96	2.25	3.24	4.16	4.27
鲜奶(千克)	Fresh Milk Products(kg)	4.21	6.85	11.02	12.19	13.22
每百户耐用消费品拥有量	**Number of Durable Goods Owned Per 100 Urban Households**					
摩托车(辆)	Motorcycle(unit)	24.82	15.95	13.10	10.95	9.04
家用汽车(辆)	Automobile(unit)	23.29	25.32	34.33	36.71	47.90
洗衣机(台)	Washing Machine(set)	97.03	99.05	97.65	97.36	98.47
电冰箱(台)	Refrigerator(set)	93.02	95.29	98.63	98.97	97.92
彩色电视机(台)	Color TV Set(set)	107.28	107.62	102.27	109.04	107.93
计算机(台)	Household Computer(set)	45.57	57.22	68.46	68.90	73.17
组合音响(套)	Hi-Fi Stereo Component System(unit)	7.88	9.18	9.65	12.12	12.85
照相机(架)	Camera(unit)	5.19	7.02	19.32	20.65	28.16
微波炉(台)	Microwave Oven(set)	21.49	34.85	53.32	61.62	57.19
空调(台)	Air Conditioner(set)	27.28	24.40	31.06	34.60	36.93
热水器(台)	Water Heater for Shower(set)	77.26	83.54	90.99	93.28	93.18
健身器材(套)	Healthy Equipment(unit)	0.73	1.49	4.45	4.67	6.32
固定电话(部)	Fixed Telephone(unit)	19.34	26.43	35.26	29.72	41.63
移动电话(部)	Mobile Phone(unit)	267.82	270.13	245.20	232.63	221.94

10-8 农村居民家庭生活基本情况
Basic Conditions of Rural Households Life

指　标	Item	2012	2013	2014	2015	2016
调查户数(户)	**Number of Households Surveyed(household)**	**2240**	**2014**	**2748**	**2771**	**2779**
平均每户常住人口(人)	Average Number of Permanent Residents Per Household (person)	4.31	4.68	3.49	3.53	3.59
平均每户整、半劳动力(人)	Average Number of Full/Semi Labour Force Per Household (person)	2.82	3.00	2.07	2.15	2.21
平均每一劳动力赡养人口(人)	Average Number of Dependents per Labour Force(person)	1.53	1.56	1.69	1.64	1.62
平均每人年收入(元)	**Per Capita Annual Income (yuan)**					
总收入	Total Income	6444	7232	9352	10417	11776
工资性收入	Income from Wages and Salaries	1978	2573	2521	2897	3211
家庭经营收入	Income from Household Operations	3809	3922	5162	5730	6585
财产性收入	Income from Properties	72	78	96	107	98
转移性收入	Income from Transfers	585	659	1572	1684	1882
现金收入	Cash Income	5078	5983	7667	8853	10329
工资性收入	Income from Wages and Salaries	1976	2572	2520	2895	3207
家庭经营收入	Income from Household Operations	2460	2690	3550	4292	5273
财产性收入	Income from Properties	71	78	96	107	98
转移性收入	Income from Transfers	571	642	1472	1560	1751
平均每人年总支出(元)	**Per Capita Annual Expenditure (yuan)**	**6370**	**6753**	**10893**	**12121**	**14193**
#人均生活消费支出	Per Capita Consumption Expenditure	3902	4740	5970	6645	7533
人均年末使用房屋面积(平方米)	**Average Per Capita Living Space at the Year-end(sq.m)**	**30**	**27**	**32**	**32**	**34**

10-9 农村居民家庭人均可支配收入
Per Capita Annual Net Income of Rural Households

单位：元 (yuan)

指　　标	Item	2012	2013	2014	2015	2016
农村常住居民人均可支配收入	**Per Capita Disposable Income of Rural Households**	**4753**	**5434**	**6671**	**7387**	**8090**
工资性收入	Income from Wages and Salaries	1978	2573	2521	2897	3211
家庭经营收入	Income from Household Operation	2249	2356	2643	2879	3116
第一产业	Primary Industry	1687	1820	1978	2077	2037
农业收入	Farming	1275	1220	1193	1242	1231
林业收入	Forestry	78	62	114	88	50
牧业收入	Animal Husbandry	329	524	664	741	751
渔业收入	Fishery	4	14	7	6	5
第二产业	Secondary Industry	73	96	97	159	157
制造业收入	Manufacturing			41	40	70
建筑业收入	Construction	51	58	48	110	83
第三产业	Tertiary Industry	490	440	569	643	922
批发和零售业	Wholesale and Retail Trades			270	315	369
#交通运输仓储和邮政业收入	Transport, Post and Telecommunication Services	193	208	206	208	327
住宿和餐饮业	Hotels and Catering Services			23	34	86
居民服务修理和其他服务业	Service to Households,Repair and Other Services			74	58	102
转移性收入	Income from Transfer	455	427	1436	1527	1696
财产性收入	Income from Property	72	78	71	84	67

注：1.农村常住居民人均可支配收入2013年及以前为农民人均纯收入。2.2014年起产业划分按新国民经济行业分类标准执行。
Note:Ruralpermanent residents's disposable income in 2013 and before was per capita net income of farms.

10−10 农村居民家庭人均年总支出
Per Capita Annual Gross Expenditures of Rural Households

单位：元 (yuan)

指　标	Item	2012	2013	2014	2015	2016
全年总支出	**Gross Expenditure**	**6370**	**6753**	**10893**	**12121**	**14193**
#生活消费支出	Living Consumption Expenditure	3902	4740	5970	6645	7533
食　品	Food	1741	2036	2489	2645	2915
衣　着	Clothing	227	254	342	355	378
居　住	Residence	758	981	1202	1356	1518
家庭设备、用品及服务	Household Facilities,Articles and Services	211	272	355	380	437
医疗保健	Health Care and Medical Services	283	302	373	449	523
交通和通信	Transport and Communications	371	490	636	784	961
文教娱乐用品及服务	Culture,Education and Recreation Articles and Services	226	301	481	585	693
其他商品和服务	Miscellaneous Goods and Services	84	103	92	91	102
家庭经营费用支出	Expenditure for Household Operation	1367	1353	2172	2528	3129
#牧业生产支出	Animal Husbandry Costs	644	625	787	824	1030
购置生产用固定资产支出	Expenditure for Purchasing of Productive Fixed Assets	183	170	161	183	263
转移性支出	Expenses on Transfers	901	484	137	156	186
财产性支出	Expenses on Properties	8	2	22	23	31
恩格尔系数(%)	**Engel's Coefficient(%)**	**44.6**	**43.0**	**41.7**	**39.8**	**38.7**

10-11 农村居民家庭人均年现金收支
Per Capita Annual Cash Income and Expenditure of Rural Households

单位：元 (yuan)

指 标	Item	2012	2013	2014	2015	2016
现金可支配收入合计	**Total Cash Disposable Income**	**5078**	**5983**	**5718**	**6491**	**7374**
工资性收入	Income of Wages and Salaries	1976	2572	2520	2895	3207
家庭经营现金收入	Income from Household Operations	2460	2690	1789	2108	2535
第一产业收入	Primary Industry			971	1161	1297
#建筑业收入	Construction	77	88	62	122	98
批发和零售业	Wholesale and Retail Trades			323	350	409
交通运输仓储和邮政业收入	Transport, Post and Telecommunication Services	318	304	265	269	393
住宿和餐饮业	Hotels and Catering Services			26	38	94
居民服务修理和其他服务业	Service to Households,Repair and Other Services			80	62	115
转移性现金收入	Transfer Cash Income	571	642	1335	1404	1565
#抚恤金	Pension	3	8	4	15	11
财产性现金收入	Property Cash Income	71	78	74	84	67
非收入所得合计	**Reward From Other Way**	**1664**	**1971**	**1351**	**1256**	**1547**
#银行、信用社贷款	Loans of Bank and Credit Union	226	186	288	332	474
借入款	Borrowed Money	422	453	721	653	816
收回借出款	Drawing Back Loan	63	55	102	106	94
从银行、信用社取回存款	Drawing Money from Banks and Credit Union	242	413	832	732	850
现金支出合计	**Total Cash Expenditure**	**5390**	**5603**	**8774**	**9980**	**11917**
#生产费用支出	Expenditure for Operating Costs	1317	1230	1791	2184	2738
生活消费支出	Living Consumption Expenditure	3157	3888	4232	4848	5649
转移性支出	Transfer Expenditures	900	483	137	156	186
借出款	Loan	18	16	14	21	32
归还借款	Loan Recession	159	159	193	250	222
存入银行、信用社	Deposit	130	245	60	13	36

10−12 农村居民家庭每人主要消费品消费量

Per Capita Annual Consumption of Major Consumer Goods in Rural Households

单位：公斤 (kg)

指 标	Item	2012	2013	2014	2015	2016
粮 食	Grain	149.10	151.57	163.55	152.65	144.14
#大 米	Rice	121.17	120.53	127.83	116.76	108.75
食 油	Edible Oil	4.80	5.98	8.05	7.06	7.06
肉禽及其制品	Meat,Poultry and Related Product	23.67	28.54	36.52	36.63	32.93
#猪 肉	Pork	20.98	24.58	32.11	31.61	28.11
家 禽	Poultry	2.05	2.43	3.30	3.63	3.55
蛋类及蛋制品	Eggs and Processed Products	2.35	3.26	3.57	3.54	3.29
水产品	Aquatic Products	0.53	0.80	1.01	1.12	1.22
#鱼 类	Fish	0.48	0.72	0.92	1.02	1.11
蔬 菜	Vegetables	97.43	95.49	97.17	92.29	86.10
瓜 果	Melon and Fruits	12.39	10.88	17.31	20.46	22.90
食 糖	Sugar	0.70	0.74	0.94	0.95	0.93
卷 烟(盒)	Cigarette(pack)	25.83	24.26	30.31	31.36	31.98
酒	Liquor	7.75	8.82	9.96	9.78	9.13

10−13 每百户农村居民家庭年末耐用消费品拥有量

Number of Durable Consumer Goods Owned By Per 100 Rural Households at the Year-end

单位：台 (set)

指 标	Item	2012	2013	2014	2015	2016
彩色电视机	Color TV Set	95.9	96.5	98.9	101.8	103.1
电冰箱	Refrigerator	45.2	50.4	58.6	62.4	77.6
洗衣机	Washing Machine	69.8	69.6	75.2	77.8	89.8
热水器	Water Heater	12.0	13.8	19.6	21.6	37.4
摩托车(辆)	Motorcycle(unit)	39.0	41.4	48.4	54.9	55.7
电话机(部)	Fixed Telephone(unit)	15.4	13.9	13.2	8.4	3.7
移动电话(部)	Mobile Phone(unit)	173.3	190.1	218.1	227.3	240.6

10-14 按收入五等份分农村居民家庭收入、消费情况（2016）
Income and Consumption of Rural Househoulds by Income Quintile

项 目	Item	低收入户 (20%) Low Income Households	中低收入户 (20%) Lower Middle Income Households	中等收入户 (20%) Middle Income Households	中高收入户 (20%) Upper Middle Income Households	高收入户 (20%) High Income Households
人均可支配收入(元)	**Per Capita Disposable Income(yuan)**	**2291**	**5364**	**7436**	**10162**	**18126**
#现金可支配收入	Cash Disposable Income	1791	4666	6627	9346	17313
平均每人总支出(元)	**Per Capita Expenditures(yuan)**	**12389**	**10858**	**12517**	**14461**	**22748**
#现金支出	Cash Expenditures	10528	8878	10222	12018	19725
平均每人主要消费品消费量(公斤)	**Per Capita Consumption of Majar Consumor Goods(kg)**					
粮 食	Grain	131.10	137.67	145.38	148.61	164.12
#稻 谷	Rice	100.82	105.72	108.77	109.95	122.32
食 油	Edible Oil	5.92	6.25	7.07	7.62	9.07
肉禽及其制品	Meat,Poultry and Related Product	22.88	26.68	28.16	32.85	39.44
#猪 肉	Pork	22.05	26.02	26.95	31.19	37.14
家 禽	Poultry	2.69	3.12	3.21	4.13	5.07
蛋类及蛋制品	Eggs and Processed Products	2.37	3.23	3.29	3.60	4.29
水产品	Aquatic Products	0.83	1.07	1.19	1.34	1.87
#鱼 类	Fish	0.73	0.98	1.08	1.22	1.71
蔬菜及菜制品	Vegetables	76.24	82.58	84.86	91.72	99.45
干鲜瓜果类	Melon and Fruits	17.84	20.07	23.46	24.74	30.83
食 糖	Sugar	0.80	0.80	0.82	1.00	1.31
卷 烟(盒)	Cigarette(pack)	24.76	28.33	31.20	35.58	43.63
酒	Liquor	7.49	8.09	9.71	9.34	11.85
每百户耐用消费品拥有量	**Number of Durable Consumer Goods Owned By Per 100 Rural Households**					
彩色电视机(台)	Color TV Set(set)	100.82	100.59	103.02	103.69	107.42
电冰箱(台)	Refrigerator(set)	69.33	74.48	75.33	82.01	86.81
洗衣机(台)	Washing Machine(set)	87.05	89.08	87.44	92.32	93.23
热水器(台)	Water Heater (set)	28.86	33.59	37.71	41.26	45.44
摩托车(辆)	Motorcycles(set)	51.15	55.00	55.06	57.03	60.29
固定电话(部)	Fixed Telephone(unit)	3.16	3.59	2.83	4.16	4.58
移动电话(部)	Mobile Phone(unit)	262.47	268.73	275.16	289.19	275.56

10-15 农村居民家庭人均经营费用和生产性固定资产购置

Per Capita Expenditure for Household Operations and Expenditure for Purchasing Productive Fixed Assets of Rural Households

单位：元 (yuan)

指标	Item	2012	2013	2014	2015	2016
家庭经营费用支出	**Expenditure for Household Operations**	**1367.00**	**1353.40**	**2171.76**	**2527.79**	**3129.35**
#农业生产支出	Farming	467.74	465.93	582.11	616.58	746.51
林业生产支出	Forestry	12.35	16.60	10.19	13.83	15.66
牧业生产支出	Animal Husbandry	644.05	625.49	787.16	824.31	1029.94
渔业生产支出	Fishery	2.33	2.51	4.99	6.37	8.83
制造业支出	Manufacturing			53.00	114.72	109.61
建筑业支出	Construction	22.45	21.57	29.85	141.96	111.35
批发和零售业支出	Wholesale and Retail Trades			290.83	411.12	695.25
交通运输仓储和邮政业支出	Transport, Post and Telecommunication	85.12	57.69	95.61	148.15	224.82
住宿和餐饮业支出	Hotels and Catering Services			17.01	98.90	70.50
居民服务修理和其他服务业支出	Service to Households,Repair and Other Services			14.03	99.55	90.22
购置生产用固定资产支出	**Expenditure for Purchasing Productive Fixed Assets**	**183.17**	**170.29**	**161.09**	**182.58**	**263.20**
役畜、产品畜	Draught Animals and Commodity Animals	47.04	39.06	76.70	57.65	98.48

10-16 历年城乡居民人均收支

单位：元

年 份 Year	城镇常住居民人均可支配收入 Per Capita Disposable Income of Urban Households	比上年增长(%) Tear-on year Increase Index (%)	指 数(1978年=100) Index (year of 1978=100)	城镇常住居民人均消费性支出 Per Capita Consumption Expenditures of Urban Households	#食 品 #Food
1978	261.26	1.2	100.0	246.53	150.15
1979	279.66	5.2	105.2	273.60	176.64
1980	343.83	11.9	117.7	334.32	202.32
1981	434.10	22.5	144.1	393.24	237.60
1982	459.73	3.8	149.6	403.92	243.96
1983	483.33	3.5	154.8	426.36	258.72
1984	558.00	12.3	173.8	480.36	279.48
1985	682.27	10.9	192.7	617.52	324.24
1986	824.40	13.6	218.8	722.28	381.84
1987	912.26	0.9	220.7	788.76	431.40
1988	1101.84	-0.6	219.4	1050.24	554.52
1989	1275.45	-1.8	215.4	1102.56	640.20
1990	1399.36	8.5	233.8	1163.25	658.19
1991	1593.54	9.6	256.2	1338.86	750.79
1992	1887.51	9.7	281.0	1564.34	886.89
1993	2300.38	5.1	295.4	1876.24	1021.42
1994	3196.06	14.1	337.2	2531.78	1353.13
1995	3916.25	2.2	344.5	3250.55	1752.41
1996	4210.74	-2.9	334.4	3572.78	1923.49
1997	4438.05	1.8	340.4	3555.69	1819.90
1998	4566.17	2.3	348.3	3799.38	1839.64
1999	4935.47	9.0	379.6	3964.35	1683.38
2000	5121.22	5.1	399.0	4278.28	1847.63
2001	5451.91	3.9	414.5	4492.25	1832.26
2002	5944.02	9.8	455.1	4598.30	1788.61
2003	6568.91	9.5	498.4	4947.62	1967.67
2004	7322.04	7.7	536.8	5494.43	2260.46
2005	8147.13	10.6	593.7	6156.27	2457.09
2006	9116.61	10.1	653.7	6848.39	2649.02
2007	10678.40	10.6	723.0	7758.69	3122.46
2008	11758.76	2.9	744.0	8349.21	3597.94
2009	12862.53	10.9	825.1	9048.29	3755.61
2010	14142.74	7.0	882.9	10058.29	4013.67
2011	16495.01	10.8	978.3	11352.88	4565.85
2012	18700.51	10.4	1080.0	12585.70	4992.85
2013	20667.07	7.4	1159.9	13702.87	4915.02
2014	22548.21	7.0	1241.1	15254.64	5319.60
2015	24579.64	7.4	1332.9	16914.20	5757.29
2016	26742.62	7.2	1428.9	19201.68	6382.64

注:1.表中增长速度及指数已扣除价格因素。2.城镇常住居民人均可支配收入2013年及以前为城镇居民人均可支配收入，农村常住居民人均可支配收入2013年及以前为农民人均纯收入。3.农村常住居民人均消费性支出2013年及以前为农村居民数据。

Per Capita Income and Expenditures of Urban and Rural Households Over the Years

(yuan)

农村常住居民人均可支配收入 Per Capita Net Income of Rural Households	比上年增长 (%) Tear-on year Increase Index (%)	指 数 (1978年=100) Index (year of 1978=100)	农村常住居民人均生活消费支出 Per Capita Consumption Expenditures of Rural Households	#食 品 #Food
109.30	3.5	100.0	104.52	72.20
131.09	15.4	115.4	116.23	82.44
161.50	16.6	134.5	139.24	96.45
208.87	27.3	171.2	162.51	105.16
223.13	5.3	180.3	187.02	121.67
224.87	0.5	181.1	185.20	126.01
262.81	15.5	209.1	208.87	144.00
302.14	8.8	227.5	254.58	177.83
303.57	-3.9	218.6	271.60	190.60
341.84	6.4	232.5	304.22	212.90
397.74	-0.8	230.7	359.73	254.32
430.34	-7.3	213.9	407.28	282.92
435.14	-1.3	211.0	403.28	281.92
465.53	3.5	218.4	420.44	286.60
506.13	2.0	222.9	454.47	309.77
579.67	-1.4	219.8	550.11	390.45
786.84	6.6	234.2	684.27	484.41
1086.62	6.6	249.6	930.59	661.85
1276.67	5.5	263.3	1068.09	774.62
1298.54	4.2	274.4	1065.70	742.16
1334.46	4.4	286.5	1094.39	757.55
1363.07	4.7	299.9	1069.81	722.16
1374.16	3.6	310.7	1096.59	687.32
1411.73	3.7	322.2	1098.39	659.37
1489.91	4.3	336.1	1137.56	661.35
1564.66	4.7	353.2	1185.17	674.71
1721.55	5.6	373.0	1296.34	754.39
1876.96	5.2	392.4	1552.39	819.87
1984.62	4.7	410.8	1627.07	838.42
2373.99	11.6	458.5	1913.50	998.39
2796.93	8.9	499.3	2165.70	1119.64
3005.41	9.2	545.2	2421.95	1093.94
3471.93	12.6	613.9	2852.48	1319.43
4145.35	14.0	699.8	3455.76	1646.51
4753.00	11.5	780.3	3901.71	1740.58
5434.00	12.4	877.2	4740.18	2036.22
6671.22	10.3	967.5	5970.25	2488.50
7386.87	10.5	1069.1	6644.93	2644.56
8090.28	8.3	1157.8	7533.29	2915.38

Note: 1.The increase index and the index in the table have been deducting price factors. 2.Befor 2013, The Permaneht Residents in cities and towns refers to urban Residents; Rural Permanent Residents disposable income in 2013 and before was per-capita net income of farms. 3.Rural Permanent Residents Per capita Consumer spending in 2013 and before was Rural Residents Data.

主要统计指标解释

住户 指居住在一个住宅内，共同分享生活开支或收入的一群人。居住在同一房间内、不共同分享生活开支的人群，每个人都视为一个住户。住家保姆、住家家庭帮工视为单独的住户。

常住成员 指住户成员中，经常在家居住、或者调查期内居住时间超过一半的人员，以及本住户供养的学生。

季度调查的常住成员包括：

①过去三个月已经居住或未来三个月打算居住时间超过1.5个月的住户成员。

②过去三个月内每月至少在调查住宅居住一天以上，且没有在其他自有或独自租借的普通住宅中住过的人。或者说，在外与人合住或住在工棚、集体宿舍、工作地或其他临时性住所、又定期回家居住的人，也是本住户常住成员。

③由本住户供养的在校学生（包括大中专学生和研究生）。

就业面 指就业人口占家庭人口的百分比。

就业者赡养人口 指家庭人口与就业人口之比。

整、半劳动力 整劳动力指男子18周岁到50周岁，女子18周岁到45周岁；半劳动力指男子16周岁到17周岁，51周岁到60周岁；女子16周岁到17周岁，46周岁到55周岁，同时具有劳动能力的人。虽然在劳动年龄之内，但已丧失劳动能力的人，不应算为劳动力；超过劳动年龄，但能经常参加劳动的人，计入半劳动力数内。常住人口中的职工，若这些职工为劳动力，就包括在本户的整半劳动力中。

可支配收入 指调查户在调查期内获得的、可用于最终消费支出和储蓄的总和，即调查户可以用来自由支配的收入。可支配收入既包括现金，也包括实物收入。按照收入的来源，可支配收入包含四项，分别为：工资性收入、经营净收入、财产净收入和转移净收入。计算公式为：

可支配收入=工资性收入+经营净收入+财产净收入+转移净收入

其中：经营净收入=经营收入-经营费用-生产性固定资产折旧-生产税

财产净收入=财产性收入-财产性支出

转移净收入=转移性收入-转移性支出

工资性收入 指就业人员通过各种途径得到的全部劳动报酬和各种福利，包括受雇于单位或个人、从事各种自由职业、兼职和零星劳动得到的全部劳动报酬和福利。

经营净收入 指住户或住户成员从事生产经营活动所获得的净收入，是全部经营收入中扣除经营费用、生产性固定资产折旧和生产税之后得到的净收入。

财产净收入 指住户或住户成员将其所拥有的金融资产、住房等非金融资产和自然资源交由其他机构单位、住户或个人支配而获得的回报并扣除相关的费用之后得到的净收入。财产净收入包括利息净收入、红利收入、储蓄性保险净收益、转让承包土地经营权租金净收入、出租房屋净收入、出租其他资产净收入和自有住房折算净租金等。

财产净收入不包括转让资产所有权的溢价所得，这应该计入“非收入所得”。

转移性收入 指国家、单位、社会团体对住户的各种经常性转移支付和住户之间的经常性收入转移。包括政府、非行政事业单位、社会团体对居民转移的养老金或退休金、社会救济和补助、惠农补贴、政策性生活补贴、救灾款、经常性捐赠和赔偿以及报销医疗费等；住户之间的赡养收入、经常性捐赠和赔偿以及农村地区（村委会）在外（含国外）工作的本住户非常住成员寄回带回的收入等。

转移性收入不包括住户之间的实物馈赠。

城镇居民人均可支配收入（老口径） 指城镇家庭总收入扣除交纳的个人所得税和个人交纳的各项社会保障支出之后，按照城镇居民家庭人口平均的收入水平。其中家庭总收入是指该家庭中生活在一起的所有家庭人员从各种渠道得到的所有收入之和。更详细的解释可参照《城镇住户调查方案（2011 年统计年报和 2012 年定期报表)》。

农村居民人均纯收入（老口径） 指农村住户当年从各个来源得到的家庭总收入扣除有关费用性支出后，最终归农村居民所有的收入总和，按照农村住户人口平均的纯收入水平。更详细的解释可参照《农村住户调查方案（2011 年统计年报和 2012 年定期报表)》

消费支出 指住户用于满足家庭日常生活消费需要的全部支出，包括用于消费品的支出和用于服务性消费的支出。根据用途不同，消费支出可划分为食品烟酒、衣着、居住、生活用品及服务、交通通信、教育文化娱乐、医疗保健、其他用品及服务八大类。根据来源不同，消费支出可划分为现金消费支出、实物消费支出（含自产自用、来自单位、来自政府和其他社会组织）。

家庭收入分组方法 将所有调查户依户人均可支配收入由低到高排队，按 20%，20%，20%，20%，20%的比例依次分成：低收入户、中低收入户、中等收入户、中高收入户、高收入户等五组。

恩格尔系数 指食物支出金额在生活消费总支出金额中所占的比例。计算公式为：

$$\text{恩格尔系数} = \frac{\text{食品支出金额}}{\text{生活消费总支出金额}} \times 100\%$$

Explanatory Notes on Main Statistical Indicators

Household refer to a group of people who live in a house, share a living expenses or income. Living in the same room, not to share the living expenses of the crowd, everyone is considered as a household. Nanny, home family workers are treated as a separate household。

Household Members refer to a member of the household who is living in a house, all of which share the expenses or income of the household.

Permanent Members refer to the members of the household who is often at home, or in the residence time of more than half of the residence time, and the students who support.

Quarterly Sruvey of Permanent Members include:

①The household members who have been living over the past three months or will live longer than 1.5 months in the next three months.

②The people who live In the investigation housing the past three months, at least over the past months, more than one day, and not live in ordinary homes, or on a lease. Or, in the outside and people share or live in sheds, dormitory, work or other temporary shelters and regular home living people, but also the households resident members.

③Students supported by the household.

Proportion Employment refers to the percentage of the population in the family.

Number of Dependents per Employee refers to the ratio of the household population to the employment population.

Full/Semi Labour Force Full labour force refers to persons capable of work, aged 18-50 for males and 18-45 for females. Semi labour force refers to persons capable of work, aged 16-17 and 51-60 for males and 16-17 and 46-55 for females. Persons at their working ages but not capable of work are not to be included as labour force. Persons not at working ages but participating regularly in work are included in semi labour force. For staff and workers who are usual residents, are included as full or semi labour force of the household if they are in the labour force.

Disposable income refers to the income of the household survey period, which can be used for final consumption and savings, or the income of the household can be used for free. Disposable income includes both cash, but also in kind. According to the sources of income, disposable income includes four items, respectively, income from wages and salaries, net business income, net income from properties and net income from transfer. Calculation formula:

Disposable income = wage income + net income + property net income + transfer net income

Where: operating net income = operating income - operating expenses - production of fixed assets depreciation - production tax

Property net income = property income - property expenses

Transfer of net income = transfer income-transfer expenditure

Income from Wages and Salaries refers to remuneration of labour and salaries from all kinds of sources, including those employed by other units or individuals, freelance work, part-time jobs, and sporadic labour.

Net Business Income refers to the income earned by households and their members engaged in the production and business activities. It refers to the net income of operating revenue minus operating costs, depreciation of productive fixed assets, and production tax.

Property Net Income refers to the net income received as returns by the household or household members of the financial assets, non-financial assets such as housing, to other institutions, households or individuals, and minus relevant costs. Net income from properties includes net income of interest, bonus income, net income of saving insurance, net income of rents of transferring management right of contract land, income of renting housing, income of renting other assets, net converted rents of self-owned housing. Net income from properties do not include premium of transferring ownership of assets.

Property net income does not include the premium income from the transfer of property rights, which should be included in the “non income”.

Transfer income refers to the regular transfer from country, institutions, social communities to households and between households. Including the government, the non administrative institutions, social groups of residents to move pension or retirement benefits, social benefits and subsidies, subsidies benefit farmers, policy subsidy, relief funds, regular donation and compensation and reimbursement of medical expenses; between tenants alimony income, often donations and compensation and rural areas (Village) (including foreign) of the households in non resident members return back to the income.

The transfer of income does not include the physical gifts between households.

The Per Capita Disposable Income of Urban Residents efers to the income tax and the average income level of the residents in urban families after the deduction of the income tax and the social security expenditure. The total household income is the sum of all the income of the family who lives in a variety of ways. More detailed explanation can be referred to the 《urban household survey (2011 statistical report and 2012 periodic report)》.

The Per Capita Net Income of Rural Residents (old caliber) refers to the total income of rural households in the year from various sources of household income after deducting the cost of the total income of rural residents, according to the average net income of rural households. A more detailed explanation can be referred to the 《Rural Household Survey Programme (2011 statistical report and the 2012 periodic report)》.

Consumer Spending efers to all the expenses that the household is used to meet the needs of the daily life of the family, including the expenses for the consumer goods and the expenses for the service. According to different purposes, the consumption expenditure can be divided into tobacco and food, clothing, housing, daily necessities and services, transportation and communication, education culture and entertainment, health care and other goods and services eight categories. According to different sources, consumer spending can be divided into cash consumption, real consumer spending (including self-produced their own, from the unit, from the government and other social organizations).

Household income grouping method according to the households, the average income per household was low to high, according to 20%, 20%, 20%, 20%, 20% of the proportion were divided into: low income households, middle and low income households, middle income households, middle and high income, high income households and other five groups.

Engel Coefficient refers to the percentage of expenditure on food in the total consumption expenditure, using the following formula:

$$\text{Engel Coefficient} = \frac{\text{expenditure on food}}{\text{total consumption expenditure}} \times 100\%$$

城市概况

General Survey of Cities

11

简 要 说 明

一、主要内容

本篇资料主要反映城市公用事业概况，包括城市公用事业、城市气象、市政建设及设施、公共交通、城市绿化、环境卫生等。

二、统计范围

全省所有设市城市在建成区范围内所有的城市规划管理、投资、建设或经营管理相关设施的单位。

三、资料来源

本篇资料由省住房城乡建设厅、省交通运输厅、省气象局等单位提供。

Brief Introduction

I. Main Contents

Data in this chapter present the basic status of urban public utilities, mainly indicators include city public utility, city weather, municipal building and infrastructure, public transportation, urban greening, urban sanitation.

II. Scope of Statistics

Data in this chapter cover all units under the jurisdiction of cities which are engaged in urban planning and management, investment, construction and operation of relevant facilities.

III. Sources of Data

Data in this chapter are collected by the Provincial Bureau of Housing and Urban-Rural Development, Provincial Bureau of Traffic and Transportation, Provincial Bureau of Meteorological Service etc.

11−1 城市公用事业
City Public Utilities

指　标	Item	2012	2013	2014	2015	2016
城市建设	**City Areas and Floor Space of Buildings**					
城区面积(平方公里)	Urban Area (sq.km)	4543.68	4708.90	4918.41	4933.60	5277.36
建成区面积(平方公里)	Area of Built Districts (sq.km)	1121.68	1315.86	1371.15	1458.83	1544.15
城市建设用地面积(平方公里)	Area of Land Used for Urban Construction (sq.km)	1026.84	1141.93	1203.92	1314.31	1390.57
征用土地面积(平方公里)	Area of Land Put in Requisition for State Construction Projects (sq.km)	57.19	95.74	58.68	69.11	75.48
城市人口密度(人/平方公里)	Population Density of City Districts (persons/sq.km)	2410	2411	2368	2426	2361
城市供水、燃气	**Supply of Water and Gas**					
年末供水综合生产能力(万立方米/日)	Production Capacity of Tap Water Supply at Year-end (10000 cu.m/day)	376.94	364.28	371.97	381.31	420.35
供水管道长度(公里)	Length of Water Pipelines (km)	11629.67	12579.11	13608.14	15239.84	17074.76
建成区城市供水管道密度(公里/平方公里)	Water Pipelines Pensity of Built Districts of city(km/sq.km)	10.37	9.56	9.92	10.45	11.06
供水总量(万立方米)	Volume of Tap Water Supply (10000 cu.m)	71168	74730	79789	85454	92090
#生活用水	Water Consumption for Residential Use	38367	39631	42847	45349	47534
生产用水	Water Consumption for Productive Use	10728	10196	10379	12076	14648
用水人口(万人)	Number of Residents with Access to Tap Water (10000 persons)	959.30	1044.68	1050.33	1099.25	1156.55
人均日生活用水(升)	Per Capita Daily Consumption of Tap Water for Residential Use (liter)	128.92	131.39	134.53	134.88	140.99
用水普及率 (%)	Coverage Rate of Urban Population with Access to Tap Water (%)	87.6	88.5	90.2	91.8	92.9
人工煤气生产能力(万立方米/日)	Production Capacity of Gaswork Gas (10 000 cu.m/day)	187	102	102	6	6
管道长度(公里)	Length of Gas Pipelines (km)	3597.19	4065.69	4483.98	5442.03	6702.40
人工煤气	Gaswork	2902.89	2948.42	2954.25	770.95	774.53
液化石油气	Liquefied Petroleum Gas	184.95	189.95	129.39	153.58	138.76
天然气	Natural Gas	509.35	927.32	1400.34	4517.50	5789.11
全年供气总量	Annual Volume of Gas Supply					
人工煤气(万立方米)	Gaswork (10 000 cu.m)	34167	23788	16034	5540	2705
#家庭用量	Consumption of Gaswork Gas for Residential Use	14259	12177	8461	2820	1564
液化石油气 (吨)	Liquefied Petroleum Gas(ton)	101606	108144	113647	138443	143456
#家庭用量	Consumption of Liquefied Gas for Residential Use	93089	99340	106175	127853	130554
天然气(万立方米)	Natural Gas Supply (10 000 cu.m)	9879	16668	31311	39660	46411
#家庭用量	Consumption of Natural Gas for Residential Use	1096	3118	12573	18510	18751
用气人口(万人)	Population with Access to Gas (10 000 persons)	603.88	666.26	701.73	846.24	898.62
人工煤气	Gaswork	176.05	126.60	127.50	31.00	31.00
液化石油气	Liquefied Petroleum Gas	372.81	402.53	419.23	527.18	546.73
天 然 气	Natural Gas	55.02	137.13	155.00	288.06	320.89
燃气普及率(%)	Coverage Rate of Urban Population with Access to Gas (%)	55.2	58.7	60.3	70.7	72.1
城市市政设施	**Municipal Infra-structure**					
年末实有道路长度(公里)	Length of Paved Roads at Year-end (km)	4875	5787	6325	7014	8021

11-1 续表 continued

指　　标	Item	2012	2013	2014	2015	2016
年末实有道路面积(万平方米)	Area of Paved Roads at Year-end (10 000sq.m)	7585	10166	11324	13005	15297
人均拥有道路面积(平方米)	Per Capita Area of Paved Roads(sq.m)	6.93	8.95	9.72	10.86	12.28
城市排水管道长度(公里)	Length of City Sewage Pipes(km)	6148	8146	8856	9529	9761
城市污水日处理能力(万立方米)	Daily Disposal Capacity of City Sewage (10 000 cu.m)	173	188	191	199	250
建城区城市排水管道密度（公里/平方公里)	Density of City Sewage Pipes(km/sq.km)	5.48	6.19	6.46	6.53	6.32
城市桥梁(座)	Number of City Bridges (unit)	783	901	931	1070	1164
城市道路照明灯(千盏)	Number of Street Lights (1 000 units)	428	540	590	660	754
城市公共交通	**Public Traffic**					
年末公共交通运营车辆数(辆)	Number of Public Vehicles under Operation at Year-end (Buses and Trolley Buses)(unit)	5429	6484	7355	7889	8565
运营线路网长度(公里)	Length under Operation (km)	6518	7161	9037	10542	12627
公共交通客运总量(万人次)	Passengers Transported by Public Vehicles (10 000person-times)	143499	153381	163336	153634	182464
出租汽车(辆)	Number of Taxi(unit)	20600	22946	24394	25697	28713
城市绿化和园林	**City Greening**					
城市园林绿地面积(公顷)	Area of Parks and Green Land (hectare)	51081	67029	71048	73980	78630.6
公园绿地面积	Park Green Areas	7311	9063	10090	11503	14520
人均公园绿地面积(平方米)	Per Capita Area of Parks and Green Land(sq.m)	6.68	7.98	8.66	9.61	11.65
公园个数(个)	Number of Parks and Zoos(unit)	147	161	160	242	295
公园面积(公顷)	Area of Parks (hectares)	5074	5743	6439	9135	10821
建成区绿化覆盖率(%)	Green Covered Area as % of Completed Area (%)	25.06	24.94	24.35	28.15	30.04
城市环境卫生	**Environmental Sanitation**					
清扫保洁面积(万平方米)	Area under Cleaning Program (10 000 sq.m)	7831	9028	9546	12161	15861
生活垃圾清运量(万吨)	Volume of Garbage Disposal (10 000 tons)	449.41	461.47	490.44	501.17	522.34
市容环卫专用车辆设备总数(台)	Number of Special Vehicles for Environmental Sanitation (unit)	2696	3134	3733	4254	5244
公共厕所(座)	Number of Public Lavatories (unit)	2110	2213	2311	2476	2529
#三类以上	Third Grade and Above	1461	1536	1689	1850	1870

注：资料来源于省住房城乡建设厅、省交通运输厅(以下相关表同)。

Note: Data is provided by the Provincial Department of housing and urban construction, the Provincial Department of transportation (The relative tables in the chapter are the same).

11−2 城市气象(2016)
Climate of Major Cities

城市名称	City	年平均气温(℃) Annual Average Temperature(℃)	年降水量(毫米) Annual Precipitation(mm)	年日照时数(小时) Annual Sunshine Hours(hour)	年平均相对湿度(%) Annual Average Relative Humidity(%)
全省平均	Average	16.4	1268.8	1214.8	79.9
贵阳市	Guiyang	15.3	1045.8	1160.2	79.9
六盘水市	Liupanshui	13.5	1335.9	1237.0	79.8
遵义市	Zunyi	15.7	976.6	1300.0	79.8
安顺市	Anshun	14.9	1149.2	1370.0	80.8
毕节市	Bijie	13.9	1159.2	1154.3	81.8
铜仁市	Tongren	17.5	1712.5	1111.0	77.8
兴义市	Xingyi	17.1	1501.7	1623.6	79.3
凯里市	Kaili	17.1	1322.8	1216.1	78.1
都匀市	Duyun	15.8	1576.8	817.8	83.8
清镇市	Qingzhen	15.3	1066.1	1211.6	79.4
赤水市	Chishui	18.8	1550.3	1332.3	81.5
仁怀市	Renhuai	16.6	1121.2	1197.0	77.6
福泉市	Fuquan	16.1	1147.9	949.6	79.3

注：资料来源于省气象局(下表同)。
Note:Data in the table are provided by the Provincial Meteorological Administration(The same applies to the next table).

11−3 城市平均气温（2016）
Monthly Average Temperature of Major Cities

单位：℃ (℃)

城市名称	City	1月 Jan.	2月 Feb.	3月 Mar.	4月 Apr.	5月 May	6月 June	7月 July	8月 Aug.	9月 Sept.	10月 Oct.	11月 Nov.	12月 Dec.
全省平均	Average	5.5	7.4	12.2	17.4	20.1	23.6	25.6	24.3	21.5	18.0	12.3	8.8
贵阳市	Guiyang	4.1	6.3	11.1	16.5	19.0	22.4	24.3	23.1	20.5	17.0	11.2	8.0
六盘水市	Liupanshui	3.9	4.0	10.7	14.9	17.7	20.0	21.4	20.4	17.2	15.1	9.8	6.9
遵义市	Zunyi	3.9	6.8	11.3	16.0	19.5	23.3	25.9	24.5	21.0	17.5	11.3	7.5
安顺市	Anshun	4.6	5.8	11.2	16.3	18.8	21.5	23.1	22.0	19.3	16.4	11.2	8.1
毕节市	Bijie	3.2	4.6	10.7	14.9	18.1	20.7	23.1	21.7	18.1	15.7	9.7	6.7
铜仁市	Tongren	5.3	8.9	12.3	18.0	20.5	25.3	28.3	27.2	24.4	18.7	12.5	8.8
兴义市	Xingyi	8.4	8.2	14.3	19.6	21.6	23.0	23.6	22.9	20.8	18.3	13.5	11.0
凯里市	Kaili	5.2	8.1	12.0	18.1	20.3	25.2	27.1	25.4	22.9	19.2	12.8	8.5
都匀市	Duyun	4.5	7.4	10.9	17.0	19.3	23.2	24.7	23.6	21.1	17.7	11.9	8.2
清镇市	Qingzhen	4.8	6.5	11.6	16.8	19.4	22.6	23.8	22.3	19.9	16.7	11.1	7.9
赤水市	Chishui	8.0	9.6	15.8	19.4	22.5	25.5	28.7	28.2	22.7	19.7	13.9	11.0
仁怀市	Renhuai	5.3	7.4	13.1	17.0	20.9	23.9	27.0	25.3	21.2	18.0	12.0	8.6
福泉市	Fuquan	4.5	7.3	11.3	17.0	19.5	23.8	25.7	24.4	21.8	18.1	12.2	8.0

11-4 城市建设(2016)
Basic Statistics on City Construction

单位：平方公里 (sq.km)

城市名称	City	城区面积 Urban Area	建成区面积 Area of Built Districts	城市建设用地面积 Area of Land Used for Urban Construction
贵 阳 市	Guiyang	1230.00	299.00	296.62
六盘水市	Liupanshui	235.37	72.50	61.25
遵 义 市	Zunyi	531.51	100.78	91.51
安 顺 市	Anshun	145.88	67.66	60.30
铜 仁 市	Tongren	53.30	37.55	35.97
兴 义 市	Xingyi	73.40	44.00	42.10
毕 节 市	Bijie	166.09	43.00	40.36
凯 里 市	Kaili	130.26	67.00	63.42
都 匀 市	Duyun	300.00	32.00	19.94
清 镇 市	Qingzhen	51.60	20.96	19.31
赤 水 市	Chishui	91.00	17.00	11.09
仁 怀 市	Renhuai	89.00	23.31	16.88
福 泉 市	Fuquan	23.00	19.80	18.10

11-5 城市设施水平(2016)
Basic Statistics on Level of Public Facilities in Cities

城市名称	City	城市用水普及率(%) Coverage Rate of Urban Population with Access to Tap Water(%)	城市燃气普及率(%) Coverage Rate of Urban Population with Access to Gas(%)	人均城市道路面积(平方米) Per Capita Area of Paved Roads (sq.m)	人均公园绿地面积(平方米) Per Capita Area of Park and Green Land (sq.m)	每万人拥有公共交通车辆(标台) Number of Public Transportation Vehicles Per 10 000 Population(unit)
贵 阳 市	Guiyang	98.83	97.38	9.90	16.18	15.5
六盘水市	Liupanshui	90.92	87.29	11.72	11.11	8.2
遵 义 市	Zunyi	94.30	82.65	11.76	17.41	4.6
安 顺 市	Anshun	99.38	77.31	18.86	20.43	5.9
铜 仁 市	Tongren	92.43	61.62	9.17	8.33	3.7
兴 义 市	Xingyi	85.83	65.28	20.23	7.00	5.1
毕 节 市	Bijie	97.74	82.14	16.62	21.85	2.7
凯 里 市	Kaili	96.17	77.23	10.95	13.53	14.0
都 匀 市	Duyun	96.91	89.61	12.65	8.34	13.2
清 镇 市	Qingzhen	97.28	93.23	12.13	12.09	3.6
赤 水 市	Chishui	83.33	56.39	10.80	12.67	6.4
仁 怀 市	Renhuai	99.80	81.30	9.37	14.11	2.9
福 泉 市	Fuquan	96.49	69.46	21.37	15.12	2.1

11-6 城市供水（2016）
Tap Water Supply in Cities

城市名称	City	年末供水综合生产能力（万立方米/日）Production Capacity of Tap Water Supply (year-end) (10 000 cu.m/day)	年末供水管道长度（公里）Length of Water Supply Pipelines (year-end) (km)	全年供水总量（万立方米）Total Annual Volume of Water Supply (10 000 cu.m)	#生活用水 For Residential Use	#生产用水 For Productive Use	用水人口（万人）Number of Residents with Access to Tap Water (10 000 persons)	人均日生活用水量（升）Per Capita Daily Consumption of Tap Water for Residential Use(liter)
贵阳市	Guiyang	135.44	4349.38	34038.31	16010.50	4309.24	263.88	233.46
六盘水市	Liupanshui	15.00	1466.48	3443.00	1733.00	1009.00	33.54	151.36
遵义市	Zunyi	34.50	1393.72	7543.00	4032.00	1378.00	95.92	132.23
安顺市	Anshun	18.49	575.25	3709.50	1817.50	1039.50	46.20	112.61
铜仁市	Tongren	17.20	375.40	2766.27	1454.85	688.12	31.50	143.93
兴义市	Xingyi	12.50	442.00	2942.16	1746.16	505.00	33.00	161.16
毕节市	Bijie	12.00	657.80	2324.00	945.00	51.00	26.00	140.68
凯里市	Kaili	13.60	783.00	2830.79	1075.00	926.66	42.70	70.26
都匀市	Duyun	13.18	341.06	2194.00	995.57	430.51	24.16	169.16
清镇市	Qingzhen	4.00	236.44	1106.00	767.21	226.00	16.80	131.60
赤水市	Chishui	4.00	135.00	678.00	385.00	32.00	12.00	114.16
仁怀市	Renhuai	7.10	274.00	1177.00	254.00	391.00	15.00	96.62
福泉市	Fuquan	2.96	185.00	872.00	541.00	142.00	9.89	170.92

注：2016年前为各地市政局统计数据，2016年为水务局统计数据，统计口径有变化。

Note:Before 2016，data was provided by the local Municipal Councils. In 2016, data is provided by the Water Affairs Bureau,and the statistical caliber has been changed.

11-7 城市燃气(2016)
Supply of Gas in Cities

城市名称	City	人工煤气生产能力(万立方米/日) Production Capacity of Coal Gas (10000cu.m/day)	管道长度（公里） Length of GasPipelines(km)			全年供气总量 Volume of Gas Supply			用气人口（万人） Population with Access to Gas (10 000 persons)		
			人工煤气 Coal Gas	液化石油气 Liquefied Petroleum Gas	天然气 Natural Gas	人工煤气(万立方米) Coal Gas (10000cu.m)	液化石油气(吨) Liquefied Petroleum Gas(ton)	天然气(万立方米) Natural Gas (10000cu.m)	人工煤气 Coal Gas	液化石油气 Liquefied Petroleum Gas	天然气 Natural Gas
贵阳市	Guiyang				2805		44000	24903		75.0	185.0
六盘水市	Liupanshui	6	775			2705	3650		31.0	1.2	
遵义市	Zunyi			5.5	432.2		12597.82	8004		54.0	30.1
安顺市	Anshun				164		10952	2108		16.0	19.9
铜仁市	Tongren			99			2105.4			21.0	
兴义市	Xingyi				57		3190	260		24.0	1.1
毕节市	Bijie				134		3088.9	660		19.6	2.3
凯里市	Kaili				104		9514	975		27.9	6.4
都匀市	Duyun			35	113		2022.38	214		20.5	1.9
清镇市	Qingzhen				298		1277.5	357		5.6	10.5
赤水市	Chishui				457		277	1301		1.0	7.1
仁怀市	Renhuai				32		777.3	941		7.0	5.2
福泉市	Fuquan				66		1449.8	100		6.1	1.0

11−8 城市市政设施（2016）
Municipal Infrastructure in Cities

城市名称	City	年末实有道路长度（公里）Length of Paved Roads (year-end) (km)	年末实有道路面积（万平方米）Area of Paved Roads (year-end) (10 000 sq.m)	城市桥梁（座）Number of City Bridges (unit)	城市排水管道长度（公里）Length of City Sewage Pipes (km)	城市污水日处理能力（万立方米）Daily Disposal Capacity of City Sewage (10 000 cu.m)	城市道路照明灯（千盏）Number of Street Lights (1 000 units)
贵阳市	Guiyang	1305.9	2643.22	345	3523.81	95.0	225.71
六盘水市	Liupanshui	187.82	432.29	58	84.20	6.5	28.98
遵义市	Zunyi	611.45	1196.73	78	323.00	24.0	64.82
安顺市	Anshun	377.28	876.80	49	532.72	11.5	27.71
铜仁市	Tongren	289	312.50	26	188.20	5.3	7.71
兴义市	Xingyi	339.64	777.96	26	469.76	5.5	19.04
毕节市	Bijie	217	442.00	39	203.38	8.0	5.34
凯里市	Kaili	220.51	486.07	28	195.14	10.4	58.20
都匀市	Duyun	203.55	315.24	49	181.61	6.2	15.08
清镇市	Qingzhen	69.84	209.48	4	92.07	5.0	4.10
赤水市	Chishui	66.2	155.50	2	120.40	2.0	6.22
仁怀市	Renhuai	45.28	140.80	8	42.00	3.0	8.25
福泉市	Fuquan	89	219.00	6	104.00	1.5	2.46

11−9 城市绿地和园林(2016)
Parks and Green Areas in Cities

城市名称	City	建成区园林绿地面积(公顷) Area of Parks and Green Land(hectare)	公园绿地面积(公顷) ParkGreen Areas(hectare)	公园(个) Number of Parks(unit)	公园面积(公顷) Area of Parks(hectare)	建成区绿化覆盖率(%) Green Covered Area as % of Completed Area
贵阳市	Guiyang	11744	4319	18	3252	40.74
六盘水市	Liupanshui	2378	410	14	335	36.69
遵义市	Zunyi	4036	1771	8	1206	43.08
安顺市	Anshun	2359	950	31	642	37.08
铜仁市	Tongren	1355	284	10	350	40.99
兴义市	Xingyi	1451	269	8	290	37.68
毕节市	Bijie	1324	581	9	621	32.08
凯里市	Kaili	1667	601	11	786	27.81
都匀市	Duyun	568	208	6	136	18.14
清镇市	Qingzhen	828	209	3	119	42.21
赤水市	Chishui	658	182	9	142	41.99
仁怀市	Renhuai	374	212	3	4	17.59
福泉市	Fuquan	333	155	3	80	18.13

11−10 城市市容环境卫生(2016)
Urban Sanitation in Cities

城市名称	City	清扫保洁面积(万平方米) Area under Cleaning Program (10 000 sq.m)	生活垃圾清运量(万吨) Volume of Garbage Disposal (10 000 tons)	市容环卫专用车辆设备总数(台) Number of Special Vehicles for Environmental Sanitation (unit)	公共厕所(座) Number of Public Lavatories (unit)	#三类以上 Third Grade and Above	生活垃圾无害化处理率(%) Garbage harmless treatment rate (%)
贵阳市	Guiyang	4556	118.74	1775	586	586	96.0
六盘水市	Liupanshui	574	18.87	201	64	64	95.0
遵义市	Zunyi	1176	44.65	402	320	134	95.2
安顺市	Anshun	715	16.22	297	73	62	95.2
铜仁市	Tongren	271	13.90	29	95	35	92.0
兴义市	Xingyi	660	14.61	49	91		95.0
毕节市	Bijie	380	16.57	164	66	30	94.9
凯里市	Kaili	491	14.94	80	40	40	91.0
都匀市	Duyun	315	10.82	94	33	33	91.0
清镇市	Qingzhen	157	6.02	95	48	48	89.9
赤水市	Chishui	155	5.26	52	57	57	93.9
仁怀市	Renhuai	140	6.58	107	46	42	95.0
福泉市	Fuquan	183	6.81	40	18	10	86.8

主要统计指标解释

用水普及率 指报告期末城区用水人口数与总人口的比率。计算公式：

$$用水普及率=\frac{城区用水人口（含暂住人口）}{城区人口+城区暂住人口}\times 100\%$$

人工煤气生产能力 指报告期末人工煤气生产厂制气、净化、输送等环节的综合生产能力，不包括备用设备能力。一般按设计能力计算，如果实际生产能力大于设计能力时，应按实际测定的生产能力计算。测定时应以制气、净化、输送三个环节中最薄弱的环节为主。

供气管道长度 指报告期末从气源厂压缩机的出口或门站出口至各类用户引入管之间的全部已经通气投入使用的管道长度。不包括煤气生产厂、输配站、液化气储存站、灌瓶站、储配站、气化站、混气站、供应站等厂(站)内的管道。按不同的材质、管径分别统计。

供气总量 指报告期燃气企业（单位）向用户供应的燃气数量。包括销售量和损失量。

燃气普及率 指报告期末使用燃气的人口与总人口的比率。计算公式为：

$$燃气普及率=\frac{城区用气人口（含暂住人口）}{城区人口+城区暂住人口}\times 100\%$$

桥梁 指为跨越天然或人工障碍物而修建的构筑物。包括跨河桥、立交桥、人行天桥以及人行地下通道等。

排水管道长度 指所有排水总管、干管、支管、检查井及连接井进出口等长度之和。计算时应按单管计算，即在同一条街道上如有两条或两条以上并排的排水管道时，应按每条排水管道的长度相加计算。

污水处理能力 指污水处理厂(或处理装置)每昼夜处理污水量的设计能力。

年末公共交通运营车辆数 指年末公交企业(单位)用于运营业务的全部车辆数。以企业(单位)固定资产台账中已投入运营的车辆数为准。

绿地面积 指报告期末用作园林和绿化的各种绿地面积。包括公园绿地、生产绿地、防护绿地、附属绿地和其他绿地的面积。其中公园绿地指城市中向公众开放的、以游憩为主要功能，有一定的游憩设施和服务设施，同时兼有健全生态、美化景观、防灾减灾等综合作用的绿化用地。它是城市建设用地、城市绿地系统和城市市政公用设施的重要组成部分。

公共绿地 指向公众开放的市级、区级、居住区级各类公园、街旁游园，包括其范围内的水域。其中居住区级公园应不小于1万平方米，街旁游园的宽度不小于8米，面积不小于400平方米。

生活垃圾清运量 指报告期收集和运送到各生活垃圾处理场（厂）和生活垃圾最终消纳点的生活垃圾的数量。统计时仅计算从生活垃圾源头和从生活垃圾转运站直接送到处理场和最终消纳点的清运量，对于二次中转的清运量不要重复计算。

供水综合生产能力 指按供水设施取水、净化、送水、出厂输水干管等环节设计能力计算的综合生产能力。包括在原设计能力的基础上，经挖、革、改增加的生产能力。计算时，以四个环节中最薄弱的环节为主确定能力。原则上按设计能力填报，对于经过更新改造后，实际生产能力与设计能力相差很大的，按实际能力填报。

供水管道长度 指从送水泵至用户水表之间所有管道的长度。不包括新安装尚未使用、水厂内以及用户建筑物内的管道。在同一条街道埋设两条或两条以上管道时，应按每条管道的长度计算。

供水总量 指报告期供水企业（单位）供出的全部水量。包括有效供水量和漏损水量。其中有效供水量指水厂将水供出厂外后，各类用户实际使用到的水量。包括售水量和免费供水量。

生活用水量 包括公共服务用水和居民家庭用水。公共服务用水指为城市社会公共生活服务的用水。包括行政事业单位、部队营区和公共设施服务、社会服务业、批发零售贸易业、旅馆饮食业以及其他公共服务业等单位的用水。居民家庭用水指城市范围内所有居民家庭的日常生活用水。包括城市居民、农民家庭、公共供水站用水。

气温 指空气的温度，我国一般以摄氏度(℃)为单位表示。气象观测的温度表是放在离地面约1.5米处通风良好的百叶箱里测量的，因此，通常说的气温指的是离地面1.5米处百叶箱中的温度。其统计计算方法为：月平均气温是将全月各日的平均气温相加，除以该月的天数而得。年平均气温是将12个月的月平均气温累加后除以12而得。

相对湿度 指空气中实际所含水蒸气密度和同温度下饱和水蒸气密度的百分比值。其统计方法与气温相同。

降水量 指从天空降落到地面的液态或固态(经融化后)水，未经蒸发、渗透、流失而在地面上积聚的深度。其统计计算方法为：月降水量是将全月各日的降水量累加而得。年降水量是将12个月的月降水量累加而得。

日照时数 指太阳实际照射地面的时间。其统计方法与降水量相同。

Explanatory Notes on Main Statistical Indicators

Coverage Rate of Urban Population with Access to Tap Water refers to the ratio of the urban population with access to tap water to the total urban population at the end of reference period. The formula is:

$$\text{Coverage of urban population with access to tap water} = \frac{\text{Urban population with access to tap water}}{\text{Urban population}} \times 100\%$$

Production Capacity of Gaswork Gas refers to the overall production capacity of the urban gasworks in gas generation, purification and delivery at the end of the reference period, excluding capacity of the reserved facilities. In general, it is determined by the designed capacity, and when actual production capacity is larger than the designed capacity, the capacity is determined by the actual measurement on the weakest segment in the production, purification and delivery.

Length of Gas Pipelines refers to the total length of pipelines in use between the outlet of the compressor of gas-work or outlet of gas stations and the leading pipe of users, excluding pipelines within gasworks, delivery stations, LPG storage stations, refilling stations, gas-mixing stations and supply stations. It is according to different material, diameter, respectively statistics.

Volume of Gas Supply refers to the total volume of gas provided to users by gas-producing enterprises (units) during the reporting period, including the volume sold and the volume lost.

Coverage Rate of Urban Population with Access to Gas refers to the ratio of the urban population with access to gas to the total urban population at the end of the reference period. The formula is:

$$\text{Coverage rate of urban population with access to gas} = \frac{\text{Urban population with access to gas}}{\text{Urban population}} \times 100\%$$

Bridges refer to bridges built to cross over natural or man-made barriers, including bridges over rivers, overpasses for traffic and for pedestrians, underpasses for pedestrians, etc.

Length of Sewage Pipes refers to the total length of general drainage, trunks, branch and inspection wells, connection wells, inlets and outlets, etc. In the calculation, calculation shall be single-tube that is on the same street if two or more side by side drains, they should be added to the length of each drainage calculations.

Disposal Capacity of Sewage refers to the designed 24-hour capacity of sewage disposal by the sewage treatment works or facilities.

Number of Vehicles under Operation at Year-end refers to the total number of vehicles under operation by public transport enterprises (units) at the end of the year, based on the records of operational vehicles by the enterprises (units).

Area of Green Land refers to the end of the reporting period used for landscaping and green area. Including the park green land, production green land, protection green land, green land attached to institutions, and other green area. Park green area refers to open to the public amusement and rest with the facilities of amusement, rest and services. Its function includes perfecting ecology, beautifying landscape, and preventing and reducing disaster. It is an important part of urban construction land, urban green space system and urban public facilities.

Public Green Area refers to green areas open to the public such as municipal, community and neighborhood parks and roadside parks, including waters within parks. Neighborhood parks should occupy an area larger than 10,000 square meters, and the width of roadside parks should occupy an area larger than 400 square meters, with a width of more that 8 meters.

Consumption Wastes Transported refers to volume of consumption wastes collected and transported to disposal factories or sites during the reference period. The statistical calculations of the clearance volume is only from garbage and garbage transfer station directly to the treatment plant and the final consumer satisfaction point, for the secondary transit clearance volume, it cannot be duplicated.

Production Capacity of Water Supply refers to the designed overall production capacity of water facilities, covering the four segments of water collection, purification, conveyance, and outflow through trunk pipelines. Increased capacity through transformation and innovation projects is included as well. The capacity is determined mainly on the weakest of the above-mentioned four segments. In principle, according to the design capacity reporting, for after renovation, the actual production capacity and design capabilities are vary greatly. It is according to the actual ability reported.

Length of Water Supply Pipelines refers to the total length of all the pipelines between the water pumps and the user water meters, excluding pipelines newly installed but not used yet, pipeline in the water factory, and pipeline in the user's buildings. Buried in the same street two or more pipes, each pipe length shall be calculated.

Total Volume of Water Supply refers to the total volume of water supplied by water-works (units) during the reference period, including both the effective water supply and loss during the water supply. The effective water supply refers to the water supply for the water supply factory, the actual use of various types of water users. Including the sale of water and free water supply.

Consumption of Water for Residential Use refers to water consumption of households for daily life and water consumption of public service facilities. The latter refers to water consumption for urban public services, including the consumption of government agencies and public institutions, military barracks, public facilities, wholesale and retail outlets, restaurants, hotels, and other units providing public services. Household water consumption refers to consumption of water for daily life of all households within the boundary of cities, including households of urban residents and farmers, and public water supply stations.

Temperature refers to the air temperature, China uses centigrade as the unit. The thermometry used for water observation is put in a breezy shutter, which is 1.5 metres high from the ground. There fore the commonly used temperature refers to the temperature in the breezy shutter 1.5 metres away from the ground. The calculation method is as tollows.

Monthly average temperature is the summation of average daily temperature of one moth divided by the actual days of the particular month.

Annual average temperature is the summation of monthy average of a year divided by 12 months.

Relative Humidity refers to the ratio of actual water vapour pressure to the saturation water vapour pressure under the current temperature. The calculation method is the same as that of temperature.

Volume of Precipitation refers to the deepness of liquid state or solid state (thawed) water falling from the sky to the ground that has not been evaporated, infiltrated or run off. The calculation method is as follows: monthly precipitation is the summation of daily precipitation of month. Annual precipitation is the summation of 12 months precipitation of a year.

Sunshine Hours refer to the actual hours of sun irradiating the earth. The calculation method is the same as that of the precipitation.

资源和环境

Resources and Environment 12

简 要 说 明

一、主要内容

本篇资料主要反映全省自然资源状况和环境保护事业发展情况。

自然资源包括河流、矿产资源、森林资源、水资源等资料。

环境保护事业发展情况主要包括环保资金投入、废水治理、空气质量及污染治理、固体废物处理利用情况、环境污染事故、自然灾害等。

二、资料来源

河流、矿产资源、森林资源、水资源等资料分别由省水利厅、省国土资源厅、省林业厅提供，

环境保护资料由省环境保护厅、省住房城乡建设厅提供，自然灾害资料由省民政厅提供。

Brief Introduction

I. Main Contents

This chapter contains information that reflects natural resource conditions and the development of environment protection in Guizhou.

Data on natural resources cover rivers, mineral resources, forest resources, and water resources.

The development of environment protection mainly includes environmental protection capital investment, waste water treatment, air quality and pollution treatment, treatment and utilization of solid wastes; environment pollution, loss of natural calamities, etc.

II. Sources of Data

Data on rivers, mineral resources, forest resources and water resources, etc. are provided respectively by Guizhou Water Resources Department, Guizhou Land and Resources Department, Guizhou Forestry Department. Data on environmental protection are provided by Guizhou Environmental Protection Department, the Ministry of Housing and Urban-Rural Development, Data on natural calamities are provided by the Ministry of Civil Affairs.

12-1 主要河流(省内部分)主要特征值(2016)
Major Feature of Some Part of The Main River

水　系	Water System	流域面积(平方公里) Drainage Area(sq.km)	河长(千米) Length of River (1000 m)	平均坡降(‰) Average Slope Falling(‰)
长江流域	**Changjiang River Drainage**			
#赤水河	Chishuihe	11341	442	1.52
乌　江	Wujiang	66798	993	1.02
清水江	Qingshuijiang	30252	1053	0.49
洪州河	Hongzhouhe	1129	285	0.87
㵲阳河	Wuyanghe	6505	446	0.99
锦　江	Jinjiang	4045	309	1.16
松桃河	Songtaohe	1427	191	1.55
松坎河	Songkanhe	2332	223	1.37
牛栏江	Niulanjiang	2010	447	4.35
横江(洛泽河)	Hengjiang(Luozehe)	2944	340	4.18
珠江流域	**Zhujiang River Drainage**			
#南盘江	Nanpanjiang	7651		
北盘江	Beipanjiang	20953	456	2.61
红水河	Hongshuihe	15978		
都柳江	Duliujiang	15676	743	0.43
打狗河	Dagouhe	4206	392	1.40

注：资料来源于省水利厅。

Note:Data in the table are provided by the Provincial Department of Water Resources.

12-2 主要矿产资源(2016)
Major Mineral Resources

指 标	Item	计量单位 Unit	保有资源储量 Reserves	居全国位次 Order in Whole Country
锰矿	Manganese ore	万吨(10000tons)	49616.97	1
重晶石	Barite ore	万吨(10000tons)	11864.65	1
汞矿	Hydrargyrum ore	万吨(10000tons)	3.05	1
饰面用灰岩	Limestone for decoration	亿立方米(100 million cubic meters)	225516.98	1
玻璃用灰岩	Limestone for glass	万吨(10000tons)	38.7	1
化肥用砂岩	Sandstone for fertilizer	万吨(10000tons)	10596.7	1
光学水晶	Optical crystal	千克(kg)	175	1
砖瓦用砂岩	Sandstone for brick and tile	万吨(10000tons)	1774.69	1
稀土矿	Rare-earth ore	万吨(10000tons)	88.46673	2
冶金用砂岩	Gritstone for metallurgy	万吨(10000tons)	8626.16	2
陶瓷用砂岩	Sandstone for ceramics	万吨(10000tons)	1042.5	2
饰面用辉绿岩	Diabase for decoration	万立方米(10000 cubic meters)	455.96	2
硫铁矿	Pyrite	亿吨(100million tons)	9.2408396	2
铝土矿	Bauxite ore	亿吨(100million tons)	9.5	3
钒矿	Vanadium	万吨(10000tons)	518.39	3
磷矿	Phosphorus ore	亿吨(100million tons)	43.46	3
铸型用砂岩	Sandstone for cast	万吨(10000tons)	1734	3
熔炼水晶	Melting crystal	吨(ton)	1110	3
锑矿	Antimony ore	万吨(10000tons)	32.17	4
化工用白云岩	Dolomite for chemical	万吨(10000tons)	2417	4
煤炭	Coal	亿吨(100million tons)	713.51	5
钛矿	Titanium ore	万吨(10001tons)	101.71	5
金刚石	Diamond	克(g)	755	5
砖瓦用页岩	Shale for brick and tile	万立方米(10000 cubic meters)	4082.46	5
砖瓦用粘土	Clay rock for brick	万立方米(10000 cubic meters)	1448.67	5
镍矿	Nickel ore	万吨(10000tons)	61.88	6
凹凸棒石粘土	Attapulgite clay	万吨(10000tons)	30.4	6
水泥配料用粘土	Clay rock for cement	万吨(10000tons)	11447.797	6
金矿(岩金)	Gold ore	吨(ton)	485.73	6
镁(炼镁白云岩)	Magnesium (Magnesium dolomite)	万吨(10000tons)	11729.326	7
玻璃用砂岩	Sandstone for glass	万吨(10000tons)	5122.83	7
含钾砂页岩	Potassium sandshale	万吨(10000tons)	5084.02	8
压电水晶	Piezoelectric quartz	千克(kg)	6201	8
钼矿	Molybdenum ore	万吨(10000tons)	89.52	9
制灰用石灰岩	Limestone for ash	万吨(10000tons)	4789.93	10
普通萤石(萤石)	Fluorite	万吨(10000tons)	328.6	10
玉石	Jade	万吨(10000tons)	2.21	10
锌矿	Zincum ore	万吨(10000tons)	578.22	10

注：资料来源于省国土资源厅。

Note:Data in this table are obtained from the Provincial Department of Land and Resoures.

12−3 森林资源

Forest Resources

指 标	Item	2012	2013	2014	2015	2016
森林面积（万公顷）	**Forest Area(10000 Ha.)**	**828.00**	**845.00**	**863.22**	**880.00**	**916.00**
森林覆盖率(%)	Forest Coverage Rate (%)	47.00	48.00	49.00	50.00	52.00
森林蓄积量(亿立方米)	Total Standing Forest Stock(100 million cubic meters)	3.69	3.81	4.01	4.13	4.25
完成造林面积(万公顷)	Area of Fulfilled Forestation(10000 Ha.)	19.93	21.82	30.27	28.00	35.20
封山育林面积(万公顷)	Area of Seal Mountain Pass for Forestation(10000 Ha.)	8.10	8.37	8.73	2.30	8.98
实施退耕还林工程中：	**In Implement Cancel Infield for Forest Project**					
宜林荒山造林(万公顷)	Forestation for Feasible deserted Mountain(10000 Ha.)	1.00	1.20	0.47	0.22	
天然林保护工程中：	**In Savageness Forest Protect Project**					
封山育林(万公顷)	Seal Mountain Pass for Forestation (10000 Ha.)	0.67	0.67	0.67	0.86	0.33
森林保护	**Forest Protection**					
森林火灾(起)	Forest Fire (unit)	275	208	201	153	37
森林火灾受害率(‰)	Rate of Fall Victim for Forest Fire (‰)	0.070	0.060	0.058	0.070	0.004
森林病虫鼠害面积(万公顷)	Area of Fall Victim for Insect Pest (10000 Ha.)	20.600	23.560	22.840	20.030	20.33
森林病虫鼠害防治面积(万公顷)	Prevention Area of Forest Insect Pest (10000 Ha.)	16.630	22.840	20.000	18.690	15.74
森林病虫鼠害防治率(%)	Prevention Rate of Forest Insect Pest (%)	80.728	96.920	87.570	93.300	77.4

注：资料来源于省林业厅(以下相关表同)。
Note: The data in this table is obtained from Forest Department of Guizhou Province (The relative tables in the chapter are the same).

12-4 自然保护区
Natural Reserves

指　标	Item	2012	2013	2014	2015	2016
自然保护区个数(个)	**Number of Nature Reserves (unit)**	**130**	**121**	**123**	**119**	**119**
#国家级自然保护区	Nature Reserves of National-level	9	9	9	9	10
省级自然保护区	Nature Reserves of Guizhou Province	4	7	7	7	8
地市级自然保护区	Nature Reserves of Region	21	21	21	17	16
县级自然保护区	Nature Reserves of County	96	84	86	86	85
自然保护区面积(万公顷)	Area of Nature Reserves (10000 hectares)	96.02	89.51	89.51	89.79	89.79
自然保护区面积占全省国土面积(%)	Percentage of Nature Reserves in Guizhou Province Land (%)	5.5	5.5	5.5	5.1	5.1
自然保护区中：	**In Nature Reserves**					
森林生态系统、野生动、植物类型(个)	Forest Biogeocenose,Wildness Animal and Plant (unit)	120	120	119	115	115
内陆湿地类型(个)	Wetlands inside Land(unit)	8	8	3	3	3
古生物遗迹类型(个)	Ancient Biology Relic(unit)	1	1	1	1	1
地质地貌类型(个)	Geological features(unit)	1	1	0	0	0

注：2015年开展自然保护区核查，重新核实相关数据，历史数据未作调整。

Note: The nature reserve in 2015 to carry out verification and re-verification of relevant data, historical data have not been adjusted.

12-5 森林公园
Forest Parks

指　标	Item	2012	2013	2014	2015	2016
森林公园(个)	Number of Forest Park (unit)	74	75	78	78	94
#国家级森林公园	Forest Park of National-level	22	22	25	25	25
省级森林公园	Forest Park of Guizhou Province-level	31	32	31	31	44
森林公园面积(万公顷)	Area of Forest Park (10000 Ha.)	26.2	26.2	27.2	27.2	29.5
森林公园面积约占全省国土面积(%)	Percentage of Forest Park Area to the Guizhou Total Land Areas(%)	1.5	1.5	1.6	1.6	1.7

12－6 水资源和水质监测

Water Resource and Monitoring of Water Quality

指 标	Item	2012	2013	2014	2015	2016
水资源总量(亿立方米)	**Total Amount of Water Resources (100 million cu.m)**	**974.02**	**759.78**	**1213.12**	**1153.72**	**1066.10**
#地表水	Surface Water	974.02	759.78	1213.12	1153.72	1066.10
人均水资源量(立方米)	Per Capita Water Resources (cu.m)	2796	2169	3458	3269	2999.00
供水总量(亿立方米)	Water Supply(100 million cu.m)	100.82	92.61	95.31	97.49	100.31
#地表水	Surface Water	98.05	90.62	82.34	94.51	96.46
用水总量(亿立方米)	Water Use(100 million cu.m)	100.82	92.61	95.31	97.49	100.31
河流水质	**Water Quality of River**					
监测河流(条)	Monitored River (unit)	44	44	44	44	79
监测河段断面(个)	Monitored Section of River (unit)	85	85	85	85	151
满足规定水质类别的断面占总监测断面百分比(%)	The Sections Meeting the Standard of Water Quality I-III Genus As Percentage of total Monitored Sections(%)	83.5	82.3	81.2	87.1	96.0
水质良好的出境断面(个)	Number of Favorable Water Quality Section(unit)	14	14	14	14	14
湖泊水质	**Water Quality of Lake**					
监测湖库(个)	Monitored Lake (unit)	8	8	8	8	8
监测点(个)	Monitored Point (unit)	25	25	25	25	25
满足规定水质类别的监测点(个)	Ratio of the Points Meeting Water Quality I-III Genus(unit)	10	10	16	16	21
占总监测点百分比(%)	As Percentage of total Monitored Points (%)	40.0	40.0	64.0	64.0	84.0

注：资料来源于省水利厅、省环境保护厅。

Note:Data in the table are provided by the Provincial Department of Water Resources and Provincial Department of Environmental Protection.

12－7 废水治理

Waste Water Treatment

指 标	Item	2012	2013	2014	2015	2016
废水排放总量(亿吨)	**Total Waste Water Discharged (100 million tons)**	**9.14**	**9.31**	**11.09**	**11.28**	**10.07**
#工业	Industrial Waste Water Discharged	2.34	2.29	3.27	2.92	1.64
生活	Living Waste Water Discharged	6.80	7.01	7.81	8.36	8.42
废水中化学需氧排放量(万吨)	**Emission in Waste Water(10000 tons)**	**33.30**	**32.81**	**32.67**	**31.83**	**25.60**
#工业	Industrial COD Emission	6.47	6.32	6.73	6.20	1.63
生活	Living COD Emission	19.97	19.81	19.52	19.44	23.34
当年完成工业废水治理项目(个)	Item of Industry Waste Water Treatment Completed in This Year(unit)	122	34	31	26	29
新增废水治理能力(万吨/日)	Newly Desinged Treatment and Utilization Capacity of Waste Water(10000 tons/day)	16.62	7.50	4.46	10.45	8.70
城市污水处理率(%)	Treatment Rate of City Waste Water (%)	83.9	84.8	86.9	90.0	90.5

12-8 环保系统机构、人员数

Number of Enviornmental Protection Agencies and Persons Engaged

指 标	Item	2012	2013	2014	2015	2016
机构总数(个)	**Number of Agencies(unit)**	**370**	**425**	**433**	**462**	**479**
省	Province	14	14	14	15	13
地	Prefecture	57	66	70	74	66
县	County	292	345	349	373	400
年末人员总数(人)	**Number of Staff and Workers at the Year-end(person)**	**3633**	**3832**	**3945**	**4294**	**4431**
省	Province	375	386	383	394	393
地	Prefecture	895	987	1011	1110	1027
县	County	2363	2459	2551	2790	3011
#科研人员	Scientific and Technical Personnel	93	93	107	105	95
监测人员	Monitoring Personal	857	1058	1163	1160	1310
监察人员	Supervising and Administrative Personnel	886	1156	1272	1206	1406

注：资料来源于省环境保护厅(以下相关表同)。

Note: The data in the table are provided by the provincial Department of Environmental Protection(The relative tables in the chapter are the same).

12-9 环境保护资金投入

Investment in Environmental Protection

单位：亿元 (100 million yuan)

指 标	Item	2012	2013	2014	2015	2016	2016年比2015年增长(%) Increase Rate in 2016over2015(%)
环保资金投入	**Investment in Environmental Protection**	**97.35**	**133.70**	**175.25**	**161.16**	**177.18**	**9.9**
环保资金投入占地区生产总值比重(%)	Investment in Environmental Protection as Percent of GDP(%)	1.4	1.7	1.9	1.5	1.5	持平
环保资金投入中：	**In Investment of Environmental Protection**						
老工业污染源治理	Treatment of Old Industry Pollution	12.47	19.56	18.48	10.70	5.69	-46.8
建设项目"三同时"污染防治	"Three Simultaneities" Environmental Investment for New Project	5.37	2.85	18.39	13.18	23.54	78.6
城市环境基础设施建设	Investment in Urban Environmental Infrastructure	35.73	60.33	84.05	87.67	93.96	7.2
环境管理能力建设	Construction of Environment Management Capacity	1.83	3.19	3.87	3.53	4.86	45.1
工业污染治理设施运行费用	Operating Expense of Industry Pollution Treatment Facilities	41.95	47.77	50.46	46.08	49.13	6.6
征收排污费总额	**Pollutant Discharge Fees**	**4.73**	**5.41**	**4.30**	**4.25**	**4.54**	**6.8**

注："城市环境基础设施建设"数据由省住房城乡建设厅提供。

Note:The data of investment in urban environmental infrastructure was provided by provincial Department of urban and Rural development.

12-10 空气质量及污染治理

Air Quality and Treatment of Industrial Waste Gas

指　　标	Item	2012	2013	2014	2015	2016	2016年比2015年增长(%) Increase Rate in 2016over2015(%)
城市空气质量	**Air Quality of City**						
达到国家环境空气质量二级标准城市(个)	Number of Cities Reaching the National Grade Ⅱ Standard of Air Quality of City (unit)	12	11	11	10	10	持平
占统计城市数(%)	Percentage in Total(%)	92.3	84.6	84.6	76.9	76.9	持平
城市空气污染物	**Contamination in City Atmosphere**						
二氧化硫年均浓度值(毫克/立方米)	Annual Average Concentration of SO2 (mg/cu.m)	0.038	0.039	0.026	0.020	0.016	-20.0
达到国家空气质量二级标准城市(个)	Number of Cities Reaching the National Grade Ⅱ Standard of Air Quality of City (unit)	12	12	13	13	13	持平
二氧化氮年均浓度值(毫克/立方米)	Annual Average Concentration of NO2 (mg/cu.m)	0.021	0.021	0.020	0.018	0.021	16.7
达到国家空气质量一级标准城市(个)	Number of Cities Reaching the National Grade I Standard of Air Quality of City (unit)	13	13	13	13	13	持平
城市可吸入颗粒物年均浓度值(毫克/立方米)	Average Chroma of City Suspend Grain (mg/cu.m)	0.069	0.078	0.066	0.052	0.054	3.7
达到国家空气质量二级标准城市(个)	Number of Cities Reaching the National Grade Ⅱ Standard of Air Quality of City (unit)	13	12	11	12	13	8.3
废气中污染物排放	**Pullutant Emission in Waste Gas**						
二氧化硫排放总量(万吨)	Total Volume of SO2 Emission (10000 tons)	104.11	98.64	92.58	85.30	64.71	-24.1
#工业	Industry	83.71	77.86	70.24	59.89	41.18	-31.2
生活及其它废气中二氧化硫排放量	Volume of SO2 from Living and Other Waste Gas Emission	20.40	20.78	22.34	25.41	23.53	-7.4
烟(粉)尘排放总量(万吨)	Total Volume of Smoke and Dust Emission (10000 tons)	29.45	26.45	37.79	28.68	20.43	-28.8
#工业	Industry	25.65	22.53	34.30	23.18	14.61	-40.0
生活及其它废气中烟(粉)尘排放量	Discharged Volume of Smoke and Dust from Living and Other Waste Gas Emission	2.82	3.92	3.48	4.36	5.82	33.5
空气污染治理	**Air Pollution Treatment**						
工业废气中:	In Industrial Waste Gas						
二氧化硫去除率(%)	Rate of SO2 Removed (%)	69.0	70.3	77.2	76.1	85.0	8.9个百分点
烟(粉)尘去除率(%)	Rate of Smoke and Dust Removed (%)	98.7	99.3	99.3	99.2	99.6	0.4个百分点
当年完成废气治理项目(个)	Item of Waste Gas Treatment Fulfilled in This Year (unit)	45	51	50	66	50	-24.2
新增废气治理能力(万标立方米/小时)	Newly Waste Gas Treatment Capacity inThis Year (10000 stere/hour)	2777.86	7118.49	3348.46	2612.97	1961.96	-24.9
城市燃气普及率(%)	Popularization Rate of City Coal Gas (%)	55.2	58.7	60.3	70.7	72.1	1.4个百分点

注：“烟(粉)尘排放总量”为原“烟尘排放总量”，“烟(粉)尘去除率”为原“烟尘去除率”。

Note: "Total volume of smoke and dust emission"refers to the original"total volume of dust emission"."Rate of smoke and dust removed"refers to the original"Rate of soot removed".

12-11 固体废物生产及处理
Production and Treatment of Industrial Solid Wastes

指　　标	Item	2012	2013	2014	2015	2016	2016年比2015年增长(%) Increase Rate in 2016over2015(%)
工业固体废物产生量(万吨)	**Volume of Industrial Solid Wastes Produced (10000 tons)**	**7835.25**	**8194.05**	**7394.22**	**7054.93**	**7753.01**	9.9
工业固体废物倾倒丢弃量	Volume of Industrial Solid Waste Discharged	14.05	43.74	1.46	0.92	0.07	-92
工业固体废物治理	**Industrial Solid Wastes Treatment**						
当年完成工业固体废物治理项目(个)	Item of Industrial Solid Wastes Fulfilled in This Year (unit)	5	3	2		5	
工业固体废物综合利用量(万吨)	Volume of Industrial Solid Wastes Comprehensively Utilized(10000 tons)	4838.75	4135.41	4312.91	4299.36	4529.77	5.4
工业固体废物处置量(万吨)	Volume of Industrial Solid Wastes Disposed(10000 tons)	2067.44	2275.60	1382.22	1897.21	2043.83	7.7
工业固体废物综合利用率(%)	Ratio of Industrial Solid Wastes Utilized(%)	60.9	50.5	56.9	59.8	58.1	-1.7个百分点
生活垃圾处理	**Consumption Wastes Treatment**						
生活垃圾清运总量(万吨)	Consumption Wastes Collected and Transported (10000 tons)	449.41	461.47	490.44	501.17	522.34	4.2
生活垃圾处理总量(万吨)	Consumption Wastes Treatment (10000 tons)	324.07	351.56	386.59	427.38	464.40	8.7
#无害化处理量	Volume of Wastes Disposed	231.80	294.57	386.59	424.46	463.48	9.2
城市生活垃圾无害化处理率(%)	Treatment Rate of Consumption Wastes in Cities(%)	51.6	63.8	78.8	84.7	88.7	4.0个百分点

注：“工业固体废物倾倒丢弃量”为原“工业固体废物排放量”。

Note:"Volume of Industrial Solid Waste Discharged" refers to original "volume of industrial solid wastes Emission".

12-12 环境污染事故
Accident of Environment Pollution

指　标	Item	2012	2013	2014	2015	2016
环境污染事故(起)	**Number of Environmental Pollution Accidents(unit)**	**4**	**9**	**3**	**9**	**12**
#重大事故	Fatal Accident	1				
较大事故	Major Accident					
一般事故	Commonly Accident	3	9	3	9	12
#水污染事故	Water Pollution Accident	4	7	2	8	12
空气污染事故	Air Pollution Accident		2	1	1	

12-13 自然灾害
Natural Disasters

指　标	Item	2012	2013	2014	2015	2016
遭受自然灾害县个数(个)	Number of Counties Suffering from Natural Disasters(unit)	86	85	88	86	82
受灾人口(万人次)	The Population Affected by Natural Disasters (10000 person-times)	1227.66	2162.62	1385.28	581.03	663.33
农作物受灾面积(万公顷)	Area of Crop Affected by Natural Disasters (10000 hectares)	55.27	157.81	62.82	21.71	32.92
#绝收面积	The Gainless Area of Crop for Natural Disasters	6.74	36.28	9.74	3.16	5.14
因自然灾害造成直接经济损失(亿元)	The Direct Economy Loss for Natural Disasters (100 million yuan)	66.21	140.06	196.76	73.76	173.73

注：资料来源于省民政厅。

Note: The data in the table are provided by the provincial Department of Civil Affairs.

主要统计指标解释

流域 每条河流都有自己的干流和支流，干支流共同组成这条河流的水系。每条河流都有自己的集水区域，这个集水区域就称为该河流的流域。

矿产资源 矿产指由地质作用形成，富集于地壳中或出露于地表达到工农业利用要求的有用矿物。矿产是一种重要的自然资源，是社会发展的重要物质基础。

矿产保有储量 指探明的矿产储量（包括工业储量和远景储量），扣除已开采部分和地下损失量后的年末实有储量，是反映国家矿产资源现状的重要指标。

森林面积 指由乔木树种构成，郁闭度0.2以上(含0.2)的林地或冠幅宽度10米以上的林带的面积，即有林地面积。森林面积包括天然起源和人工起源的针叶林面积、阔叶林面积、针阔混交林面积和竹林面积，不包括灌木林地面积和疏林地面积。

森林覆盖率 指一个国家或地区森林面积占土地总面积的百分比。森林覆盖率是反映森林资源的丰富程度和生态平衡状况的重要指标。在计算森林覆盖率时，森林面积包括郁闭度0.2以上的乔木林地面积和竹林地面积，国家特别规定的灌木林地面积、农田林网以及四旁(村旁、路旁、水旁、宅旁)林木的覆盖面积。计算公式为：

$$森林覆盖率 = \frac{森林面积}{土地总面积} \times 100\%$$

活立木总蓄积量 指一定范围内土地上全部树木蓄积的总量，包括森林蓄积、疏林蓄积、散生木蓄积和四旁树蓄积。

造林面积 指报告期内在荒山、荒地、沙丘、退耕地等一切可以造林的土地上，采用人工播种、飞机播种、植苗造林、分植造林等方法新植成片乔木林和灌木林，经过检查验收符合《造林技术规程》要求的单位面积株数，并按《中华人民共和国森林法实施条例》规定，成活率达85%以上(含85%，年降雨量在400毫米以下且无浇灌条件的地区造林成活率达70%以上)的总面积。四旁植树如一侧在四行以上，连片面积0.066公顷(一亩)以上，应统计在造林面积内。造林面积，通常按所有制(国有、国有集体合作、集体和个人)、造林方式(人工、飞机播种)、主要林种用途(用材林、经济林、防护林、薪炭林、特种用途林)分组进行统计。

水资源 水在自然界中以固体、液体和气态三种聚集状态存在，分布于海洋、陆地(包括土壤)以及大气之中，通过水循环形成水资源。水资源包括经人类控制并直接可供灌溉、发电、给水、航运、养殖等用途的地表水和地下水，以及江河、湖泊、井、泉、潮汐、港湾和养殖水域等。水资源是发展国民经济不可缺少的重要自然资源。

地表水和地下水 陆地上的水因空间分布不同，分为地表水和地下水。地表水指分别存在于河流、湖泊、沼泽、冰川和冰盖等水体中水分的总称，又称陆地水。地下水指储存在地面以下饱和岩土孔隙、裂隙及溶洞中的水。

水资源总量 一定区域内的水资源总量指当地降水形成的地表和地下产水量，即地表径流量与降水入渗补给量之和，不包括过境水量。

用水总量 指分配给用户的包括输水损失在内的毛用水量。

工业废水排放量 指经过企业厂区所有排放口排到企业外部的工业废水量。包括生产废水、外排的直接冷却水、超标排放的矿井地下水和与工业废水混排的厂区生活污水，不包括外排的间接冷却水(清污不分流的间接冷却水应计算在内)。

废水中化学需氧量（COD）排放量 指每年排放的废水中的COD的量。

工业SO_2排放量 指报告期内企业在燃料燃烧和生产工艺过程中排入大气的SO_2总量，计算公式为：

$$工业SO_2排放量=燃料燃烧过程中SO_2排放量+生产工艺过程中SO_2排放量$$

生活及其他SO_2排放量 以生活及其他煤炭消费量和其含硫量为基础，根据以下公式计算：

$$生活及其他SO_2排放量=生活及其他煤炭消费量\times含硫量\times0.8\times2$$

工业烟尘排放量 指企业厂区内燃料燃烧过程中产生的烟气中夹带的颗粒物排放量。

工业粉尘排放量 指企业在生产工艺过程中排放的能在空气中悬浮一定时间的固体颗粒物排放量。如钢铁企业的耐火材料粉尘、焦化企业的筛焦系统粉尘、烧结机的粉尘、石灰窑的粉尘、建材企业的水泥粉尘等。不包括电厂排入大气的烟尘。

生活及其他烟尘排放量 指除工业生产活动以外的所有社会、经济活动及公共设施的经营活动中燃烧所排放的烟尘纯重量。以生活及其他煤炭消费量为基础进行测算。

工业固体废物产生量 指报告期内企业在生产过程中产生的固体状、半固体状和高浓度液体状废弃物的总量，包括危险废物、冶炼废渣、粉煤灰、炉渣、煤矸石、尾矿、放射性废物和其他废物等；不包括矿山开采的剥离废石和掘进废石(煤矸石和呈酸性或碱性的废石除外)。酸性或碱性废石指采掘的废石其流经水、雨淋水的PH值小于4或PH值大于10.5者。

工业固体废物综合利用量 指报告期内企业通过回收、加工、循环、交换等方式，从固体废物中提取或者使其转化为可以利用的资源、能源和其他原材料的固体废物量(包括当年利用往年的工业固体废物贮存量)，如用作农业肥料、生产建筑材料、筑路等。综合利用量由原产生固体废物的单位统计。

工业固体废物综合利用率 指工业固体废物综合利用量占工业固体废物产生量(包括综合利用往年贮存量)的百分率。计算公式为：

$$工业固体废物综合利用率=\frac{工业固体废物综合利用量}{工业固体废物产生量+综合利用往年贮存量}\times100\%$$

工业固体废物处置量 指报告期内企业将固体废物焚烧或者最终置于符合环境保护规定要求的场所，并不再回取的工业固体废物量(包括当年处置往年的工业固体废物贮存量)。处置方式有填埋(其中危险废物应安全填埋)、焚烧、专业贮存场(库)封场处理、深层灌注、回填矿井及海洋处置(经海洋管理部门同意投海处置)等。

生活垃圾清运量 指报告期收集和运送到各生活垃圾处理场（厂）和生活垃圾最终消纳点的生活垃圾的数量。统计时仅计算从生活垃圾源头和从生活垃圾转运站直接送到处理场和最终消纳点的清运量，对于二次中转的清运量不要重复计算。

生活垃圾无害化处理率 指报告期内生活垃圾无害化处理量与生活垃圾产生量的比率。计算公式为：

$$生活垃圾无害化处理率=\frac{生活垃圾无害化处理量}{生活垃圾产生量}\times100\%$$

在统计时，由于生活垃圾产生量不易取得，可用清运量代替。“垃圾清运量”在审核时要与总人口（包括暂住人口）对应，一般城市人均日产生垃圾为1kg左右。

环境污染事故 指由于违反环境保护法规的经济、社会活动与行为，以及意外因素的影响或不可抗拒的自然灾害等原因，致使环境受到污染，国家重点保护的野生动植物、自然保护区受到破坏，人体健康受到危害，社会经济和人民财产受到损失，造成不良社会影响的突发性事件。

Explanatory Notes on Main Statistical Indicators

Drainage Area Each river has its own main stream and branches to form the water system of the river. Each river has its own catchment's area, which is also called as the drainage area of the river.

Mineral Resources refer to useful minerals that can be used for industrial or agricultural purposes enriched in lithosphere or on earth due to the geological process. Minerals resource is an important natural resources, and is the important material foundation for social development.

Mineral reserves refer to proven mineral reserves (including industrial reserves and prospective reserves), after deducting the amount of mining and underground loss of the end of the year after the real reserves, it is an important indicator of the state of mineral resources.

Forest Area refers to the area of forest where trees and bamboo grow with canopy density above 0.2, including land of natural woods and planted woods, but excluding bush land and thin forest land.

Forest Coverage Rate refers to the ratio of area of afforested land to total land area. It is a very important indicator that reflects the status of abundance of forest resource and ecosystem balance. Forest area includes the area of trees and bamboo grow with canopy density above 0.2, the area of shrubby tree according to regulations of the government, the area of forest land inside farm land and the area of trees planted by the side of villages, farm houses and along roads and rivers. The formula for calculating forest coverage rate is as follows:

$$\text{Forestrycoverage rate}(\%) = \frac{\text{Area of Afforested Land}}{\text{Area of Total Land}} \times 100\%$$

Total Standing Stock Volume refers to total stock volume of trees growing in forest area, including trees in forest, trees in sparse forest, scattered trees and trees planted by the side of villages, farm houses and along roads and rivers.

Total Area of Afforestation refers to the total area of land suitable for afforestation, including barren hills, idle land, sand dunes, rain for green land, on which acres of arbores or bushes are planted through manual planting, airplane planting, plant seedlings, etc. in accordance with the required density standards of the Technical Procedures of Afforestation, and with a survival rate of over 85% in line with the Implementing Rules of the Forest Law of the People's Republic of China (or a survival rate of 75% in areas with less that 400 mm of annual rainfall and without irrigation facilities). Included in the this category are trees planted alone the roadsides, riversides, or next to houses that occupy an area over 0.066 hectares, or where more than 4 lines of trees are planted. Total area of afforestation is further classified by ownership (state-owned, state-collective, collective or private), by approach of planting (manual, airplane), and by type of forests (timber, by-products, protection, fuel, special use, etc.).

Water Resource Water exists in the nature in solid, liquid and gaseous states, is distributed in the ocean, land (including earth) and air, and constitutes the water resource through the circulation of water. Water resource includes the surface water and underground water that is controlled by the human being for irrigation, power-generation, water supply, navigation and cultivation. It also includes rivers, lakes, wells, springs, tides, gulf and water area for cultivation. Water resource as an important natural resource is indispensable for the development of the national economy.

Surface Water and Underground Water Water on earth can be divided into surface water and underground water according to its distribution. Surface water refers to moisture exists in rivers, lakes, swamps, glaciers, icecaps and so on. It is also called land water. The underground water refers to water deposited underground in the cranny and the hole of saturated rock soil and in the water-eroded cave.

Total Water Resources refers to total volume of water resources measured as run-off for surface water from rainfall and recharge for groundwater in a given area, excluding transit water.

Water Use refers to gross water use distributed to users, including loss during transportation, broken down with use by agriculture, industry, living consumption and biological protection.

Waste Water Discharged by Industry refers to the volume of waste water discharged by industrial enterprises through all their outlets, including waste water from production process, directly cooled water, groundwater from mining wells which does not meet discharge standards and sewage from households mixed with waste water produced by industrial activities, but excluding indirectly cooled water discharged (It should be included if the discharge is not separated with waste water).

Volume of Chemical Oxygen Demand(COD) Generated by Waster Water refers to chemical oxygen demand generated through the annual discharge of waste water

SO_2 Emission through Industrial Activities refers to volume of sulphur dioxide emission from fuel burning and production process by enterprises during a given period of time. It is calculated as:

SO_2 emission through industrial activities = SO_2 emission from fuel burning + SO_2 emission from production process

SO_2 Emission through Non-industrial and Other Activities is calculated on the basis of consumption of coal by households and other activities and the sulphur content of coal with the following formula:

SO_2 emission through non-industrial and other activities = consumption of coal by households and other activities × sulphur content × 0.8 × 2

Industrial Soot Emission refers to volume of soot in smoke emitted in process of fuel burning in premises of enterprises.

Industrial Dust Emission refers to volume of dust emitted by production process of enterprises and suspended in the air for a given period of time, including dust from refractory material of iron and steel works, dust from coke-screening systems and sintering machines of coke plants, dust from lime kilns and dust from cement production in building material enterprises, but excluding soot and dust emitted from power plants.

Soot Emission by Consumption and Others refers to net volume of soot emitted by fuel burning from all social and economic activities and operation of public facilities other than industrial activities. It is calculated on the basis of coal consumption by households and others.

Industrial Solid Wastes Produced refers to total volume of solid, semi-solid and high concentration liquid residues produced by industrial enterprises from production process in a given period of time, including hazardous wastes, slag, coal ash, gangue, tailings, radioactive residues and other wastes, but excluding stones stripped or dug out in mining (gangue and acid or alkaline stones not included). A stone is acid or alkaline depending on the pH value of the water below 4 or above 10.5 when the stone is in, or soaked by, the water.

Industrial Solid Wastes Utilized refers to volume of solid wastes from which useful materials can be extracted or which can be converted into usable resources, energy or other materials by means of reclamation, processing, recycling and exchange (including utilizing in the year the stocks of industrial solid wastes of the previous year). Examples of such utilizations include fertilizers, building materials and road materials. The information shall be collected by the producing units of the wastes.

Rate of Utilization of Industrial Solid Wastes refers to the percentage of industrial solid wastes utilized over industrial solid wastes produced (including stocks of the previous years). It is calculated as:

$$\text{Rage of utilization of industrial solid wastes} = \frac{\text{volume of industrial solid wastes utilized}}{\text{industrial solid wastes produced} + \text{stock of previous years}} \times 100\%$$

Industrial Solid Wastes Disposed refers to quantity of industrial solid wastes which are burnt or placed ultimately in the sites meeting the requirements for environmental protection and not salvaged or recycled (including disposition in the year of those wastes of previous years). The disposition includes landfill (Safe landfills should be conducted for hazardous wastes), incineration, containment spaces, deep underground disposal, backfill in mining pits and disposal at sea.

Consumption Wastes Transported refers to volume of consumption wastes collected and transported to disposal factories or sites. Statistical calculations only when the source from garbage and garbage transfer station directly to the treatment plant and the final consumer satisfaction point clearance volume, for the secondary transit clearance volume can not be duplicated.

Ratio of Consumption Wastes Treated refers to consumption wastes treated over that produced. It is calculated as:

$$\text{Ratio of consumption wastes treated} = \frac{\text{consumption wastes treated}}{\text{consumption wastes produced}} \times 100\%$$

In practical statistics, as it is difficult to estimate, the volume of consumption wastes produced is replaced with that transported. During the audit, "Garbage clearance volume" and the total population to be (including temporary residents) corresponds, generally, urban waste generated per capita is about 1kg.

Environment Pollution and Destruction Accidents refer to sudden accidents, due to economic or social activities that are in contrast to environment protection laws or due to unforeseen factors or natural disasters, that lead to the environment pollution, the destruction of protected wild animals, plants or nature reserves, the damage to human health, the economic and property losses, and the negative impact on the society.

农 业

Agriculture 13

简 要 说 明

一、主要内容

本篇资料主要反映我省农业生产和农村经济的基本情况，包括农村基本情况、农业生产条件、农业机械拥有量、水利灌溉与除涝、农林牧渔业产值、主要农产品产量等。

二、统计范围

农业统计范围包括全社会除军马生产及农业科研机构进行的农业生产以外的所有农业生产活动。即农村各种经济组织和农户经营的农林牧渔业生产活动，各种专业性农、林、牧、渔场的农业生产活动，国家各级机关、团体、学校、部队进行的农业生产活动，集体所有制的乡、镇、村办农场的农业生产活动，以及工矿企业经营的农、林、牧、渔业生产活动。

三、资料来源

本篇资料由省统计局农村统计处、国家统计局贵州调查总队、省农委、省水利厅、省林业厅提供。

Brief Introduction

I. Main Contents

The data in this chapter show the basic conditions of agricultural production and rural economy, including basic situation of rural, conditions for agricultural production, quantity of agricultural machinery, facilities of water conservancy and efforts to eliminate water-logging, output of agriculture, forestry, animal husbandry and fishery, output of major products ect.

II. The Scope of Data

Statistics on agriculture cover all agricultural production activities except horse raising for military purpose and agricultural production activities undertaken by agriculture research institutions. In other words, included in agriculture statistics are production activities in agriculture, forestry, animal husbandry and fishery undertaken by rural economic units of various types and by rural households; production activities of farms specializing in agriculture, forestry, animal husbandry and fishery; production activities in agriculture undertaken by government agencies, institutions, schools and military units; production activities in agriculture undertaken by collective farms run by townships and villages; and production activities in agriculture, forestry, animal husbandry and fishery undertaken by manufacturing and mining enterprises.

II. Data Sources

Data on agricultural production are provided by Agriculture Department of Guizhou Provincial Bureau of Statistics, the Department of Guizhou Survey, NBS, the Committee on Agriculture of Guizhou Province, the Water Resources Department of Guizhou Province.

Data on forestry production afforestation are provided by Guizhou Forestry Department.

Data on aquatic production are provided by the Committee on Agriculture of Guizhou Province.

13-1 农村基本情况及农业生产条件
Basic Conditions of Rural Areas and Agricultural Production

指　标	Item	2012	2013	2014	2015	2016
农村基层组织	**Rural Grassroots Units**					
乡镇个数(个)	Number of Township and Town Governments(unit)	1439	1388	1262	1197	1158
村委会个数(个)	Number of Villagers' Committees(unit)	18099	16859	16747	16612	14619
农村社会基础设施	**Basic Facilities in Rural Areas**					
自来水受益村数(个)	Number of Villages with Access to Tap Water(unit)	14443	13997	14153	14358	13518
通汽车的村数(个)	Villages with Automobile(unit)	17717	16766	16507	16461	14490
通电话的村数(个)	Villages with Telephone Communication(unit)	17066	16191	15980	15918	14001
通有线广播的村数(个)	Villages with Wire Broadcast(unit)	7713	7336	7722	7995	8014
农业机械化	**Agricultural Mechanization**					
农用机械总动力(万千瓦)	Total Power of Agricultural Machinery(10000 kw)	2106.65	2240.80	2458.40	2575.15	2711.30
柴油机	Diesel Engine	1489.89	1601.13	1735.05	1800.13	1874.79
汽油机	Gas Engine	74.68	77.45	94.32	106.59	117.49
电动机	Electromotor	535.01	555.60	625.94	668.11	718.70
其他机械	Others	7.08	6.63	3.09	0.32	0.32
农村主要物资消耗	**Main Materials Consumption for Agricultural Use**					
农用化肥施用量(折纯法)(万吨)	Consumption of Chemical Fertilizer (pure)(10000 tons)	98.17	99.54	101.29	103.69	103.67
农药使用量(吨)	Consumption of Chemical Pesticides(ton)	14450	13744	13425	13722	13677
农用塑料薄膜使用量(吨)	Consumption of Farm Plastic Membrane(ton)	44062	48031	48949	49403	51053
农田水利建设	**Farmland and Water Conservancy**					
有效灌溉面积(千公顷)	Effective Irrigated Area(1000 hectares)	1317.59	1367.66	1429.49	1506.56	1552.92
旱涝保收面积(千公顷)	Area that Ensure Stable Yields Despite Droughtor Excessive Rain(1000 hectares)	666.41	672.47	679.29	729.44	742.77

注："农业机械化"资料来源于省农委，"农田水利建设"资料来源于省水利厅。

Note:The data of "agricultural mechanization" are provided by the Provincial Agricultural Commission; and the data of "farmland and water conservancy" are provided by the Provincial Department of Water Resources.

13-2 年末主要农业机械拥有量
Major Agricultural Machinery at the Year-end

指 标	Item	2012	2013	2014	2015	2016	2016年比2015年增长(%) Increase Rate in 2016 over2015(%)
大中型拖拉机(万台)	Large and Medium-sized Tractors(10000 unit)	3.92	4.19	4.21	4.28	4.24	-1.1
大中型拖拉机配套农具(万套)	Large and Medium-sized Tractor Towing Farm Machinery (10000 unit)	1.43	1.53	1.62	1.71	1.62	-4.9
小型拖拉机(万台)	Small Tractors (10000 unit)	7.31	8.59	9.52	9.92	10.30	3.8
小型拖拉机配套农具(万套)	Small Tractor Towing Farm Machinery (10000 unit)	2.88	2.90	3.10	3.01	2.85	-5.5
农用排灌电动机(万台)	Drainage and Irrigation Electromotor Engines(10000 unit)	21.09	22.50	25.62	27.23	29.72	9.1
农用排灌柴油机(万台)	Drainage and Irrigation Diesel Engines (10000 unit)	19.95	19.98	21.14	23.68	24.55	3.7
联合收割机(台)	Combine Harvesters(unit)	1057	1570	1812	2269	2535	11.7

注：资料来源于省农委。
Note:The data in this table are provided by the Provincial Agricultural Commission.

13-3 灌溉、除涝治水情况
Irrigation, Flood Prevention, Water and Soil Conservation

项 目	Item	2012	2013	2014	2015	2016
水利投入(亿元)	Input of Water Conservancy(100 million yuan)	175.18	192.52	211.33	373.56	383.50
有效灌溉面积(千公顷)	Effective Irrigated Area(1000 Ha.)	1317.59	1367.66	1429.49	1506.56	1552.92
节水灌溉面积(千公顷)	Water-saving Irrigated Area (1000 Ha.)	403.28	304.37	313.28	325.58	323.52
除涝面积(千公顷)	Areas with Flood Prevention Measures(1000 Ha.)	55.70	53.49	89.90	97.56	99.29
水土流失治理面积(千公顷)	Area of Soil Erosion under Control(1000 Ha.)	3225.99	5816.53	6046.39	6297.78	6556.46
堤防长度(公里)	Total Length of Dikes(km)	2256.55	2453.58	3025.19	3255.57	3415.64
堤防保护面积(千公顷)	Area of Land Protected by Dikes (1000 Ha.)	215.79	196.39	287.72	302.28	313.53

注：资料来源于省水利厅。
Note:Data in this table are provided by the Provincial Department of Water Resources.

13-4 农林牧渔业增加值

Value-Added of Farming,Forestry, Animal Husbandry, Fishery and Their Services

单位：亿元 (100 million yuan)

指　标	Item	2012	2013	2014	2015	2016
农林牧渔业增加值	**Added Value of FFAFS**	**891.91**	**1031.70**	**1316.08**	**1712.65**	**1944.32**
农　业	Farming	561.32	646.12	851.89	1096.54	1188.96
林　业	Forestry	37.03	47.71	68.15	92.87	133.32
畜牧业	Animal Husbandry	245.70	280.68	331.16	415.94	480.11
渔　业	Fishery	17.83	23.96	29.25	35.26	43.81
农、林、牧、渔服务业	FFAF Services	30.03	33.23	35.63	72.04	98.12
农林牧渔业增加值增长速度(%)	**Added Value of FFAFS growth rate(%)**	**8.6**	**5.8**	**6.5**	**6.4**	**5.9**
农　业	Farming	10.6	5.7	8.1	8.1	6.8
林　业	Forestry	6.8	7.0	7.3	7.9	8.3
畜牧业	Animal Husbandry	5.0	4.9	1.8	1.2	2.9
渔　业	Fishery	21.2	20.0	19.7	17.1	15.6
农、林、牧、渔服务业	FFAF Services	3.2	4.8	3.3	4.6	3.7

13-5 农林牧渔业总产值

Gross Output Value of Farming,Forestry,Animal Husbandry, Fishery and Their Services

单位：亿元 (100 million yuan)

指 标	Item	2012	2013	2014	2015	2016	2016年比2015年增长(%) Increase Rate in 2016over2015(%)
农林牧渔业总产值	**Gross Output Value of Farming,Forestry, AnimalHusbandry and Fishery**	**1436.61**	**1663.02**	**2118.48**	**2738.66**	**3097.19**	**6.2**
农业产值	**Farming**	**864.86**	**997.13**	**1321.86**	**1772.59**	**1888.64**	**6.9**
谷物及其他作物的种植	Planting of Cereal and other Crops	389.45	447.34	438.67	454.23	440.91	0.9
蔬菜、园艺作物的种植	Planting of Vegetable and Gardening Crops	387.95	429.89	728.90	1005.48	1054.62	8.6
水果、坚果、饮料和香料作物的种植	Planting of Fruits, nuts, Beverages and Spice Crops	54.69	63.33	77.61	194.36	240.72	9.8
中药材的种植	Planting of Chinese Traditional Medicine	32.77	56.55	76.68	118.52	152.38	10.7
林业产值	**Forestry**	**54.19**	**69.87**	**99.62**	**137.70**	**195.00**	**9.0**
林木的培育和种植	Cultivating and planting of forest	6.90	13.55	26.42	109.07	122.85	9.1
木材和竹材的采运	Logging and Transporting of Timber & bamboo	14.46	17.15	16.39	18.56	40.95	7.6
林产品的采集	Collecting of Forest Products	32.83	39.17	56.82	10.07	31.20	10.3
畜牧业产值	**Animal Husbandry**	**421.55**	**482.68**	**569.29**	**665.17**	**797.21**	**3.2**
牲畜的饲养	Animal Raising	85.31	102.50	141.98	165.26	210.33	7.1
猪的饲养	Hogs Raising	273.87	309.03	331.67	390.65	463.74	0.5
家禽的饲养	Poultry Raising	60.43	69.22	93.58	107.14	121.01	6.8
狩猎和捕捉动物	Hunting and Catching Animales	0.10	0.10	0.09	0.09	0.09	…
其他畜牧业	Others	1.84	1.83	1.96	2.03	2.03	持平
渔业产值	**Fishery**	**28.21**	**38.30**	**47.01**	**55.90**	**68.74**	**16.7**
农林牧渔服务业产值	**Gross Output Value of FFAF Services**	**67.80**	**75.04**	**80.70**	**107.30**	**147.61**	**3.9**

13-6 主要农作物播种面积
Sown Areas of Major Farm Crops

单位：千公顷 (1000 hectares)

指　标	Item	2012	2013	2014	2015	2016	2016年比2015年增长(%) Increase Rate in 2016over2015(%)
农作物总播种面积	**Total Sown Areas**	**5182.86**	**5390.11**	**5516.46**	**5542.17**	**5596.81**	**1.0**
#粮食作物	Grain Crops	3054.28	3118.42	3138.35	3114.91	3113.26	-0.1
#稻　谷	Rice	682.95	684.45	681.96	675.14	674.26	-0.1
小　麦	Wheat	259.76	251.78	251.50	248.68	241.70	-2.8
玉　米	Corn	775.15	778.35	787.47	763.22	740.32	-3.0
大　豆	Soja	133.82	128.17	130.62	135.11	139.58	3.3
薯　类	Tubers	919.41	937.90	944.50	944.13	966.52	2.4
#马铃薯	Potato	676.27	689.50	704.25	709.18	731.71	3.2
油　料	Oil-bearing Crops	547.50	560.76	582.14	590.96	594.50	0.6
#油菜籽	Rapeseeds	496.96	506.72	521.61	528.11	529.97	0.4
花　生	Peanuts	41.02	43.56	48.90	51.30	52.54	2.4
糖　料	Sugar Crops	21.83	27.93	27.85	26.80	20.94	-21.9
#甘　蔗	Sugarcane	21.71	27.92	27.84	26.79	20.93	-21.9
烟　叶	Tobacco	249.17	266.43	228.51	194.20	168.17	-13.4
#烤　烟	Flue-cured Tobacco	237.01	254.86	216.41	182.06	155.83	-14.4
药材类	Medicinal Materials	74.68	117.54	146.60	155.81	168.30	8.0
蔬　菜	Vegetable	774.32	847.72	924.25	980.22	1050.44	7.2

13-7 主要农作物产品产量

Yields of Major Farm Crops

单位：万吨 (10000 tons)

指 标	Item	2012	2013	2014	2015	2016	2016年比2015年增长(%) Increase Rate in 2016over2015(%)
粮食作物	**Grain Crops**	**1079.50**	**1029.99**	**1138.50**	**1180.00**	**1192.38**	**1.0**
#稻 谷	Rice	402.43	361.30	403.24	417.54	430.48	3.1
小 麦	Wheat	52.39	51.51	61.50	61.67	59.74	-3.1
玉 米	Corn	342.25	298.03	313.81	324.08	324.38	0.1
大 豆	Soja	7.84	8.04	11.78	12.60	13.78	9.4
薯 类	Tubers	235.83	263.36	289.91	303.84	301.85	-0.7
#马铃薯	Potato	179.74	211.40	226.60	237.62	233.35	-1.8
油料作物	**Oil-bearing Crops**	**87.38**	**91.53**	**98.05**	**101.34**	**103.43**	**2.1**
#油菜籽	Rapeseeds	78.18	81.78	86.69	89.03	90.25	1.4
花 生	Peanuts	7.86	8.25	9.71	10.50	11.32	7.8
甘 蔗	**Sugarcane**	**127.96**	**159.29**	**168.27**	**156.09**	**117.81**	**-24.5**
烤 烟	**Flue-cured Tobacco**	**37.31**	**41.79**	**35.34**	**32.93**	**27.50**	**-16.5**
蔬 菜	**Vegetable**	**1375.63**	**1500.45**	**1625.62**	**1731.88**	**1878.48**	**8.5**

13-8 主要农作物单产

Yields of Major Farm Crops Per Mu

单位：公斤/亩 (kg/mu)

指 标	Item	2012	2013	2014	2015	2016	2016年比2015年增长(%) Increase Rate in 2016over2015(%)
粮食作物	**Grain Crops**	**236**	**220**	**242**	**253**	**255**	**0.9**
#稻 谷	Rice	393	352	394	412	426	3.3
小 麦	Wheat	134	136	163	165	165	-0.1
玉 米	Corn	294	255	266	283	292	3.2
大 豆	Soja	39	42	60	62	66	6.2
薯 类	Tubers	171	187	205	215	208	-3.3
#马铃薯	Potato	177	204	215	223	213	-4.7
油料作物	**Oil-bearing Crops**	**106**	**109**	**112**	**114**	**116**	**1.8**
#油菜籽	Rapeseed	105	108	111	112	114	1.8
花 生	Peanuts	128	126	132	136	144	5.9
甘 蔗	**Sugarcane**	**3930**	**3804**	**4029**	**3884**	**3752**	**-3.4**
烤 烟	**Flue-cured Tobacco**	**105**	**109**	**109**	**121**	**118**	**-2.5**

13—9 茶叶、水果面积及产量

Total Sown Areas and Yields of Tea,Fruit

指 标	Item	2012	2013	2014	2015	2016	2016年比2015年增长(%) Increase Rate in 2016 over2015(%)
面 积(千公顷)	**Area(1000 Ha.)**						
茶园	Tea Field Area	251.52	313.24	369.26	418.89	439.82	5.0
桑园	Mulberry Field Area	3.92	3.01	3.81	3.76	3.74	-0.5
柞坡	Breed Tussah Field Area	3.72	3.82	3.32	2.88	3.21	11.4
果园	Orchards Filed Area	192.96	228.13	262.14	300.48	324.16	7.9
产 量(万吨)	**Yield(10000 tons)**						
茶 叶	Tea	7.44	8.94	10.71	11.80	14.13	19.7
水 果	Fruits	147.72	167.75	196.38	224.90	243.88	8.4
#园林水果	Garden Fruit	90.06	105.74	125.98	147.65	162.27	9.9
#苹 果	Apples	2.49	3.25	4.39	5.27	5.95	12.9
梨	Pears	21.72	24.09	27.31	29.24	32.09	9.7
柑 桔	Citrus	22.74	25.48	28.91	32.01	34.90	9.0
香 蕉	Bananas	0.61	0.56	0.58	0.85	0.95	11.8
杨 梅	Red Bayberry	3.19	3.49	5.06	4.98	5.26	5.6
猕猴桃	Chinese Gooseberrys	1.76	2.21	2.50	5.25	6.89	31.2
柿 子	Persimmons	1.46	1.46	1.50	1.49	1.59	6.6

13—10 造林及林产品产量

Areas of Forestation and Output of Forest Products

单位：吨 (ton)

指 标	Item	2012	2013	2014	2015	2016
当年造林面积(千公顷)	**Areas of Forestation in this year(1000 hectares)**	**199.3**	**218.2**	**302.7**	**280**	**350**
林产品产量	**Output of Forest Products**					
生 漆	Lacquer	1698	1827	6955	8600	7649
油桐籽	Tung-oil Seed	81638	70863	73095	68312	66031
油茶籽	Tea-oil Seed	26657	31220	69438	71790	73980
乌桕籽	Tallow-seed	2370	2305	2666	2653	2194
五倍籽	Nutgall	1922	2633	7207	6881	6122
棕 片	Palm-flake	4387	4321	5166	5341	5462
松 脂	Pine Resin	13014	13799	15992	17869	17904
核 桃	Walnuts	23680	34315	57383	74791	93154
板 栗	Chestnut	26076	31621	53233	58015	54015

注：1．“造林面积”数据来源于省林业厅。2．由于统计方法制度改变，2014年以来“林产品产量”数据来源于省林业厅。
Note:1."The areas of forestation" in the table are obtained from the Provincial Department of Forest.2 Due to the changing of statistics method, the data of "output of forestry products" since 2014 are provided by the Provincial Department of Forest.

13-11 畜牧业生产及水产品
Livestock Production and Aquatic Products

指 标	Item	2012	2013	2014	2015	2016	2016年比2015年增长(%) Increase Rate in 2016 over2015(%)
当年出栏数	**Number of Slaughtered Fattened Hogs, Ox,Goats and Sheep**						
猪(万头)	Slaughtered Fattened Hogs (10000 heads)	1734.76	1832.28	1845.27	1795.26	1759.35	-2.0
牛(万头)	Ox by Sold and Killed(10000 heads)	105.99	115.22	117.35	133.26	140.72	5.6
羊(万头)	Goats by Sold and Killed (10000 heads)	206.78	205.39	220.38	246.14	263.86	7.2
肉类总产量(万吨)	**Total Yield of Meat(10000 tons)**	**190.27**	**199.74**	**201.80**	**201.94**	**199.28**	**-1.3**
#猪 肉	Pork	156.13	163.73	165.55	160.75	154.96	-3.6
牛 肉	Beef	13.04	14.13	14.68	16.76	17.85	6.5
羊 肉	Mutton	3.53	3.51	3.75	4.20	4.50	7.1
禽 肉	Poultry	15.41	15.48	14.84	16.31	17.72	8.7
其他畜产品产量	**Others**						
牛 奶(万吨)	Cow Milk(10000 tons)	5.10	5.45	5.71	6.20	6.39	3.1
禽 蛋(万吨)	Poultry Eggs(10000 tons)	14.65	15.44	16.20	17.58	18.78	6.8
蜂 蜜(吨)	Honey(ton)	2052	2468	2733	3017	3075	1.9
大牲畜年末存栏数(万头)	**Large Animals(year-end) (10000 heads)**	**541.03**	**536.90**	**572.05**	**609.20**	**597.17**	**-2.0**
#牛	Cattle and Buffaloes	461.04	460.62	495.86	535.95	518.26	-3.3
猪年末存栏数(万头)	**Hogs(year-end) (10000 heads)**	**1604.09**	**1604.10**	**1600.57**	**1558.96**	**1498.16**	**-3.9**
羊年末存栏数(万只)	**Sheep and Goats(year-end) (10000 heads)**	**290.09**	**299.59**	**337.40**	**354.67**	**349.24**	**-1.5**
水产品(万吨)	**Aquatic Products (10000 tons)**	**13.47**	**16.70**	**20.99**	**24.98**	**28.99**	**16.1**

注：表中“水产品”数据来源于省农委。
Note:Data of "aquatic products" in the table are obtained from the Provincial Agricultural Commission.

13-12 历年农林牧渔业总产值

Gross Output Value of Farming, Forestry, Animal Husbandry and Fishery Over the Years

单位：亿元 (100 million yuan)

年份 Year	合计 Total	农业 Farming	林业 Forestry	畜牧业 Animal Husbandry	渔业 Fishery	农林牧渔服务业 Services of Farming, Forestry, Animal Husbandry and Fishery
1978	27.46	21.72	1.07	4.64	0.03	
1979	31.74	24.54	1.27	5.90	0.03	
1980	36.44	28.05	1.46	6.89	0.04	
1981	41.93	32.07	2.08	7.69	0.09	
1982	51.49	38.93	2.49	9.95	0.12	
1983	52.66	38.17	3.48	10.84	0.17	
1984	63.09	45.43	4.44	12.94	0.28	
1985	70.24	47.42	5.37	17.05	0.40	
1986	79.34	53.54	5.27	20.05	0.48	
1987	92.25	61.95	5.50	24.23	0.57	
1988	123.39	78.90	6.13	37.55	0.81	
1989	133.69	85.64	5.90	41.30	0.85	
1990	145.53	95.23	7.95	41.38	0.97	
1991	165.34	112.08	9.44	42.68	1.14	
1992	176.73	116.03	12.22	47.18	1.30	
1993	201.40	126.20	11.85	62.33	1.02	
1994	277.13	180.26	13.61	81.18	2.08	
1995	344.85	224.16	15.29	102.54	2.86	
1996	388.29	265.57	14.99	104.57	3.16	
1997	417.54	289.20	15.39	109.37	3.58	
1998	402.32	274.55	15.48	108.12	4.17	
1999	407.12	278.67	16.02	108.07	4.36	
2000	412.97	279.61	18.04	110.67	4.65	
2001	418.61	279.95	15.08	118.46	5.13	
2002	431.39	278.88	18.17	128.80	5.54	
2003	466.72	275.46	25.87	139.48	6.08	
2004	524.64	317.69	23.25	168.79	7.02	7.89
2005	571.84	335.53	23.91	194.20	9.41	8.79
2006	601.54	347.97	25.85	189.79	7.44	30.49
2007	697.01	392.20	27.77	231.60	9.04	36.40
2008	843.80	464.80	35.63	291.65	10.49	41.23
2009	875.20	501.52	36.92	281.53	11.06	44.17
2010	997.82	587.31	41.01	304.16	13.82	51.52
2011	1165.46	655.30	46.66	381.95	19.90	61.65
2012	1436.61	864.86	54.19	421.55	28.21	67.80
2013	1663.02	997.13	69.87	482.68	38.30	75.04
2014	2118.48	1321.86	99.62	569.29	47.01	80.70
2015	2738.66	1772.59	137.70	665.17	55.90	107.30
2016	3097.19	1888.64	195.00	797.21	68.74	147.61

注：2006年数据为第二次农业普查修订数(以下相关表同)。

Note: Data were adjusted according to the Second National Agricultural Census in 2006(The same applies to the relative tables below).

13-13 历年农林牧渔业总产值增长速度

The Growth rate of Gross Output Value of Farming, Forestry, Animal Husbandry and Fishery Over the Years

单位：% (%)

年 份 Year	合 计 Total	农 业 Farming	林 业 Forestry	畜牧业 Animal Husbandry	渔 业 Fishery	农林牧渔服务业 Services of Farming, Forestry,Animal Husbandry and Fishery
1978	2.9	0.7	7.7	13.2		
1979	1.0		2.4	11.0	1.4	
1980	4.3	3.7	6.2	6.1	59.3	
1981	6.9	7.3	-13.4	9.9	-3.7	
1982	19.8	20.9	13.8	16.9	4.4	
1983	2.6	-1.4	39.8	8.2	36.9	
1984	11.4	9.0	23.1	15.6	48.9	
1985	0.4	-3.1	0.9	12.6	12.5	
1986	8.4	9.4	-11.6	12.3	2.6	
1987	4.0	3.3	1.1	7.0	2.6	
1988	2.3	1.2	-5.6	7.4	5.2	
1989	4.8	5.9	-2.4	3.5	-2.9	
1990	2.4	2.9	6.4	0.2	6.6	
1991	13.1	16.5	9.2	6.3	9.9	
1992	0.8	-1.6	14.0	3.6	2.4	
1993	4.2	5.9	-9.9	3.9	20.2	
1994	3.7	4.0	0.7	3.6	9.7	
1995	3.0	0.8	0.3	8.9	16.6	
1996	4.5	5.6	-5.5	3.9	7.2	
1997	4.9	5.0	1.4	4.8	20.2	
1998	0.3	-2.7	2.2	7.1	19.2	
1999	3.6	3.6	-0.5	4.0	9.6	
2000	3.8	3.1	11.0	3.7	13.4	
2001	1.2	-0.1	-15.9	6.9	10.2	
2002	2.5	-1.4	16.7	8.5	8.1	
2003	5.4	4.9	1.0	8.8	6.4	
2004	5.5	5.4	-14.4	9.2	8.7	5.2
2005	5.9	4.3	-0.1	9.8	6.7	7.3
2006	4.8	2.4	4.4	8.2	19.8	9.2
2007	3.3	3.4	2.3	2.1	6.5	6.4
2008	6.8	6.1	15.5	7.1	1.5	6.9
2009	4.6	2.8	0.7	8.5	2.6	4.7
2010	5.2	2.7	9.7	8.2	11.6	9.2
2011	1.4	-0.2	7.4	1.2	25.1	10.3
2012	9.3	12.0	7.1	5.3	23.2	3.5
2013	6.0	5.9	7.1	5.1	21.2	4.8
2014	6.6	8.5	7.5	2.0	20.4	3.6
2015	6.8	8.7	8.2	1.5	18.1	5.2
2016	6.2	6.9	9.0	3.2	16.7	3.9

13-14 历年农林牧渔业总产值指数(1978年=100)

Indices of Gross Output Value of Farming, Forestry, Animal Husbandry and Fishery Over the Years (year of 1978=100)

年 份 Year	合 计 Total	农 业 Farming	林 业 Forestry	畜牧业 Animal Husbandry	渔 业 Fishery	农林牧渔服务业 Services of Farming, Forestry,Animal Husbandry and Fishery
1978	100.0	100.0	100.0	100.0	100.0	
1979	101.0	98.9	102.4	111.0	101.4	
1980	105.3	102.6	108.7	117.8	161.5	
1981	112.6	110.0	94.2	129.4	155.6	
1982	134.9	133.0	107.2	151.3	162.4	
1983	138.4	131.2	149.8	163.7	222.3	
1984	154.2	143.0	184.4	189.2	331.0	
1985	154.8	138.6	186.1	213.1	372.4	
1986	167.8	151.6	164.5	239.3	382.1	
1987	174.5	156.6	166.3	256.1	392.0	
1988	178.5	158.5	157.0	275.0	412.4	
1989	187.1	167.8	153.2	284.6	400.5	
1990	191.6	172.7	163.0	285.2	426.9	
1991	216.7	201.2	178.0	303.2	469.2	
1992	218.4	198.0	203.0	314.1	480.4	
1993	227.6	209.6	182.9	326.3	577.5	
1994	236.0	218.0	184.2	338.1	633.5	
1995	243.1	219.8	184.7	368.2	738.6	
1996	254.1	232.1	174.6	382.5	791.8	
1997	266.5	243.7	177.0	400.9	951.8	
1998	267.3	237.1	180.9	429.4	1134.5	
1999	276.9	245.6	180.0	446.5	1243.4	
2000	287.5	253.2	199.8	463.0	1410.0	
2001	290.9	253.0	168.0	495.0	1553.8	
2002	298.2	249.4	196.1	537.1	1679.7	
2003	314.3	261.6	198.1	584.4	1787.2	100.0
2004	331.6	275.7	169.5	638.1	1942.7	105.2
2005	351.1	287.6	169.4	700.7	2072.8	112.9
2006	368.0	294.5	176.8	758.1	2483.3	123.3
2007	380.1	305.1	180.9	774.8	2647.2	131.2
2008	406.0	323.7	207.0	829.8	2686.9	140.3
2009	424.6	332.8	208.4	900.3	2756.8	146.9
2010	446.7	341.8	228.6	974.1	3076.6	160.4
2011	453.0	341.1	245.5	985.8	3848.8	176.9
2012	495.1	382.0	262.9	1038.0	4741.7	183.1
2013	524.8	404.6	281.6	1091.0	5747.0	191.9
2014	559.5	439.0	302.7	1112.8	6919.3	198.8
2015	597.5	477.2	327.5	1129.5	8171.7	209.1
2016	634.6	510.1	357.0	1199.5	8678.4	222.1

13-15 历年主要农产品产量

Output of Major Farm Products Over the Years

单位：万吨 (10000 tons)

年 份 Year	粮 食 Grain	油 料 Oil-Bearing Crops	烤 烟 Flue-cured Tobacco	水 果 Fruits	肉类总产量 Total Yield of Meat	水产品 Aquatic Products
1978	643.36	9.89	8.11	4.82	12.80	0.37
1979	623.05	10.90	9.54	4.68	22.84	0.38
1980	648.35	15.59	5.56	4.97	26.67	0.55
1981	567.36	34.04	11.93	6.23	31.61	0.58
1982	654.00	48.10	16.41	6.58	35.26	0.60
1983	703.00	28.50	13.62	7.19	38.58	0.81
1984	757.80	30.59	21.48	9.23	44.76	1.22
1985	594.96	31.97	26.55	10.14	50.46	1.35
1986	672.34	41.90	19.24	13.88	57.09	1.40
1987	673.17	46.34	21.19	15.19	62.26	1.80
1988	635.68	39.87	29.15	15.63	68.73	1.86
1989	708.25	32.93	31.58	16.80	71.82	2.01
1990	721.00	43.87	28.66	16.68	74.47	2.24
1991	885.50	61.79	38.53	17.17	81.65	2.29
1992	788.90	53.38	44.90	14.18	85.59	2.36
1993	869.50	43.28	49.66	16.53	88.91	2.55
1994	938.70	47.32	33.04	16.47	95.02	2.80
1995	948.85	58.83	33.53	20.97	105.69	3.27
1996	1002.60	55.62	52.27	19.46	103.65	3.50
1997	1025.90	58.97	68.66	25.14	106.77	4.21
1998	1100.00	62.24	29.19	27.50	113.33	5.02
1999	1125.21	67.31	32.32	32.57	117.09	5.50
2000	1161.30	74.34	31.09	58.33	124.06	6.24
2001	1100.30	71.32	26.38	62.93	131.70	6.89
2002	1034.20	72.48	30.65	71.57	145.02	7.46
2003	1104.30	72.31	28.72	78.75	156.99	7.96
2004	1149.58	82.71	29.98	87.17	171.06	8.85
2005	1152.06	84.89	34.45	95.96	187.01	9.46
2006	1038.00	68.24	30.71	109.19	163.70	6.71
2007	1100.86	69.66	31.22	112.86	150.60	7.68
2008	1158.00	68.39	37.71	114.28	161.46	7.80
2009	1168.27	78.68	36.92	119.74	169.60	8.03
2010	1112.30	60.34	37.02	123.47	179.09	8.79
2011	876.90	78.85	32.50	128.03	179.97	10.88
2012	1079.50	87.38	37.31	147.72	190.27	13.47
2013	1029.99	91.53	41.79	167.75	199.74	16.70
2014	1138.50	98.05	35.34	196.38	201.80	20.99
2015	1180.00	101.34	32.93	224.90	201.94	24.98
2016	1192.38	103.43	27.50	243.88	199.28	28.99

注：1.肉类总产量1978—1984年为猪牛羊肉产量，1985—1988年为猪牛羊禽肉产量，1989年以后为猪牛羊禽肉产量和其他肉(如：马肉、狗肉、兔肉等)产量。2.2000年以后的水果包含果用瓜。

Note:1.The Data of Total Yield of Meat included output of pork,beef and mutton from 1978 to 1984;it included Output of Pork,Beef,Mutton and Meat of Poultry from 1985 to 1988;after 1989,it includes output of pock,beef,mutton,meat of poultry and other meat(e.g.horse,dog,rabbit meat and so on). 2.After 2000,the data of yield of fruits included output of melon used as fruits.

主要统计指标解释

农业机械总动力 指主要用于农、林、牧、渔业的各种动力机械的动力总和。包括耕作机械、排灌机械、收获机械、农用运输机械、植物保护机械、牧业机械、林业机械、渔业机械和其他农业机械〔内燃机按引擎马力折成瓦(特)计算、电动机按功率折成瓦(特)计算〕。不包括专门用于乡、镇、村、组办工业、基本建设、非农业运输、科学试验和教学等非农业生产方面用的动力机械与作业机械。

农用化肥施用量 指本年内实际用于农业生产的化肥数量，包括氮肥、磷肥、钾肥和复合肥。化肥施用量要求按折纯量计算数量。折纯量是指把氮肥、磷肥、钾肥分别按含氮、含五氧化二磷、含氧化钾的百分之一百成份进行折算后的数量。复合肥按其所含主要成分折算。

有效灌溉面积 指具有一定的水源，地块比较平整，灌溉工程或设备已经配套，在一般年景下当年能够进行正常灌溉的耕地面积。

农林牧渔业总产值 指以货币表现的农、林、牧、渔业全部产品和对农林牧渔业生产活动进行的各种支持性服务活动的价值总量，它反映一定时期内农业生产总规模和总成果。农业总产值的计算方法通常是按农林牧渔业产品及其副产品的产量分别乘以各自单位产品价格求得；然后将四业产品产值及农林牧渔服务业产值相加即为农业总产值。

农作物播种面积 指实际播种或移植有农作物的面积。凡是实际种植有农作物的面积，不论种植在耕地上还是种植在非耕地上，均包括在农作物播种面积中。在播种季节基本结束后，因遭灾而重新改种和补种的农作物面积，也包括在内。

粮食产量 指全社会的产量。包括国有经济经营的、集体统一经营的和农民家庭经营的粮食产量，还包括工矿企业办的农场和其他生产单位的产量。粮食除包括稻谷、小麦、玉米、高粱、谷子及其他杂粮外，还包括薯类和豆类。其产量计算方法，豆类按去豆荚后的干豆计算；薯类(包括甘薯和马铃薯，不包括芋头和木薯)1963年以前按每4公斤鲜薯折1公斤粮食计算，从1964年开始改为按5公斤鲜薯折1公斤粮食计算。城市郊区作为蔬菜的薯类(如马铃薯等)按鲜品计算，并且不作粮食统计。其他粮食一律按脱粒后的原粮计算。

油料产量 指全部油料作物的生产量。包括花生、油菜籽、芝麻、向日葵籽、胡麻籽（亚麻籽）和其他油料。不包括大豆、木本油料和野生油料。花生以带壳干花生计算。

猪、牛、羊肉产量 指当年出栏并已屠宰、除去头蹄下水后带骨肉(即胴体重)的重量。

期初(末)畜禽存栏头(只)数 指报告期初(末)农村各种合作经济组织和国营农场、农民个人、机关、团体、学校、工矿企业、部队等单位以及城镇居民饲养的大牲畜、猪、羊、家禽等畜禽的存栏数。

水产品产量 指人工养殖的水产品和天然生长的水产品的捕捞量。包括海水的鱼类、虾蟹类、贝类和藻类以及内陆水域的鱼类、虾蟹类和贝类，不包括淡水生植物。

Explanatory Notes on Main Statistical Indicators

Total Power of Agricultural Machinery refers to total mechanical power of machinery used in farming, forestry, animal husbandry and fishery, including machinery for ploughing, irrigation and drainage, harvesting, transport, plant protection, animal husbandry, forestry and fishery and other agricultural machineries. (For the power of internal combustion engines, it is converted from its horsepower into watts while for electric motors the output power is converted into watts.) Machinery employed for non-agricultural purposes, such as the machines used in township-run and village-run industry, construction, non-agricultural transport, scientific experiments and teaching, are not included.

Consumption of Chemical Fertilizers in Agriculture refers to the quantity of chemical fertilizers applied in agriculture in the year, including nitrogenous fertilizer, phosphate fertilizer, potash fertilizer, and compound fertilizer. The consumption of chemical fertilizers is calculated in terms of volume of effective components by means of converting the gross weight of the respective fertilizers into weight containing effective component (e.g. nitrogen content in nitrogenous fertilizer, phosphorous pentoxide contents in phosphate fertilizer, and potassium oxide contents in potash fertilizer). Compound fertilizer is converted in regard to its major components.

Effective Irrigated Area refers to area of land that are effectively irrigated, i.e. relatively level land, where there are water sources or complete sets of irrigation facilities to lift and move adequate water for irrigation purpose under normal conditions.

Gross Output Value of Farming, Forestry, Animal Husbandry and Fishery refers to the total value of products of farming, forestry, animal husbandry and fishery, and total value of services in support of farming, forestry, animal husbandry and fishery activities. It reflects the total scale and results of agricultural production during a given period. Gross output value of agriculture is obtained by multiplying the output of each product or by-product by its price, resulting in the output value of each single item. The sum of output values of all products of farming, forestry, animal husbandry and fishery and services in support to those industries is then equal to the gross output value of agriculture.

Sown Area of Crops refers to area of land sown or transplanted with crops regardless of being in cultivated area or non-cultivated area. Area of land re-sown due to natural disasters is also included.

Grain Output refers to the total output in the whole country including grains produced by State farms, collective units, rural households, as well as by farms affiliated to industrial and mining enterprises and other production units. Grain includes rice, wheat, corn, sorghum, millet and other miscellaneous grains as well as tubers and beans. Output of beans refers to dry beans without pods. The output of tubers (sweet potatoes and potatoes, not including taros and cassava) are converted into that of grain at the ratio 4:1, i.e. 4 kilograms of fresh tubers were equivalent to 1 kilogram of grain up to 1963. Since 1964 the ratio for conversion has been 5:1. Tubers supplied as vegetables (such as potatoes) in cities and suburbs are calculated as fresh vegetables and their output is not included in the output of grain. Output of all other grains refers to husked grain.

Output of Oil-bearing Crops refers to the total production of oil-bearing crops of various kinds, including peanuts (dry, in shell), rapeseeds, sesame, sunflower seeds, flax seeds, and other oil-bearing crops. Soybeans, oil-bearing woody plants, and wild oil-bearing crops are not included.

Output of Pork, Beef, and Mutton refers to the meat of slaughtered hogs, cattle, sheep and goats with head, feet, and offal taken away.

Number of Livestock or Poultry in Stock at Beginning (or End) of Period refers to the total number of large animals, pigs, sheep, fowls, etc. raised by rural cooperative organizations, State farms, rural individuals, government agencies, schools, industrial and mining enterprises, army, and urban residents at the beginning (or end) of the reference period.

Output of Aquatic Products refers to catches of both artificially cultured and naturally grown aquatic products, including fish, shrimps, crabs and shellfish in sea and inland water as well as seaweed. Freshwater plants are not included.

工 业

Industry 14

简 要 说 明

一、主要内容

本篇资料反映全省工业生产情况，包括规模以上工业企业主要经济指标、规模以上大中型工业企业按工业行业大类和按地区分组的主要经济指标和效益指标、规模以上工业主要工业产品产量。

二、统计范围

规模以上工业企业的统计范围为年主营业务收入 2000 万元及以上的工业企业。

企业规模划分按 2011 年《统计上大中小微型企业划分办法》标准执行。

三、调查方法

根据工业统计年度报表有关资料整理汇总。

四、资料来源

由省统计局工业统计处提供。

Brief Introduction

I. Main Contents

Data in this chapter reflect the basic conditions of the industrial production, include Main economic indicators of industrial enterprises above designated size; Main economic indicators and efficiency indicators of large and medium-sized industrial enterprises above designated size classified by branch of industry and by city; Output and production capacity of key industrial above designated size products.

II. Scopes of Statistics

The scopes of industrial enterprises above designated size are all industrial enterprises with revenue from principal business above 20 million yuan.

Data by branch of industry in this chapter are based on the 2011's *National Industrial Classification of all Economic Activities*, and data by size of enterprise are based on the 2011's *Standards of Enterprises by Size*.

III. Methods of Survey

The data on industrial enterprises in this Chapter are compiled mainly on the basis of annual industrial statistics reporting forms.

IV. Sources of Data

Data in this chapter are provided by the Industrial Department of Guizhou Province statistics Bureau.

14-1　规模以上工业企业单位数

Number of Industrial Enterprises above Designated Size

单位：个　　(unit)

指　标	Item	2012	2013	2014	2015	2016
规模以上工业企业单位数	**Number of Industrial Enterprises above Designated Size**	**2752**	**3590**	**3895**	**4482**	**5123**
#国有控股企业	State-holding Enterprises	470	502	509	525	554
按轻重工业分	**Grouped by Type of Light and Heavy Industries**					
轻工业	Light Industry	571	881	1075	1374	1714
重工业	Heavy Industry	2181	2709	2820	3108	3409
按企业规模分	**Grouped by Size of Enterprises**					
大型企业	Large Enterprises	80	98	101	104	89
中型企业	Medium-sized Enterprises	633	779	800	844	773
小型企业	Small Enterprises	1966	2503	2724	3196	3925
微型企业	Mini-sized Enterprises	73	210	270	338	336
按登记注册类型分	**Grouped by Status of Registration**					
内资企业	Domestic Funded Enterprises	2684	3518	3809	4393	5032
国有企业	State-owned Enterprises	267	225	156	161	142
集体企业	Collective-owned Enterprises	29	27	18	16	12
股份合作企业	Cooperative Enterprises	25	22	11	8	8
联营企业	Joint Ownership Enterprises	18	10	7	3	2
有限责任公司	Limited Liability Corporations	886	1381	1594	1602	1691
股份有限公司	Share-holding Corporations Limited	111	119	131	135	140
私营企业	Private Enterprises	1313	1700	1851	2436	3008
其他企业	Other Enterprises	35	34	41	32	29
港、澳、台商投资企业	Enterprises Invested from Hong Kong,Macao and Taiwan	32	32	44	49	55
外商投资企业	Foreign Funded Enterprises	36	40	42	40	36

注：1.规模以上工业统计口径为年主营业务收入2000万元及以上工业企业(以下相关表除特殊标注外，均同)。2.企业规模按国家统计局新制定的《统计上大中小微企业划分办法》执行。

Note: 1.The statistics of industrial enterprises above designated size was. And are industrial enterprise with annual revenue from principal business over 20 million yuan. 2.From 2011,the standard of size is executed according to "Statistics issued by the division of the large, medium, small and micro-enterprises" which is the newly established by National Bureau of Statistics.

14-2 按行业分规模以上工业企业单位数

Number of Industrial Enterprises above Designated Size by Industrial Sector

单位：个 (unit)

指标	Item	2012	2013	2014	2015	2016
规模以上工业企业单位数	**Number of Industrial Enterprises above Designated Size**	**2752**	**3590**	**3895**	**4482**	**5123**
采矿业	Mining	937	1090	965	953	951
#煤炭开采和洗选业	Mining and Washing of Coal	843	916	782	734	666
黑色金属矿采选业	Mining and Processing of Ferrous Metal Ores	33	39	35	35	37
有色金属矿采选业	Mining and Processing of Non-Ferrous Metal Ores	17	29	29	31	27
非金属矿采选业	Mining and Processing of Non-metal Ores	44	106	119	153	220
制造业	Manufacturing	1640	2300	2714	3282	3884
#农副食品加工业	Processing of Food from Agricultural Products	139	199	233	291	342
食品制造业	Manufacture of Foods	49	76	88	109	143
酒、饮料和精制茶制造业	Manufacture of Liquor, Beverages and Refined Tea	146	248	292	376	466
烟草制品业	Manufacture of Tobacco	6	5	2	2	2
纺织业	Manufacture of Textile	10	15	16	13	20
纺织服装、服饰业	Manufacture of Textile, Wearing Apparel and Accessories	7	17	33	56	72
皮革、毛皮、羽毛及其制品和制鞋业	Manufacture of Leather,Fur,Feather and Related Products and Footware	4	11	23	29	31
木材加工和木、竹、藤、棕、草制品业	Processing of Timber, Manufacture of Wood, Bamboo, Rattan,Palm and Straw Products	63	95	104	119	128
家具制造业	Manufacture of Furniture	7	16	24	37	55
造纸和纸制品业	Manufacture of Paper and Paper Products	29	39	45	56	61
印刷业和记录媒介复制业	Printing and Reproduction of Recording Media	11	16	19	33	40
文教、工美、体育和娱乐用品制造业	Manufacture of Articles for Culture, Education, Arts and Crafts, Sport and Entertainment Activities	5	15	18	30	45
石油加工、炼焦和核燃料加工业	Processing of Petroleum,Coking and Processing of Nuclear Fuel	31	33	23	19	16
化学原料和化学制品制造业	Manufacture of Raw Chemical Materials and Chemical Products	156	199	212	233	245
医药制造业	Manufacture of Medicines	79	93	107	117	139
橡胶和塑料制品业	Manufacture of Rubber and Plastics Products	44	70	98	117	147
非金属矿物制品业	Manufacture of Non-metallic Mineral Products	328	501	632	766	903
黑色金属冶炼和压延加工业	Smelting and Pressing of Ferrous Metals	193	193	172	164	140
有色金属冶炼和压延加工业	Smelting and Pressing of Non-ferrous Metals	66	87	85	83	91
金属制品业	Manufacture of Metal Products	38	72	109	141	157
通用设备制造业	Manufacture of General Purpose Machinery	35	49	60	79	89
专用设备制造业	Manufacture of Special Purpose Machinery	35	51	65	74	90
汽车制造业	Manufacture of Automobiles	26	34	37	52	62
铁路.船舶.航空航天和其他运输设备制造业	Manufacture of Railroad, Ship, Aerospace and Other Transportation Equipment	31	37	42	47	48
电气机械和器材制造业	Manufacture of Electrical Machinery and Apparatus	55	71	97	133	171
计算机、通信和其他电子设备制造业	Manufacture of Computers, Communication and Other Electronic Equipment	22	28	43	57	117
仪器仪表制造业	Manufacture of Measuring Instruments and Machinery	9	9	10	15	17
其他制造业	Others	10	13	16	17	27
废弃资源综合利用业	Utilization of Waste Resources	5	7	8	14	16
电力、燃气及水的生产和供应业	Production and Supply of Electric Power,Gas and Water	175	200	216	247	288
电力、热力生产和供应业	Production and Supply of Electric Power and Heat Power	153	165	171	197	225
燃气生产和供应业	Production and Supply of Gas	8	16	20	21	24
水的生产和供应业	Production and Supply of Water	14	19	25	29	39

注：表中数据按国民经济行业分类（GB/T4754—2011）划分。（以下相关表同）

Note: Data in this table is classified by sector of the National Economy (GB/T4754-2011). (The relative tables in the chapter are the same)

14-3 规模以上工业增加值

Value added of Industry above Designated Size

单位：亿元 (100 million yuan)

指 标	Item	2012	2013	2014	2015	2016	2016年比2015年增长(%) Increase Rate in 2016 over 2015(%)
规模以上工业增加值	**Value added of Industry above Designated Size**	**2055.46**	**2531.92**	**3117.60**	**3542.03**	**4032.11**	**9.9**
#国有控股企业	State-holding Industry	1194.83	1319.74	1503.54	1604.86	1725.22	5.2
#私营企业	Private Enterprises	477.19	590.19	761.01	914.99	1178.33	18.7
按轻重工业分	**Grouped by Type of Light and Heavy Industries**						
轻工业	Light Industry	773.04	969.29	1185.13	1374.19	1559.37	10.1
重工业	Heavy Industry	1282.42	1562.63	1932.47	2167.84	2472.74	9.8
按企业规模分	**Grouped by Size of Enterprises**						
大型企业	Large Enterprises	904.47	1109.45	1206.87	1196.59	1189.08	1.2
中型企业	Medium-sized Enterprises	537.78	756.28	956.96	895.07	926.35	7.1
小型企业	Small Enterprises	600.11	658.12	937.85	1426.93	1793.86	18.8
微型企业	Mini-sized Enterprises	13.10	8.07	15.91	23.44	122.83	6.8
按登记注册类型分	**Grouped by Status of Registration**						
国有企业	State-owned Enterprises	707.85	724.16	737.96	730.27	720.34	8.4
集体企业	Collective-owned Enterprises	9.91	8.72	3.89	6.35	7.52	13.1
股份合作企业	Cooperative Enterprises	10.01	19.53	15.23	12.28	11.21	-2.2
股份制企业	Share-holding Enterprises	889.82	1354.78	1917.08	2353.38	2867.94	11.4
外商及港澳台商投资企业	Enterprises with Funds from Foreign, Hong Kong, Macao and Taiwan	60.42	44.65	75.05	99.66	118.11	14.1
其他企业	Other Enterprises	377.45	380.08	368.40	340.10	307.00	-0.2

注：工业增加值按当年价格计算，增长速度按可比价计算(以下相关表同)。

Note:Value-added of industry above designated size is calculated by income approach and the increase rate is calculated at the comparable price(the relative tables in the chapter are the same).

14-4 按行业分规模以上工业增加值

Value added of Industry above Designated Size by Sector

单位：亿元 (100 million yuan)

指 标	Item	2012	2013	2014	2015	2016	2016年比2015年增长(%) Increase Rate in 2016 over 2015 (%)
规模以上工业增加值	**Value added of Industry above Designated Size**	**2055.46**	**2531.92**	**3117.60**	**3542.03**	**4032.11**	**9.9**
采矿业	Mining	523.79	641.94	789.17	813.84	837.72	2.9
#煤炭开采和洗选业	Mining and Washing of Coal	472.21	558.35	676.28	684.68	675.30	-0.9
黑色金属矿采选业	Mining and Processing of Ferrous Metal Ores	9.54	16.25	20.17	23.21	25.46	9.4
有色金属矿采选业	Mining and Processing of Non-Ferrous Metal Ores	3.69	7.64	13.46	20.78	25.89	25.5
非金属矿采选业	Mining and Processing of Non-metal Ores	37.77	59.03	77.96	84.14	109.28	24.6
制造业	Manufacturing	1230.25	1564.04	1977.28	2350.35	2750.23	12.3
#农副食品加工业	Processing of Food from Agricultural Products	20.56	30.33	39.90	55.89	75.64	19.4
食品制造业	Manufacture of Foods	21.35	26.42	34.36	45.10	57.08	13.2
酒、饮料和精制茶制造业	Manufacture of Liquor, Beverages and Refined Tea	378.82	495.62	613.85	716.05	815.09	12.8
烟草制品业	Manufacture of Tobacco	246.89	274.74	302.19	303.81	281.58	-8.9
纺织业	Manufacture of Textile	0.78	2.89	2.59	4.21	6.21	27.5
纺织服装、服饰业	Manufacture of Textile, Wearing Apparel and Accessories	1.82	3.19	6.80	13.16	18.62	23.4
皮革、毛皮、羽毛(绒)及其制品和制鞋业	Manufacture of Leather,Fur,Feather and Related Products,and Footware	1.84	4.16	7.69	11.71	14.04	11.3
木材加工及木、竹、藤、棕、草制品业	Processing of Timber, Manufacture of Wood, Bamboo, Rattan, Palm and Straw Products	15.49	24.93	33.12	40.00	46.17	12.6
家具制造业	Manufacture of Furniture	4.27	6.40	8.30	9.52	13.29	34.4
造纸及纸制品业	Manufacture of Paper and Paper Products	9.91	13.02	18.95	23.36	26.20	23.4
印刷和记录媒介复制业	Printing and Reproduction of Recording Media	4.60	6.21	9.71	14.11	20.69	27.9
文教、工美、体育和娱乐用品制造业	Manufacture of Articles for Culture, Education, Arts and Crafts, Sport and Entertainment Activities	0.64	1.00	2.70	4.52	8.02	38.0
石油加工、炼焦及核燃料加工业	Processing of Petroleum,Coking and Processing of Nuclear Fuel	20.68	20.52	17.62	33.95	37.59	9.8
化学原料及化学制品制造业	Manufacture of Raw Chemical Materials and Chemical Products	109.43	124.84	141.46	159.75	178.76	12.8
医药制造业	Manufacture of Medicines	52.70	68.45	85.53	101.63	126.57	12.3
橡胶和塑料制品业	Manufacture of Rubber and Plastics Products	16.84	21.84	35.76	44.32	45.62	7.0
非金属矿物制品业	Manufacture of Non-metallic Mineral Products	66.34	106.79	190.56	248.63	316.75	18.3
黑色金属冶炼及压延加工业	Smelting and Pressing of Ferrous Metals	58.92	64.19	79.42	79.11	78.80	2.2
有色金属冶炼及压延加工业	Smelting and Pressing of Non-ferrous Metals	75.20	94.07	140.13	151.11	182.96	12.0
金属制品业	Manufacture of Metal Products	17.31	25.53	29.98	40.75	51.05	8.8
通用设备制造业	Manufacture of General Purpose Machinery	12.47	21.23	28.75	33.75	33.50	-3.1
专用设备制造业	Manufacture of Special Purpose Machinery	9.57	12.92	21.76	29.76	36.49	3.7
汽车制造业	Manufacture of Automobiles	14.81	27.17	28.97	37.03	68.28	38.4
铁路、船舶、航空航天和其他运输设备制造业	Manufacture of Railroad, Ship, Aerospace and Other Transportation Equipment	23.92	27.90	34.87	38.87	46.01	10.1
电气机械及器材制造业	Manufacture of Electrical Machinery and Apparatus	10.75	13.99	21.90	34.46	49.48	28.2
计算机、通信和其他电子设备制造业	Manufacture of Computers, Communication and Other Electronic Equipment	14.52	20.93	20.73	52.51	93.38	66.6
仪器仪表制造业	Manufacture of Measuring Instruments and Machinery	3.75	3.60	2.80	3.30	3.75	10.4
其他制造业	Other Manufacture	14.33	15.01	9.39	8.75	6.19	32.9
废弃资源综合利用业	Utilization of waste Resources	0.57	1.48	2.95	3.87	4.29	22.3
电力、燃气及水的生产和供应业	Production and Supply of Electric Power,Gas and Water	301.42	325.94	351.15	377.85	444.16	10.2
电力、热力生产和供应业	Production and Supply of Electric Power and Heat Power	295.39	318.03	340.17	364.53	421.85	9.7
燃气生产和供应业	Production and Supply of Gas	1.57	2.03	1.59	1.11	4.61	6.4
水的生产和供应业	Production and Supply of Water	4.46	5.87	9.39	12.21	17.71	27.7

14-5 规模以上工业总产值

Gross Output Value of Industry above Designated Size

单位：亿元 (100 million yuan)

指 标	Item	2012	2013	2014	2015	2016
规模以上工业总产值	**Gross Output Value of Industry above Designated Size**	**6544.02**	**8074.60**	**9507.33**	**10793.22**	**11877.28**
#国有控股企业	State-holding Enterprises	3284.31	3614.78	3966.86	4156.73	4111.19
按轻重工业分	**Grouped by Type of Light and Heavy Industries**					
轻工业	Light Industry	1389.71	1864.15	2305.15	2760.50	3225.10
重工业	Heavy Industry	5154.31	6210.45	7202.18	8032.72	8652.18
按企业规模分	**Grouped by Size of Enterprises**					
大型企业	Large Enterprises	2769.32	2943.70	3071.41	3280.57	3120.85
中型企业	Medium-sized Enterprises	2013.99	2594.80	2927.48	3262.41	4125.92
小型企业	Small Enterprises	1729.46	2509.81	3342.34	4030.13	4470.81
微型企业	Mini-sized Enterprises	31.25	26.29	166.10	220.11	159.70
按登记注册类型分	**Grouped by Status of Registration**					
内资企业	Domestic Funded	6375.58	7838.06	9177.68	10420.81	11562.20
国有企业	State-owned Enterprises	1812.38	1691.64	1365.87	1489.23	871.18
集体企业	Collective-owned Enterprises	32.78	20.30	19.82	18.74	18.67
股份合作企业	Cooperative Enterprises	49.79	27.08	16.50	20.58	21.74
联营企业	Joint Ownership Enterprises	19.71	14.09	5.46	1.76	0.79
有限责任公司	Limited Liability Corporations	2389.65	3353.49	4537.25	4878.92	5857.70
股份有限公司	Share-holding Corporations Limited	470.07	618.21	684.87	748.92	796.77
私营企业	Private Enterprises	1555.54	2092.04	2511.40	3233.03	3972.63
其他企业	Other Enterprises	45.66	21.21	36.51	29.64	22.73
港、澳、台商投资企业	Enterprises with Funds from Hong Kong, Macao and Taiwan	58.51	88.90	180.78	230.10	162.54
外商投资企业	Foreign Funded Enterprises	109.93	147.64	148.87	142.30	152.54

注：2016年经名录管理部门认定，部分规模以上工业企业登记注册类型变更，导致相关指标数据变动。

Note:In 2016, it was determined by the directory management department that part of the industrial enterprises above designated size has been changed the type of registration ,leading to changes in relevant indicators of data.

14-6 按行业分规模以上工业总产值
Gross Output Value of Industry above Designated Size by Sector

单位：亿元 (100 million yuan)

指　标	Item	2012	2013	2014	2015	2016
规模以上工业总产值	**Gross Output Value of Industry above Designated Size**	**6544.02**	**8074.60**	**9507.33**	**10793.22**	**11877.28**
采矿业	Mining	1352.90	1636.46	1885.27	1965.49	2021.30
#煤炭开采和洗选业	Mining and Washing of Coal	1244.16	1445.11	1607.47	1635.64	1605.12
黑色金属矿采选业	Mining and Processing of Ferrous Metal Ores	20.22	32.46	44.23	56.34	62.27
有色金属矿采选业	Mining and Processing of Non-Ferrous Metal Ores	16.52	31.47	57.21	64.47	68.31
非金属矿采选业	Mining and Processing of Non-metal Ores	72.00	127.42	176.36	209.04	285.36
制造业	Manufacturing	4017.15	5129.44	6265.79	7397.04	8500.44
#农副食品加工业	Processing of Food from Agricultural Products	146.22	220.62	270.76	330.34	390.10
食品制造业	Manufacture of Foods	69.48	95.51	125.93	162.63	185.21
酒、饮料和精制茶制造业	Manufacture of Liquor, Beverages and Refined Tea	438.60	597.52	715.96	880.11	1055.57
烟草制品业	Manufacture of Tobacco	316.70	348.60	374.70	367.34	334.42
纺织业	Manufacture of Textile	5.04	11.13	13.46	17.56	22.86
纺织服装、服饰业	Manufacture of Textile, Wearing Apparel and Accessories	4.88	12.19	28.07	50.64	65.74
皮革、毛皮、羽毛及其制造业和制鞋业	Manufacture of Leather,Fur,Feather and Related Products,and Footware	15.66	25.27	39.12	54.77	60.98
木材加工和木、竹、藤、棕、草制品业	Processing of Timber, Manufacture of Wood, Bamboo, Rattan, Palm and Straw Products	71.01	112.62	137.48	161.20	192.52
家具制造业	Manufacture of Furniture	11.20	15.44	21.78	32.39	45.68
造纸和纸制品业	Manufacture of Paper and Paper Products	30.79	42.65	59.64	84.27	105.97
印刷和记录媒介复制业	Printing and Reproduction of Recording Media	12.15	18.82	26.72	39.47	50.03
文教、工美、体育和娱乐用品制造业	Manufacture of Articles for Culture, Education, Arts and Crafts, Sport and Entertainment Activities	2.84	7.38	14.58	29.00	45.40
石油加工、炼焦和核燃料加工业	Processing of Petroleum,Coking and Processing of Nuclear Fuel	105.81	107.69	152.01	184.91	122.58
化学原料和化学制品制造业	Manufacture of Raw Chemical Materials and Chemical Products	555.67	645.66	684.96	777.08	831.46
医药制造业	Manufacture of Medicines	227.33	300.47	354.29	401.60	451.50
橡胶和塑料制品业	Manufacture of Rubber and Plastics Products	141.23	174.14	223.26	252.66	253.15
非金属矿物制品业	Manufacture of Non-metallic Mineral Products	362.09	610.93	888.12	1021.62	1281.43
黑色金属冶炼和压延加工业	Smelting and Pressing of Ferrous Metals	576.05	624.08	648.59	647.44	632.44
有色金属冶炼和压延加工业	Smelting and Pressing of Non-ferrous Metals	371.57	423.86	426.74	452.50	546.86
金属制品业	Manufacture of Metal Products	67.76	106.04	156.32	188.67	217.57
通用设备制造业	Manufacture of General Purpose Machinery	47.32	66.75	94.83	115.87	135.15
专用设备制造业	Manufacture of Special Purpose Machinery	39.20	71.08	102.21	113.81	136.22
汽车制造业	Manufacture of Automobiles	89.57	145.77	172.51	228.90	258.84
铁路、船舶、航空航天和其他运输设备制造业	Manufacture of Railwag, ship, Aerospace and Other Transport Equipment	126.67	111.67	163.43	192.22	180.76
电气机械和器材制造业	Manufacture of Electrical Machinery and Apparatus	86.95	130.50	179.03	210.30	282.06
计算机、通信和其他电子设备制造业	Manufacture of Computers, Communication and Other Electronic Equipment	63.89	61.13	130.41	309.57	510.47
仪器仪表制造业	Manufacture of Measuring Instruments and Machinery	9.91	10.34	11.38	14.27	16.42
其他制造业	Other Manufacture	17.77	23.57	38.73	58.09	65.82
废弃资源综合利用业	Utilization of Waste Resources	3.30	7.73	10.39	16.77	18.56
电力、燃气及水的生产和供应业	Production and Supply of Electric Power,Gas and Water	1173.97	1308.70	1356.27	1430.69	1355.54
电力、热力生产和供应业	Production and Supply of Electric Power and Heat Power	1134.82	1263.73	1301.61	1382.33	1298.83
燃气生产和供应业	Production and Supply of Gas	29.41	31.69	37.79	25.89	26.11
水的生产和供应业	Production and Supply of Water	9.74	13.28	16.87	22.47	30.60

14-7 规模以上工业企业主要经济指标
Major Economic Indicators of Industrial Enterprises above Designated Size

指 标	Item	2012	2013	2014	2015	2016
固定资产净值年平均余额(亿元)	Average Balance of Net Value of Fixed Assets (100 million yuan)	2953.25	3574.57	4183.65	4601.60	4975.59
流动资产年平均余额(亿元)	Average Balance of Circulating Funds (100 million yuan)	2932.98	3643.86	4398.96	5172.39	5778.54
主营业务收入(亿元)	Revenue from Principal Business (100 million yuan)	5966.52	7357.43	8655.87	9876.81	11172.44
利税总额(亿元)	Total Pre-tax Profits(100 million yuan)	1172.15	1268.68	1310.38	1460.84	1625.14
#利润总额	Total Profits	627.02	636.59	628.68	732.76	847.02
产值利税率(%)	Ratio of Pre-Tax Profits to Output Value(%)	17.91	15.71	13.78	13.53	13.68
资金利税率(%)	Ratio of Pre-Tax Profit to Assets(%)	19.91	17.58	15.27	14.95	15.11
销售利税率(%)	Ratio of Pre-Tax Profit to Sales(%)	19.65	17.24	15.14	14.79	14.55
资本保值增值率(%)	Ratio of Assets Appreciation YOY(%)	121.72	117.66	115.87	117.94	111.14
总资产贡献率(%)	Contribution rate of Total Assets(%)	15.97	19.11	13.00	12.41	12.75
资产负债率(%)	Ratio of Debts to Assets(%)	64.90	58.20	63.68	63.52	63.37
流动资产周转次数(次/年)	Turnover of Current Assets (times/year)	1.89	1.72	1.86	1.77	1.90
成本费用利润率(%)	Ratio of Profits to Costs(%)	11.89	14.53	8.03	8.24	8.42
产销率(%)	Sales as Percentage of Output(%)	94.30	95.17	95.22	90.99	97.25

14-8 大中型工业企业主要经济指标
Major Economic Indicators of Large and Medium-sized Industrial Enterprises

指 标	Item	2012	2013	2014	2015	2016
固定资产净值年平均余额(亿元)	Average Balance of Net Value of Fixed Assets(100 million yuan)	2481.32	3024.00	3494.72	3768.82	3966.04
流动资产年平均余额(亿元)	Average Balance of Circulating Funds (100 million yuan)	2297.86	2814.22	3347.32	3806.38	4208.11
主营业务收入(亿元)	Revenue from Principal Business (100 million yuan)	4484.76	5135.87	5589.52	6062.97	6863.16
利税总额(亿元)	Total Pre-tax Profits(100 million yuan)	981.36	1023.18	1024.28	1111.30	1244.72
#利润总额	Total Profits	520.55	490.38	467.07	521.30	622.50
资本保值增值率(%)	Ratio of Assets Appreciation YOY(%)	119.19	117.82	116.97	108.67	109.08
总资产贡献率(%)	Contribution rate of Total Assets(%)	16.33	14.39	13.02	12.63	13.07
资产负债率(%)	Ratio of Debts to Assets(%)	65.40	66.20	64.90	65.89	64.71
流动资产周转次数(次/年)	Turnover of Current Assets (times/year)	1.81	1.70	1.59	1.53	1.58
成本费用利润率(%)	Ratio of Profits to Costs(%)	13.29	10.65	9.38	9.76	10.34
产销率(%)	Sales as Percentage of Output(%)	94.42	94.36	94.67	87.09	97.73

14-9 规模以上工业主要产品产量

Output of Major Industrial Products above Designated Size

单位：万吨 (10000 tons)

指　　标	Item	2012	2013	2014	2015	2016
粗钢	Crude Steel	531.27	531.44	551.81	466.59	515.86
成品钢材	Rolled Steel	560.22	573.28	552.39	463.04	526.18
铁合金	Ferroalloys	309.68	327.25	348.18	332.61	311.71
原铝	Electrolyzed Aluminium	104.35	112.28	65.21	85.52	86.48
氧化铝	Aluminum Oxide	270.04	360.32	407.93	373.46	449.61
铝材	Aluminium Material	11.70	27.15	58.17	55.75	75.06
磷矿石	Phosphate Rock	2281.95	2905.44	3397.42	4323.10	5256.00
生铁	Pig Iron	552.93	539.22	498.64	407.58	371.36
农用化肥	Chemical Fertilizer	503.82	524.26	533.52	582.47	611.31
轮胎外胎(万条)	Tires(10000 units)	622.78	602.15	546.46	484.78	494.19
水泥	Cement	6100.45	8352.95	9386.89	9909.52	10748.76
发电量(亿千瓦小时)	Electricity (100 million kwh)	1548.44	1620.08	1682.27	1740.92	1839.71
#水电	Hydropower	511.65	423.09	622.26	723.65	678.36
煤气生产量(亿立方米)	Gas Production (100 million cu.m)	98.63	92.17	83.95	65.03	70.12
卷烟(万箱)	Cigarettes(10000 cases)	249.35	254.29	258.36	252.34	232.13
饮料酒(万千升)	Alcohol Beverages (10000 kiloliters)	67.14	91.21	116.99	139.81	152.79
#白酒	White Spirit	26.83	30.49	38.05	42.79	49.01
食用植物油	Edible Vegetable Oil	23.09	32.69	35.79	41.94	46.75
中成药	Traditional Chinese Medicine	5.74	7.92	7.68	8.53	10.52
家用电冰箱(万台)	Household Refrigerators (10000 sets)	159.04	155.33	168.22	174.14	146.99
彩色电视机(万部)	Color Television Sets (10000 sets)	90.61	121.97	115.68	138.64	191.24

14-10 规模以上工业企业主要经济指标(2016)

Major Economics Indicators of Industrial Entevprises above Designated Size

单位：亿元 (100 million yuan)

指 标	Item	工业总产值 Total Output Value of Industry	资产合计 Total Assets	主营业务收入 Revenue from Principal Business	利税总额 Total Profits and Taxes	#利润总额 Total Profits
总 计	**Total**	**11877.28**	**14319.98**	**11172.44**	**1625.14**	**847.02**
#国有控股企业	State-holding Enterprises	4111.19	8717.81	3976.59	867.36	375.90
#农村工业	Rural Industry	44.25	33.94	37.26	5.36	2.72
按登记注册类型分	**Goroupced by Status of Registration**					
内资企业	Domestic-funded Enterprises	11562.20	13869.63	10895.64	1575.61	813.63
国有企业	State-owned Enterprises	871.18	1059.55	849.19	46.87	12.62
中央企业	Central Enterprises	572.66	867.28	577.00	18.05	0.34
地方企业	Local Enterprises	298.52	192.27	272.19	28.81	12.27
集体企业	Collective-owned Enterprises	18.67	7.67	16.85	0.86	0.49
股份合作企业	Cooperative Enterprises	21.74	12.42	17.82	5.66	3.27
联营企业	Joint Ownership Enterprises	0.79	0.21	0.77	0.09	0.05
有限责任公司	Limited Liability Corporations	5857.70	8863.71	5517.03	1042.48	504.83
股份有限公司	Share-holding Corporations Limited	796.77	1351.81	635.52	92.46	51.31
私营企业	Private Enterprises	3972.63	2555.28	3841.17	385.00	239.60
其他企业	Others Enterprises	22.73	18.98	17.28	2.19	1.46
港.澳.台商投资企业	Enterprises Invested from Hong Kong,Macao and Taiwan	162.54	294.12	146.99	20.39	13.06
外商投资企业	Foreign Invested Enterprises	152.54	156.23	129.82	29.14	20.32
按轻重工业分	**Grouped by Type of Light and Heavy Industry**					
轻工业	Light Industry	3225.10	3507.17	2939.85	939.70	491.66
重工业	Heavy Industry	8652.18	10812.81	8232.59	685.44	355.36
按企业规模分	**Grouped by Size of Enterprises**					
大型企业	Large Enterprises	3120.85	6157.78	3157.97	817.99	371.80
中型企业	Medium-sized Enterprises	4125.92	4645.58	3705.19	426.73	250.70
小型企业	Small Enterprises	4470.81	3336.43	4189.05	373.08	219.81
微型企业	Mini-sized Enterprises	159.70	180.19	120.23	7.34	4.71

14-11 规模以上工业企业分行业主要经济指标(2016)

单位：亿元

指 标	Item	企业单位数(个) Number of Enterprises(unit)
总 计	**Total**	**5123**
采矿业	Mining	951
#煤炭开采和洗选业	Mining and Washing of Coal	666
黑色金属矿采选业	Mining and Processing of Ferrous Metal Ores	37
有色金属矿采选业	Mining and Processing of Non-Ferrous Metal Ores	27
非金属矿采选业	Mining and Processing of Non-metal Ores	220
制造业	Manufacturing	3884
农副食品加工业	Processing of Food from Agricultural Products	342
食品制造业	Manufacture of Foods	143
酒、饮料和精制茶制造业	Manufacture of Liquor, Beverages and Refined Tea	466
#白酒制造	Manufacture of Liquors	151
烟草制品业	Manufacture of Tobacco	2
纺织业	Manufacture of Textile	20
纺织服装、服饰业	Manufacture of Textile, Wearing Apparel and Accessories	72
皮革、毛皮、羽毛及其制品和制鞋业	Manufacture of Leather,Fur,Feather and Related Products, and Footware	31
木材加工和木、竹、藤、棕、草制品业	Processing of Timber, Manufacture of Wood, Bamboo, Rattan, Palm and Straw Products	128
家具制造业	Manufacture of Furniture	55
造纸和纸制品业	Manufacture of Paper and Paper Products	61
印刷和记录媒介复制业	Printing and Reproduction of Recording Media	40
文教、工美、体育和娱乐用品制造业	Manufacture of Articles for Culture, Education, Arts and Crafts,Sport and Entertainment Activities	45
石油加工、炼焦和核燃料加工业	Processing of Petroleum, Coking and Processing of Nuclear Fuel	16
化学原料和化学制品制造业	Manufacture of Raw Chemical Materials and Chemical Products	245
医药制造业	Manufacture of Medicines	139
橡胶和塑料制品业	Manufacture of Rubber and Plastics Products	147
非金属矿物制品业	Manufacture of Non-metallic Mineral Products	903
黑色金属冶炼和压延加工业	Smelting and Pressing of Ferrous Metals	140
有色金属冶炼和压延加工业	Smelting and Pressing of Non-ferrous Metals	91
金属制品业	Manufacture of Metal Products	157
通用设备制造业	Manufacture of General Purpose Machinery	89
专用设备制造业	Manufacture of Special Purpose Machinery	90
汽车制造业	Manufacture of Automobiles	62
铁路、船舶、航空航天和其他运输设备制造业	Manufacture of Railroad, Ship, Aerospace and Other Transportation Equipment	48
电气机械和器材制造业	Manufacture of Electrical Machinery and Apparatus	171
计算机、通信和其他电子设备制造业	Manufacture of Computers, Communication and Other Electronic Equipment	117
仪器仪表制造业	Manufacture of Measuring Instruments and Machinery	17
其他制造业	Other Manufacture	27
废弃资源综合利用业	Utilization of Waste Resources	16
电力、燃气及水的生产和供应业	Production and Supply of Electric Power,Gas and Water	288
电力、热力生产和供应业	Production and Supply of Electric Power and Heat Power	225
#电力生产	Production of Electric Power	138
电力供应	Distribution of Electric Power	87
燃气生产和供应业	Production and Supply of Gas	24
水的生产和供应业	Production and Supply of Water	39

Main Economic Indicators of Industrial Enterprises above Designated Size by Sector

(100 million yuan)

工业总产值 Total Output Value of Industry	资产合计 Total Assets	主营业务收入 Revenue from Principal Business	利税总额 Total Profits and Taxes	利润总额 Total Profits
11877.28	**14319.98**	**11172.44**	**1625.14**	**847.02**
2021.30	2465.20	1717.61	216.51	92.17
1605.12	2249.20	1347.35	155.26	59.93
62.27	22.62	58.28	6.94	1.94
68.31	50.05	62.41	11.15	4.22
285.36	143.16	249.33	43.09	26.04
8500.44	8406.50	8173.88	1289.92	701.98
390.10	184.14	372.24	28.64	19.60
185.21	105.76	164.90	23.63	17.51
1055.57	1821.03	927.98	488.18	326.89
750.94	1628.00	652.50	436.46	287.81
334.42	335.84	342.96	250.21	28.69
22.86	17.21	19.35	1.35	0.88
65.74	37.64	57.77	7.89	4.09
60.98	24.26	69.88	4.40	2.99
192.52	54.06	189.88	15.62	8.86
45.68	19.26	45.30	3.95	2.55
105.97	76.89	107.51	9.21	5.72
50.03	34.76	41.23	5.85	4.18
45.40	19.04	43.37	4.32	2.69
122.58	90.46	73.63	2.97	1.94
831.46	1332.64	1039.81	67.46	44.04
451.50	441.09	381.89	76.76	51.14
253.15	193.26	205.84	14.56	8.80
1281.43	1023.12	1169.30	125.55	77.93
632.44	416.81	614.17	27.37	11.22
546.86	496.52	440.28	33.97	17.96
217.57	295.16	451.20	18.52	12.22
135.15	125.31	118.34	8.65	5.54
136.22	117.61	119.81	8.35	5.60
258.84	178.26	240.84	16.85	10.87
180.76	402.68	168.36	6.39	4.00
282.06	232.84	236.51	20.49	14.28
510.47	225.62	434.65	13.51	8.12
16.42	20.99	13.04	1.06	0.49
65.82	74.33	65.73	3.43	2.85
18.56	6.46	13.55	0.53	0.26
1355.54	3448.29	1280.95	118.73	52.89
1298.83	3148.08	1222.76	112.87	48.95
508.17	2307.51	470.12	82.28	44.50
790.66	840.57	752.64	30.59	4.45
26.11	87.53	31.78	2.70	1.85
30.60	212.68	26.41	3.16	2.09

14-12 规模以上国有控股工业企业主要经济指标(2016)

单位：亿元

指标	Item	企业单位数(个) Number of Enterprises(unit)
总 计	**Total**	**554**
按轻重工业分	**Grouped by Type of Light and Heavy Industry**	
轻工业	Light Industry	82
重工业	Heavy Industry	472
按企业规模分	**Grouped by Scale of Enterprise**	
大型企业	Large Enterprises	57
中型企业	Medium-sized Enterprises	227
小型企业	Small Enterprises	239
微型企业	Mini-sized Enterprises	31
按工业行业分	**Grouped by Industrial Sector**	
采矿业	Mining	81
#煤炭开采和洗选业	Mining and Washing of Coal	67
黑色金属矿采选业	Mining and Processing of Ferrous Metal Ores	2
有色金属矿采选业	Mining and Processing of Nonferrous Metal Ores	2
非金属矿采选业	Mining and Processing of Nonmetal Ores	10
制造业	Manufacturing	255
#农副食品加工业	Processing of Food from Agricultural Products	11
酒、饮料和精制茶制造业	Manufacture of Wine,Soft drinks and Refined tea	12
烟草制品业	Manufacture of Tobacco	2
纺织服装、服饰业	Manufacture of Textile, Wearing Apparel and Accessories	3
木材加工和木、竹、藤、棕、草制品业	Timber Processing , Bamboo , Cane , Palm Fiber and Straw Products	2
印刷和记录媒介复制业	Printing,Reproduction of Recording Media	2
化学原料和化学制品制造业	Manufacture of Raw Chemical Materials and Chemical Products	28
橡胶和塑料制品业	Manufacture of Rubber and Plastics Products	3
非金属矿物制品业	Manufacture of Non-metallic Mineral Products	59
黑色金属冶炼和压延加工业	Smelting and Pressing of Ferrous Metals	6
有色金属冶炼和压延加工业	Smelting and Pressing of Non-ferrous Metals	14
金属制品业	Manufacture of Metal Products	14
通用设备制造业	Manufacture of General Purpose Machinery	16
专用设备制造业	Manufacture of Special Purpose Machinery	12
汽车制造业	Manufacture of Automobiles	9
铁路、船舶、航空航天和其他运输设备制造业	Manufacture of Railway, Ship, Aerospace and Other Transportation Equipment	24
电气机械和器材制造业	Manufacture of Electrical Equipment and Apparatus	5
计算机、通信和其他电子设备制造业	Manufacture of Computers,Communication and Other Electronic Equipments	12
仪器仪表制造业	Manufacture of Measuring Instruments and Machinery	3
其他制造业	Other Manufacture	6
电力、燃气及水的生产和供应业	Production and Supply of Electric Power,Gas and Water	218
电力、热力的生产和供应业	Production and Supply of Electric Power and Heat Power	178
燃气生产和供应业	Production and Supply of Gas	7
水的生产和供应业	Production and Supply of Water	33

Major Economic Indicators of State-controlled Industrial Enterprises above Designated Size

(100 million yuan)

工业总产值 Total Output Value of Industry	资产合计 Total Assets	主营业务收入 Revenue from Principal Business	利税总额 Total Profits and Taxes	#利润总额 Total Profits
4111.19	**8717.81**	**3976.59**	**867.36**	**375.90**
993.45	2017.77	941.15	642.01	287.18
3117.74	6700.04	3035.44	225.35	88.72
2546.23	5473.33	2635.74	731.77	313.09
1261.18	2511.22	1065.51	104.96	43.65
284.90	669.12	261.73	29.69	18.15
18.88	64.14	13.61	0.93	1.01
432.87	1029.30	338.18	38.41	8.06
392.32	994.15	307.31	27.79	1.73
1.09	2.15	0.80	0.04	0.03
8.32	4.42	6.96	2.38	0.05
31.14	28.58	23.11	8.20	6.25
2402.11	4565.58	2438.52	719.00	320.60
8.95	4.08	8.98	0.40	0.16
501.48	1377.88	450.37	381.79	251.84
334.42	335.84	342.96	250.21	28.69
2.34	3.24	2.17	0.10	-0.02
2.69	0.37	2.67	0.09	0.03
1.57	2.43	1.52	0.09	0.04
313.49	997.73	569.87	16.03	4.47
72.57	111.83	42.78	2.56	0.59
182.17	290.68	165.51	22.88	14.16
203.34	250.52	199.25	1.01	-4.47
188.79	275.22	148.92	17.37	9.79
54.14	74.20	50.93	2.07	0.25
42.19	75.94	35.43	2.83	1.55
26.64	49.52	14.08	0.42	-0.04
52.55	53.60	48.43	4.12	2.31
140.79	387.53	138.34	4.24	2.40
17.31	9.96	11.52	0.45	0.29
113.45	88.07	96.84	7.82	5.33
4.90	9.09	3.44	0.27	0.02
34.08	55.92	35.48	2.24	2.10
1276.18	3122.95	1199.87	109.95	47.24
1248.80	2937.13	1176.05	107.04	45.19
3.81	9.52	4.08	0.10	0.11
23.57	176.30	19.74	2.81	1.94

14-13 规模以上集体工业企业主要经济指标(2016)

Main Economic Indicators of All Collective-owned Industrial Enterprises above Designated Size

单位：亿元 (100 million yuan)

指标	Item	企业单位数(个) Number of Enterprises (unit)	工业总产值 Total Output Value of Industry	资产合计 Total Assets	主营业务收入 Revenue from Principal Business	利税总额 Total Profits and Taxes	#利润总额 Total Profits
总计	**Total**	**12**	**18.67**	**7.67**	**16.85**	**0.86**	**0.49**
按轻重工业分	**Grouped by Type of Light and Heavy Industry**						
轻工业	Light Industry	3	4.75	1.36	5.89	0.25	0.16
重工业	Heavy Industry	9	13.92	6.30	10.97	0.61	0.33
按企业规模分	**Grouped by Size of Enterprises**						
#中型企业	Medium-sized Enterprises	4	10.37	2.95	9.92	0.53	0.32
小型企业	Small Enterprises	8	8.30	4.71	6.93	0.33	0.18
按工业行业分	**Grouped by Industries Sector**						
制造业	Manufacturing	9	12.67	4.28	12.44	0.44	0.23
#非金属矿物制品业	Manufacture of Non-metallic Mineral Products	2	4.09	1.62	3.78	0.10	0.07
黑色金属冶炼和压延加工业	Smelting and Pressing of Ferrous Metals	2	0.89	0.68	0.90	0.11	0.05

14-14 规模以上外商投资和港澳台商投资工业企业主要经济指标(2016)

Major Economic Indicators of all above Designated Size Industrial Enterprises Funded by Foreigners and Hong kong,Macao and Taiwan

单位：亿元 (100 million yuan)

指 标	Item	企业单位数(个) Number of Enterprises (unit)	工业总产值 Gross Value of Industrial Output	资产合计 Total Assets	主营业务收入 Revenue from Principal Business	利税总额 Total Profits and Taxes	#利润总额 Total Profits
总 计	**Total**	**91**	**315.09**	**450.36**	**276.81**	**49.53**	**33.39**
#亏损企业	Loss Making Enterprises	17	38.05	100.91	34.91	0.53	-2.08
#港、澳、台商投资企业	Enterprises with Funds from Hong kong, Macao and Taiwan	55	162.54	294.12	146.99	20.39	13.06
合资经营企业(港或澳、台资)	Joint Venture Enterprises(with Funds from Hong Kong, Macao and Taiwan)	24	75.09	151.40	67.97	9.87	5.71
港澳台商独资经营企业	Enterprises with Sole Funds from Hong Kong,Macao and Taiwan	25	81.36	133.54	73.24	9.45	6.38
外商投资企业	Foreign Funded Enterprises	36	152.54	156.23	129.82	29.14	20.32
中外合资经营企业	Cooperation Enterprises	18	77.32	48.06	66.81	14.85	10.82
外资企业	Foreign Funded Enterprises	15	65.34	86.84	53.20	12.94	8.16
按轻重工业分	**Grouped by Type of Light and Heavy Industry**						
轻工业	Light Industry	43	134.04	120.91	114.35	30.21	22.09
重工业	Heavy Industry	48	181.05	329.45	162.46	19.32	11.30
按企业规模分	**Grouped by Size of Enterprise**						
大型企业	Large Enterprises	4	35.28	68.66	31.82	8.13	6.27
中型企业	Medium-sized Enterprises	25	164.76	220.74	155.22	28.61	19.18
小型企业	Small Enterprises	58	113.88	156.70	88.59	12.45	7.60
微型企业	Mini-sized Enterprises	4	1.17	4.26	1.18	0.34	0.33
按工业行业分	**Grouped by Industrial Sector**						
采矿业	Mining	6	27.35	28.52	24.97	3.80	2.11
#黑色金属矿采选业	Mining and Processing of Ferrous Metal Ores	3	7.87	0.89	7.87	1.18	0.16
制造业	Manufacturing	77	259.76	255.86	226.62	44.14	31.23
#农副食品加工业	Processing of Food from Agricultural Products	7	17.87	5.41	17.34	0.90	0.69
酒、饮料和精制茶制造业	Manufacture of Liquor, Beverages and Refined Tea	13	54.14	28.46	48.50	13.10	9.34
纺织服装、服饰业	Manufacture of Textile, Wearing Apparel and Accessories	2	1.21	0.27	1.21	0.06	…
印刷和记录媒介复制业	Printing,Reproduction of Recording Media	2	9.40	6.78	3.50	1.34	1.07
化学原料和化学制品制造业	Manufacture of Raw Chemical Materials and Chemical Products	6	14.98	17.06	14.91	4.81	3.80
医药制造业	Manufacture of Medicines	7	28.61	35.37	21.95	10.13	7.06
橡胶和塑料制品业	Manufacture of Rubber and Plastics	4	18.96	10.49	18.83	2.17	1.63
非金属矿物制品业	Manufacture of Non-metallic Mineral Products	13	43.95	64.70	36.37	6.43	4.16
有色金属冶炼和压延加工业	Smelting and Pressing of Non-ferrous Metals	2	14.61	23.50	14.33	2.23	1.25
汽车制造	Manufacture of Automobiles	2	7.57	3.43	2.60	0.47	0.42
电气机械和器材制造业	Manufacture of Electrical Machinery and Apparatus	3	15.71	19.30	15.57	0.65	0.43
计算机、通信和其他电子设备制造业	Manufacture of Computers, Communication and Other Electronic Equipment	5	12.83	11.17	13.52	0.54	0.36
电力、燃气及水的生产和供应业	Production and Supply of Electric Power, Gas and Water	8	27.96	165.99	25.22	1.60	0.07
#电力、热力的生产和供应业	Production and Supply of Electric Power and Heat Power	6	19.09	104.15	18.34	0.73	-0.58
水的生产和供应业	Production and Supply of Water	2	8.87	61.84	6.88	0.87	0.65

14−15 规模以上工业企业主要经济效益指标(2016)

Main Indicators on Economic Efficiency of all Industrial Enterprises above Designated Size

单位：% (%)

指　标	Item	产值利税率 Ratio of Pre-Tax Profit to Output Value	资金利税率 Ratio of Pre-Tax Profit to Asset	销售利税率 Ratio of Pre-Tax Profit to Sales
总　计	**Total**	**13.7**	**15.1**	**14.5**
内资企业	Domestic Enterprises	13.6	15.1	14.5
国有企业	State-owned	5.4	3.4	5.5
中央企业	Central	3.2	2.3	3.1
地方企业	Local	9.7	4.9	10.6
集体企业	Collective-owned Enterprises	4.6	10.6	5.1
股份合作企业	Cooperation Enterprises	26.0	46.7	31.8
联营企业	Joint-owned Enterprises	11.4	31.5	11.7
有限责任公司	Limited Liability Corporations	17.8	16.4	18.9
股份有限公司	Share-holding Corporations Enterprises	11.6	10.2	14.5
私营企业	Private Enterprises	9.7	21.8	10.0
其他企业	Others	9.6	15.1	12.7
港、澳、台商投资企业	Enterprises Invested from Hong kong,Macao and Taiwan	12.5	11.1	13.9
外商投资企业	Foreign Invested Enterprises	19.1	23.2	22.4
在总计中：	of the Total:			
#国有控股企业	State-controlled Enterprises	21.1	13.2	21.8
在总计中：	of the Total:			
#农村工业	Rural Industry	12.1	12.8	14.4
按轻重工业分	**Grouped by type of Light and Heavy Industry**			
轻工业	Light Industry	29.1	36.7	32.0
重工业	Heavy Industry	7.9	8.4	8.3
按企业规模分	**Grouped by Size of Enterprises**			
大型企业	Large Enterprises	26.2	17.4	25.9
中型企业	Medium-sized Enterprises	10.3	12.3	11.5
小型企业	Small Enterprises	8.3	15.3	8.9
微型企业	Mini-sized Enterprises	4.6	5.0	6.1
按工业行业分	**Grouped by Industrial Sector**			
采矿业	Mining	10.7	13.8	12.6
#煤炭开采和洗选业	Mining and Washing of Coal	9.7	10.8	11.5
黑色金属矿采选业	Mining and Processing of Ferrous Metal Ores	11.1	51.0	11.9
有色金属矿采选业	Mining and Processing of Non-Ferrous Metal Ores	16.3	36.0	17.9
非金属矿采选业	Mining and Processing of Non-metal Ores	15.1	45.0	17.3
制造业	Manufacturing	15.2	19.8	15.8
#农副食品加工业	Processing of Food from Agricultural Products	7.3	22.0	7.7
食品制造业	Manufacture of Foods	12.8	29.9	14.3
酒、饮料和精制茶制造业	Manufacture of Liquor, Beverages and Refined Tea	46.2	36.4	52.6
烟草制品业	Manufacture of Tobacco	74.8	85.5	73.0
纺织业	Manufacture of Textile	5.9	11.7	7.0
纺织服装、服饰业	Manufacture of Textile, Wearing Apparel and Accessories	12.0	35.1	13.7
皮革、毛皮、羽毛及其制品和制鞋业	Manufacture of Leather,Fur,Feather and Related Products, and Footwear	7.2	20.6	6.3

14-15 续表 continued

单位：% (%)

指 标	Item	产值利税率 Ratio of Pre-Tax Profits to Output Value	资金利税率 Ratio of Pre-Tax Profits to Assets	销售利税率 Ratio of Pre-Tax Profits to Sales
木材加工和木、竹、藤、棕、草制品业	Processing of Timber, Manufacture of Wood, Bamboo,Rattan, Palm and Straw Products	8.1	42.1	8.2
家具制造业	Manufacture of Furniture	8.6	29.2	8.7
造纸和纸制品业	Manufacture of Paper and Paper Products	8.7	18.8	8.6
印刷和记录媒介复制业	Printing and Reproduction of Recording Media	11.7	24.6	14.2
文教、工美、体育和娱乐用品制造业	Manufacture of Articles for Culture, Education, Arts and Crafts,Sport and Entertainment Activities	9.5	33.1	10.0
石油加工、炼焦和核燃料加工业	Processing of Petroleum,Coking and Processing of Nuclear Fuel	2.4	3.3	4.0
化学原料和化学制品制造业	Manufacture of Raw Chemical Materials and Chemical Products	8.1	6.3	6.5
医药制造业	Maufacture of Medicines	17.0	26.6	20.1
橡胶和塑料制品业	Manufacture of Rubber and Plastics Produets	5.8	9.8	7.1
非金属矿物制品业	Manufacture of Non-metallic Mineral Products	9.8	16.1	10.7
黑色金属冶炼和压延加工业	Smelting and Pressing of Ferrous Metals	4.3	8.8	4.5
有色金属冶炼和压延加工业	Smelting and Pressing of Non-ferrous Metals	6.2	9.3	7.7
金属制品业	Manufacture of Metal Products	8.5	9.3	4.1
通用设备制造业	Manufacture of General Purpose Machinery	6.4	10.7	7.3
专用设备制造业	Manufacture of Special Purpose Machinery	6.1	9.2	7.0
汽车制造业	Manufacture of Automobiles	6.5	11.9	7.0
铁路、船舶、航空航天和其他运输设备制造业	Manufacture of Railway, Ship, Aerospace and other Transport Equipment	3.5	2.0	3.8
电气机械和器材制造业	Manufacture of Electrical Machinery and Apparatus	7.3	11.5	8.7
计算机、通信和其他电子设备制造业	Manufacture of Computers,Communication and Other Electronic Equipment	2.6	4.0	3.1
仪器仪表制造业	Manufacture of Measuring Instruments and Machinery	6.5	6.6	8.1
其他制造业	Other Manufacture	5.2	5.7	5.2
废弃资源综合利用业	Utilization of Waste Resources	2.9	12.8	3.9
电力、燃气及水的生产和供应业	Production and Supply of Electric Power,Gas and Water	8.8	4.5	9.3
电力、热力生产和供应业	Production and Supply of Electric Power and Heat Power	8.7	4.5	9.2
燃气生产和供应业	Production and Supply of Gas	10.3	5.8	8.5
水的生产和供应业	Production and Supply of Water	10.3	2.4	12.0

14-16 规模以上国有控股工业企业主要经济效益指标(2016)
Major Indicators on Economic Efficiency of State-controlled Industrial Enterprises above Designated Size

单位：% (%)

指标	Item	产值利税率 Ratio of Pre-Tax Profits to Output Value	资金利税率 Ratio of Pre-Tax Profits to Assets	销售利税率 Ratio of Pre-Tax Profits to Sales
总计	**Total**	**21.1**	**13.2**	**21.8**
按轻重工业分	**Grouped by Type of Light and Heavy Industry**			
轻工业	Light Industry	64.6	42.5	68.2
重工业	Heavy Industry	7.2	4.4	7.4
按企业规模分	**Grouped by Size of Enterprises**			
大型企业	Large Enterprises	28.7	17.4	27.8
中型企业	Medium-sized Enterprises	8.3	5.6	9.9
小型企业	Small Enterprises	10.4	6.5	11.3
微型企业	Mini-sized Enterprises	4.9	1.7	6.8
按工业行业分	**Grouped by Industrial sector**			
采矿业	Mining	8.9	6.8	11.4
#煤炭开采和洗选业	Mining and Washing of Coal	7.1	5.1	9.0
黑色金属矿采选业	Mining and Processing of Ferrous Metal Ores	3.7	7.9	5.0
有色金属矿采选业	Mining and Processing of Non-Ferrous Metal Ores	28.6	119.5	34.2
非金属矿采选业	Mining and Processing of Non-metal Ores	26.3	40.7	35.5
制造业	Manufacturing	29.9	20.3	29.5
#农副食品加工业	Processing of Food from Agricultural Products	4.5	12.3	4.5
酒、饮料和精制茶制造业	Manufacture of Liquor, Beverages and Refined Tea	76.1	38.0	84.8
烟草制品业	Manufacture of Tobacco	74.8	85.5	73.0
纺织服装、服饰业	Manufacture of Textile, Wearing Apparel and Accessories	4.3	3.7	4.6
木材加工和木、竹、藤、棕、草制品业	Processing of Timber,Manufacture of Wood, Bamboo,Rattan,Palm and Straw Products	3.3	44.2	3.4
印刷和记录媒介复制业	Printing and Reproduction of Recording Media	5.7	3.8	5.9
化学原料和化学制品制造业	Manufacture of Raw Chemical Materials and Chemical Products	5.1	2.0	2.8
橡胶和塑料制品业	Manufacture of Rubber and Plastics Produets	3.5	3.0	6.0

14−16 续表 continued

单位：% (%)

指 标	Item	产值利税率 Ratio of Pre-Tax Profits to Output Value	资金利税率 Ratio of Pre-Tax Profits to Assets	销售利税率 Ratio of Pre-Tax Profits to Sales
非金属矿物制品业	Manufacture Non-metallic Mineral Pruducts	12.6	10.1	13.8
黑色金属冶炼和压延加工业	Smelting and Pressing of Ferrous Metals	0.5	0.6	0.5
有色金属冶炼和压延加工业	Smelting and Pressing of Non-ferrous Metals	9.2	9.4	11.7
金属制品业	Manufacture of Metal Products	3.8	3.0	4.1
通用设备制造业	Manufacture of General Purpose Machinery	6.7	6.5	8.0
专用设备制造业	Manufacture of Special Purpose Machinery	1.6	1.1	3.0
汽车制造业	Manufacture of Automobiles	7.8	8.9	8.5
铁路、船舶、航空航天和其他运输设备制造业	Manufacture of Railway, Ship, Aerospace and Other Transport Equipment	3.0	1.4	3.1
电气机械和器材制造业	Manufacture of Electrical Machinery and Apparatus	2.6	6.1	3.9
计算机、通信和其他电子设备制造业	Manufacture of Computers,Communication and Other Electronic Equipment	6.9	9.7	8.1
仪器仪表制造业	Manufacture of Measuring Instruments and Machinery	5.5	3.4	7.8
其他制造业	Other Manufacture	6.6	4.8	6.3
电力、燃气及水的生产和供应业	Production and Supply of Electric Power, Gas and Water	8.6	4.4	9.2
电力、热力的生产和供应业	Production and Supply of Electric Power and Heat Power	8.6	4.6	9.1
燃气生产和供应业	Production and Supply of Gas	2.6	1.1	2.5
水的生产和供应业	Production and Supply of Water	11.9	2.4	14.2

14-17 规模以上集体工业企业主要经济效益指标(2016)

Main Indicators on Economic Benefit of Collective-owned Industrial Enterprises above Designated Size

单位：% (%)

指 标	Item	产值利税率 Ratio of Pre-Tax Profits to Output Value	资金利税率 Ratio of Pre-Tax Profits to Assets	销售利税率 Ratio of Pre-Tax Profits to Sales
总 计	**Total**	**4.6**	**10.6**	**5.1**
#亏损企业	Loss Making Enterprises	-1.5	-1.7	-2.4
按轻重工业分	**Grouped by Type of Light and Heavy Industry**			
轻工业	Light Industry	5.3	18.0	4.2
重工业	Heavy Industry	4.4	9.1	5.6
按企业规模分	**Grouped by Size of Enterprises**			
中型企业	Medium-sized Enterprises	5.1	17.8	5.3
小型企业	Small Enterprises	4.0	6.4	4.8
按工业行业分	**Grouped by Industrial Sector**			
采矿业	Mining	1.1	1.7	2.7
#黑色金属矿采选业	Mining and Processing of Ferrous Metal Ores	0.4	0.02	0.4
制造业	Manufacturing	3.6	0.9	4.5
#非金属矿物制品业	Manufacture of Non-metallic Mineral Products	1.7	0.2	1.8
黑色金属冶炼和压延加工业	Smelting and Pressing of Ferrous Metals	0.5	0.2	0.7

14-18 大中型工业企业主要经济指标占全省规模以上工业比重(2016)

Percentages of Main Indicators of Large and Medium Industrial Enterprises as the whole Industrial Enterprises above Designated Size

单位：亿元 (100 million yuan)

指 标	Item	规模以上工业 Industrial Enterprises above Designated Size	#大中型工业企业 Large and Medium industrial Enterprises		#国有大中型 State-owned Large and Medium Industrial Enterprises	
			绝对数 Absolute Figure	占规模以上工业比重(%) Percentage Taken to Industrial Enterprises above Designated Size(%)	绝对数 Absolute Figure	占规模以上工业比重(%) Percentage Taken to Industrial Enterprises above Designated Size(%)
企业单位数(个)	Number of Industrial Enterprises(unit)	5123	862	16.8	84	1.6
#亏损企业个数(个)	Number of Loss Making Industrial Enterprises(unit)	683	167	24.5	9	1.3
工业总产值	Gross Value of Industrial Output	11877.28	7246.77	61.0	809.90	6.8
工业增加值	Value-added of Industry	4032. 11	2165.16	53.7	680.15	16.9
资产总计	Total Assets	14319.98	10803.37	75.4	996.12	7.0
流动资产年平均余额	Average Balance of Current Assets	5778.54	4208.11	72.8	609.73	10.6
固定资产净值年平均余额	Annual Average Balance Net Value of Fixed Assets	4975.59	3966.04	79.7	721.10	14.5
负债总计	Total Liabilities	9074.84	6990.92	77.0	714.73	7.9
主营业务收入	Revenue from Principal Business	11172.44	6863.16	61.4	788.40	7.1
主营业务成本	Cost of Principal Business	8855.99	5229.17	59.0	728.28	8.2
主营业务税金及附加	Tax and Extra Charges from Principal Business	364.31	308.57	84.7	6.07	1.7
亏损企业亏损额	Total Deficit of Loss Making Industrial Enterprises	114.79	81.32	70.8	3.50	3.0
利税总额	Total Profits and Taxes	1625.14	1244.72	76.6	41.75	2.6
资金利税率(%)	Ratio of Pre-Tax Profits and Assets(%)	15.11	15.23	100.8	3.14	20.8

14-19 规模以上大中型工业企业分行业主要经济指标(2016)

单位：亿元

指 标	Item	企业单位数(个) Number of Enterprises(unit)
总 计	**Total**	**862**
采矿业	Mining	265
#煤炭开采和洗选业	Mining and Washing of Coal	240
黑色金属矿采选业	Mining and Processing of Ferrous Metal Ores	6
有色金属矿采选业	Mining and Processing of Non-Ferrous Metal Ores	5
非金属矿采选业	Mining and Processing of Non-metal Ores	14
制造业	Manufacturing	491
#农副食品加工业	Processing of Food from Agricultural Products	20
食品制造业	Manufacture of Foods	10
酒、饮料和精制茶制造业	Manufacture of Liquor, Beverages and Refined Tea	37
烟草制品业	Manufacture of Tobacco	2
纺织业	Manufacture of Textile	3
纺织服装、服饰业	Manufacture of Textile, Wearing Apparel and Accessories	3
皮革、毛皮、羽毛及其制品和制鞋业	Manufacture of Leather, Fur, Feathers and other Products and Footwear	6
木材加工和木、竹、藤、棕、草制品业	Processing of Timber, Manufacture of Wood, Bamboo,Rattan, Palm and Straw Products	19
家具制造业	Manufacture of Fumiture	3
造纸和纸制品业	Manufacture of Paper and Paper Products	8
印刷和记录媒介复制业	Printing, and Reproduction of Recording Media	5
文教、工美、体育和娱乐用品制造业	Manufacture of Articles for Culture, Education, Arts and Crafts, Sport and Entertainment Activities	6
石油加工、炼焦和核燃料加工业	Processing of Petroleum, Coking and Processing of Nuclear Fuel	5
化学原料和化学制品制造业	Manufacture of Raw Chemical Materials and Chemical Products	47
医药制造业	Manufacture of Medicines	32
橡胶和塑料制品业	Manufacture of Plastics	9
非金属矿物制品业	Manufacture of Non-metallic Mineral Products	67
黑色金属冶炼和压延加工业	Smelting and Pressing of Ferrous Metals	30
有色金属冶炼和压延加工业	Smelting and Pressing of Non-ferrous Metals	31
金属制品业	Manufacture of Metal Products	11
通用设备制造业	Manufacture of General Purpose Machinery	11
专用设备制造业	Manufacture of Special Purpose Machinery	10
汽车制造业	Manufacture of Automobiles	20
铁路、船舶、航空航天和其他运输设备制造业	Manufacture of Railway, Ship, Aerospace and Other Transport Equipment	24
电气机械和器材制造业	Manufacture of Electrical Machinery and Apparatus	19
计算机、通信和其他电子设备制造业	Manufacture of Computers,Communication and Other Electronic Equipment	41
仪器仪表制造业	Manufacture of Measuring Instruments and Machinery	3
其他制造业	Other Manufacture	9
电力、燃气及水的生产和供应业	Production and Supply of Electric Power,Gas and Water	106
电力、热力的生产和供应业	Production and Supply of Electric Power and Heat Power	97
燃气生产和供应业	Production and Supply of Gas	1
水的生产和供应业	Production and Supply of Water	8

Main Indicators on Economic of Large and Medium Industrial Enterprises by Sector

(100 million yuan)

工业总产值 Gross Value of Industrial Output	资产合计 Total Assets	主营业务收入 Revenue from Principal Business	利税总额 Total Profits and Taxes	#利润总额 Total Profits
7246.77	**10803.37**	**6863.16**	**1244.72**	**622.50**
1161.80	1824.81	1024.07	134.75	54.92
1025.42	1727.90	896.31	103.74	39.46
19.02	6.43	18.49	2.35	0.33
23.67	29.82	22.10	5.77	1.93
93.69	60.66	87.17	22.89	13.20
4881.80	6141.45	4709.15	1011.95	531.92
69.40	36.58	66.07	5.09	2.38
66.68	59.22	54.00	14.20	10.96
705.75	1534.51	631.54	444.21	301.24
334.42	335.84	342.96	250.21	28.69
4.09	5.91	2.88	0.12	0.10
12.91	10.28	11.06	3.46	1.68
29.23	13.75	42.44	2.43	1.48
70.38	21.53	67.80	7.75	4.55
10.09	6.31	11.42	0.85	0.55
53.07	40.56	53.21	5.78	3.72
14.40	13.69	14.09	2.23	1.55
13.30	2.91	13.10	1.45	0.70
103.45	81.34	58.75	1.67	1.15
624.13	1200.40	846.37	50.83	34.17
313.44	342.46	279.87	64.40	44.70
102.50	132.19	71.10	5.62	3.03
365.87	398.56	321.18	43.75	28.53
445.82	336.35	443.00	20.71	6.81
453.96	450.84	362.33	29.18	15.26
50.94	71.64	49.61	2.68	0.95
44.83	64.71	37.66	3.05	2.03
42.06	44.98	41.47	3.34	2.77
214.08	144.69	199.66	13.19	8.41
152.03	390.62	146.40	4.27	2.38
133.33	145.98	121.37	11.13	8.29
396.65	180.00	366.28	17.27	13.21
6.15	11.64	4.69	0.48	0.19
48.84	63.96	48.84	2.60	2.44
1203.18	2837.11	1129.92	98.03	35.67
1182.80	2639.55	1106.20	95.73	34.18
6.67	55.21	11.57	0.92	0.51
13.71	142.35	12.15	1.38	0.98

14−20 规模以上工业销售产值(2016)

Output Value of Industrial Sales above Designated Size

单位：亿元 (100 million yuan)

指　标	Item	销售产值 Sales Value	#出口交货值 Delivery Value of Industry
总　计	**Total**	**11550.45**	**181.99**
#国有控股企业	State-controlled Enterprises	4041.83	100.88
按登记注册类型分	**By status of Registration**		
内资企业	Domestic Enterprises	11255.48	168.88
国有企业	State-owned Enterprises	851.78	0.54
中央企业	Central	569.32	0.52
地方企业	Local	282.47	0.02
集体企业	Collective-owned Enterprises	17.78	
股份合作企业	Cooperation Enterprises	21.55	
联营企业	Joint-owned Enterprises	0.79	
有限责任公司	Limited Liability Corporations	5737.85	102.76
股份有限公司	Share holding Corporations Limited	747.32	18.16
私营企业	Private Enterprises	3856.63	47.42
其他企业	Others	21.77	
港、澳、台商投资企业	Enterprises with Funds from Hong kong,Macao and Taiwan	157.61	11.27
外商投资企业	Foreign Funded Enterprises	137.36	1.84
按轻重工业分	**Grouped by Type of Light and Heavy Industry**		
轻工业	Light Industry	3111.01	34.86
重工业	Heavy Industry	8439.43	147.13
按企业规模分	**Grouped by Scale of Enterprise**		
大型企业	Large Enterprises	3078.56	118.17
中型企业	Medium-sized Enterprises	4003.84	39.43
小型企业	Small Enterprises	4313.52	23.67
微型企业	Mini-sized Enterprises	154.52	0.73

14-21 规模以上工业主要产品产量、销售量和产销率(2016)

Output, Sales Volume, Ratio of Products Social of Major Industrial Products above Designated Size

指 标	Item	产 量 Output	销售量 Quantity of Sale	产销率(%) Ratio of Products Sold(%)	2016年比2015年增长(%) Increase Rate in 2016 over 2015(%)	
					产 量 Output	销售量 Quantity of Sale
铁矿石原矿(万吨)	Iron ore (10000 tons)	442.93	449.46	101.5	10.6	21.3
精制食用植物油(万吨)	Refined edible vegetable oil (10000 tons)	46.75	40.64	86.9	9.9	-2.2
乳制品(万吨)	Dairy products (10000 tons)	10.57	10.64	100.6	29.2	31.3
白酒(折65度，商品量)(万千升)	Liquor (65 fold, quantity) (10000000L)	49	40	81.9	10.5	7.3
软饮料(万吨)	Soft drinks (10000 tons)	769	590	76.8	37.7	17.0
卷烟（万箱）	Cigarettes(10000 cases)	232.13	235.52	101.5	-8.0	-9.2
纱(万吨)	Yarn (10000 tons)	5.19	4.51	86.9	36.9	67.0
布（万米）	Cloth (10000 meters)	2863.70	2741.70	95.7	-36.6	-30.4
服装（万件）	Clothing (10000 pieces)	8286.50	7370.20	88.9	6.2	-5.2
机制纸及纸板(外购原纸加工除外)(万吨)	Machine made paper and paperboard (except purchased paper processing) (million tons)	27.80	26.62	95.7	15.1	13.7
硫酸(折100%)(万吨)	Sulfuric acid (100% fold) (10000 tons)	835.97	88.16	10.5	9.9	73.8
烧碱(折100%)(万吨)	Caustic soda (100% fold) (10000 tons)	0.37	0.46	124.2	-84.4	-78.4
碳化钙(电石，折 300升/千克)(万吨)	Calcium (calcium carbide, fold 300 L / kg) (million tons)	6.69	6.77	101.2	-19.8	-22.3
合成氨(无水氨)(万吨)	Ammonia (anhydrous ammonia) (10000 tons)	230.54	148.17	64.3	0.8	-3.5
农用氮、磷、钾化学肥料(折纯)(万吨)	Agricultural nitrogen, phosphorus and potassium chemical fertilizers (folded) (10000 tons)	611.31	608.71	99.6	2.6	3.5
氮肥(折含氮100%)(万吨)	Nitrogen fertilizer (nitrogen 100%) (10000 tons)	230.59	229.43	99.5	0.9	3.4
磷肥(折五氧化二磷100%)(万吨)	Phosphate fertilizer(P2O5 100%) (million tons)	373.83	369.27	98.8	4.5	3.6
化学农药原药(折有效成分100%)(万吨)	Chemical pesticide (100% fold) (10000 tons)	0.24	0.23	96.1	5.8	-0.8
涂料(万吨)	Coatings (10000 tons)	3.11	3.81	122.3	9.4	41.2
初级形态塑料(万吨)	Primary form plastics (10000 tons)	8.33	8.29	99.5	36.7	217.6
合成洗涤剂(万吨)	Synthetic detergent (10000 tons)	9.76	9.48	97.1	-2.6	-4.7
橡胶轮胎外胎（万条）	Rubber tire(10000 bars)	494.19	514.84	104.2	1.9	6.7

14−21 续表 continued

指 标	Item	产 量 Output	销售量 Quantity of Sale	产销率(%) Ratio of Products Sold(%)	2016年比2015年增长(%) Increase Rate in 2016 over 2015(%)	
					产 量 Output	销售量 Quantity of Sale
塑料制品（万吨）	Plastic products (10000 tons)	132.77	99.65	75.1	67.4	40.9
水泥（万吨）	Cement (10000 tons)	10748.76	10369.84	96.5	8.1	6.8
平板玻璃（万重量箱）	Flat glass (weight box)	1377.68	1366.09	99.2	57.7	153.2
生铁（万吨）	Pig iron (10000 tons)	371.36	37.28	10.0	-8.9	-42.1
粗钢（万吨）	Rough steel (10000 tons)	515.85			10.6	
钢材（万吨）	Steel (10000 tons)	526.18	520.25	98.9	13.2	13.0
十种有色金属（万吨）	Ten kinds of nonferrous metals (10000 tons)	96.75	96.68	99.9	5.8	0.3
氧化铝（万吨）	Alumina (10000 tons)	449.61	314.98	70.1	20.4	24.0
原铝(电解铝)（万吨）	Raw aluminium (electrolytic aluminium) (10000 tons)	86.48	86.56	100.1	1.1	-4.0
金属切削机床（台）	Metal cutting machine tools (unit)	1891.00	1542.00	81.5	1.7	-15.6
汽车（万辆）	Car (10000 vehicles)	11.65	10.03	86.0	63.4	52.4
基本型乘用车(轿车)（万辆）	Basic passenger car (car) (10000 vehicles)	1.79	1.79	100.0	13.8	20.7
载货汽车（万辆）	Truck (10000 vehicles)	7.68	7.47	97.2	60.5	64.9
新能源汽车（万辆）	New energy vehicles (10000 vehicles)	0.17	0.02	10.9		
发电机组(发电设备)（万千瓦）	Generator sets (power generation equipment) (kw)	6.62				
家用电冰箱（家用冷冻冷藏箱）（万台）	Household refrigerators (household freezers) (10000 units)	146.99	146.96	100.0	-15.6	-14.4
房间空气调节器（万台）	Room air conditioner (10000 units)	2.07	1.56	75.3	-91.2	14.7
电子计算机整机（万台）	Computer complete machine (10000 units)	319	319	100.2	52.9	52.1
移动通信手持机(手机)（万台）	Mobile communication handset (mobile phone) (10000)	13031	5314	40.8	546.8	166.1
彩色电视机（万台）	Colour TV set (10000 units)	191.24	189.63	99.2	43.0	44.7
集成电路（万块）	Integrated circuit (10000 blocks)	10708.10	3122.30	29.2	431.4	58.5

14−22 高技术产业基本情况

Basic Statistics on High-tech Industry

指 标	Item	2012	2013	2014	2015	2016
规模以上高技术企业数(个)	Number of High-tech Enterprises (unit)	187	147	170	215	300
从业人员年平均人数(万人)	Annual Average Number of Employees(10 000 persons)	7.43		7.81	8.74	10.91
工业总产值(亿元)	Gross Value of Industrial Output (100 million yuan)	423.57	518.96	638.31	889.72	1209.54
主营业务收入(亿元)	Revenue from Principal Business (100 million yuan)	345.80	412.53	531.80	734.27	971.20
利税总额(亿元)	Pre-Tax Profits (100 million yuan)	45.17	50.90	69.41	92.97	88.54
利润总额(亿元)	Profits (100 million yuan)	28.07	30.47	43.92	56.92	58.83

注：高技术产业统计口径2012年为年主营业务收入500万元及以上工业企业，2013年起为年主营业务收入2000万元及以上工业企业。

Note: From 2012, High tech industry's statistics caliber was the industrial enterprise with the main business income of 5 million yuan and above. The standard of main business income changed to 20 millions yuan from 2013.

14-23 历年规模以上工业总产值

Gross Value of Industrial Output above Designated Size Over the Years

单位：亿元 (100 million yuan)

年 份 Year	规模以上工业总产值 Gross Value of Industrial Output above Designated Size	轻工业 Light Industry	重工业 Heavy Industry
1996	514.10	191.40	322.70
1997	575.49	211.58	363.91
1998	507.91	185.66	322.25
1999	551.93	187.05	364.88
2000	631.60	206.30	425.30
2001	696.63	220.11	476.52
2002	797.90	253.00	544.90
2003	977.64	279.50	698.14
2004	1394.91	307.81	1087.10
2005	1690.40	380.85	1309.55
2006	2066.77	449.67	1617.10
2007	2520.36	527.16	1993.20
2008	3111.13	641.78	2469.34
2009	3426.69	758.14	2668.55
2010	4206.37	914.19	3292.18
2011	5520.68	1192.92	4327.76
2012	6544.02	1389.71	5154.31
2013	8074.60	1864.15	6210.45
2014	9507.33	2305.15	7202.18
2015	10793.22	2760.50	8032.72
2016	11877.28	3225.10	8652.18

注：本表统计口径1998年以前为乡及乡以上，1998—2010年为年主营业务收入500万元及以上工业企业，2011年及以后为年主营业务收入2000万元及以上工业企业(以下各相关表同)。

Notes: Before 1998, industrial statistics were based on type of industrial enterprises which are township level and above. From 1998 to 2010, industrial statistics referred to the industry enterprises which main business revenue achieve 5 million yuan and above. After 2011, industrial statistics referred to industry enterprises which main business revenue achive 20 million yuan and above. (The relative tables in the chapter are the same).

14-24 历年工业增加值
Value-added of Industry Over the Years

单位：亿元 (100 million yuan)

年 份 Year	全部工业增加值 Value-added of Industry	#规模以上工业增加值 Value-added of Industry above Designated Size	轻工业 Light Industry	重工业 Heavy Industry
1996	225.36	188.43	74.71	113.72
1997	251.10	204.72	75.27	129.45
1998	273.82	181.80	76.48	105.32
1999	294.42	196.04	77.46	118.58
2000	328.73	216.99	82.16	134.83
2001	360.73	236.57	87.66	148.91
2002	395.45	271.09	88.20	182.89
2003	473.38	346.49	116.72	229.77
2004	577.40	476.75	147.79	328.96
2005	707.35	585.85	177.19	408.66
2006	839.13	747.38	218.52	528.86
2007	978.86	890.48	267.87	622.61
2008	1195.30	1051.26	302.25	749.01
2009	1252.67	1170.29	352.38	817.91
2010	1516.87	1227.17	413.99	813.18
2011	1829.20	1638.71	545.78	1092.93
2012	2217.06	2055.46	773.04	1282.42
2013	2686.52	2531.92	969.29	1562.63
2014	3140.88	3117.60	1185.13	1932.47
2015	3315.58	3542.03	1374.19	2167.84
2016	3682.58	4032.11	1559.37	2472.74

注：规模以上工业增加值统计口径1996—2010年为年主营业务收入500万元及以上的工业企业，2011年起为年主营业务收入2000万元及以上的工业企业（以下相关表同）。

Note:The statistical caliber of value added of industry above designated size referred to the Industry enterprises which main business revenue achieve 5 million yuan and above. After 2011, industrial statistics referred to industry enterprises which main busines revenue achieve 20 million yuan and above. (The relative tables in the chapter are the same)

14—25 历年工业增加值增长速度
Growth Rate of Value-added of Industry Over the Years

(%)

年 份 Year	全部工业增加值 Value-added of Industry	#规模以上工业增加值 Value-added of Industry above Designated Size	轻工业 Light Industry	重工业 Heavy Industry
1996	12.1	10.3	11.0	9.8
1997	11.8	9.0	6.0	11.1
1998	10.4	10.2	8.1	11.5
1999	11.8	6.2	0.8	9.3
2000	7.5	13.8	12.2	14.7
2001	9.2	12.6	6.4	13.6
2002	11.0	16.2	13.4	17.6
2003	13.3	16.9	9.8	20.3
2004	15.9	20.1	22.1	19.2
2005	13.0	17.0	25.3	13.3
2006	13.8	17.5	13.1	19.7
2007	14.0	16.8	13.9	18.1
2008	8.6	10.1	14.0	8.4
2009	10.2	10.6	11.6	10.2
2010	15.7	15.8	15.9	15.7
2011	17.8	21.0	22.7	20.1
2012	15.6	16.2	17.6	15.5
2013	13.1	13.6	12.7	14.1
2014	11.1	11.3	11.5	11.2
2015	9.8	9.9	8.3	10.9
2016	9.8	9.9	10.1	9.8

14–26　历年规模以上工业主要经济指标

Main Indicators of Industrial Enterprises above Designated Size Over the Years

单位：亿元　(100 million yuan)

年　份 Year	主营业务收入 Revenue from Principal Business	轻工业 Light Industry	重工业 Heavy Industry	利税总额 Total Profits and Taxes	轻工业 Light Industry	重工业 Heavy Industry
1996	434.00	129.12	304.88	50.61	29.73	20.88
1997	419.82	128.07	291.75	60.82	38.42	22.40
1998	463.24	149.81	313.43	62.25	37.38	24.87
1999	507.55	162.34	345.21	65.81	40.47	25.34
2000	593.80	178.54	415.26	87.44	45.66	41.78
2001	646.01	193.35	452.66	94.30	51.27	43.03
2002	752.97	213.50	539.47	104.43	57.76	46.67
2003	974.30	248.48	725.82	135.87	72.15	63.72
2004	1325.95	274.04	1051.91	201.21	85.43	115.78
2005	1577.16	338.02	1239.14	232.49	113.50	118.99
2006	1948.57	389.38	1559.19	299.09	137.05	162.04
2007	2430.62	486.28	1944.34	403.49	187.27	216.22
2008	2922.35	567.80	2354.55	453.53	233.66	219.87
2009	3234.59	674.36	2560.23	470.60	252.25	218.35
2010	3926.01	807.13	3118.88	671.39	326.72	344.67
2011	5022.11	1091.79	3930.32	901.36	463.03	438.33
2012	5966.52	1299.99	4666.53	1172.15	608.19	563.96
2013	7357.43	1697.41	5660.02	1268.68	722.35	546.33
2014	8655.87	2064.97	6590.89	1310.38	781.12	529.27
2015	9876.81	2471.60	7405.20	1460.84	844.46	616.38
2016	11172.44	2939.85	8232.59	1625.14	939.70	685.44

14-26 续表 continued

年 份 Year	利润总额 Total Profits	轻工业 Light Industry	重工业 Heavy Industry	资产合计 Total Assets	轻工业 Light Industry	重工业 Heavy Industry
1996	-3.57	-2.47	-1.10	960.79	257.78	703.01
1997	0.76	0.65	0.11	1076.72	294.65	782.07
1998	1.64	-0.65	2.29	1166.76	312.79	853.97
1999	0.65	1.14	-0.49	1328.55	357.12	971.43
2000	12.56	4.48	8.08	1517.13	371.83	1145.30
2001	18.59	6.98	11.61	1698.58	412.57	1286.01
2002	21.41	10.82	10.59	1797.46	404.54	1392.92
2003	37.52	19.00	18.52	1958.57	409.35	1549.22
2004	61.99	18.03	43.96	2441.52	430.64	2010.88
2005	70.79	34.31	36.48	2734.05	458.41	2275.64
2006	110.91	48.52	62.39	3214.39	514.26	2700.13
2007	174.41	81.29	93.12	3521.19	541.49	2979.70
2008	181.83	108.56	73.27	4566.10	700.92	3865.18
2009	191.73	109.42	82.31	5066.17	819.69	4246.48
2010	317.63	149.62	168.01	5960.13	1007.10	4953.03
2011	456.20	220.40	235.80	6990.58	1200.82	5789.76
2012	627.02	307.74	319.28	8302.29	1458.24	6844.05
2013	636.59	370.74	265.85	10339.87	1989.29	8350.58
2014	628.68	397.58	231.10	11747.39	2338.93	9408.46
2015	732.76	426.74	306.02	13540.06	2853.81	10686.25
2016	847.02	491.66	355.36	14319.98	3507.17	10812.81

14-27 历年主要工业产品产量

Output of Major Industrial Products Over the Years

年 份 Year	卷烟 (万箱) Cigarettes (10000 cases)	茅台酒 (吨) Mao-Tai Chiew (ton)	发电量 (亿千瓦小时) Electricity (100 million kwh)	粗钢 (万吨) Crude Steel (10000 tons)	成品钢材 (万吨) Steel Products (10000 tons)	水泥 (万吨) Cement (10000 tons)	农用化肥 (万吨) Chemical Fertilizer (10000 tons)	磷矿石 (万吨) Phosphorite Material (10000 tons)
1978	31.60	1067	41.43	8.73	4.95	130.93	11.57	169.02
1979	34.30	1143	44.90	9.11	6.48	148.38	21.8	124.61
1980	44.00	1200	45.17	8.66	7.75	144.47	30.34	188.02
1981	48.70	1055	43.55	8.60	5.17	145.82	30.22	170.03
1982	56.10	1181	57.86	10.62	9.43	161.07	30.98	207.98
1983	64.40	1189	69.51	11.63	13.73	182.26	32.37	216.72
1984	85.70	1320	76.46	13.87	18.93	206.94	36.85	214.34
1985	106.10	1266	78.07	19.28	20.47	231.26	30.31	92.77
1986	102.10	1267	82.52	26.34	21.45	247.31	34.99	162.58
1987	146.40	1331	84.90	32.67	25.30	258.10	39.32	248.39
1988	188.40	1300	90.12	33.17	23.13	293.38	39.23	281.82
1989	205.10	1727	96.53	37.78	22.96	295.51	43.49	285.46
1990	208.00	1879	103.87	47.11	25.36	278.29	46.73	323.86
1991	194.00	1959	116.03	52.71	31.87	308.13	51.65	342.96
1992	202.90	2089	129.35	64.19	48.83	370.44	51.54	348.42
1993	193.60	2281	146.56	70.67	53.03	406.68	60.06	307.00
1994	204.90	3390	197.21	69.89	56.14	463.10	53.60	341.43
1995	202.90	3978	231.55	65.94	51.69	468.34	61.02	390.81
1996	197.70	4365	248.80	59.47	51.60	522.00	57.50	446.40
1997	205.30	4468	255.75	78.77	57.65	632.00	69.17	509.91
1998	195.80	5072	291.77	100.28	77.28	559.42	72.82	436.51
1999	187.60	5074	334.46	140.09	118.77	710.29	73.12	493.92
2000	187.40	5397	404.70	166.90	150.93	783.88	84.05	588.70
2001	180.80	7317	480.25	146.99	138.61	920.01	86.75	669.91
2002	177.80	9625	547.12	194.65	177.79	1121.11	158.49	729.20
2003	183.19	10869	636.60	206.10	192.97	1324.66	186.89	783.68
2004	194.74	12836	713.04	208.07	203.22	1428.80	213.78	801.98
2005	208.21	8885	786.78	237.83	214.85	1557.97	268.28	878.79
2006	211.73	9719	974.66	332.51	256.57	1799.40	338.76	1034.60
2007	220.71	10789	1166.32	349.36	328.14	1943.10	321.84	1198.83
2008	226.74	11308	1192.08	345.64	337.52	2048.94	262.21	1317.18
2009	232.24	12161	1363.09	343.10	337.62	2664.78	347.28	1360.66
2010	239.24	12911	1358.69	360.48	391.04	3694.84	384.92	1579.21
2011	245.23	13815	1359.01	434.01	462.77	5250.89	360.37	2084.18
2012	249.35	14272	1548.44	531.27	560.22	6100.45	503.82	2281.95
2013	254.29	15729	1620.08	531.44	573.28	8352.95	524.26	2905.44
2014	258.36	18319	1682.27	551.81	552.39	9386.89	533.52	3397.42
2015	252.34	22373	1740.92	466.59	463.04	9909.52	582.47	4323.10
2016	232.13	25167	1839.71	515.86	526.18	10748.76	611.31	5256.00

注：1.表中工业产品产量1998年以前为全社会口径，1998年及以后为规模以上工业企业数据。2.茅台酒产量从2001年起计量单位为千升，2005年起按包装量统计。

Note: 1.Before 1998, the data of industrial product output from this chart referred to all the industries in society and it refers to the industrial above designated size after 1998.2. The measurement unit of the production of Maotai is Kiloliter from 2001. And, it has measured at packages from 2005.

主要统计指标解释

工业 指从事自然资源的开采，对采掘品和农产品进行加工和再加工的物质生产部门。具体包括：(1)对自然资源的开采，如采矿、晒盐等(但不包括禽兽捕猎和水产捕捞)；(2)对农副产品的加工、再加工，如粮油加工、食品加工、缫丝、纺织、制革等；(3)对采掘品的加工、再加工，如炼铁、炼钢、化工生产、石油加工、机器制造、木材加工等，以及电力、自来水、煤气的生产和供应等；(4)对工业品的修理、翻新，如机器设备的修理、交通运输工具（如汽车）的修理等。

工业统计调查单位为独立核算法人工业企业。

独立核算法人工业企业指从事工业生产经营活动的单位。独立核算法人工业企业应同时具备以下条件：①依法成立，有自己的名称、组织机构和场所，能够承担民事责任；② 独立拥有和使用资产、承担负债、有权与其他单位签订合同；③独立核算盈亏，并能够编制资产负债表。

国有控股企业 包括：（1）在企业的全部实收资本中，国有经济成分的出资人拥有的实收资本（股本）所占企业全部实收资本（股本）的比例大于50%的国有绝对控股。（2）在企业的全部实收资本中，国有经济成分的出资人拥有的实收资本（股本）所占比例虽未大于 50%，但相对大于其他任何一方经济成分的出资人所占比例的国有相对控股；或者虽不大于其他经济成分，但根据协议规定拥有企业实际控制权的国有协议控股。（3）投资双方各占 50%，且未明确由谁绝对控股的企业，若其中一方为国有经济成分的，一律按国有控股处理。

本篇涉及的其他企业登记注册类型的解释详见综合篇。

资产总计 指企业过去的交易或者事项形成的、由企业拥有或者控制的、预期会给企业带来经济利益的资源。资产一般按流动性分为流动资产和非流动资产。其中流动资产可分为货币资金、交易性金融资产、应收票据、应收账款、预付款项、其他应收款、存货等；非流动资产可分为长期股权投资、固定资产、无形资产及其他非流动资产等。根据会计“资产负债表”中“资产总计”项目的期末余额数填报。

流动资产合计 资产满足以下条件之一应归为流动资产：(1) 预计在一个正常营业周期中变现、出售或耗用，主要包括存货、应收账款等；(2) 主要为交易目的而持有；（3）预计在资产负债表日起一年内（含一年）变现；(4) 自资产负债日起一年内，交换其他资产或清偿负债的能力不受限制的现金或现金等价物。包括货币资金、应收票据、应收账款、存货等项目。根据会计“资产负债表”中“流动资产合计”项目的期末余额数填报。

负债合计 指企业过去的交易或者事项形成的，预期会导致经济利监流出企业的现时义务。负债一般按偿还期长短分为流动负债和非流动负情。根据会计“资产负债表”中“负债合计”项目的期末余额数填报。

主营业务收入 指企业确认的销售商品、提供劳务等主营业务的收入。根据会计“主营业务收入”科目的期末贷方余额填报。

主营业务成本 指企业经营主要业务所发生的成本总额。根据会计“主营业务成本”科目的期末借方余额填报。

主营业务税金及附加 指企业经营主要业务应负担的营业税、消费税、城市维护建设税教育费附加等。根据会计“主营业务税金及附加”科目的期末借方余额填报。

利润总额 指企业在一定会计期间的经营成果，是生产经营过程中各种收入扣除各种耗费后的盈余，反映企业在报告期内实现的盈亏总额。根据会计“利润表”中“利润总额”项目的本期金额数填报。

应交增值税 指企业按税法规定，从事货物销售或提供加工、修理修配劳务等增加货物价值的活动本期应交纳的税金。计算公式为：

应交增值税=销项税额-（进项税额-进项税额转出）-出口抵减内销产品应纳税额-减免税款+出口退税

进项税额指企业在报告期内购入货物或接受应税劳务而支付的、准予从销项税额中抵扣的增值税额。

销项税额指企业在报告期内销售货物或提供应税劳务应收取的增值税额。

总资产贡献率 反映企业全部资产的获利能力，是企业经营业绩和管理水平的集中体现，是评价和考核企业盈利能力的核心指标。计算公式为：

$$总资产贡献率=\frac{利润总额+税金总额+利息支出}{平均资金总额}\times 100\%$$

公式中：税金总额为主营业务税金及附加与应交增值税之和；平均资产总额为期初期末资产之和的算术平均值。

资产负债率 该指标既反映企业经营风险的大小，也反映企业利用债权人提供的资金从事经营活动的能力。计算公式为：

$$资产负债率=\frac{负债总额}{资产总额}\times 100\%$$

资产与负债均为报告期期末数。

流动资产周转次数 指一定时期内流动资产完成的周转次数、反映投入工业企业流动资金的周转速度。计算公式为：

$$流动资产周转次数=\frac{产品销售收入}{全部流动资产平均余额}$$

公式中：全部流动资产平均余额为期初和期末的流动资产之和的算术平均值。

成本费用利润率 反映企业投入的生产成本及费用的经济效益，同时也反映企业降低成本所取得的经济效益。计算公式为：

$$成本费用利润率=\frac{利润总额}{成本费用总额}\times 100\%$$

公式中：成本费用总额为主营业务成本、销售费用、管理费用、财务费用之和。

Explanatory Notes on Main Statistical Indicators

Industry refers to the material production sector which is engaged in the extraction of natural resources and processing and reprocessing of minerals and agricultural products, including (1) extraction of natural resources, such as mining, salt production (but not including hunting and fishing); (2) processing and reprocessing of farm and sideline produces, such as rice husking, flour milling, wine making, oil pressing, silk reeling, spinning and weaving, and leather making; (3) manufacture of industrial products, such as steel making, iron smelting, chemicals manufacturing, petroleum processing, machine building, timber processing; water and gas production and electricity generation and supply; (4)repairing of industrial products such as the repairing of machinery and means of transport (including cars).

In industrial statistics surveys, the units of enquiry are corporate industrial enterprises with independent accounting systems.

Corporate industrial enterprises with independent accounting systems refer to enterprises engaging in industrial production activities, which meet the following requirements: (1) They are established legally, having their own names, organizations, location and able to take civil liability; (2) They possess and use their assets independently, assume liabilities and are entitled to sign contracts with other units; (3) They are financially independent and compile their own balance sheets.

State-holding Enterprises including: (1) Absolute state-holding in which the contributors of state-owned parts possess more than 50% of all the paid-in capital (stocks) of the enterprises; (2) Relative state-holding in which the contributors of state-owned parts possess no more than 50% of the paid-in capital (stocks) of the enterprises, but more than that of any other contributors; or Agreed state-holding in which the contributors of state-owned parts possess no more than other contributors but have actual control over the enterprises according to agreements; (3) In the case both contributors possess 50% and it is not clear which one is in absolute holding position, the enterprise is regarded as state-holding enterprise if one of the contributor has state-owned elements.

Total Assets refer to all resources that are owned or controlled by enterprises through previous trades or transactions with expectation of making economic profits. Classified by the degree of liquidity, total assets include current assets, and non-current assets. Current assets can be classified into monetary assets, trading financial assets, notes receivable, accounts receivable, advanced payments, other prepaid money and inventories. Non-current assets can be divided into long-term equity investment, fixed assets, intangible assets and other non-current assets. Date on this indicator can be obtained by the year-end figures of total assets in the Assets and Liability Table of accounting records of enterprises.

Total Current Assets refers to the assets that meet one of the following requirements: (1) expected to be cashed, sold or used in a normal operation cycle, mainly including inventory and accounts receivable; (2) be owned for trading prupose mainly; (3) expected to be cashed in one year (including one year) from the day of the Assets and Liability Table; (4) unlimited cash or cash equivalents that can be exchanged with other assets or being capable of settling debts during one year since the day of Assets and Liability Table. Included are monetary assets, notes receivable, accounts receivable and inventories. Data on this indicator can be obtained by the year-end figures of total current assets in the Assets and Liability Table of the accounting records of enterprises.

Total Liabilities refer to payable liabilities of enterprises that accumulated from previous trades or transactions with expectation of economic profits leaking out. In terms of payment, it can be divided into liquid liabilities and long-term liabilities. Data on this item is obtained from the year-end figures on total liabilities from the Assets and Liability Table of the accounting record of the enterprises.

Revenue from Principal Business refers to the income confirmed of an enterprise from the principal business of selling products and providing labor services. Data on this indicator can be obtained from the year-end credit balance of “revenue from principal business” in the accounting record of enterprise.

Cost of Principal Business refers to the total cost occurred from the principal business of the enterprise. Date can be obtained from the year-end debit balance of “cost of principal business” in the accounting record of enterprise.

Tax and Extra Charges from Principal Business refers to the sales tax, consumption tax, urban maintenance and construction tax and education expenses shouldered by the enterprise from its principal business. Date are obtained from the year-end debit balance of “tax and extra charges from principal business” in the accounting record of enterprise.

Total Profits refers to the operation results in a certain accounting period, and it is the balance of various incomes minus various spendings in the course of operation reflecting the total profits and losses of enterprises in reference period. Date are obtained from the amount of "total profits" in the "profit table" of the accounting record of enterprise.

Value-added Tax Payable refers to the payable tax according to Tax Law of enterprises which engaged in selling of goods or providing services that bring added value to the goods, such as processing, repairing, fitting and other activities. The formula is as follows:

Value-added Tax Payable = tax on sales – (tax on purchase – transferred tax on purchase) – exports deduct tax payable on domestic sales – tax relief + the export tax rebate.

Tax on Purchase refers to the value-added tax payable by enterprises that purchase goods or receiving taxable services during the reference period and this part of the tax is allowed to be deducted from the tax on sales.

Tax on Sales refers to the value-added tax chargeable by enterprises that sell goods or provide taxable services during the reference period.

Ratio of Profits, Taxes and Interests to Average Assets reflects the profit-making capability of all assets, manifests the performance and management of the enterprise, and is a key indicator for evaluating the profit-making potential of the enterprise. It is calculated as follows:

$$\text{Ration of Profits, Taxes and Interests to Average Assets}(\%) = \frac{\text{total profits+total taxes+interest payment}}{\text{average assets}} \times 100\%$$

In the above formula, total taxes is the sum of tax of and extra charges on the principal business and value-added tax payable; and average assets is the arithmetic mean of the sum of beginning assets and ending assets.

Ratio of Debts to Assets reflects both the operation risk and the capability of the enterprise in making use of the capital from the creditors. It is calculated as follows:

$$\text{Ratio of Debts to Assets}(\%) = \frac{\text{total debts}}{\text{total assets}} \times 100\%$$

Both assets and debts are figures at the end of the reference period.

Turnover of Current Assets refers to the number of times of turnover of current assets in a given period of time, which reflects the speed of the turnover of current assets of industrial enterprises, and is calculated as follows:

$$\text{Turnover of Working Capital} = \frac{\text{sales revenue of products}}{\text{average balance of total working capital}}$$

In the above formula, average balance of total current assets refers to the arithmetic mean of the sum of current assets at the beginning and at the end of the reference period.

Ratio of Profits to Total Industrial Costs refers to the ratio of profits realized in a given period to the total costs in the same period, which reflects the economic efficiency of input cost and is calculated as follows:

$$\text{Ratio of Profits to Total Industrial Cost}(\%) = \frac{\text{total profits}}{\text{total costs}} \times 100\%$$

Total costs in the above formula are the sum of cost of principal business, marketing cost, management cost and financial cost.

建筑业

Construction 15

简 要 说 明

一、主要内容

本篇资料主要反映全省建筑业发展情况。包括企业数、从业人员、建筑业总产值、房屋建筑面积、利润税金、劳动生产率等。

二、统计范围

统计范围：纳入企业一套表名录库的资质以上建筑业企业。

三、统计调查方法

根据国家统计局制定的《建筑业统计报表制度》整理汇总。

三、资料来源

本篇资料由省统计局固定资产投资统计处提供。

Brief Introduction

I. Main Contents

Data in this chapter show the general situation and the development of the construction industry in Guizhou Province. They including the number of enterprises; number of employed persons; gross output value and of the construction industry; floor space of buildings under construction; profits and taxes; and labour productivity etc.

II. Scope of Statistics

The scope of Statistics： The construction enterprises above qualification belong to the basic units of integrated business enterprise survey.

III. Methods of Survey

Data on construction enterprises are collected in accordance with the Statistical Reporting System of Construction stipulated by the National Bureau of Statistics.

IV. Sources of Data

Data in this chapter are provided by Fixed Assets Investment Department of Guizhou Provincial Bureau of Statistics.

15-1 建筑业主要指标
Main Economic Indicators on Construction Enterprises

指 标	Item	2012	2013	2014	2015	2016
建筑业企业个数(个)	**Number of Construction Enterprises (unit)**	**628**	**678**	**841**	**892**	**891**
年末从业人员(万人)	Number of Emplyed Persons at the Year-end (10000 persons)	35.57	41.22	45.64	47.41	67.53
自有固定资产原价(亿元)	Fixed Assets Owned(original value) (100 million yuan)	101.17		114.17	131.24	146.19
自有固定资产净价(亿元)	Fixed Assets Owned(net value)(100 million yuan)	61.62		65.96	75.04	80.00
自有机械设备台数(万台)	Number of Machinery and Equipment Owned (10000 sets)	6.74			8.13	8.23
自有机械设备净值(亿元)	Net Value of Machinery and Equipment Owned (100 million yuan)	24.45			44.65	61.09
自有机械设备总功率(万千瓦)	Total Power of Machinery and Equipment Owned (10000 kw)	143.00			217.62	340.54
建筑业总产值(亿元)	**Gross Output Value of Construction (100 million yuan)**	**1039.95**	**1365.00**	**1640.24**	**1947.74**	**2362.95**
#本年固定资产折旧	Depreciation of Fixed Assets	6.75		9.57	9.18	9.50
应付职工薪酬	Wages Payable	121.89		166.30	147.83	194.38
工程结算税金及附加	Taxes and Extra Charges on Project Settle Accounts	34.65		53.52	58.22	33.01
管理费用中的税金	Taxes in Management Expenses	1.34		1.21	1.59	1.90
营业利润	Operating Profits	12.51		35.55	44.70	55.33
房屋建筑施工面积(万平方米)	**Floor Space of Buildings under Construction (10000 sq.m)**	**8254**	**12174**	**13890**	**16770**	**19355**
房屋建筑竣工面积(万平方米)	**Floor Space of Buildings Completed (10000 sq.m)**	**1863**	**2450**	**2801**	**3194**	**4112**
利润总额(亿元)	Total Profits(100 million yuan)	16.30		35.07	45.70	60.11
税金总额(亿元)	Total Taxes(100 million yuan)	40.69		63.16	69.98	82.57
劳动生产率(元/人)	**Overall Labor Productivity(yuan/person)**					
按总产值计算	In Terms of Gross Output Value	319469	368122	367684	349275	349909
技术装备率(元/人)	Value of Machines Per Laborer(yuan/person)	8148			8006	9047
动力装备率(千瓦/人)	Power of Machines Per Laborer(kw/person)	4.76			4.59	5.04
房屋建筑面积竣工率(%)	Ratio of Floor Space of Buildings Completed(%)	22.6	20.13	20.17	19.05	21.20
产值利润率(%)	Ratio of Profit to Gross Output Value(%)	1.6		2.1	2.3	2.5
产值利税率(%)	Ratio of Pre-tax Profit to Gross Output Value(%)	5.5		5.9	5.9	6.0

注：2016年起建筑业数为有工作量的企业数据。（以下相关表同）

Note: The number of construction is the enterprises with work load from 2016. (the same as in the following table)

15-2 建筑业主要生产指标(2016)

指 标	Item	企业个数(个) Number of Constru-stion Enterp-rises (unit)	年末从业人员(万人) Number of Persons Engaged (10000 persons)	签订合同额(亿元) Value of Signed Contract (100 million yuan)	#本年新签合同额 New Value of Signed Contract in this year
总 计	**Total**	**891**	**67.53**	**6024.63**	**3379.03**
#国有及国有控股	State-owned and state-controlled Construction Enterprises	136	38.45	4348.25	2315.64
#施工总承包企业	General Contractors	715	64.41	5887.65	3271.62
专业承包企业	Special Contractors	176	3.12	136.98	107.41
按登记注册类型分组	**By Registration Status**				
#内资企业	Domestic Funded	891	67.53	6024.63	3379.03
#国有企业	State-owned	40	7.40	413.16	234.93
集体企业	Collective-owned	59	2.13	85.93	50.53
股份有限公司	Company Limited with Share Holding	39	5.74	896.75	437.58
私营企业	Private Enterprises	384	8.51	420.42	296.47
按国民经济行业分组	**By Sector**				
房屋和土木工程建筑业	Building and Civil Engineering Construction	726	61.92	5683.70	3110.88
房屋工程建筑	Building Engineering Construction	585	40.69	3337.30	1930.12
土木工程建筑	Civil Engineering Construction	141	21.24	2346.40	1180.76
建筑安装业	Construction Installation	83	4.01	271.25	219.34
建筑装饰业	Construction Decoration	47	0.90	37.00	29.82
其他建筑业	Others	35	0.70	32.68	18.99

Main Production Indicators on Construction Enterprises

建筑业总产值 (亿元) Total Output Value of Construction (100 million yuan)	#在外省完成的产值 Value of Construction Which Fulfilled outside of Guizhou Province	#建筑工程 Output Value of Construction	#安装工程 Output Value of Installation	房屋建筑施工面积 (万平方米) Floor Space of Buildings under Construction (10000 sq.m)	#本年新开工面积 Started This Year	#实行投标承包面积 Verified Eligible Area of the First Time
2362.95	**524.90**	**2084.86**	**155.44**	**19354.57**	**5184.97**	**11291.31**
1556.54	463.45	1383.74	99.35	11829.24	2182.81	6221.03
2279.82	521.63	2042.03	131.46	19277.53	5134.28	11280.99
83.13	3.27	42.83	23.98	77.04	50.69	10.32
2362.95	524.90	2084.86	155.44	19354.57	5184.97	11291.31
173.74	44.39	126.80	38.25	781.67	115.38	322.86
45.57		43.08	1.59	411.52	249.02	235.03
252.26	61.43	219.61	7.64	4260.82	1062.56	2583.07
255.75	4.43	224.40	18.43	2006.60	1231.18	806.36
2119.95	478.51	1960.17	80.30	18678.63	4960.04	10759.21
1275.57	226.99	1164.48	43.75	18395.87	4870.53	10526.22
844.39	251.52	795.69	36.55	282.76	89.51	232.99
185.48	44.08	83.70	71.70	667.32	217.45	531.88
20.89	0.57	11.11	1.27	0.80	0.60	0.22
36.63	1.74	29.88	2.17	7.82	6.88	

15-3 建筑业企业房屋建筑(2016)

指　标	Item	竣工面积(万平方米) Floor Space of Buildings Completed (10000sq.m)	#厂房、仓库 Workshop Storehouse	#住宅 Residential Buildings	#教育用房 Educational Buildings
总　计	**Total**	**4112.08**	**137.26**	**2555.98**	**501.50**
#国有及国有控股	Construction Enterprises of State-owned and state-controlled	1702.61	49.35	1180.08	165.35
#施工总承包企业	General Contractors	4089.81	136.99	2550.54	498.34
专业承包企业	Special Contractors	22.27	0.27	5.44	3.16
按登记注册类型分组	**By Registration Status**				
#内资企业	Domestic Funded	4112.08	137.26	2555.98	501.50
#国有企业	State-owned	150.68	11.52	97.79	9.66
集体企业	Collective-owned	189.31	2.12	110.82	18.52
股份有限公司	Company Limited with Share Holding	569.06	10.40	379.55	43.23
私营企业	Private Enterprises	963.31	42.37	569.52	146.24
按国民经济行业分组	**By Sector**				
#房屋和土木工程建筑业	Building and Civil Engineering Construction	3995.20	137.22	2500.10	501.49
房屋工程建筑	Building Engineering Construction	3868.57	129.87	2434.64	490.98
土木工程建筑	Civil Engineering Construction	126.63	7.35	65.46	10.51
建筑安装业	Construction Installation	107.37	0.04	53.58	

House Buildings by Construction Enterprises

#卫生医疗用房 Medical Buildings	#科研用房 Scientific Research Buildings	总造价（元/平方米） Total cost of Buildings Completed (yuan/sq.m)	#厂房、仓库 Workshop Storehouse	#住宅 Residential Buildings	#教育用房 Educational Buildings	#卫生医疗用房 Medical Buildings	#科研用房 Scientific Research Buildings
77.05	**15.56**	**1344**	**1637**	**1160**	**1750**	**1795**	**1863**
29.40	3.16	1279	1656	996	2148	2488	3655
76.93	15.17	1345	1634	1160	1753	1796	1883
0.11	0.39	1159	2999	1337	1199	1223	1109
77.05	15.56	1344	1637	1160	1750	1795	1863
	0.99	1307	1985	1319	1120	#DIV/0!	1557
2.85	2.65	1304	1125	1321	1486	1438	1102
2.45	2.84	1704	1780	1503	3055	1551	1260
10.69	2.34	1324	1170	1252	1181	1015	1443
77.04	15.55	1353	1637	1155	1750	1795	1865
77.04	15.55	1351	1601	1143	1748	1795	1865
		1412	2267	1613	1821		
		1018	1117	1425			

15-4 历年建筑业总产值和房屋施工、竣工面积

Gross Output Value of Construction and Floor Space of Building Over the Years

年份 Year	建筑业总产值(亿元) Gross Output Value of Construction (100 million yuan)	#国有及国有控股 State-owned and State-controlled	施工面积(万平方米) Floor Space Under Construction (10000 sq.m)	竣工面积(万平方米) Floor Space Completed (10000 sq.m)
1978	4.40	3.55	313	164
1979	4.44	3.40	371	185
1980	4.55	3.37	380	198
1981	4.76	3.27	392	213
1982	5.34	3.46	450	236
1983	6.22	3.85	501	258
1984	7.54	4.79	551	293
1985	9.81	6.34	662	342
1986	11.27	7.21	720	368
1987	12.93	8.62	725	378
1988	15.30	10.43	823	326
1989	15.57	11.07	765	305
1990	16.98	11.85	699	328
1991	20.32	14.09	739	335
1992	26.20	18.13	906	393
1993	37.65	26.63	1250	597
1994	48.69	36.65	1119	467
1995	55.40	44.58	1191	477
1996	66.49	52.45	1216	510
1997	76.70	59.78	1278	585
1998	83.20	62.42	1457	592
1999	96.65	70.91	1671	694
2000	109.06	77.04	1792	824
2001	150.20	110.40	1946	892
2002	181.12	133.62	2309	1054
2003	212.29	164.02	2520	980
2004	255.45	191.63	2820	1251
2005	271.23	207.88	3153	1150
2006	312.34	247.90	3369	1108
2007	348.79	271.69	3813	1204
2008	393.88	303.28	4230	1216
2009	523.91	408.00	4953	1244
2010	622.96	496.00	5756	1350
2011	824.72	659.29	6779	1530
2012	1039.95	859.68	8254	1863
2013	1365.00	1103.42	12174	2450
2014	1640.24	1264.19	13890	2801
2015	1947.74	1497.31	16770	3194
2016	2362.95	1556.54	19355	4112

主要统计指标解释

建筑业总产值 是以货币形式表现的建筑业企业在一定时期内生产的建筑业产品和提供服务的总和。建筑业总产值包括：

(1)建筑工程产值：指列入建筑工程预算内的各种工程价值。

(2)安装工程产值：指设备安装工程价值，不包括被安装设备本身价值。

(3)其他产值：建筑业总产值中除建筑工程、安装工程以外的产值。包括房屋构筑物修理产值、非标准设备制造产值、总包企业向分包企业收取的管理费以及不能明确划分的施工活动所完成的产值。

a.房屋构筑物修理产值：指房屋和构筑物修理所完成的产值，但不包括被修理房屋、构筑物本身价值和生产设备的修理价值。

b.非标准设备制造产值：指加工制造没有定型的非标准生产设备的加工费和原材料价值(如化工厂、炼油厂用的各种罐、槽，矿井生产统一使用的各种漏斗、三角槽、阀门等)以及附属加工厂为本企业承建工程制作的非标准设备的价值。

在外省完成的产值 指建筑业企业在其他省份施工所完成的建筑业产值。

签订合同额 指建筑业企业在报告期直接同建设单位签订的各种国内工程合同的总价款和以前年度同建设单位签订的各种国内工程合同的未完成工程转入本年度继续施工工程合同的总价款余额。

房屋建筑施工面积 指在报告期内施工的全部房屋建筑面积，包括本期新开工的房屋面积、上期施工跨入本期继续施工的房屋面积、上期停缓建在本期恢复施工的房屋面积、本期竣工的房屋面积及本期施工后又停缓建的房屋面积。

房屋建筑竣工面积 指在报告期内房屋建筑按照设计要求全部完工，达到了住人和使用条件，经验收鉴定合格，正式移交使用单位的房屋建筑面积。

Explanatory Notes on Main Statistical Indicators

Gross Output Value of Construction refers to total of construction products and services, expressed in money terms, produced or rendered by construction and installation enterprises during a given period of time. It includes:

(1) Output value of construction projects: the value of projects covered by the project budgets;

(2) Output value of installation projects: the value of the installation of equipment, (excluding the value of the equipment to be installed);

(3) Other output values: the output value of construction industry apart from that of construction projects and installation projects. It includes: output value of repair of buildings and structures; output value of non-standard equipment manufacturing; overhead expenses received by contracted enterprises from the sub-contracted enterprises and the completed output value of construction activities for which there is no clear definition.

a. Output value of repair of buildings and structures: the value created through the repairs of buildings or structures. It does not include the value of buildings or structures being repaired and the value of the repair of production equipment;

b. Output value of manufactured non-standard equipment: the value of non-standard production equipment, including raw materials and manufacturing cost, made for the construction project (i.e., chemical plant; kettles or tanks used by refineries; various fillers, triangle tanks, valves used by mines). It also includes the output value of equipment manufactured by subsidiary workshops.

The output value in the other province refers to the output value produced by the construction enterprises in other provinces .

The total amount of the contract refers to the construction company in the reporting period directly with the construction unit signed a variety of domestic engineering contracts and the total price of the previous year with the construction unit signed a variety of domestic engineering contracts to complete the project transferred to the current year to continue construction contract price Balance.

Floor Space of Buildings Under Construction refers to floor space of buildings under construction during the reference period, including the space of buildings for which construction has newly started, buildings for which construction has started earlier and is continuing during the reference period, and buildings for which construction has been suspended earlier but has restarted during the reference period, buildings completed during the reference period, and buildings under construction but construction has subsequently been during the reference period.

Floor Space of Buildings Completed refers to the total floor space of each of the buildings that are completed in the reference period in accordance with the requirements of the design, up to the standard for being resided in and put into use, and have been checked and accepted by concerned departments as qualified ones.

运输和邮电

Transport, Postal and Telecommunication Services

16

简要说明

一、主要内容

本篇资料主要反映全省交通运输业、邮政和电信业、大数据等方面发展状况。

交通运输业资料主要包括：铁路、公路、水运、航空四种运输方式的线路里程、各种运输方式完成的货物运输量和旅客运输量等资料。

邮政、电信业资料主要包括：营业网点及邮政邮路情况，电信主要通信能力，主要的邮电业务完成情况等资料。

大数据资料主要包括：互联网发展情况，软件和信息技术服务业等资料。

二、统计范围

1.铁路资料：包括国家铁路（含控股合资）、地方铁路和非控股合资铁路运营情况，不含军用铁路及由厂矿企事业单位自建的铁路专用线和不办理公共营业的专用铁路。

2.公路、水运资料：(1)公路和水路线路里程为年末通车和通航里程数，不含未正式投入使用的公路和航道里程；(2)民用汽车拥有量根据省公安厅交通管理局车管部门登记注册的车辆资料整理；(3)公路、水路客货运输量资料，由省交通运输厅负责收集整理；(4)公路、水路运输量统计包括全面调查和非全面调查两种方式，统计范围是在省交通运输主管部门登记注册的从事公路、水路客、货运输的营业性的车辆和船舶所完成的运输量。

3.民航运输资料：统计对象为在贵州境内注册从事民用航空运输飞行和通用飞行的航空运输企业和定期航班通航机场，不包括在贵州境内运输飞行的外国航空公司。统计范围为各航空公司从事国内运输、港澳台运输、国际运输的定期航班航线条数及里程、运输量及飞机构成和运营情况、通用航空飞行完成情况等。

4.邮政和电信业资料：包括邮政企业和获得快递业务经营许可的快递企业，以及从事电信运营的中国电信、中国移动、中国联通三家基础电信企业（不含专用网业务资料），主营业务收入100万元以上的软件和信息技术服务业等企业。邮电业务量按业务种类分为邮政业务量和电信业务量。

三、资料来源

本篇资料由省统计局服务业统计处负责整理、编辑。有关资料分别来源于省交通运输厅、成都铁路分局、省交警总队车辆管理所、贵州省机场集团有限公司、省邮政管理局、省邮政储蓄银行、省通信管理局、省大数据管理局。

Brief Introduction

I. Main Contents

Data in this chapter present the development of transportation, post and telecommunications industry and big data in Guizhou.

Data on transport cover mainly the length of the routes of four means of transportation, freight traffic and passenger traffic accomplished by various means of transportation etc.

Data on post and telecommunications industry cover mainly the situation of post and telecommunication offices and postal routes; main telecommunication capacity; business volume of postal and telecommunication services achieved.

Big Data cover mainly the development of Internet, services of software and information technology etc.

II. Scope of Statistics

1. Data on railway transportation: including the operation and management of the national, local and joint-venture railways but not including railways for military purpose, lines built by industrial and mining enterprises and special railways not for commercial use.

2. Data on highways and waterways: (1) The length of highways and waterways refer to the length open to traffic or navigation at the end of the year, but not including the highways and waterways under construction or not officially having been put into use. (2) Data on the possession of civil motor vehicles are provided by the divisions of vehicle management, subordinate to the Traffic Management Bureau of Guizhou Public Security. (3) Data on passenger traffic and freight traffic by highways and waterways are collected and prepared by the Ministry of Transport of Guizhou province. (4) Data on highway and waterway transportation are collected through both comprehensive reporting system and non-comprehensive reporting system. The statistical scope encompasses all the enterprises, institutional units and individuals (including joint-households) registered in the Guizhou Provincial Transportation Department and engaged in highway or waterway freight or passenger transport business.

3. Data on civil aviation transport: The targets of statistical collection are enterprises registered for engagement in civil aviation transport flights and flights for general purposes and general aviation airports with

scheduled flights. Excluded are foreign companies which operate flights within Guizhou territory. The scope of statistics encompasses number of lines, mileage flown, transport volume, composition of the fleets operational situation of the airlines, performance of general purpose flights in respect of province transport, transport between China mainland and Hong Kong, Macao and Taiwan, and international transport.

4. Data on post and telecommunications industry: Data in this category include postal enterprises and express delivery companies with annual revenue above 2 million yuan, the three major enterprises of telecommunication: China Telecom, China Mobile and China Unicom (not including services provided through dedicated networks), and enterprises of software and IT services with turnover from primary activities above one million yuan. By types of business, the business volume of post and telecommunications is divided into postal services and telecommunication services; by coverage it is divided into province service, international service, and service between the Mainland and Hong Kong, Macao (business volume of the service to Taiwan is covered in that for Hong Kong and Macao).

III. Sources of Data

Data in this chapter are processed and compiled by the Service Department of Guizhou Provincial Bureau of Statistics. Data on transportation are from Guizhou Provincial Transportation Department,Guizhou Traffic Police Headquarters,Chengdu Rallway Branch Bureau, Guizhou Airport Group Co., Ltd., Guizhou Provincial Postal Administration, Guizhou Postal Saving Bank,Guizhou Communication Administration and Guizhou Big Data Administration.

16−1 境内运输线路长度
Length of Domestic Transportation Routes

单位：公里 (km)

指 标	Item	2012	2013	2014	2015	2016	2016年比2015年增长(%) Increase Rate in 2016 over 2015(%)
铁路营业里程	**Length of Railways in Operation**	**2058**	**2093**	**2373**	**2810**	**3270**	**16.4**
#复线里程	Double-tracking Length	667	667	938	1356	1630	20.2
公路线路里程	**Length of Highways**	**164542**	**172564**	**179079**	**186407**	**191626**	**2.8**
按行政等级分	**Classified by Administrative Level**						
国 道	State Road	4436	4560	4654	4905	11620	136.9
#国家高速公路	Expressway	1772	1890	1985	2231	3179	42.5
省 道	Provincial Road	8071	8582	9199	10044	19980	98.9
县 道	County Road	17572	17572	17574	17582	34456	96.0
乡 道	Township Road	18455	18463	18489	18512	45827	147.6
村 道	Village Road	115267	122629	128399	134600	79744	-40.8
专用公路	Accommodation Highway	741	759	764	764	—	—
按技术等级分	**Classified by Technical Grade**						
等级公路	Expressway and Class I to IV Highways	86577	95419	107573	120613	132264	9.7
高速公路	Expressway	2630	3284	4007	5128	5434	6.0
#四车道	Four-lane	2587	3204	3926	4983	5288	6.1
一 级	First Class	179	256	393	489	1140	133.1
二 级	Second Class	4060	4128	4497	6159	6681	8.5
三 级	Third Class	8453	8466	8714	7520	7483	-0.5
四 级	Fourth Class	71255	79285	89962	101317	111527	10.1
等外公路	Highways Below Class IV	77965	77145	71506	65794	59363	-9.8
按路面类型分	**Classified by Pavement**						
有铺装路面(高级)	Paved Road (advanced)	21610	31799	45085	60929	74310	22.0
沥青混凝土	Asphalt Concrete	5781	6862	9364	12602	15316	21.5
水泥混凝土	Cement Concrete	15830	24937	35721	48327	58994	22.1
简易铺装路面	Simple Paved Road	31988	34357	35147	34505	33469	-3.0
未铺装路面	Not-paved Road	110944	106408	98848	90973	83847	-7.8
晴雨通车里程	Can be open to traffic in rainy or sunny days	164542	172564	179079	186407	191626	2.8
可绿化里程	Greening mileage	153072	160440	166501	173177	178816	3.3
养护里程	Maintained Road	164542	172564	178213	183486	189081	3.0
内河航道里程	**Length of Navigable Inland Waterways**	**3563**	**3563**	**3661**	**3661**	**3664**	**0.1**

注：1.资料来源于省交通运输厅、成都铁路分局(以下相关表同)。2.公路线路里程包括村道里程。3.铁路复线里程数据为成都铁路局管辖范围内的数据。4.2016年路网调整，将专用公路调整到类似省道、县道、乡道、村道。

Note:1.Data in the table are obtained from the Provincial Department of Transports and Chengdu Railway Branch (The relative tables in the chapter are the same). 2.Since 2008, the total length of highways has included the length of village road. 3.The data of Double-tracking railway length belongs to the domination area of railway Bureau in Chengdu. 4.The road network adjustment in 2016, the special road will be adjusted to similar provincial highway, county road, rural road, village road.

16-2 民用航空运输
Civil Aviation Transportation

指 标	Item	2012	2013	2014	2015	2016	2016年比2015年增长(%) Increase Rate in 2016 over 2015(%)
机场个数(个)	**Numbei of Civil Airports(unit)**	**6**	**9**	**10**	**10**	**10**	**持平**
通航城市(个)	Cities Navigation (unit)	59	68	81	81	92	13.6
#国际及地区城市	International and Regional Cities	5	7	12	14	20	42.9
运输航班(架次)	Transport flights (unit)	81928	107450	140219	155668	186999	20.1
进出港旅客(万人次)	**Passengers Get in and Get out of the Airports(10000 person-times)**	**890.99**	**1125.46**	**1420.68**	**1563.28**	**1873.81**	19.9
#进港旅客	Passengers Get in the Airports	421.25	532.77	663.25	735.97	862.99	17.3
民航货邮吞吐量(万吨)	**Volume of Freight Handled in Civil Aviation(10000 tons)**	**7.97**	**7.76**	**8.31**	**8.96**	**9.86**	10.0

注：1.资料来源于贵州省机场集团有限公司。2.通航城市数量仅为贵阳龙洞堡机场通航城市。

Note:1.Data in the table are provided by Airports Group Corporation Ltd. of Guizhou Province.2.The number of navigable city only for navigable city of guiyang airport.

16-3 民用汽车拥有量
Possession of Civil Vehicles

单位：万辆 (10000 units)

指 标	Item	2012	2013	2014	2015	2016	2016年比2015年增长(%) Increase Rate in 2016over 2015(%)
民用汽车合计	**Total**	**166.72**	**202.76**	**246.36**	**294.31**	**350.57**	**19.1**
#载客汽车	Passenger Vehicles	126.47	158.03	195.17	240.35	294.26	22.4
载货汽车	Trucks	36.72	41.50	47.77	50.33	52.69	4.7
#私人汽车	Private Vehicles	134.19	167.87	208.95	255.97	312.35	22.0

注：资料来源于省交警总队车辆管理所。

Note:Data in the table are obtained from the vehicle management office of the provincial traffic police corps.

16－4 快递业务量

Business Volume of Express services

指 标	Item	2012	2013	2014	2015	2016
快递（万件）	**Pieces of Express Mail Services (10000 pcs)**	**1800.98**	**2931.23**	**4669.09**	**7034.25**	**11260.13**
#国内同城快递	Local Express Service	202.57	398.35	950.20	1407.73	2854.89
#国内异地快递	National Express Service	1593.08	2519.23	3702.48	5620.50	8397.20
#国际及港澳台	Hong Kong, Macao, Taiwan and International Express Service	5.33	13.64	16.40	6.02	8.04
快递业务收入（亿元）	**Revenue from Express Service (10000 yuan)**	**4.04**	**6.03**	**9.82**	**13.24**	**21.79**

注：资料来源于省邮政管理局。

Note: data in this table is provided by provincial postal administration.

16－5 旅客运量及周转量

Passenger Traffic and Passenger-Kilometers

指 标	Item	2012	2013	2014	2015	2016
旅客运量(万人)	**Passenger Traffic(10000 persons)**	**142809**	**83435**	**86572**	**87541**	**89464**
铁 路	Railways	3902	4322	4409	4901	5169
公 路	Highways	136454	77358	80231	80621	82199
水 运	Waterways	2453	1755	1932	2019	2096
旅客周转量(亿人公里)	**Passenger-Kilometers(100 million passenger-km)**	**718.22**	**593.62**	**635.50**	**658.23**	**674.86**
铁 路	Railways	199.20	211.21	217.39	229.92	226.00
公 路	Highways	513.07	377.87	412.92	422.79	443.10
水 运	Waterways	5.95	4.54	5.19	5.52	5.76

注：1.公路、水路运输量采用全国公路水路运输量专项调查数据。 2.由于交通运输部对公路、水运运输量统计方案进行调整，2013年起相关数据统计口径发生变化，相同指标数据与往年不可比。(下表同)

Note:1.National highway and waterway transportation volume survey data is used to highway and waterway transportation volume. 2.Because of the traffic department of transportation adjust the highway projects, the same indicators of waterway transport statistics in 2013 are not comparable with the correlation data in 2012 . (table below is the same)

16－6 货物运输量及周转量

Freight Traffic and Ton-Kilometers

指 标	Item	2012	2013	2014	2015	2016
货物运输量(万吨)	**Freight Traffic (10000 tons)**	**52765**	**72700**	**85673**	**84540**	**89525**
铁 路	Railways	6665	6458	6319	5736	5634
公 路	Highways	45000	65100	78017	77341	82237
水 运	Waterways	1100	1142	1337	1463	1654
货物周转量(亿吨公里)	**Freight Ton-Kilometers (100 million ton-km)**	**1177.78**	**1292.11**	**1442.24**	**1379.00**	**1482.00**
铁 路	Railways	693.68	655.85	634.35	561.27	566.40
公 路	Highways	467.60	610.64	776.95	782.47	873.23
水 运	Waterways	16.50	25.62	30.94	35.26	42.37

16-7 电信主要指标
Major Indicators of Telecommunications

指 标	Item	2012	2013	2014	2015	2016	2016年比2015年增长(%) Increase Rate in 2016 over 2015(%)
电信业务收入(亿元)	Business Revenue of Telecommunications (100 million yuan)	187.47	217.55	222.02	226.40	251.60	11.3
电信业务总量(亿元)	Business of Volume Telecommunications (100 million yuan)	244.11	278.15	353.98	481.00	796.58	65.8
交换机总容量(万门)	Capacity of Telephone Exchanges(10000 line)	5026.53	5870.04	5671.60	5545.40	5280.50	-4.8
移动电话交换机容量(万户)	Capacity of Mobile Telephone Exchanges (10000 subscribers)	4106.76	4954	4928	4955	4908	-0.9
长途光缆线路长度(万公里)	Length of Long Distance Optical Cable Lines(10000km)	3.32	3.50	46.13	64.90	80.64	24.2
年末固定电话用户数(万户)	Number of Fixed Line Telephone at the Year-end (10000 subscribers)	380.00	362.99	339.10	312.53	258.69	-17.2
#农村电话用户	Rural Fixed Telephone Subscribers	115.55	93.39	77.75	62.91	48.28	-23.3
城市电话用户	Urban Fixed Telephone Subscribers	264.45	269.60	261.36	249.62	210.41	-15.7
#公 用	Public Telephone	33.43	31.86	30.74	20.18	9.33	-53.8
移动电话用户(万户)	Number of Mobile Telephone Subscribers (10000 subscribers)	2515.00	2871.75	3059.85	3172.30	3262.43	2.8
移动短信业务量(亿条)	Short Message Services (100 million messages)	124.49	140.06	123.36	67.90	97.23	43.2
互联网宽带接入端口(万个)	Broad Band Subscribers Port of Internet (10 000 ports)	435.79	575.95	668.40	916.68	1094.98	19.5
电话普及率(包括移动电话)(部/百人)	Popularization Rate of Telephone (Include Mobile Telephone) (sets/100 persons)	83.27	93.25	97.98	100.50	99.76	-0.7
#移动电话普及率	Popularization Rate of Mobile Telephone	72.34	82.78	88.21	91.50	92.43	1.0
已通电话的行政村比重(%)	Percentage of Administrative Villages Already on Call (%)	100	100	100	100	100	持平
国内长途电话(万分钟)	Number of Long Distance Telephone Calls Inside Country(10000 minutes)	88786	77143	66294	144468	138093	-4.4
国际及港澳长途电话(万分钟)	Number of Long Distance Telephone Calls outside Country or to Macao、Hong Kong(10000 minutes)	79.22	65.95	50.31	37.31	32.73	-12.3

注：1.资料来源于省通信管理局。2.电信业务总量增长速度按可比价计算。3.电信业务总量2011年起采用2010年不变价计算。

Note:1.Data in the table are obtained from the provincial communications authority bureau. 2.The increase rate of business volume of telecommunication services is calculated at comparable prices. 3. Business volume calculates in 2010 constant prices from 2011.

16-8 邮政主要指标
Major Indicators of Post

指 标	Item	2012	2013	2014	2015	2016	2016年比2015年增长(%) Increase Rate in 2016over 2015(%)
邮电局所总数(处)	**Number of Post and Telecommunication Offices (unit)**	**19482**	**20582**	**21380**	**14832**	**14057**	-5.2
邮政	Post	1307	1326	1737	1778	1821	2.4
电信	Telecommunication	18175	19256	19643	13054	12236	-6.3
邮路网路总长度(公里)	Length of Postal Routes (km)	136429	154810	164841	187688	185922	-0.9
#汽车邮路	Number of Highway Postal Routes	76734	38400	43177	45748.5	49390.6	8.0
铁路邮路	Number of Railways Postal Routes	5880	5880	2536	2536	—	—
邮政业务总量(亿元)	Business Volume of Postal Services (100 million yuan)	17.93	22.64	27.75	33.77	42.69	26.4
函件(万件)	Number of Letters(10000 pcs)	6036	5192	3809	3795	4321	13.9
报刊、杂志累计订销数(万份)	Issue of Newspapers and Magazines (10000 copies)	38027	40469	40003	40830	35882	-12.1
国内快递(万件)	Pieces of Express Mail Services inside Nation(10000 pcs)	1796	1071	4653	7028	11252	60.1
国际快递(万件)	Pieces of Express Mail Services outside Nation(10000 pcs)	5.33	2.63	16.4	6.02	8.04	33.6
邮政储蓄期末余额(亿元)	Post Deposits at the Year-end (100 million yuan)	457.89	556.61	623.63	662.05	775.61	17.2
集邮业务(万枚)	Stamps for Collection(10000 pcs)	1918	2720.4	2616.1	3274.1	4808.7	46.9
长话业务电路(2M)	Long Distance Cable Lines(2M)	178267	665440	1024266	1244378	—	—

注：1.资料来源于省邮政管理局、省邮政储蓄银行、省通信管理局。2.邮电局所总数含电信部门特约代理点。3.2014年国家邮政局对相关指标口径、名称调整，邮路网路总长度2012—2013年为邮路总长度，国内快递和国际快递2012—2013年分别为"国内特快专递"和"国际特快专递"，更名指标数据与往年数据不可比。4.邮政业务总量增长速度按可比价计算。5.国内、国际特快专递含快递企业数据。6.省邮政管理局修正2014年邮路网路总长度数据。7.2016年邮政集团火车改汽车邮运，取消铁路邮路指标。

Note: 1.These information comes from the province postal service, the postal savings bank Guizhou Communication Administration. 2. The total numb of the post office containing special agents in telecom department. 3.In 2014 years CSPB caliber, name adjustment of relevant indicators, the total length "postal" index change to post road network, the total length of "domestic express delivery" and "international express mail" indicator were converted into domestic express and international express delivery, relative data and normal data cannot be renamed. 4. Growth rate of postal business volume was calculated at comparable price. 5. Domestic and international express mail include data of delivery enterprise. 6.The date of tatal net road length revised by province postal service in 2014.7.The provice postal service change the train trasportation to car, cancle the indextion of railway mail route from 2016.

16−9 历年交通运输
Transportation Over the Years

年份 Year	铁路营业里程(公里) Length of Railways in operation (km)	公路线路里程(公里) Length of Highways(km)	客运量(万人) Passenger Traffic (10000 persons)	铁路 Railway	公路 Highway	水运 Waterway	货运量(万吨) Freight Traffic (10000 tons)	铁路 Railway	公路 Highway	水运 Waterway
1978	1365	25954	3294	977	2260	57	3467	1320	2083	64
1979	1373	26166	4608	1083	3462	63	3599	1314	2209	76
1980	1374	27367	5950	1164	4700	86	3424	1395	1953	76
1981	1373	27422	7175	1224	5873	78	3541	1481	1991	69
1982	1396	27499	8026	1288	6648	90	3825	1581	2164	80
1983	1396	27675	8259	1456	6707	96	4233	1665	2488	80
1984	1411	27872	9915	1620	8184	111	4600	1777	2735	88
1985	1419	27999	10874	1638	9102	134	5717	1874	3758	85
1986	1419	28383	11033	1458	9387	188	6551	1949	4510	92
1987	1420	29823	13512	1461	11854	197	7613	2043	5479	91
1988	1420	30445	14361	1633	12564	164	8570	2074	6413	83
1989	1420	30716	14923	1530	13125	268	9459	2178	7170	111
1990	1420	31157	17048	1256	15682	110	9840	2315	7414	111
1991	1419	31588	19081	1255	17718	108	10008	2365	7551	92
1992	1423	31889	21641	1251	20262	128	11349	2498	8752	99
1993	1423	32092	23494	1366	22010	118	11495	2537	8851	107
1994	1423	32398	27076	1515	25313	248	12189	2599	9453	137
1995	1423	32487	36151	1572	34304	275	12586	2657	9806	123
1996	1423	32700	42429	1843	40245	341	12182	2770	9192	220
1997	1640	33211	46644	1957	44416	271	13077	2739	10117	221
1998	1648	33604	48468	2048	45987	433	13577	3044	10219	314
1999	1654	33973	49457	2194	46807	456	14065	3272	10449	344
2000	1641	34643	53032	2251	50313	468	15615	3577	11684	354
2001	1644	34618	54665	2017	52154	494	16344	3875	12114	355
2002	1893	44220	55980	1947	53478	555	17399	4356	12685	358
2003	1900	45304	55074	1796	52695	583	18224	4971	12886	367
2004	1891	46128	58707	1855	56077	775	19439	5504	13541	394
2005	1986	46893	64450	2191	61414	845	21771	6169	15082	520
2006	2014	113278	69270	2536	65786	948	24709	6826	17284	599
2007	2012	123247	74440	2979	70377	1084	26788	7289	18834	665
2008	1962	125365	80056	3199	75350	1507	33576	6683	26156	737
2009	1983	142561	84981	3204	80044	1733	34844	6997	27031	816
2010	2002	151644	97793	3437	92426	1930	40310	7991	31409	910
2011	2070	157820	120554	3939	114429	2186	44890	7219	36684	987
2012	2058	164542	142809	3902	136454	2453	52765	6665	45000	1100
2013	2093	172564	83435	4322	77358	1755	72700	6458	65100	1142
2014	2373	179079	86572	4409	80231	1932	85673	6319	78017	1337
2015	2810	186407	87541	4901	80621	2019	84540	5736	77341	1463
2016	3270	191626	89464	5169	82199	2096	89525	5634	82237	1654

注：1.资料来源于省交通运输厅、成都铁路分局。2.2006年起，公路线路里程包括村道里程；2008年公路、水路运输量采用全国公路水路运输量专项调查数据(下表同)。3.由于交通运输部对公路、水运运输量统计方案进行调整，2013年相关数据统计口径发生变化，相同指标数据与以往年份不可比(下表同)。

Note: 1. Data in the table are obtained from provincial transports department and Chengdu Railway Branch. 2.Since 2006, the data of total length has contained the length of village road; the data of highways and waterways freight traffic highways have been adapted to special volume investig data in 2008 (the same applies to the next table). 3.Because the statistics schemes of highway, waterway transport volume are adjusted by the Ministry of Transport of the People's Republic of China, the correlation data statistics caliber changes for 2013, the same indicators can not compare with previous years (the same applies to the next table)

16−10 历年旅客周转量和货物周转量
Passenger-kilometers and Freight Ton-kilometers Over the Years

年 份 Year	旅客周转量(亿人公里) Passenger-kilometers (100 million passenger-km)	铁 路 Railway	公 路 Highway	水 运 Waterway	货物周转量(亿吨公里) Freight Ton-kilometers (100 million ton.km)	铁 路 Railway	公 路 Highway	水 运 Waterway
1978	25.50	16.04	9.26	0.20	79.60	72.30	6.57	0.73
1979	31.54	19.66	11.68	0.20	93.99	86.49	6.59	0.91
1980	37.69	22.77	14.67	0.25	96.03	88.99	5.91	1.13
1981	43.28	25.32	17.73	0.23	100.43	93.19	6.23	1.01
1982	46.93	26.70	19.99	0.24	109.69	98.99	9.50	1.20
1983	52.35	30.69	21.40	0.26	117.22	104.86	10.97	1.39
1984	61.04	36.21	24.55	0.28	132.72	119.19	11.61	1.92
1985	74.07	45.11	28.64	0.32	151.42	133.22	16.32	1.88
1986	76.45	47.39	28.70	0.36	171.03	148.13	20.44	2.46
1987	93.19	53.22	39.60	0.37	186.09	156.33	26.87	2.89
1988	105.67	61.20	44.14	0.33	196.04	159.75	33.50	2.79
1989	105.73	58.08	47.16	0.49	216.45	174.59	38.96	2.90
1990	102.90	49.20	53.34	0.36	224.31	179.72	41.84	2.75
1991	117.61	54.84	62.52	0.25	232.91	186.96	42.51	3.44
1992	136.77	66.62	69.84	0.31	268.80	214.88	49.84	4.08
1993	156.26	80.86	75.12	0.28	292.96	239.40	49.12	4.44
1994	173.71	88.72	84.53	0.46	298.44	243.87	50.06	4.51
1995	180.09	91.23	88.32	0.54	301.28	245.76	51.34	4.18
1996	185.94	88.32	96.84	0.78	317.70	261.99	51.07	4.64
1997	191.02	97.97	92.52	0.53	336.08	277.95	54.06	4.07
1998	201.77	101.13	99.97	0.67	330.30	270.40	54.84	5.06
1999	229.20	118.37	109.95	0.88	370.03	305.68	60.28	4.07
2000	238.36	120.79	116.54	1.03	404.07	334.11	65.86	4.10
2001	251.06	124.22	125.76	1.08	439.30	364.71	70.36	4.23
2002	250.79	116.10	133.60	1.09	486.03	407.26	74.25	4.52
2003	248.55	112.08	135.31	1.16	547.01	465.92	76.63	4.46
2004	278.21	125.87	150.79	1.55	610.88	520.70	84.27	5.91
2005	312.40	145.71	164.91	1.78	646.55	544.31	94.15	8.09
2006	349.82	160.98	186.91	1.93	680.96	557.70	114.48	8.78
2007	369.20	160.51	206.40	2.29	721.26	583.85	127.99	9.42
2008	407.59	163.00	241.15	3.44	809.93	564.31	234.96	10.66
2009	430.56	162.41	264.06	4.09	897.38	644.41	241.60	11.37
2010	514.41	189.38	320.46	4.57	1012.20	706.45	293.00	12.75
2011	631.74	204.58	422.01	5.15	1060.69	696.36	350.10	14.23
2012	718.22	199.20	513.07	5.95	1177.78	693.68	467.60	16.50
2013	593.62	211.21	377.87	4.54	1292.11	655.85	610.64	25.62
2014	635.50	217.39	412.92	5.19	1442.24	634.35	776.95	30.94
2015	658.23	229.92	422.79	5.52	1379.00	561.27	782.47	35.26
2016	674.86	226.00	443.10	5.76	1482.00	566.40	873.23	42.37

16−11 互联网主要指标发展情况
Main Indicators on Internet Development at Year-end

单位：万个 (10000 units)

指　标	Item	2012	2013	2014	2015	2016
互联网宽带接入端口	Broad Band Subscribers Port of Internet (10000 ports)	466.8	494.2	580.6	875.8	1113.9
互联网拨号用户(万户)	Dial-up Subscribers of Internet (10000 subscribers)	5.6	5.4	5.4	5.3	
移动互联网用户(万户)	Mobile Internet Subscribers(10000 subscribers)			2004.8	2212.3	2528.7
移动互联网接入流量(万G)	Flow Accessed to Mobile Internet(10000 G)			3418.3	8488.1	20948.9
互联网宽带接入用户(万户)	Broadband Subscribers of Internet (10000 subscribers)	243.9	292.4	310.9	386.8	459.5
#城市宽带接入用户	Urban Broadband Subscribers	207.2	247.8	259.0	313.9	361.5
农村宽带接入用户	Rural Broadband Subscribers	36.7	44.5	51.6	72.8	97.9
#家庭宽带接入用户	Household Broadband Subscribers			269.2	345.4	413.5
单位宽带接入用户	Institution Broadband Subscribers			41.6	41.3	46.0
互联网上网人数(万人)	Number of Internet Users(10000 persons)	991	1146	1222	1346	1524
域名数（万个）	Number of Domain Names(10000 units)	3.3	4.3	8.6	13.6	18.8
网站数（万个）	Number of Websites(10000 sites)	0.8	1.0	1.0	1.3	1.5
网页数（万个）	Number of Webpages(10000 pages)		417.1	2002.1	32992.3	18057.6
IPv4地址数（万个）	IPv4 Addresses(10000)		169.3	146.1	154.1	154.1

注：2012—2016年数据来源于《中国统计年鉴》。

Note: 2012-2016 years of data comes from China Statistical Yearbook.

16−12 软件和信息技术服务业主要经济指标
Main Indicators on Software and Information Technology Services

单位：万元 (10000 yuan)

指　标	Item	2012	2013	2014	2015	2016
软件业务收入	Software Income	608302	707286	885739	1102422	1278329
#软件产品收入	Software Products Income	256616	286687	351207	424495	502687
#信息技术服务收入	Income from IT Service	12457	20720	519464	659197	767758
#嵌入式系统软件收入	Embedded System and Software Income	6681	11772	15068	18730	7884

注：1.本表统计口径为主营业务收入100万元以上的软件和信息技术服务业等企业。 2.数据来源于《中国统计年鉴》。

Note: 1. this table statistics caliber, the main business income of more than 1 million yuan of software and information technology services industry and other enterprises. 2.Data from China Statistical Yearbook.

16-13 按行业分企业信息化及电子商务情况(2016)

行业	Item	企业数(个) Number of Enterprises (unit)	期末使用计算机数(台) Computers Used at the End of Period(unit)
总　计	**Total**	**14216**	**478722**
采矿业	Mining	917	25023
制造业	Manufacturing	3794	94456
电力、热力、燃气及水生产和供应业	Production and Supply of Electricity, Heat, Gas and Water	287	77501
建筑业	Construction	1007	32102
批发和零售业	Wholesale and Retail Trades	2848	65579
交通运输、仓储和邮政业	Transport, Storage and Post	343	23297
住宿和餐饮业	Hotels and Catering Services	1077	19086
信息传输、软件和信息技术服务业	Information Transmission, Software and Information Technology	133	47307
房地产业	Real Estate	2465	38410
租赁和商务服务业	Leasing and Business Services	380	10808
科学研究和技术服务业	Scientific Research and Technical Services	141	13985
水利、环境和公共设施管理业	Management of Water Conservancy, Environment and Public Facilities	54	1438
居民服务、修理和其他服务业	Service to Households, Repair and Other Services Education	223	2643
教育	Education	143	8521
卫生和社会工作	Health and Social Service	205	9011
文化、体育和娱乐业	Culture, Sports and Entertainment	199	9555

注：1.有电子商务交易活动的企业是指通过互联网开展电子商务销售或电子商务采购的企业。2.调查范围：规模以上工业、有资质的建筑业、限额以上批发和零售业、规模以上服务业、限额以上住宿和餐饮业、房地产开发经营业法人单位。3.本表数据是一套表平台汇总数。

Informatization and E-Commerce of Enterprises by Industrial Sector (2016)

每百人使用计算机数(台) Computers Used Per 100 Persons(unit)	企业拥有网站数(个) Websites of Enterprises (unit)	每百家企业拥有网站数(个) Websites Per 100 Enterprises (unit)	有电子商务交易活动		电子商务销售额(亿元) Sales of E-Commerce(100 million yuan)	电子商务采购额(亿元) Purchases of E-Commerce (100 million yuan)
			企业数(个) Enterprises (unit)	比重(%) Proportion (%)		
25	**6331**	**45**	**1767**	**12.4**	**1518.7**	**845.0**
11	328	36	23	2.5	0.3	0.4
17	2034	54	503	13.3	351.3	162.9
69	180	63	22	7.7	0.0	5.9
6	398	40	54	5.4	0.0	8.0
44	1169	41	349	12.3	1106.4	643.5
29	120	35	35	10.2	30.2	0.3
37	445	41	389	36.1	7.6	3.2
133	153	115	49	36.8	16.1	2.6
35	847	34	182	7.4	0.5	5.4
20	198	52	44	11.6	4.1	12.1
65	75	53	9	6.4	0.0	0.0
12	32	59	17	31.5	0.5	0.1
13	65	29	24	10.8	0.2	0.1
76	84	59	5	3.5	0.0	0.0
40	109	53	20	9.8	0.0	0.3
79	94	47	42	21.1	1.5	0.1

Note: 1.Enterprises with e-commerce transaction activities refer to enterprises that carry out e-commerce sales or e-commerce purchases through the internet. 2. scope of investigation: above scale industry, qualified construction industry, wholesale and retail trade above designated size,Above scale service industry, real estate development through business legal person unit. 3. The above data is a set of table platform preliminary total number.

主要统计指标解释

铁路营业里程 又称营业长度，指投入客货运输营业或临时营业的线路长度。

公路线路里程 指报告期末公路的实际长度。包括城间、城乡间、乡（村）间能行驶汽车的公共道路，公路通过城镇街道的里程，公路桥梁长度、隧道长度、渡口宽度。不包括城市街道里程，断头路里程，农（林）业生产用道路里程，工（矿）企业等内部道路里程。按已竣工验收或交付使用的实际里程计算；两条或多条公路共同经由同一路段的重复里程，只计算一次。

内河航道里程 指在一定时期内，能通航运输船舶及排筏的天然河流、湖泊水库、运河及通航渠道的长度。包括全年季节性通航累计三个月以上的航道，不包括仅供零散流放竹、木排的河道。两省以河为界的航道里程，双方均按一半计算，以免重复。该指标可以反映内河水运网的规模、水平和发展情况。

货(客)运量 指在一定时期内，各种运输工具实际运送的货物(旅客)数量。货运按吨计算，客运按人计算。货物不论运输距离长短、货物类别，均按实际重量统计。旅客不论行程远近或票价多少，均按一人一次客运量统计；半价票、小孩票按一人统计。

货物(旅客)周转量 指在一定时期内，由各种运输工具运送的货物(旅客)数量与其相应运输距离的乘积之总和。计算货物周转量通常按发出站与到达站之间的最短距离，也就是计费距离计算。计算公式为：

$$货物(旅客)周转量 = \Sigma 货物(旅客)运输量 \times 运输距离$$

移动电话用户 指通过移动电话交换机进入移动电话网、占用移动电话号码的电话用户。用户数量以报告期末在移动电话营业部门实际办理登记手续进入移动电话网的户数进行计算，一部移动电话统计为一户。

固定电话用户 指在电信运营企业营业网点办理开户登记手续并已接入固定电话网上的全部电话用户。包括普通电话用户、公用电话用户、窄带综合业务数字网(N—ISDN)用户、智能网专用接入终端用户等。按行政区划分为城市电话用户和农村电话用户。1997年以前，市内电话用户是指接入县城及县以上城市的电话网上的电话用户；农村电话用户是指接入县邮电局农话台及县以下农村电话交换点，以县城为中心(除市话用户外)联通县、乡(镇)、行政村、村民小组的用户。从1997年起，电话用户数分组以用户所在区域划分，调整为城市电话用户和乡村电话用户，与过去的按市内电话和农村电话划分方法不同。电话用户总数、电话机总部数统计范围不变。

城市电话用户 指直辖市、省辖市、地级市、县级市的市区、市郊区及县城(包括县人民政府所在地的县城关区或行政建制相当于县人民政府所在地的镇)范围内接入局用交换机的电话用户数，包括分布在农村地区的独立工矿区、林区、驻军等接入局用交换机的电话用户数。

农村电话用户 指县城关区以下的集镇和农村接入局用交换机的电话用户数。

Explanatory Notes on Main Statistical Indicators

Length of Railways in Operation also is known as operating length and refers to the total length of the trunk line for passenger and freight transportation in full operation or temporary operation.

Length of Highways refers to the actual length of highways at the end of reference period. It covers public roads running vehicles among cities, city and rural areas, township (villages), highways passing through streets at small cities and towns, length of bridges and tunnels, width of ferry piers. It does not include the length of streets in cities, dead end highways, the length of streets built for agricultural (forest) production and inside factories (mines). It can only be calculated with the actual mileage having been completed, checked and accepted or put into operation. If two or more highways go the same section of the way, the length of the section is only calculated for once and no duplication is allowed.

Length of Navigable Inland Waterways refers to the length of the natural rivers, lakes, reservoirs and canals that are open to navigation for ships and rafts during a given period. It includes the channels with annual seasonal navigation for more than three months other than the waterways only for scattered bamboo and wooden rafts. If two provinces share one river as the border, the length of waterways will be half divided for each province to avoid duplication. This indicator can reflect the scale, level and development situation of the inland waterway network.

Freight (Passenger) Traffic refers to the weight of freight (number of passenger) transported with various means within a specific period of time. Freight transport is calculated in tons and passenger traffic is calculated in the number of persons. Despite the type of freight and travelling distance, the freight transport is calculated in the actual weight of the goods: and despite the travelling distance and ticket price, the passenger traffic is calculated by the principle that one person can be counted only once in one travel. The passenger who travel with a half price ticket or a child ticket is also calculated as one person.

Freight Ton-kilometers (Passenger-kilometers) refer to the sum of the products of the volume of transported cargo (passengers) multiplying by the transport distance. Normally, the shortest distance between the departure station and the destination station (i.e., the payable distance) is the basis to calculate the freight ton-kilometers. The formula is as follows:

$$\text{Freight Ton-kilometers (Passenger-kilometers)} = \sum \{\text{Freight (Passenger) Traffic} \times \text{Distance of Transportation}\}$$

Mobile Telephone Subscribers refer to the persons who are connected with the mobile telephone communication network through the mobile telephone switchboards and occupy mobile phone numbers. In the reporting period the number of users in the mobile phone operating divisions actual registration number of households into the mobile phone network to calculate, a mobile phone is counted as a household.

Local Telephone Subscribers refers to all subscribers who have gone through registration procedures in the operation points of enterprises engaged in telecommunications and are hence connected to the local telecommunications service provider through fixed line network. Included are general subscribers, public telephones subscribers, N-ISDN subscribers and intelligent network terminal subscribers. They are also classified in terms of administrative districts as urban telephone subscribers and rural telephone subscribers according to location. Before 1997, the "local phone users" refers to access cities above county and county telephone line telephone subscribers; "Rural

Telephone User" refers to access the post office, if farmers Taiwan county and below county rural telephone exchange points, to the county as the center (except local subscriber outside) Unicom county and township (town), administrative villages, village groups of users. From 1997 onwards, the number of telephone users adjust to the user group area classified as "urban telephone subscribers" and "rural telephone subscribers," with the past by local and rural telephone divided in different ways. But the number of telephone users and telephone statistical range are unchanged.

Urban Telephone Subscribers refers to number of telephone subscribers, located at municipalities, cities under the jurisdiction of province, cities at prefecture level, downtown and suburb of city at county level town and county towns (including country towns where county government located, and towns of county level according to the administrative organizational system), that are connected to the public line telephone network, including rural mineral area, forest area, military area.

Rural Telephone Subscribers refers to telephone subscribers, located at the towns below the level of county town and villages, that are connected to the public line telephone network.

批发、零售、住宿和餐饮业

Wholesale, Retail Trades, Hotels and Catering Services

17

简 要 说 明

一、主要内容

本篇资料主要反映全省批发和零售业、住宿和餐饮业的基本情况和经营状况。包括社会消费品零售总额、限额以上批发和零售业基本情况、商品交易、限额以上住宿和餐饮业基本情况。

二、统计范围

限额以上批发和零售业的法人企业、个体经营户，零售连锁集团，成交额在亿元以上的商品交易市场，以及参与商品零售、餐饮经营活动的各行业法人企业、产业活动单位和个体经营户。限额以上批发和零售业统计单位指：批发业为年主营业务收入2000万元及以上单位；零售业为年主营业务收入500万元及以上单位。

限额以上住宿和餐饮业法人企业、个体经营户；餐饮连锁集团；旅行社、星级饭店和旅游者。限额以上住宿和餐饮业统计单位为年主营业务收入200万元及以上单位。

三、统计调查方法

限额以上单位采用全面调查方法。

四、资料来源

本篇资料由省统计局贸易外经统计处提供。

Brief Introduction

I. Main Contents

Data in this chapter reflect the development and operation of wholesale and retail trades，hotel and catering services.

Data on wholesale and retail trades' main contents include total retail sales of consumer goods, basic conditions, operating and financial status of the wholesale and retail trades above designated size, commodity trading.

Data on hotel and catering services mainly include the basic conditions, operating and financial status of hotel and catering services above the designated size etc.

II. Scope of Statistics

Included in this chapter are the registered enterprises and self-employed individuals of wholesale and retail trades; chain enterprises; large commodity markets with transaction value over 100 million yuan; and corporation enterprises, economic active establishments and self-employed individuals involved in retail trades; catering services. The criteria for wholesale and retail sale trades above designated size are as follows: wholesale trade with annual principal business sales over 20 million yuan; retail trade, with annual principal business sales over 5 million yuan.

Data in this chapter cover the corporate enterprises of hotel and catering services above the designated size, self-employed households of hotel and catering services; chain catering services, travel agencies, star-rated hotels and tourists; The statistical unit of the enterprises of hotel and catering services above the designated size is the annual income of main business at and over 2 million yuan.

III. Methods of Survey

Data on all corporate enterprises of wholesale and retail trades above designated size, all corporate enterprises of hotel and catering services above designated size, are collected through comprehensive reporting system.

IV. Sources of Data

Data in this chapter are collected and processed by the Department of Trade and External Economic Relations of Guizhou Provincial Bureau of Statistics.

17-1 社会消费品零售总额
Total Retail Sales of Consumer Goods

年 份 Year	社会消费品零售总额(亿元) Total Retail Sales of Consumer Goods(100 million yuan)	按地域分 By Area		按行业分 By Sector	
		城镇 Urban	乡村 Rural	批发和零售业 Wholesale and Retail Trade	住宿和餐饮业 Hotel and Catering Services
1978	21.23	14.83	6.40		
1979	23.57				
1980	26.73	15.07	11.66		
1981	30.48				
1982	34.55				
1983	38.43				
1984	43.64				
1985	52.25	35.58	16.67		
1986	57.25				
1987	66.39				
1988	83.40				
1989	83.84				
1990	85.90	59.44	26.46		
1991	92.92				
1992	106.75				
1993	143.09				
1994	165.01				
1995	204.45	156.48	47.97		
1996	241.57	184.14	57.43		
1997	274.68	209.43	65.25		
1998	299.97	227.26	72.71		
1999	324.67	247.84	76.83		
2000	355.58	273.27	82.31	322.73	24.23
2001	391.14	302.50	88.64	352.09	30.04
2002	430.64	334.07	96.57	384.66	37.34
2003	474.57	370.01	104.56	422.31	43.24
2004	535.31	420.64	114.67	467.28	58.64
2005	615.75	485.50	130.25	539.60	65.63
2006	710.00	558.10	151.90	619.35	78.29
2007	858.15	667.83	190.32	720.80	121.43
2008	1075.24	838.81	236.43	952.04	106.90
2009	1265.46	971.37	275.88	1114.40	132.85
2010	1531.64	1233.74	297.90	1373.41	158.23
2011	1899.92	1561.07	338.85	1710.15	189.77
2012	2266.27	1863.59	402.68	2049.70	216.57
2013	2601.20	2148.26	452.94	2370.95	230.25
2014	2936.85	2425.25	511.60	2679.29	257.56
2015	3283.02	2711.57	571.45	2991.84	291.18
2016	3708.99	3030.73	678.26	3386.39	322.61

17-2 限额以上批发业和零售业

Basic Conditions of Enterprises above Designated Size of Wholesale and Retail Trades

指 标	Item	2012	2013	2014	2015	2016
批发业	**Wholesale Trade**					
法人企业(个)	Number of Corporation Enterprises (unit)	487	640	780	776	822
年末从业人数(人)	Engaged persons at Year-end (person)	51372	51442	57986	56699	57390
商品购进额(亿元)	Total Purchases Value (100 million yuan)	1419.29	1878.97	2042.79	2306.87	2347.63
商品销售额(亿元)	Total Sales Value (100 million yuan)	1907.99	2391.89	2750.52	3182.40	3243.07
期末商品库存额(亿元)	Stock(year-end) (100 million yuan)	175.80	223.23	230.47	239.46	270.85
零售业	**Retail Trade**					
法人企业(个)	Number of Corporations Enterprises(unit)	793	1178	1463	1651	2044
年末从业人数(人)	Engaged Persons at Year-end (person)	54865	67485	78431	83972	91185
商品购进额(亿元)	Total Purchases value (100 million yuan)	764.09	970.87	1139.38	1246.16	1424.17
商品销售额(亿元)	Total Sales value (100 million yuan)	898.82	1143.96	1399.19	1529.29	1784.16
期末商品库存额(亿元)	Total stock at Year-end (100 million yuan)	76.89	89.11	151.30	177.50	145.16
年末零售营业面积(万平方米)	Retail Operating Area at year-end(10000 sq.m)	203.48	294.38	357.01	391.01	456.05

17−3 限额以上批发业企业(2016)

单位：万元

指　　标	Item	法人企业(个) Number of Corporation Enterprises (Unit)
合　　计	**Total**	**822**
按登记注册类型分	**by Status of Registration Status**	
内资企业	**Domestic Funded Enterprises**	819
国有企业	State-owned Enterprises	41
集体企业	Collective-owned Enterprises	20
有限责任公司	Limited Liability Corporations	331
国有独资公司	State Sole Funded Corporations	46
其他有限责任公司	Other Limited Liability Corporations	285
股份有限公司	Share-holding Corporations Ltd.	24
私营企业	Private Enterprises	402
私营独资企业	Private-funded Enterprises	6
私营有限责任公司	Private Limited Liability Corporations	384
私营股份有限公司	Private Share-holding Corporations Ltd	12
其他企业	Other Enterprises	1
港、澳、台商投资企业	**Enterprises with Funds From HongKong, Macao and Taiwan**	**1**
外商投资企业	**Foreign Funded Enterprises**	2
中外合资经营企业	Joint-venture Enterprises	2
按国民经济行业分	**by Sector**	
#农、林、牧产品批发	**Wholesale of Agricultural,Forestry and Livestock Products**	**21**
谷物、豆及薯类批发	Wholesale of Cereal, Bean and Tubers	4
种子批发	Wholesale of Seeds	3
饲料批发	Wholesale of Feedstuff	3
牲畜批发	Wholesale of Livestock	5
其他农畜产品批发	Others	6
食品、饮料及烟草制品批发	**Wholesale of Food,Beverages and Tobacco**	**162**
#米、面制品及食用油批发	Wholesale of Rice,Flour and Edible Oil	32
糕点、糖果及糖批发	Wholesale of Pastries, Candy and Sugar	2
果品、蔬菜批发	Wholesale of Fruits and Vegetables	12
肉、禽、蛋及水产品批发	Wholesale of Meat, Poultry, Eggs and Aquatic Products	19
盐及调味品批发	Wholesale of Salts and Condiments	15
营养和保健品批发	Wholesale of Nutraceutical Products	1
酒、饮料及茶叶批发	Wholesale of Wine,Beverages and Tea	65
烟草制品批发	Wholesale of Tobaccos	10
其他食品批发	**Wholesale of Other Food**	6
纺织、服装及家庭用品批发	**Wholesale of Textiles, Garments and Household Artides**	**32**

注：表中行业分类按国民经济行业分类(GB/T4754—2011分)(以下相关表同)。

Basic Conditions of Enterprises above Designated Size of Wholesale Trade

(10000 yuan)

从业人数(人) Engaged Persons (person)	购进总额 Total Value	销售总额 Total value	批 发 Wholesale Trade	零 售 Retail Trade	年末库存额 Stock (year-end)
57390	**23476277**	**32430659**	**29744717**	**2685942**	**2708529**
56602	23437165	32389376	29707841	2681535	2698293
19358	5080288	7343967	7270636	73331	840148
634	129217	132324	105069	27255	9441
22222	12874774	18879665	16725925	2153740	1507061
6045	2651472	6782233	5494442	1287791	627912
16177	10223302	12097432	11231483	865949	879149
1504	1610443	1815613	1538277	277337	69661
12873	3736173	4211647	4062578	149069	271869
75	21956	23721	22731	990	994
12442	3620980	4092664	3944857	147807	259943
356	93237	95262	94990	272	10932
11	6270	6160	5356	804	113
578	**19575**	**20448**	**17329**	**3119**	**8342**
210	19537	20835	19547	1288	1893
210	19537	20835	19547	1288	1893
646	**73507**	**79048**	**74095**	**4953**	**16437**
205	14619	14841	14530	311	7428
122	10606	13202	13181	21	6365
28	17885	18282	18282		242
159	13179	13367	12414	953	1369
132	17219	19356	15689	3668	1033
27934	**9123495**	**15978651**	**14999196**	**979455**	**2009897**
1656	228921	238489	211646	26842	76888
99	6894	8949	6982	1967	1034
266	39981	47157	44681	2476	3061
1094	78314	83595	78789	4806	7045
1049	144433	214312	212331	1982	9187
77	27081	27277	27270	7	3286
4822	4741771	9014524	8077246	937278	1057939
18592	3840250	6328577	6327507	1070	848948
279	15852	15769	12743	3026	2509
2260	**300376**	**336350**	**320189**	**16161**	**51999**

Note: Industries in this table are classifiated by sector of national economy industry(GB/T4754-2011)(the relative tables in this chapter are the same)

17-3 续表

单位：万元

指　标	Item	法人企业(个) Number of Corporation Enterprises (Unit)
服装批发	Wholesale of Garments	5
鞋帽批发	Wholesale of Shoes and Hats	1
化妆品及卫生用品批发	Wholesale of Cosmetics and Sanitary Articles	4
厨房、卫生间用具及日用杂货批发	Wholesale of Kitchen Utensils, Toilet Ware and Daily Consumer Groceries Articles Sundry Goods	4
家用电器批发	Wholesale of Household Electrical Appliances	17
其他家庭用品批发	Wholesale of Other Household Articles	1
文化、体育用品及器材批发	**Wholesale of Cultural,Sports Articles and Equipment**	**13**
#文具用品批发	Wholesale of Cultural Articles	3
图书批发	Wholesale of Books	2
首饰、工艺品及收藏品批发	Wholesale of Jewelry,Handicrafts and Collections	2
其他文化用品批发	Wholesale of Other Cultural Articles	6
医药及医疗器材批发	**Wholesale of Medicines and Medical Appliances**	**101**
西药批发	Wholesale of Western Medicines	63
中药批发	Wholesale of Traditional Chinese Medicines	31
医疗用品及器材批发	Wholesale of Medical Articles and Appliances	7
矿产品、建材及化工产品批发	**Wholesale of Mineral Products,Building Materials and Chemical Products**	**407**
#煤炭及制品批发	Wholesale of Coal and Related Products	122
石油及制品批发	Wholesale of Petroleum and Related Products	15
非金属矿及制品批发	Wholesale of Nonmetal Minerals and Related Products	12
金属及金属矿批发	Wholesale of Metal Materials and Metal Minerals	79
建材批发	Wholesale of Building Materials	79
化肥批发	Wholesale of Fertilizer	57
其他化工产品批发	Wholesale of Other Chemical Products	43
机械设备、五金交电及电子产品批发	**Wholesale of Machinery,Hardware and Electronic Products**	**74**
农业机械批发	Wholesale of Agricultural Machinery	5
汽车批发	Wholesale of Automobiles	16
汽车零配件批发	Wholesale of Automobiles Fittings	5
摩托车及零配件批发	Wholesale of Motorcycles and Fittings	6
五金产品批发	Wholesale of Hardware Products	7
电气设备批发	Wholesale of Electrical Equipments	1
计算机、软件及辅助设备批发	Wholesale of Computer,Software and Assistance Appliances	7
通讯及广播电视设备批发	Wholesale of Communication , Broadcast and Television Equipments	5
其他机械设备及电子产品批发	Wholesale of Other Machinery and Electric Products	22
贸易经纪与代理	Trade Brokering and Agency	**1**
贸易代理	Trade Agent	1
其他批发	**Others Wholesales**	**11**
再生物资回收与批发	Wholesale of Recycled Materials	5
其他未列明的批发	Other Wholesale Not Classified Elsewhere	6

continued

(10000 yuan)

从业人数(人) Engaged Persons (person)	购进总额 Total Value	销售总额 Total value			年末库存额 Stock (year-end)
			批 发 Wholesale Trade	零 售 Retail Trade	
737	48585	53656	50090	3567	13823
141	12425	13481	12287	1193	1647
139	9501	11346	10806	540	4476
253	16163	22202	21933	269	4283
959	209778	230843	221999	8844	27288
31	3925	4823	3075	1748	481
909	**203804**	**212247**	**202842**	**9405**	**12155**
55	9890	10819	10766	53	1437
381	137734	142732	138103	4629	7762
6	40564	40938	39990	948	651
467	15616	17759	13983	3776	2305
7071	**1761896**	**2102343**	**1960596**	**141747**	**186488**
5016	1255221	1538154	1436696	101458	138713
1929	451906	505906	467621	38284	43920
126	54769	58284	56279	2005	3856
13055	**10861727**	**12496953**	**11004427**	**1492526**	**303205**
3667	2805875	3104402	3018298	86104	48299
2904	830480	1597329	332789	1264540	47586
205	172363	182587	179246	3341	2188
1897	4443294	4664143	4628746	35397	77295
1314	696700	774050	750088	23962	23021
1508	495715	538838	470883	67955	40124
1560	1417300	1635604	1624377	11228	64693
4700	**1030280**	**1090597**	**1048932**	**41665**	**119498**
67	16407	22761	22165	596	2295
590	157725	168268	145480	22788	19000
286	212633	232882	231768	1115	47182
126	78240	81865	81477	388	10151
140	47894	49613	49283	329	2518
6	202	1135	649	486	172
206	45357	48705	39688	9017	2065
320	175074	174949	173730	1219	6256
2959	296748	310420	304692	5728	29858
8	**5411**	**5411**	**5411**		
8	5411	5411	5411		
807	**115780**	**129059**	**129028**	**30**	**8849**
369	62147	66272	66272		2360
438	53633	62786	62756	30	6489

17-4 限额以上批发业企业主要财务指标(2016)

Main Financial Indicators of Enterprises above Designated Size of Wholesale Trade

单位：万元 (10000 yuan)

指标	Item	主营业务收入 Revenue from Principal Business	主营业务成本 Cost of Principal Business	主营业务税金及附加 Taxes and Other Charges on Principal Business	销售费用 Selling Expenses	营业利润 Operating Profits
总计	**Total**	**30532415**	**23139291**	**712457**	**922305**	**5036166**
按登记注册类型分	**by Status of Registration**					
内资企业	**Domestic Funded Enterprises**	30496320	23110787	712361	913479	5038434
国有企业	State-owned Enterprises	6523738	4693066	537831	364492	634553
集体企业	Collective-owned Enterprises	125866	114240	1788	5255	-324
有限责任公司	Limited Liability Corporations	18462461	13277707	152625	391138	4333376
国有独资公司	State Sole Funded Corporations	7471804	4482783	97777	167803	2600111
其他有限责任公司	Other Limited Liability Corporations	10990656	8794924	54848	223335	1733265
股份有限公司	Share-holding Corporations Ltd	1618896	1513458	10549	46497	13720
私营企业	Private Enterprises	3759986	3507350	9564	105971	56913
私营独资企业	Private-funded Enterprises	29849	27354	424	555	761
私营有限责任公司	Private Limited Liability Corporations	3637646	3401365	9030	102291	48674
私营股份有限公司	Private Share-holding Corporations Ltd	92492	78631	111	3125	7478
其他企业	Other Enterprises	5374	4966	4	126	197
港、澳、台商投资企业	**Enterprises with Funds From HongKong, Macao and Taiwan**	**17477**	**12799**	**61**	**3032**	**794**
外商投资企业	**Foreign Funded Enterprises**	**18618**	**15704**	**35**	**5795**	**-3063**
按国民经济行业分	**by Sector**					
农、林、牧产品批发	**Wholesale Agricultural, Forestry Livestock Products**	**77560**	**70304**	**322**	**1250**	**2254**
#谷物、豆及薯类批发	Wholesale of Cereal, Bean and Tubers	14447	13327	107	269	-267
种子批发	Wholesale of Seeds	14828	12996	1	438	632
饲料批发	Wholesale of Feedstuff	16768	16401	7	88	-177
牲畜批发	Wholesale of Livestock	13123	11471	77	227	877
其他农畜产品批发	Others	18393	16109	130	228	1189
食品、饮料及烟草制品批发	**Wholesale of Food,Beverages and Tobacco**	**14402452**	**7858137**	**677249**	**587589**	**4889948**
#米、面制品及食用油批发	Wholesale of Rice,Flour and Edible Oil	241835	218856	999	8957	1053
糕点、糖果及糖批发	Wholesale of Pastries, Candy and Sugar	7640	6860	16	418	40
果品、蔬菜批发	Wholesale of Fruits and Vegetables	44022	35673	296	572	2830
肉、禽、蛋及水产品批发	Wholesale of Meat, Poultry, Eggs and Aquatic Products	89301	77882	1985	4346	1698
盐及调味品批发	Wholesale of Salts and Condiments	187377	147086	1074	13384	9068
营养和保健品批发	Wholesale of Nutraceutical Products	23415	21310	44	1014	-142
酒、饮料及茶叶批发	Wholesale of Wine，Beverages and Tea	8165527	3473644	139429	275299	4160329
烟草制品批发	Wholesale of Tobaccos	5623280	3860794	533355	282695	712305
其他食品批发	**Wholesale of Other Food**	20056	16032	51	903	2767
纺织、服装及家庭用品批发	**Wholesale of Textiles, Garments and Household Artides**	**300766**	**272300**	**509**	**18160**	**3291**

17-4 续表 continued

单位：万元 (10000 yuan)

指 标	Item	主营业务收入 Revenue from Principal Business	主营业务成本 Cost of Principal Business	主营业务税金及附加 Taxes and Other Charges on Principal Business	销售费用 Selling Expenses	营业利润 Operating Profits
服装批发	Wholesale of Garments	45860	39235	90	3869	977
鞋帽批发	Wholesale of Shoes and Hats	11522	9970	18	295	150
化妆品及卫生用品批发	Wholesale of Cosmetics and Sanitary Articles	19070	17856	35	79	165
厨房、卫生间用具及日用杂货批发	Wholesale of Kitchen Utensils, Toilet Ware and Daily Consumer Groceries Articles Sundry Goods	20693	18613	35	1655	-188
家用电器批发	Wholesale of Household Electrical Appliances	199454	182754	327	12086	2204
其他家庭用品批发	Wholesale of Other Household Articles	4166	3872	5	176	-16
文化、体育用品及器材批发	**Wholesale of Cultural,Sports Articles and Equipment**	**201283**	**175472**	**531**	**6858**	**11190**
#文具用品批发	Wholesale of Cultural Articles	9247	8709	15	225	-28
图书批发	Wholesale of Books	141009	119640	0	6152	8615
首饰、工艺品及收藏品批发	Wholesale of Jewelry,Handicrafts and Collections	35445	34933	425	7	60
其他文化用品批发	Wholesale of Other Cultural Articles	15582	12191	92	475	2543
医药及医疗器材批发	**Wholesale of Medicines and Medical Appliances**	**1816202**	**1611733**	**3315**	**62541**	**84188**
西药批发	Wholesale of Western Medicine	1313684	1158297	2282	39984	76334
中药批发	Wholesale of Chinese Traditional Medicines	451273	406102	900	20983	6961
医疗用品及器材批发	Wholesale of Medical Articles and Appliances	51245	47334	134	1574	894
矿产品、建材及化工产品批发	**Wholesale of Mineral Products,Building Materials and Chemical Products**	**12627101**	**12119636**	**29277**	**209660**	**35688**
#煤炭及制品批发	Wholesale of Coal and Related Products	2773363	2588501	9487	79854	26569
石油及制品批发	Wholesale of Petroleum and products	1319894	1239453	1620	51408	4716
非金属矿及制品批发	Wholesale of Nonmetal Minerals and Related Products	166470	159904	397	830	3909
金属及金属矿批发	Wholesale of Metal Materials and Metal Minerals	4057775	3984871	1746	15675	-14152
建材批发	Wholesale of Building Materials	724180	665891	2834	8325	8511
化肥批发	Wholesale of Fertilizer	2129213	2096960	3560	13469	-2571
其他化工产品批发	Wholesale of Other Chemical Products	1456207	1384056	9633	40099	8708
机械设备、五金交电及电子产品批发	**Wholesale of Machinery,Hardware and Electronic Products**	**982007**	**921888**	**846**	**32148**	**5148**
农业机械批发	Wholesale of Agricultural Machinery	22477	20694	35	737	114
汽车批发	Wholesale of Automobiles	151691	143437	229	4250	-1803
汽车零配件批发	Wholesale of Automobiles Fittings	198584	183555	46	13201	1515
摩托车及零配件批发	Wholesale of Motorcycles and Fittings	72865	69472	72	1606	1038
五金产品批发	Wholesale of Hardware Products	44077	39901	101	1528	710
电气设备批发	Wholesale of Electrical Equipments	970	946	2		-17
计算机、软件及辅助设备批发	Wholesale of Computer,Software and Assistance Appliances	41629	38631	78	302	984
通讯及广播电视设备批发	Wholesale of Communication , Broadcast and Television Equipments	150033	145563	66	1182	839
其他机械设备及电子产品批发	Wholesale of Other Machinery and Electric Products	299682	279690	216	9343	1768
贸易经纪与代理	Trade Brokering and Agency	**5760**	**5661**		**72**	**3**
贸易代理	Trade Agent	5760	5661		72	3
其他批发	**Others Wholesales**	**119285**	**104159**	**408**	**4027**	**4456**
再生物资回收与批发	Wholesale of Recycled Materials	57197	52519	165	746	1026
其他未列明批发	Other Wholesale Not Classified Elsewhere	62089	51640	243	3281	3430

17-5 限额以上零售业企业(2016)

单位：万元

指 标	Item	法人企业(个) Number of Corporations Enterprises (Unit)
合 计	**Total**	**2044**
按登记注册类型分	**by Status of Registration**	
内资企业	**Domestic Funded Enterprises**	**2016**
国有企业	State-owned Enterprises	38
集体企业	Collective-owned Enterprises	12
股份合作企业	Cooperation Enterprises	2
联营企业	Joint Ownership Enterprises	1
#集体联营企业	Collective Joint Ownership Enterprises	1
有限责任公司	Limited Liability Corporations	634
国有独资公司	State Sole Funded Corporations	30
其他有限责任公司	Other Limited Liability Corporations	604
股份有限公司	Share-holding Corporations Ltd.	32
私营企业	Private Enterprises	1287
私营独资企业	Private-funded Enterprise	170
私营合伙企业	Private Partnership Enterprises	17
私营有限责任公司	Private Limited Liability Corporations	1065
私营股份有限公司	Private Share-holding Corporations Ltd.	35
其他企业	Other Enterprises	10
港、澳、台商投资企业	**Enterprises with Funds From Hongkong, Macao and Taiwan**	**17**
#与港澳台商合资经营企业	Joint-venture Enterprises	10
港澳台商独资经营企业	Enterpises with Sole Fund	6
其他港澳台投资企业	Other Hong Kong, Macao and Taiwan investment Enterprises	1
外商投资企业	**Foreign Funded Enterprises**	**11**
#中外合资经营企业	Joint-venture Enterprises	1
外资企业	Enterprises with Sole Fund	10
按国民经济行业分	**by Sector**	
综合零售	**Integrated Retail**	**315**
百货零售	Retail of General Merchandise	139
超级市场零售	Retail of Supermarkets	164
其他综合零售	Other Integrated Retail	12
食品、饮料及烟草制品专门零售	**Retail of Food,Beverages and Tobaccos**	**243**
粮油零售	Retail of Grain and Oil	65
糕点、面包零售	Retail of Pastries and Bread	2
果品、蔬菜零售	Retail of Fruits and Vegetables	19
肉、禽、蛋及水产品零售	Retail of Meat, Poultry, Eggs and Aquatic Products	12
营养和保健品零售	Retail of Nutrition and health products	1
酒、饮料及茶叶零售	Retail of Wine,Beverages and Tea	116
其他食品零售	Other Food Retail	28
纺织品、服装及日用品专门零售	**Sperial Retail of Textiles,Wearing Apparel and Household Artides**	**34**
#纺织品及针织品零售	Retail of Textiles and Knitwear	1
服装零售	Retail of Garments	19
鞋帽零售	Retail of Shoes and Hats	5

Basic Conditions of Enterprises above Designated Size in Retail Trade

(10000 yuan)

…业人数(人) …ged Persons …erson)	购进总额 Total Vslus	销售总额 Total Vslus			年末库存额 Stock(year-end)
			批发 Wholesale Trade	零售 Retail Trade	
91185	**14241724**	**17841582**	**1784041**	**16057541**	**1451621**
85365	**13682884**	**17070488**	**1751414**	**15319075**	**1349502**
1054	107179	229804	32960	196844	9462
103	56826	61408	10196	51213	3929
208	33314	33758		33758	1437
16	39682	41359		41359	766
16	39682	41359		41359	766
35791	6801619	7736700	849847	6886853	730234
1726	908491	931289	187374	743915	50481
34065	5893128	6805410	662472	6142938	679753
5732	2041474	3775845	475009	3300836	58273
42018	4595720	5177596	382940	4794657	544854
2478	165539	182911	3709	179202	16724
260	18044	21219		21219	2567
38295	4269289	4834010	363309	4470701	496657
985	142849	139456	15921	123535	28906
443	7071	14018	462	13556	547
2854	**295846**	**452502**	**32627**	**419875**	**53200**
1313	235979	334128	29660	304468	50532
1519	58107	116633	1226	115407	2640
22	1760	1741	1741		29
2966	**262994**	**318591**		**318591**	**48920**
1086	61150	80464		80464	7529
1880	201844	238127		238127	41391
27889	**1954502**	**2442798**	**49027**	**2393771**	**256716**
8140	815046	1095611	37151	1058460	106007
18706	1043569	1245625	2692	1242933	136537
1043	95887	101562	9184	92378	14172
5338	**593465**	**720161**	**205312**	**514850**	**71072**
1533	128806	125863	12537	113327	36791
28	1245	1399		1399	31
938	47530	65600	28564	37035	1642
300	132107	150094	58495	91600	1713
14	502	591		591	129
2070	246764	335364	93403	241961	29017
455	36512	41250	12313	28938	1750
2500	**119562**	**175631**	**14392**	**161240**	**35802**
16	955	1145	366	779	2
1472	88877	133929	10585	123344	22853
871	17747	27875	704	27170	10165

17-5 续表

单位：万元

指　　标	Item	法人企业(个) Number of Corporations Enterprises (Unit)
化妆品及卫生用品零售	Retail of Cosmetics and Hygiene Products	1
钟表、眼镜零售	Retail of Horologe and Spectacles	4
箱、包零售	Retail of Case and Package	1
厨房用具及日用杂品零售	Retail of Kitchen utensils and Daily Consumer Articles Sundry Goods	1
其他日用品零售	Retail of Other Daily Consumer Use	2
文化、体育用品及器材专门零售	**Retail of Culture,Sporting Appliances and Equipments**	**65**
文具用品零售	Retail of Stationery	5
体育用品及器材零售	Retail of Sports Goods	2
图书零售、报刊零售	Retail of Books, newspapers and periodicals	32
音像制品及电子出版物零售	Retail of Audio and Visual Products and Electronic Publications	1
珠宝首饰零售	Retail of Jewelry	12
工艺美术品及收藏品零售	Retail of Arts and Handicrafts and Collections	9
照相器材零售	Retail of Photographic Equipment	2
其他文化用品零售	Retail of Other Cultural Articles	2
医药及医疗器材专门零售	**Retail of Medicines and Medical Appliances**	**124**
药品零售	Retail of Medicines	107
医疗用品及器材零售	Retail of Medicines and Medical Appliances	17
汽车、摩托车、燃料及零配件专门零售	**Retail of Motor Vehicles, Motorcycles, Fuel and Parts**	**918**
汽车零售	Retail of Automobiles	695
汽车零配件零售	Retail of Automobile Fittings	11
摩托车及零配件零售	Retail of Motorcycles and Parts	38
机动车燃料零售	Retail of Fuel of Motor Fuel	174
家用电器及电子产品专门零售	**Special Retail of Household Electrical Appliances and Electronic Products**	**210**
家用试听设备零售	Retail of Household Audio and Vidio Appliances	39
日用家电设备零售	Retail of Household Electrical Appliances	99
计算机、软件及辅助设备零售	Retail of Computer,Software and Assistant Appliances	49
通讯设备零售	Retail of Communication Equipments	22
其他电子产品零售	Retail of Other Electronic Products	1
五金、家具及室内装修材料专门零售	**Special Retail of Hardware, Furniture and Interior Decoration Materials**	**69**
#五金零售	Retail of Hardware	8
灯具零售	Retail of Light Fittings	2
家具零售	Retail of Furniture	39
木质装饰材料零售	Retail of Wooden decorative Materials	4
陶瓷、石材装饰材料零售	Retail of Ceramics, Stone Decorative Materials	7
其他室内装修材料零售	Retail of Other Interior Decoration Materials	9
货摊、无店铺及其他零售	**Stalls,Non-shop and Other Retails**	**66**
#互联网零售	E-commerce Retail	34
邮购及电视、电话零售	Retails by Post, TV and telephone	1
旧货零售	Retail of Second-hand Goods	1
生活用燃料零售	Retail of Fuel for Daily Use	17
其他未列明的零售	Other Retails not Classified Elsewhere	13

continued

(10000 yuan)

从业人数(人) Engaged Persons (person)	购进总额 Total Vslus	销售总额 Total Vslus	批 发 Wholesale Trade	零 售 Retail Trade	年末库存额 Stock(year-end)
18	3500	3702		3702	900
70	5703	5598	2707	2892	1498
10	380	475		475	6
30	274	749		749	199
13	2126	2160	30	2130	178
2166	**191458**	**202105**	**31142**	**170964**	**32024**
56	3736	4780	1590	3190	626
46	2785	3124		3124	837
1359	146733	146097	20500	125597	16583
82	7556	8447		8447	927
266	17129	21494		21494	8857
265	4387	6805	913	5892	2226
31	2761	3114	864	2251	1595
61	6372	8244	7275	969	374
10943	**945055**	**1146704**	**282319**	**864385**	**117806**
10550	855453	993923	268555	725368	104045
393	89602	152781	13764	139017	13761
33534	**9048052**	**11551227**	**956025**	**10595202**	**831717**
25017	5734908	6431418	221313	6210105	742142
162	48748	51935	11830	40105	5566
460	39255	43287	1513	41773	6786
7895	3225140	5024587	721368	4303219	77223
5668	**760212**	**834836**	**188540**	**646296**	**54914**
861	98544	106171	8767	97403	12624
2851	416823	452999	26465	426534	25696
677	56528	65007	7361	57646	6266
948	177946	197546	142547	54999	9994
331	10371	13114	3400	9714	335
1000	**104650**	**122766**	**5423**	**117342**	**13609**
68	8549	8986	596	8390	457
68	13625	14890		14890	340
557	34445	38034		38034	10710
50	5058	6550		6550	1076
127	33275	43842	2923	40919	387
130	9700	10464	1905	8560	639
2147	**524768**	**645354**	**51862**	**593492**	**37961**
744	310036	380478	13294	367184	27605
270	117729	154714		154714	4761
3	590	808		808	5
844	76805	85339	31130	54209	3466
286	19609	24015	7439	16576	2124

17−6 限额以上零售业企业主要财务指标(2016)

Main Financial Indicators of Enterprises above Designated Size of Retail Trade

单位：万元 (10000 yuan)

指标	Item	主营业务收入 Revenue from Principal Business	主营业务成本 Cost of Principal Business	主营业务税金及附加 Taxes and Other Charges on Principal Business	销售费用 Selling Expenses	营业利润 Operating Profits
总　计	**Total**	**16018052**	**14452897**	**66345.7**	**722813.6**	**375759.4**
按登记注册类型分	**by Status of Registration**					
内资企业	**Domestic Funded Enterprises**	**15379697**	**13930787**	**63149.1**	**649901.3**	**323832.5**
国有企业	State-owned Enterprises	224431.6	160990.3	498.9	9206.4	4339.5
集体企业	Collective-owned Enterprises	67359.8	61181.1	223.9	1287.3	3264.5
股份合作企业	Cooperation Enterprises	30866.4	28674.2	51.7	1233.4	561.4
联营企业	Joint Ownership Enterprises	30885.6	24856.6	36.1	1325.4	2644.2
#集体联营企业	Collective Joint Ownership Enterprises	30885.6	24856.6	36.1	1325.4	2644.2
有限责任公司	Limited Liability Corporations	6896843.6	6193908.2	23621	317083.2	173577.2
国有独资公司	State Sole Funded Corporations	834071.2	747617.6	2693.4	26292.3	43342.6
其他有限责任公司	Other Limited Liability Corporations	6062772.4	5446290.6	20927.6	290790.9	130234.6
股份有限公司	Share-holding Corporations Ltd.	3348743	3215835.2	3152.1	109967.1	20822.4
私营企业	Private Enterprises	4766441.8	4234688.8	35491.3	209248.4	116151.2
私营独资企业	Private-funded Enterprises	179896.3	148687.4	2139.5	8164.5	11675.5
私营合伙企业	Private Partnership Enterprises	19759.6	15922.8	255	1199.1	1116.6
私营有限责任公司	Private Limited Liability Corporations	4410361.3	3927052.3	32503.6	194078.6	98709.8
私营股份有限公司	Private Share-holding Corporations Ltd.	156424.6	143026.3	593.2	5806.2	4649.3
其他企业	Other Enterprises	14125	10652.8	74.1	550.1	2472.1
港、澳、台商投资企业	**Enterprises with Funds From HongKong, Macao and Taiwan**	**357093.2**	**301104.1**	**2395.1**	**42110.4**	**27963.8**
合资经营企业(港或澳、台资)	Joint-venture Enterprises	284989.3	242805.2	1978.3	23033.9	27685.5
港、澳、台商独资经营企业	Enterpises with Sole Fund	70446.6	56984.9	364.8	19045.4	142.8
其他港、澳、台商投资企业	Others	1657.3	1314	52	31.1	135.5
外商投资企业	**Foreign Funded Enterprises**	**281262**	**221006.1**	**801.5**	**30801.9**	**23963.1**
中外合资经营企业	Joint-venture Enterprises	68741.5	49828.6	292.8	10286.5	5228
外资企业	Enterprises with Sole Fund	212520.5	171177.5	508.7	20515.4	18735.1
按国民经济行业分	**by Sector**					
综合零售	**Integrated Retail**	**2112171.3**	**1748765**	**21413.8**	**205766.9**	**92844.7**
百货零售	Retail of General Merchandise	951652.5	786848.9	14772.5	88699.3	55275.1
超级市场零售	Retail of Supermarkets	1073247.3	887098.6	6412	110743.9	35974.9
其他综合零售	Other Integrated Retail	87271.5	74817.5	229.3	6323.7	1594.7
食品、饮料及烟草制品专门零售	**Retail of Food,Beverages and Tobaccos**	**675845.8**	**583543.4**	**6658.7**	**28284.4**	**26300.5**
粮油零售	Retail of Grain and Oil	130525.5	120274	655.1	3871.3	-1833.4
糕点、面包零售	Retail of Pastries and Bread	1398	1086	64	32.7	56
果品、蔬菜零售	Retail of Fruits and Vegetables	67943	55977.7	328.9	2985.2	6814.5
肉、禽、蛋奶及水产品零售	Retail of Meat, Poultry, Eggs and Aquatic Products	129322.7	127236.6	128.8	657.2	332.2
营养和保健品零售	Retail of nutrition and health care products	561.3	486.2	18.4	21.5	7.2
酒、饮料及茶叶零售	Retail of Wine,Beverages and Tea	308138.2	247496.1	4783.6	19074.4	18361.1
其他食品零售	Other Food Retail	37957.1	30986.8	679.9	1642.1	2562.9
纺织品、服装及日用品专门零售	**Special Retail of Textiles, Wearing Apparel and Household Articles**	**153185.1**	**115521.1**	**717.2**	**18699.8**	**11383.8**
纺织品及针织品零售	Retail of Textiles and Knitwear	1144.6	970.3	3.9	83	11.7
服装零售	Retail of Garments	116235.4	85983.3	499.6	12935.9	12039.3
鞋帽零售	Retail of Shoes and Hats	24547.7	18785.6	166	4919.8	-812.8

17-6 续表 continued

单位：万元 (10000 yuan)

指 标	Item	主营业务收入 Revenue from Principal Business	主营业务成本 Cost of Principal Business	主营业务税金及附加 Taxes and Other Charges on Principal Business	销售费用 Selling Expenses	营业利润 Operating Profits
化妆品及卫生用品零售	Retail of Cosmetic and Hygiene Products	3164	2899.9	2.7	169.6	18.6
钟表、眼镜零售	Retail of Horologe and Spectacles	4784.8	4214.9	29.2	317.5	91.2
箱、包零售	Retail of Case and Package	474.5	379.6	1.4	2.4	45.5
厨房用具及日用杂品零售	Retail of Kitchen utensils and Daily Consumer Articles Sundry Goods	640.2	452.3	4.9	162.4	-154.7
其他日用品零售	Retail of Other Daily Consumer Use	2193.9	1835.2	9.5	109.2	145
文化、体育用品及器材专门零售	**Retail of Culture,Sporting Appliances and Equipments**	**194231.7**	**157849.4**	**819.2**	**13811.2**	**9701.7**
文具用品零售	Retail of Stationery	4458.9	3512.7	62.2	88.1	542.1
体育用品及器材零售	Retail of Sporting Goods	2670.3	2342.5	7	124.1	66.7
图书、报刊零售	Retail of Books, newspapers and periodicals	144326.4	117593.6	143.4	9693.8	6680.2
音像制品及电子出版物零售	Retail of Audio and Visual Products and Electronic Publications	8345.1	6739.3	0.1	627.6	311.1
珠宝首饰零售	Retail of Jewelry	18040.9	14479.1	547.7	2563.9	647.5
工艺美术品及收藏品零售	Retail of Arts and Handicrafts and Collections	6543.1	4544.6	49.9	241.8	1280.1
照相器材零售	Retail of Photographic Equipment	2661.7	2481.4	2.5	40.6	3.4
其他文化用品零售	Retail of Other Cultural Articles	7185.3	6156.2	6.4	431.3	170.6
医药及医疗器材专门零售	**Retail of Medicines and edical Appliances**	**987966.5**	**847600.3**	**3805.9**	**61195.2**	**30823.2**
药品零售	Retail of Medicines	856801.4	739674.6	3280.1	54304.6	23706.1
医疗用品及器材零售	Retail of Medical Articles and Appliances	131165.1	107925.7	525.8	6890.6	7117.1
汽车、摩托车、燃料及零配件专门零售	**Retail of Motor Vehicles, Motorcycles, Fuel and Parts**	**10453670**	**9740452**	**21546.2**	**288101**	**154903.7**
汽车零售	Retail of Automobiles	5899386	5491333	15057.9	152282	74895.2
汽车零配件零售	Retail of Automobile Fittings	46166.5	43143.9	73.7	1222.9	847.8
摩托车及零配件零售	Retail of Motorcycles and Parts	44215.7	37690.8	1088.3	1197.6	2447.8
机动车燃料零售	Retail of Fuel of Motor Fuel	4463902	4168284	5326.3	133398	76712.9
家用电器及电子产品专门零售	**Special Retail of Household Electrical Appliances and Electronic Products**	**750026.5**	**661200.5**	**4782.5**	**45791.3**	**13600.2**
家用试听设备零售	Retail of Household Audio and Vidio Appliances	102261.3	93156.8	337.7	4571.6	739.3
日用家电设备零售	Retail of Household Electrical Appliances	397286.5	343087	3335.7	29638.2	6274.8
计算机、软件及辅助设备零售	Retail of Computer,Software and Assistant Appliances	60795.5	53080	767.9	2044.2	2345.3
通讯设备零售	Retail of Communication Equipments	178077.9	162699.1	282.7	9508.8	2889.1
其他电子产品零售	Retail of Other Electronic Products	11605.3	9177.6	58.5	28.5	1351.7
五金.家具及室内装修材料专门零售	**Special Retail of Hardware, Furniture and Interior Decoration Materials**	**116951.7**	**98216.1**	**3637.8**	**2893.1**	**7460.6**
#五金零售	Retail of Hardware	10849	9283.7	189.6	178.9	502.3
灯具零售	Retail of Light Fittings	14553.6	13960.3	42.2	5	102.8
家具零售	Retail of Furniture	36102.7	28586.1	2010.5	1387.8	2159.3
木质装饰材料零售	Retail of Wooden decorative Materials	5771.6	4372.9	39.3	821.9	321.8
陶瓷、石材装饰材料零售	Retail of Ceramics, Stone Decorative Materials	39193.8	33545.2	1162.3	246.7	3384.2
其他室内装修材料零售	Retail of Other Interior Decoration Materials	10481	8467.9	193.9	252.8	990.2
货摊、无店铺及其他零售	**Stalls,Non-shop and Other Retails**	**574003.4**	**499749.8**	**2964.4**	**58271**	**28741**
#互联网零售	E-commerce Retail	332739.5	308886	1406.3	17970.4	12499.3
邮购及电视、电话零售	Retails by Post, TV and telephone	132281.5	100657.8	740.9	35870.2	4685.5
旧货零售	Retail of Second-hand Goods	784.4	589.5	23.5	70	29.4
生活用燃料零售	Retail of Fuel for Daily Use	78381.2	64791.3	285.9	3299.3	10066.7
其他未列明零售	Other Retails not Classified Elsewhere	29816.8	24825.2	507.8	1061.1	1460.1

17−7 商品交易市场

Commodity Exchange Markets

单位：个 (unit)

指　标	Item	2012	2013	2014	2015	2016
商品交易市场数	**Number of Commodity trading markets**	**1658**	**1521**	**1494**	**1300**	**1244**
消费品市场数	**Number of Consumable Markets**	**1614**	**1443**	**1449**	**1257**	**1200**
消费品综合市场	Consumable Comprehensive Markets	705	586	616	556	560
农副产品市场	Agricultural Subproduct Markets	811	742	717	603	497
农副产品综合市场	Agricultural Subproduct Integrative Markets	786				
农副产品专业市场	Agricultural Subproduct Special Markets	25				
工业消费品市场	Industrial Consumable Markets	58	42	43	31	27
工业消费品综合市场	Industrial Consumable Comprehensive Markets	32				
工业消费品专业市场	Industrial Consumable Special Markets	26				
其他消费品市场	Other Consumable Markets	40	73	73	67	116
生产资料市场数	**Number of Production Markets**	**44**	**78**	**45**	**43**	**44**
生产资料综合市场	Production Comprehensive Markets	3	12	4	8	14
工业生产资料市场	Industrial Production Markets	31	28	32	27	22
机动车交易市场	Motor Vehicle Markets	12				
钢材交易市场	Steel Markets	7				
煤炭交易市场	Coal and Charcoal Markets	1				
木材交易市场	Wood Markets	6				
其他工业生产资料市场	Other Means of Industrial Production Market	5				
农业生产资料市场	Agricultural Production Markets	7	8	7	6	7
农业生产资料综合市场	Agricultural Production Comprehensive Markets	4				
农业生产资料专业市场	Agricultural Production Special Markets	3				
其他生产资料市场	Others	3	30	2	2	1

注：资料来源于省工商局。

Note:Data in the table are provided by the provincial administration for industry and commerce.

17-8 限额以上住宿业和餐饮业

Basic Conditions of Enterprises above Designated Size in Hotels and Catering Services

指 标	Item	2012	2013	2014	2015	2016
住宿业	**Hotels**					
法人企业(个)	Number of Corporation Enterprises(unit)	318	395	464	494	573
年末从业人数(人)	Engaged Hersons at Year-end (person)	31793	32580	34125	32722	34744
营业额(亿元)	Business Revenue (100 million yuan)	35.88	41.99	46.70	50.83	60.59
#客房收入	From Hotel Rooms	20.31	25.25	28.57	30.97	37.03
餐费收入	From Meals	12.25	13.12	14.01	15.02	18.18
客房数(万间)	Number of Rooms(10000 rooms)	3.76	4.39	6.02	5.46	8.43
床位数(万张)	Number of Beds(10000 beds)	6.32	7.31	9.51	8.95	13.90
年末餐饮营业面积(万平方米)	Business Area of Catering Services at Year-end(10000 sq.m)	64.65	56.81	66.68	73.13	101.05
餐饮业	**Catering Services**					
法人企业(个)	Number of Corporation Enterprises (unit)	183	304	385	385	511
年末从业人数(人)	Employed Persons at Year-end (person)	17593	19645	17355	15016	17334
营业额(亿元)	Business Revenue (100 million yuan)	19.02	21.12	22.70	23.67	31.65
#餐费收入	From Meals	16.42	17.99	19.10	19.75	27.01
年末餐饮营业面积(万平方米)	Business Area of Catering Services at Year-end(10000 sq.m)	40.44	53.90	58.73	54.61	63.82

17-9 限额以上住宿业企业(2016)

单位：万元

指标	Item	法人企业(个) Number of Corporations Enterprises (unit)	从业人员平均人数(人) Engaged Persons at Year-end (person)	营业额 Business Revenue	#客房收入 from Hotel Rooms	#餐费收入 from Meals
合计	**Total**	**573**	**34260**	**605919.3**	**370259**	**181792.2**
按登记注册类型分	**by Status of Registration**					
内资企业	**Domestic Funded Enterprises**	**568**	**33644**	**594599.2**	**364879.7**	**177341.4**
国有企业	State-owned Enterprises	23	2052	36902.3	20297.5	13487.1
集体企业	Collective-owned Enterprises	6	163	8033.3	4971.4	1780.3
有限责任公司	Limited Liability Corporations	170	14779	283143.2	157954.4	94639.3
国有独资公司	State Sole Funded Corporations	9	1616	33993.5	12388.9	15619.7
其他有限责任公司	Other Limited Liability Corporations	161	13163	249149.7	145565.5	79019.6
股份有限公司	Share-holding Corporations Ltd.	6	334	13594.8	7457.4	4165.2
私营企业	Private Enterprises	357	16065	246003	169518.6	61130
私营独资企业	Private-funded Enterprises	77	1924	49279.1	34001.3	11798.6
私营合伙企业	Private Psrtrership Enterprises	12	576	6859	4280.4	1950.8
私营有限责任公司	Private Limited Liability Corporations	258	13002	181646.5	126751.5	45626.6
私营股份有限公司	Private Share-holding Corporations Ltd	10	563	8218.4	4485.4	1754
其他企业	Other Enterprises	6	251	6922.6	4680.4	2139.5
港、澳、台商投资企业	**Enterprises with Funds From Honkong, Macao and Taiwan**	**4**	**401**	**8056**	**3771.5**	**3093.4**
独资经营企业	Enterpises with Sole Fund	3	364	6378.3	3190.1	2573.5
投资股份有限公司	Share-holding Corporations Ltd. with Investment	1	37	1677.7	581.4	519.9
外商投资企业	**Enterprises with Foreign Investment**	**1**	**215**	**3264.1**	**1607.8**	**1357.4**
中外合资经营企业	Joint-venture Enterprises	1	215	3264.1	1607.8	1357.4
按国民经济行业分	**by Sector**					
旅游饭店	Tourist Hotel	372	27011	489008.8	286568.8	156183.9
一般旅馆	Fonda	183	6498	105670.7	76077.2	22939.3
其他住宿业	Others	18	751	11239.8	7613	2669

Basic Conditions of Enterprises above Designated Size in Hotel Services

(10000 yuan)

主营业务收入 Revenue from Principal Business	主营业务成本 Cost of Principal Business	主营业务税金及附加 Taxes and Other Charges on Principal Business	利润总额 Total profit	资产总计 Total Assets	#流动资产合计 Total Current Assets	#固定资产合计 Total Fixed Assets	负债合计 Total Liabilities	所有者权益 Total Owners' Equity
583079.7	**291508.1**	**16913**	**-9192.4**	**1874687.8**	**700587.8**	**730643.5**	**1297067.1**	**577620.7**
572064.3	**286234.6**	**16532.4**	**-8752.4**	**1852499.5**	**698803.5**	**712996.6**	**1286436.7**	**566062.8**
34837.7	16034.3	1211.5	1141.2	50506.4	16933.3	28107.5	30166.5	20339.9
7394.9	3894.8	446.7	1335.8	10766	864.5	9595.6	1435.3	9330.7
271285.2	134776.4	7867.2	-17653.4	998826.6	382873.7	426375.7	790914.2	207912.4
31548.8	12147	623.5	3148.4	75659.6	32953.4	30695.8	39938.2	35721.4
239736.4	122629.4	7243.7	-20801.8	923167	349920.3	395679.9	750976	172191
13454.6	6956.3	580.6	2852.7	14408	6795.6	7204.8	3269.9	11138.1
238476.7	121786.4	6242	1344.9	772028.8	290106	237856.4	458783.4	313245.4
49272.1	32111.1	1353.1	4513.4	73801.3	20489.9	45162	22181.3	51620
7832.4	4303.8	195.5	801.1	9018.6	2314.6	6053	3511.8	5506.8
173832.6	81391.8	4531.9	-4381.9	663638.3	254892.3	179498.3	418650.5	244987.8
7539.6	3979.7	161.5	412.3	25570.6	12409.2	7143.1	14439.8	11130.8
6615.2	2786.4	184.4	2226.4	5963.7	1230.4	3856.6	1867.4	4096.3
7894.5	**4755.6**	**196.7**	**-215.4**	**12005.6**	**924.7**	**10863.8**	**8742.4**	**3263.2**
6216.8	3604.7	146.4	-585	10415.4	886.1	9327.3	8509.4	1906
1677.7	1150.9	50.3	369.6	1590.2	38.6	1536.5	233	1357.2
3120.9	**517.9**	**183.9**	**-224.6**	**10182.7**	**859.6**	**6783.1**	**1888**	**8294.7**
3120.9	517.9	183.9	-224.6	10182.7	859.6	6783.1	1888	8294.7
470420.6	230683.8	13519.5	-10723.6	1592338.7	600638.7	623428.2	1157556.7	434782
101505.6	54799.1	3052	1570.3	258241.8	87197.5	98734.5	128925.3	129316.5
11153.5	6025.2	341.5	-39.1	24107.3	12751.6	8480.8	10585.1	13522.2

17-10 限额以上餐饮业企业(2016)

单位：万元

指标	Item	法人企业(个) Number of corporation Enterprises (unit)	从业人员平均人数(人) On average of staff (engaged persons)	营业额 Business Revenue	#餐费收入 From Meals
合计	**Total**	**511**	**18134**	**316486**	**270076**
按登记注册类型分	**by Status of Registration**				
内资企业	**Domestic Funded Enterprises**	**511**	**18134**	**316486**	**270076**
国有企业	State-owned Enterprises	3	186	2082	1404
集体企业	Collective-owned Enterprises	1	41	290	225
有限责任公司	Limited Liability Corporations	88	4303	93698	77693
国有独资公司	State Sole Funded Corporations	2	120	1844	1722
其他有限责任公司	Other Limited Liability Corporations	86	4183	91854	75971
股份有限公司	Share-holding Corporations Ltd.	3	232	4885	2861
私营企业	Private Enterprises	409	13198	211141	184532
私营独资企业	Private-funded Enterprises	151	2963	53101	48853
私营合伙企业	Private Psrtrership Enterprises	5	461	7745	7180
私营有限责任公司	Private Limited Liability Corporations	246	9315	145729	125749
私营股份有限公司	Private Share Holding Co.Ltd	7	459	4566	2751
其他	Other Enterprises	7	174	4390	3361
按国民经济行业分	**by Sector**				
正餐服务	Restaurant	494	17282	304133	257945
快餐服务	Fast Food	3	81	1053	1053
饮料及冷饮服务	Beverages and Cold Drinks	4	63	1140	1088
#咖啡馆服务	Coffee Library Services	3	59	736	736
其他餐饮业	Others	10	708	10160	9990
#小吃服务	Snack Service	2	25	613	528
餐饮配送服务	Food Delivery Service	6	604	8560	8493
其他未列明餐饮业	Other food and beverage industry not Listed	2	79	988	969

Basic Conditions of Enterprises above Designated Size in Catering Services

(10000 yuan)

主营业务收入 Revenue from Principal Business	主营业务成本 Cost of Principal Business	主营业务税金及附加 Taxes and Other Charges on Principal Business	利润总额 Total profit	资产总计 Total Assets	#流动资产合计 Current Assets	#固定资产合计 Total Fixed Assets	负债合计 Total Liabilities	所有者权益 Total Owners' Equities
304158	**183957**	**8381**	**28518**	**404941**	**190607**	**133935**	**248781**	**156160**
304158	**183957**	**8381**	**28518**	**404941**	**190607**	**133935**	**248781**	**156160**
1782	1012	69	-493	606	373	202	933	-327
284	151	6	-88	429	94	336	960	-530
90521	54585	2656	11955	109778	54285	32701	68214	41563
1406	846	58	277	15336	7266	58	5267	10069
89115	53739	2599	11678	94442	47019	32643	62947	31494
4590	1541	177	1144	9089	8285	426	7875	1213
202617	123647	5326	15460	282292	126891	98260	170227	112065
52799	35937	1578	5098	32951	9646	18747	12470	20482
7487	3295	162	666	7418	1830	3984	2176	5242
137902	82087	3449	10770	191954	89049	56853	109525	82429
4429	2329	136	-1075	49969	26365	18676	46056	3913
4364	3021	147	540	2748	679	2011	573	2175
291521	174094	8241	28184	392688	182368	131157	241432	151256
1053	539	6	217	954	69	865	292	662
775	497	66	-91	620	573	47	393	227
766	494	66	-91	620	573	47	393	227
10810	8827	68	208	10679	7597	1866	6664	4015
599	328	10	229	672	79	547	365	307
9223	7890	14	-52	9544	7305	1201	6185	3358
988	610	44	30	464	213	118	114	350

主要统计指标解释

社会消费品零售总额 指企业（单位、个体户）通过交易直接售给个人、社会集团非生产、非经营用的实物商品金额，以及提供餐饮服务所取得的收入金额。个人包括城乡居民和入境人员，社会集团包括机关、社会团体、部队、学校、企事业单位、居委会或村委会等。

社会消费品零售总额包括：（1）售给城乡居民作为生活用的商品和修建房屋用的建筑材料；（2）售给社会集团的各种办公用品和公用消费品；（3）售给机关、团体、学校、部队、企业、事业单位的职工食堂和旅店(招待所)附设专门供本店旅客食用，不对外营业的食堂的各种食品、燃料；企业、单位和国营农场直接售给本单位职工和职工食堂的自己生产的产品；（4）售给部队干部、战士生活用的粮食、副食品、衣着品、日用品、燃料；（5）售给来华的外国人、华侨、港澳台同胞的消费品；（6）居民自费购买的中、西药品、中药材及医疗用品；（7）报社、出版社直接售给居民和社会集团的报纸、图书、杂志，集邮公司出售的新、旧纪念邮票、特种邮票、首日封、集邮册、集邮工具等；（8）旧货寄售商店自购、自销部分的商品；（9）煤气公司、液化石油气站售给居民和社会集团的煤气灶具和罐装液化石油气；（10）农民售给非农业居民和社会集团的商品。不包括售给国民经济各部门企业、事业单位(包括国有经济的农场)生产经营用的各种原材料、燃料、设备、工具等和售给批发和零售贸易业、住宿和餐饮业作为转卖用的商品，旧货寄售商店受托寄售卖出的商品，服务业的营业收入，邮局出售邮票的收入，自来水、电力、煤气生产(供应)单位的产品供应收入，也不包括农民之间的商品销售。

商品购进额 指从本企业以外的单位和个人购进（包括从国外直接进口）作为转卖或加工后转卖的商品金额（含增值税）。商品购进包括：（1）从工农业生产者、批发和零售业企业、住宿和餐饮业企业、出版社或报社的出版发行部门和其他服务业企业购进的商品；（2）从机关团体、事业单位购进的商品；（3）从海关、市场管理部门购进的缉私和没收的商品；（4）从居民收购的废旧商品等，不包括：①企业为本单位自身经营用，不是作为转卖而购进的商品，如材料物资、包装物、低值易耗品、办公用品等；②未通过买卖行为而收入的商品，如接受其他部门移交的商品、借入的商品、收入代其他单位保管的商品、其他单位赠送的样品、加工回收的成品等；③经本单位介绍，由买卖双方直接结算，本单位只收取手续费的业务；④销售退回和买方拒付货款的商品；⑤商品溢余。

商品销售额 指对本单位以外的单位和个人出售的商品金额（包括售给本单位消费用的商品，含增值税）。商品销售包括：（1）售给城乡居民和社会集团消费用的商品；（2）售给农业、工业、建筑业、服务业等国民经济各行业用于生产、经营用的商品，包括售予批发和零售业作为转卖或加工后转卖的商品；（3）对国（境）外直接出口的商品。不包括：①未通过买卖行为付出的商品，如随机构变动移交给其他企业单位的商品、借出的商品、归还受其他单位委托代保管的商品、付出的加工原料和赠送给其他单位的样品等；②经本单位介绍，由买卖双方直接结算，本单位只收取手续费的业务；③购货退回的商品；④商品损耗和损失；⑤出售本单位自用的废旧物资。

商品库存额 对于批发和零售业法人单位和个体经营户，是指报告期末取得所有权的全部商品金额（含增值税）；对于批发和零售业产业活动单位，是指报告期末实际在库且归属法人具有所有权的全部商品金额（含增值税）。它反映批发和零售业企业(单位)的商品库存情况和对市场商品供应的保证程度。商品库存包括：(1)存放在批发和零售业经营单位(如门市部、批发站、经营处)仓库、货场、货柜和货架中的商品；(2)挑选、整理、包装中的商品；(3)已记入购进而尚未运到本单位的商品，即发货单或银行承兑凭证已到而货未到的商品；(4)寄放他处的商品，如因购货方拒绝承付而暂时存放在购货方的商品和已办完加工成品收回手续而未提回的商品；(5)委托其他单位代销(未作销售或调出)尚未售出的商品；(6)代其他单位购进尚未交付的商品。库存商品不包括所有权不属于本单位的商品、委托外单位加工生产尚未收回成品的商品、外贸企业代理其他单位从国外进口尚未付给订货单位的商品、代国家物资储备部门保管的商品等。

住宿业 指有偿为顾客提供临时住宿的服务活动。不包括提供长期住宿场所的活动，如出租房屋、公寓等，列入房地产开发经营。

餐饮业 指在一定场所，对食物进行现场烹饪、调制，并出售给顾客主要供现场消费的服务活动。

营业额 指住宿和餐饮业法人企业（单位）在经营活动中因提供服务或销售商品等取得的收入。包括客房收入、餐费收入、商品销售额和其他收入。其中，客房收入指住宿和餐饮业法人企业（单位）在经营活动中因提供住宿服务取得的收入。餐费收入指住宿和餐饮业法人企业（单位）因为顾客提供就餐服务取得的收入，包括经烹饪、调制加工后出售的各种食品，如主食、炒菜、凉拌菜等的收入。

Explanatory Notes on Main Statistical Indicators

Total Retail Sales of Consumer Goods refers to enterprises (units and self-employed) by trading sold directly to individuals, social groups, non production and non business use of the physical amount of goods, and provide catering services achieved the amount of revenue. Individuals, including urban and rural residents and immigration personnel, social groups, including organs, social groups, troops, Schools, enterprises and institutions, neighborhood committees, etc.

The total retail sales of consumer goods include: (1) commodities sold to urban and rural residents for their daily use and building materials sold to them for the construction or repair of houses; (2) office appliances and supplies sold to institutions; (3) food and fuels sold to canteens of institutions, enterprises ,schools ,military units and to canteens of hotels and hostels that only serve their guests ,and commodities produced by enterprises ,institutions or state farms and sold directly to their employees or their canteens; (4) grain and non-staple food, clothing ,daily articles and fuels sold to military personnel; (5)consumer goods sold to foreigners, overseas Chinese, and Chinese compatriots from Taiwan, Hong Kong and Macao during their stay in the mainland of China; (6) Chinese and western medicines, herbs and medical facilities purchased by residents; (7) newspapers, books and magazines directly sold to residents and social groups by publishers, new and old commemorative stamps, special stamps, first-day covers, stamp albums and other stamp-collection articles sold by stamp companies; (8) consumer goods purchased and then sold by second-hand shops; (9) stoves and other heating facilities and liquefied gas sold by gas companies to households and institutions; and (10) commodities sold by farmers to non-agricultural residents and social groups. Excluded under this heading are: raw materials, fuels, equipment, tools sold to enterprises, institutions and state farms for production purpose; commodities sold to trade establishments for re-selling; commissioned sales at second-hand shops; operational income of urban public utilities; stamps sold at post offices; income of water, power, gas production and supply establishments from the supply of their products; and sales of commodities among farmers.

Purchases of Commodities refer to the total value of purchases of commodities by enterprises (establishments) from other establishments or individuals (including direct import from abroad) for the purpose of re-selling, either with or without further processing of the commodities purchased. The commodities include: (1) commodities purchased from agricultural and industrial producer, wholesaler, retailer, publishing house and other service business; (2) commodities purchased from institutions and government departments; (3) confiscated goods purchased from the customs authorities or market management agencies; (4) second-hand goods and wastes purchased from residents; The commodities exclude: ①commodities purchased by enterprises (establishments) for use in their own business operation, commodities obtained without buying or selling procedures such as materials, consumable goods of low value, office appliance, etc. ②received goods without trading, such as goods handed over from others, borrowed goods, preserved goods for others, donated goods from others, processed and retrieved goods, etc. ③goods of direct settlement between buyer and seller with handling fees introduced by others, ④goods returned or refused to pay by the buyer, ⑤excessive goods.

Sales of Commodities refer to value of commodities sold by the establishments to other establishments and individuals (including goods sold for self consumption, including the value-added tax). The commodities include: (1) commodities sold to urban and rural residents and social groups for their consumption; (2) commodities sold to establishments in all industries for their production and operation, including agriculture, industry, construction, transportation, post and telecommunications, catering services, and public utility including commodities sold to wholesale and retail establishments for re-selling, with or without further processing; and (3) commodities for direct export to abroad. Excluded are ①extended commodities without trading, such as goods handed over to other enterprises and institutions becase of the change of organizations, lent goods, returned goods preserved for others, extended processing materials and samples donated to others, ②goods of direct settlement between buyer and seller with handling fees introduced by others, ③goods returned after purchase, ④damaged and spoiled goods, ⑤waste and used goods of self use.

Stock of Commodities refers to total commodities possessed by wholesaler and retailer of various types of registration status at the end of the reference period, reflecting the commodity stock level of various wholesaler and retailer and the potential for market supply. It includes: (1) commodities located in storage, garages, counters, and shelves of operating places (such as sale stores, wholesale centers, and operating offices); (2) commodities in the process of being selected, sorted, and packed; (3) commodities not arrived but recorded as purchase in the account, i.e. commodities not arrived but payment receipts for the commodities from the sellers or the banks arrived; (4) commodities deposited in other places rather than places mentioned above, for instance: commodities in the hold of purchasers temporarily due to the refusal of payment and commodities not taken back after going through the formalities; (5) commodities entrusted to other units to sell but not sold yet; (6) commodities purchased for other units but not delivered yet. Commodities not included as stock are those not owned by the enterprises (units), commodities on commission for processing but not yet delivered, imported commodities of agency of foreign trade enterprise but not yet delivered to ordering units and finally those put in stock on behalf of the state material reserves units.

Hotel Services refer to the activities of enterprises providing paid services of lodging to the customer, excluding the activities of providing long period of services of lodging, such as leased house and apartments, which are shown in development and operation of real estate.

Catering Services refer to the activities of enterprises providing on-the-spot services of selling food cooked and prepared to the customer in certain sites.

Business Revenue refers to revenue received from providing services or selling commodities by enterprises and establishments engaged in hotels and catering services, including income from hotels, from catering services, from selling of commodities and from other services. Income from hotels refers to income of enterprises and establishments engaged in hotels and catering services by providing lodging services. Income from catering services refers to income of enterprises and establishments engaged in hotels and catering services by providing catering services, including selling of cooked or prepared foods, such as staple food, cooked dishes, or cold dishes.

旅游业

Tourism 18

简 要 说 明

一、主要内容

本篇主要反映全省旅游业发展情况。包括旅游业基本情况、旅游外汇收入、旅游业接待经营、风景名胜区等基本情况。

二、资料来源

本篇资料由省旅游发展委提供。

Brief Introduction

I. Main Contents

Data in this chapter reflect the development of tourism in Guizhou. They mainly include: tourism basic conditions, tourism foreign exchange earnings, tourism reception business, basic conditions of scenic area etc.

II. Sources of Data

Data in this chapter are provided by Guizhou Tourism Development Committee.

18−1 旅游业
Tourism

指　　标	Item	2012	2013	2014	2015	2016
旅行社总数(个)	**Total Number of Travel Agencies(unit)**	**302**	**321**	**337**	**353**	**364**
出境游组团旅行社	International Travel Agencies	13	16	19	22	27
国内及入境旅游旅行社	Domestic Travel Agencies	289	305	318	331	337
旅行社职工人数(人)	**Number of Staff and Workers of Travel Agencies(person)**	**3624**	**3852**	**5242**	**5540**	**5873**
出境游组团旅行社	International Travel Agencies	260	316	1010	1120	1135
国内及入境旅游旅行社	Domestic Travel Agencies	3364	3536	4232	4420	4738
旅游总人数(万人次)	**Total Number of Tourists (10000 person-times)**	**21401.18**	**26761.28**	**32134.94**	**37630.01**	**53148.42**
入境旅游人数	Number of Overseas Visitor Arrivals	70.50	77.70	85.50	94.09	110.19
外国人	Foreigners	30.42	31.97	35.94	39.83	51.83
港澳同胞	Chinese Compatriots From Hong Kong and Macao	20.85	22.93	24.55	27.06	29.13
台湾同胞	Chinese Compatriots From Taiwan Province	19.23	22.80	25.01	27.20	29.24
国内旅游人数	Total Number of Domestic Tourists	21330.68	26683.58	32049.44	37535.92	53038.23
旅游总收入(亿元)	**Tourism Earnings (100 million yuan)**	**1860.16**	**2370.65**	**2895.98**	**3512.82**	**5027.54**
国际旅游外汇收入(万美元)	Foreign Exchange Earnings from International Tourism (USD 10000)	16893.60	20143.41	21671.23	20111.94	25270.74
国内旅游收入(亿元)	Earnings from Domestic Tourism (100 million yuan)	1849.49	2358.18	2882.66	3500.46	5011.94
三大旅行社接待入境旅游人数(万人次)	**Number of International Tourists Received by Three Major Travel Service (10000 person-times)**	**1.27**	**3.66**	**5.62**	**4.43**	**3.69**
中国国际旅行社	China International Travel Service	0.77	0.73	0.53	0.65	0.3
贵州海外旅游总公司	Guizhou Overseas Tourism Corporation	0.14	2.55	4.68	3.34	2.83
中国青年旅行社	China Youth Travel Service	0.36	0.38	0.41	0.44	0.56

注：1.资料来源于省旅游发展委；2.2015年旅游统计口径调整，旅游收入按过夜游客花费和一日游游客花费进行核算，2014年及以前国际旅游外汇收入按过夜游客花费核算。（以下相关表同）

Note: 1.Data in the table are come from Guizhou Tourism Development Committee 2.The tourism statistics caliber are changed in 2015,tourism earnings of overnight tourism and one-day tour tourism consumption. Foreign exchang earnings from international tourism are calulated by overnight tourism consumption. (The relative tables are the same).

18−2 旅游外汇收入

Foreign Exchange Earnings from Tourism

单位：万美元 (USD 10000)

指　标	Item	2012	2013	2014	2015	2016
旅游外汇收入	**Tourism foreign exchange earnings**	**16893.60**	**20143.41**	**21671.20**	**20111.94**	**25270.74**
长途交通	Long Distance Transportation	5084.97	5881.90	5981.26	5144.37	6463.61
游　览	Sightseeing	658.85	1087.70	931.86	1148.28	1442.81
住　宿	Accommodation	1756.93	2598.50	2383.84	1594.18	2003.77
餐　饮	Food and Beverage	1114.98	1631.60	1625.34	1091.67	1372.06
商品销售	Shopping	4983.61	5398.40	5894.57	6421.88	8068.14
娱　乐	Entertainment	929.15	725.20	1516.99	612.98	770.68
邮电通讯	Postal and Communication Services	439.23	543.90	476.77	616.73	775.73
市内交通	Local Transportation	388.55	745.30	671.81	394.65	495.26
其他服务	Other Service	1537.33	1530.90	2188.79	3087.20	3878.67

18−3 接待外国旅游人数(按地区分)

Number of Overseas Tourists Visiting Guizhou(by Country/Territory)

单位：人次 (person-time)

指　标	Item	2012	2013	2014	2015	2016	2016年比2015年增长(%) Increase Rate in 2016 over2015(%)
接待外国旅游人数	**Number of Overseas Tourists Visiting Guizhou**	**304168**	**319743**	**359356**	**398307**	**518277**	**30.1**
亚　洲	Asia	122958	131790	138688	144649	197080	36.3
非　洲	Africa	2165	2250	4580	10193	11063	8.5
欧　洲	Europe	81799	85065	103327	116948	153731	31.5
拉丁美洲	Latin America	61853	64987	67391	68720	89745	30.6
大洋洲	Oceania	30354	30406	31482	26686	34176	28.1
其　他	Others	5039	5245	13888	31112	32482	4.4

18-4 来黔境外旅游人数及人均消费支出

Number of Overseas Tourists Visiting Guizhou and Average Per Capita Spending

指　标	Item	2012	2013	2014	2015	2016	2016年比2015年增长(%) Increase Rate in 2016 over2015(%)
来黔境外旅游人数（万人次）	**Number of Foreign Tourists Visiting Guizhou(10000 person-times)**	**70.50**	**77.70**	**85.50**	**94.09**	**110.19**	**17.1**
外国人	Foreigner	30.42	31.98	35.94	39.83	51.83	30.1
港澳同胞	Chinese Compatriots From Hong Kong and Macao	20.85	22.92	24.55	27.06	29.13	7.7
台湾同胞	Chinese Compatriots from Taiwan Province	19.23	22.80	25.01	27.20	29.24	7.5
平均每人逗留天数(天/人)	Average Days Tourists Stay in Guizhou Per Capita (day/person)	1.43	1.41	1.44	1.51	1.85	22.5
平均每人每天消费支出(美元/人、天)	Average Per Capita Daily Spending (USD/person-day)	167.13	181.05	180.65	201.01	189.29	-5.8

18-5 旅馆业接待经营

Operation of Hotels

指　标	Item	2012	2013	2014	2015	2016
接待能力	**Capacity**					
年末客房数(间)	Guest Rooms (Year-end) (unit)	29358	32058	31320	32473	33840
年末客房床位数(张)	Guest Beds (Year-end) (bed)	51687	55738	53922	54114	60331
客房开房率(%)	Room Occupancy Rate(%)	64.3	59.9	57.7	58.5	61.7
#星级宾馆	Star-rated Hotels	64.1	60.6	57.7	57.3	60.2
实际住宿人次数(万人次)	Actual Number of Guests (10000 person-times)	775.15	823.39	767.31	790.59	882.26
#海外来黔	Overseas Visitors	70.50	77.70	85.50	68.59	72.29
实际住宿人天数(万人天)	Actual Number of Guests and Days of Stay (10000 person-days)	1092.97	1198.42	1135.62	1201.69	1358.68
#海外来黔	Overseas Visitors	101.18	109.60	123.46	103.80	133.50
经营和财务	**Management and Financial**					
营业收入(万元)	Operational Revenue(10000 yuan)	245265	261241	239211	266432	260562

18-6 星级饭店个数
Star-rated Hotels

单位：个 (unit)

指　　标	Item	2012	2013	2014	2015	2016
星级饭店个数	**The number of Star-rated Hotels**	**368**	**377**	**358**	**343**	**308**
按经济类型分	**Grouped by Ownership**					
国有经济	State-owned	80	77	63	63	56
集体经济和私营经济	Collective-owned	287	299	294	279	248
外商投资经济	Foreign Funded	1	1	1	1	4
按规模分	**Grouped by Capacity**					
客房总数300间以上	With Above than 300 Rooms	5	7	7	11	14
客房总数200−299间	With 200-299 Rooms	16	20	17	18	19
客房总数100−199间	With 100-199 Rooms	76	84	81	95	82
客房总数99间以下	With Less than 100 Rooms	271	266	253	219	193

18-7 风景名胜区
National Parks

名　称	Name	级 别	地　址
红枫湖风景名胜区	Hongfeng Lake National Park	国家级	贵州省贵阳市清镇市
黄果树风景名胜区	Huangguoshu Waterfalls National Park	国家级	贵州省安顺市镇宁、关岭县
龙宫风景名胜区	The Dragon Palace National Park	国家级	贵州省安顺市西秀区
织金洞风景名胜区	Zhijin Cave National Park	国家级	贵州省毕节市织金县
九洞天风景名胜区	Jiudongtian National Park	国家级	贵州省毕节市大方、纳雍县
马岭河峡谷——万峰湖风景名胜区	Malinghe Canyon ----Wanfeng Lake National Park	国家级	贵州省黔西南州兴义市
㵲阳河风景名胜区	Wuyang River National Park	国家级	贵州省黔东南州镇远、施秉、黄平县
黎平侗乡风景名胜区	Liping Dong-Village National Park	国家级	贵州省黔东南州黎平县
荔波樟江风景名胜区	Libo Zhangjiang National Park	国家级	贵州省黔南州荔波县
都匀斗篷山——剑江风景名胜区	Duyun Doupeng Mountain----Jianjiang National Park	国家级	贵州省黔南州都匀市
赤水风景名胜区	Chishui National Park	国家级	贵州省遵义市赤水市
九龙洞风景名胜区	Jiulong Cave National Park	国家级	贵州省铜仁市
紫云格凸河风景名胜区	Ziyun Getu River National Park	国家级	贵州省安顺市紫云县
平塘风景名胜区	Pingtang National Park	国家级	贵州省黔南州平塘县
瓮安江界河风景名胜区	Wengan Jiangjie River National Park	国家级	贵州省黔南州瓮安县
榕江苗山侗水风景名胜区	Rongjiang Mountain and Water Landscapes with Miao and Dong Dong Cultures National Park	国家级	贵州省黔东南州榕江县
石阡温泉群风景名胜区	Shiqian Hot Well Flock National Park	国家级	贵州省铜仁市石阡县
沿河乌江山峡风景名胜区	Yanhe Wujiang River Sanxia National Park	国家级	贵州省铜仁市沿河县
百花湖风景名胜区	Baihua Lake National Park	省级	贵州省贵阳市乌当区
花溪风景名胜区	Huaxi National Park	省级	贵州省贵阳市花溪区
息烽风景名胜区	Xifeng National Park	省级	贵州省贵阳市息烽县
修文阳明风景名胜区	Xiuwen Yangming National Park	省级	贵州省贵阳市修文县
贵阳香纸沟风景名胜区	Guiyang Xiangzhigou National Park	省级	贵州省贵阳市乌当区
开阳风景名胜区	Kaiyang National Park	省级	贵州省贵阳市开阳县
贵阳相思河风景名胜区	Guiyang Xiangsi River National Park	省级	贵州省贵阳市乌当区
清镇暗流河风景名胜区	Qingzhen Undercurrent River National Park	省级	贵州省贵阳市清镇市
普定梭筛风景名胜区	Puding Suoshai National Park	省级	贵州省安顺市普定县
关岭花江大峡谷风景名胜区	Guanling Huajiang Canyon National Park	省级	贵州省安顺市关岭县
平坝天台山——斯拉河风景名胜区	Pingba Tiantai Mountain ----Sila River National Park	省级	贵州省安顺市平坝区
百里杜鹃风景名胜区	One-Hundred-Li Azalea Belt National Park	省级	贵州省毕节市大方、黔西县
贵州屋脊赫章韭菜坪风景名胜区	Guizhou Fastigium Hezhang Jiucaiping National Park	省级	贵州省毕节市赫章县
鲁布革风景名胜区	Lubuge National Park	省级	贵州省黔西南州兴义市
泥凼石林风景名胜区	Nidang shilin National Park	省级	贵州省黔西南州兴义市
安龙招堤风景名胜区	Anlong Zhaodi National Park	省级	贵州省黔西南州安龙县
贞丰三岔河风景名胜区	Zhenfeng Sancha River National Park	省级	贵州省黔西南州贞丰县

18-7 续表 continued

名 称	Name	级别	地 址
晴隆三望坪风景名胜区	Qinglong Sanwangping National Park	省级	贵州省黔西南州晴隆县
兴仁放马坪风景名胜区	Xingren Fangmaping National Park	省级	贵州省黔西南州兴仁县
岑巩龙鳌河风景名胜区	Cengong Longao River National Park	省级	贵州省黔东南州岑巩县
剑河风景名胜区	Jianhe National Park	省级	贵州省黔东南州剑河县
镇远高过河风景名胜区	Zhenyuan Gaoguo River National Park	省级	贵州省黔东南州镇远县
雷山风景名胜区	Leishan National Park	省级	贵州省黔东南州雷山县
锦屏三板溪——隆里古城风景名胜区	Jinping Sanbanxi----Longli National Park	省级	贵州省黔东南州锦屏县
丹寨风景名胜区	Danzhai National Park	省级	贵州省黔东南州丹寨县
从江风景名胜区	Congjiang National Park	省级	贵州省黔东南州从江县
龙里猴子沟风景名胜区	Longli Monkey Fossa National Park	省级	贵州省黔南州龙里县
福泉洒金谷风景名胜区	Fuquan Sajingu National Park	省级	贵州省黔南州福泉市
惠水好花红——燕子洞风景名胜区	Huishui good Bonus -- Swallow Cave Scenic Park	省级	贵州省黔南州惠水县
长顺杜鹃湖——白云山风景名胜区	Changshun Dujuan Lake--Baiyun Mountain National Park	省级	贵州省黔南州长顺县
三都都柳江风景名胜区	Sandu Duliu River National Park	省级	贵州省黔南州三都县
贵定洛北河风景名胜区	Guiding Luobei River National Park	省级	贵州省黔南州贵定县
独山深河桥风景名胜区	Dushan Shenhe Bridge National Park	省级	贵州省黔南州独山县
遵义娄山风景名胜区	Zunyi Loushan Mountain National Park	省级	贵州省遵义市桐梓县
绥阳宽阔水风景名胜区	Suiyang Kuankuoshui National Park	省级	贵州省遵义市绥阳县
仁怀茅台风景名胜区	Renhuai Moutai National Park	省级	贵州省遵义市仁怀市
习水风景名胜区	Xishui National Park	省级	贵州省遵义市习水县
余庆大乌江风景名胜区	Yuqing Wujiang River National Park	省级	贵州省遵义市余庆县
湄潭湄江风景名胜区	Meitan National Park	省级	贵州省遵义市湄潭县
梵净山——太平河风景名胜区	Fanjing Mountain----Taiping River National Park	省级	贵州省铜仁市江口县
印江木黄风景名胜区	Yinjiang Muhuang National Park	省级	贵州省铜仁市印江县
思南乌江白鹭洲风景名胜区	Sinan Wujiang River Bailuzhou National Park	省级	贵州省铜仁市思南县
松桃豹子岭——寨英风景名胜区	Songtao Baozi Mountain----Zhaiying National Park	省级	贵州省铜仁市松桃县
万山夜汞都——郎谷风景名胜区	Wanshan mercury night - Lang Valley Scenic Park	省级	贵州省铜仁市万山区
玉屏北洞萧笛之乡风景名胜区	Yuping Beidong Xiaodi-Village National Park	省级	贵州省铜仁市玉屏县
六枝牂牁江风景名胜区	Liuzhi Zangke River National Park	省级	贵州省六盘水市六枝特区
盘县古银杏风景名胜区	Panxian Ancientry Gingko National Park	省级	贵州省六盘水市盘县特区
盘县大洞竹海风景名胜区	PanXian Dadong Banboo Sea National Park	省级	贵州省六盘水市盘县特区
盘县坡上草原风景名胜区	PanXian Grassland on Mountain National Park	省级	贵州省六盘水市盘县特区
南开风景名胜区	Nankai National Park	省级	贵州省六盘水市水城特区
务川洪渡河风景名胜区	Wuchuan Hongduhe National Park	省级	贵州省遵义市务川县
罗甸大小井风景名胜区	Luodian Daxiaojin National Park	省级	贵州省黔南州罗甸县
德江乌江傩文化风景名胜区	Dejiang Wujiang Riverside National Park	省级	贵州省铜仁市德江县

18－8 全国重点文物保护单位
Historical and Cultrual Relics under Key Protection

文物单位名称	Name	地址
平坝天台山伍龙寺	Pingba Tiantai Wulong Temple	贵州省安顺市平坝县
云山屯古建筑群(含本寨)	The Ancientry Construction of Yunshantun(Including the Village)	贵州省安顺市西秀区
安顺文庙	Anshun Temple	贵州省安顺市西秀区
穿洞遗址	The Ruins of Chuandong	贵州省安顺市普定县
宁谷遗址	The Ruins of Ninggu	贵州省安顺市西秀区
黔西观音洞遗址	The Site of Kwan-yin Cave Qianxi	贵州省毕节市黔西县
赫章可乐遗址	The Ruins of Kele in Hezhang	贵州省毕节市赫章县
织金古建筑群	The Ancientry Construction Zhijin	贵州省毕节市织金县
川滇黔省革命委员会旧址	Finish the Committee old address of Chuan Dian Qian Province Revolution	贵州省毕节市大方县
奢香墓	The Mausoleum of Lady She Xiang	贵州省毕节市大方县
大屯土司庄园	Datun Headman's Castle	贵州省毕节市毕节市
马头寨古建筑群	The Ancientry Construction of Matouzhai	贵州省贵阳市开阳县
阳明洞和阳明祠	Yangming Cave and Yangming Ancestral Temple	贵州省贵阳市修文县、云岩区
文昌阁和甲秀楼	Wenchang Pavilion and Jiaxiu Floor	贵州省贵阳市贵阳市
息烽集中营旧址(含玄天洞)	The Site of Concentration Camp Xifeng(including Tien-dong)	贵州省贵阳市息烽县
大洞遗址	The Site of Dadong Cave	贵州省六盘水市盘县
郎德上寨古建筑群	The Ancientry Construction Langdeshangzhai	贵州省黔东南州雷山县
地坪风雨桥	Diping Pavilion Bridge	贵州省黔东南州黎平县
飞云崖古建筑群	The Ancientry Construction of Feishanya	贵州省黔东南州黄平县
旧州古建筑群	The Ancientry Construction of Jiuzhou	贵州省黔东南州黄平县
黎平会议会址	The Site of Liping Conference	贵州省黔东南州黎平县
和平村旧址	The Former Site of Peace Village	贵州省黔东南州镇远县
青龙洞	Qinglong Cave	贵州省黔东南州镇远县
增冲鼓楼	Zengchong Drum-tower	贵州省黔东南州从江县
福泉城墙	Ming Dynasty Wall in Fuquan	贵州省黔南州福泉市
葛镜桥	Gejing Bridge	贵州省黔南州福泉市
交乐墓群	Jiaole Tombs	贵州省黔西南州兴仁县
“二十四道拐”抗战公路	"Twenty-four Shui" Road War	贵州省黔西南州晴隆县
石阡万寿宫	Shiqian Wanshou Palace	贵州省铜仁市石阡县
万山汞矿遗址	The Site of Wanshan Hydrargyrum	贵州省铜仁市万山区
东山古建筑群	The Ancient Building Complex of Dongshan	贵州省铜仁市铜仁市
寨英古建筑群	The Ancient Building Complex of Zhaiying	贵州省铜仁市松桃县
思唐古建筑群	The Ancientry Construction Sitang	贵州省铜仁市思南县
黔东特区革命委员会旧址	The Site of Qiandong SAR Revolution Committee	贵州省铜仁市沿河县、德江县、印江县
遵义会议会址	The Site of Zunyi Conference	贵州省遵义市红花岗区
遵义海龙屯	Zunyi Hailongtun	贵州省遵义市汇川区
杨粲墓	Yangcan Tomb	贵州省遵义市汇川区
红军四渡赤水战役旧址	The Former Site of Battle of the Red Army Siduchishui	贵州省遵义市习水县、仁怀市、汇川区
湄潭浙江大学旧址	The Former Site of Zhejiang University in Meitan	贵州省遵义市湄潭县

注：资料来源于省文化厅，表中文物单位为第一至六批全国重点文物保护单位。

Note:Data in this table comes from the Provincial Department of Culture.The units in this table are the sixth batch of national key cultural relics protection units.

18-8 续表 continued

名　称	Name	地址
龙广观音洞遗址	The Ruins of Guanglong Cave	贵州省黔西南州安龙县
普安铜鼓山遗址	The Ruins of Puan Timbal Hill	贵州省黔西南州普安县
茶马古道	Tea-Horse Road	四川、云南、贵州
务川大坪墓群	Wuchuan Daping Tombs	贵州省遵义市务川县
兴义万屯墓群	Xingyi Wan Tuen Tombs	贵州省黔西南州兴义市
平坝棺材洞	Pingba Coffin Hole	贵州省安顺市平坝区
惠水仙人桥洞葬	Huishui Fairy Bridge Burial Cave	贵州省黔南州惠水县
黔南水族墓群	Qiannan Aquarium Tombs	贵州省黔南州三都县、荔波县
小冲墓群	Small punch Tombs	贵州省六盘水市盘县
明十八先生墓	Eighteen persons' Tomb of Ming Dynasty	贵州省黔西南州安龙县
鲍家屯水利工程	Baojiatun Hydraulic	贵州省安顺市西秀区
镇远城墙	Zhenyuan Walls	贵州省黔东南州镇远县
安顺武庙	Anshun Wumiao	贵州省安顺市西秀区
隆里古建筑群	The Ancient Building Complex of Longli	贵州省黔东南州锦屏县
石阡府文庙	Shiqian Temple	贵州省铜仁市石阡县
榕江大利村古建筑群	The Ancient Building Complex in the Village Rongjiang Dali	贵州省黔东南州榕江县
楼上村古建筑群	The Ancient Building Complex in the Village Loushang	贵州省铜仁市石阡县
岩门长官司城	Yanmen Long lawsuit City	贵州省黔东南州黄平县
锦屏飞山庙	Jinping Feishan Temple	贵州省黔东南州锦屏县
高阡鼓楼	Gaoqian Drum-tower	贵州省黔东南州从江县
宰俄鼓楼	Zaie Drum-tower	贵州省黔东南州从江县
金勾风雨桥	Jingou Pavilion Boasting	贵州省黔东南州从江县
鲁屯牌坊群	Lu Tun Archway	贵州省黔西南州兴义市
复兴江西会馆	Jiangxi Hall in the Town of Fuxing	贵州省遵义市赤水市
三门塘古建筑群	The Ancient Buildings Complex in the Village of Sanmentang	贵州省黔东南州天柱县
敖氏和罗氏墓群石刻	Ao and Roche' Tombs of Carved Stone	贵州省毕节市金沙县
尚稽陈玉壂祠	Chenyu Temple in the Town of Shangji	贵州省遵义市播州区
兴义刘氏庄园	The Liu Manor in Xingyi	贵州省黔西南州兴义市
茅台酒酿酒工业遗产群	Maotai Wine Industry Heritage Group	贵州省遵义市仁怀市
王若飞故居	Wang Ruofei's Former Residence	贵州省安顺市西秀区
述洞独柱鼓楼	Duzhu Drum-tower in the Village of Shudong	贵州省黔东南州黎平县
重安江水碾群	Chongan River Shuinian Group	贵州省黔东南州黄平县

注：表中文物单位为第七批全国重点文物保护单位。
Note:The units in this table are the seventh batch of national key cultural relics protection units.

18－9 历年旅游人数及收入

Tourism Numbers and Earnings Over the Years

年 份 Year	国内旅游人数(万人次) Number of Domestic Visitors (10000 person-times)	国内旅游收入(亿元) Earnings from Domestic Tourism (100 million yuan)	入境旅游人数(万人次) Number of Overseas Visitor Arrivals (10000 person-times)	#外国人(万人次) Foreigners (10000 person-times)	国际旅游外汇收入(万美元) Foreign Exchange Earnings from Intenational Tourism(10000 USD)
1980			0.17	0.07	0.70
1981			0.23	0.06	2.49
1982			0.51	0.18	5.73
1983			0.71	0.19	8.03
1984	204	0.07	1.02	0.27	15.86
1985	244	0.07	1.13	0.29	61.95
1986	248	0.05	1.40	0.46	100.19
1987	261	0.07	1.88	0.77	137.22
1988	296	0.18	2.36	0.75	162.54
1989	397	0.18	1.37	0.47	136.75
1990	399	0.19	2.41	0.74	180.90
1991	630	0.66	3.75	1.04	307.35
1992	1426	2.21	7.63	1.87	686.13
1993	1647	4.29	10.25	4.26	1049.45
1994	1700	4.28	12.08	7.61	2109.63
1995	1750	7.18	13.65	7.78	2897.73
1996	1800	8.53	12.53	6.67	3811.95
1997	1850	30.81	15.02	7.81	4429.10
1998	1880	35.14	15.13	6.77	4831.18
1999	1910	43.75	16.70	6.57	5501.54
2000	1980	57.95	18.39	7.12	6092.23
2001	2100	75.81	20.55	7.85	6873.23
2002	2200	99.86	22.81	8.45	7950.63
2003	1835	114.36	7.70	2.40	2893.91
2004	2480	161.02	23.10	7.63	8020.27
2005	3099	242.83	27.62	9.26	10141.36
2006	4716	377.79	32.14	10.70	11515.66
2007	6220	504.04	43.00	15.48	12917.55
2008	8151	643.82	39.54	18.22	11697.37
2009	10400	797.69	39.95	16.28	11044.40
2010	12863	1052.64	50.01	18.61	12957.88
2011	16961	1420.70	58.51	23.62	13507.18
2012	21331	1849.49	70.50	30.42	16893.60
2013	26684	2358.18	77.70	31.97	20143.41
2014	32049	2882.66	85.50	35.94	21671.23
2015	37536	3500.46	94.09	39.83	20111.94
2016	53038	5011.94	110.19	51.83	25270.74

主要统计指标解释

入境游客人数 指报告期内来中国(大陆)观光、度假、探亲访友、就医疗养、购物、参加会议或从事经济、文化、体育、宗教活动的外国人、港澳台同胞等游客(即入境旅游人数)。统计时，入境游客按每入境1次统计1人次。

入境游客包括入境过夜游客和入境一日游游客。

国内游客人数 指报告期内在中国(大陆)观光游览、度假、探亲访友、就医疗养、购物、参加会议或从事经济、文化、体育、宗教活动的中国(大陆)居民，其出游的目的不是通过所从事的活动谋取报酬。统计时，国内游客按每出游1次统计1人次。

国内游客包括国内过夜游客和国内一日游游客。

国际旅游(外汇)收入 入境游客在中国(大陆)境内旅行、游览过程中用于交通、参观游览、住宿、餐饮、购物、娱乐等全部花费。

出境游组团旅行社 指从事招徕、组织、接待中国内地居民出国旅游，赴香港特别行政区、澳门特别行政区和台湾地区旅游，以及招徕、组织、接待在中国内地的外国人、在内地的香港特别行政区、澳门特别行政区居民和在大陆的台湾地区居民出境旅游的业务的旅行社。

国内及入境旅游旅行社 指从事招徕、组织和接待中国内地居民在境内旅游的业务和从事招徕、组织、接待外国旅游者来我国旅游，香港特别行政区、澳门特别行政区旅游者来内地旅游，台湾地区居民来大陆旅游，以及招徕、组织、接待在中国内地的外国人，在内地的香港特别行政区、澳门特别行政区居民和在大陆的台湾地区居民在境内旅游的业务的旅行社。

国内旅游收入 国内游客在旅游过程中(由游客或游客的代表为游客)支付的一切旅游支出就是国家(省、区、市)的国内旅游收入。旅游支出应包括过夜游客和一日游游客在整个游程中行、游、住、食、购、娱，以及为亲友、家人购买纪念品、礼品等方面的旅游支出，不包括为商业目的购物、购买房、地、车、船等资本性或交易性的投资、馈赠亲友的现金及给公共机构的捐赠。

星级饭店 指设备、设施、服务符合《旅游饭店星级的划分与评定》（GB/T14308-2003），通过相关旅游管理部门评定，并取得星级饭店称号的饭店（含预备星级饭店）。

Explanatory Notes on Main Statistical Indicators

Number of Oversea Visitor arrivals refer to the number of foreigners, Chinese compatriots from Hong Kong, Macao and Taiwan Chinese who come to China within the reference period for sight-seeing, vacation, visiting relatives, medical treatment, shopping, attending conference, or to engage in economic, cultural, sports and religious activities(namely the number of oversea arrivals). In compiling statistics, each time of entering China is counted as one person-time.

The number of overseas visitor arrivals includes inbound overnight tourists and one-day tourists.

Number of domestic tourists refers to the number of Chinese (mainland) residents who travel within China (mainland) for sight-seeing, vacation, visiting relatives, medical treatment, shopping, attending conference, or to engage in economic, cultural, sports and religious activities. In compiling statistics, each time of travelling is counted as one person-time.

Domestic tourists are including domestic overnight visitors and domestic day trip visitors.

Foreign Exchange Earnings from International Tourism refer to the total expenditure of foreigners, overseas Chinese, Chinese compatriots from Hong Kong, Macao and Taiwan during their stay in the mainland of China on transportation of sighting, accommodation, food, shopping and entertainment.

Outbound travel agencies refer to the agencies which is engaged in the solicitation, organization, hospitality Chinese mainland residents to travel abroad, to visit Hong Kong SAR, Macao SAR and Taiwan tourism and attract, organize the reception of foreigners in the Chinese mainland, the mainland Hong Kong SAR, Macao SAR residents and residents of Taiwan on the mainland outbound travel business travel.

Domestic and inbound tourism travel agencies refer to the agencies which is engaged in soliciting travel, organization and hospitality Chinese mainland residents to travel in the territory and engaged in soliciting business, organization, reception of foreign tourists to China's tourism, Hong Kong SAR, Macao SAR mainland tourists to travel to the mainland for Taiwan residents tourism and attract, organization, reception of foreigners in China Mainland, the Mainland Hong Kong SAR, Macao SAR residents and residents of Taiwan on the mainland tourism business.

Income from Domestic tourism refer to the payment of all tourism expenditure revenue domestic tourists in the tourism process (by the representatives of visitors or tourists for tourists) payment of all tourism expenditure is the national (provincial, autonomous regions and municipalities) of domestic tourism revenue. Travel expenses shall include overnight visitors and day visitors in the entire run Bank of China, travel, housing, food, shopping and entertainment, as well as friends, family, buy souvenirs, gifts and other aspects of tourism expenditure, not including for commercial purposes, shopping, purchase house, ground, cars, boats and other capital investment or trading, cash and gift donations to public institutions.

Star-rated Hotels refer to hotels rated with stars as assessed by the relevant tourism authorities according to GB/T14308-2003 standard with reference to their infrastructure, facilities and service levels.

金融业

Financial Intermediation 19

简 要 说 明

一、主要内容

本篇资料主要反映全省金融、保险和证券业发展情况。

二、资料来源

1.金融资料由中国人民银行贵阳中心支行、贵州银监局提供。

2.保险业资料由中国保险监督管理委员会贵州监管局提供。

3.证券资料由中国证监会贵州监管局提供。

Brief Introduction

I. Main Contents

Data in this chapter show the development of financial, securities and insurance industries of Guizhou.

II. Sources of Data

(1) Data on financial are provided by Guiyang Central Sub-branch of The People's Bank of China, Guizhou Bureau of China Banking Regulatory Commission.

(2) Data on securities are provided by Guizhou Bureau of China Insurance Regulatory Commission.

(3) Data on securities are provided by Guizhou Bureau of China Securities Regulatory Commission.

19-1 各类金融机构
Financial Institutions

单位：个 (unit)

指　标	Item	2013	2014	2015	2016
银行类	**Banking Institutions**	**4581**	**4748**	**4915**	**5102**
#商业银行	Commercial Banks	1766	2326	2654	2950
外资银行	Foreign Funded Banks	1	1	1	1
非银行类	Non-Bank Financial Intermediaries	**6**	**6**	**6**	**7**
#财务公司	Finance Companies	5	5	5	5
信托公司	Trust Companies	1	1	1	1

注：资料来源于贵州银监局。

Note: Included Emerging Financial Institutions.

19-2 金融机构人民币各项存贷款余额
Saving Deposits and Loans Blance of Financial Institutions

单位：亿元 (100 million yuan)

指　标	Item	2012	2013	2014	2015	2016	2016年比2015年增长(%) Increase Rate in 2016 over 2015(%)
资金来源合计	**Sources of Funds**	**9891.66**	**12234.52**	**14036.29**	**18299.80**	**22449.89**	**22.7**
各项存款	**Total Deposits**	**10540.06**	**13265.01**	**15263.26**	**19438.64**	**23770.93**	**22.3**
#财政存款	Fiscal Deposits	412.56	424.78	534.84	761.66	802.56	5.4
个人存款	Personal Deposits	4806.09	5919.05	6620.56	7394.86	8531.81	15.4
资金运用合计	**Uses of Funds**	**9891.66**	**12234.52**	**14036.29**	**18299.80**	**22449.89**	**22.7**
各项贷款	**Total Loans**	**8274.78**	**10104.30**	**12368.30**	**15051.94**	**17857.80**	**18.6**
#短期贷款	Short-term Loans	1744.63	2244.51	2803.96	3143.33	3426.45	9.0
中长期贷款	Medium-term & Long-term Loans	6405.81	7759.30	9403.72	11680.25	14115.25	20.8

注：资料来源于中国人民银行贵阳中心支行。

Note: Data in the table are obtained from Guiyang Central Branch of PBC.

19-3 保 险

Insurance

单位：个 (unit)

指　标	Item	2012	2013	2014	2015	2016	2016年比2015年增长(%) Increase Rate in 2016 over 2015(%)
机构数	**Total**	**949**	**991**	**1052**	**1102**	**1148**	**4.2**
省级分公司	Provincial Branches	23	23	25	27	29	7.4
地市级分公司	Branches at Prefecture Level	123	137	146	150	160	6.7
县级支公司	Branches at County Level	416	447	496	540	566	4.8
办事处或营业部	Business Offices and Departments	38	38	36	36	35	-2.8
营销服务部	Marketing Department	349	346	349	349	358	2.6
职工人数	**Total**	**11390**	**11860**	**12827**	**16493**	**17138**	**3.9**
省级分公司	Provincial Branches	2732	2761	2792	3642	3323	-8.8
地市级分公司	Branches at Prefecture Level	5335	5542	5868	7901	8483	7.4
县级支公司	Branches at County Level	2504	2741	3340	4076	4798	17.7
办事处或营业部	Business Offices and Departments	218	291	354	279	259	-7.2
营销服务部	Marketing Departments	601	525	473	595	325	-45.4

注：资料来源于中国保险监督管理委员会贵州监管局(以下相关表同)。

Note:Data in the table are obtained from the provincial insurance regulatory bureau(the relative tables in the chapter are the same).

19–4 财产保险
Property Insurance

单位：万元 (10000 yuan)

指 标	Item	2012	2013	2014	2015	2016	2016年比2015年增长(%) Increase Rate in 2016 over 2015(%)
保费收入	**Premium**	**738037**	**934898**	**1173603**	**1403184**	**1625878**	**15.9**
企业财产保险	Enterprise Property Insurance	35794	40438	40015	39312	38272	-2.6
机动车辆保险	Motor Vehicle Insurance	593675	755887	930033	1103547	1274947	15.5
货物运输保险	Freight Transport Insurance	6713	6625	6657	5396	5303	-1.7
责任保险	Liability Insurance	34106	37825	44302	53580	73176	36.6
信用保证保险	Export Credit and Guarantee Insurance	12478	14946	24239	55143	39443	-28.5
农业保险	Agriculture Insurance	6876	16194	43949	51795	66179	27.8
其他保险	Other Insurance	48396	62983	84409	94410	128558	36.2
储金	**Deposits**	**7225**	**41765**	**7369**	**15954**	**7429**	**-53.4**
赔案件数(万件)	**Cases of Claims (10000 cases)**	**65.93**	**85.61**	**124.54**	**159.31**	**173.10**	**8.7**
赔款支出	**Claim and Payment**	**395728**	**468568**	**588310**	**695516**	**844489**	**21.4**
企业财产保险	Enterprise Property Insuance	28811	11836	17981	24265	21513	-11.3
机动车辆保险	Motor Vehicle Insurance	324388	397667	490885	564657	672762	19.1
货物运输保险	Freight Transport Insurance	412	443	837	528	642	21.5
责任保险	Liability Insurance	17514	17984	23992	23345	32483	39.1
信用保证保险	Export Credit and Guarantee Insurance	558	1049	2148	15193	15094	-0.7
农业保险	Agriculture Insurance	2316	7108	11033	19856	26709	34.5
其他保险	Other Insurance	21728	32481	41435	47671	75286	57.9
未决赔款	**Outstanding Claim**	**196770**	**250852**	**321479**	**334596**	**363035**	**8.5**

注：本表包括人保财险、太保产险、平安产险、天安保险、安邦保险、阳光产险、大地产险、国寿产险、都邦产险、太平保险、华安产险、鼎和产险、华泰产险、安诚产险、锦泰产险、永诚产险16家财产保险分公司数据(下表同)。

Note:Data in the table include figures of the Guizhou Branches of PICC,Pacific Property Insurance Company, Ping'an Property Insurance Company, Tianan Insurance Company,Anbang Insurance Company,Yangguang Property Insurance Company, Dadi Property Insurance Company, China Li Property & Casualty Insurance Company, DuBang Insurance,Dinghe Insurance Company，Huatai Insuurance company and An-cheng Insurance Company (the same applies to the next table) .

19-5 财产保险主要指标(2016)
Major Indicators on Property Insurance

指 标	Item	合 计 Total	企业财产保险 Enterprise Property Insurance	家庭财产保险 Family Property Insurance	机动车辆保险 Motor Vehide Insurance	工 程 保 险 Engin-eering Insurance	责 任 保 险 Liability Insu-rance	保 证 保 险 Guarantee Insu-rance	信 用 保 险 Export Credit Insurance
承保件数(万件)	Amount Insured (10000 cases)	2293	1	15	735	0	21	5	1
保险金额或责任限额(亿元)	Insurance Value or Liability Limit (100 million yuan)	95798.55	4740.79	1435.67	24799.80	1015.96	29018.40	34.79	6.29
签单保费(万元)	Premium of Sign Bill (10000 yuan)	1656021	39436	11243	1300162	20134	74033	39201	1321
赔付件数(万件)	Amount Claim and Payment (10000 cases)	173.10	0.59	1.12	124.67	0.30	1.66	1.43	0.03
已决赔款(万元)	Settled claim (10000 yuan)	808699	21943	9878	638538	13018	33237	16044	561
未决赔款(万元)	Outstanding claim (10000 yuan)	363035	20330	896	264027	15371	24647	961	9

19-5 续表 continued

指 标	Item	船 舶 保 险 Ship Insurance	货物运输保险 Freight Transport Insurance	特殊风险保险 Special Risk Insurance	农 业 保 险 Agric-ultural Insurance	健康险 Health Insu-rance	意外伤害保险 Accident Injury Insurance	其他险 Others Insu-rance
承保件数(万件)	Amount Insured(10000 cases)	0.03	10.51	0.01	0.93	53.59	571.33	877.60
保险金额或责任限额(亿元)	Insurance Value or Liability Limit (100 million yuan)	0.97	1168.45	470.06	1083.68	10948.20	21072.72	2.77
签单保费(万元)	Premium of Sign Bill(10000 yuan)	104.68	5361.63	420.21	66057.63	42151.25	55544.05	852.65
赔付件数(万件)	Amount Claim and Payment (10000 cases)		0.03		1.76	9.04	1.51	30.95
已决赔款(万元)	Settled claim(10000 yuan)	145.16	671.73	22.84	25835.77	23031.27	25277.27	496.48
未决赔款(万元)	Outstanding claim(10000 yuan)	662.11	389.48	244.88	15988.79	2823.77	16647.75	36.78

注：赔付件数指已决赔付件数。

Note: The number of claims refers to the amount of the claim.

19-6 人寿保险

Life Insurance

单位：万元 (10000 yuan)

指 标	Item	2012	2013	2014	2015	2016	2016年比2015年增长(%) Increase Rate in 2016 over 2015(%)
保费收入	**Premium**	**764119**	**881254**	**957021**	**1174783**	**1586953**	**35.1**
#新单保费	Premium of New Guarantee Slip	310106	342673	355082	637017	911726	43.1
#个人业务	Personal Business	733130	814520	876164	1084522	1460316	34.7
人寿保险	Life Insurance	676263	741759	781899	959155	1284249	33.9
意外伤害险	Accident Injury Insurance	16385	21633	29090	34567	41688	20.6
健康险	Health Insurance	40482	51127	65174	90800	134379	48.0
团体业务	Group Business	30988	66734	80857	90261	126636	40.3
人寿保险	Life Insurance	7285	7262	7001	11618	3669	-68.4
意外伤害险	Accident Injury Insurance	14618	19346	20373	18224	18613	2.1
健康险	Health Insurance	9085	40126	53484	60419	104354	72.7
有效保单件数(万件)	**Cases of Virtual Guarantee Slip(10000 cases)**	**490.63**	**544.51**	**607.77**	**696.39**	**738.03**	**6.0**
赔款及给付支出	**Claim and Payment**	**157626**	**255813**	**308371**	**374195**	**470792**	**25.8**
个人业务	Personal Business	110036	193168	206479	277551	344051	24.0
赔款支出	Benefit Paid	7967	9625	10661	12242	13832	13.0
年金给付	Payment for Annuity	22935	38340	32937	54191	64985	19.9
满期给付	Payment for Expiration	60679	125087	137244	177615	224294	26.3
死伤医疗给付	Payment for Death and Injured person	18454	22336	25636	33503	40940	22.2
团体业务	Group Business	47591	45891	101892	96644	126740	31.1
赔款支出	Claim and Payment	13123	20269	52988	63364	89093	40.6
年金给付	Payment for Annuity	3130	3340	4795	4426	4978	12.5
满期给付	Payment for Expiration	30248	35585	42676	27326	30120	10.2
死伤医疗给付	Payment for Death and Injured Person	1090	1232	1432	1528	2550	66.9

注：本表数据包含国寿、太保寿险、平安寿险、新华人寿、泰康人寿、平安养老、太平人寿、人保寿险、生命人寿、泰康养老、阳光人寿11家人寿保险分公司数据(下表同)。

Note: Data in the table include figures of the Guizhou Branches of China Life Insurance Company,Pacific Life Insurance Company, Ping'an Life Insurance Company, Xinhua Life Insurance Company, Taikang Life Insurance Company , Ping'an pension Insurance and Life Insurance Company(the same applies to the next table) .

19−7 人寿保险主要指标(2016)

Major Indicators on Life Insurance

单位：万元 (10000 yuan)

指标项目	Item	合计 Total	寿险业务 Life Insurance Busi-ness	普通寿险 Normal Life Insurance	个人业务 Pers-onal	团体业务 Group	分红寿险 Share out Bonus	个人业务 Personal	团体业务 Group
保费收入	Premium	1586953	1287918	687176	683513	3663	587702	587697	6
期末有效保险金额(亿元)	Virtual Insurance Value at the year-end(100 million yuan)	58078.92	4823.83	4036.24	3732.34	303.91	506.84	504.03	2.81
期末有效承保人次(万人)	Virtual Insurance Person-time at the year-end (10000 persons)	7617.18	891.08	719.91	667.24	52.66	112.90	103.42	9.48
期末有效承保保单件数(万件)	Cases of Virtual Guarantee Slip at the year-end (10000 cases)	738.03	407.99	252.20	246.61	5.59	103.70	101.99	1.71
赔款和给付支出	Expenditure for Claim and Payment	470792	353535	96469	60226	36243	253970	253746	224
#赔款支出	Claim and Payment	102925							
死伤医疗给付	Payment for Death,Injury or Medical Treatmnet	43490	29361	21086	19716	1371	6309	6309	
满期给付	Mature Payment	254414	254212	44233	14113	30120	208850	208850	
年金给付	Payment for Annuity	69963	69963	31151	26398	4753	38812	38587	224
退保金	Insurance Withdrawed	235470	233486	131776	131722	54	101706	101706	
在售产品数量（个）	Amount of Products under Selling(unit)	2716	1074	528	473	55	394	373	21

19−7 续表 continued

单位：万元 (10000 yuan)

指标项目	Item	投资连结产品 Life Insurance Product in investment	万能寿险 Omnip-otence Life Insurance	健康险业务 Health Insu-rance	个人业务 Personal	团体业务 Group	意外伤害保险业务 Unforeseen Injury Insurance
保费收入	Premium	180	12860	238733	134379	104354	60301
期末有效保险金额(亿元)	Virtual Insurance Value at the year-end (100 million yuan)	4.13	276.61	43947.59	2490.25	41457.34	9307.50
期末有效承保人次(万人)	Virtual Insurance Person-time at the year-end(10000 persons)	0.53	57.75	4367.86	1042.80	3325.06	2358.24
期末有效承保保单件数(万件)	Cases of Virtual Guarantee Slip at the year-end(10000 cases)	0.48	51.61	128.39	109.99	18.40	201.65
赔款和给付支出	Expenditure for Claim and Payment	231	2864	104135	21924	82210	13122
#赔款支出	Claim and Payment			89803	8773	81030	13122
死伤医疗给付	Payment for Death,Injury or Medical Treatmnet		1966	14129	12950	1180	
满期给付	Mature Payment	231	899	202	202		
年金给付	Payment for Annuity						
退保金	Insurance Wthdrawed	0.06	4.44	1983.82	1787.56	196.26	
在售产品数量（个）	Amount of Products under Selling (unit)	21	131	1140	795	345	502

19−8 贵州上市公司股票发行情况(2016)

Summary List of Stocks Publicly Issued by Guizhou Enterprises

单位：亿股 (100 million shares)

上市公司名称	Listed Companies	上市时间 Listed Time	板块类别 Setor of Listed Companies	总股本(亿股) Total Capital Stock	流通股 Government Share	募集资金总额(亿元) Total Amount Issued (100 million yuan)
中天城投	Century Zhong Tian Investment Jiont Stock Co.,Ltd.	1994.02.02	主板	47.00	39.32	148.40
黔轮胎	Gui Zhou Tyre Co., Ltd.	1996.03.08	主板	7.75	7.45	
中航重机	Guizhou Liyuan Hydraulic Components Co., Ltd.	1996.11.06	主板	7.78	7.78	
振华科技	China Zhenhua(Group) Science & Technology Co., Ltd.	1997.07.03	主板	4.69	4.29	
天成控股	Controlled Company Co., Ltd.	1997.11.27	主板	5.09	5.69	
高鸿股份	Gohigh Data Networks Technology Co., Ltd.	1998.06.09	主板	6.19	5.20	8.15
南方汇通	South Huiton Co., Ltd.	1999.06.06	主板	4.22	4.22	
赤天化	Guizhou Chitianhua Corp.	2000.02.21	主板	17.36	9.50	39.40
红星发展	Guizhou Redstat Developing Co., Ltd.	2001.03.20	主板	2.91	2.91	
盘江股份	Guizhou Panjiang Refined Coal Co., Ltd.	2001.05.31	主板	16.55	16.55	
贵州茅台	Kweichow Moutai Co., Ltd.	2001.08.27	主板	12.56	12.56	
贵航股份	Guizhou Guihang Automotive Components Co., Ltd.	2001.12.27	主板	2.89	2.89	
益佰制药	Guizhou Yibai Phamacy Co., Ltd.	2004.03.23	主板	7.92	7.82	
贵绳股份	Guizhou Guisheng Co., Ltd.	2004.05.14	主板	2.45	2.45	
航天电器	Guizhou Spaceflight Dianqi Co., Ltd.	2004.07.26	中小板	4.29	4.29	
久联发展	Guizhou Jiulian Development Co., Ltd.	2004.09.08	中小板	3.27	3.27	
黔源电力	Guizhou Qianyuan Electric Power Co., Ltd.	2005.03.03	中小板	3.05	3.05	
信邦制药	Guizhou Xinbang Pharmaceutical Co., Ltd.	2010.04.16	中小板	17.05	7.33	36.50
贵州百灵	Guizhou Bailing Group Pharmaceutical Co., Ltd.	2010.06.03	中小板	14.11	7.32	
朗玛信息	Longmastrr Inforation & Technology Co., Ltd.	2012.02.16	创业版	3.38	1.70	
贵阳银行	Bank of Guiyang	2016.08.16	主板	22.99	5.00	42.50
永吉股份	Yongji Shares	2016.12.12	主板	4.22	0.42	2.01
贵广网络	GUI Guang Network	2016.12.26	主板	10.43	2.10	18.73

注：1.资料来源于中国证监会贵州监管局。2募集资金总额包括首发、增发、配股、可转债等募集的资金。

Note:1.Data in the table are provided by the Guizhou Securities Regulatory Bureau of the CSRC. 2.Total Raised Capitals,including money raised by the first, issuing, convert-ible bonds of listed companies.The total amount of funds raised of Guizhou Panjiang Refined coalco, LTD.indude infusion of funds.

19-9 历年金融机构人民币各项存贷款余额

Saving Deposits and Loans Balance of Financial Institutions Over the Years

单位：亿元 (100 million yuan)

年 份 Year	各项存款余额 Total Deposits Balance	#个人储蓄存款 Personal Saving Deposits	人均储蓄余额（元） Per Captia Savings Deposit (yuan)	各项贷款余额 Total Loans Balance
1978	18.05	1.84	6.91	21.62
1979	19.82	2.42	8.93	23.31
1980	24.43	3.73	13.54	24.94
1981	25.75	5.28	18.85	30.10
1982	30.75	7.26	25.46	33.99
1983	35.25	8.86	30.68	36.07
1984	45.33	12.33	42.27	46.22
1985	52.27	16.61	56.27	63.41
1986	69.76	22.21	74.06	89.67
1987	83.79	30.37	99.60	107.76
1988	91.92	34.99	112.87	125.17
1989	107.35	44.54	141.44	142.73
1990	144.39	61.27	190.32	183.91
1991	187.06	80.30	243.99	234.56
1992	232.80	102.07	305.80	290.01
1993	291.22	141.88	419.16	357.00
1994	364.84	181.05	527.30	421.07
1995	478.21	247.62	710.89	513.41
1996	586.26	311.19	881.12	610.51
1997	712.80	362.87	1013.43	761.88
1998	815.43	423.08	1164.96	840.63
1999	945.80	484.51	1315.23	899.83
2000	1106.64	539.49	1445.23	1064.82
2001	1341.11	641.67	1698.83	1212.23
2002	1553.00	759.05	1988.13	1403.92
2003	1898.62	912.84	2368.88	1714.04
2004	2322.27	1094.55	2816.16	2020.04
2005	2777.54	1350.90	3633.79	2303.93
2006	3300.08	1596.86	4304.20	2696.11
2007	3826.37	1790.14	4889.76	3128.63
2008	4736.93	2237.05	6189.96	3569.27
2009	5898.26	2676.09	7503.41	4656.50
2010	7363.92	3244.99	9250.26	5747.53
2011	8742.79	3934.48	11325.50	6841.92
2012	10540.06	4806.09	13824.51	8274.78
2013	13265.01	5919.05	16944.93	10104.30
2014	15263.26	6620.56	18888.19	12368.30
2015	19438.64	6861.43	19499.51	15051.94
2016	23770.93	7795.01	22005.82	17857.80

注：1.2005年及以后各年人均储蓄余额采用按人口普查修订后常住半年的年平均人口计算，以前年份按常住一年口径计算。2.表中个人储蓄存款及人均储蓄余额2010年及以前为城乡居民储蓄存款和城乡居民人均储蓄。

Note: 1.Per captia savings deposit are calculated by permanent population in half a year scope since 2005,and by permanent population in one year scop before 2005.2.The year 2010 and before personal savings deposit and per captia savings deposit respectively refer to resident savings and per cap savings deposit of urban and rural.

主要统计指标解释

存款　指企业、机关、团体或居民根据资金必须收回的原则，把货币资金存入银行或其他信用机构保管并取得一定利息的一种信用活动形式。根据存款对象的不同可划分为企业存款、财政存款、机关团体存款、基本建设存款、城镇储蓄存款、农村存款等科目。它是银行信贷资金的主要来源。

贷款　指银行或其他信用机构根据资金必须归还的原则，按一定利率，为企业、个人等提供资金的一种信用活动形式。我国银行贷款分为流动资金贷款、固定资产贷款、城乡个体工商户贷款以及农业贷款等科目。

保费　指投保人为取得保险保障，按保险合同约定向保险人支付的费用。

赔款　指保险人对保险事故造成的损失，根据合同约定向被保险人或受益人给予的经济补偿。

给付　人身保险合同中，保险人向被保险人或受益人给付保险金的行为。

Explanatory Notes on Main Statistical Indicators

Deposit is a form of credit by which enterprises, institutions, organizations or households can put money into banks and other credit institutions for safekeeping and interest earning under the principle of free withdrawal. According to different depositors, deposits are divided into enterprise deposits, treasury deposits, deposits of government agencies and organizations, capital construction deposits, urban savings deposits, rural deposits and other deposits. Deposits are major sources of the credit funds of banks.

Loan is a form of credit by which banks and other credit institutions provide funds at certain interest rate to enterprises and individuals in the light of the principle of unconditional repayment. Loans from Chinese banks include circulating capital loans, fixed assets loans, loans to urban and rural individuals engaged in industrial and commercial business and agricultural loans.

Premium refers to the fee paid by the insurant to the insurer to obtain the obligation of compensation from the insurance within the agreed terms.

Settled Claim is the economic compensation that for the insurance losses caused by the accident and according to the contract, the insurer paid to the insured or the beneficiary.

Payment is the Insurance payments behavior that in the life insurance contract, the insurer paid for the insured or the beneficiary.

教 育

Education 20

简 要 说 明

一、主要内容

本篇资料主要反映全省教育事业发展情况。包括公办教育和民办教育、学历教育和非学历教育。具体有高等教育(研究生教育、普通高等教育和成人高等教育)、中等教育(高中阶段教育和初中阶段教育)、初等教育(小学)、学前教育、民族教育、学校数、在校学生数、招生数、毕业生数、教职工数和专任教师数等。

二、资料来源

本篇资料由省教育厅、省人力资料社会保障厅提供。

Brief Introduction

I. Main Contents

Data in this chapter show the development of education, cover the situations on education funded by government and non-government agencies, and the education with and without academic credentials including higher education (education of postgraduates, general higher education and adult education), secondary education (senior and junior high schools), elementary education (primary schools), preschool education, national education, the number of schools, the number of students enrolled, the number of new students enrolled, the number of graduates, the number of staff and workers, the number of full-time teachers.

II. Sources of Data

Data in this chapter are Provincial by Guizhou Department of Education, the Ministry of Human Resources and Social Security of Guizhou province.

20-1 各级各类学校数

Number of Schools by Level and Type

单位：所 (unit)

指　标	Item	2012	2013	2014	2015	2016
研究生培养机构	Institutions Providing Postgraduate Programs	9	9	8	8	8
普通高等学校	Regular Higher Education Institutions	49	52	55	59	64
成人高等学校	Adult Higher Education Institutions	4	4	4	4	3
中等职业教育	Secondary Vocational Education	229	218	209	206	195
调整后中等职业教育	Adjusted Secondary Vocational Education	34	0	1	0	0
普通中等专业教育	Regular Specialized Secondary Schools	54	58	63	67	66
职业高中	Vocational Senior Secondary Schools	125	146	133	129	120
成人中等专业学校	Adult Specialized Secondary Schools	16	14	12	10	9
普通中学	Regular Secondary Schools	2661	2664	2604	2558	2536
高　中	Senior Secondary Schools	446	448	438	430	437
初　中	Junior Secondary Schools	2215	2216	2166	2128	2099
# 九年一贯制学校	9-Year Schools	594	607	573	561	551
小　学	Primary Schools	11529	10632	9275	8520	7818
幼儿园	Kindergartens	3159	4016	4767	5993	8008
特殊教育	Special Education	56	60	65	75	76
工读学校	Correctional Work-Study Schools	5	6	7	11	15
成人中学	Adult Secondary Schools	51	23	28	1	0
成人技术培训学校	Adult Technical Training Schools	7863	6994	7098	6146	5886
成人小学	Adult Primary Schools	4935	4169	3560	3071	2783

注：1.资料来源于省教育厅；2.2015起调整后中高职业教育整合到职业高中。(以下相关表同)

Note:1.Data in the table are provided by the Provincial Department of Education. 2.After the adjustments in 2015, secondary and higher vocational education is integrated into vocational senior secondary schools.(The relative tables in the chapter are the same)

20-2 各级各类学校专任教师数

Number of Full-time Teachers by Level and Type of School

单位：人 (person)

指 标	Item	2012	2013	2014	2015	2016
专任教师	**Number of Full-time Teachers**					
培养研究生的单位	Institutions Providing Postgraduate Programs	3133	3409	3316	3518	3948
普通高等学校	Regular Higher Education Institutions	22803	25351	28144	30515	33087
成人高等学校	Adult Higher Education Institutions	361	368	371	379	334
中等职业教育	Secondary Vocational Education	12585	14326	16342	17787	17717
调整后中等职业教育	Adjusted Secondary Vocational Education	1712		55		
普通中等专业教育	Regular Specialized Secondary Schools	3841	4816	5861	6944	6827
职业高中	Vocational Senior Secondary Schools	5784	8209	9181	9595	9581
成人中等专业学校	Adult Specialized Secondary Schools	1216	1265	1209	1167	1220
其它机构	Other Institutions	32	36	36	81	89
普通中学	Regular Secondary Schools	156325	162309	171988	179875	188127
高 中	Senior Secondary Schools	41572	46964	52365	56198	61030
初 中	Junior Secondary Schools	114753	115345	119623	123677	127097
小 学	Primary Schools	197983	192953	192850	193511	197069
幼儿园	Kindergartens	23846	34188	43081	55856	73415
特殊教育	Special Education	996	1093	1241	1408	1637
工读学校	Correctional Work-Study Schools	82	88	120	183	206
成人中学	Adult Secondary Schools	35	21	60	3	0
成人技术培训学校	Adult Technical Training Schools	5339	5920	6203	6106	5542
成人小学	Adult Primary Schools	3155	2789	2249	1538	1693

20-3 各级各类学校招生数

Number of New Students Enrollment by Level and Type of School

单位：人 (person)

指　标	Item	2012	2013	2014	2015	2016
研究生	Postgraduates	4769	4937	5097	5407	5736
普通高等教育	Regular Higher Education Institutions	127963	131245	145849	160181	195553
成人高等教育	Adult Higher Education	32661	38368	43256	35288	32371
#成人高等学校	Adult Higher Education Institutions	4004	5290	5050	2873	711
中等职业教育	Secondary Vocational Education	150784	247135	235809	228109	196615
普通中等专业教育	Regular Specialized Secondary Schools	58945	91983	89722	86060	76656
职业高中	Vocational Senior Secondary Schools	88514	111222	101813	103783	92185
成人中等专业教育	Adult Specialized Secondary Education	3325	43930	44274	38266	27774
#成人中等专业学校	Adult Specialized Secondary Schools	986	517	1145	774	511
普通中学	Regular Secondary Schools	1050119	1046445	1016349	976148	952023
高　中	Senior Secondary Schools	318188	330212	349047	343484	342626
初　中	Junior Secondary Schools	731931	716233	667302	632664	609397
小　学	Primary Schools	591024	510554	554793	607667	640446
幼儿园	Kindergartens	668389	694176	763491	786694	806156
特殊教育	Special Education	2904	2684	2769	4852	4443
工读学校	Correctional Work-Study Schools	609	538	253	490	524

注：1.2013年实施教育“9+3”计划，加大成人中等专业教育力度。 2.2015起调整后中高职业教育整合到职业高中,2012—2014年职业高中作同口径调整。（以下相关表同）

Note: 1.In 2013, the implementation of education " 9 +3" program has increased adult secondary professional education efforts. 2.After the adjustments in 2015, secondary and higher vocational education is integrated into vocational senior secondary schools,and vocational senior secondary schools is adjudted as the same caliber from 2012 to 2014. (The relative tables in the chapter are the same)

20-4 各级各类学校在校生数

Number of Students Enrollment by Level and Type of School

单位：人 (person)

指 标	Item	2012	2013	2014	2015	2016
在校生数	**Total Enrollment**					
研究生	Postgraduate	13344	14057	14667	15484	16448
普通高等教育	Regular Higher Education Institutions	383815	419040	460401	500882	573932
成人高等教育	Adult Higher Education	85575	101698	116719	121577	117317
#成人高等学校	Adult Higher Education Institutions	6488	11457	12789	10924	5439
中等职业教育	Secondary Vocational Education	383367	475512	544462	602491	550922
普通中等专业教育	Regular Specialized Secondary Schools	165583	204053	220320	238123	224468
职业高中	Vocational Senior Secondary Schools	205591	220885	248331	269295	248017
成人中等专业教育	Adult Specialized Secondary Education	12193	50574	75811	95073	78437
#成人中等专业学校	Adult Specialized Secondary Schools	8008	2290	2010	2528	1728
普通中学	Regular Secondary Schools	2873822	2960110	3010982	2958569	2885106
高 中	Senior Secondary Schools	772972	857077	942656	978870	993695
初 中	Junior Secondary Schools	2100850	2103033	2068326	1979699	1891411
小 学	Primary Schools	3800803	3555333	3463056	3463095	3533745
幼儿园	Kindergartens	982511	1077687	1198864	1304713	1446274
特殊教育	Special Education	13657	12721	13535	17888	20235
工读学校	Correctional Work-Study Schools	549	623	501	600	658
成人中学	Adult Secondary Schools	7500	768	1163	90	
成人技术培训学校	Adult Technical Training Schools	2014520	1755865	1693020	1646885	1490563
成人小学	Adult Primary Schools	135401	110207	128434	174654	134974

20-5 各级各类学校毕业生数

Number of Graduates by Level and Type of School

单位：人 (person)

指 标	Item	2012	2013	2014	2015	2016
毕业生数	**Graduates**					
研究生	Postgraduate	3820	4093	4396	4538	4728
普通高等教育	Regular Higher Education Institutions	85285	92395	99562	116824	116794
成人高等教育	Adult Higher Education	23343	22657	24335	29840	34098
#成人高等学校	Adult Higher Education Institutions	1742	2217	3314	4506	2794
中等职业教育	Secondary Vocational Education	100340	100281	108500	118846	173046
调整后中等职业教育	Adjusted Secondary Vocational Education	10647				704
普通中等专业教育	Regular Specialized Secondary Schools	47080	50400	51645	51064	69551
职业高中	Vocational Senior Secondary Schools	39931	44881	45393	52809	75224
成人中等专业教育	Adult Specialized Secondary Education	2682	5000	11462	14973	27567
#成人中等专业学校	Adult Specialized Secondary Schools	1560	749	563	266	996
普通中学	Regular Secondary Schools	859136	868894	912527	983124	999546
高 中	Senior Secondary Schools	195861	210409	238495	280735	307414
初 中	Junior Secondary Schools	663275	658485	674032	702389	692132
小 学	Primary Schools	760174	723478	664842	636867	604027
幼儿园	Kindergartens	477201	491678	499442	524936	566890
特殊教育	Special Education	1389	1378	1470	1523	2049
工读学校	Correctional Work-Study Schools	268	588	178	364	506
成人中学	Adult Secondary Schools	10005	3313	3517	300	
成人技术培训学校	Adult Technical Training Schools	1984866	1740821	1631110	1614488	1453015
成人小学	Adult Primary Schools	125809	99934	124921	143437	126823

20-6 教师职称
Technical Rank of Teachers

单位：人 (person)

指　标	Item	2012	2013	2014	2015	2016
高等学校教师数	**Teachers of Regular Higher Education Institutions**	**23164**	**25719**	**28515**	**30894**	**32114**
正高级	Senior	2166	2515	2684	2944	2909
副高级	Sub-senior	7129	8103	8773	9600	10301
中　级	Middle	8726	9000	9297	9843	10105
初　级	Junior	3387	3663	4408	4650	5137
无职称	No Rank	1756	2438	3353	3857	3662
中等职业学校教师数	**Teachers of Secondary Vocational Education**	**12585**	**14326**	**16342**	**17787**	**17717**
正高级	Senior	89	22	36	37	38
副高级	Sub-senior	2302	2405	2632	2768	2958
中　级	Middle	4708	4775	5100	5476	5458
初　级	Junior	3698	4099	4941	5811	6071
无职称	No Rank	1788	3025	3633	3695	3192
普通中学教师数	**Teachers of Regular Secondary Schools**	**156325**	**162309**	**171988**	**179875**	**188127**
中学高级	Senior-rank of Secondary Teacher	18031	19840	24535	28574	32817
中学一级	First-rank of Secondary Teacher	49150	52650	56566	61044	64165
中学二级	Second-rank of Secondary Teacher	63585	62142	61182	60499	61729
中学三级	Third-rank of Secondary Teacher	5030	4084	3772	3572	3032
未评职称	No Rank of Secondary Teacher	20529	23593	25933	26186	26384
小学教师数	**Teachers of Regular Primary Schools**	**197983**	**192953**	**192850**	**193511**	**197069**
中学高级	Senior-rank of Secondary Teacher	326	555	516	445	508
小学高级	Senior-rank of Primary Teacher	81489	83842	94840	101943	106573
小学一级	First-rank of Primary Teacher	75320	69341	60301	56362	53460
小学二级	Second-rank of Primary Teacher	15801	14883	14448	13813	14315
小学三级	Third-rank of Primary Teacher	840	1219	564	705	1251
未评职称	No rank of Primary Teacher	24207	23113	22181	20243	20962

20-7 各级各类学校女学生和女教师数

Female Students and Teachers by Level and Type of School

单位：人 (person)

指 标	Item	2012	2013	2014	2015	2016
在校女生数	**Number of Female Students Entrollment**					
普通高等教育	Regular Higher Education	201277	223391	251116	278605	322576
成人高等教育	Adult Higher Education	43189	56646	66826	72816	74158
中等职业教育	Vocational Secondary Education	199383	252847	284816	310726	284525
普通中学	Regular Secondary Schools	1387546	1430914	1453719	1432512	1401212
#高 中	Senior Secondary Schools	377426	425058	472304	498604	514941
初 中	Junior Secondary Schools	1010120	1005856	981415	933908	886271
小 学	Primary Schools	1775234	1654132	1609910	1609191	1644721
女教师数	**Number of Female Teachers**					
普通高等学校	Regular Higher Education Institutions	11131	12591	14049	15468	16478
成人高等学校	Adult Higher Education Institutions	191	196	201	206	190
中等职业学校	Secondary Vocational Schools	5534	6360	7597	8348	8466
普通中学	Regular Secondary Schools	60701	64728	71113	76305	81948
#高 中	Senior Secondary Schools	16829	19864	22871	25190	27785
初 中	Junior Secondary Schools	43872	44864	48242	51115	54163
小 学	Primary Schools	94049	92794	95082	97172	101178

20−8 各级各类学校师生比

Student-Teacher Ratio by Level and Type of School

单位：学生/教师 (Student/Teacher)

指 标	Item	2012	2013	2014	2015	2016
普通高等学校	Regular Higher Education Institutions	16.83	16.53	16.36	16.41	17.35
普通高中	Regular Senior Secondary School	18.59	18.25	18.00	17.42	16.28
初中	Junior Secondary School	18.31	18.23	17.29	16.01	14.88
小 学	Primary School	19.20	18.43	17.96	17.90	17.93

20−9 各级各类学校学生入学率

Enrollment Rate by Level and Type of School

单位：% (%)

指 标	Item	2012	2013	2014	2015	2016
小学学龄儿童入学率	Enrollment Rate of School-age Children in Primary Schools	99.3	99.3	99.1	99.5	99.6
小学毕业生升学率	Percentage of Graduates of Primary Schools Entering into Junior Secondary Schools	96.3	99.0	100.0	99.3	100.0
初中阶段毛入学率	Rate of Primary School Graduates Entering into Junior Secondary Schools	97.4	101.1	102.5	104.0	107.9
高中阶段毛入学率	Rate of Junior Secondary School Graduates Entering into Senior Secondary Schools	62.2	68.0	78.0	86.1	87.0
高等教育毛入学率	Rate of Senior Secondary School Graduates Entering into Institution of Higher Learning	25.5	27.4	29.4	31.2	33.0

20-10 普通高等学校基本情况(2016)

Baisic Statistics on Regular Institutions of Higher Education

单位：人 (person)

类 别	Sort	学校数(所) Number of Schools (unit)	毕业生数 Graduates with Degrees or Diplomas	招生数 New Enrollment	在校学生人数 Enro-llment	教职员工 Teachers, Staff & Workers	#专任教师 Full-time Teachers	#正、副教授 Senior and Sub-senior Professors
普通高等院校	**Regular Institutions of Higher Education**	**64**	**116794**	**195553**	**573932**	**45028**	**33087**	**13570**
综合大学	Comprehensive Universities	21	39543	67045	184725	13977	10137	3925
理工院校	Science & Engineering	11	12056	30387	77639	5606	4441	1082
农业院校	Agriculture	1		346	797	288	225	73
医药院校	Medicine & Pharmacy	10	15973	28816	91886	7502	5525	2720
师范院校	Teacher Training	13	29626	39917	126617	10723	7649	3617
财经院校	Finance & Economics	5	13374	18950	60558	4400	3282	1137
政法院校	Politics and Law	1	1097	1564	5052	450	315	140
民族院校	Ethnic Minortities	2	5125	8528	26658	2082	1513	876
高等职业技术学院	**Vocational and Technical Colleges**	**30**	**38426**	**83344**	**203903**	**13869**	**10952**	**2545**

20-11 普通高等学校分科专任教师数(2016)

Number of Full-time Teachers in Institutions of Higher Education by Field of Study

单位：人 (person)

类 别	Sort	专任教师数 Full-time Teachers	正高级 Senior	副高级 Subsenior	中级 Middle	初级 Junior	无职称 No Rank
总 计	**Total**	**33087**	**3002**	**10568**	**10494**	**5179**	**3844**
哲 学	Philosophy	1073	115	397	320	118	123
经济学	Economics	1722	140	520	570	294	198
法 学	Law	1814	192	670	573	200	179
教育学	Education	3262	235	1066	1147	401	413
文 学	Literature	4191	283	1495	1392	578	443
历史学	History	539	73	227	137	45	57
理 学	Science	3379	388	1276	968	416	331
工 学	Engineering	6555	413	1893	2148	1191	910
农 学	Agriculture	970	165	349	258	83	115
医 学	Medicine	5066	738	1546	1436	905	441
管理学	Management	2489	172	639	814	555	309
艺术学	Art	2027	88	490	731	393	325

20−12 研究生数
Number of Postgraduates

单位：人 (person)

指 标	Item	2012	2013	2014	2015	2016
招研究生数	Number of New Postgraduates Entrants	4769	4937	5097	5407	5736
#女 性	Female	2362	2648	2816	2986	3363
在校研究生数	Number of Postgraduates Enrollment	13344	14057	14667	15484	16448
#女 性	Female	6673	7390	7852	8385	9160
毕业研究生数	Number of Postgraduates Graduate	3820	4093	4396	4538	4728
#女 性	Female	1837	2085	2282	2378	2553

20−13 技工学校基本情况
Statistics on Technical Schools

单位：人 (person)

指 标	Item	2013	2014	2015	2016	2016年比2015年增 长(%) Increase Rate in 2016over 2015(%)
学校数（所）	Number of Schools (unit)	34	34	47	55	17.0
招生数	Number of Entrants	21912	34648	39220	36839	-6.1
在校学生数	Number of Students Enrolment	40985	61458	73177	85207	16.4
毕业生数	Number of Graduates	6721	7810	14098	19421	37.8
教职工数	Teachers and Staff	3867	5620	7806	6455	-17.3
专任教师数	Full-time Teachers	3455	5591	7384	6153	-16.7
文化技术理论课教师	Classroom Teachers	2040	2979	3563	3173	-10.9
生产实习课指导教师	Practical Training Teachers	758	1149	2080	1556	-25.2
理论实习一体化教师	Classroom cum Practical Training Teachers	657	1463	1741	1424	-18.2

注：资料来源于省人力资源社会保障厅。

Note: Data in the table are obtained from Provincial Department of Human Resources and Social Security.

20-14 中等职业学校(机构)数（2016）

Number of Secondary Vocational Schools

单位：个 (unit)

指 标	Item	总 计 Total	地方部门 Local Depart-'ments	教育部门 Depart-'ments of Education	非教育部门 Departments of Non-Education	民 办 Private
中等职业学校	**Secondary Vocational Schools**	**195**	**148**	**109**	**39**	**47**
普通中等专业学校	Regular Specialized Secondary Schools	66	61	32	29	5
成人中等专业学校	Adult Specialized Secondary Schools	9	9	3	6	
职业高中学校	Vocational Senior Secondary Schools	120	78	74	4	42

20-15 中等职业学校(2016)

Secondary Vocational Schools

单位：人 (person)

指 标	Item	学校数(所) Schools (unit)	毕业生数 Grad-uates	招生数 New Enrollment	在校学生数 Total Enrolment	教职员工 Teachers, Staff & Workers	#专任教师 Full-time Teachers
中等职业学校	**Secondary Vocational Schools**	**195**	**173046**	**196615**	**550922**	**21760**	**17717**
普通中等专业学校	Regular Specialized Secondary Schools	66	69551	76656	224468	8769	6827
成人中等专业学校	Adult Specialized Secondary Educaiton	9	27567	27774	78437	1606	1220
职业高中	Vocational Senior Secondary Schools	120	75928	92185	248017	11274	9581
#其他机构(教学点)	Others Institutions	2				111	89

20-16 中等职业学校（机构)学生分科类情况（2016）

Students in Secondary Vocational Schools by Field of Study

单位：人 (person)

指 标	Item	招生数 New Enrollment	#应届毕业生 Current Year Graduates	#初中毕业生 Junior Secondary School Graduates	在校学生数 Total Enrollment	毕业生数 Graduates	#获得职业资格证书 With Certificate On Professional Competence
总 计	**Total**	**196615**	**181222**	**177574**	**550922**	**173046**	**140369**
农林牧渔类	Farming,Forestry,Animal Husbandry and Fishery	13092	10065	9682	43230	13003	8814
资源环境类	Resources and Environment	235	235	190	2368	2949	2833
能源与新能源类	Energy and New Energy	553	533	441	3002	579	447
土木水利类	Civil and Hydraulic Engineering	6550	6303	5992	22749	9207	8251
加工制造类	Manufacturing	12806	12063	11629	43164	15761	12645
石油化工类	Petroleum and Chemical	197	195	195	1431	856	746
轻纺食品类	Light Textile and Food	3898	3121	3111	10273	3754	2876
交通运输类	Transportation	26576	24996	24641	72315	15883	13784
信息技术类	Information Technologies	31471	28502	27997	91396	28963	25127
医药卫生类	Medicine and Health	21431	20701	20072	68525	23555	15300
休闲保健类	Leisure and Health-care	3351	3221	3220	7192	1195	1122
财经商贸类	Finance and Trade	15236	14069	13802	32927	7945	6021
旅游服务类	Tourism and services	14509	13602	13337	38812	12562	11521
文化艺术类	Culture and Art	4697	3744	3625	14138	3352	2758
体育与健身	Physical Education	628	606	606	1696	431	425
教育类	Education	34740	34007	33921	81356	28058	22914
司法服务类	Justice Services	402	387	371	1159	359	358
公共管理与服务类	Public Management and Services	1871	1752	1656	7966	1778	1622
其 他	Other	4372	3120	3086	7223	2856	2805

20-17 民族教育
Minority Nationality Education

指　标	Item	2012	2013	2014	2015	2016
学校数(所)	**Number of Schools(unit)**					
普通高校	Regular Higher Education Institutions	2	2	2	2	2
普通中学	Regular Secondary Schools	205	211	206	205	206
小　学	Primary Schools	614	605	588	578	538
专任教师数(人)	**Full-time Teachers(person)**					
普通高校	Regular Higher Education Institutions	5872	5777	7105	7598	8382
成人高校	Adult Higher Education Institutions	49	64	98	73	70
普通中学	Regular Secondary Schools	64441	66469	69363	72776	76121
#高　中	Senior Secondary Schools	16552	18816	20463	22157	23644
中等职业学校	Secondary Vocational Schools	3351	3719	4030	4592	4869
小　学	Primary Schools	84680	81916	77444	81069	83276
在校生数(人)	**Number of Total Enrollment (person)**					
普通高等教育	Regular Higher Education Institutions	141345	144480	169124	188547	223224
成人高等教育	Adult Higher Education	27640	35373	36488	34469	35201
普通中学	Regular Secondary Schools	1148755	1195659	1233687	1233488	1228209
#高　中	Senior Secondary Schools	313056	349855	384598	404915	418217
中等职业学校	Secondary Vocational Schools	138442	179593	194642	212603	193880
小　学	Primary Schools	1596713	1519620	1491503	1503617	1544896
毕业生数(人)	**Number of Graduates(person)**					
普通中学	Regular Secondary Schools	343094	346312	365203	396618	407965
#高　中	Senior Secondary Schools	77553	84314	97856	115010	125494
小　学	Primary Schools	303243	292089	277398	266062	259388

20－18 民办教育
Private Education

指　标	Item	2012	2013	2014	2015	2016
学校数(所)	**Number of Schools(unit)**					
普通高等学校	Regular Higher Education Institutions	11	11	11	13	14
中等职业教育学校	Secondary Vocational Schools	64	64	55	57	47
普通中学	Regular Secondary Schools	372	404	411	431	456
#高　中	Senior Secondary Schools	92	93	94	95	110
小　学	Primary Schools	273	260	261	258	250
在校学生数(人)	**Number of Total Enrollment (person)**					
普通高等学校	Regular Higher Education Institutions	64527	73850	82312	90469	104691
中等职业教育学校	Secondary Vocational Schools	40114	39057	41558	43646	39494
普通中学	Regular Secondary Schools	183239	199010	217087	231068	254958
#高　中	Senior Secondary Schools	58441	63377	75836	88487	102516
小　学	Primary Schools	173542	160602	158272	155714	154893
教职员工数(人)	**Teachers, Staff and Workers (person)**					
普通高等学校	Regular Higher Education Institutions	4111	4655	5430	6164	6730
中等职业教育学校	Secondary Vocational Schools	2175	2163	1984	2353	2240
普通中学	Regular Secondary Schools	15814	18330	20490	22597	25392
小　学	Primary Schools	5094	4454	4807	4950	4939
专任教师数(人)	**Full-time Teachers(person)**					
普通高等学校	Regular Higher Education Institutions	3037	3520	3998	4620	5191
中等职业教育学校	Secondary Vocational Schools	1302	1331	1341	1576	1502
普通中学	Regular Secondary Schools	11766	13575	15206	17104	19613
小　学	Primary Schools	4181	3631	3828	3959	3879

20-19 成人教育
Adult Education

指 标	Item	2012	2013	2014	2015	2016
学校数(所)	**Number of Schools(unit)**					
成人高等教育学校	Adult Higher Education Institutions	4	4	4	4	3
成人中等专业教育学校	Adult Specialized Secondary Schools	16	14	12	10	9
成人中学	Adult Secondary Schools	51	23	28	1	…
成人技术培训学校	Adult Technical Training Schools	7863	6994	7098	6146	5886
成人小学	Adult Primary Schools	4935	4169	3560	3071	2783
在校生数(万人)	**Number of Students Enrollment (10000 persons)**					
成人高等教育	Adult Higher Education	8.56	10.17	11.67	12.16	11.73
成人中等专业教育	Adult Specialized Secondary Education	1.22	5.06	7.58	9.51	7.84
成人中学	Adult Secondary Schools	0.75	0.08	0.12	0.01	…
成人技术培训学校	Adult Technical Training Schools	201.45	175.59	169.30	164.69	149.06
成人小学	Adult Primary Schools	13.54	11.02	12.84	17.47	13.50
毕业生数(万人)	**Number of Graduates (10000 persons)**					
成人高等教育	Adult Higher Education	2.33	2.27	2.43	2.98	3.41
成人中等专业教育	Adult Specialized Secondary Education	0.27	0.50	1.15	1.50	2.76
成人中学	Adult Secondary Schools	1.00	0.33	0.35	0.03	…
成人技术培训学校	Adult Technical Training Schools	198.49	174.08	163.11	161.45	145.30
成人小学	Adult Primary Schools	12.58	9.99	12.49	14.34	12.68

20-20 历年教育事业发展情况

年份 Year	在校学生数(万人) Students Enrollment(1 0000 persons)			小学毕业生升学率(%) Percentage of Graduates of Primary Schools Entering into Junior Secondary Schools(%)
	普通高等学校 Regular Institutions of Higher Education	普通中学 Regular Secondary Schools	小学 Primary Schools	
1978	1.33	137.17	423.60	76.1
1979	1.78	126.07	413.71	70.0
1980	1.71	110.24	404.22	62.6
1981	1.81	96.58	403.49	56.7
1982	1.67	89.53	412.30	53.8
1983	1.68	82.39	415.79	51.5
1984	2.03	85.13	436.56	53.1
1985	2.30	91.59	447.68	54.2
1986	2.52	99.00	461.99	53.8
1987	2.60	102.35	458.27	47.7
1988	2.73	98.63	449.70	56.6
1989	2.76	93.31	440.36	67.1
1990	2.70	96.54	435.05	60.8
1991	2.57	100.23	433.85	59.6
1992	2.67	103.99	435.94	59.9
1993	2.93	100.55	439.81	63.9
1994	3.23	103.08	455.30	70.5
1995	3.47	108.43	475.34	72.7
1996	3.57	113.47	489.32	71.5
1997	3.85	121.54	503.82	75.8
1998	4.26	127.10	505.36	75.1
1999	5.65	138.63	500.96	77.8
2000	7.55	157.20	500.21	78.7
2001	10.82	184.60	490.17	84.4
2002	12.27	212.81	484.28	88.2
2003	14.94	235.30	476.87	92.4
2004	17.99	249.34	479.41	96.0
2005	20.68	254.96	473.76	97.4
2006	22.15	256.31	474.38	97.8
2007	24.17	256.00	466.31	95.6
2008	26.75	261.78	469.79	98.7
2009	29.91	269.45	456.87	97.7
2010	32.33	276.75	433.50	96.3
2011	34.41	282.71	408.74	96.5
2012	38.38	287.38	380.08	96.3
2013	41.90	296.01	355.53	99.0
2014	46.04	301.10	346.31	100.0
2015	50.09	295.86	346.31	99.3
2016	57.39	288.51	353.37	100.0

Development of Education Over the Years

学龄儿童入学率(%) Percentage of School-Aged Children Enrolled(%)	专任教师数(人) Number of Full-time Teachers(person)		
	普通高等学校 Regular Higher Education Institutions	普通中学 Regular Secondary Schools	小学 Primary Schools
89.5	2753	54227	155930
86.1	3357	55532	151860
80.8	3638	51950	155708
78.5	3606	46892	159494
78.3	3986	44646	152176
81.2	4183	43821	152338
83.6	4555	41879	155715
84.9	4830	45159	157622
86.9	5177	47119	162105
89.2	5559	50216	161689
89.9	5588	51618	163514
88.8	5530	53279	164298
91.3	5469	55528	166662
90.3	5371	57074	168364
92.4	5542	59006	166769
93.8	5550	60453	165276
95.1	5540	63059	168842
96.0	5599	64292	168358
96.7	5600	66842	166526
97.4	5699	69355	168493
97.7	5929	72865	167823
98.2	6050	76654	170680
98.5	7240	81156	174822
98.2	9007	88079	173238
98.2	11079	97641	177920
98.2	11775	107312	179367
97.8	13792	115616	180793
98.3	14353	122721	183679
98.6	15398	128274	188762
98.6	16964	131087	191991
97.2	18037	135360	200024
98.4	19634	139302	199189
97.9	20351	143128	197913
98.6	21855	147396	197094
99.3	22803	156325	197983
99.3	25351	162309	192953
99.1	28144	171988	192850
99.5	30515	179875	193511
99.6	33087	188127	197069

主要统计指标解释

普通高等学校 指通过国家普通高等教育招生考试，招收高中毕业生为主要培养对象，实施高等学历教育的全日制大学、独立设置的学院，独立学院和高等专科学校、高等职业学校及其他普通高教机构。

成人高等学校 指通过国家成人高等教育招生考试，招收具有高中毕业或同等学历的人员为主要培养对象，利用函授、业余、脱产等多种形式，对其实施高等学历教育的学校。包括：职工高等学校、农民高等学校、管理干部学院、教育学院、独立函授学院、广播电视大学、其他成人高教机构。

小学学龄儿童入学率 指调查范围内已入小学学习的学龄儿童占校内外学龄儿童总数(包括弱智儿童，不包括盲聋哑儿童)的比重。计算公式为：

小学学龄儿童入学率=已入学的小学学龄儿童数/校内外小学学龄儿童总数×100%。

Explanatory Notes on Main Statistical Indicators

Regular Institutions of Higher Education refer to recruiting graduates from senior secondary schools as the main target by National Matriculation TEST. They include full-time universities, colleges, institutions of higher professional education, institutions of higher vocational education, institutions of higher vocational education and others.

Institutions of Higher Education for Adults refer to educational establishments, enrolling staff and workers with senior secondary school or equivalent education, and providing higher education courses in many forms of correspondence, spare time, or full time for adults. Professionals thus trained receive a qualification equivalent to graduates studying regular courses at regular universities, colleges and professional colleges. Institutions of higher learning for adults include schools of higher education for staff and workers, schools of higher education for peasants, colleges for management cadres, pedagogical colleges, independent correspondence colleges, Radio and TV universities and other educational establishments.

Enrollment Ratio of Primary Schools refers to the proportion of school age children enrolled at schools to the total number of school age children both in and outside schools (including retarded children, but excluding blind, deaf and mute children). The formula is:

$$\text{Net Enrolment Ratio of Primary Schools} = \frac{\text{Total Primary School-age Children at Schools}}{\text{Total Primary School-age Children Whether or Not Attending School}} \times 100\%$$

科学技术

Technology

21

简 要 说 明

一、主要内容

本篇资料主要反映全省科技事业发展状况。包括全社会规模以上工业法人单位、政府属研究机构、高等学校的研究与试验发展（R&D）活动情况；规模以上工业法人单位创新活动开展情况；专利申请和授权情况；高技术企业生产及研发活动情况；科技成果情况；科协系统科技活动情况等。

二、统计范围

科技活动统计范围为全社会有研究与试验发展（R&D）活动的企事业单位，具体包括规模以上工业法人单位、地级及以上独立核算的政府属科学研究与技术开发机构及科技信息与文献机构、全日制普通高等学校及附属医院，以及研究与试验发展（R&D）活动相对密集行业（包括农、林、牧、渔业，建筑业，交通运输、仓储和邮政业，信息传输、软件和信息技术服务业，金融业，租赁和商务服务业，科学研究和技术服务业，水利、环境和公共设施管理业，卫生和社会工作，文化、体育和娱乐业等）中从事研究与试验发展（R&D）活动的企事业单位。

创新活动统计范围为规模以上工业法人单位。

三、统计调查方法

研究与试验发展(R&D)活动情况采用全面调查取得；创新活动情况采用全面调查取得；科协、专利等资料采用抽样等多种调查方法取得。

四、资料来源

本篇综合资料由省统计局社会科技统计处根据科技综合统计报表有关资料整理汇总，规模以上工业法人单位科技活动情况根据企业（单位）科技活动统计报表的有关资料整理汇总。

政府属研究机构资料、专利申请和授权资料由省科技厅提供。

科协系统科技活动资料由省科协提供。

Brief Introduction

I. Main Contents

Statistics in this chapter reflect the development of science and technology in Guizhou province. It contains the data on research and development (R&D) activities of the whole society, industrial corporate units above designated size, scientific and technological institutions under the government and institutions of higher education; data on innovation activities of industrial corporate units above designated size; data on patents application accepted and granted; data on production, research and development activities of high-tech enterprises; data on scientific and technological achievements; data on the scientific and technological activities in the system of associations for science and technology.

Ⅱ.Scope of Statistics

Data on scientific and technological activities cover research and development (R&D) activities of enterprises and institutions of whole society, mainly including industrial corporate units above designated size, scientific research and technological development institutions and scientific and technological information and literature institutions of prefecture level and above under the government with independent accounting, full-time universities and colleges, affiliated hospitals, and enterprises and institutions engaged in R&D activities in relatively R&D-intensive industries (such as agriculture, forestry, animal husbandry, fishery, construction, transport, storage and post, information transmission, software and information technology service, finance, leasing and business services, scientific research and technical services, management of water conservancy, environment and public facilities, health and social service, culture, sports and entertainment).

Data on innovation activities cover industrial corporate units above designated size.

Ⅲ.Statistical Methodology

Data on R&D activities are collected through complete surveys. Data on innovation activities are collected through complete surveys. Data on scientific and technological associations, patents are collected through sample surveys and other surveys.

Ⅳ. Sources of Data

Social and Scientific Department of Guizhou Provincial Bureau of Statistics provides provincial comprehensive data on the basis of comprehensive reporting forms of science and technology; data on scientific and technological activities of industrial corporate units above designated size based on reporting forms of enterprises'(units') scientific and technological activities in this article.

Guizhou Science and Technology Department provides information on scientific and technological institutions under the government, and the data on patent apply and authorize.

Guizhou Association for Science and Technology provides data on the scientific and technological activities of associations for science and technology.

21-1 科技活动
Scientific and Technological Activities

指标	Item	2013	2014	2015	2016	2016年比2015年增长(%) Increase Rate in 2016over 2015(%)
科技活动人员(人)	**Persons Engaged in Scientific and Technological Activities (person)**	**69101**	**71771**	**75153**	**90604**	**20.6**
科研机构	**Scientific Research Institutions**					
科研机构数(个)	Number of Institutions(unit)	357	449	482	741	53.7
科研用仪器设备原价(万元)	Original Cost of Instrument and Equipment for Scientific Research(10000yuan)	446569	432228	513542	542829	5.7
#进 口	Import	121437	122116	120473	113808	-5.5
研究与实验发展(R&D)	**Research and Development**					
研究与试验发展(R&D)人员(人)	R&D Personnel(person)	36113	38158	40516	45222	11.6
#博士毕业	Doctor	2067	2472	2825	2810	-0.5
#硕士毕业	Master	5934	7049	7669	7780	1.4
研究与试验发展(R&D)经费支出(万元)	Expenditure on R&D(10000yuan)	471850	554795	623196	734006	17.8
科技产出	**S&T Output**					
专利申请数(件)	Number of Patents Application(piece)	4598	5449	5756	6856	19.1
#发明专利	Inventions	2018	2699	2768	3037	9.7
专利授权数(件)	Number of Patents Granted(piece)	516	652	1432	1583	10.5
#发明专利	Inventions	151	182	340	361	6.2
有效发明专利数(件)	Number of Inventions In Force(piece)	2672	4080	6240	7175	15.0
专利所有权转让及许可数(件)	Number of Patents Ownership Assigned and Granted (piece)	30	53	67	112	67.2
专利所有权转让及许可收入(万元)	Revenue from Patents Ownership Assigned and Granted(10000yuan)	217	9512	914	4919	438.0
植物新品种权授予数(项)	Number of New Plant Breed Rights Granted(unit)	17	15	29	46	58.6
形成国家或行业标准数(项)	Number of Standards Adopted by State or Industry(unit)	188	172	185	353	90.8
发表科技论文(篇)	Scientific Papers Issued(piece)	18629	19360	20746	20710	-0.2
出版科技著作(种)	Publication on Science and Technology(kind)	490	588	647	739	14.2

21-2 研究与试验发展(R&D)活动
Scientific Research and Development

指　标	Item	2013	2014	2015	2016	2016年比2015年增长(%) Increase Rate in 2016over 2015(%)
有研究与试验发展(R&D)活动的单位(个)	**Number of Institutions Having R&D Activities(unit)**	**359**	**416**	**477**	**850**	**78.2**
R&D人员(人)	**R&D Personnel(person)**	**36113**	**38158**	**40516**	**45222**	**11.6**
#女性	Female	11588	11727	12290	13473	9.6
#研究人员	Research Personnel	20109	21979	21296	22874	7.4
#全时人员	Full-time Personnel	18582	20115	21153	25501	20.6
非全时人员	Part-time Personnel	17531	18043	19363	19721	1.8
#博士毕业	Doctor	2067	2472	2825	2810	-0.5
硕士毕业	Master	5934	7049	7669	7780	1.4
本科毕业	Bachelor	11969	12433	13415	19739	47.1
其他学历	Others	16143	16204	16607	14893	-10.3
R&D人员折合全时当量(人年)	**Full-time Equivalent of R&D Personnel(person-year)**	**23888**	**23962**	**23537**	**24124**	**2.5**
#研究人员	Research Personnel	12067	12656	11542	11873	2.9
#基础研究	Basic Research	3080	3418	3454	3606	4.4
应用研究	Applied Research	3070	3263	4179	2937	-29.7
试验发展	Experimental Development	17736	17281	15903	17581	10.6
R&D经费内部支出(万元)	**Intramural Expenditure on R&D (10000yuan)**	**471850**	**554795**	**623196**	**734006**	**17.8**
#基础研究	Basic Research	53888	59759	77790	74255	-4.5
应用研究	Applied Research	49680	63878	66723	69501	4.2
试验发展	Experimental Development	368282	431158	478683	590251	23.3
#日常性支出	Daily Expenditure	399301	471326	517345	593820	14.8
#人员劳务费	Personnel Service Fees	109830	141056	168728	177765	5.4
资产性支出	Expenditure on Assets	72548	83468	105851	140186	32.4
#仪器和设备	Insrument and Equipment	51185	63321	76126	120962	58.9
#政府资金	Government Appropriation Funds	123526	132720	160345	152854	-4.7
企业资金	Self-raised Funds by Enterprises	315922	388509	418891	537892	28.4
境外资金	Overseas Funds	323	503	128	752	487.4
其他资金	Other Funds	32079	33063	43832	42508	-3.0
经费投入强度(%)	**Intensity of Funds Input(%)**	**0.59**	**0.60**	**0.59**	**0.62**	**0.03个百分点**
R&D项目(课题)数(项)	Projects of R&D(unit)	14284	16203	16912	17573	3.9
R&D项目(课题)参加人员折合全时当量(人年)	Participants(man-year)	21000	21787	21360	21679	1.5
#研究人员	Research Personnel	10691	11366	10084	9955	-1.3
R&D项目(课题)经费内部支出(万元)	Intramural Expenditure on R&D(10000yuan)	399251	457529	497299	673116	35.4

21-3 规模以上工业企业科技活动

Scientific and Technological Activities of Industrial Enterprises above Designated Size

指标	Item	2012	2013	2014	2015	2016
科技活动人员(人)	**Persons Engaged in Scientific and Technological Activities (person)**	**33009**	**36826**	**38210**	**39450**	**51301**
科研机构	**Scientific Research Institutions**					
科研机构数(个)	Number of Institutions(unit)	148	165	224	242	474
科研用仪器设备原价(万元)	Original Cost of Instrument and Equipment for Scientific Research(10000yuan)	341337	345935	302154	364192	389994
#进　口	Import	73325	83242	70781	59864	69079
研究与实验发展(R&D)	**Research and Development**					
研究与试验发展(R&D)人员(人)	R&D Personnel(person)	16509	21071	20771	22465	27677
#研究人员	Research Personnel	6391	7579	8197	7363	9126
#全时人员	Full-time Personnel	9764	12095	13071	14034	18331
#博士毕业	Doctor	99	64	123	107	140
硕士毕业	Master	756	471	1030	1163	1251
研究与试验发展(R&D)人员折合全时当量(人年)	Full-time Equivalent of R&D Personnel (Person-year)	12135	16049	15659	14916	15773.9
#研究人员	Research Personnel	4850	6327	6305	5235	5491.4
#基础研究	Basic Research	9	16	37		69.5
应用研究	Applied Research	188	346	289	1216	402.1
试验发展	Experimental Development	11939	15687	15332	13699	15302.2
研究与试验发展(R&D)经费支出(万元)	Expenditure on R&D(10000yuan)	315079	342541	410132	457303	556853
#基础研究	Basic Research	177	101	486		550
应用研究	Applied Research	4379	4952	11371	15766	12121
试验发展	Experimental Development	310523	337488	398276	441537	544182
#日常性支出	Daily Expenditure	288505	309056	362687	403774	460863
#人员劳务费	Personnel Service Fees	62238	71593	98072	122028	124092
资产性支出	Expenditure on Assets	26574	33485	47446	53529	95990
#仪器和设备	Instrument and Equipment	22298	30952	41739	52285	94906
#政府资金	Government Appropriation Funds	31114	47086	38657	51877	46900
企业资金	Self-raised Funds by Enterprises	266602	286509	364976	400371	499387
境外资金	Overseas Funds	83	125	294		447
其他资金	Other Funds	17280	8820	6206	5056	10119
科技产出	**Statistics on S&T Outputs**					
专利申请数(件)	Number of Patents Application(piece)	2794	3446	4051	3782	4341
#发明专利	Inventions	1347	1516	1918	1953	2021
有效发明专利数(件)	Number of Valid Patents for Invention(piece)	1370	1985	3146	4096	5411
专利所有权转让及许可数(件)	Number of Patents Ownership Assigned and Granted (piece)	18	26	42	60	102
专利所有权转让及许可收入(万元)	Revenue from Patents Ownership Assigned and Granted(10000yuan)	145		9363	774	4702
形成国家或行业标准数(项)	Number of Standards Adopted by State or Industry (unit)	169	165	158	156	313
发表科技论文(篇)	Scientific Papers Issued(piece)	1170	1014	1165	1096	1232

注:规模以上工业企业指年主营业务收入2000万元及以上工业企业。

Note:The industrial enterprises which are above designated size refer to the industrial enterprises with the sales revenue above 20 million yuan.

21-4 规模以上工业企业新产品开发及生产情况(2016)

New product Development and Production of Industrial Enterprises above Designated Size

指　标	Item	新产品开发项目数(项) The number of new pruduct development (unit)	新产品开发经费支出(万元) Expenditure on New Product Development (10000 yuan)	新产品销售收入(万元) Sales Revenue of New Product (10000 yuan)	#出口 Exports
合　计	**Total**	2231	550466	5752002	613257
#大中型工业企业	Large and Medium-sized Industrial Enterprises	1347	405299	4758990	595715
按登记注册类型分	**by Status of Registration**				
内资企业	Domestic Funded Enterprises	2151	535630	5491046	613257
#国有企业	State-owned Enterprises	198	38189	212171	501
有限责任公司	Limited Liability Corporations	1286	346860	3968576	486231
股份有限公司	Share-holding Corporations Ltd.	276	67883	899429	120535
港、澳、台商投资企业	Enterprises with Funds From Honkong, Macao and Taiwan	48	7745	109613	
外商投资企业	Foreign Funded Enterprises	32	7091	151344	
按行业分	**By Industrial Sector**				
#煤炭开采和洗选业	Mining and Washing of Coal	24	10045	34838	
食品制造业	Manufacture of Foods	31	10884	26337	1440
酒、饮料和精制茶制造业	Manufacture of Liquor, Beverages and Refined Tea	86	25616	774615	219868
烟草制品业	Manufacture of Tobacco	122	21089	535700	
石油加工.炼焦及核燃料加工业	Processing of Petroleum, Coking, Processing of Nuclear Fuel	2	824		
化学原料及化学制品制造业	Manufacture of Raw Chemical Material and Chemical Products	117	56305	963406	235825
医药制造业	Manufacture of Medicines	308	59084	567994	1594
非金属矿物制品业	Manufacture of Non-metallic Mineral Products	75	11243	172852	36
黑色金属冶炼和压延加工业	Smelting and Pressing of Ferrous Metals	21	8636	204139	208
有色金属冶炼和压延加工业	Smelting and Pressing of Non-ferrous Metals	41	10187	143696	1922
金属制品业	Manufacture of Metal Product	107	16853	96697	5651
通用设备制造业	Manufacture of General Purpose Machinery	82	7779	110308	2563
专用设备制造业	Manufacture of Special Purpose Machinery	82	17682	153603	5640
汽车制造业	Manufacture of Automobiles	56	22565	209600	1149
计算机、通信和其他电子	Manufacture of Computer, Communication and other Electronic Equipment	314	34074	420768	886
电力、热力生产和供应业	Production and Supply of Electric Power and Heat Power.	122	22869	1740	

21−5 政府属独立研究与开发机构科技活动

Scientific and Technological Activities of Government-affiliated Independent Research Institutions

指　标	Item	2012	2013	2014	2015	2016	2016年比2015年增长(%) Increase Rate in 2016 over2015(%)
科技机构数(个)	**Number of S&T Institutions(unit)**	**106**	**105**	**106**	**105**	**82**	**-21.9**
县级以上自然类研究与开发机构	The Scientific Research and Development Institution above the county level.	63	62	63	65	65	持平
县级以上社会、人文科学研究机构	The Research Institutions of Social and Human Studies above the county level.	4	4	4	4	5	25.0
县级以上部门属科技情报与文献机构	Department of S&T Informations and Literature Institutions at County and Higher Levels	6	6	6	6	6	持平
县级政府部门属研究与开发机构	Scientific Research and Development Institutions at County Level	9	8	8	6	6	持平
县级以上研究与开发转制机构	Conversed Scientific Research and Development Institution at County and Higher Levels	24	25	25	24		
科技活动人员数(人)	**Personnel Engaged in S&T Activities (person)**	**4627**	**4948**	**5499**	**5373**	**4088**	**-23.9**
县级以上自然类研究与开发机构	The Scientific Research and Development Institution above the county level.	3032	3106	3300	3463	3579	3.3
县级以上社会、人文科学研究机构	The Research Institutions of Social and Human Studies above the county level.	224	226	213	256	280	9.4
县级以上部门属科技情报与文献机构	Department of S&T Informations and Literature Institutions at County and Higher Levels	130	150	142	155	154	-0.6
县级政府部门属研究与开发机构	Scientific Research and Development Institutions at County Level	103	104	89	75	75	持平
县级以上研究与开发转制机构	Conversed Scientific Research and Development Institution at County and Higher Levels	1138	1362	1755	1424		
大学本科及以上学历人数(人)	**University,College and Above(person)**	**3432**	**3792**	**4266**	**4268**	**3347**	**-21.6**
县级以上自然类研究与开发机构	The Scientific Research and Development Institution above the county level.	2182	2330	2581	2743	2935	7.0
县级以上社会、人文科学研究机构	The Research Institutions of Social and Human Studies above the county level.	200	201	190	232	261	12.5
县级以上部门属科技情报与文献机构	Department of S&T Informations and Literature Institutions at County and Higher Levels	97	112	114	127	125	-1.6
县级政府部门属研究与开发机构	Scientific Research and Development Institutions at County Level	29	31	29	22	26	18.2
县级以上研究与开发转制机构	Conversed Scientific Research and Development Institution at County and Higher Levels	924	1118	1352	1144		

注：1.资料来源于省科技厅(以下相关表同)；2.2016年起，政府属独立研究与开发机构科技活动单位不再包含县级以上研究与开发转制机构，此类机构改革转制为企业。

Note: 1.Data in the table are obtained from the Department of Science and Technology(The relative tables in the chapter are the same); 2.Since 2016, Independent research and development institutions of science and technology activities which is Within the jurisdiction of the government no longer contain institutions for research and development above the county level. Such institutions have been transformed into enterprises.

21-5 续表 continued

指　　标	Item	2012	2013	2014	2015	2016	2016年比2015年增长(%) Increase Rate in 2016 over2015(%)
经费收入总额(万元)	**Funding for S&T Activities(10000 yuan)**	**210700**	**258654**	**285659**	**304397**	**145968**	**-52.0**
县级以上自然类研究与开发机构	The Scientific Research and Development Institution above the county level.	112779	104276	123615	127359	132770	4.2
县级以上社会、人文科学研究机构	The Research Institutions of Social and Human Studies above the county level.	4574	5956	5904	7960	7971	0.1
县级以上部门属科技情报与文献机构	Department of S&T Informations and Literature Institutions at County and Higher Levels	2845	2576	2941	3963	3897	-1.7
县级政府部门属研究与开发机构	Scientific Research and Development Institutions at County Level	1335	1170	1130	1343	1330	-1.0
县级以上研究与开发转制机构	Conversed Scientific Research and Development Institution at County and Higher Level	77151	144676	152069	163772		
经费支出总额(万元)	**Expenditures on S&T Activities (10000 yuan)**	**182102**	**254670**	**265331**	**310368**	**176926**	**-43.0**
县级以上自然类研究与开发机构	The Scientific Research and Development Institution above the county level.	105898	109580	116474	141746	163287	15.2
县级以上社会、人文科学研究机构	The Research Institutions of Social and Human Studies above the county level.	4584	4951	4225	6617	8491	28.3
县级以上部门属科技情报与文献机构	Department of S&T Informations and Literature Institutions at County and Higher Level	2780	2634	2679	3740	3945	5.5
县级政府部门属研究与开发机构	Scientific Research and Development Institutions at County Level	1417	1152	1050	1292	1203	-6.9
县级以上研究与开发转制机构	Conversed Scientific Research and Development Institution at County and Higher Level	67423	136353	140903	156973		
研究与试验发展经费支出(R&D经费支出)(万元)	**Expenditure on R&D(10000 yuan)**	**36899**	**55735**	**59558**	**78874**	**60959**	**-22.7**
县级以上自然类研究与开发机构	The Scientific Research and Development Institution above the county level.	25426	42667	46414	61393	54461	-11.3
县级以上社会、人文科学研究机构	The Research Institutions of Social and Human Studies above the county level.	1690	1510	2014	4037	6049	49.8
县级以上部门属科技情报与文献机构	Department of S&T Informations and Literature Institutions at County and Higher Level			375	508	449	-11.6
县级政府部门属研究与开发机构	Scientific Research and Development Institutions at County Level	29					
县级以上研究与开发转制机构	Conversed Scientific Research and Development Institution at County and Higher Level	9754	11558	10755	12935		

21-6 省部级以上成果登记(完成人员)

Staffs Personnel of Provincial or Ministerial Level and above

单位：人次 (person-time)

指标	Item	2012	2013	2014	2015	2016
合 计	**Total**	**1479**	**1712**	**2009**	**1386**	**1339**
按学历分	**by Education Background**					
博士	Doctor	215	242	314	219	280
硕士	Master	365	419	555	435	417
大本	Undergraduate Student	751	954	1001	651	534
大专	Junior College Student	114	75	115	68	89
中专	Secondary Specialized School Student	27	13	17	8	14
其他	Others	7	9	7	5	5
按年龄结构分	**by Type of Age**					
35岁以下(含35岁)	thirty-five and below	380	500	570	399	398
36-45岁	thirty-six to forty-five	568	625	762	479	428
46-55岁	forty-six to fifty-five	393	466	541	415	390
56-65岁	fifty-six to sixty-five	106	94	123	74	93
65岁以上	above sixty-five	32	27	13	19	30
按技术职称分	**by Type of Title**					
院士	Academicians	1	2		1	1
正高	Senior Title	345	398	444	329	366
副高	Sub-senior Title	468	531	751	454	339
中级	Middle Title	464	551	594	444	457
初级	Primary Title	120	149	137	100	102
其他	Others	81	81	83	58	74

21-7 省部级以上成果登记（数量及投资额）

Number of Achievements and Investment of Projects at Provincial or Ministerial Level and above（number & investment）

指 标	Item	2012	2013	2014	2015	2016
成果登记(项)	**Achievement Registration(item)**	**132**	**141**	**147**	**115**	**120**
发明专利授权数(件)	Invention of Patent Authorigations Granted (piece)	120	150	174	116	247
制订标准数(个)	Number of Standards for Formulation (unit)	21	8	7	4	8
按成果类别分(项)	by Type of Achievement Sort (item)					
#基础理论成果	Basic Theory Achievement	28	26	22	25	28
应用技术成果	Applied Technical Achievement	104	115	124	89	92
按成果应用属性分(项)	by Type of Achievement Application Property (item)					
#原始性创新	Original Invention	11	8	9	13	22
国外引进消化 吸收创新	Absorb and Digest Invention of Foreign Indraught	18	26	12	12	22
国内技术二次开发	Twice Development of Inner Technology	75	81	103	64	48
项目投资额(万元)	**Project Investment (10000 yuan)**	**109689**	**58093**	**295362**	**114161**	**98050**
国家资金	Government Funds	11886	4376	2122	6153	6621
部门资金	Department Funds	10798	3905	36693	12809	5429
地方资金	Local Funds	37697	5324	6297	4647	14759
基金投入	Fund Input	1176	228	124	272	297
自有资金	Self-raised Funds	35323	43807	249584	90280	69963
银行贷款	Loans from Bank	200	200	500		900
国外资金	Foreign Funds.	6				25
其他资金	Other Funds	12603	253	42		56
净利润(万元)	**After-Tax Profit (10000 yuan)**	**120310**	**125554**	**296395**	**64726**	**293909**
实交税金(万元)	**Tax (10000 yuan)**	**41289**	**83925**	**134026**	**35752**	**82758**

21-8 事业、企业单位各类专业技术人员

Specialized Technical Personnel in Enterprises and institutions

单位：万人 (10000 persons)

指　标	Item	2012	2013	2014	2015	2016
总　计	**Total**	**59.15**	**61.91**	**64.22**	**66.28**	**68.95**
#女　性	Female	25.55	27.79	29.63	31.14	**33.00**
按专业分	**By Specialized Subject**					
#工程技术人员	Engineering Technical Personnel	5.74	6.07	6.26	6.70	**7.03**
农业技术人员	Agricultural Technical Personnel	2.47	2.38	2.35	2.39	**2.50**
卫生技术人员	Medical Technical Persomnel	8.12	9.10	9.58	10.01	**10.43**
科学研究人员	Scientific Research Personnel	0.20	0.19	0.25	0.27	**0.28**
教学人员	Teaching Personnel	38.20	39.24	40.16	40.96	**42.27**
按专业技术职务分	**By Professional Titles**					
#高　级	Senior	4.08	4.69	5.48	6.37	**7.27**
中　级	Medium	18.86	20.35	22.94	24.79	**26.31**
初　级	Junior	32.90	31.71	29.92	29.51	**29.11**
按学历分	**By Education Background**					
大学本科以上	University,College and above	24.00	27.90	31.79	35.05	**38.95**
大学专科	Specialized Institutions of Higher Education	26.35	26.11	25.46	25.02	**24.40**
中专以下	Senior Middle School and the Level below	8.80	7.91	6.97	6.22	**5.60**

注：1.资料来源于省人力资源社会保障厅。 2.本表数据按岗位统计，不含非公经济单位和中央驻黔单位数据。3.事业单位部分专业技术人员划到管理人员统计。

Note: 1.Data in the table are obtained from the Provincial Department of Human Resources and Social Security; 2.Data in this table are counted by post, and don't include non-public economic units and the central unit of data in Guizhou.3.Since 2010, due to adjustment of statistical cabliers part of the professional and technical personnel of institutions have designated to manage personnel and statistics.

21-9 专利申请受理及授权

Patent Application Accepted and Granted

单位：件 (item)

指　标	Item	2012	2013	2014	2015	2016
受理专利总计	**Total Patent Applications Accepted**	**11296**	**17405**	**22471**	**18295**	**25315**
按种类分	Grouped by Sort					
发　明	Inventions	3103	3988	8203	7538	10953
实用新型	Utility Models	4111	6456	7335	8317	11081
外观设计	Designs	4082	6961	6933	2440	3281
按对象分	Grouped by Applicant					
非职务发明创造	Non-service Creations and Inventions	2192	3089	7896	3277	4709
职务发明创造	Service Creations and Inventions	9104	14316	14575	15018	20606
大专院校	Universities and Colleges	366	1056	1176	1864	3637
科研单位	Research Institutions	530	626	542	632	724
工矿企业	Industrial and Mineral Enterprises	7949	12100	12413	11614	15045
机关团体	Government Agencies and Organizations	259	534	444	908	1200
授权专利总计	**Total Patent Authorigations Granted**	**6054**	**7915**	**10107**	**14115**	**10425**
按种类分	**Grouped by Sort**					
发　明	Inventions	635	776	1047	1501	2036
实用新型	Utility Models	3149	3916	5207	7007	6525
外观设计	Designs	2270	3223	3853	5607	1864
按对象分	Grouped by Applicant					
非职务发明创造	Non-service Creations and Inventions	1283	1731	1369	4635	1847
职务发明创造	Service Creations and Inventions	4771	6184	8738	9480	8578
大专院校	Universities and Colleges	182	345	460	1074	1529
科研单位	Research Institutions	269	333	377	392	307
工矿企业	Industrial and Mineral Enterprises	4214	5426	7795	7794	6581
机关团体	Government Agencies and Organizations	106	80	106	220	161

注：资料来源于省科技厅。

Note: Data in the table are obtained from the provincial science and technology department.

21−10 科协系统科学技术普及情况
Popularization of science and Technology

指　　标	Item	2013	2014	2015	2016	2016年比2015年增长(%) Increase Rate in 2016over2015(%)
科学技术普及活动	**Science and Teohnology Popularization Activities**					
举办科普宣讲活动(次)	Popular Science Propaganda Activities(unit)	3020	5028	6122	5720	-6.6
宣讲活动受众人数(万人次)	Audience of Preaching Activity (10000 Person-time)	311	372	368	339	-7.9
参加活动科技人员（万人次）	Personnel Participated in the scientific and Technical Activities (10000 Person-time)	8	10	14	10	-28.6
科普基础设施建设	**Infrastrueture Construction in Popularizatime of Science**					
科技馆(个)	Number of Science and Technology Museum(unit)	3	3	3	3	持平
全年参观人数(万人次)	Number of Participants (10000 Person-time)	28	19	35	35	持平
#少儿参观人数	Number of Child and Youth's participation	19	12	15	13	-13.3
科普画廊建筑面积(宣传栏、橱窗)(平方米)	Gallery construction Area in popularization of science (square meter)	42801	52258	38183	47054	23.2
科普画廊展示面积（平方米）	Gallery Exhobition Area in popularization of science (square meter)	64920	87836	64114	71135	11.0

注：资料来源于省科协。

Note: Data in the table are provided by Guizhou Associa for Science and Technology.

主要统计指标解释

科技活动 指在自然科学、农业科学、医药科学、工程与技术科学、人文与社会科学领域(简称科学技术领域)中，与科技知识的产生、发展、传播和应用密切相关的有组织的活动。可分为研究与试验发展(R&D)、研究与试验发展成果应用及相关的科技服务三类活动。

科技活动人员 指直接从事科技活动、以及专门从事科技活动管理和为科技活动提供直接服务，累计的实际工作时间占全年制度工作时间10%及以上的人员。(1)直接从事科技活动的人员包括：在独立核算的科学研究与技术开发机构、高等学校、各类企业及其他事业单位内设的研究室、实验室、技术开发中心及中试车间(基地)等机构中从事科技活动的研究人员、工程技术人员、技术工人及其它人员；虽不在上述机构工作，但编入科技活动项目(课题)组的人员；科技信息与文献机构中的专业技术人员；从事论文设计的研究生等。(2)专门从事科技活动管理和为科技活动提供直接服务的人员，包括：独立核算的科学研究与技术开发机构、科技信息与文献机构、高等学校、各类企业及其他事业单位主管科技工作的负责人，专门从事科技活动的计划、行政、人事、财务、物资供应、设备维护、图书资料管理等工作的各类人员，但不包括保卫、医疗保健人员、司机、食堂人员、茶炉工、水暖工、清洁工等为科技活动提供间接服务的人员。该指标用来反映投入科技活动人力的规模。

科技活动人员：指从业人员中的科技管理人员、课题活动人员和科技服务人员。**其中，科技管理人员：**指院、所领导及业务、人事管理人员。包括：从事科技计划管理、课题管理、成果管理、专利管理、科技统计、科技档案管理、科技外事工作、人事管理、教育培训、财务等与科技活动有关的人员；**课题活动人员：**指编制在研究室或课题组的人员；**科技服务人员：**指直接为科技工作服务的各类人员，如从事图书、信息与文献、测试、试制、咨询、物资器材供应等工作的人员，以及实验室、试验工厂（车间）、试验农场的人员。不包括司机、门卫、食堂人员、医务人员、清洁工、幼儿园和托儿所的工作人员，以及主要从事生产、经营活动人员。

研究与试验发展(R&D) 指在科学技术领域，为增加知识总量、以及运用这些知识去创造新的应用进行的系统的创造性的活动，包括基础研究、应用研究、试验发展三类活动。国际上通常采用R&D活动的规模和强度指标反映一国的科技实力和核心竞争力。

科学研究与试验发展(R&D活动)：是指为了增进知识(包括有关人类、文化和社会的知识)，以及运用这些知识创造新应用，所进行的系统的、创造性的工作。

基础研究：是一种实验性或理论性的工作，主要是为了获得关于现象和可观察事实的基本原理的新知识，不预设任何特定的应用或使用目的。

应用研究：是指为了获取新知识而进行的创造性研究，但它主要针对某一特定的实际目的或目标。应用研究通常是为了确定基础研究成果或知识的可能的用途，或是为达到某一具体的、预定的实际目的，确定新的(原理性)方法或途径。

试验发展：是指是利用从科学研究、实际经验中获取的知识和产生的额外知识，以形成新的产品、工艺（流程），或改进现有产品、工艺（流程），而进行的系统性工作。

R&D 人员：指本单位人员及外聘研究人员和在读研究生中参加 R&D 课题的人员、R&D 课题管理人员和为 R&D 活动提供直接服务的人员，不包括为 R&D 课题提供间接服务的人员（如生活服务人员），也不包括全年从事 R&D 活动工作量不到 0.1 年的人员。

R&D 人员折合全时当量：指全时人员折合全时工作量与所有非全时人员工作量之和，结果取整数。一个全时人员的折合全时工作量计为 1，非全时人员按实际投入工作量进行累加。例如：有两个全时人员(他们的工作量分别为 0.9 年和 1.0 年)和三个非全时人员(他们的工作量分别为0.2年、0.3年和0.7年)，则折合为：折合全时工作量＝1+1+0.2+0.3+0.7=3(人年)（四舍五入）。

科技活动经费支出：指调查单位在报告期内用于内部开展科技活动实际支出的费用，包括来自科研渠道以及其他各种渠道的经费实际用于科技活动支出的费用,包括外协加工费。

专利 一般是专利权的简称，指专利权人对发明创造享有的专利权。即国家依法在一定时期内授予发明创造或者其权利继受者独占使用其发明创造的权利。

专利同时也指具体专利技术，即受国家认可并在公开的基础上进行法律保护的技术或者方案。

专利还可指具体的物质文件，即国家颁发的确认申请人对其发明创造享有的专利证书或记载发明创造内容的专利文献。

发明 对产品、方法或其改进所提出的新的技术方案。

Explanatory Notes on Main Statistical Indicators

Scientific and Technological Activities(S&T Activities) refer to organized activities which are closely related with the creation, development, dissemination and application of the scientific and technical knowledge in the fields of natural sciences, agricultural science, medical science, engineering and technological science, humanities and social sciences (referred to as scientific and technological fields). S&T activities can be classified in to 3 categories: research and development (R&D) activities, application of R&D results, and related S&T services.

Personnel Engaged in S&T Activities refer to personnel directly engaged in S&T activities, in the management of S&T activities, and in providing direct service to S&T activities, who spend over 10% of the total working hours in a year in S&T activities. (1) Personnel directly engaged in S&T activities include researchers, engineers, technicians and other related personnel engaged in S&T activities in independent-accounting R&D institutions, institutions of higher learning, and in research institutes, laboratories, technology development centers and central experiment workshops under enterprises and institutions. Also included are people working in S&T research project teams, professional and technical personnel working in S&T information archiving institutes, and graduate students working on the design of their thesis. (2) Personnel engaged in the management of S&T activities and in providing direct service to S&T activities include senior management people responsible for S&T activities in independent-accounting R&D institutions, S&T information archiving institutes, institutions of higher learning, and in enterprises and institutions where S&T activities are undertaken. Also included are people responsible for the planning, administration, personnel management, financial management, logistics supply, equipment maintenance, information and library management that are related with S&T activities. People providing indirect services are excluded, such as security, medical service, drivers, plumbers, cleaners and those providing catering and related service. This indicator reflects the size of personnel engaged in S&T activities.

Science and technology activities staff refers to the scientific and technological management ,project and technical services person in employee。The scientific and technological management refers to the Instructor leadership and business, personnel management persons which including related person Engaged in science and technology program management, project management, results management, patent management, science and technology statistics, science and technology file management, science and technology foreign affairs, personnel management, education and training, finance and other scientific and technological activities ;project staff refers to the person who are staffed in a research room or task group;Technical service person refers to the various types of staff who work for scientific and technological ,such as work on books, information and literature, testing, trial production, consulting, supplies and other equipment, as well as laboratories, test factories (workshops), experimental farms.Those staff are not including the driver, guard, canteen staff, medical staff, cleaners, kindergartens and nursery staff, and mainly engaged in production and business activities.

Research and Development (R&D) refers to systematic and creative activities in the field of science and technology aiming at increasing the knowledge and using the knowledge for new application. R&D includes 3 categories of activities: basic research, applied research and experimentation for development. The scale and intensity of R&D are widely used internationally to reflect the strength of S&T and the core competitiveness of a country in the world.

Scientific research and experimental development (R & D activities) refers to the systematic, creative work carried out in order to enhance knowledge (including knowledge about human, cultural and social), and the use of this knowledge to create new applications.

Basic Research refers to empirical or theoretical research aiming at obtaining new knowledge on the fundamental principles regarding phenomena or observable facts to reveal the intrinsic nature and underlying laws and to acquire new discoveries or new theories. Basic research takes no specific or designated application as the aim of the research.

Applied Research refers to creative research aiming at obtaining new knowledge on a specific objective or target. Purpose of the applied research is to identify the possible uses of results from basic research, or to explore new (fundamental) methods or new approaches.

Experiments and Development refer to systematic activities aiming at using the knowledge from basic and applied researches or from practical experience to develop new products, materials and equipment, to establish new production process, systems and services, or to make substantial improvement on the existing products, process or services.

R & D Personnel refer to persons engaged in research, management and supporting activities of R & D, including persons in the project teams, persons engaged in the management of S&T activities of enterprises and supporting staff providing direct service to the research projects, and not including annual research and experimental development activities in less than 0.1 years of staff workload.

Full-time Equivalent of R&D Personnel refers to the sum of the full-time persons and the full-time equivalent of part-time persons converted by workload. A full-time staff equivalent to full-time work is counted as a part-time personnel according to actual efforts to accumulate. For instance, if there are 2 full-time persons and 3 part-time workers (20%, 30% and 70% of working hours respectively on R&D activities), the full-time equivalent are 2+0.2+0.3+0.7=3.2 person-years.

Expenditure on science and technology activities refers to real expenditure of surveyed units on their own science and technology activities ,Including funding from scientific research channels and other channels for the actual cost of expenditure on scientific and technological activities, including external assistance in processing expenditure.

Patent is an abbreviation for the patent right and refers to the exclusive right of ownership by the inventors or designers for the creation or inventions, given from the patent offices after due process of assessment and approval in accordance with the Patent Law.

Patent also refers to a specific patented technology that recognized by the State and public legal protection on the basis of technical or program.

Patent document also refers to a specific substance, which confirm that the applicant issued by the state enjoyed their inventions patented inventions certificate or record the content of patent documents.

Inventions refer to new technical proposals to the products or methods or their modifications.

文化、体育和卫生

22

Culture, Sports and Public Health

简 要 说 明

一、主要内容

本篇资料主要反映全省文化、体育、卫生事业发展情况。

文化、体育内容包括文化事业机构、文化娱乐、艺术表演团体、群众艺术馆、广播电视、期刊报纸出版、体育运动员获奖、群众体育活动等。

卫生内容包括医疗卫生机构、卫生人员、卫生设施、卫生经费、基层医疗卫生服务、妇幼保健、疾病控制、医疗保障制度等情况。

二、资料来源

新闻出版、广播、电视资料由省新闻出版广电局提供。

文化资料由省文化厅提供。

体育资料由省体育局提供。

卫生资料由省卫生计生委提供。

Brief Introduction

I. Main Contents

Data in this chapter mainly reflect the development of culture, sports and public health undertakings.

Data on culture and sports include culture undertakings, culture and entertainment, art performance troupes, mass art centers, radio and television; the publication of magazines and newspapers, the awards of athlete, the activities of mass sports.

Data on public health include the number of medical and health institutions, health personnel, health facility, health expenses, medical and health services at grass-root level, maternal and child health, disease control and health security system.

II. Sources of Data

Data on news and publication, radio broadcasting and television are provided by Guizhou Provincial administration of press, publication, radio, film and television.

Data on culture are provided by Guizhou Provincial Department of Culture.

Data on sports are provided by Sport Administration of Guizhou Province.

Data on public health are provided by Health and Family Planning Commission of Guizhou Province.

22-1 文化事业机构和人员

Number of Institution and Personel in Culture Industry

指 标	Item	2012	2013	2014	2015	2016
机构总计(个)	**Total Number of Institutions (unit)**	**2213**	**2241**	**2235**	**2204**	**2230**
艺术事业	Art Institutions	90	113	113	103	125
文物事业	Cultural Relics	151	152	150	150	150
图书馆事业	Libraries	93	94	95	96	98
群众文化事业	Mass Culture	1661	1687	1686	1665	1666
文艺科研	Art Research Institutions	2	2	2	2	2
其他文化事业	Other Culture Units	216	193	189	188	189
人员总计(人)	**Total Number of Persons Engaged(person)**	**16380**	**17996**	**17902**	**17637**	**18929**
艺术事业	Arts	2531	3955	3744	3257	3857
文物事业	Cultural Relics	2166	1693	1551	1692	1847
图书馆事业	Libraries	976	1014	1015	1046	1078
群众文化事业	Mass Culture	5320	5986	6006	5957	6370
文艺科研	Art Research Institutions	21	21	20	21	26
其他文化事业	Others	5366	5327	5566	5664	5751

注：1.资料来源于省文化厅(以下相关表同)。2.机构和人员数不含文化市场新分的机构和人员数。3.2013年对1个机构两块牌子从业人员进行重新划分，因此文物业从业人员有所减少。

Note: 1.Data in the table are provided by the Provincial Department of Culture(The relative tables in the chapter are the same). 2. Number of Institutions and Personnel in the table exclude newly increased Institutions and Personnel. 3. In 2013,one institution with two brands practitioners were divided again, so the property practitioners has decreased.

22-2 文化事业单位数

Basic Statistics on Culture Establishment

单位：个 (unit)

指　标	Item	2012	2013	2014	2015	2016
艺术表演场所	Arts Performance Places	10	6	6	6	6
公共图书馆	Public Libraries	93	94	95	96	98
博物馆、纪念馆	Museums and Memorials	66	75	74	73	73
群众艺术馆、文化馆	Mass Art Centers and Cultural Centers	97	98	98	98	99
档案馆	Archives	107	107	107	108	108

注：1.2013年博物馆、纪念馆统计范围增加民间博物馆机构。2.2013年非文化部门艺术表演场所减少4个。

Note: 1. The statistical range of museums and memorials has included folk museum agencies in 2013. 2. Non-cultural department arts centers reduced 4 in 2013.

22-3 文化娱乐业(2016)

Culture and Entertainment Industry

指　标	Item	机构数（个） Institutions (unit)	从业人员（人） Number of Employed Persons(person)	营业收入（万元） Operating Revenue (10000 yuan)	营业利润（万元） Primary Business Profit (10000 yuan)
总　计	**Total**	**6603**	**37463**	**335041**	**107222**
非国有艺术表演团体	Non-state Performing Arts Groups	71	1941	10217	724
娱乐场所	Places of Entertainment	2422	18434	162735	48058
互联网上网服务营业场所（网吧）	Internet Access Service Establishments (Internet Cafes)	4110	17088	162089	58440

22-4 艺术表演场所(2016)

Art Performances Places

指　标	Item	机构数（个） Number of Instit-utions (unit)	从业人员（人） Number of Staff and Workers (person)	座席数（个） Seats (unit)	演(映)出场次(场) Number of Perfo-rmances (show)	#艺术演出场次 Art Perfo-rmance	观众人次（万人次） Number of Spectators (10000 person-times)
总　计	**Toatl**	**12**	**170**	**1075**	**5960**	**70**	**5.5**
#省　级	Province Level	4	53				
地　级	Prefectural Level	2	16				
县　级	County Level	6	101	1075	5960	70	5.5
#文化系统	Cultural Organizations and Institutions	6	69				

注：2016年文化系统6个艺术表演场所均处于改扩建中，全年无演出。

Note: There is no performance throughout the year， for the culture system's 6 arts performance places were all in expansion in 2016.

22-5 文化部门艺术表演团体(2016)

Art Troupes of Culture Sector

指 标	Item	剧团数(个) Number of Troupes (unit)	从业人员(人) Number of Employed Persons (person)	国内演出(场) Number of Domestic Performances (show)	#在农村演出 Shows in Rural Areas	国内观众人数(万人次) Number of Domestic Spectators (10000 person-times)
总 计	**Total**	**23**	**607**	**2240**	**1680**	**351**
按隶属关系分	**By Jurisdiction of Management**					
#国有剧团	State-owned Troupes	22	597	2200	1670	350
按剧种分	**By Type of Art**					
话剧、儿童剧、滑稽剧团	Drama, Children's Play and Comedy Troupes					
歌舞、音乐类	Song and Dance Troupe,Music Troupes	22	486	2070	1620	343
京剧、昆曲类	Peking Opera Troupes and Kunqu Troupes					
地方戏曲类	Local Opera Troupes	1	121	170	60	8
杂技、魔术、马戏类	Acrobatics , Magic, Circus Troupes					
曲艺类	Folk Arts					
综合性艺术表演团体	Comprehensive Art Performance					

22-6 群众文化馆(站)(2016)

Mass Culture Centers(Stations)

指 标	Item	合计 Total	文化馆 Culture Centers	文化站 Culture Stations
馆(站)个数(个)	**Number of Centers(unit)**	**1666**	**99**	**1567**
组织各类讲座次数(次)	Organizing Lectures(time)	2048	2048	
组织文艺活动次数(次)	Organizing Art Performances(time)	22249	4886	17363
举办业余文艺训练班(班次)	Conducting Amateur Art Training Courses(class)	9747	3404	6343
#结业人数(万人次)	Number of Persons Completed(10000 person-times)	60.15	17.14	43.01
举办展览次数(次)	Number of Exhibitions(unit)	3550	886	2664

22-7 广播、电视
Radio and Television Industry

指 标	Item	2012	2013	2014	2015	2016
广播电视台(座)	Broadcasting and Television Stations(unit)	84	85	84	85	85
广播节目综合人口覆盖率(%)	Radio Coverage Rate of the Population(%)	88.5	90.0	91.5	92.3	93.0
#农村	Rural	86.6	88.6			
广播节目自办套数(套)	Number of Radio Programs with Ownership(set)	39	38	40	46	46
#公共广播	Public Radio	39	38	40	46	46
广播节目制作时间(万小时)	Length of Radio Programs Produced (10 000 hours)	12.94	12.06	12.50	13.81	14.27
公共广播节目播出时间(万小时)	Length of Public Radio Programs Broadcasted (10 000 hours)	20.87	22.55	22.74	25.33	24.87
电视节目综合人口覆盖率(%)	TV Coverage Rate of Population(%)	93.0	94.1	95.4	96.0	96.1
#农村	Rural	91.9	93.4			
有线广播电视用户数(万户)	Users of Cable Radio and TV (10 000 households)	396.61	394.28	386.18	421.92	457.00
#农村	Rural	218.20	44.70			
数字电视用户数(万户)	Number of Users of Digital TV (10 000 households)	357.69	394.28	386.18	421.92	452.75
有线广播电视入户率(%)	Popularization Rate of Cable Radio and TV (%)	32.9	32.1	30.8	33.1	35.0
#农村	Rural	22.2	4.5			
电视节目自办套数(套)	Number of TV Programs with Ownership(set)	101	102	102	103	103
#公共电视	Public TV	101	102	102	103	103
电视节目制作时间(万小时)	Length of TV Programs Produced (10 000 hours)	4.61	4.15	4.27	4.26	3.81
公共电视节目播出时间(万小时)	Length of Public TV Programs Broadcasted (10 000 hours)	24.00	23.50	24.07	27.25	25.53
电视剧播出数(万部)	Number of TV Plays Broadcasted (10 000 sets)	0.26	0.25	0.21	0.23	0.27
#进口电视剧播出数(部)	Imported TV Plays(set)	115	107	50	50	65
电视剧播出数(万集)	Number of TV Plays Broadcasted (10 000 parts)	6.29	5.75	4.67	6.34	7.14
#进口电视剧播出数	Imported TV Plays	0.23	0.24	0.12	0.12	0.18

注：1.资料来源于省新闻出版广电局(以下相关表同)。2.2014年起国家新闻出版广电总局取消农村统计指标.

Note: 1.Data in the table is provided by Guizhou provinvial press and publication bureau. (The relative tables in the chapter are the same). 2.State Press and Publication Administration of Radio canceled rural statistical indicators since 2014.

22-8 广播、电视节目播出时间(2016)
Broadcasting Hours of Radio and Television Programs

单位：小时 (hour)

指　标	Item	全年公共节目播出时间 Broadcasting Hours	#新闻咨询类节目 News	#专题服务类节目 Special Subject	#综合益智类节目 General Entertainment
广播电台	**All Radio Broadcasting Stations**	**248677**	**46486**	**41227**	**51217**
省　级	Province Level	58390	6289	11542	14511
地　级	Prefectural Level	113171	24746	22057	28819
县　级	County Level	77115	15450	7627	7886
电视台	**All Television Stations**	**255262**	**66818**	**24977**	**10197**
省　级	Province Level	47678	4401	6301	1411
地　级	Prefectural Level	125995	17182	12919	6273
县　级	County Level	81588	45234	5757	2512

22-9 图书出版
Books Published

指　标	Item	2012	2013	2014	2015	2016
出版图书(种)	**Number of Publications(kind)**	**966**	**894**	**845**	**738**	**1013**
#新出版	New Publications	575	667	721	564	742
总印数(万册)	Printed Copies(10000 copies)	7304	6278	10099	9636	8823
总印张数(万印张)	Printed Sheets(10000 sheets)	48304	44066	64882	65251	66039

22-10 杂志出版
Magazines Published

指　标	Item	2012	2013	2014	2015	2016
出版杂志(种)	**Number of Publications(kind)**	**88**	**88**	**90**	**90**	**90**
每期平均印数(万册)	Average Printed Copies Per Issue(10000 copies)	86	84	84	80	80
总印数(万册)	Printed Copies(10000 copies)	1485	1575	1523	1756	1713
总印张数(万印张)	Printed Sheets(10000 sheets)	7062	7792	7890	9109	8790

22-11 报纸出版
Newspaper Published

指　标	Item	2012	2013	2014	2015	2016
出版报纸(种)	**Number of Publications(kind)**	**44**	**43**	**42**	**42**	**42**
每期平均印数(万份)	Average Printed Copies Per Issue(10000 copies)	170	156	147	126	114
总印数(万份)	Printed Copies(10000 copies)	41704	38954	36409	33375	30351
总印张数(万印张)	Printed Sheets(10000 sheets)	178188	162120	156095	105503	82334

22-12 报纸分类出版数量(2016)
Number of Newspaper Published by Category

指　标	Item	出版报纸(种) Number of Publications (kind)	每期平均印数(万份) Average Publication Per Issue (10000 copies)	总印数(万份) Total Printed (10000 copies)	总印张数(万印张) Total Printed Sheets (10000 sheets)
总　计	**Total**	**6**	**38.13**	**12380.89**	**44437.50**
#贵州日报	Guizhou Daily	1	16.57	6049.22	17451.58
贵州都市报	Guizhou Urban Newspaper	1	7.76	2786.81	11481.03
贵阳晚报	Guiyang Evening Newspaper	1	9.40	3375.46	14667.74
文　摘	Tabloid	1	0.58	29.14	101.97
每周广播电视报	Broadcasting and Television Weekly Newspaper	2	3.81	140.26	735.17

22-13 体育运动员
Athletes

单位：人 (person)

指 标	Item	2012	2013	2014	2015	2016
优秀运动员	**Excellent Athletes**	**173**	**173**	**153**	**188**	**248**
#女运动员	Female	66	74	55	78	112
专职教练员	**Full-time Coaches**	**167**	**219**	**212**	**199**	**237**
#女专职教练员	Female	46	67	58	56	66
等级运动员发展人数	**Number of Certified Athletes**	**511**	**301**	**279**	**403**	**469**
等级裁判员发展人数	**Number of Certified Referees**	**939**	**2059**	**2315**	**1191**	**1738**

注：资料来源于省体育局(以下相关表同)。
Note: The data in the table are provided by the provincial Sport Administration(The relative tables in the chapter are the same).

22-14 体育运动获奖
Medals Won by Guizhou Athletes in Domestic and International Competitions

单位：项 (unit)

指 标	Item	2012	2013	2014	2015	2016
国内外大赛第一名	Number of the First-Order	9	7	23	7	17
国内外大赛第二名	Number of the Second-Order	2	13	11	8	10
国内外大赛第三名	Number of the Third-Order	5	17	15	31	15

22-15 公共体育场地
Number of Public Stadiums and Gymnasiums

单位：个 (unit)

指 标	Item	2013	2014	2015	2016
总 计	**Total**	**1653**	**3570**	**2260**	**2213**
#体育场馆	Stadiums	3	11	11	23
全民健身活动中心	The National fitness activities center	18	6	4	4
乡镇体育健身场所	Villages and Towns sports fitness sites	111	295	300	152
村级农民体育健身场所	Villages farmer sports fitness sites	911	2948	1630	1345
全民健身工程(条)	**Body-building Activities of The Whole Nation(unit)**	**340**	**310**	**315**	**689**

注：2014年起体育系统报表制度改革，只统计体育系统场地数。2013年数据为第六次全国体育场地普查初步汇总数。
Note:The reporting system of sport system has changed since 2014, which only account the number of the spots .The data in 2013 was the preliminary summary data of the sixth national stadium census.

22-16 卫生事业
Health Care

指 标	Item	2012	2013	2014	2015	2016
卫生机构(个)	**Number of Health Institutions(unit)**	**27379**	**29182**	**28995**	**28740**	**28023**
#医院、卫生院	Hospitals and Township Hospitals	2210	2429	2612	2631	2661
床位数(万张)	**Number of Beds(10000 beds)**	**13.65**	**16.33**	**18.17**	**19.65**	**21.02**
#医院、卫生院床位	Number of Hospital and Township Hospitals Beds	12.97	15.58	17.84	18.73	19.99
卫生人员合计(万人)	**Number of Employed Personnel in Health Care Institutions (10000 persons)**	**19.21**	**22.23**	**23.73**	**25.89**	**27.74**
#卫生技术人员	Medical Technical Personnels	12.98	15.66	16.98	18.70	20.47
#执业(助理)医师	Licensed(Assistant) Doctors	4.92	5.59	5.78	6.34	6.90
#注册护士	Registered Nurse	4.87	5.94	6.71	7.61	8.60
医疗机构病床使用率(%)	**Utilization Rate in Medical Institutions(%)**	**83.2**	**81.3**	**77.1**	**74.0**	**70.7**
人均卫生费(元)	**Expenditure for Health of each Person(yuan)**	**1378**	**1580**	**1578**	**1847**	
平均每千人拥有：	**Per 1000 Person：**					
床位数(张)	Beds(set)	3.21	3.81	4.20	5.57	5.91
#医院、卫生院床位	Number of Hospital Beds	3.05	3.64	4.12	5.31	5.62
卫生人员(人)	Number of Employed Personnel in Health Care Institutions(person)	4.52	5.19	5.49	7.33	7.80
#卫生技术人员	Medical Technical Personnels	3.06	3.65	3.93	5.30	5.76
#执业(助理)医师	Licensed(Assistant) Doctors	1.12	1.30	1.34	1.80	1.94
医院服务情况	**Hospital Services**					
诊疗人次(万人次)	Visits (10000 person-times)	3464.00	4063.16	4474.63	4966.24	5626.39
入院人数(万人)	Inpatients (10000 persons)	325.04	406.70	443.42	480.10	507.89
出院人数(万人)	Patients Discharged from Hospital (10000 persons)	320.49	401.46	438.95	465.45	501.92
每百门诊急诊入院人数（人）	Inpatients per 100 Outpatient and Emergency Visits (person)	9.75	10.43	10.29	10.10	9.45
病床使用率(%)	Utilization Rate of Beds (%)	89.11	85.81	82.71	80.83	78.29
出院者平均住院日(天)	Average Stay Days in Hospital(day)	8.90	8.50	8.50	8.50	8.50

注：1.资料来源于省卫生计生委,2012年起机构数含村卫生室(以下相关表同)。2.医院服务情况指医院类别的医疗服务情况。3.2012年至2014年每千人口指标以户籍人口数为基数计算，2015年起每千人口指标以常住人口数为基数计算。人均卫生费2011年为测算数，2012-2013年为推算数。

Note:1.Data from the provincial health and Family Planning Commission, since 2012, the number of institutions including the village health room (the following table related).2.Hospital services refer to the medical services in the hospital category.3.From 2012 to 2014 is calculated per thousand population index to household population as the base, 2015 is calculated per thousand population index to the resident population as the base; the per capita health expenditure in 2011 is estimated, 2012-2013 years is the calculation number.

22-17 卫生机构、床位、人员数(2016)
Number of Health Institutions,Beds and Personnels

指 标	Item	机构数(个) Institutions (unit)	床位数(张) Hospital Beds (Bed)	人员数(人) Number of Personnels (person)	#卫生技术人员数 Medical Technical Personnels
合 计	**Total**	**28023**	**210247**	**277437**	**204687**
医 院	Hospitals	1220	159066	159907	133372
#市	City	556	80572	89999	74506
县	County	664	78494	69908	58866
#综合医院	Genaral Hospital	923	115477	122531	103150
县医院	Hospitals at County Level	67	30701	32293	28163
中医医院	Hospital Specialized in TCM	90	19676	18476	15678
中西医结合医院	Hospitals of Integrated Traditional Chinese with Western Medicine	20	2803	2775	2345
民族医院	Nationalities Hospitals	7	518	541	447
专科医院	Specialized Hospitals	177	20352	15487	11681
护理院	Nursing Hospital	3	240	97	71
疗养院(所)	Sanatoriums	1	100	76	43
社区卫生服务中心(站)	Community Health Service Centers (Stations)	635	2894	8615	7162
社区卫生服务中心	Community Health Service Centers	167	2894	4838	3947
社区卫生服务站	Community Health Service Stations	468		3777	3215
卫生院	Health Centers	1441	40864	43665	37216
#农村乡镇卫生院	Rural Township Health Centers	1399	39905	42420	36253
中心卫生院	Central Health Centers	557	23499	22727	19401
乡卫生院	Ecumenic Health Centers	842	16406	19693	16852
门诊部、诊所、医务室	Outpatient Department Clinic and Infirmary	3444	-	10330	9905
#私人办诊所	Private Clinique	3042	-	7897	7745
专科防治所(站)	Specialized Disease Prevention and Treatment Institution	10	276	177	139
疾控中心(卫生防疫站)	CDC(Epidemic Prevention Station)	100	-	5233	4288
#县疾控中心	CDC at County Level	68	-	2802	2386
卫生监督机构	Sanitation Supervise Centers	101	-	1802	1526
#县卫生监督机构	Sanitation Supervise Centers at County Level	67	-	1022	854
妇幼保健院(所、站)	Women and Children Care Agencies	101	7047	8839	7615
#县妇幼保健院(所、站)	Women and Children Care Agenciesat County level	68	3539	4451	3828
医学科学研究机构	Research Institution of Medicine Science	2	-	33	32
村卫生室	Health Clinics of Village	20652	-	36785	2101
其他卫生机构	Other Health Project Institution	316		1975	1288
按主办单位分	**By Host Unit**				
政府办	Government Office	4631	141639	170153	141854
卫计部门办	Health Department	4537	138005	168107	140470
社会办	Industrial and Other Department	12173	24062	46381	21499
个人办	Private	11219	44546	60903	41334
按经济类型分	**By Type of Economic**				
公立	The Public	12290	152768	195419	152761
国有	State-owned	5186	152127	181513	151393
集体	Collective	7104	641	13906	1368
民营	Private	15733	57479	82018	51926
联营	Joint venture	172	822	778	469
私营	Private	14289	45895	67424	41525
其他	other	1272	10762	13816	9932

注： 2016年计生服务机构合并到卫生院或妇幼保健机构，故其他卫生机构减少。

Note:In 2016, the family planning service was merged into the health center or maternity and child care center, so other health care institutions were reduced.

22-18 卫生防疫防治和妇幼卫生事业

Sanitation and Epidemic Prevention,Maternity and Child Care

指 标	Item	2012	2013	2014	2015	2016
专科疾病防治院(所、站)机构数(个)	**Specialized Disease Prevention and Treatment Institution(unit)**	**7**	**10**	**9**	**10**	**10**
人员总数(人)	Number of Personnels(person)	202	261	384	381	177
#卫生技术人员数	Medical Technical Personnels	162	212	287	287	139
床位数(张)	Hospital Beds(bed)	440	486	455	675	276
疾病预防控制中心机构数(个)	**Center for Disease Control and Prevention (unit)**	**101**	**101**	**101**	**100**	**100**
人员总数(人)	Number of Personnels(person)	4737	4952	4944	5060	5233
#卫生技术人员数(人)	Medical Technical Personnels (person)	3627	3958	3953	4098	4288
妇幼保健机构数(个)	**Institutions of Maternity and Child Care (unit)**	**96**	**98**	**100**	**102**	**101**
人员总数(人)	Number of Personnels(person)	4216	4889	5355	6828	8839
#卫生技术人员数(人)	Medical Technical Personnels (person)	3601	4201	4596	5905	7615
床位数(张)	**Hospital Beds(bed)**	**3785**	**4141**	**4376**	**5485**	**7047**

22-19 县及县以上医院、卫生院(2016)

Hospitals and Health Centers at County Level and above

指　标	Item	机构合计(个) Institutions (unit)	诊疗人次数(万人次) Number of Visits and Inpatients (10000 person-times)	#门　诊(万人次) Number of Visits in Clinics (10000 person-times)	入院人数(万人) Inpatients (10000 person)	出院人数(万人) Outpatients (10000 person)
县及县以上医院合计	**Hospitals at County Level and above**	**1220**	**5626.39**	**4749.55**	**507.89**	**501.92**
#综合医院	General Hospitals	923	4522.57	3802.98	406.89	402.74
中医医院	Hospitals Specialized in Traditional Chinese Medicine	90	696.10	594.84	65.99	64.93
妇幼保健院(所、站)	**Maternity and Child Care Hospital(Centers orStations)**	**101**	**413.39**	**343.53**	**23.75**	**23.56**
#妇幼保健院	Maternity and Child Care Hospital	65	359.12	291.21	21.42	21.24
卫生院合计	**Health Centers**	**1441**	**2713.07**	**2575.52**	**125.33**	**121.42**
#农村乡镇卫生院	Rural Health Centers	1399	2661.71	2526.36	122.54	118.63
中心卫生院	Central Health Centers	557	1460.73	1377.36	74.52	73.72
乡卫生院	Ecumenic Health Centers	842	1200.99	1148.50	48.02	44.91

22-19 续表 continued

指　标	Item	平均开放病床数(张) Average Beds Opened (bed)	病床周转次数(次/年) Turnover of Beds (time/year)	病床工作日(日/床) Working Days of Bed (day/Bed)	病床使用率(%) Utilization Rate of Beds(%)	出院者平均住院日(天/人) Average Stay Days in Hospital (day/Person)	每百门(急)诊入院人数(人) Inpatients Per 100 OutPatient and Emergency Visits (person)
县及县以上医院合计	**Hospitals at County Level and above**	**155927**	**32.2**	**285.8**	**78.29**	**8.5**	**9.45**
#综合医院	General Hospitals	113586	35.5	289.0	79.19	8.0	9.40
#中医医院	Hospitals Specialized in Traditional Chinese Medicine	19338	33.6	300.6	82.37	8.7	9.90
妇幼保健院(所、站)	**Maternity and Child Care Hospital(Centers orstations)**	6931	34.0	210.8	57.76	5.3	6.09
#妇幼保健院	Maternity and Child Care Hospital	5649	37.6	239.7	65.67	5.5	6.35
卫生院合计	**Health Centers**	**40129**	**30.3**	**163.8**	**44.89**	**4.9**	**4.77**
#农村乡镇卫生院	Rural Township Health Centers	39196	30.3	164.2	44.98	4.9	4.75
中心卫生院	Central Health Centers	23182	31.8	177.4	48.61	5.0	5.28
乡卫生院	Ecumenic Health Centers	16015	28.0	145.0	39.74	4.9	4.12

22-20 县、乡、村三级医疗、预防、保健

Health Organization at County,Town and Village Level

指　标	Item	2012	2013	2014	2015	2016
县医院个数(个)	**Number of Hospitals at County Level (unit)**	**70**	**70**	**70**	**68**	**67**
平均每院病床数(张)	Average Number of Beds Per Hospital(bed)	278.74	333.17	416.47	441.07	458.22
平均每院人员数(人)	Average Personnels Per Hospital(person)	258.26	322.06	380.57	416.91	481.99
#平均每院卫生技术人员数	Average Medical Technical Personnels Per Hospital Per Station	224.81	282.39	334.79	362.22	420.34
县妇幼保健院(所、站)机构数(个)	**Maternity and Child Care Centers at County Level (unit)**	**58**	**57**	**61**	**64**	**68**
平均每院(所、站)床位数(张)	Average Number of Beds Per Station (bed)	33.43	38.84	39.10	43.78	52.04
平均每院(所.站)人员数(人)	Average Personnels Per Station (person)	33.38	36.61	41.00	57.34	65.46
#每院(所.站)卫生技术人员数	Medical Technical Personnels Per Stati on	33.38	31.89	35.34	49.45	56.29
县疾病预防控制中心机构数(个)	**Center for Disease Control and Prevention at County Level (unit)**	**71**	**75**	**71**	**69**	**68**
平均每所站人员数(人)	Personnels Per Station(person)	37.48	37.84	37.89	40.64	41.21
#平均每站卫生技术人员数	Average Medical Technical Personnels Per Station	31.34	31.75	31.51	34.10	35.09
农村乡镇卫生院机构数(个)	**Institutions of Rural Health Centers (unit)**	**1438**	**1430**	**1427**	**1419**	**1399**
农村乡镇卫生院床位数 (张)	Number of Beds of Rural Rural Health Centers (bed)	33148	36812	38178	38454	39905
平均每院床位数(张)	Average Number of Beds Per Hospital(bed)	23.05	25.74	26.75	27.10	28.52
平均每千乡村人口乡镇卫生院床位数(张)	Average Number of Beds of Rural Health Centers Hospitals Per 1000 Rural Personnels(bed)	0.93	1.03	1.06	1.88	2.01
农村乡镇卫生院人员数(人)	Personnels of Rural Health Centers (person)	26113	29725	32845	39014	42420
平均每院人员数(人)	Average Personnels Per Hospital (person)	18.16	20.79	23.02	27.49	30.32
平均每千乡村人口乡镇卫生院人员数(人)	Average Medical Technical Personnels of Rural Health Centers Per 1000Rural Personnels(person)	0.73	0.83	0.91	1.91	2.14
村卫生室个数(个)	**Number of Health Clinics of Village (unit)**	**21445**	**21220**	**20945**	**20832**	**20652**
村卫生室覆盖率(%)	Coverage Rate of Health Clinics of Village (%)	100.0	100.0	100.0	100.0	100.0
开展合作医疗的村数(个)	Number of Villages of Carrying out Rural Cooperative Medical Treatment(unit)	18099	16869	18878	18723	14616
开展合作医疗的村覆盖率(%)	Coverage Rate of Villages of Carrying out Rural Cooperative Medical Treatment (%)	100.0	100.0	100.0	100.0	100.0
平均每村设置医疗点数(个)	Average Number of Medical Treatment Stations Per Village(unit)	1.18	1.26	1.11	1.11	1.4
乡村医生和卫生员数(人)	Doctors and Health Workers(person)	37760	36328	36294	36019	34684
#乡村医生所占比例(%)	Proportion of Rural Doctors(%)	73.40	75.47	75.00	74.30	77.03
平均每村乡村医生和卫生员数(人)	Average Number of Doctors and Health Workers Per Village (person)	2.09	2.15	1.73	1.92	2.37
平均每千乡村人口乡村医生和卫生员数(人)	Average Number of Doctors and Health Workers Per 1000 Rural Personnels (person)	1.06	1.01	1.00	1.76	1.75

注：1.县医院指卫生计生部门办的县综合医院，且不含县级市和区。2．“村卫生室覆盖率”＝设置村卫生室的村数/行政村总数。3.2014年及以前每千农业人口数以省公安厅提供的乡村户籍人口数为基数计算，2015年以后每千乡村人口数以统计局提供的乡村常住人口数为基数，2016年为1985.47万。

Note: 1.Hospitals at county level running by the health department refers to general hospital,and exclude county-level city and district. 2."the coverage rate of township hospitals"=number of villages with medical treatment stations/the number of administrative villages.3.2014 years before the public security and the calculation of agricultural population per thousand, hundreds of office provided rural household population number as the base, in 2015 after the rural resident population per thousand rural population to provide hundreds of bureau of statistics number as the base, in 2016 19 million 854 thousand and 700.

22-21 28种传染病报告发病及死亡人数(2016)

List of 28 Infectious Diseases Reported and Number of Death

单位：人 (person)

顺位 No.	发病 Diseases 疾病名称 Diseases	发病人数Persons	死亡 Death 疾病名称 Diseases	死亡人数Persons
1	肺结核 Pulmonary Tuberculosis	44516	艾滋病 AIDS	575
2	病毒性肝炎 Viral Hepatitis	23681	肺结核 Pulmonary Tuberculosis	100
3	梅毒 Syphilis	10718	狂犬病 Hydrophobia	48
4	细菌性和阿米巴性痢疾 Dysentery	2821	乙脑 Encephalitis B	3
5	淋病 Gonorrhea	2264	新生儿破伤风 Newborn Tetanus	2
6	伤寒副伤寒 Typhoid and Paratyphoid Fever	535	病毒性肝炎 Viral Hepatitis	4
7	艾滋病 AIDS	2619	梅毒 Syphilis	3
8	猩红热 Scarlet Fever	723	细菌性和阿米巴性痢疾 Dysentery	
9	流行性乙型脑炎 Encephalitis B	66	钩端螺旋体病 Leptospirosis	
10	狂犬病 Hydrophobia	50	流行性脑脊髓膜炎 Epidemic Encephalitis	
11	流行性出血热 Hemorrhage Fever	61	流行性出血热 Hemorrhage Fever	
12	百日咳 Pertussis	59	人感染高致病性禽流感 Highly Pathogenic Avian Influenza	
13	麻疹 Measles	27	淋病 Gonorrhea	
14	钩端螺旋体病 Leptospirosis	5	伤寒副伤寒 Typhoid and Paratyphoid Fever	
15	新生儿破伤风 Newborn Tetanus	14	疟疾 Malaria	
16	疟疾 Malaria	34	麻疹 Measles	
17	流行性感冒(包含甲型H1N1流感) A(H1N1)Flu	3290	流行性感冒(包含甲型H1N1流感) A(H1N1)Flu	
18	布鲁氏菌病 Brucellosis	112	炭疽 Anthrax	
19	流行性脑脊髓膜炎 Epidemic Encephalitis	1	鼠疫 The Plague	
20	炭疽 Anthrax	2	血吸虫病 Schistosomiasis	
21	人感染高致病性禽流感 Highly Pathogenic Avian Influenza	1	百日咳 Pertussis	
22	血吸虫病 Schistosomiasis		布鲁氏菌病 Brucellosis	
23	霍乱 Cholera	1	猩红热 Scarlet Fever	
24	鼠疫 The Plague		登革热 Dengue Fever	
25	登革热 Dengue Fever	5	霍乱 Cholera	
26	传染性非典型肺炎 SARS		传染性非典型肺炎 SARS	
27	脊髓灰质炎 Poliomyelitis		脊髓灰质炎 Poliomyelitis	
28	白喉 Diphtheria		白喉 Diphtheria	

22-22 28种传染病报告发病率、死亡率及病死率(2016)

List of Incidence,Death and Mortality Rates of 28 Infectious Disease Reported

顺位 No.	发病 Disease Incidence		死亡 Death		病死 Mortality Rate	
	疾病名称 Diseases	发病率 (1/10万) Incidence (1/100 000)	疾病名称 Diseases	死亡率 (1/10万) Death Rate (1/100 000)	疾病名称 Diseases	病死率 (%) Mortality Rate(%)
1	肺结核 Pulmonary Tuberculosis	126.13	狂犬病 Hydrophobia	0.14	人禽流感 Highly Pathogenic Avian Influenza	
2	病毒性肝炎 Viral Hepatitis	67.09	艾滋病 AIDS	1.73	狂犬病 Hydrophobia	96.00
3	梅毒 Syphilis	30.37	肺结核 Pulmonary Tuberculosis	0.28	艾滋病 AIDS	23.29
4	细菌性和阿米巴性痢疾 Dysentery	7.99	流行性乙型脑炎 Encephalitis B		新生儿破伤风 Newborn Tetanus	14.29
5	淋病 Gonorrhea	6.41	病毒性肝炎 Viral Hepatitis	0.01	流脑 Epidemic Encephalitis	
6	伤寒+副伤寒 Typhoid and Paratyphoid Fever	1.52	新生儿破伤风 Newborn Tetanus	0.01	钩端螺旋体病 Leptospirosis	
7	艾滋病 AIDS	7.42	梅毒 Syphilis	0.01	流行性乙型脑炎 Encephalitis B	4.55
8	猩红热 Scarlet Fever	2.05	细菌性和阿米巴性痢疾 Dysentery		流行性出血热 Hemorrhage Fever	
9	流行性乙型脑炎 Encephalitis B	0.19	流脑 Epidemic Encephalitis		肺结核 Pulmonary Tuberculosis	0.22
10	狂犬病 Hydrophobia	0.14	流行性出血热 Hemorrhage Fever		淋病 Gonorrhea	
11	流行性出血热 Hemorrhage Fever	0.17	人禽流感 Highly Pathogenic Avian Influer		梅毒 Syphilis	0.03
12	百日咳 Pertussis	0.17	淋病 Gonorrhea		细菌性和阿米巴性痢疾 Dysentery	
13	麻疹 Measles	0.08	伤寒+副伤寒 Typhoid and Paratyphoid Fever		病毒性肝炎 Viral Hepatitis	0.02
14	钩端螺旋体病 Leptospirosis	0.01	疟疾 Malaria		炭疽 Anthrax	
15	新生儿破伤风 Newborn Tetanus	0.04	流行性感冒(包含甲型H1N1流感) A(H1N1)Flu		流行性感冒(包含甲型H1N1流感) A(H1N1)Flu	
16	疟疾 Malaria	0.10	炭疽 Anthrax		鼠疫 The Plague	
17	流行性感冒(包含甲型H1N1流感) A(H1N1)Flu	9.32	麻疹 Measles		麻疹 Measles	
18	布鲁氏菌病 Brucellosis	0.32	血吸虫病 Schistosomiasis		疟疾 Malaria	
19	流脑 Epidemic Encephalitis		鼠疫 The Plague		百日咳 Pertussis	
20	炭疽 Anthrax	0.01	百日咳 Pertussis		血吸虫病 Schistosomiasis	
21	人禽流感 Highly Pathogenic Avian Influenza		淋病 Gonorrhea		伤寒+副伤寒 Typhoid and Paratyphoid Fever	
22	登革热 Dengue Fever	0.01	布鲁氏菌病 Brucellosis		布鲁氏菌病 Brucellosis	0.89
23	血吸虫病 Schistosomiasis		猩红热 Scarlet Fever		猩红热 Scarlet Fever	
24	鼠疫 The Plague		登革热 Dengue Fever		登革热 Dengue Fever	
25	霍乱 Cholera		霍乱 Cholera		霍乱 Cholera	
26	传染性非典型肺炎 SARS		传染性非典型肺炎 SARS		传染性非典型肺炎 SARS	
27	脊灰 Poliomyelitis		脊灰 Poliomyelitis		脊灰 Poliomyelitis	
28	白喉 Diphtheria		白喉 Diphtheria		白喉 Diphtheria	

22-23 5岁以下儿童和孕产妇死亡率

Mortality Rate of the Maternal and Children Aged under 5

指 标	Item	2012	2013	2014	2015	2016
新生儿死亡率(‰)	**Newborn Mortality Rate(‰)**	**5.9**	**4.6**	**5.1**	**4.6**	**4.5**
城 市	Urban	4.9	3.7	2.9	4.2	3.5
农 村	Rural	6.5	5.1	6.2	4.8	5.0
婴儿死亡率(‰)	**Infant Mortality Rate(‰)**	**11.4**	**9.2**	**7.9**	**8.7**	**7.9**
城 市	Urban	6.5	6.3	4.7	7.6	5.5
农 村	Rural	13.8	10.7	9.5	9.2	9.1
5岁以下儿童死亡率(‰)	**Mortality Rate of Children under 5(‰)**	**15.1**	**13.0**	**11.7**	**12.2**	**10.9**
城 市	Urban	8.1	8.9	7.0	10.3	7.5
农 村	Rural	18.7	15.1	14.2	13.2	12.7
孕产妇死亡率(1/10万)	**Maternal Mortality Rate(1/100 000)**	**32.0**	**22.4**	**29.4**	**24.6**	**27.3**
城 市	Urban	32.0	26.3	30.8	31.8	28.7
农 村	Rural	34.2	21.4	29.1	20.9	26.5

注：数据源自省妇幼卫生监测数据。

Note:Data is obtained from the Annual Report of Maternal and Child Health.

22-24 新型农村合作医疗

Conditions of New Cooperative Medical System

指 标	Item	2012	2013	2014	2015	2016
开展新农合县（市、区、特区)数(个)	Number of Counties Implementing of NCMS (unit)	88	88	88	88	88
参加新农合人数(万人)	Number of Enrollee s(10000 persons)	3112.21	3213.95	3247.40	3292.33	3025.28
参合率(%)	Enrollment Rate(%)	98.02	98.72	98.90	99.12	99.26
当年筹资总额(亿元)	Total Fund Raised at Current Year (100 million yuan)	90.25	107.34	127.82	149.48	153.85
人均筹资(元)	Per Capita Premiums(yuan)	290	330	390	450	510
当年基金支出(亿元)	Payout at Current Year (10000 million yuan)	85.75	116.40	123.28	124.90	132.74
补偿受益人次(万人次)	Number of Beneficiaries from Reimbursement(10000person-times)	4890.82	5520.51	5755.28	5464.12	5567.93

22-25 历年卫生事业发展情况

Development of Health Care Over the Years

年 份 Year	卫生机构数(个) Number of Health Institutions (unit)	#医院、卫生院 Hospitals Health Center's	卫生机构床位数(张) Number of Beds in Health Institutions(bed)	#医院、卫生院 Hospitals Health Center's	卫生技术人员数(人) Medical Technical Personnels (person)	#执业(助理)医师 Licensed (Assistant) Doctors	每万人口拥有Per 10000 person 床位数(张) Number of Beds(bed)	每万人口拥有Per 10000 person 执业(助理)医师数(人) Number of Licensed(Assistant) Doctors(person)
1978	6274	4510	40274	37533	58190	21228	14.0	7.9
1979	6267	4516	42812	40001	60635	21868	14.6	8.0
1980	6246	4529	43627	40835	63766	26491	14.7	9.5
1981	6634	4588	44752	41314	68918	26798	14.6	9.5
1982	6595	4605	46226	42301	70671	27097	14.7	9.4
1983	6605	4602	47555	43292	72988	28433	14.9	9.8
1984	6673	4643	49271	44123	75808	29309	15.0	10.0
1985	6480	3295	49805	45226	76722	29153	15.2	9.8
1986	6760	3358	50893	46259	79776	30475	15.3	10.1
1987	6716	3349	52595	48059	81599	31305	15.6	10.2
1988	7021	3896	54193	49543	84904	35249	15.8	11.3
1989	6926	3620	57428	52063	84891	35646	16.4	11.2
1990	6949	3721	59013	53074	86120	37185	16.2	11.4
1991	6908	3630	59168	53978	87774	37978	16.3	11.5
1992	4734	1624	57767	52405	87927	38537	15.6	11.5
1993	3908	1623	57720	51888	84409	38060	15.2	11.2
1994	3930	1660	59648	53766	88053	40358	15.5	11.7
1995	3934	1692	60295	54475	87005	40260	15.5	11.5
1996	10932	1870	58205	54051	84273	43548	15.2	12.2
1997	8955	1870	57560	53627	84348	43236	14.9	12.0
1998	9113	1877	57844	54492	84400	44138	14.9	12.1
1999	9703	1874	58624	55138	85613	45473	14.9	12.3
2000	8992	1878	58380	55148	85397	45673	14.8	12.2
2001	8791	1872	59120	55876	86103	46412	14.8	12.3
2002	7027	1857	59850	57742	79727	36964	15.1	11.3
2003	6499	1866	59281	56273	77557	36911	14.9	11.2
2004	6664	1850	61313	58113	76699	36911	14.9	12.2
2005	6571	1843	61784	58398	77805	35521	16.6	9.5
2006	6147	1855	66452	62586	82324	41147	17.9	11.1
2007	5907	1939	75806	71400	85298	42100	20.7	11.5
2008	5848	1934	83132	78129	89313	38830	23.0	10.7
2009	5736	1982	97527	91164	95270	40171	27.3	11.3
2010	5637	2005	105277	97490	102527	42158	30.0	12.0
2011	5683	2071	117534	108029	112210	44037	27.7	10.4
2012	27379	2210	136542	129670	152608	49200	32.1	11.2
2013	29182	2429	163332	155848	156557	55877	38.1	13.0
2014	28995	2512	181728	174002	169799	57802	42.0	13.4
2015	28740	2631	196517	187334	187361	63412	55.7	18.0
2016	28023	2661	210247	199930	204687	69007	59.1	19.4

注：1.表中数据2011年及以前的数据不含村卫生室,2012年起含村卫生室；2.每万人口指标2011年以前以常住人口数为基数计算，2011年起以户籍人口数为基数计算。2015年以后常住人口为基数计算。

Note:1.In the year of 2011 and before data in this table exclude health clinics of village, but including health clinics of village in 2012 and after.

2.Before 2011, per ten thousand population indicators were calculated on the number of permanent resident population , but since 2011 they have calculated on the number of household registered population.After 2015, the resident population was calculated on the base number.

主要统计指标解释

文化事业机构 指由文化部门主办或实行行业管理的文化及相关产业机构以及由文化部门主办的非文化及相关产业机构等。

艺术表演团体 指由文化部门主办或实行行业管理（经文化行政部门审批并领取营业性演出许可证），专门从事表演艺术等活动的各类专业艺术表演团体，含民间职业剧团（不包括群众业余文艺表演团队）。

艺术表演观众人数(人次) 指在国内和国外的艺术表演的观众人数。包括售票、包场等有演出收入的场次人数和政府采购的公益性演出场次人数及参加汇演、调演等无演出收入的公开演出场次人数，包括流动舞台车演出场次人数，不包括彩排和内部观摩等无演出收入的场次人数。

广播节目综合人口覆盖率 指根据国家广电总局制定的《广播电视人口覆盖率统计技术标准和方法》进行统计调查的，在对象区内采用无线、有线、卫星等技术手段能够收听到包括中央、省、地市、县广播节目其中任意一套的人口数占全国总人口数的百分比。

电视节目综合人口覆盖率 指根据国家广电总局制定的《广播电视人口覆盖率统计技术标准和方法》进行统计调查的，在对象区内采用无线、有线、卫星等技术手段能够收看到包括中央、省、地市、县级电视节目中任意一套的人口数占全国总人口数的百分比。

等级运动员发展人数 指经考核正式批准授予等级运动员称号的人数。运动员等级分为国际级运动健将、运动健将、一级运动员、二级运动员。

等级裁判员发展人数 指经考核正式批准授予等级裁判员称号的人数。裁判员等级分为国际级裁判员、国家级裁判员、一级裁判员、二级裁判员。

体育场 指有400米跑道(中心含足球场)，有固定道牙，跑道6条以上，并有固定看台的室外田径场地。体育场按看台容纳观众人数分为：甲级25000人以上，乙级15000−25000人，丙级5000−15000人，丁级5000人以下。

体育馆 指有固定看台，可供篮球、排球、羽毛球、乒乓球、体操等项目训练比赛活动用的室内运动场地。体育馆按看台容纳观众人数分为：甲级6000人以上，乙级4000−6000人，丙级2000−4000人，丁级2000人以下。

医院 包括综合医院、中医医院、中西医结合医院、民族医院、各类专科医院和护理院。包括医学院校附属医院，不包括专科疾病防治院、妇幼保健院和疗养院。

社区卫生服务中心(站) 指为本社区居民提供预防、医疗、保健、康复、健康教育、计划生育技术服务等的基层卫生机构。包括社区卫生服务中心和社区卫生服务站。

卫生技术人员 包括执业医师、执业助理医师、注册护士、药师(士)、检验及影像技师(士)、卫生监督员和见习医(药、护、技)师(士)等卫生专业人员(不包括药剂员、检验员、护理员等)，不包括从事管理工作的卫生技术人员(如院长、副院长、党委书记等)。其中见习医师(士)指毕业于高中等院校医学专业但尚未取得医师执业证书的医师和医士。

执业医师 指具有《医师执业证》及其“级别”为“执业医师”且实际从事临床工作的人员，不包括取得执业证书但从事管理工作的人员（如院长、书记等）。执业医师类别分为临床、中医、口腔和公共卫生。

执业助理医师 指具有《医师执业证》及其“级别”为“执业助理医师”且实际从事临床工作的人员，不包括取得执业证书但从事管理工作的人员。执业助理医师类别分为临床、中医、口腔和公共卫生。

孕产妇死亡率

$$孕产妇死亡率 = \frac{该年该地区孕产妇死亡人数 \times 100000}{某年某地区活产率 \times 100000}$$

5岁以下儿童死亡率

$$5岁以下儿童死亡率 = \frac{该年该地区5岁以下儿童死亡人数}{某年某地区活产率} \times 1000‰$$

婴儿死亡率 指某地区一年内出生未满28天（0—27天）的婴儿死亡人数与该地区当年全部活产数的比率。

$$婴儿死亡率 = \frac{该年该地区婴儿死亡人数}{某年某地区活产数} \times 10000‰$$

参加新农合人数 指根据本地新农合的实施方案，到本年度新农合筹资截止时，已缴纳参加新农合资金的人口数。

Explanatory Notes on Main Statistical Indicators

Cultural Institutions defined by the cultural industry management department sponsored or cultural institutions and related industries as well as non-organized by the cultural sector and related industries and cultural institutions.

Art Performance Troupe defined by the cultural industry management department sponsored or carried (by the cultural administrative departments for approval and obtain business performance license), specializing in the performing arts and other activities of the various professional performing arts groups, including the professional troupes (Excluding the masses of amateur theatrical performance team).

Number of Spectators at Art Performance refers to the domestic and foreign performing arts attendance. Including ticketing, private use, which are the number of performances and screenings of revenue for government procurement and participation in the number of public performances show and other non-public performances show the number of performances, including the number of mobile stage vehicle, not including rehearsals and internal observation and other the number of non-performing income screenings.

The Population Coverage Rate of Radio refers to the percentage of population, who can receives to one of central, provincial, city, prefecture, and county radio programs by wireless, cable, satellite and other technical means, in the surveying area, to national total population, according to Statistical Standard and Method on Television and Radio Coverage of Population established by the State Administration of Broadcasting, Film and Television.

The Population Coverage Rate of Television refers to the percentage of population, who can watch one of central, provincial, city, prefecture, and county television programs by wireless, cable, satellite and other technical means, in the surveying area, to national total population, according to Statistical Standard and Method on Television and Radio Coverage of Population established by the State Administration of Broadcasting, Film and Television.

Number of Athletes in Grades refers to the number of athletes who have been given titles through examination. The titles of athletes include international masters of sports, masters of sports, first-grade and second-grade.

Number of Referees in Grades refers to the number of referees who have been given titles after examination. They are classified as international referees, national referees and referees of the first and second grades.

Stadiums refer to stadiums for track and field events with six lane 400-meter tracks around soccer fields, permanent track marks and permanent bleachers. Stadiums are classified according to seating capacity. They include: Class A stadiums seating 25000 people each. Class B stadiums seating 15000 to 25000 people each, Class C stadiums seating 5000 to 15000 people each, and Class D stadiums seating fewer than 5000 people.

Gymnasiums refer to indoor sports grounds with permanent seats in which basketball, volleyball. badminton, table tennis and gymnastics competitions can be held. Gymnasiums are classified according to seating capacity. They include Class A gymnasiums seating over 6000 people, Class B gymnasiums seating 4000 to 6000 people, Class C gymnasiums seating 2000 to 4000 people, and Class D gymnasiums seating fewer than 2000 people.

Hospitals include: polyclinics, traditional Chinese medical hospitals, hospitals integrated with traditional Chinese therapeutics and western therapeutics, ethical hospitals, various specialties hospitals and nursing hospitals, including medical colleges affiliated hospitals, but excluding specialized prevention and treatment hospital, maternal and child health care hospitals and convalescent hospitals.

Community Health Service Centers (stations) refer to the primary units that provide the health care for community residents, such as disease prevention and control, medical treatment, health care, rehabilitation, health education, family planning technical services, including community health service centers and community health service stations.

Medical Technical Personnel refers to practicing physicians, practicing physician assistant, registered nurses, pharmacists (who), inspection and imaging technician (who), health supervisors and trainee doctors (medicine, nursing, technology) division (disabilities) and other health professionals (not including pharmacy staff , inspectors, care workers, etc.), not including those engaged in the management of health and technical personnel (such as president, vice president, party secretary, etc.). The trainee doctors (who) refers graduated from high school and other institutions but has not yet obtained physician medical specialty physicians and healers practicing certificate.

Licensed Doctors refer to the medical workers who have obtained the licenses of qualified doctors and are employed in medical treatment, disease prevention or healthcare institutions, excluding the licensed doctors engaged in management job. The classification of licensed doctors is clinician, Chinese medicine, dentist and public health.

Licensed Assistant Doctors refer to the medical workers who have obtained the licenses of qualified assistant doctors and are employed in medical treatment, disease prevention or healthcare institutions, excluding the licensed assistant doctors engaged in management job. The classification of licensed assistant doctors is clinician, Chinese medicine, dentist and public health.

Maternal Mortality Rate

$$\text{Maternal Mortality Rate} = \frac{\text{number of maternal deaths} \times 100000}{\text{live births} \times 100000}.$$

Mortality Rate of Children under 5

$$\text{Mortality Rate of Children under 5} = \frac{\text{death number of children under 5}}{\text{live birth}} \times 1000‰.$$

Newborn Mortality Rate refers to the ratio of neonatal deaths of new birth under the age of 28 days (0-27 days) in a year of the region to the total number of live births of this region.

$$\text{Newborn Mortality Rate} = \frac{\text{death number of newborn}}{\text{live birth}} \times 1000‰.$$

Number of Persons Participated in the New Rural Cooperative Medical System refers to the number of persons who have given payment to the new cooperative medical system by the deadline of fundraising during the year according to the implementation plan of the new system.

社会服务及其他

Social Services and Others 23

简 要 说 明

一、主要内容

本篇资料主要反映社会服务、公检法司、交通事故情况及火灾情况。

社会服务内容包括消费者协会受理投诉、生产安全、社会保险、社会福利、民政事业、殡葬服务情况等。

公检法司内容包括司法部门律师、公证、调解工作情况，人民检察院办案情况，人民法院审理案件和收结案情况等。

二、资料来源

本篇资料分别由省司法厅、省消费者协会、省人民检察院、省高级人民法院、省安全监管局、省公安厅、省人力资源社会保障厅、省民政厅提供。

Brief Introduction

I. Main Contents

Data in this chapter mainly reflect the development of civil affairs, legal and judicial affairs,traffic accidents and fire accidents.

Data on civil affairs include:consumers association receiving complaints,production safety,social insurance, social welfare,civil affairs, funeral and interment services.

Data on public security, procuratorial,legal and judicial affairs cover information such as statistics on lawyers, notarization and mediation, cases handled by procuratorate's offices, cases accepted and settled by the people's courts.

II. Sources of Data

Data in this chapter are provided respectively by Guizhou Provincial Department of Justice, Guizhou

Consumers Association, the People's Procuratorate of Guizhou, Guizhou Higher People's Court, Guizhou Provincial Administration of Work Safety, Department of Public Security of Guizhou Province, Human Resources and Social Security Department of Guizhou Province, Department of Civil Affairs of Guizhou Province.

23-1 律师、公证、调解工作

Lawyers,Notarization and Mediation

指 标	Item	2012	2013	2014	2015	2016
律师工作	**Lawyers**					
法律律师事务所(个)	Number of Law Offices(unit)	286	328	357	405	485
专职律师(人)	Full-time Lawyers(person)	2359	2778	3509	3348	4072
辅助工作人员(人)	Assistant(person)	468	551	1404	1761	1701
聘请常年法律顾问(个)	Number of Permanent Legal Advisors(person)	4708	4738	4398	4278	5967
全年办理(件)	Number of Cases in Whole Year(case)	78097	138712	129181	134763	207003
刑事案件诉讼代理	Agent of Criminal Cases	5882	8282	7874	8581	7334
民事诉讼代理	Agent of Civil Cases	16969	18860	20630	25603	28742
行政诉讼代理	Agent of Administrative Action	627	856	507	1127	1340
经济案件诉讼代理	Agent of Economic Cases	6049	8695	9006	9672	13825
非诉讼法律事务	Agent of Non-litigious Legal Affairs	1569	1579	1120	1412	1784
解答法律询问	Agent of Legal Advisory Services	53228	85915	84839	85847	109872
代写法律事务文书	Agent of Legal Document Written on Behalf of Clients	8650	11885	7700	10683	8952
调解成功	Successful Mediation	3792	2640	1453	1510	1729
公证工作	**Notarization**					
公证处(个)	Number of Notary Offices(unit)	97	97	97	97	97
公证员(人)	Notaries(person)	230	235	258	245	242
公证辅助人员(人)	Assistant Notaries(person)	77	143	226	150	180
办理公证文书(件)	Number of Notarized Documents(case)	77937	96634	96627	98878	100454
#经济合同公证	Notarized Documents on Economic Affairs	20924	27882	29114	19794	16994
#涉外公证	Foreign-related Notarization	11046	15051	15837	16130	16851
国内公证	Domestic Notarization	45967	68752	80790	82748	83603
公证费收入(万元)	Income of Notarization(10000 yuan)	1263	2664	3148	3295	2660
人民调解工作	**Number of People's Mediation**					
人民调解委员会(个)	Number of People's Mediation Committees(unit)	22498	22543	20082	19968	19738
人民调解人员(人)	Number of Mediators(person)	115315	115804	104983	106107	106889
调解民间纠纷(件)	Number of Civil Disputes Mediated(case)	184749	187966	180113	169465	147947
调解成功率(%)	The Rate of Success of Mediation(%)	95.7	96.9	97.9	97.1	97.2
基层法律服务工作	**Law Service at Basic Level**					
法律服务所(个)	Offices for Law Service(unit)	477	436	473	383	492
法律工作者(人)	Law Staffs(person)	1774	1913	2137	1469	2473
代理案件(件)	Cases Deputed(case)	12691	13594	14296	19581	15247
避免经济损失(万元)	Number of Avoided Economical Loss(10000 yuan)	21853	24586	86565	29209	56017
刑释解教人员安置帮教工作	**Settling and Assisting and Teaching Work for People That Has Been Released After Serving a Sentence**					
设立工作机构(个)	Institutions Established(unit)	102	94	98	94	96
工作人员(人)	Staffs(person)	197	189	210	182	188
安置人数(人)	Number of Persons Settled Down(person)	14764	25137	31227	36165	33541
帮教人数(人)	Number of Persons Assisted and Teached(person)	33598	31853	37578	41237	39369

注：资料来源于省司法厅(下表同)。

Note:Data in the table are obtained from the Provincial Department of Justice(the same applies to the next table).

23-2 国内公证文书分类

Domestic Notarial Documents by Type

单位：件 (piece)

指　　标	Item	2014	2015	2016
总　　计	**Total**			
经济合同(协议)合计	**Total Economic contracts (agreements)**	**29114**	**19794**	**16994**
#买卖合同(购销、房屋买卖)	Contract of sale (purchase and sales, house sale)	2534	1962	1838
企业经营合同(联营合同、企业租赁、资产经营责任制)	Business Contracts (joint venture contract, corporate leasing, asset management responsibility)	164	2	
借款合同(贷款)	Contracts for Loan of Money (Loan)	9167	3904	3238
劳务(劳动)合同	Labor Service(Labor) Contract	5	14	8
建筑工程合同(建筑工程承包)	Contracts for Construction Projects(Construction Contract)	1	1	
承包合同(农林牧副渔承包、工商服务承包、乡镇企业承包)	Contract Agreements(agriculture, forestry, animal husbandry and fishery contracting,business services contracting, township enterprises contracting)	32	20	11
租赁合同(财产租赁、房屋租赁)	Leasing Contracts (property lease, rental)	693	413	152
扶养协议(遗赠扶养协议、赡养协议)	Child Support Agreement(Legacy support agreement, maintenance agreement)	43	30	26
出国留学协议(留学协议)	Study abroad agreement(Study protocol)	140	186	208
其他(其他民事协议、计划生育)	Others (Other Civil Agreements,Planned Parenthood)	2707	1237	1410
民事法律关系公证合计	**Total civil legal relations Notary**	**755**	**44740**	**48458**
#收养关系(收养、解除收养)	Adoptive Relationship (adoption, termination of adoptive)	25	37	60
继承(继承权)	Inherit(Inheritance)	12480	14710	15192
财产权(产权、宅基地使用权)	Property rights (property， land use rights)	20	21	9
亲属关系	Kinship Confirmation	806	864	729
单方法律行为	**Unilateral legal acts(By the end of 2012 after the Justice Department modified statistical reports,the notarial matters were classified)**	**32150**	**30445**	**32168**
#委托(委托书、法人委托书)	Delegate (power of attorney, power of attorney)	15027	15291	17823
声明(声明书)	Declaration	11854	11941	11461
赠与(赠与书)	handsel(Gift book)	2619	1561	1100
遗嘱	testament	1174	460	486
现场监督类	**Site supervision class**	**1728**	**1212**	**1308**
#招标投标	Bidding	105	31	156

23-3　消费者协会受理投诉

Cases Accepted and Heard by Consumer Association

单位：件　　(piece)

指　标	Item	2012	2013	2014	2015	2016
总　计	**Total**	**3931**	**5479**	**3051**	**3214**	**2660**
#家用电器类	Household Appliances	876	1248	678	660	459
#视听产品	Televison	58	64	45	48	46
电冰箱	Refrigerators	10	8	3	3	16
洗衣机	Washing Machines	20	1	2	3	8
空调器	Air-Conditioner	24		1		6
摩托车	Motorcycles	6	3	2	6	11
医疗器械	Assistant Things of Medical Treatment	3	7	6	2	1
服装鞋帽	Garment,Shoes and Caps	588	730	462	373	221
家　具	Furniture	38	102	40	48	31
食　品	Foods	361	522	275	273	253
房屋及装修建材	Houses and Fitment Material	283	441	282	349	209
#房　屋	Houses	47	80	94	97	35
装饰材料	Fitment Material	141	197	77	109	122
电信服务	Telecome	283	147	100	147	78
邮政业服务	Mail	42	66	38	94	50
农用生产资料类	Agricultural Production Materials	115	126	75	43	27
其他类	Others	265	473	197	292	355

注：资料来源于省消费者协会。
Note: Data in the table are obtained from the Provincial Consumer's Association.

23-4 检察院主要业务

Cases of Procuratorate

指　　标	Item	2012	2013	2014	2015	2016
职务犯罪(件)	**Crime by Taking Advantage of Duty(case)**					
受案	Cases Accepted	1019	951	1473	2388	2007
立案	Cases Registered	977	922	1037	1083	1004
结案	Cases Settled	1013	907	972	1053	941
批准、决定批捕	**Total of Arrests**					
案件数（万件）	Cases (10000 cases)	2.16	2.19	2.25	2.20	2.10
人数（万人）	Persons (10000 persons)	3.22	3.11	3.13	2.98	2.82
决定起诉	**Total of Public Prosecutions**					
案件数（万件）	Cases (10000 cases)	2.63	2.75	2.91	2.83	2.94
人数（万人）	Persons (10000 persons)	3.93	4.00	4.15	3.91	3.97

注：资料来源于省人民检察院。

Note:Data in the table are obtained from the provincial people's procuratorate.

23-5 人民法院刑事一审案件收案

First Trail Criminal Cases Accepted by Courts

单位：件　　(case)

指　　标	Item	2012	2013	2014	2015	2016
总　　计	**Total**	**26448**	**27819**	**30094**	**32163**	**31725**
危害国家安全罪	Offences Against State Security	3	5	3	1	1
危害公共安全罪	Offences Against Public Security	3115	3417	3784	4354	5247
破坏社会主义市场经济秩序罪	Offences Against Socialist Economic Order	433	519	650	672	821
侵犯公民人身权利民主权利罪	Offences Against Citizens' Personal and Democratic Rights	5382	5196	5581	5578	4958
侵犯财产罪	Offences Against Properties	10730	9891	9501	10014	9600
妨害社会管理秩序罪	Offences Against Social Management of Order	5622	7939	9557	10303	9572
危害国防利益罪	Offences Against National Defense	2	1	2	2	2
贪污贿赂罪	Offences on Corruption and Bribery	1016	738	876	1077	1345
渎职罪	Offences on Abuse and Dereliction of Duty	137	113	139	159	178
其他	Other	8		1	3	1

注：资料来源于省高级人民法院(以下相关表同)。

Note:Date in the table are obtained from provincial higher people's court(The relative tables in the chapter are the same).

23-6 人民法院刑事一审案件结案

First Trail Criminal Cases Settled by Courts

单位：件 (case)

指　标	Item	2012	2013	2014	2015	2016
总　计	**Total**	**26260**	**27534**	**28597**	**30137**	**30656**
危害国家安全罪	Offences Against State Security	3	5	3	1	1
危害公共安全罪	Offences Against Public Security	3096	3405	3673	4230	5163
破坏社会主义市场经济秩序罪	Offences Against Socialist Economic Order	418	492	564	555	718
侵犯公民人身权利民主权利罪	Offences Against Citizens' Personal and Democratic Rights	5344	5113	5185	5205	4733
侵犯财产罪	Offences Against Properties	10694	9844	9179	9653	9367
妨害社会管理秩序罪	Offences Against Social Management of Order	5577	7885	9186	9885	9338
危害国防利益罪	Offences Against National Defense	2	1	2	2	2
贪污贿赂罪	Offences on Corruption and Bribery	983	684	695	506	1195
渎职罪	Offences on Abuse and Dereliction of Duty	135	105	109	98	139
其他	Other	8		1	2	

23-7 人民法院刑事案件中青少年犯罪

Juvenile Delinquency Among Criminal Cases

单位：人 (person)

指　标	Item	2012	2013	2014	2015	2016
刑事罪犯总数	**Number of Criminals**	**30239**	**35272**	**31483**	**34668**	**33820**
#青少年罪犯	Juvenile Criminals	9503	10645	10024	10010	8324
#不满18岁	Less Than 18	2993	3282	2940	2994	2240
18-25岁	Aged 18-25	6510	7363	7084	7016	6084
青少年罪犯占刑事罪犯(%)	Proportion of Juvenile Criminals to Total Criminals(%)	31.4	30.2	31.8	28.9	24.6

23-8 生产安全
Production Safety

指　标	Item	2016
各类事故死亡人数合计(人)	**Number of Deaths for Production Security Accidents(person)**	**1360**
农林牧渔业	Farming,Forestry,Animal Husbandary, Fishery	4
#农业机械	Agricultural Machinery	2
渔业船舶	Fishery Vessel	
采矿业	Mining Industry	23
#煤矿	Coal Mine	16
非煤矿山	Non-coal Mine	7
商贸制造业	Trade Manufacturing	28
#化工	Chemical Industry	5
烟花爆竹	Fireworks	1
冶金机械八行业	Metallurgical Machinery Eight Industry	19
建筑业	Construction	104
#房屋建筑及市政工程	Building Contruction and Municipal Works	39
交通建设工程	Traffic Construction Project	26
交通运输和仓储业	Transportation and Warehousing	1173
#铁路运输业	Railway Transportation Industry	33
道路运输业	Road Transportation Industry	1139
其他行业	Other Industry	28
亿元地区生产总值生产安全事故死亡人率(人/亿元)	Production Safety Accidents of GDP per billion yuan Death Rate(Person - 100 million yuan)	0.116
工矿商贸就业人员10万人生产安全事故死亡率(人/10万人)	Industrial, Commercial and Employment Personnel 100 Thousand People,Production Safety Accident Mortality(person-100 thousand persons)	2.161
煤矿百万吨死亡人率(人/百万吨)	Coal Mine Million tons Tortality Rate(person-million tons)	0.096
营运车辆万车死亡率(人/万车)	Operating Vehicle Million Vehicle Mortality(person-10 thousand cars)	31.210

注：1、资料来源于省安全监管局。2、2016年起国家安全监管总局实行新的生产安全事故统计报表制度，统计口径发生变化，与历史统计数据不可比。

Note：1.The data is obtained from the Provincial Safety Supervision Bureau. 2.Since 2016, the State Administration of Safety Supervision and Administration has implemented a new statistical reporting system for production safety accidents, and the statistical caliber has changed, which is not comparable with historical statistics.

23-9 火灾事故情况
Fire Accidents

指 标	Item	2013	2014	2015	2016
实际发生数(起)	**Number of Fire Accidents(case)**	**2915**	**4221**	**3483**	**4008**
按火灾原因分	**Grouped by Cause**				
生产作业	Operation	110	150	96	110
电 气	Electric	1277	1784	1584	1990
吸 烟	Smoking	64	104	67	60
生活用火不慎	Not Careful with Cooking Fire	518	802	619	740
玩 火	Playing with Fire	111	182	115	104
自 燃	Natural Fire	57	91	97	103
不 明	Uncertain	125	77	42	93
其 他	Others	653	1031	784	808
死亡人数(人)	Number of Deaths(person)	66	59	49	36
受伤人数(人)	Number of Injuries(person)	41	27	28	22
直接财产损失(万元)	Direct Property Loss (10000 yuan)	11203	17667	6538	8416
平均每起事故损失(万元)	Average Loss of Fire (10000 yuan)	3.84	4.19	1.87	2.09

注：资料来源于省公安厅(下表同)。

Note: Data in the table are obtained from provincial department of public security(the same applies to the next table).

23-10 社会保险
Social Insurance

指 标	Item	2012	2013	2014	2015	2016
社会保险基金	**Social Security Fund**					
社会保险基金收入(亿元)	Revenue(100 million yuan)	310.85	351.06	386.81	463.97	582.84
社会保险基金支出(亿元)	Expenses(100 million yuan)	229.08	279.25	319.42	362.85	487.49
社会保险基金累计结余(亿元)	Balance at year-end(100 million yuan)	366.79	502.47	569.86	670.98	871.43
城乡居民基本养老保险	**Basic Pension Insurance for Urban and Rural Residents**					
城乡居民基本养老保险参保人数(万人)	The number of insured (10 000 persons)	1226.78	1439.34	1586.64	1649.03	1703.08
城乡居民基本养老保险基金收入(亿元)	Revenue(100 million yuan)	36.51	43.84	47.78	62.20	58.58
城乡居民基本养老保险基金支出(亿元)	Expenses(100 million yuan)	27.63	28.90	32.00	46.14	43.04
城镇职工基本养老保险	**Basic Pension Insurance of urban Staff**					
城镇职工基本养老保险参保人数(万人)	Number of Urban Employees Joining in Basic Pension Insurance(10 000 persons)	309.38	337.29	361.45	392.09	423.58
#参保职工	Number of Employees	231.67	254.68	274.32	297.26	323.94
城镇职工基本养老保险基金收入(亿元)	Revenue(100 million yuan)	216.94	240.21	259.83	315.38	331.29
城镇职工基本养老保险基金支出(亿元)	Expenses(100 million yuan)	153.07	178.45	207.80	242.16	283.88
离退休人员社区管理服务率(%)	Rate of Community Management and Services for Retirees(%)	70.2	73.2	75.0	76.04	77.00
基本医疗保险	**Basic Medical Care Insurance**					
基本医疗保险参保人数(万人)	Number of Persons Joining in Basic Medical Care Insurance(10 000 persons)	648.30	672.09	687.14	955.45	973.59
城镇职工	Urban Worker	329.27	344.72	354.76	372.74	389.81
#农民工	Migrant Worker	13.79	17.83	16.79	17.78	18.26
#城镇(乡) 居民	Urban Residents	319.03	327.37	332.38	582.71	583.78
基本医疗保险基金收入(亿元)	Revenue(100 million yuan)	72.93	84.33	96.274	135.93	158.00
城镇职工	Urban Worker	65.75	76.32	88.416	112.11	131.50
城镇(乡) 居民	Urban Residents	7.18	8.01	7.858	23.83	26.51
基本医疗保险基金支出(亿元)	Expenses(100 million yuan)	65.41	80.12	94.04	114.37	129.88
城镇职工	Urban Worker	60.50	74.14	86.74	97.29	111.22
城镇（乡）居民	Urban Residents	4.91	5.98	7.30	17.08	18.66
失业保险	**Unemployment Insurance**					
失业保险参保人数(万人)	Number of Persons Joining in Unemployment Insurance(10 000 persons)	173.46	185.17	191.86	205.31	218.10
领取失业金人数(万人)	Beneficiaries of Unemployment Insurance Fund(10 000 persons)	1.02	1.33	1.54	1.73	2.37
失业保险基金收入(亿元)	Revenue(100 million yuan)	14.91	17.97	20.29	17.71	17.03
失业保险基金支出(亿元)	Expenses(100 million yuan)	6.49	13.09	9.77	8.46	13.91
# 失业金（亿元）	Jobless Claims	0.78	1.01	1.45	1.91	2.99
职业培训补贴支出(亿元)	Expenses of Professional Training (100 million yuan)	0.38	0.24	0.18	0.08	0.06
工伤保险	**Work Injury Insurance**					
工伤保险参保人数(万人)	Number of Persons Joining in Injury Insurance (10 000 persons)	238.19	260.39	275.41	290.22	305.02
#农民工	Migrant Worker	81.13	87.46	90.25	89.13	87.37
工伤保险基金收入(亿元)	Revenue(100 million yuan)	11.02	13.07	14.13	14.21	12.45
工伤保险基金支出(亿元)	Expenses(100 million yuan)	7.97	11.45	11.99	11.52	11.89
生育保险	**Maternity Insurance**					
生育保险参保人数(万人)	Number of Persons Joining in Basic Maternity Insurance(10 000 persons)	221.58	238.75	248.82	263.64	286.27
生育保险基金收入(亿元)	Revenue(100 million yuan)	2.22	3.50	4.14	4.56	5.48
生育保险基金支出(亿元)	Expenses(100 million yuan)	1.05	2.11	3.12	3.41	4.90

注：1、资料来源于省人力资源社会保障厅；2、2014年起，因制度整合，原新型农村社会养老保险统计口径调整为城乡居民基本养老保险；2015年起，将统筹城乡基本医疗保险的黔西南州纳入人社部门统计，原城镇居民基本医疗保险调整为城镇（乡）居民基本医疗保险。

Note: 1.Data in the table are obtained from Provincial Department of Human Resources and Social Security. 2.Since 2014, basce pension insurance for urban and rural residents refers to the new rural social pension insurance. Since 2015, the basic medical insurance in urban and rural areas of Qianxinan Prefecture in the community sector statistics,and the basic medical insurance for urban residents was adjusted to urban residents basic medical insurance (township).

23-11 社会福利机构

Social Welfare Institutions and Enterprises

单位：个 (unit)

项 目	Item	2012	2013	2014	2015	2016
总 计	**Total**	**7020**	**14986**	**21077**	**22894**	**24611**
提供住宿的社会服务机构	Social Welfare Institutions with Accommodation	1240	1286	519	936	1015
社会福利企业	Social Welfare Enterprises	59	48	41	32	32
优抚事业单位	Administration Agencies for Martyrs	63	81	80	64	59
救助类单位	Collecting and Repatriation Units	71	72	75	78	81
殡仪服务单位	Funeral and Interment services Institutions	128	139	148	148	126
彩票发行单位	Lottery Issuing Units	15	12	13	13	13
社区服务单位	Community Service Facilities	5444	13348	19773	21623	23285

注：1.资料来源于省民政厅。2.提供住宿的社会服务活动机构2011—2013年为收养性福利单位，2014年起调整为提供住宿的社会服务活动机构，包括：为老年人与残疾人提供收留抚养服务的机构、为智障与精神病人提供收留抚养服务的机构、为儿童提供收留抚养和救助服务的机构、其他提供住宿的服务机构。其中，农村养老机构2014、2015年变动较大，系因2014年民政部规范统计口径，将未办理法人登记的如农村敬老院等养老服务机构从提供住宿的社会服务机构调至社区服务机构和设施，2015年各地大力推进法人登记工作，对已办理法人登记或社会统一信用代码的农村敬老院等调整回提供住宿的社会服务机构中。3.社会福利企业、殡葬服务单位和优抚事业单位减少，系因民政部规范统计口径，对未办理社会统一信用代码证的机构一概不予统计，对一个机构多块牌子的机构只统计主牌；对殡仪服务单位中殡仪馆与公墓由一个单位承包的，只填报殡仪馆，不填报公墓。

Note:1.The data in the table are provided by the Provincial Department of Civil Affairs. 2.In 2011-2013,institutions where provide social services agency accommodation were regarded as adapting welfare unit, while those institution were adjusted to provide social service activities,including institution where provide accomoodations for elderly , disabilities,mental patients or children with services, and institutions provide other servicesAmong them, the rural pension institutions in 2015 2014, changes in the larger, because in 2014 the Ministry of Civil Affairs normative statistical caliber, will not go through the registration procedures such as rural homes for the elderly pension services from social service agencies to provide accommodation to community services and facilities, around 2015 and vigorously promote the registration work, social service agencies to adjust corporate registration or the social unified credit code for rural homes for the elderly to provide accommodation.3. social welfare enterprises, funeral service units and special care institutions reduce, because the specification of Ministry of Civil Affairs statistics, fails to handle the uniform social credit card code mechanism will not be to statistics, a mechanism of multi brands agency statistics only on key; funeral funeral service units in the museum and the cemetery by a Contracting unit only, fill in the funeral home, do not fill in the cemetery.

23-12 社会福利机构工作人员

Staff Employed by Social welfare Institutions and Enterprises

单位：人 (person)

项 目	Item	2012	2013	2014	2015	2016
总 计	**Total**	**35677**	**75184**	**102058**	**106069**	**112991**
提供住宿的社会服务机构	Social Welfare Institutions with Accommodations	4658	5488	5955	5666	6278
社会福利企业	Social Welfare Enterprises	3343	2424	2145	1882	1880
优抚安置事业单位	Administration Agencies for Martyrs	314	351	338	329	323
救助类单位	Collecting and Repatriation Units	371	429	431	494	463
殡仪服务单位	Funeral and Interment services Institutions	2985	3192	3483	3660	3564
彩票发行单位	Lottery Issuing Units	181	188	236	265	262
社区服务单位	Community Service Facilities	23825	63112	89470	93773	100221

23-13 社会服务及设施和民政事业发展主要指标

Main Indicators of Social Services & Facilities and Civil Administration Career Development

指　标	Item	2012	2013	2014	2015	2016
城市社区服务设施数(个)	**Number of Urban Community Service Facilities(unit)**	**11587**	**4721**	**3110**	**3452**	**5013**
#城市社区服务单位数	Number of Community Service Institutions	5444	2268	2586	3005	3600
城镇便民利民服务网点(个)	Number of Urban Service Points for Civilian (unit)	27699	14577	15515	15309	14599
乡镇敬老院覆盖率(%)	Coverage Rate of Villages and Town Elderly Welfare Homes(%)	72.3	78.4	81.4	93.06	93.85
提供住宿的社会服务机构床位数(张)	Number of Beds of Welfare Home (unit)	52996	67129	86111	161327	188108
提供住宿的社会服务机构床位利用率(%)	Using Rate of Bed(%)	53.4	53.0	49.8	55.2	75.0
享受城市低保人数(万人)	Number of Persons Receiving Lowest Cost of living in Urban Area (10000 persons)	53.00	51.00	47.00	40.00	35.82
城市低保生活保障支出(万元)	Expenditure of Lowest Cost of living in Urban Area(10000 yuan)	155819	174125	167700	168125	164852.8

注：1.城市社区服务设施数，2010—2012年为城镇社区服务机构数。2.自2013年开始，收养性单位统一改称为提供住宿的社会服务机构。3.为保持口径一致，提供住宿的社会服务机构床位数均为已投入使用的床位数，2016年未包括建成未投入使用的床位数19496张。

Note: 1.The number of city community service facilities from 2010 to 2012 is the urban community service organizations. 2. since 2013, the adoption unit has been renamed as a social service institution for providing accommodation. 3. in order to maintain the same caliber, the number of beds provided by the social service institutions providing accommodation is the number of beds that have been put into use. In 2016, the number of beds not built for use was not included in 19496.

23-14 社会福利救济主要支出

Major Expenditures of Welfare Relief Funds

单位：万元 (10000 yuan)

指　标	Item	2012	2013	2014	2015	2016
总　计	**Total**	**891463**	**972636**	**970604**	**1013671**	**1088656**
优抚对象补助金额	Funds for Family Members of Martyrs and Disabled Veterans	110456	130472	123959	138089	159311
#国家支出	Government Funds	110456	130472	123959	138089	159311
传统救济对象的国家救济金额	Funds for Family Members of Traditional Relief	33180	35930	45596	55772	67926
最低生活保障支出	Expenditure for Persons Receiving Lowest Cost-of-living	731412	786453	777983	786193	829746
#城　市	For Urban Areas	155819	174125	167700	168126	164853
#农　村	For Rural Areas	575593	612328	610283	618067	664893
提供住宿社会服务机构支出	Funds for Adopting Social Welfare Institution	16415	19781	23065	33617	31673
#国家支出	Government Funds	16415	19781	23065	33617	31673

注：1.优抚对象包括：死亡抚恤，伤残抚恤，在乡复员、退伍军人生活补助，义务兵优待金，其他优抚支出。2.传统救济对象包括：特困人员救助供养（城市特困和农村特困），流浪乞讨人员救助，临时救助，其他社会救助（含传统救济）。

Note:1.Entitled groups including:death pension, disability pension, in the township demobilized, veterans living allowance, compulsory special special care and other expenses. 2.Traditional Relieves groups including:five guarantees, the city "three noes" rescue, vagrants and beggars, temporary relief(including traditional relief).

23-15 享受补助、救济人员

Persons Receiving Subsidies and Relief Funds

单位：万人 (10000 persons)

指　标	Item	2012	2013	2014	2015	2016
城乡居民最低生活保障人数	**Number of Urban and Rural Residents Receiving Minimum Living Allowance**	**566**	**528**	**463**	**372**	**341**
城　市	Urban Area	53	51	47	40	36
农　村	Rural Area	513	477	416	332	305
传统救济人数	Number of Persons Receiving Traditional Relief Funds	1.74	1.83	2.15	2.38	2.13

注：2015年起全省开展低保核查，推进减量提标工作，因此城乡低保人数逐年减少。

Note:Since 2015, the province has carried out the verification of minimum living allowances, and promoted the work of reducing allowances and raising standards, so the number of urban and rural subsistence allowances has been decreasing year by year.

23-16 享受国家定期抚恤、补助、救济人员数

Persons Receiving Regular Subsidy and Commiseration of Country

单位：人 (person)

指　标	Item	2012	2013	2014	2015	2016
合　计	**Total**	**263107**	**261395**	**232737**	**222427**	**228416**
伤残抚恤人数	Number of Persons Receiving Disability Commiseration	16057	15999	14801	14330	14399
“三属”抚恤人数	Number of Persons Comfort and Compensated Bereaved Family	4810	4759	3652	3178	3026
烈士家属	Family Numbers of Martyr	2781	2734	1967	1636	1583
牺牲、病故军人家属	Family Numbers of Immolate & Die of Illness Armyman	2029	2025	1685	1542	1443
定期补助人数	Number of Persons Receiving Regular Subsidies	242240	240637	214284	204919	210991
#复退军人定补人数	Number of Ex-servicemen	76315	69774	45738	37290	34217
参战、参试定补人数	Number of Persons Receiving Regular Subsidies for War and Test	90147	90285	86861	84254	86404

注：参战、参试定补人数指参加对越自卫反击战及核试验等人员。

Note:Persons receiving regular subsidies for war and test refer to these persons taking part in acting in self-defence war and nuclear test.

23—17 殡葬服务情况

Funeral and Interment Services

指　标	Item	2012	2013	2014	2015	2016
殡葬类单位数（个）	Number of Funeral and Interment Enterprises（unit）	128	139	148	148	126
从业人员（人）	Employed Persons(Porson)	2985	3192	3483	3660	3564
火化炉数（台）	Number of Cremators(unit)	101	117	124	136	169
火化数（万具）	Cremated Remains(10000 units)	6.44	6.82	7.21	8.11	9.22
#安葬数（万具）	Number of the Buried(10000 units)	1.28	1.67	1.85	2.37	2.89
火化率（%）	Cremation Rate(%)	26.41	27.82	29.94	39.80	41.00

注：1、安葬数为当年安葬数。2、2016年民政部规范统计口径，对未办理社会统一信用代码证的机构不再台账中体现；对殡仪馆与公墓由一个单位承包的，只填报殡仪馆，不填报公墓。

Note: 1.Number of the buried refers to the number in current year. 2.In 2016, the Ministry of Civil Affairs standardized statistics, and did not apply for a unified social credit code certificate institutions are no longer reflected in the ledger; for the funeral home and the cemetery by a unit contracting, only reporting funeral home, do not fill the cemetery

主要统计指标解释

公证员 指按照《公证法》规定，在公证机构从事公证业务的执业公证员、公证助理员、行政人员、其他人员。

办理公证文书 指公证处在一定时期内办结的公证文书件数。公证文书按司法部规定或批准的格式制作，包括国内公证和涉外公证两部分。国内公证分为经济合同公证和民事法律关系公证两大类。

人民调解人员 指人民调解委员会委员和人民调解委员会聘任的，负责对《人民调解法》规定人民调解委员会可以受理的民间纠纷进行调解的人员。

调解民间纠纷 是指人民调解委员会通过说服、疏导等方法，促成当事人在平等协商基础上自愿达成调解协议，解决民间纠纷的活动。

批准、决定逮捕 指人民检察院对公安机关、国家安全机关、监狱管理机关提出逮捕的犯罪嫌疑人进行审查，根据事实，依法做出逮捕决定。该指标主要反映人民检察院对提请逮捕犯罪嫌疑人进行审查后依法做出批准逮捕决定的情况。

青少年罪犯 指人民法院在报告期内判决发生法律效力的有罪判决中14周岁以上不满25周岁的罪犯。其中14周岁以上不满18周岁的罪犯为未成年罪犯。

基本养老保险参保人数 指报告期末按照国家法律、法规和有关政策规定参加基本养老保险并在社保经办机构已建立缴费记录档案的人数，包括中断缴费但未终止养老保险关系的职工人数，报告期末参加基本养老保险的离休、退休和退职人员，不包括只登记未建立缴费记录档案的人数。

基本医疗保险参保人数 指报告期末按国家有关规定参加基本医疗保险的人数。包括参加保险的职工人数和退休人员人数。

失业保险参保人数 指报告期末按照国家法律、法规和有关政策规定参加了失业保险的城镇企业事业单位的职工及地方政府规定参加失业保险的其他人员的人数。

工伤保险参保人数 指报告期末依据国家有关规定参加工伤保险的职工人数和有雇工的个体工商户的雇工数。

生育保险参保人数 指报告期末依据有关规定参加生育保险的职工人数。

城市社区服务设施数 是指社区服务站、社区服务中心、其他社区服务设施的总和。是面向老年人及家庭的商品递送、医疗保健、家庭保洁、日间照料、陪伴服务等为社区居家老服务的设施和突出综合服务功能，将党员活动室、就业保障网络、社区卫生服务站、文化活动室、图书馆、“爱心超市”社区捐款接收站点、警务站（室）、老年活动室、未成年人文化活动场所等具有综合服务功能的设施。原则上，每个社区服务站设施的最低标准能满足社区居委会办公所需，并配置多功能社区活动场所，建筑面积不低于200平方米。在此基础上可根据社区居民的实际需求，重点强化若干类服务功能。

城市居民最低生活保障人数 指在报告期末家庭平均收入在当地规定的最低生活保障线以下的家庭人员及国家规定有民政部门救济的特殊人员和60年代精减退职老职工救济人员等。

农村居民最低生活保障人数 指报告期末在建立农村最低生活保障制度的地区，得到当地政府或集体给予最低生活保障的农业人口家庭人数。

Explanatory Notes on Main Statistical Indicators

Notary Personnel refers to judicial workers of the state notary offices handling notarization work according to law. They include notaries, assistant notaries,administrators and other people working for notary offices.

Notarized Documents refer to the number of notarial documents that the notary has gone through within a certain period. The notary documents are drawn up in accordance with the regulations of the Ministry of Justice, including domestic documents and foreign-related documents.Domestic documents are divided into two major categories, documents on economic contracts and documents on civil legal relations.

Mediators refer to workers on peoples mediation committees responsible for mediating in civil disputes and cases of slight infraction of the law. They include members of the mediation committees and mediators of mediation groups.

Mediation of civil disputes refers to the people's mediation committee through persuasion, persuasion and other methods, to facilitate the parties to reach a voluntary agreement on the basis of equality, the settlement of civil disputes.

Approval for Arrest refers to the decision made by people's procurator ate office, in accordance with the law and relevant facts, to approve the arrest of the suspect(s) as proposed by the public security departments, state security departments or prisons authority. This indicator reflects approved arrests made by people's procuratorate offices that are proposed by related departments.

Juvenile Criminals refers to the offenders within the age range of 14 to 25 convicted guilty by the court during the reporting period while those between 14 and 18 are defined as minor offenders.

Number of Urban Residents Entitled to Minimum Living Allowances refers to the number of those whose average family income is below a minimum local standard by the end of the reporting period and special staff who were relieved by states provide State regulations and the District Department and 1960s streamline relief workers older workers retire, etc.

Number of Rural Residents Entitled to Minimum Living Allowances refers to the number of those receiving the minimum living allowances from the local government or community in the rural areas where this allowances system is in place as of the end of the reporting period.

Number of Service Facilities in Urban Communities refers to community service centers, community service centers, other community service facilities combined. Is for the elderly and home delivery of goods, health care, household cleaning, day care, companionship services, home care services for community facilities and outstanding comprehensive service functions, will party room, employment security networks, community health service stations, cultural activities room, library, "love supermarket" community donations receiving stations, police stations (room), old activity room, minors and other cultural activities with comprehensive service functions of the facility. In principle, each community service station facilities to meet the minimum standards required for community neighborhood committee office, and configure the multi-purpose community activities, building area of not less than 200 square meters. On this basis, according to the actual needs of community residents, can focus on enhancing certain types of services.

Number of Basic Pension Insurance refer to the people participating in the basic pension insurance program according to national laws, regulations and related policies at the end of the reference period, who have already had payment records in social security management agencies, including those who have interrupt payment without terminating the insurance program. Those who have registered in the program but with no payment records are not included.

Number of Basic Medical Care Insurance refers to the number of people participating in the basic medical care insurance program according to related regulations as at the end of reference period, including number of staff and workers and retirees participating in this insurance program.

Number of Unemployment Insurance refers to the number of staff and workers in urban enterprises or institutions who have participated in the unemployment insurance program according to relevant policies and regulations, and other people who have participated according to local government regulations, as at the end of reference period.

Number of Work Injury Insurance refers to the number of staff and workers who have participated in the work injury insurance program according to relevant national regulations and hirelings who were hired by individual industrial and commercial households.

Number of Maternity Insurance refers to the number of staff and workers who have participated in the maternity insurance program according to relevant regulation at the end of the reporting period.

民族自治地方

Minority Nationality Autonomous Areas

24

简 要 说 明

一、主要内容

本篇资料主要反映全省民族自治地方经济社会发展情况。

二、资料来源

民族自治地方及少数民族统计部分资料根据《民族自治地方国民经济和社会发展统计报表》加工、整理。

本篇资料由省民政厅、省统计局、省民宗委、省财政厅提供。

Brief Introduction

I. Main Contents

Data in this chapter present the social and economic development of ethnic minority autonomous regions of Guizhou.

II. Sources of Data

Data on ethnic minority autonomous regions are collected, prepared and provided by Ethnic and Religious Affairs Commission of Guizhou Province, basis on 《National Autonomous Areas for National Economic and Social Development Statistical Reports》.

Data in this chapter are provided by the Provincial Civil Affairs Bureau, the Provincial Bureau of Statistics, the Provincial Committee of Ethnic and Religious Affairs, the Provincial Department of Finance.

24-1 民族自治地方行政区划
Administrative Division of Minority Nationality Autonomous Areas

单位：个 (unit)

民族自治州(县)名称	Autonomous Prefecture(County)	地级 Prefectural Level	县级 County Level	#县级市 City at County Level	成立时间 Time of Come into Existence	土地面积(平方公里) Total Land Area(sq.km)
黔西南布依族苗族自治州	Qianxinan(Bouyei & Miao)Autonomous State	1	8	1	1982年05月01日	16804
黔东南苗族侗族自治州	Qiandongnan(Miao & Dong)Autonomous State	1	16	1	1956年07月23日	30337
黔南布依族苗族自治州	Qiannan(Bouyei & Miao)Autonomous State	1	12	2	1956年08月08日	26197
道真仡佬族苗族自治县	Daozhen(Gelao & Miao)Autonomous County		1		1987年11月29日	2156
务川仡佬族苗族自治县	Wuchuan(Gelao & Miao)Autonomous County		1		1987年11月26日	2773
镇宁布依族苗族自治县	Zhenning(Bouyei & Miao)Autonomous County		1		1963年09月11日	1703
关岭布依族苗族自治县	Guanling(Bouyei & Miao)Autonomous County		1		1981年12月31日	1468
紫云苗族布依族自治县	Ziyun(Miao & Bouyei)Autonomous County		1		1966年02月11日	2284
威宁彝族回族苗族自治县	Weining(Yi,Hui & Miao)Autonomous County		1		1954年11月11日	6296
玉屏侗族自治县	Yuping(Dong)Autonomous County		1		1984年11月07日	516
印江土家族苗族自治县	Yinjiang(Tujia & Miao)Autonomous County		1		1987年11月20日	1961
沿河土家族自治县	Yanhe(Tujia)Autonomous County		1		1987年11月23日	2469
松桃苗族自治县	Songtao(Miao)Autonomous County		1		1956年12月31日	2861
三都水族自治县	Sandu(Shui)Autonomous County		1		1957年01月02日	2384

注：资料来源于省民政厅。
Note: Data in the table are provided by the Provincial Department of Civil Affairs.

24-2 少数民族分布
Geographic Distribution of Minority Nationalities

民族	Nationality	分布的主要地区	Main Geographic Distribution
苗族	Miao	黔东南州、黔南州、黔西南州、松桃县、紫云县、务川县、水城县	Qiandongnan,Qiannan,Qianxinan,Songtao,Ziyun Wuchuan,Shuicheng
布依族	Bouyei	黔南州、黔西南州、镇宁县、紫云县	Qiannan,Qianxinan,Zhenning,Ziyun
侗族	Dong	黔东南州、玉屏县、碧江区、石阡县	Qiandongnan,Yuping,Bijiang,Shiqian
土家族	Tujia	铜仁市	Tongren
彝族	Yi	毕节市、六盘水市	Bijie,Liupanshui
仡佬族	Gelao	遵义市、关岭县、石阡县	Zunyi,Guanling,Shiqian
水族	Shui	三都县	Sandu
回族	Hui	威宁县、兴仁县、平坝区、兴义市	Weining,Xingren,Pingba,Xingyi
白族	Bai	毕节市、盘县	Bijie,panxian
瑶族	Yao	黔东南州、荔波县	Qiandongnan,Libo
壮族	Zhuang	从江县、独山县、荔波县、都匀市	Congjiang,Dushan,Libo,Duyun
畲族	She	凯里市、麻江县、都匀市、福泉市	Kaili,Majiang,Duyun,Fuquan
毛南族	Maonan	平塘县、独山县、惠水县	Pingtang,Dushan,Huishui
蒙古族	Mongolian	毕节市、石阡县、思南县	Bijie,Shiqian,Sinan
仫佬族	Mulam	凯里市、麻江县、黄平县	Kaili,Majiang,Huangping
满族	Man	黔西县、大方县、金沙县、云岩区	Qianxi,Dafang,Jinsha,Yunyan
羌族	Qiang	石阡县、江口县	Shiqian,Jiangkou

24-3 民族自治地方经济社会主要指标
Major Social and Economic Indicators of Minority Nationality Autonomous Areas

指 标	Item	2014	2015	2016	2016年比2015年增长(%) Increase Rate in 2015over 2016(%)
人口	**Population**				
年末常住人口(万人)	Number of Resident Population at Year-end(10000 persons)	1355.78	1357.77	1365.49	0.6
#少数民族人口	Minority Population	872.44	875.76	1079.86	23.3
地区生产总值	**Gross Domestic Product**				
地区生产总值(亿元)	Gross Domestic Product(100 million yuan)	2855.13	3327.29	3813.68	13.0
固定资产投资	**Investment in Fixed Assets**				
固定资产投资(亿元)	Total Investment in Fixed Assets(100 million yuan)	2705.33	4578.81	3634.12	—
财政、金融	**Government Finance and Banking**				
一般公共预算收入(亿元)	General Public Budget Revenue(100 million yuan)	313.82	361.86	387.42	7.1
一般公共预算支出(亿元)	General Public Budget Expenditure(100 million yuan)	1053.88	1226.29	1327.22	8.2
金融机构人民币各项存款余额(亿元)	Total Savins Deposit Balance at Year-end (100 million yuan)	3160.29	4100.77	5301.08	29.3
#储蓄余额(亿元)	Urban and Rural Resident Savings Deposit Balance (100 million yuan)	1908.34	1989.58	2339.21	17.6
金融机构人民币各项贷款余额(亿元)	Total Loan Balance at Year-end(100 million yuan)	2198.22	2751.04	3489.23	26.8
农业	**Agriculture**				
农林牧渔业增加值(亿元)	Gross Output Value of Farming, Forestry, Animal Husbandry and Fishery(100 million yuan)	849.73	729.74	849.73	6.1
粮食产量(万吨)	Grain Output(10000 tons)	516.85	522.88	530.75	1.5
油菜籽产量(万吨)	Output of Rapeseeds(10000 tons)	22.94	31.23	32.57	4.3
牛存栏数(万头)	The Number of Cattle and Buffaloes in Stock(year-end) (10000 heads)		242.72	269.11	10.9
猪年底存栏数(万头)	Hogs(year-end)(10000 heads)	681.07	608.40	635.93	4.5
羊年底存栏数(万只)	Sheep and Goats(year-end)(10000 heads)	194.04	160.71	204.97	27.5
工业(规模以上)	**Industry**				
企业数(个)	Number of enterprises(unit)	1635	1694	2010	18.7
工业增加值(亿元)	Value added of industry(100 million yuan)	736.64	873.81	1021.17	16.9
运输邮电	**Transportation, Post and Telecommunication**				
公路里程(公里)	Length of Highways(km)	89496	107834	92568	—
邮路总长度(公里)	Length of Postal Routes(km)	40143	43302	20230	—
商业	**Trade**				
社会消费品零售总额(亿元)	Total Retail Sales of Consumer Goods(100 million yuan)	746.03	833.34	942.95	13.2
人均水平	**Per Capita Standard of Living**				
人均地区生产总值(元)	Per Capita Gross Domestic Product(yuan)	21059	24524	28008	12.4
人均一般公共预算收入(元)	Per Capita General Public Budget Revenue(yuan)	2315	2667	2837	6.4
城乡居民人均储蓄(元)	Per Capita Urban and Rural Resident Savings(yuan)	14076	14664	17179	17.2

注：1.规模以上工业统计口径为年主营业务收入2000万元及以上工业企业，固定资产投资统计口径2014—2015年为计划总投资50万元及以上的固定资产项目投资和房地产开发项目投资，2016年为计划总投资500万元及以上口径（以下相关表同）。2.人均水平数据按常住半年人口计算。

Note: 1.The statistical caliber of industrial above designated size are the ones whose main business income is over 20 million yuan.And from 2014 to 2015,the statistical caliber of investment in the fixed assets are the investment in fixed assets projects and investment in real estate development projects whose total planned investment is 500000 yuan and above,which is 5 million and above in 2016 (the same applies to the next table). 2.Data of per capita standard of living are calculated according to resident population staying at home for 6 months.

24-4 民族自治地方经济社会主要指标(2016)
Major Social and Economic Indicators of Minority Nationality Autonomous Areas

指　　标	Item	民族自治地方 Minority Nationality Autonomous Areas	民族自治州 Minority Nationality Autonomous Prefecture	民族自治县 Minority Nationality Autonomous County
人口	**Population**			
年末常住人口(万人)	Number of Population at The Year-end (10000persons)	1365.49	960.68	431.73
#少数民族人口	Minority Population	1079.86	779.10	336.83
人口密度(人/平方公里)	Population Density(person/sq.km)	138.78	131.00	157.25
地区生产总值(亿元)	**Gross Domestic Product(100 million yuan)**	3813.68	2891.58	980.64
第一产业增加值	Value-added of Primary Industry	813.51	556.31	274.62
第二产业增加值	Value-added of Secondary Industry	1154.24	919.14	243.69
第三产业增加值	Value-added of Tertiary Industry	1845.93	1416.13	462.33
农业	**Agriculture**			
乡村从业人口(万人)	Rural Employed population(10000 persons)	966.18	653.50	332.75
农用机械总动力(万千瓦)	Total power of Agricultural machinery(10000 kw)	1167.59	884.67	301.92
化肥使用量(折纯量)(万吨)	Consumption of Chemical Fertilizers(10000 tons)	49.34	27.75	22.65
有效灌溉面积(千公顷)	Effective Irrigated Areas(1000 hectares)	695.04	541.89	164.85
农作物播种面积(千公顷)	Total Sown Areas (1000 hectares)	2430.88	1671.81	811.06
#粮　食	Grain	1301.59	884.63	444.76
油菜籽	Rapeseeds	238.13	163.85	80.96
粮食总产量(万吨)	Total Grain Yield(10000 tons)	530.75	356.12	184.66
油菜籽产量(万吨)	Output of Rapeseeds(10000 tons)	32.57	23.22	10.55
烤烟产量(万吨)	Output of Flue -cured Tobacco (10000 tons)	13.80	7.90	5.90
茶叶产量(万吨)	Output of Tea (10000 tons)	5.76	3.79	2.10
当年造林面积(千公顷)	Afforested Areas in 2014(1000 hectares)	231.43	169.30	70.95
牲畜当年存栏数	The Number of Total Livestock			
牛(万头)	Cattle and Buffaloes(10000 heads)	269.11	187.83	87.79
猪(万头)	Hogs(10000 heads)	635.93	411.75	236.17
羊(万只)	Sheep and Goats(10000 heads)	204.97	111.72	93.74
牲畜当年出栏数	Number of Slaughtered Animals			
牛(万头)	Cattle and Buffaloes(10000 heads)	69.20	45.82	24.99
猪(万头)	Hogs(10000 heads)	742.44	508.51	248.57
羊(万只)	Sheep and Goats(10000 heads)	143.40	68.58	75.44
肉类总产量(万吨)	Output of Meat(10000 tons)	86.05	55.44	32.20
水产品产量(万吨)	Total Aquatic Products(10000 tons)	17.28	13.86	3.66
农林牧渔业增加值(亿元)	Gross Output Value of Farming,Forestry,Animal Husbandry and Fishery(100 million yuan)	849.73	581.97	285.84
#农　业	Farming	502.20	339.41	173.66

24-4 续表 continued

指 标	Item	民族自治地方 Minority Nationality Autonomous Areas	民族自治州 Minority Nationality Autonomous Prefectures	民族自治县 Minority Nationality Autonomous Counties
林 业	Forestry	60.42	47.27	14.64
牧 业	Animal Husbandry	222.20	149.97	76.76
渔 业	Fishery	26.86	19.70	7.67
工业（规模以上）	**Industry(above designated size)**			
企业单位数(个)	Number of Enterprises(unit)	2010	1550	488
工业销售产值(亿元)	Sales Output Value of Industry(100million yuan)	3451.52	2937.75	533.06
工业增加值(亿元)	Value-added of Industry(100 million yuan)	1021.17	875.59	150.95
利润总额(亿元)	Total Profits(100 million yuan)	106.64	86.60	21.07
固定资产投资	**Investment in Fixed Assets**			
固定资产投资(亿元)	All Investment in Fixed Assets in the Whole Province (100 million yuan)	3634.12	2851.50	824.90
商业	**Trade**			
社会消费品零售总额(亿元)	Total Retail Sales of Consumer Goods (100 million yuan)	942.95	754.89	201.49
财政、金融	**Government Finance and Banking**			
一般公共预算收入(亿元)	General Public Budget Revenue(100 million yuan)	387.42	334.54	52.88
一般公共预算支出(亿元)	General Public Budget Expenditure(100 million yuan) (100 million yuan)	1327.22	1009.27	317.95
金融机构人民币各项存款余额(亿元)	Deposits Balance(100 million yuan)	5301.08	4282.30	1115.88
#储蓄余额	Urban and Rural Resident Savings Deposit Balance	2339.21	1838.25	540.41
金融机构人民币各项贷款余额(亿元)	Loans Balance(100 million yuan)	3489.23	2806.01	741.23
交通运输	**Traffic**			
公路里程(公里)	Length of Highways(km)	92568	65062	29103
邮电、通讯	**Post and Telecommunications**			
邮政所总数(处)	Number of Post Offices(unit)		658	
邮路总长度(公里)	Length of Postal Routes(km)	20230	11100	9682
农村投递线路总长度(公里)	Rural Delivery Routes(km)	50661	25867	24814
互联网宽带接入用户(万户)	Number of Fixed Telephone Subscribers at the Year-end (10000 units)	143.29	118.95	24.88

24-5 民族自治地方一般公共预算收入(2016)

General Public Financial Budget Revenue of Minority Nationality Autonomous Areas

单位：万元 (10000 yuan)

指 标	Item	民族自治地方 Miniority Nationality Autonomous Area	民族自治州 Minority Nationality Autonomous Prefecture	民族自治县 Minority Nationality Autonomous County
一般公共预算收入	**General Public Budget Revenue**	**3874182**	**3345407**	**528775**
税收收入	**Tax Revenue**	**2683769**	**2293745**	**390024**
#增值税	Value-added Tax	417395	357374	60021
营业税	Business Tax	352627	293229	59398
企业所得税	Corporate Income Tax	166801	148662	18139
个人所得税	Individual Income Tax	53813	46410	7403
资源税	Resource Tax	48770	44616	4154
城市维护建设税	City Maintenance and Construction Tax	110940	97900	13040
耕地占用税	Farm Land Occupation Tax	585635	479730	105905
契 税	Deed Tax	269921	233765	36156
非税收入	**Non-tax Revenue**	**1190413**	**1051662**	**138751**
#专项收入	Special Program Receipts	134350	101253	33097
行政事业性收费收入	Change of Administrative and Institutional Units	200635	164019	36616
罚没收入	Penalty Receipts	90604	77817	12787
国有资本经营收入	Operation Income of State-owned Assets	22238	22238	
国有资源(资产)有偿使用收入	Income from use of Stated-owned Resources(Assets)	565838	525391	40447

注：资料来源于省财政厅(下表同)。

Note:Data in the table are obtained from Guizhou Provincial Finance Department(the same applies to the next table).

24-6 民族自治地方一般公共预算支出(2016)

General Public Budget Expenditure of Minority Nationality Autonomous Areas

单位：万元 (10000 yuan)

指 标	Item	民族自治地方 Miniority Nationality Autonomous Area	民族自治州 Minority Nationality Autonomous Prefecture	民族自治县 Minority Nationality Autonomous County
一般公共预算支出	**General Public Financial Budget Expenditure**	**13272204**	**10092659**	**3179545**
一般公共服务	Expenditure for General Public Service	1721890	1370615	351275
国 防	Expenditure for National Defense	11861	9358	2503
公共安全	Expenditure for Public Security	632161	500289	131872
教 育	Expenditure for Education	3190209	2374602	815607
科学技术	Expenditure for Science and Technology	192905	161897	31008
文化体育与传媒	Expenditure for Culture,Sports and Media	228588	198051	30537
社会保障和就业	Expenditure for Social Safety Net and Employment Effort	1139210	871779	267431
医疗卫生	Expenditure for Medical and Health Care	1530298	1118715	411583
节能环保	Energy Saving and Environment Protection	442068	332689	109379
城乡社区事务	Urban and Rural Community Affairs	334918	273180	61738
农林水事务	Agriculture,Forestry and Water Conservancy	2011671	1539271	472400
交通运输	Transportation	127630	106349	21281
其他支出	Other Expenditures	32215	28367	3848

市(州)、县(市、区、特区)资料

Main Statistics of City (State,Prefecture) and County (City,District,Special Region)

25

简 要 说 明

一、主要内容

本篇资料主要反映全省市（州）、县（市、区、特区）经济社会发展基本情况。

二、资料来源

本篇资料分别由省统计局、国家统计局贵州调查总队、省公安厅、省人力资源社会保障厅、省财政厅、省农委、中国人民银行贵阳中心支行、省交通运输厅、省通信管理局、省邮政管理局、省教育厅、省卫生计生委等单位提供。

Brief Introduction

I. Main Contents

Data in this chapter present the social and economic development of city (prefecture), county (city, district or special administrative region).

II. Sources of Data

Data in this chapter are provided respectively by Guizhou Provincial Bureau of Statistics, Guizhou Survey Organization of NBS, Department of Public Security, Department of Human resources and Social Security of Guizhou Province, Guizhou Provincial Finance Bureau, Provincial Committee of Agriculture, Guiyang Central Sub-branch of The People’s Bank of China,

Guizhou Provincial Department of Traffic and Transportation, Guizhou Communications Administation, Guizhou Provincial Postal Administation, Guizhou provincial Bureau of Education, Health and Family Planning Commission of Guizhou Province.

25-1 各市(州)地区生产总值及增速(2016)

Gross Domestic Product and Its Composition by Region

市（州）名称	City (Autonomous Prefectures)	地区生产总值 Gross Domestic Product	第一产业增加值 Primary Industry	第二产业增加值 Secondary Industry	#工业 Industry	第三产业增加值 Tertiary Industry	人均地区生产总值(元) Per Capita Gross Domestic Product(yuan)
绝对数(亿元)	Level (100 million yuan)						
贵阳市	Guiyang	3157.70	137.14	1218.79	771.33	1801.77	67772
六盘水市	Liupanshui	1313.70	125.49	660.00	563.42	528.21	45325
遵义市	Zunyi	2403.94	370.48	1063.00	867.86	970.46	38709
安顺市	Anshun	701.35	124.07	227.12	172.24	350.16	30216
毕节市	Bijie	1625.79	344.43	617.87	488.60	663.49	24544
铜仁市	Tongren	856.97	202.70	243.41	174.04	410.86	27366
黔西南州	Qianxinan	929.14	188.84	298.31	241.68	441.99	32833
黔东南州	Qiandongnan	939.05	184.11	261.36	180.74	493.58	26858
黔南州	Qiannan	1023.39	183.36	359.47	267.31	480.56	31472
比上年增长(%)	Composition(%)						
贵阳市	Guiyang	11.7	5.9	12.1	9.9	11.9	10.1
六盘水市	Liupanshui	12.0	6.3	10.9	9.8	14.7	11.5
遵义市	Zunyi	12.4	5.7	12.8	11.7	14.5	11.7
安顺市	Anshun	12.4	6.3	12.5	11.1	14.5	11.9
毕节市	Bijie	12.1	6.0	12.0	11.1	15.2	11.2
铜仁市	Tongren	11.9	5.8	13.1	11.6	14.2	11.4
黔西南州	Qianxinan	13.3	6.2	12.3	11.2	17.2	12.8
黔东南州	Qiandongnan	13.3	6.1	12.9	11.3	16.3	12.9
黔南州	Qiannan	12.5	6.4	12.7	11.4	14.6	12.0

注：表中绝对数按当年价格计算，增长速度按可比价格计算。

Note:Data of absolute figures in the table are calculated at current prices,and increase rates are calculated at comparable prices.

25-2 各市(州)年末常住人口

Permanent Population at the year-end by Region

单位：万人 (10000 persons)

市(州)名称	City (State)	2012	2013	2014	2015	2016
贵 阳 市	Guiyang	445.17	452.19	455.60	462.18	469.68
六盘水市	Liupanshui	285.90	287.45	288.20	288.99	290.69
遵 义 市	Zunyi	611.70	614.25	615.49	619.21	622.84
安 顺 市	Anshun	228.34	230.05	230.81	231.35	232.86
毕 节 市	Bijie	652.41	653.82	654.12	660.61	664.18
铜 仁 市	Tongren	309.44	310.40	311.65	312.24	314.07
黔西南州	Qianxinan	281.20	282.22	281.12	282.16	283.82
黔东南州	Qiandongnan	347.27	348.34	347.75	348.54	350.74
黔 南 州	Qiannan	322.64	323.50	323.30	324.22	326.12

25−3 各市(州)户籍人口

Household Registered Population by Region

市(州)名称	City (Autonomous Prefectures)	总户数(万户) Total Number of Household (10000 households)		平均每户人数(人) Population of Per Household(person)	
		2015	2016	2015	2016
贵 阳 市	Guiyang	122.08	127.96	3.21	3.14
六盘水市	Liupanshui	104.00	107.41	3.21	3.16
遵 义 市	Zunyi	246.18	247.17	3.22	3.24
安 顺 市	Anshun	89.19	88.36	3.32	3.39
毕 节 市	Bijie	249.40	261.72	3.63	3.50
铜 仁 市	Tongren	131.75	133.08	3.32	3.31
黔西南州	Qianxinan	101.97	103.14	3.45	3.47
黔东南州	Qiandongnan	134.39	128.27	3.52	3.72
黔 南 州	Qiannan	126.31	129.19	3.28	3.23

注：资料来源于省公安厅(下表同)。

Note:Data in the table are obtained from Guizhou Provincial Department of Public Security.(the same table below)

25−3 续表 Continued

单位：万人 (10000 persons)

市(州)名称	City (Autonomous Prefectures)	年末人口数 Total Population at The Year-end		按性别分 Grouped by sex			
				男 Male		女 Female	
		2015	2016	2015	2016	2015	2016
贵 阳 市	Guiyang	391.79	401.35	198.75	202.94	193.03	198.41
六盘水市	Liupanshui	333.40	339.86	175.78	178.07	157.62	161.79
遵 义 市	Zunyi	793.35	801.83	413.88	418.62	379.48	383.21
安 顺 市	Anshun	296.49	299.98	153.42	154.64	143.07	145.34
毕 节 市	Bijie	904.20	916.85	474.27	481.45	429.93	435.40
铜 仁 市	Tongren	436.83	440.60	229.94	231.50	206.89	209.10
黔西南州	Qianxinan	351.68	357.63	182.79	185.83	168.90	171.80
黔东南州	Qiandongnan	473.54	477.43	252.45	253.83	221.10	223.60
黔 南 州	Qiannan	414.03	417.28	216.24	217.91	197.79	199.37

25-4 各市(州)非私营单位在岗职工年平均人数、年平均工资(2016)

Number of Staff and Workers and Their Annual Average Wages in Non-private units by Region

市(州)名称	City (Autonomous Prefectures)	合计 Total	国有经济 State -owned units	城镇集体经济 Urban Collective-owned Units	其他经济类型 Units of Other Types of Ownership	2016年比2015年增长(%) Increase Rate in 2016 over 2015(%)
在岗职工年平均人数(万人)	**Annual Average of Staff and Workers (10000 persons)**	**274.80**	**152.86**	**4.09**	**117.85**	**0.4**
贵阳市	Guiyang	92.31	32.02	1.04	59.25	1.5
六盘水市	Liupanshui	20.27	7.90	0.21	12.16	-5.2
遵义市	Zunyi	38.98	26.04	0.49	12.44	0.6
安顺市	Anshun	16.96	9.50	0.33	7.13	4.0
毕节市	Bijie	31.04	22.61	0.39	8.03	1.8
铜仁市	Tongren	17.23	13.10	0.45	3.68	1.9
黔西南州	Qianxinan	14.18	10.09	0.22	3.87	-3.7
黔东南州	Qiandongnan	23.80	18.65	0.42	4.73	-0.8
黔南州	Qiannan	20.04	12.95	0.54	6.55	-0.8
年平均工资(元)	**Annual Average Wages (yuan)**	**69678**	**77585**	**75197**	**59231**	**11.3**
贵阳市	Guiyang	70535	81414	47823	65054	10.3
六盘水市	Liupanshui	64002	82102	137109	50959	12.3
遵义市	Zunyi	73904	82791	87611	54765	10.3
安顺市	Anshun	66742	73452	84731	56987	9.8
毕节市	Bijie	62938	66565	88739	51466	11.1
铜仁市	Tongren	77923	84891	48926	56680	13.9
黔西南州	Qianxinan	72909	79943	77882	54292	10.8
黔东南州	Qiandongnan	68897	72103	99289	53567	17.5
黔南州	Qiannan	67730	75831	78803	50801	9.5

25-5 各市(州)投资、消费(2016)

Investment in Fixed Assets by Region

单位：亿元 (100 million yuan)

市(州)名称	City (Autonomous Prefectures)	固定资产投资 Investment in Fixed Assets	比上年增长(%) Growth Rate(%)	社会消费品零售总额 Total retail sales of social consumer goods	比上年增长(%) Growth Rate(%)
贵阳市	Guiyang	3380.73	20.5	1195.34	12.7
六盘水市	Liupanshui	1357.77	22.0	331.79	13.3
遵义市	Zunyi	2068.88	22.1	723.44	13.0
安顺市	Anshun	652.95	21.9	176.31	13.1
毕节市	Bijie	1601.82	19.1	340.15	12.6
铜仁市	Tongren	873.89	21.8	187.09	12.9
黔西南州	Qianxinan	800.16	22.3	216.82	12.8
黔东南州	Qiandongnan	997.76	22.4	290.16	13.4
黔南州	Qiannan	1053.58	22.0	247.91	13.2

注：固定资产投资统计口径为计划总投资500万元及以上固定资产项目投资和房地产开发项目投资，不含跨区域项目投资。

Note:Data in the table refer to those projects planned to invest 5 million yuan at least in investment in fixed assets and real estate development. but doesn't include investment in cross-regional projects.

25-6 各市(州)能源利用效率(2016)

Energy Using Efficiency by Region

市(州)名称	City (Autonomous Prefectures)	单位地区生产总值能耗(吨标准煤/万元) Energy Consumption Per Unit of GDP(ton of SEC/10000 yuan)	单位地区生产总值能耗比上年增长(%) Growth Rate of Energy Consumption Per Unit of GDP over Preceding Year(%)	单位地区生产总值电耗(千瓦时/万元) Electricity Consumption Per Unit of GDP (KWh/10000 yuan)	单位地区生产总值电耗比上年增长(%) Growth Rate of Electricity Consumption Per Unit of GDP over Preceding Year(%)
贵阳市	Guiyang	0.68	-7.37	789	-4.9
六盘水市	Liupanshui	1.18	-9.66	1057	-8.8
遵义市	Zunyi	0.70	-8.57	1113	-2.5
安顺市	Anshun	0.79	-9.72	1160	-2.4
毕节市	Bijie	0.68	-7.68	782	0.1
铜仁市	Tongren	0.77	-7.17	1084	1.5
黔西南州	Qianxinan	0.87	-5.82	1205	-10.8
黔东南州	Qiandongnan	0.88	-9.16	923	2.2
黔南州	Qiannan	0.82	-7.87	1150	6.6

25-7 各市(州)一般公共预算收入(2016)

General Public Financial Budget Revenue by Region

市(州)名称	City (Autonomous Prefectures)	一般公共预算收入(亿元) General Public Budget Revenue(100 million yuan)	税收收入 Tax Revenue	#增值税 Value Added Tax	#营业税 Business Revenue	#企业所得税 Corporate Income Tax	#个人所得税 Individual Income Tax	非税收入 Non-Tax Revenue	#专项收入 Special Program Receipts	2016年比2015年增长(%) Increase Rate in 2016over 2015(%)
贵阳市	Guiyang	366.32	283.78	71.97	45.60	28.36	11.88	82.54	21.96	4.4
六盘水市	Liupanshui	133.69	94.81	12.69	9.39	3.22	1.79	38.88	3.53	3.7
遵义市	Zunyi	187.49	145.02	43.90	24.14	10.18	5.38	42.48	11.71	8.0
安顺市	Anshun	70.32	53.65	9.20	7.43	2.66	1.01	16.67	2.11	5.6
毕节市	Bijie	112.63	83.91	16.30	10.50	3.93	2.34	28.73	6.87	4.7
铜仁市	Tongren	62.05	46.41	8.51	9.32	2.62	1.02	15.64	2.61	12.7
黔西南州	Qianxinan	113.82	80.53	10.40	8.95	5.43	1.56	33.29	2.78	8.0
黔东南州	Qiandongnan	110.68	69.10	10.31	8.06	3.80	1.47	41.58	3.60	6.9
黔南州	Qiannan	110.04	79.74	15.03	12.31	5.64	1.61	30.30	3.75	13.3

注：资料来源于省财政厅(下表同)。

Note:Data in the table were obtained from Guizhou Provincial Financial Department(the same applies to the next table).

25-8 各市(州)一般公共预算支出(2016)

General Public Budget Expenditure by Region

市(州)名称	City (Autonomous Prefectures)	一般公共预算支出(亿元) General Public Financial Budget Expenditure (100 million yuan)	#一般公共服务 Expenditure for General Public Service	#教育 Expenditure for Education	#科学技术 Expenditure for Science and Technology	#文化体育与传媒 Expenditure for Culture, Sports and Media	#社会保障和就业 Expenditure for Social Security and Employment	#医疗卫生 Expenditure for Medical and Health Care	#节能环保 Expenditure for Energy Saving and Environmental Protection	#农林水事务 Expenditure for Agriculture, Forestry and Water Conservancy	2016年比2015年增长(%) Increase Rate in 2016 over 2015(%)
贵阳市	Guiyang	525.26	74.26	99.27	17.26	7.89	38.94	39.33	12.63	44.91	4.3
六盘水市	Liupanshui	283.40	31.09	56.06	4.88	4.44	21.03	27.25	16.23	38.33	9.9
遵义市	Zunyi	523.57	56.09	119.88	6.07	7.18	43.89	66.68	13.59	70.58	10.2
安顺市	Anshun	222.59	25.21	44.26	1.95	2.72	19.64	21.31	9.80	32.36	12.7
毕节市	Bijie	452.20	42.33	121.86	3.15	4.60	43.17	62.90	14.91	53.08	10.2
铜仁市	Tongren	340.96	36.15	83.04	3.39	4.73	38.02	37.92	12.04	51.55	12.8
黔西南州	Qianxinan	303.86	40.55	79.62	3.84	5.01	21.51	28.87	14.06	44.41	11.5
黔东南州	Qiandongnan	377.25	53.71	85.31	5.78	8.13	39.51	45.33	7.84	55.92	5.3
黔南州	Qiannan	328.16	42.80	72.53	6.57	6.67	26.15	37.68	11.36	53.60	5.6

25−9 各市(州)金融机构人民币各项存贷款余额(2016)

Saving Deposits and Loans Balance of Financial Institutions by Region

单位：亿元 (100 million yuan)

市(州)名称	City (Autonomous Prefectures)	金融机构人民币各项存款余额 Total Deposits	#个人储蓄存款 Personal Savings Deposits	金融机构人民币各项贷款余额 Total Loans
贵阳市	Guiyang	9928.30	2229.76	9153.20
六盘水市	Liupanshui	1207.75	488.39	935.56
遵义市	Zunyi	4305.82	1531.64	2264.92
安顺市	Anshun	1090.85	416.63	687.98
毕节市	Bijie	1667.31	745.50	1148.31
铜仁市	Tongren	1280.15	544.45	817.65
黔西南州	Qianxinan	1294.22	457.33	802.51
黔东南州	Qiandongnan	1466.64	710.21	937.29
黔南州	Qiannan	1521.44	670.71	1066.21

注：资料来源于中国人民银行贵阳中心支行。

Note:Data in the table are obtained from the People's bank of China Guiyang Branch.

25−10 各市(州)城镇常住居民家庭人均年收支(2016)

Per capita Income and Expenditure of Urban Resident by Region

单位：元 (yuan)

市(州)名称	City (Autonomous Prefectures)	城镇常住居民人均可支配收入 Per Capita Annual Disposable Income of Urban Resident	2016年比2015年增长(%) Increase Rate in 2015 over 2014(%)	城镇常住居民人均消费性支出 Per Capita Annual Consumption Expenditnre of Urban Resident	2016年比2015年增长（%） Increase Rate in 2016 over 2015(%)
贵阳市	Guiyang	29502	8.3	22362	11.7
六盘水市	Liupanshui	25473	9.2	15999	6.8
遵义市	Zunyi	27097	8.4	16988	1.0
安顺市	Anshun	24885	8.5	17075	12.0
毕节市	Bijie	25041	8.3	14151	-2.6
铜仁市	Tongren	24651	9.7	16705	13.7
黔西南州	Qianxinan	25419	8.9	17221	14.7
黔东南州	Qiandongnan	25282	9.1	15183	8.3
黔南州	Qiannan	26063	9.0	17096	10.7

25-11 各市(州)农村常住居民家庭人均年收支(2016)

Per Capita Net Income and Living Expenditure of Rural Households by Region

单位：元

市(州)名称	City (Autonomous Prefectures)	农村常住居民人均可支配收入 Annual Per Capita Disposable Income of Rural Households	2016年比2015年增长(%) Increase Rate in 2016 over 2015 (%)	农村常住居民人均生活消费支出 Annual Per Capita Living Expenditures of Rural Households	2016年比2015年增长(%) Increase Rate in 2016 over 2015(%)
贵 阳 市	Guiyang	12967	8.8	9830	13.2
六盘水市	Liupanshui	8230	9.4	6781	11.7
遵 义 市	Zunyi	10109	9.3	8183	12.5
安 顺 市	Anshun	8120	9.7	7266	13.4
毕 节 市	Bijie	7668	10.4	6520	10.9
铜 仁 市	Tongren	7631	10.1	6504	14.0
黔西南州	Qianxinan	7779	10.2	6314	12.1
黔东南州	Qiandongnan	7584	10.5	6458	12.4
黔 南 州	Qiannan	8844	9.9	8012	13.6

25-12 各市(州)所在城市分类价格指数

Urban Price Indices of Major Cities by Region

(上年=100) (preceding year=100)

城市名称	City	居民消费价格指数 Residents Consumer Price Index		商品零售价格指数 Retail Price Index	
		2015	2016	2015	2016
贵 阳 市	Guiyang	102.3	101.1	99.7	99.5
六盘水市	Liupanshui	101.7	101.8	101.1	101.8
遵 义 市	Zunyi	101.8	101.2	100.4	100.6
安 顺 市	Anshun	101.8	101.6	100.3	100.7
毕 节 市	Bijie	101.1	102.0	100.1	100.5
铜 仁 市	Tongren	102.2	102.1	101.0	101.2
兴 义 市	Xingyi	101.1	102.1	100.0	100.4
凯 里 市	Kaili	100.5	101.5	99.1	100.5
都 匀 市	Duyun	102.2	101.9	99.9	100.9

25－13 各市(州)乡村从业人员数(2016)

Rural Employment by Region

单位：万人 (10000 persons)

市(州)名称	City (Autonomous Prefectures)	合计 Total	农业 Agric-ulture	工业 Indu-stry	建筑业 Constru-ction	交通运输仓储和邮政业 Trans-port, Storage and Post	信息传输、计算机服务和软件业 Information Transmission, Computer Services and Software	批发与零售业 Whole-sale and Retail Trade	住宿和餐饮业 Hotel and Catering Services	其他行业 Other Services
贵阳市	Guiyang	111.10	45.59	10.88	11.28	4.58	1.47	6.90	4.65	25.74
六盘水市	Liupanshui	148.85	74.65	11.67	9.79	4.02	0.69	4.11	2.49	41.42
遵义市	Zunyi	420.96	163.47	38.33	34.16	11.30	3.37	23.84	12.57	133.93
安顺市	Anshun	154.23	78.75	9.67	9.66	3.66	0.76	4.85	3.74	43.14
毕节市	Bijie	439.27	217.77	32.37	21.42	8.12	2.30	15.44	8.39	133.46
铜仁市	Tongren	227.76	107.54	14.44	14.91	4.22	0.91	6.54	3.67	75.54
黔西南州	Qianxinan	186.44	102.12	13.14	12.73	5.32	0.94	7.73	3.61	40.85
黔东南州	Qiandongnan	244.34	124.73	12.69	12.71	4.24	0.64	6.07	4.17	79.09
黔南州	Qiannan	222.71	102.42	14.22	13.06	4.67	0.66	7.40	4.37	75.91

25－14 各市(州)农业机械总动力及拥有量(2016)

Total Power and Possession of Agricultural Machinery by Region

市(州)名称	City (Autonomous Prefecture)	农业机械总动力(万千瓦) Total Power of Agricultural Machinery (10000 kw)	大中型拖拉机(台) Number of Large and Medium-sized Agricultural (set)	小型拖拉机(台) Number of Small Tractors (set)	农用水泵(台) Agricultural Water Pump (set)
贵阳市	Guiyang	191.39	3100	3644	34035
六盘水市	Liupanshui	186.00	1747	6595	26204
遵义市	Zunyi	457.53	7825	6106	113970
安顺市	Anshun	205.24	4016	4830	65851
毕节市	Bijie	479.97	6069	55987	45516
铜仁市	Tongren	304.35	3870	9025	79651
黔西南州	Qianxinan	276.27	3153	4126	63678
黔东南州	Qiandongnan	297.10	3988	5212	57115
黔南州	Qiannan	311.30	8605	7500	92579

注：资料来源于省农委。

Note:Data in this table are obtained from the Agricultural Committee of Guizhou Province.

25-15 各市(州)农林牧渔业增加值(2016)

Value-Added of Farming,Forestry, Animal Husbandary, Fishery and Their Services by Region

单位：亿元 (100 million yuan)

市(州)名称	City (Autonomous Prefecture)	合计 Total	农业 Farming	林业 Forestry	牧业 Animal Husbandary	渔业 Fishery	农林牧渔服务业 Services of FFAF	2016年比2015年增长(%) Increase Rate in 2016 over 2015 (%)
贵阳市	Guiyang	146.20	97.73	0.85	37.01	1.55	9.07	5.9
六盘水市	Liupanshui	131.40	82.25	9.14	33.65	0.46	5.91	6.3
遵义市	Zunyi	385.48	235.54	21.26	102.37	11.29	15.02	5.7
安顺市	Anshun	128.71	77.54	6.93	34.66	4.95	4.63	6.2
毕节市	Bijie	365.50	227.53	18.45	96.13	2.33	21.07	6.0
铜仁市	Tongren	213.20	130.80	8.15	54.07	9.68	10.50	5.8
黔西南州	Qianxinan	199.20	118.70	10.35	52.07	7.72	10.36	6.2
黔东南州	Qiandongnan	190.50	100.23	28.58	48.09	7.21	6.40	6.1
黔南州	Qiannan	192.27	120.49	8.34	49.81	4.78	8.84	6.4

25-16 各市(州)农用化肥施用量(2016)

Consumption of Chemical Fertilizers for Agricultural Use by Region

单位：吨 (ton)

市(州)名称	City (Autonomous Prefecture)	合计 Total	氮肥 Nitrogenous Fertilizer	磷肥 Phosphate Fertilizer	钾肥 Potash Fertilizer	复合肥 Compound Fertilizer	2016年比2015年增长(%) Increase Rate in 2016over2015(%)
贵阳市	Guiyang	60409	28130	4912	8142	19225	-5.5
六盘水市	Liupanshui	68711	43440	6433	4689	14149	-3.4
遵义市	Zunyi	222905	105020	29040	24983	63862	-1.9
安顺市	Anshun	68151	29614	11703	5880	20954	1.6
毕节市	Bijie	224652	112748	20083	21620	70201	2.1
铜仁市	Tongren	114369	53013	14120	10174	37062	3.6
黔西南州	Qianxinan	79370	46096	11561	9156	12557	-3.0
黔东南州	Qiandongnan	79495	28217	10851	5776	34651	1.2
黔南州	Qiannan	118643	62601	14162	10747	31133	1.8

注：本表按折纯法计算。

Note:Consumption of chemical fertilizers is required in calculation to convert the gross weight into weight containing 100% effective component.

25−17 各市(州)主要农作物播种面积(2016)

Sown Areas of Major Farm Crops by Region

单位：千公顷 (1000 hectares)

市(州)名称	City (Autonomous Prefecture)	总计 Total	粮食作物 Sown Areas of Grain Arops	#夏粮 Summer Grain Crops	按品种分 #稻谷 Rice	#小麦 Wheat	#玉米 Corn	#大豆 Soja	油菜籽 Rapeseeds	烤烟 Flue-cured Tobacco
贵阳市	Guiyang	287.11	106.92	25.99	31.81	3.77	39.28	6.16	38.07	5.69
六盘水市	Liupanshui	260.94	178.00	78.50	14.12	21.51	64.16	8.12	9.15	8.18
遵义市	Zunyi	1287.24	765.75	239.96	155.33	21.02	152.66	40.84	125.13	40.24
安顺市	Anshun	299.32	147.24	31.45	53.26	8.95	46.98	4.81	58.92	7.56
毕节市	Bijie	1179.04	680.05	283.42	41.69	55.13	173.04	38.74	65.60	35.97
铜仁市	Tongren	614.54	353.86	99.78	93.19	19.37	68.67	17.03	69.25	12.93
黔西南州	Qianxinan	463.40	258.14	76.41	51.17	56.78	79.28	5.18	33.85	23.49
黔东南州	Qiandongnan	624.14	311.36	82.60	128.06	3.37	47.29	10.03	56.63	11.89
黔南州	Qiannan	584.27	315.13	88.51	109.19	31.01	83.71	11.52	73.38	9.88

25−18 各市(州)主要农产品产量(2016)

Output of Major Farm Crops by Region

单位：万吨 (10000 tons)

市(州)名称	City (Autonomous Prefecture)	粮食 Grain	#夏粮 Summer Grain Crops	2016年比2015年增长(%) Increase Rate in 2016 over 2015（%）	油菜籽 Rapeseeds	烤烟 Flue-cured Tobacco	茶叶 Tea	水果 Fruits
贵阳市	Guiyang	44.19	8.51	-2.6	6.35	1.08	0.41	22.34
六盘水市	Liupanshui	77.12	20.29	-4.6	1.09	1.35	0.15	7.04
遵义市	Zunyi	304.42	65.53	0.6	24.98	7.04	5.92	39.18
安顺市	Anshun	68.80	8.12	3.1	9.28	1.03	0.39	17.73
毕节市	Bijie	262.88	67.89	2.1	13.82	6.76	0.27	19.78
铜仁市	Tongren	136.83	32.84	1.4	11.50	2.33	3.21	24.67
黔西南州	Qianxinan	106.40	15.97	2.8	4.61	4.08	0.71	13.60
黔东南州	Qiandongnan	122.35	20.66	1.8	7.74	2.11	1.27	44.26
黔南州	Qiannan	127.38	21.21	…	10.87	1.72	1.82	55.26

25-19 各市(州)牲畜出、存栏量(2016)

Amount of Livestocks in Hand and Slaughtered by Region

单位：头、只 (head)

市(州)名称	City (Autonomous Prefecture)	出栏 Amount of Slaughtered Livestocks			存栏 Amount of Livestock in Hand		
		猪 Hogs	牛 Cattle and Buffalo	羊 Sheep and Goats	猪 Hogs	牛 Cattle and Buffalo	羊 Sheep and Goats
贵阳市	Guiyang	1111786	65912	30868	892394	194166	44506
六盘水市	Liupanshui	1044016	98587	147758	1060202	326255	239104
遵义市	Zunyi	4532369	250635	699840	3290886	915992	865879
安顺市	Anshun	1124048	126437	64304	1105896	491634	88387
毕节市	Bijie	3378682	246256	399285	3113535	836062	716171
铜仁市	Tongren	2141440	162222	800381	1970082	589571	786766
黔西南州	Qianxinan	1390330	148530	290606	1261268	570285	532784
黔东南州	Qiandongnan	1698012	148166	195041	1307893	658542	322555
黔南州	Qiannan	1996792	161473	200193	1548380	649485	261812

25-20 各市(州)主要畜产品、水产品产量(2016)

Output of Major Livestock Products and Aquatic Products by Region

市(州)名称	City (Autonomous Prefecture)	肉类总产量(万吨) Total Output of Meat (10000 tons)	2016年比2015年增长(%) Increase Rate in 2016 over 2015(%)	禽蛋(万吨) Poultry Eggs (10000 tons)	水产品(吨) Aquatic Products(ton)
贵阳市	Guiyang	15.19	-3.6	2.87	9835
六盘水市	Liupanshui	11.79	-3.8	0.73	1182
遵义市	Zunyi	48.67	-3.9	4.83	63286
安顺市	Anshun	14.54	-2.7	1.84	19138
毕节市	Bijie	37.60	-3.1	3.34	11507
铜仁市	Tongren	24.16	-3.7	2.34	46387
黔西南州	Qianxinan	16.06	-4.9	2.47	57495
黔东南州	Qiandongnan	18.99	-3.4	1.33	42291
黔南州	Qiannan	20.39	-4.0	1.10	38769

注：水产品数据来源于省农委。

Note: Output of aquatic products in this table are obtained from the Agricultural Commission of Guizhou province.

25−21 各市(州)规模以上工业增加值(2016)

Total Gross Industrial Value-added above Designated Size by Region

单位：亿元 (100 million yuan)

市(州)名称	City (Autonomous Prefecture)	工业增加值 Industrial Value-added	轻工业 Light Industry	重工业 Heavy Industry	2016年比2015年增长（%） Increase Rate in 2016over 2015(%)
贵阳市	Guiyang	780.82	377.21	403.61	9.9
六盘水市	Liupanshui	516.86	15.85	501.00	10.0
遵义市	Zunyi	1062.91	760.95	301.97	11.9
安顺市	Anshun	174.63	41.59	133.04	11.5
毕节市	Bijie	401.25	104.70	296.55	11.6
铜仁市	Tongren	197.09	67.85	129.24	11.7
黔西南州	Qianxinan	302.48	38.98	263.50	11.5
黔东南州	Qiandongnan	214.61	50.41	164.20	11.7
黔南州	Qiannan	358.50	110.22	248.28	11.8

注：统计口径为年主营业务收入2000万元及以上的工业企业(下表同)。

Note: The Statistical caliber of the table refers to the industries which main business revenue achieve 20 million yuan and above. (The same applies to the next table).

25−22 各市(州)规模以上工业企业主要工业产品产量(2016)

Ouput of Major Industrial Products above Designated Size by Region

市(州)名称	City (Autonomous Prefecture)	发电量(亿千瓦小时) Electricity (100 million kwh)	化肥(万吨) Chemical Fertilizer(10000 tons)	水泥(万吨) Cement (10000 tons)
贵阳市	Guiyang	126.30	420.11	1160.52
六盘水市	Liupanshui	355.32		1023.98
遵义市	Zunyi	314.97	33.19	1971.35
安顺市	Anshun	80.86	5.92	921.08
毕节市	Bijie	384.84		1166.23
铜仁市	Tongren	128.68	3.54	758.33
黔西南州	Qianxinan	270.53	48.44	1024.53
黔东南州	Qiandongnan	102.47		1022.88
黔南州	Qiannan	75.75	100.11	1699.85

25-23 各市(州)公路里程(2016)

Length of Highways by Region

单位：公里 (km)

市(州)名称	City (Autonomous Prefecture)	公路里程 Total Length of Highways	#等级公路 Expressway and class Ⅰ to Ⅳ Highway	#高速公路 Expressway	#有铺装路面(高级) Paved Road (advanced)	#沥青混凝土 Asphalt concrete
贵阳市	Guiyang	10102.30	9477.20	522.70	6078.50	1247.91
六盘水市	Liupanshui	13900.62	11603.83	367.93	4849.23	1577.11
遵义市	Zunyi	31454.99	18693.30	959.72	10572.71	2686.24
安顺市	Anshun	13729.46	6672.48	286.34	4753.75	1181.00
毕节市	Bijie	31666.56	21941.25	689.07	8397.67	1625.63
铜仁市	Tongren	25710.71	18277.87	607.47	12498.20	1415.98
黔西南州	Qianxinan	17532.23	13180.20	431.13	6237.72	1181.15
黔东南州	Qiandongnan	29419.19	18696.54	754.74	12490.25	2311.75
黔南州	Qiannan	18110.38	13720.88	814.44	8432.26	2089.44

注：资料来源于省交通运输厅。

Note:Data in the table are obtained from Guizhou Provincial Department of Transportation.

25-24 各市(州)邮政、电信主要指标(2016)

Major Indicators of Post and Telecommunications by Region

市(州)名称	City (Autonomous Prefecture)	年末固定电话用户数(万户) Number of Fixed Line Telephone at the Year-end (10000 subscribers)	移动电话用户(万户) Number of Mobile Telephone Subscribers (10000 subscribers)	互联网宽带接入用户(万户) Number of Subscribers of Internet Service (10000 subscribers)	报刊、杂志累计订销数(万份) Issue of Newspapers and Magazines (10000 copies)	邮政储蓄期末余额(亿元) Post Deposits at the Year-end(100 million yuan)	移动互联网用户(万户) Number of Mobile Telephone Subscribers (10000 subscribers)
贵阳市	Guiyang	86.65	655.89	123.65	8396.32	82.08	497.39
六盘水市	Liupanshui	18.82	280.92	30.63	2745.49	44.98	196.31
遵义市	Zunyi	53.41	564.58	77.73	6177.45	204.09	440.91
安顺市	Anshun	15.38	196.07	28.21	2359.56	32.43	150.38
毕节市	Bijie	20.37	440.14	43.12	2163.74	88.07	354.80
铜仁市	Tongren	14.09	258.63	35.95	3748.71	88.61	190.81
黔西南州	Qianxinan	12.17	251.34	33.16	2644.52	50.61	202.55
黔东南州	Qiandongnan	20.42	315.29	47.97	3909.46	91.07	253.71
黔南州	Qiannan	16.94	288.08	37.82	3737.04	93.66	231.82

注：1.资料来源于省通信管理局、省邮政管理局、省邮政储蓄银行。2.年末固定电话用户数、移动电话用户数、互联网宽带接入用户等指标市州汇总数不等于全省数据。

Note:1.Date in the table are obtained from the Provincial Communications Authority Bureau, the Provincial Postal Service and Postal Savings bank of China Guizhou Branch. 2.The sum total of Capacity of Telephone Erchanges by region is not equal to the total of province.

25−25 各市(州)教育事业主要指标(2016)

Major Indicators of Education by Region

市(州)名称	City (Autonomous Prefecture)	高等教育 Higher Education 学校数(所) Number of schools (unit)	高等教育 Higher Education 在校学生(人) Students Enrollment (person)	普通中学 Secondary Schools 学校数(所) Number of schools (unit)	普通中学 Secondary Schools 在校学生(人) Students Enrollment (person)	小学 Primary Schools 学校数(所) Number of schools (unit)	小学 Primary Schools 在校学生(人) Students Enrollment (person)
贵阳市	Guiyang	34	424490	322	241200	563	352015
六盘水市	Liupanshui	2	14841	217	234906	509	261479
遵义市	Zunyi	6	86486	438	486227	1222	551324
安顺市	Anshun	4	16386	149	171182	561	244390
毕节市	Bijie	5	27325	458	663816	1882	832862
铜仁市	Tongren	4	35519	261	318873	880	330254
黔西南州	Qianxinan	2	14861	263	250296	787	322935
黔东南州	Qiandongnan	3	34187	230	285350	786	347835
黔南州	Qiannan	7	53602	198	233256	628	290651

注：1.资料来源于省教育厅。2.高等教育学校数包括：普通高等学校、成人高等学校，高等教育在校学生包括：研究生、普通高等教育、成人高等教育。

Note:1.Data in the table are obtained from Guizhou Provincial Department of Education.2.Institutions of higher education include Localization of Chinese Academy of Sciences,regular schools of higher education,and adult institutions of higher education.Students enrollment include those students enrolling in postgradu-ates education,ragular institutions of higher education and adult institution of higher education.

25−26 各市(州)卫生人员数(2016)

Number of Employed Persons in Health Care Institutions by Region

单位：人 (person)

市(州)名称	City (Autonomous Prefecture)	总计 Total	卫生技术人员 Medical Technical Personnel	#执业(助理)医师 Licensed (Assistant) Doctors	执业医师 Licensed Doctor	#注册护士 Registered Nurse	#药师(士) (assistant) Pharmacist	#技师(士) (assistant) Laboratory Technician	乡村医生和卫生员 Village Doctors and Assistants	其他技术人员 Other Technical Personnel	管理人员 Administrative Personnel	工勤技能人员 Logistics Technical Workers
贵阳市	Guiyang	51339	41472	15834	14570	18333	1699	2127	1741	2291	3209	2626
六盘水市	Liupanshui	19107	14257	4905	4071	6258	596	867	2192	726	803	1129
遵义市	Zunyi	53239	39070	12911	10493	16933	1635	2163	5991	2494	2259	3425
安顺市	Anshun	14191	10341	3265	2598	4241	381	636	1963	456	753	678
毕节市	Bijie	41667	27681	8315	5757	12146	995	1617	8153	1618	2586	1629
铜仁市	Tongren	26128	18608	5689	4416	7551	655	1233	4740	755	1048	977
黔西南州	Qianxinan	19181	13901	4605	3551	5548	570	734	2662	785	868	965
黔东南州	Qiandongnan	30593	22561	7238	5164	8808	855	1363	4614	932	1256	1230
黔南州	Qiannan	21992	16796	6245	4751	6175	742	1143	2628	572	1095	901

注：资料来源于省卫生计生委。(以下相关表同)

Note:Data in the table are obtained from Guizhou Provincial Department of Health and Fanily Planning(the same applies to relative tables below).

25-27 各市(州)每千人口拥有卫生技术人员数(2016)

Medical Technical Personnel in Health Care Institutions Per 1000 Persons by Region

单位：人 (person)

市(州)名称	City (Autonomous Prefecture)	卫生技术人员 Medical Technical Personnel 合计 Total	每千人口拥有 Per 1000 Person	执业(助理)医师 Licensed(Assistant) Doctors 合计 Total	每千人口拥有 Per 1000 Person	注册护士 Registered Nurses 合计 Total	每千人口拥有 Per 1000 Person
贵阳市	Guiyang	41472	8.83	15834	3.37	18333	3.90
六盘水市	Liupanshui	14257	4.90	4905	1.69	6258	2.15
遵义市	Zunyi	39070	6.27	12911	2.07	16933	2.72
安顺市	Anshun	10341	4.44	3265	1.40	4241	1.82
毕节市	Bijie	27681	4.17	8315	1.25	12146	1.83
铜仁市	Tongren	18608	5.92	5689	1.81	7551	2.40
黔西南州	Qianxinan	13901	4.90	4605	1.62	5548	1.95
黔东南州	Qiandongnan	22561	6.43	7238	2.06	8808	2.51
黔南州	Qiannan	16796	5.15	6245	1.91	6175	1.89

注：每千人口拥有数根据2016年各市（州）常住人口数计算。

Note:Number per thousand population are based on household population of 2016.

25-28 各市(州) 社区卫生服务中心(站)医疗服务情况(2016)

Medical Services of Community Health Service Centers(Stations) by Region

市(州)名称	City (Autonomous Prefecture)	社区卫生服务中心 Community Health Service Centers 诊疗人次(万人次) Visits (10 000 person-times)	入院人数(人) Inpatients (person)	病床使用率(%) Utilization Rate of Beds (%)	出院者平均住院日(日) Average Stay Days in Hospital (day)	医师日均担负诊疗人次(人次) Daily Visits Each Doctor (person-time)	医师日均担负住院床日(日) Daily Inpatients Each Doctor (day)	社区卫生服务站 ommunity Health Service Statio 诊疗人次(万人次) Visits (10 000 person-times)	医师日均担负诊疗人次(人次) Daily Visits Each Doctor (person-time)
贵阳市	Guiyang	78.53	6927	52.08	11.2	7.2	0.7	52.50	8.8
六盘水市	Liupanshui	13.39	1722	66.97	10.6	13.1	1.6	37.00	7.3
遵义市	Zunyi	64.17	40520	62.93	4.8	9.4	2	106.26	10
安顺市	Anshun	5.66	4339	74.13	7.1	7.6	2.8	19.04	6.6
毕节市	Bijie	25.01	15739	36.72	2.9	6.5	1	7.08	17.7
铜仁市	Tongren	22.28	6006	28.57	4.6	8.2	0.7	20.57	8.1
黔西南州	Qianxinan							39.31	11.2
黔东南州	Qiandongnan	8.35	1540	50.57	4.3	3.9	0.5	0.01	0.2
黔南州	Qiannan	28.47	2968	26.78	7.0	5.5	0.3	5.14	7.6

注：黔西南州无社区卫生服务中心。

Note: In Qianxinan autonomous prefecture there are not any community health service centers.

25-29 各市(州)医疗卫生机构服务情况(2016)

Services in Hospitals by Region

市(州)名称	City (Autonomous Prefecture)	诊疗人次(万人次) Visits (10 000 person-times)	#医院 Hospital	#农村乡镇卫生院 Rural Township Health Centers	入院人数(万人) Inpatients (10000 persons)	#医院 Hospital	#农村乡镇卫生院 Rural Township Health Centers	出院人数(万人) Patients Discharged from Hosptials (10000 persons)	#医院 Hospital	#农村乡镇卫生院 Rural Township Health Centers
贵阳市	Guiyang	2703.79	1377.88	216.98	89.31	78.68	4.08	88.73	78.15	4.05
六盘水市	Liupanshui	744.02	292.34	177.16	44.51	34.05	7.04	44.21	33.80	7.03
遵义市	Zunyi	2904.42	1060.89	537.19	158.84	106.48	42.81	154.35	105.38	39.50
安顺市	Anshun	636.49	270.02	108.79	38.13	26.67	8.67	37.77	26.43	8.53
毕节市	Bijie	1967.41	681.53	400.62	91.10	73.77	13.35	89.69	72.46	13.27
铜仁市	Tongren	1240.70	461.52	313.13	67.62	51.47	13.76	66.63	50.68	13.65
黔西南州	Qianxinan	1041.78	396.62	200.47	44.54	36.05	6.02	43.80	35.35	5.99
黔东南州	Qiandongnan	1329.01	515.01	342.09	76.60	54.12	20.46	75.84	53.54	20.35
黔南州	Qiannan	1287.78	570.58	365.29	54.50	46.60	6.35	53.94	46.13	6.26

25-29 续表 continued

市(州)名称	City (Autonomous Prefecture)	每百门诊急诊入院人数(人) Inpatientsper 100 Outpatient and Emergency Visits (person)	#医院 Hospital	#农村乡镇卫生院 Rural Township Health Centers	病床使用率(%) Utilization Rate of Beds (%)	#医院 Hospital	#农村乡镇卫生院 Rural Township Health Centers	出院者平均住院日(天) Average Stay Days in Hospital (day)	#医院 Hospital	#农村乡镇卫生院 Rural Township Health Centers
贵阳市	Guiyang	3.35	5.79	1.91	79.94	83.64	34.73	9.9	10.4	5.2
六盘水市	Liupanshui	6.24	12.02	4.13	61.48	73.33	28.44	8.1	8.9	5.2
遵义市	Zunyi	5.69	10.46	8.22	82.51	86.73	72.02	7.2	8.2	5.1
安顺市	Anshun	6.40	10.26	8.45	76.43	81.28	57.53	7.3	8.8	3.7
毕节市	Bijie	4.90	11.75	3.45	58.03	66.35	33.6	8.2	8.9	5.8
铜仁市	Tongren	6.09	12.45	4.56	68.27	77.5	45.99	6.9	7.4	5.2
黔西南州	Qianxinan	4.47	9.27	3.17	65.8	75.79	30.59	6.4	6.9	4.0
黔东南州	Qiandongnan	6.04	11.02	6.22	68.96	77.61	50.35	7.3	8.4	4.6
黔南州	Qiannan	4.40	8.72	1.75	66.35	77.03	29.72	7.6	8.0	5.1

25-30 各市(州)火灾情况(2016)

Fires by Region

市(州) 名 称	City (Autonomous Prefecture)	火 灾 (起) Fire Accidents (case)	死 亡 (人) Deaths (person)	受 伤 (人) Injuries (person)	直接财产 损失(万元) Direct fire loss (10000 yuan)
贵 阳 市	Guiyang	1364	6	8	2154
六盘水市	Liupanshui	157		2	246
遵 义 市	Zunyi	323	7	2	685
安 顺 市	Anshun	192	4		604
毕 节 市	Bijie	489	2	2	573
铜 仁 市	Tongren	742	1	1	998
黔西南州	Qianxinan	300	5		884
黔东南州	Qiandongnan	244	7	5	1895
黔 南 州	Qiannan	190	4	2	371

注：1.资料来源于省公安厅；2.公安系统对贵安新区单独统计，本表数据不含贵安新区数。2016年贵安新区发生火灾10起，无人员伤亡，直接财产损失为4.9万元。

Note:1.Data in the table are obtained from Guizhou Provincial Department of Public Security.2.The data in this table do not contain the number of Guian new area.The Public security system counts Guian new area alone. In 2015, 10 fires occurred in Guian new area, with no casualties, and the direct property loss was 49 thousand yuan.

25-31 各县(市、区、特区)地区生产总值(2016)

Gross Domestic Product by County(City,District,Special region)

单位：亿元 (100 million yuan)

县(市、区、特区)名称	County (City, District, Special region)	地区生产总值 Gross Domestic Product	第一产业增加值 Primary Industry	第二产业增加值 Secondary Industry	#工业 Industry	第三产业增加值 Tertiary Industry	2016年比2015年增长(%) Increase Rate in 2016over 2015(%)
南明区	Nanming	654.01	2.03	148.29	44.44	503.70	12.4
云岩区	Yunyan	689.94	0.55	129.14	53.29	560.25	12.4
花溪区	Huaxi	536.91	18.71	319.18	258.69	199.01	11.7
乌当区	Wudang	160.69	14.85	78.05	55.23	67.78	13.5
白云区	Baiyun	195.10	5.93	103.71	89.01	85.46	13.0
观山湖区	Guanshanhu	167.01	3.27	61.67	20.27	102.08	13.1
开阳县	Kaiyang	208.14	29.38	114.93	79.28	63.83	13.1
息烽县	Xifeng	164.62	17.11	79.08	70.97	68.44	13.2
修文县	Xiuwen	165.57	21.35	78.56	60.57	65.67	13.2
清镇市	Qingzhen	280.11	23.97	131.01	55.33	125.13	13.5
钟山区	Zhongshan	422.97	5.84	194.31	171.95	222.82	13.2
六枝特区	Liuzhi	165.30	32.74	55.63	46.55	76.93	13.0
水城县	Shuicheng	233.20	36.78	117.41	99.36	79.01	12.3
盘　县	Panxian	520.19	50.18	308.08	258.05	161.93	13.0
红花岗区	Honghuagang	425.90	31.26	146.17	112.50	248.47	12.5
汇川区	Huichuan	285.15	22.91	125.37	110.27	136.87	11.3
播州区	Bozhou	273.74	45.01	126.01	100.11	102.72	14.7
桐梓县	Tongzi	138.86	31.06	53.11	35.90	54.69	13.1
绥阳县	Suiyang	97.61	32.73	27.26	16.35	37.62	12.9
正安县	Zhengan	86.02	26.20	18.50	8.57	41.32	15.1
※道真县	Daozhen	55.92	19.66	10.80	5.18	25.46	13.2
※务川县	Wuchuan	59.38	20.97	12.50	4.85	25.91	12.9
凤冈县	Fenggang	68.53	23.48	16.60	9.27	28.45	11.7
湄潭县	Meitan	90.11	26.80	23.15	15.99	40.16	14.1
余庆县	Yuqing	74.98	18.55	24.10	13.39	32.33	13.8
习水县	Xishui	144.58	28.97	62.68	44.79	52.93	15.0
赤水市	Chishui	96.14	16.51	41.66	33.86	37.97	14.5
仁怀市	Renhuai	560.83	26.35	387.12	374.59	147.36	12.8
西秀区	Xixiu	274.51	30.70	92.67	78.02	151.14	13.8
平坝区	Pingba	114.75	18.70	54.70	43.63	41.35	13.4
普定县	Puding	100.48	17.60	38.54	31.95	44.34	13.0
※镇宁县	Zhenning	86.25	16.60	21.51	11.61	48.14	13.5
※关岭县	Guanling	78.89	18.90	16.24	5.96	43.75	10.9
※紫云县	Ziyun	60.33	21.50	9.76	4.56	29.07	13.2
七星关区	Qixingguan	333.42	66.04	105.98	85.72	161.40	13.0
大方县	Dafang	199.01	38.56	79.84	62.69	80.62	13.1
黔西县	Qianxi	191.45	32.13	80.69	60.18	78.63	12.5
金沙县	Jinsha	225.43	29.54	122.26	102.74	73.63	12.9
织金县	Zhijin	172.02	34.65	62.79	44.24	74.58	12.0
纳雍县	Nayong	189.08	30.30	96.33	81.27	62.45	12.7
※威宁县	Weining	215.15	71.83	55.34	41.48	87.98	14.1
赫章县	Hezhang	125.59	41.22	25.66	20.04	58.71	12.8
碧江区	Bijiang	142.71	13.12	54.38	38.61	75.21	13.2
万山区	Wanshan	41.93	9.52	17.48	13.31	14.93	13.5

注：1.※为少数民族自治县(以下相关表同)。2.表中绝对数按当年价格计算，增长速度按可比价格计算。

Note:1.Counties with ※ refer to autonomous counties(The relative tables in this chapter are the same).2.Absolute Figures in the table are calculated at prices,and increase rates are calculated at comparable prices.

25-31 续表 continued

单位：亿元 (100 million yuan)

县(市、区、特区)名称	County (City, District, Special region)	地区生产总值 Gross Domestic Product	第一产业增加值 Primary Industry	第二产业增加值 Secondary Industry	#工业 Industry	第三产业增加值 Tertiary Industry	2016年比2015年增长(%) Increase Rate in 2016over 2015(%)
江口县	Jiangkou	49.05	14.00	12.41	5.89	22.64	11.9
※玉屏县	Yuping	68.31	7.08	38.09	34.34	23.14	12.6
石阡县	Shiqian	66.92	23.72	9.31	5.19	33.89	12.3
思南县	Sinan	115.95	31.10	27.04	17.27	57.81	12.6
※印江县	Yinjiang	90.53	25.44	16.41	11.61	48.68	13.0
德江县	Dejiang	93.13	23.49	19.04	11.64	50.60	13.1
※沿河县	Yanhe	92.81	26.15	17.18	9.33	49.48	12.6
※松桃县	Songtao	114.53	29.08	37.27	30.72	48.18	13.0
兴义市	Xingyi	366.90	37.06	125.95	107.01	203.89	14.1
兴仁县	Xingren	132.75	26.99	42.18	32.06	63.58	13.9
普安县	Puan	70.93	16.77	27.81	22.01	26.35	14.3
晴隆县	Qinglong	65.65	16.57	19.88	14.66	29.20	13.2
贞丰县	Zhenfeng	105.82	24.07	47.41	39.81	34.34	13.5
望谟县	Wangmo	56.94	22.87	6.12	3.21	27.94	14.7
册亨县	Ceheng	45.14	17.54	4.53	3.16	23.07	13.6
安龙县	Anlong	103.59	26.97	30.10	24.58	46.52	14.0
凯里市	Kaili	243.39	14.74	77.50	54.11	151.15	14.9
黄平县	Huangping	51.48	16.42	5.70	2.99	29.36	13.4
施秉县	Shibing	35.07	8.54	7.73	5.93	18.80	11.4
三穗县	Sansui	41.65	8.13	11.16	6.99	22.36	14.9
镇远县	Zhenyuan	70.92	12.45	29.92	25.14	28.55	14.2
岑巩县	Cengong	42.78	8.22	12.94	11.59	21.62	14.1
天柱县	Tianzhu	78.28	16.56	27.24	22.11	34.48	13.4
锦屏县	Jinping	40.36	8.14	12.84	11.53	19.38	13.1
剑河县	Jianhe	41.92	10.98	7.00	4.67	23.94	12.8
台江县	Taijiang	30.23	6.84	5.43	3.52	17.95	14.0
黎平县	Liping	80.32	18.22	20.33	10.07	41.77	15.1
榕江县	Rongjiang	56.69	16.35	14.60	6.84	25.74	13.5
从江县	Congjiang	57.28	16.56	14.97	5.50	25.75	14.4
雷山县	Leishan	28.11	6.96	4.44	2.13	16.70	14.4
麻江县	Majiang	30.52	7.93	7.61	6.62	14.98	12.4
丹寨县	Danzhai	28.83	7.06	7.47	4.62	14.31	14.0
都匀市	Duyun	190.58	15.49	66.63	38.88	108.46	13.3
福泉市	Fuquan	138.34	13.82	61.13	44.20	63.40	14.0
荔波县	Libo	50.48	8.90	14.01	11.07	27.57	12.5
贵定县	Guiding	79.11	10.39	34.87	24.87	33.85	13.7
瓮安县	Wengan	115.09	22.93	40.10	35.15	52.07	13.7
独山县	Dushan	73.09	16.90	21.71	19.50	34.48	13.3
平塘县	Pingtang	56.57	18.62	10.05	6.16	27.91	12.9
罗甸县	Luodian	65.03	15.17	22.35	17.14	27.51	12.9
长顺县	Changshun	52.98	12.60	13.03	11.13	27.34	13.1
龙里县	Longli	79.77	9.14	49.21	39.21	21.42	13.8
惠水县	Huishui	84.38	22.06	26.88	21.89	35.44	12.8
※三都县	Sandu	58.54	17.42	8.59	3.53	32.53	12.3

25-32 各县(市、区、特区)人均地区生产总值(2016)

Per Capita Gross Domestic Product by County(City，District，Special region)

单位：元 (yuan)

县(市、区、特区)名称	County (City, District, Special region)	人均地区生产总值 Per Capita Gross Domestic Product(yuan)	增长速度(%) Increase Rate in 2016 over 2015(%)
南明区	Nanming	73646	10.7
云岩区	Yunyan	69347	12.2
花溪区	Huaxi	82997	10.1
乌当区	Wudang	66619	11.5
白云区	Baiyun	69320	10.9
观山湖区	Guanshanhu	64323	6.3
开阳县	Kaiyang	56065	11.6
息烽县	Xifeng	72108	10.3
修文县	Xiuwen	61678	11.4
清镇市	Qingzhen	58453	11.9
钟山区	Zhongshan	69873	12.5
六枝特区	Liuzhi	33043	12.6
水城县	Shuicheng	31382	12.0
盘　县	Panxian	49557	12.4
红花岗区	Honghuagang	50162	11.5
汇川区	Huichuan	50238	10.1
播州区	Bozhou	40247	14.0
桐梓县	Tongzi	26382	12.7
绥阳县	Suiyang	25549	12.4
正安县	Zhengan	22259	14.6
※道真县	Daozhen	22704	12.8
※务川县	Wuchuan	18462	12.4
凤冈县	Fenggang	21936	11.3
湄潭县	Meitan	23710	13.5
余庆县	Yuqing	31503	13.2
习水县	Xishui	27786	14.7
赤水市	Chishui	39547	13.8
仁怀市	Renhuai	100733	12.0
西秀区	Xixiu	35393	13.0
平坝区	Pingba	36650	10.5
普定县	Puding	25665	11.2
※镇宁县	Zhenning	30263	13.3
※关岭县	Guanling	27768	14.4
※紫云县	Ziyun	22196	13.1
七星关区	Qixingguan	28932	12.0
大方县	Dafang	25301	12.4
黔西县	Qianxi	27149	11.1
金沙县	Jinsha	39690	11.5
织金县	Zhijin	21652	11.2
纳雍县	Nayong	27841	12.0
※威宁县	Weining	16805	13.4
赫章县	Hezhang	19090	12.3
碧江区	Bijiang	45493	12.0
万山区	Wanshan	36209	12.7
江口县	Jiangkou	28182	11.6
※玉屏县	Yuping	56525	11.8
石阡县	Shiqian	21887	11.9
思南县	Sinan	23134	12.2
※印江县	Yinjiang	31732	12.7
德江县	Dejiang	25045	12.7
※沿河县	Yanhe	20538	12.3
※松桃县	Songtao	23319	12.6
兴义市	Xingyi	45363	11.7
兴仁县	Xingren	31746	13.9
普安县	Puan	27653	14.5
晴隆县	Qinglong	26579	13.6
贞丰县	Zhenfeng	34353	12.9
望谟县	Wangmo	23660	16.6
册亨县	Ceheng	23878	15.1
安龙县	Anlong	28639	13.4
凯里市	Kaili	45022	14.0
黄平县	Huangping	19530	12.9
施秉县	Shibing	26730	10.9
三穗县	Sansui	26750	14.4
镇远县	Zhenyuan	34680	13.8
岑巩县	Cengong	26555	13.6
天柱县	Tianzhu	29946	13.0
锦屏县	Jinping	26174	12.6
剑河县	Jianhe	23122	12.4
台江县	Taijiang	27124	13.5
黎平县	Liping	20590	14.7
榕江县	Rongjiang	19749	13.1
从江县	Congjiang	19660	14.0
雷山县	Leishan	23954	13.9
麻江县	Majiang	24894	11.9
丹寨县	Danzhai	23458	13.5
都匀市	Duyun	41580	12.5
福泉市	Fuquan	47081	13.5
荔波县	Libo	39492	12.0
贵定县	Guiding	32810	13.0
瓮安县	Wengan	29453	13.1
独山县	Dushan	27053	12.9
平塘县	Pingtang	23575	12.5
罗甸县	Luodian	25158	12.3
长顺县	Changshun	28322	12.7
龙里县	Longli	49692	13.5
惠水县	Huishui	23770	12.5
※三都县	Sandu	21793	11.9

25-33 各县(市、区、特区)年末常住人口

Permanent Population at Year-end by County(City,District,Special region)

单位：万人 (10000 persons)

县(市、区、特区)名 称	County (City, District, Special region)	2012	2013	2014	2015	2016
南明区	Nanming	85.06	86.30	87.07	87.97	89.64
云岩区	Yunyan	98.39	99.09	99.21	99.44	99.54
花溪区	Huaxi	36.72	63.08	63.34	64.17	65.21
乌当区	Wudang	41.68	23.23	23.47	23.91	24.33
白云区	Baiyun	27.13	27.18	27.35	27.90	28.39
观山湖区	Guanshanhu	25.89	22.72	23.66	25.15	26.78
开阳县	Kaiyang	35.92	36.29	36.42	36.86	37.39
息烽县	Xifeng	21.53	21.90	22.01	22.50	23.16
修文县	Xiuwen	25.48	25.91	26.19	26.65	27.04
清镇市	Qingzhen	47.39	46.49	46.88	47.64	48.20
钟山区	Zhongshan	62.28	59.78	60.08	60.23	60.84
六枝特区	Liuzhi	49.46	49.66	49.78	49.90	50.15
水城县	Shuicheng	70.43	73.86	74.01	74.26	74.36
盘　县	Panxian	103.73	104.15	104.33	104.60	105.34
红花岗区	Honghuagang	67.17	67.48	67.74	68.46	85.26
汇川区	Huichuan	45.01	45.23	45.36	45.99	56.98
播州区	Bozhou	93.23	93.64	93.90	94.39	68.28
桐梓县	Tongzi	51.94	52.20	52.38	52.54	52.73
绥阳县	Suiyang	38.06	38.15	37.96	38.11	38.30
正安县	Zhengan	38.14	38.33	38.39	38.57	38.72
※道真县	Daozhen	24.26	24.38	24.47	24.59	24.67
※务川县	Wuchuan	31.70	31.87	31.95	32.09	32.24
凤冈县	Fenggang	30.83	30.98	31.03	31.19	31.29
湄潭县	Meitan	37.46	37.64	37.71	37.90	38.11
余庆县	Yuqing	23.45	23.57	23.62	23.74	23.86
习水县	Xishui	51.77	51.77	51.80	51.96	52.11
赤水市	Chishui	23.92	24.04	24.09	24.21	24.41
仁怀市	Renhuai	54.76	54.98	55.09	55.47	55.88
西秀区	Xixiu	76.07	76.64	76.90	77.21	77.90
平坝区	Pingba	29.62	29.83	29.93	31.12	31.50
普定县	Puding	37.59	37.89	38.02	39.10	39.20
※镇宁县	Zhenning	28.20	28.40	28.49	28.45	28.55
※关岭县	Guanling	29.99	30.21	30.28	28.36	28.46
※紫云县	Ziyun	26.87	27.08	27.19	27.11	27.25
七星关区	Qixingguan	113.20	113.47	113.50	114.93	115.55
大方县	Dafang	77.73	77.90	77.94	78.45	78.87
黔西县	Qianxi	68.84	68.99	69.02	70.33	70.71
金沙县	Jinsha	55.47	55.59	55.62	56.65	56.95
织金县	Zhijin	78.36	78.53	78.55	79.23	79.66
纳雍县	Nayong	67.14	67.28	67.31	67.73	68.10
※威宁县	Weining	126.48	126.73	126.82	127.68	128.37
赫章县	Hezhang	65.19	65.33	65.36	65.62	65.97
碧江区	Bijiang	30.24	30.54	30.93	31.16	31.58
万山区	Wanshan	11.33	11.43	11.48	11.51	11.65

注：由于行政区划调整，2013年花溪区、乌当区、观山湖区、清镇市、凯里市、麻江县数据为现行行政区划统计数。2016年红花岗区、汇川区、播州区数据为现现行政区划统计数。比上年增长为同口径计算。（以下表同）

Note：Due to the adjustment of administrative divisions, 2013 Huaxi District, Wudang District, Guanshanhu District, Qingzhen City, Kaili City, Majiang County for the current administrative statistics data. In 2016, Honghuagang District Huichuan District, Bozhou District data for now administrative division of statistics.Using the same caliber to calculate the increase rate of preceding year(The relative tables in this chapter are the same)

25−33 续表 continued

单位：万人 (10000 persons)

县(市、区、特区)名 称	County(City, District, Special region)	2012	2013	2014	2015	2016
江口县	Jiangkou	17.29	17.29	17.36	17.37	17.44
※玉屏县	Yuping	11.83	11.93	11.99	12.03	12.14
石阡县	Shiqian	30.35	30.42	30.47	30.51	30.64
思南县	Sinan	49.79	49.90	49.95	50.01	50.23
※印江县	Yinjiang	28.35	28.40	28.46	28.48	28.58
德江县	Dejiang	36.71	36.80	37.05	37.11	37.26
※沿河县	Yanhe	44.96	45.02	45.03	45.08	45.30
※松桃县	Songtao	48.59	48.67	48.93	48.98	49.25
兴义市	Xingyi	78.50	78.88	78.86	79.36	82.40
兴仁县	Xingren	41.90	41.98	41.78	41.78	41.85
普安县	Puan	25.50	25.61	25.60	25.80	25.50
晴隆县	Qinglong	24.70	24.81	24.80	24.80	24.60
贞丰县	Zhenfeng	30.40	30.55	30.54	30.74	30.87
望谟县	Wangmo	25.20	25.26	24.46	24.48	23.65
册亨县	Ceheng	19.10	19.15	19.14	19.16	18.65
安龙县	Anlong	35.90	35.98	35.94	36.04	36.30
凯里市	Kaili	48.57	53.29	53.41	53.81	54.31
黄平县	Huangping	26.21	26.30	26.25	26.28	26.44
施秉县	Shibing	13.03	13.08	13.06	13.08	13.16
三穗县	Sansui	15.53	15.57	15.50	15.52	15.62
镇远县	Zhenyuan	20.32	20.40	20.36	20.39	20.51
岑巩县	Cengong	16.10	16.14	16.04	16.06	16.16
天柱县	Tianzhu	26.00	26.08	26.04	26.07	26.21
锦屏县	Jinping	15.34	15.38	15.35	15.37	15.47
剑河县	Jianhe	18.04	18.09	18.06	18.08	18.18
台江县	Taijiang	11.09	11.12	11.10	11.11	11.18
黎平县	Liping	38.85	38.93	38.86	38.91	39.11
榕江县	Rongjiang	28.63	28.67	28.59	28.63	28.78
从江县	Congjiang	29.09	29.12	29.02	29.06	29.21
雷山县	Leishan	11.67	11.70	11.68	11.70	11.77
麻江县	Majiang	16.60	12.22	12.20	12.22	12.30
丹寨县	Danzhai	12.20	12.25	12.23	12.25	12.33
都匀市	Duyun	44.29	45.54	45.48	45.57	46.09
福泉市	Fuquan	27.93	29.24	29.20	29.32	29.44
荔波县	Libo	14.50	12.73	12.71	12.72	12.84
贵定县	Guiding	23.10	23.92	23.92	24.04	24.19
瓮安县	Wengan	38.43	38.86	38.82	38.94	39.21
独山县	Dushan	25.93	26.95	26.93	26.95	27.09
平塘县	Pingtang	23.02	23.88	23.88	23.94	24.05
罗甸县	Luodian	25.00	25.64	25.65	25.77	25.93
长顺县	Changshun	18.64	18.64	18.62	18.66	18.75
龙里县	Longli	17.96	16.03	15.99	16.04	16.07
惠水县	Huishui	34.99	35.37	35.35	35.46	35.54
※三都县	Sandu	28.85	26.73	26.74	26.80	26.92

25-34 各县(市、区、特区)户籍人口(2016)

Household Registered Population by County (City, District, Special region)

单位：万人 (10000 persons)

县(市、区、特区)名 称	County (City, District, Special region)	年末总人口 Permanent Population at the year-end
南明区	Nanming	60.71
云岩区	Yunyan	64.57
花溪区	Huaxi	50.49
乌当区	Wudang	21.04
白云区	Baiyun	21.60
观山湖区	Guanshanhu	26.45
开阳县	Kaiyang	45.16
息烽县	Xifeng	26.91
修文县	Xiuwen	32.16
清镇市	Qingzhen	52.25
钟山区	Zhongshan	47.16
六枝特区	Liuzhi	73.52
水城县	Shuicheng	95.28
盘　县	Panxian	123.89
红花岗区	Honghuagang	54.51
汇川区	Huichuan	39.09
播州区	Bozhou	125.84
桐梓县	Tongzi	74.91
绥阳县	Suiyang	55.97
正安县	Zhengan	65.46
※道真县	Daozhen	35.01
※务川县	Wuchuan	46.97
凤冈县	Fenggang	44.40
湄潭县	Meitan	50.71
余庆县	Yuqing	30.62
习水县	Xishui	75.76
赤水市	Chishui	31.61
仁怀市	Renhuai	70.98
西秀区	Xixiu	91.80
平坝区	Pingba	37.29
普定县	Puding	50.27
※镇宁县	Zhenning	40.22
※关岭县	Guanling	40.37
※紫云县	Ziyun	40.02
七星关区	Qixingguan	162.31
大方县	Dafang	119.52
黔西县	Qianxi	99.17
金沙县	Jinsha	70.07
织金县	Zhijin	120.50
纳雍县	Nayong	108.14
※威宁县	Weining	151.24
赫章县	Hezhang	85.91
碧江区	Bijiang	32.37
万山区	Wanshan	16.71
江口县	Jiangkou	24.66
※玉屏县	Yuping	15.69
石阡县	Shiqian	41.47
思南县	Sinan	68.42
※印江县	Yinjiang	45.22
德江县	Dejiang	55.06
※沿河县	Yanhe	68.34
※松桃县	Songtao	72.66
兴义市	Xingyi	86.97
兴仁县	Xingren	55.70
普安县	Puan	34.65
晴隆县	Qinglong	33.94
贞丰县	Zhenfeng	41.81
望谟县	Wangmo	32.08
册亨县	Ceheng	24.29
安龙县	Anlong	48.19
凯里市	Kaili	57.57
黄平县	Huangping	38.97
施秉县	Shibing	17.48
三穗县	Sansui	22.81
镇远县	Zhenyuan	27.47
岑巩县	Cengong	23.54
天柱县	Tianzhu	41.85
锦屏县	Jinping	23.41
剑河县	Jianhe	27.58
台江县	Taijiang	16.90
黎平县	Liping	55.68
榕江县	Rongjiang	37.23
从江县	Congjiang	36.24
雷山县	Leishan	16.10
麻江县	Majiang	16.89
丹寨县	Danzhai	17.72
都匀市	Duyun	49.31
福泉市	Fuquan	33.38
荔波县	Libo	17.98
贵定县	Guiding	29.95
瓮安县	Wengan	48.84
独山县	Dushan	35.47
平塘县	Pingtang	33.14
罗甸县	Luodian	35.58
长顺县	Changshun	26.79
龙里县	Longli	23.52
惠水县	Huishui	46.20
※三都县	Sandu	37.10

注：资料来源于省公安厅。

Note: Data in the table above are obtained from the Public Security Department of Guizhou Province.

25-35 各县(市、区、特区)固定资产投资
Investment in Fixed Assets by County(City,District,Special region)

单位：万元 (10000 yuan)

县(市、区、特区)名 称	County (City,District, Special region)	2015	2016	2016年比2015年增长(%) Increase Ratein 2016 over 2015(%)
南明区	Nanming	3860847	4482443	16.1
云岩区	Yunyan	3170726	3712920	17.1
花溪区	Huaxi	3607874	4372743	21.2
乌当区	Wudang	1492344	1874384	25.6
白云区	Baiyun	3430276	4133483	20.5
观山湖区	Guanshanhu	3310099	4011840	21.2
开阳县	Kaiyang	2528628	3112741	23.1
息烽县	Xifeng	2204289	2722297	23.5
修文县	Xiuwen	1976786	2382027	20.5
清镇市	Qingzhen	2431355	2946802	21.2
钟山区	Zhongshan	2687047	3280884	22.1
六枝特区	Liuzhi	1612415	1963922	21.8
水城县	Shuicheng	2496658	3038433	21.7
盘　县	Panxian	4329101	5294491	22.3
红花岗区	Honghuagang	3562161	4388582	23.2
汇川区	Huichuan	1477900	1788259	21.0
播州区	Bozhou	1887200	2319369	22.9
桐梓县	Tongzi	1301933	1574037	20.9
绥阳县	Suiyang	798577	972667	21.8
正安县	Zhengan	587370	720116	22.6
※道真县	Daozhen	424241	517150	21.9
※务川县	Wuchuan	490112	601368	22.7
凤冈县	Fenggang	415596	503702	21.2
湄潭县	Meitan	888371	1080259	21.6
余庆县	Yuqing	593470	725814	22.3
习水县	Xishui	1503275	1832492	21.9
赤水市	Chishui	1003482	1221238	21.7
仁怀市	Renhuai	1982547	2420690	22.1
西秀区	Xixiu	2487751	3037544	22.1
平坝区	Pingba	1050280	1281341	22.0
普定县	Puding	627843	753411	20.0
※镇宁县	Zhenning	464751	571179	22.9
※关岭县	Guanling	338600	411737	21.6
※紫云县	Ziyun	302954	368695	21.7
七星关区	Qixingguan	2602658	3146614	20.9
大方县	Dafang	1874545	2241956	19.6
黔西县	Qianxi	1596754	1812316	13.5
金沙县	Jinsha	1837849	2256878	22.8
织金县	Zhijin	1924652	1961220	1.9
纳雍县	Nayong	1317122	1609523	22.2
※威宁县	Weining	1452624	1756223	20.9
赫章县	Hezhang	841841	1024521	21.7
碧江区	Bijiang	1173145	1428891	21.8
万山区	Wanshan	496362	606554	22.2

注：统计口径为计划总投资500万元及以上固定资产项目投资和房地产开发项目投资，不包括跨县(市、区)域项目投资。

Note: Data in the table refers to those projects that planned to invest 5 million yuan at least in fixed assets and real estate development. Data in the table do not include investment in cross-regional projects,nor investment in power transmission and distribution voltage reach projects

25-35 续表 continued

单位：万元 (10000 yuan)

县(市、区、特区)名称	County (City,District, Special region)	2015	2016	2016年比2015年增长(%) Increase Ratein 2016 over 2015(%)
江口县	Jiangkou	585450	712493	21.7
※玉屏县	Yuping	620185	752904	21.4
石阡县	Shiqian	472104	574079	21.6
思南县	Sinan	935559	1144189	22.3
※印江县	Yinjiang	639162	780417	22.1
德江县	Dejiang	548570	671998	22.5
※沿河县	Yanhe	903731	1097130	21.4
※松桃县	Songtao	795889	969393	21.8
兴义市	Xingyi	2648858	3228958	21.9
兴仁县	Xingren	998457	1216121	21.8
普安县	Puan	484921	593543	22.4
晴隆县	Qinglong	521733	631297	21.0
贞丰县	Zhenfeng	670960	820584	22.3
望谟县	Wangmo	343076	424728	23.8
册亨县	Ceheng	263023	325359	23.7
安龙县	Anlong	606464	742919	22.5
凯里市	Kaili	2855042	3505992	22.8
黄平县	Huangping	311630	380188	22.0
施秉县	Shibing	254064	313007	23.2
三穗县	Sansui	351951	430788	22.4
镇远县	Zhenyuan	412530	504524	22.3
岑巩县	Cengong	316273	388067	22.7
天柱县	Tianzhu	536869	657664	22.5
锦屏县	Jinping	233595	284051	21.6
剑河县	Jianhe	271708	332299	22.3
台江县	Taijiang	318976	392341	23.0
黎平县	Liping	546594	676683	23.8
榕江县	Rongjiang	416770	505125	21.2
从江县	Congjiang	413755	511401	23.6
雷山县	Leishan	208712	254420	21.9
麻江县	Majiang	209615	255940	22.1
丹寨县	Danzhai	463018	563956	21.8
都匀市	Duyun	1434965	1747787	21.8
福泉市	Fuquan	960905	1176148	22.4
荔波县	Libo	489648	593943	21.3
贵定县	Guiding	571117	699047	22.4
瓮安县	Wengan	1030116	1248501	21.2
独山县	Dushan	577173	705305	22.2
平塘县	Pingtang	355482	439376	23.6
罗甸县	Luodian	620375	751894	21.2
长顺县	Changshun	358037	433583	21.1
龙里县	Longli	953192	1164801	22.2
惠水县	Huishui	935007	1131358	21.0
※三都县	Sandu	346832	422788	21.9

25-36 各县(市、区、特区)一般公共预算收入(2016)

General Public Financial Budget Revenue by County (City,District,Special region) (2016)

县(市、区、特区)名 称	County (City,District,Special region)	一般公共预算收入(亿元) General Public Budget Revenue(10000 yuan)	#增值税 Value added Tax	2016年比2015年增长(%) Increase Rate in 2016 over 2015(%)
南明区	Nanming	40.62	7.48	0.1
云岩区	Yunyan	32.77	7.09	0.5
花溪区	Huaxi	37.52	5.73	19.9
乌当区	Wudang	19.37	3.31	6.6
白云区	Baiyun	28.05	5.68	11.1
观山湖区	Guanshanhu	42.85	4.90	7.1
开阳县	Kaiyang	13.59	1.78	14.9
息烽县	Xifeng	7.34	1.23	8.0
修文县	Xiuwen	8.84	1.84	10.0
清镇市	Qingzhen	14.87	2.16	12.4
钟山区	Zhongshan	23.50	2.98	16.4
六枝特区	Liuzhi	12.66	0.57	0.4
水城县	Shuicheng	20.85	1.44	0.5
盘　县	Panxian	49.18	4.04	2.6
红花岗区	Honghuagang	23.85	4.28	6.1
汇川区	Huichuan	16.12	4.12	16.8
播州区	Bozhou	18.31	2.56	-0.9
桐梓县	Tongzi	5.52	0.78	16.7
绥阳县	Suiyang	5.63	0.54	10.2
正安县	Zhengan	5.10	0.69	20.5
※道真县	Daozhen	4.10	0.39	11.0
※务川县	Wuchuan	4.60	0.47	21.1
凤冈县	Fenggang	2.80	0.35	-8.0
湄潭县	Meitan	4.51	0.48	-13.2
余庆县	Yuqing	4.40	0.69	10.0
习水县	Xishui	7.45	1.45	3.7
赤水市	Chishui	5.59	0.59	8.9
仁怀市	Renhuai	34.13	15.66	8.4
西秀区	Xixiu	23.91	3.58	3.9
平坝区	Pingba	10.90	1.22	19.0
普定县	Puding	6.81	0.59	-3.3
※镇宁县	Zhenning	6.44	0.53	-0.7
※关岭县	Guanling	4.44	0.51	5.6
※紫云县	Ziyun	4.88	0.62	13.5
七星关区	Qixingguan	24.23	3.62	7.3
大方县	Dafang	6.80	0.88	15.1
黔西县	Qianxi	8.15	1.47	-4.4
金沙县	Jinsha	16.68	2.35	9.0
织金县	Zhijin	7.56	1.26	-22.7
纳雍县	Nayong	7.69	0.81	15.8
※威宁县	Weining	10.01	1.05	13.6
赫章县	Hezhang	4.03	0.40	38.7
碧江区	Bijiang	11.98	1.78	11.3
万山区	Wanshan	2.96	0.39	55.0

注：资料来源于省财政厅(下表同)。

Note:Data in the table are obtained from Guizhou Provincial Financial Department(the same applies to the next table).

25-36 续表 continued

县(市、区、特区)名 称	County (City,District,Special region)	一般公共预算收入(亿元) General Public Budget Revenue(10000 yuan)	#增值税 Value Added Tax	2016年比2015年增长(%) Increase Rate in 2016 over 2015(%)
江口县	Jiangkou	1.85	0.17	-1.3
※玉屏县	Yuping	4.45	0.68	21.4
石阡县	Shiqian	3.45	0.33	14.2
思南县	Sinan	5.10	0.68	
※印江县	Yinjiang	2.72	0.36	8.8
德江县	Dejiang	5.21	0.63	8.0
※沿河县	Yanhe	4.18	0.75	9.0
※松桃县	Songtao	7.05	0.65	22.1
兴义市	Xingyi	36.66	2.97	3.5
兴仁县	Xingren	14.61	0.77	5.2
普安县	Puan	8.38	0.42	8.9
晴隆县	Qinglong	5.41	0.42	11.0
贞丰县	Zhenfeng	11.13	0.68	10.0
望谟县	Wangmo	3.15	0.53	10.1
册亨县	Ceheng	3.03	0.29	12.4
安龙县	Anlong	8.68	0.91	26.6
凯里市	Kaili	36.82	3.34	3.9
黄平县	Huangping	3.49	0.39	1.4
施秉县	Shibing	2.82	0.20	-22.1
三穗县	Sansui	3.63	0.24	8.0
镇远县	Zhenyuan	8.00	0.56	18.2
岑巩县	Cengong	4.06	0.24	9.0
天柱县	Tianzhu	5.77	0.53	6.5
锦屏县	Jinping	2.15	0.30	15.0
剑河县	Jianhe	4.11	0.24	0.5
台江县	Taijiang	2.43	0.19	12.0
黎平县	Liping	5.46	0.33	17.4
榕江县	Rongjiang	6.20	0.30	12.0
从江县	Congjiang	4.68	0.34	21.3
雷山县	Leishan	2.61	0.20	2.8
麻江县	Majiang	2.24	0.19	21.4
丹寨县	Danzhai	1.56	0.16	-20.0
都匀市	Duyun	18.32	2.02	14.4
福泉市	Fuquan	14.50	1.46	9.5
荔波县	Libo	3.25	0.45	14.8
贵定县	Guiding	6.66	0.73	10.3
瓮安县	Wengan	12.50	1.27	6.7
独山县	Dushan	4.20	0.71	16.0
平塘县	Pingtang	3.25	0.43	5.3
罗甸县	Luodian	3.40	0.82	16.8
长顺县	Changshun	3.50	0.44	15.1
龙里县	Longli	9.68	1.23	23.5
惠水县	Huishui	6.70	0.88	13.1
※三都县	Sandu	3.25	0.28	5.9

25-37 各县(市、区、特区)一般公共预算支出(2016)

General Public Budget Expenditure by County (City,District,Special region)(2016)

县（市、区、特区）名称	County (City,District, Special region)	一般公共预算支出(亿元) General Public Budget Expenditures (10000 yuan)	#教育支出 Expenditure for Education	2016年比2015年增长(%) Increase Rate in 2016 over 2015(%)
南明区	Nanming	47.75	13.26	-6.0
云岩区	Yunyan	46.93	11.66	8.7
花溪区	Huaxi	60.53	10.46	6.6
乌当区	Wudang	27.76	4.54	-5.9
白云区	Baiyun	38.61	6.92	10.8
观山湖区	Guanshanhu	49.90	4.83	5.3
开阳县	Kaiyang	30.49	6.89	2.6
息烽县	Xifeng	24.44	5.00	4.9
修文县	Xiuwen	25.02	5.31	14.4
清镇市	Qingzhen	35.97	9.88	8.8
钟山区	Zhongshan	35.46	9.32	3.6
六枝特区	Liuzhi	44.62	10.84	13.2
水城县	Shuicheng	61.52	11.92	22.9
盘　县	Panxian	99.66	17.30	5.0
红花岗区	Honghuagang	57.55	12.71	28.7
汇川区	Huichuan	32.51	6.41	30.3
播州区	Bozhou	47.72	12.39	-0.5
桐梓县	Tongzi	32.35	8.44	6.8
绥阳县	Suiyang	25.87	6.55	6.9
正安县	Zhengan	30.26	8.61	12.0
※道真县	Daozhen	22.00	5.43	0.1
※务川县	Wuchuan	26.35	6.51	5.6
凤冈县	Fenggang	23.90	6.16	9.0
湄潭县	Meitan	26.16	6.79	-0.5
余庆县	Yuqing	18.00	4.76	2.6
习水县	Xishui	39.80	10.48	5.6
赤水市	Chishui	25.77	5.59	14.1
仁怀市	Renhuai	55.76	12.31	8.9
西秀区	Xixiu	63.54	12.58	13.5
平坝区	Pingba	28.20	5.55	7.7
普定县	Puding	27.53	6.03	11.4
※镇宁县	Zhenning	27.77	4.94	20.7
※关岭县	Guanling	23.30	5.40	14.5
※紫云县	Ziyun	24.00	5.42	16.5
七星关区	Qixingguan	63.58	18.94	9.0
大方县	Dafang	45.75	13.73	19.5
黔西县	Qianxi	37.46	8.32	13.9
金沙县	Jinsha	46.55	8.25	23.3
织金县	Zhijin	50.82	13.86	6.1
纳雍县	Nayong	42.72	13.52	9.5
※威宁县	Weining	67.18	21.00	7.7
赫章县	Hezhang	35.84	11.14	-3.8
碧江区	Bijiang	27.87	6.83	2.3
万山区	Wanshan	17.23	3.81	1.7

25-37 续表 continued

县（市、区、特区）名称	County (City,District, Special region)	一般公共预算支出(亿元) General Public Budget Expenditures (10000 yuan)	#教育支出 Expenditure for Education	2016年比2015年增长(%) Increase Rate in 2016 over 2015(%)
江口县	Jiangkou	20.38	3.68	11.6
※玉屏县	Yuping	19.03	2.92	21.9
石阡县	Shiqian	32.49	7.23	24.4
思南县	Sinan	42.02	10.72	7.0
※印江县	Yinjiang	30.60	7.79	3.6
德江县	Dejiang	36.43	11.53	13.4
※沿河县	Yanhe	40.12	11.28	9.2
※松桃县	Songtao	37.60	10.87	2.8
兴义市	Xingyi	69.73	17.66	10.0
兴仁县	Xingren	40.79	12.38	6.6
普安县	Puan	27.38	5.90	13.2
晴隆县	Qinglong	25.11	5.52	22.4
贞丰县	Zhenfeng	34.54	10.17	17.5
望谟县	Wangmo	25.50	8.12	5.8
册亨县	Ceheng	17.94	4.80	2.4
安龙县	Anlong	34.89	10.60	17.3
凯里市	Kaili	56.02	12.13	4.6
黄平县	Huangping	20.15	5.43	1.9
施秉县	Shibing	14.67	2.94	7.4
三穗县	Sansui	15.91	3.62	6.7
镇远县	Zhenyuan	19.62	4.77	7.0
岑巩县	Cengong	17.11	3.81	6.9
天柱县	Tianzhu	24.76	6.93	3.4
锦屏县	Jinping	17.05	2.98	8.4
剑河县	Jianhe	19.65	4.50	7.4
台江县	Taijiang	16.14	3.04	32.2
黎平县	Liping	30.56	8.00	0.9
榕江县	Rongjiang	26.11	6.64	7.2
从江县	Congjiang	24.91	5.59	8.2
雷山县	Leishan	16.51	3.72	-7.1
麻江县	Majiang	12.96	2.75	2.1
丹寨县	Danzhai	13.91	3.28	-1.1
都匀市	Duyun	38.30	7.73	5.4
福泉市	Fuquan	30.44	6.14	7.7
荔波县	Libo	19.03	3.90	8.1
贵定县	Guiding	22.03	4.60	3.9
瓮安县	Wengan	30.02	7.63	-8.0
独山县	Dushan	22.88	5.64	9.0
平塘县	Pingtang	22.74	5.33	7.2
罗甸县	Luodian	21.80	5.49	3.4
长顺县	Changshun	17.82	4.04	21.2
龙里县	Longli	23.03	4.47	9.0
惠水县	Huishui	26.61	7.47	10.0
※三都县	Sandu	23.55	5.31	8.9

25-38 各县(市、区、特区)城镇常住居民人均可支配收入(2016)

Per Capita Disposable income of Urban Households by County (City,District,Special region)

单位：元 (yuan)

县(市、区、特区)名称	County (City,District, Special region)	城镇常住居民人均可支配收入 Per Capita Disposable Income of Urban Households	2016年比2015年增长(%) Increase Rate in2016 over 2015(%)
南明区	Nanming	30207	7.6
云岩区	Yunyan	30265	7.6
花溪区	Huaxi	28874	8.8
乌当区	Wudang	28720	8.7
白云区	Baiyun	28879	8.5
观山湖区	Guanshanhu	28990	9.1
开阳县	Kaiyang	28698	9.2
息烽县	Xifeng	27541	9.7
修文县	Xiuwen	28586	9.5
清镇市	Qingzhen	28600	9.0
钟山区	Zhongshan	27161	8.2
六枝特区	Liuzhi	23457	10.1
水城县	Shuicheng	23473	9.7
盘　县	Panxian	24543	10.6
红花岗区	Honghuagang	29494	7.4
汇川区	Huichuan	29494	7.4
播州区	Bozhou	28713	8.4
桐梓县	Tongzi	24393	8.7
绥阳县	Suiyang	25279	9.3
正安县	Zhengan	24235	9.7
※道真县	※Daozhen	24245	9.6
※务川县	※Wuchuan	24243	9.8
凤冈县	Fenggang	24328	8.8
湄潭县	Meitan	27331	8.4
余庆县	Yuqing	24492	8.8
习水县	Xishui	24926	9.0
赤水市	Chishui	26100	9.0
仁怀市	Renhuai	28681	8.4
西秀区	Xixiu	26425	8.2
平坝区	Pingba	24511	8.9
普定县	Puding	23741	8.5
※镇宁县	※Zhenning	23450	8.7
※关岭县	※Guanling	23242	8.5
※紫云县	※Ziyun	22369	7.5
七星关区	Qixingguan	26681	8.4
大方县	Dafang	24129	8.1
黔西县	Qianxi	24804	7.7
金沙县	Jinsha	26778	7.3
织金县	Zhijin	24131	8.0
纳雍县	Nayong	24208	8.5
※威宁县	※Weining	24109	8.8
赫章县	Hezhang	24103	9.1
碧江区	Bijiang	26631	9.0
万山区	Wanshan	25404	10.0
江口县	Jiangkou	24498	9.9
※玉屏县	※Yuping	25550	9.8
石阡县	Shiqian	23797	9.4
思南县	Sinan	23916	9.6
※印江县	※Yinjiang	23860	9.7
德江县	Dejiang	23972	9.7
※沿河县	※Yanhe	23592	8.5
※松桃县	※Songtao	23835	9.6
兴义市	Xingyi	27245	8.5
兴仁县	Xingren	24459	7.9
普安县	Puan	24346	10.0
晴隆县	Qinglong	24235	10.3
贞丰县	Zhenfeng	24358	9.5
望谟县	Wangmo	23767	10.4
册亨县	Ceheng	24158	10.1
安龙县	Anlong	24352	9.7
凯里市	Kaili	26784	8.5
黄平县	Huangping	24982	9.5
施秉县	Shibing	24660	9.4
三穗县	Sansui	25155	9.7
镇远县	Zhenyuan	24948	8.1
岑巩县	Cengong	24844	9.3
天柱县	Tianzhu	24733	9.5
锦屏县	Jinping	24623	9.1
剑河县	Jianhe	24941	9.6
台江县	Taijiang	24120	8.5
黎平县	Liping	24966	10.1
榕江县	Rongjiang	24566	9.2
从江县	Congjiang	24981	10.0
雷山县	Leishan	24662	9.3
麻江县	Majiang	24547	8.4
丹寨县	Danzhai	25029	9.8
都匀市	Duyun	28327	9.2
福泉市	Fuquan	26633	9.4
荔波县	Libo	25479	9.6
贵定县	Guiding	24855	9.7
瓮安县	Wengan	26343	9.2
独山县	Dushan	25284	9.1
平塘县	Pingtang	24437	9.2
罗甸县	Luodian	24604	8.9
长顺县	Changshun	23978	8.9
龙里县	Longli	26474	9.6
惠水县	Huishui	25785	9.1
※三都县	※Sandu	23980	8.0

25-39 各县(市、区、特区)农村常住居民人均可支配收入(2016)

Per Capita Net Income of Rural Households by County (City,District,Special region)

单位：元 (yuan)

县(市、区、特区)名称	County (City,District, Special region)	农村常住居民人均可支配收入 Per Capita Annual Disposable Income of Rural Households	2016年比2015年增长(%) Increase Rate in2016 over 2015(%)	县(市、区、特区)名称	County (City,District, Special region)	农村常住居民人均可支配收入 Per Capita Annual Disposable Income of Rural Households	2016年比2015年增长(%) Increase Rate in2016 over 2015(%)
南明区	Nanming	15008	8.0	万山区	Wanshan	7719	10.3
云岩区	Yunyan	15114	7.8	江口县	Jiangkou	7497	10.5
花溪区	Huaxi	13463	8.5	※玉屏县	※Yuping	9498	9.1
乌当区	Wudang	14197	8.7	石阡县	Shiqian	7452	9.1
白云区	Baiyun	15092	7.8	思南县	Sinan	7328	9.8
观山湖区	Guanshanhu	14352	8.4	※印江县	※Yinjiang	7319	10.1
开阳县	Kaiyang	12366	9.4	德江县	Dejiang	7283	10.4
息烽县	Xifeng	11856	9.6	※沿河县	※Yanhe	7274	9.6
修文县	Xiuwen	11904	9.7	※松桃县	※Songtao	7288	10.6
清镇市	Qingzhen	12611	9.5				
				兴义市	Xingyi	9964	10.2
钟山区	Zhongshan	10899	9.8	兴仁县	Xingren	7712	10.2
六枝特区	Liuzhi	7879	10.8	普安县	Puan	7167	11.3
水城县	Shuicheng	7686	8.4	晴隆县	Qinglong	6813	9.2
盘　县	Panxian	8474	10.3	贞丰县	Zhenfeng	7503	10.6
				望谟县	Wangmo	6542	11.2
红花岗区	Honghuagang	12164	8.4	册亨县	Ceheng	6712	11.0
汇川区	Huichuan	12174	8.3	安龙县	Anlong	7424	10.3
播州区	Bozhou	11779	8.8				
桐梓县	Tongzi	9805	9.1	凯里市	Kaili	9752	10.6
绥阳县	Suiyang	10470	9.3	黄平县	Huangping	7257	11.2
正安县	Zhengan	8293	9.7	施秉县	Shibing	7868	9.2
※道真县	※Daozhen	8291	9.5	三穗县	Sansui	7723	11.4
※务川县	※Wuchuan	8257	9.6	镇远县	Zhenyuan	7658	9.3
凤冈县	Fenggang	9271	9.1	岑巩县	Cengong	7659	11.1
湄潭县	Meitan	11054	9.3	天柱县	Tianzhu	7765	9.4
余庆县	Yuqing	9700	9.2	锦屏县	Jinping	7080	10.8
习水县	Xishui	8577	9.3	剑河县	Jianhe	7222	10.7
赤水市	Chishui	10094	9.3	台江县	Taijiang	6819	10.5
仁怀市	Renhuai	10240	8.7	黎平县	Liping	7213	9.5
				榕江县	Rongjiang	7169	10.9
西秀区	Xixiu	9924	10.2	从江县	Congjiang	7622	11.0
平坝区	Pingba	8429	10.3	雷山县	Leishan	7559	11.0
普定县	Puding	7538	10.4	麻江县	Majiang	7259	10.5
※镇宁县	※Zhenning	7232	10.1	丹寨县	Danzhai	7340	11.3
※关岭县	※Guanling	7200	8.7				
※紫云县	※Ziyun	7230	10.5	都匀市	Duyun	10056	8.9
				福泉市	Fuquan	9139	10.1
七星关区	Qixingguan	7821	9.9	荔波县	Libo	8452	10.2
大方县	Dafang	7741	11.0	贵定县	Guiding	8851	10.8
黔西县	Qianxi	7751	10.5	瓮安县	Wengan	9156	10.0
金沙县	Jinsha	8647	9.4	独山县	Dushan	8653	10.6
织金县	Zhijin	7627	10.8	平塘县	Pingtang	8206	11.0
纳雍县	Nayong	7295	11.1	罗甸县	Luodian	8711	9.8
※威宁县	※Weining	7643	10.1	长顺县	Changshun	8331	10.9
赫章县	Hezhang	7269	10.8	龙里县	Longli	9223	10.4
				惠水县	Huishui	8910	9.8
碧江区	Bijiang	10365	10.2	※三都县	※Sandu	8289	10.5

25−40 各县（市、区、特区）乡村从业人员(2016)

Number of Rural Employment by County (City,District,Special region)

单位：人 (person)

县(市、区、特区)名 称	County (City,District, Special region)	合 计 Total	第一产业 Primary Industry	第二产业 Secondary Industry	第三产业 Tertiary Industry	2016年比2015年增长(%) Increase Rate in 2016 over 2015(%)
南明区	Nanming	25316	5734	4611	14971	-36.5
云岩区	Yunyan	31299	1529	8480	21290	9.8
花溪区	Huaxi	150484	65392	23334	61758	1.2
乌当区	Wudang	90421	30508	15000	44913	9.3
白云区	Baiyun	49268	22987	9703	16578	-1.2
观山湖区	Guanshanhu	68533	11363	28270	28900	-1.3
开阳县	Kaiyang	183145	81012	30192	71941	-0.2
息烽县	Xifeng	119079	51061	16028	51990	-1.2
修文县	Xiuwen	173802	78975	35744	59083	-0.1
清镇市	Qingzhen	219605	107295	50214	62096	-9.9
钟山区	Zhongshan	85486	46965	16457	22064	3.5
六枝特区	Liuzhi	367835	142807	55535	169493	5.5
水城县	Shuicheng	447203	250114	50684	146405	6.9
盘　县	Panxian	587953	306594	91982	189377	-4.1
红花岗区	Honghuagang	276722	74052	56206	146464	—
汇川区	Huichuan	205166	65808	46486	92872	—
播州区	Bozhou	498492	140748	112144	245600	—
桐梓县	Tongzi	418854	150081	86742	182031	-2.7
绥阳县	Suiyang	350672	138114	48468	164090	0.7
正安县	Zhengan	436591	122126	107105	207360	0.3
※道真县	Daozhen	213880	97855	22047	93978	-1.4
※务川县	Wuchuan	277653	144025	26863	106765	0.9
凤冈县	Fenggang	235698	108906	28966	97826	-8.2
湄潭县	Meitan	267069	133615	23203	110251	-0.7
余庆县	Yuqing	179557	74556	17865	87136	0.4
习水县	Xishui	362817	144067	64548	154202	-2.3
赤水市	Chishui	146892	76411	13009	57472	4.0
仁怀市	Renhuai	339530	164300	71189	104041	0.1
西秀区	Xixiu	380560	152914	61471	166175	4.0
平坝区	Pingba	218841	144536	21613	52692	2.0
普定县	Puding	252639	121829	43843	86967	-6.0
※镇宁县	Zhenning	212326	121366	28558	62402	-0.6
※关岭县	Guanling	235705	122930	16625	96150	2.9
※紫云县	Ziyun	242277	123917	21220	97140	-1.9
七星关区	Qixingguan	718064	313051	114302	290711	0.0
大方县	Dafang	611130	308482	63961	238687	-1.4
黔西县	Qianxi	487585	243971	72623	170991	6.3
金沙县	Jinsha	274948	113300	36222	125426	-3.9
织金县	Zhijin	556875	282570	77019	197286	0.1
纳雍县	Nayong	493884	201444	76486	215954	-10.1
※威宁县	Weining	841480	525602	61870	254008	4.5
赫章县	Hezhang	408777	189268	35418	184091	1.0
碧江区	Bijiang	108255	52305	13906	42044	持平
万山区	Wanshan	69545	30131	9811	29603	-0.5

25-40 续表 continued

单位：人 (person)

县(市、区、特区)名称	County (City,District, Special region)	合计 Total	第一产业 Primary Industry	第二产业 Secondary Industry	第三产业 Tertiary Industry	2016年比2015年增长(%) Increase Rate in 2016 over 2015(%)
江口县	Jiangkou	125763	68672	9725	47366	0.2
※玉屏县	Yuping	90704	37368	20834	32502	4.4
石阡县	Shiqian	275315	141163	20658	113494	0.4
思南县	Sinan	382332	173239	80420	128673	-2.5
※印江县	Yinjiang	255525	86906	49246	119373	2.3
德江县	Dejiang	212889	95798	31932	85159	10.0
※沿河县	Yanhe	331925	186915	20985	124025	0.3
※松桃县	Songtao	425386	202884	35959	186543	0.2
兴义市	Xingyi	393490	211554	59374	122562	0.8
兴仁县	Xingren	254391	149183	28476	76732	-2.1
普安县	Puan	177793	106083	19790	51920	-3.7
晴隆县	Qinglong	179700	110001	18025	51674	-2.0
贞丰县	Zhenfeng	234437	139236	27779	67422	0.1
望谟县	Wangmo	168024	78091	33172	56761	-1.5
册亨县	Ceheng	146299	83391	14702	48206	4.3
※安龙县	Anlong	310274	143629	57464	109181	0.2
凯里市	Kaili	217419	94536	31627	91256	4.3
黄平县	Huangping	213680	134239	34086	45355	1.3
施秉县	Shibing	67710	48553	4575	14582	3.5
三穗县	Sansui	126169	45696	12433	68040	-0.1
镇远县	Zhenyuan	123805	68980	17208	37617	1.2
岑巩县	Cengong	131447	66886	9554	55007	1.4
天柱县	Tianzhu	222502	97339	7878	117285	-0.3
锦屏县	Jinping	126235	60256	15862	50117	0.7
剑河县	Jianhe	147708	76173	17516	54019	-0.9
台江县	Taijiang	93872	44651	14277	34944	1.1
黎平县	Liping	281658	141052	28174	112432	-0.3
榕江县	Rongjiang	216451	115683	19348	81420	1.5
从江县	Congjiang	195770	122937	16007	56826	2.0
雷山县	Leishan	84316	44118	6373	33825	2.0
麻江县	Majiang	96168	45729	10994	39445	1.4
丹寨县	Danzhai	98519	40518	8084	49917	-0.7
都匀市	Duyun	197998	101209	21365	75424	-0.4
福泉市	Fuquan	152506	58796	44617	49093	-1.1
荔波县	Libo	108158	54628	11263	42267	1.8
贵定县	Guiding	155340	67120	14537	73683	-4.5
瓮安县	Wengan	297592	99303	41519	156770	1.4
独山县	Dushan	205265	85303	38527	81435	-4.4
平塘县	Pingtang	201428	100012	18465	82951	0.6
罗甸县	Luodian	179129	91071	14322	73736	…
长顺县	Changshun	136634	86059	9534	41041	…
龙里县	Longli	120704	69907	10125	40672	3.0
惠水县	Huishui	271735	112545	34271	124919	-3.0
※三都县	Sandu	200639	98275	14256	88108	-2.5

25-41 各县(市、区、特区)农林牧渔业增加值(2016)

Value-Added of Farming,Forestry,Animal Husbandry Fishery and Their Services

单位：万元

县(市、区、特区)名 称	County (City,District, Special region)	合计 Total	农 业 Farming	林 业 Forestry	牧 业 Animal Husbandry	渔 业 Fishery	农林牧渔服务业 Services of FFAT	2016年比2015年增长(%) Increase Rate in2016 over2015(%)
南明区	Nanming	20383	17216		3057		110	-7.6
云岩区	Yunyan	5526	4756		750		20	-2.2
花溪区	Huaxi	198750	145212	99	41772	57	11610	6.1
乌当区	Wudang	157662	119755	512	27860	395	9140	6.5
白云区	Baiyun	63548	48086	492	10656	78	4236	6.5
观山湖区	Guanshanhu	36387	25419	110	5377	1759	3722	6.3
开阳县	Kaiyang	311515	185209	2489	103736	2324	17757	6.4
息烽县	Xifeng	181882	115194	546	48692	6619	10831	6.4
修文县	Xiuwen	226857	154319	192	58360	580	13406	6.6
清镇市	Qingzhen	259520	162093	4076	69818	3695	19838	6.3
钟山区	Zhongshan	68554	40154	328	17751	51	10269	6.1
六枝特区	Liuzhi	345189	220185	17096	86198	3800	17910	6.3
水城县	Shuicheng	377760	259462	11261	96843	118	10077	6.4
盘　县	Panxian	522505	302677	62694	135696	600	20838	6.2
红花岗区	Honghuagang	319025	213515	4945	84380	9803	6382	5.5
汇川区	Huichuan	234573	152719	4210	70777	1357	5510	5.6
播州区	bozhou	488080	306358	3669	99853	40189	38011	5.8
桐梓县	Tongzi	323741	195860	26800	80430	7555	13096	5.6
绥阳县	Suiyang	337907	231870	5255	83895	6310	10577	5.9
正安县	Zhengan	270189	155676	33402	69724	3172	8215	5.8
※道真县	Daozhen	204139	122902	16080	55815	1762	7580	5.7
※务川县	Wuchuan	217731	131829	17049	58315	2489	8049	5.7
凤冈县	Fenggang	243166	144499	25550	61536	3216	8365	5.8
湄潭县	Meitan	280036	175903	8127	69056	14911	12039	5.7
余庆县	Yuqing	193279	118412	6226	51079	9746	7816	5.8
习水县	Xishui	300644	175152	7310	104306	2974	10902	6.0
赤水市	Chishui	171017	61359	46700	51047	6023	5888	5.8
仁怀市	Renhuai	271256	169380	7240	83465	3398	7773	5.4
西秀区	Xixiu	320813	203029	12046	84164	9487	12087	6.0
平坝区	Pingba	194021	116619	11803	50329	8439	6831	6.3
普定县	Puding	182488	110790	8933	48173	7883	6709	6.1
※镇宁县	Zhenning	172669	102324	7129	45546	11407	6263	6.5
※关岭县	Guanling	192781	115668	11640	51859	6900	6714	6.4
※紫云县	Ziyun	224310	126970	17728	66511	5363	7738	6.2
七星关区	Qixingguan	677906	438618	31161	167429	1342	39356	6.0
大方县	Dafang	429370	264518	23690	113153	3133	24876	5.8
黔西县	Qianxi	345600	219592	11387	92397	2513	19711	6.2
金沙县	Jinsha	304722	169107	19440	84760	6622	24793	6.1
织金县	Zhijin	394236	233819	18656	109414	6065	26282	5.7
纳雍县	Nayong	316240	184551	22066	91538	2107	15978	5.9
※威宁县	Weining	740816	464141	32460	202876	824	40515	6.0
赫章县	Hezhang	446157	300913	25611	99709	707	19217	6.3
碧江区	Bijiang	137531	91970	5107	29040	5107	6307	5.5
万山区	Wanshan	99882	60070	8627	23700	2787	4698	5.4

25-41 续表 continued

单位：万元 (10000 yuan)

县(市、区、特区)名 称	County (City,District, Special region)	合计 Total	农 业 Farming	林 业 Forestry	牧 业 Animal Husbandry	渔 业 Fishery	农林牧渔服务业 Services of FFAT	2016年比2015年增长(%) Increase Rate in2016 over2015(%)
江口县	Jiangkou	147917	92040	5150	37307	5460	7960	5.6
※玉屏县	Yuping	76688	43600	2664	20845	3720	5859	5.2
石阡县	Shiqian	245832	156060	9264	63390	8478	8640	6.2
思南县	Sinan	329181	194400	11771	84370	20440	18200	6.0
※印江县	Yinjiang	265172	165000	8840	68420	12154	10758	6.3
德江县	Dejiang	246530	149440	12205	61570	11695	11620	5.8
※沿河县	Yanhe	277069	167391	8736	69050	16314	15578	5.7
※松桃县	Songtao	306198	188000	9180	83004	10634	15380	5.3
兴义市	Xingyi	394224	236541	14097	98050	21926	23610	6.4
兴仁县	Xingren	283956	184532	10588	72317	2429	14090	6.2
普安县	Puan	174686	111602	8420	46601	1120	6943	6.7
晴隆县	Qinglong	172989	102291	8611	47498	7263	7326	5.6
贞丰县	Zhenfeng	253342	160753	9236	65601	5091	12661	5.8
望谟县	Wangmo	238344	138813	15329	64526	10041	9635	5.4
册亨县	Ceheng	185095	94557	22332	50107	8393	9706	6.0
安龙县	Anlong	289408	157888	14923	76028	20898	19671	6.9
凯里市	Kaili	151918	96114	7372	39502	4364	4566	6.1
黄平县	Huangping	170625	107882	13598	41568	2917	4660	6.1
施秉县	Shibing	87355	55803	6943	21458	1110	2041	6.2
三穗县	Sansui	84400	45463	10359	23310	2166	3102	6.2
镇远县	Zhenyuan	126730	72370	18069	31051	2518	2722	6.2
岑巩县	Cengong	93336	45906	7629	26396	2277	11128	6.2
天柱县	Tianzhu	168566	94225	22078	43722	4776	3765	6.1
锦屏县	Jinping	84298	35103	16497	20888	9154	2656	6.1
剑河县	Jianhe	112100	43666	21621	31489	13289	2035	6.0
台江县	Taijiang	70480	31111	15355	18361	3495	2158	6.0
黎平县	Liping	185735	79394	47973	46290	8279	3799	6.2
榕江县	Rongjiang	166165	79515	40476	36743	6579	2852	6.2
从江县	Congjiang	168856	84277	36227	37675	6849	3828	6.1
雷山县	Leishan	73064	43221	5530	19985	1599	2729	6.0
麻江县	Majiang	87683	50189	4357	22901	1317	8919	6.2
丹寨县	Danzhai	73690	38024	11670	19567	1389	3040	6.2
都匀市	Duyun	161848	105303	4411	42242	2932	6960	6.3
福泉市	Fuquan	139717	95382	5579	35346	1873	1537	6.3
荔波县	Libo	99200	49333	9199	25499	5013	10156	6.5
贵定县	Guiding	110659	72646	899	28001	2361	6752	6.3
瓮安县	Wengan	239708	150738	4250	64732	9560	10428	6.5
独山县	Dushan	174342	112140	8479	46230	2111	5382	6.4
平塘县	Pingtang	191065	129407	7340	47962	1462	4894	6.4
罗甸县	Luodian	159515	91860	7135	40997	11686	7837	6.4
长顺县	Changshun	138062	80545	7825	36034	1560	12098	6.5
龙里县	Longli	96203	65008	1153	24336	895	4811	6.3
惠水县	Huishui	231507	143736	12288	61346	3196	10941	6.4
※三都县	Sandu	180824	108807	14862	45388	5121	6646	6.5

25-42 各县(市、区、特区)粮食、肉类产量(2016)

Output of Grain, Meat and Its Order by County(City,Section,Special region)

县(市、区、特区)名称	County (City,Section, Special region)	粮食产量(吨) Output of Grain (ton)	2016年比2015年增长(%) Increase Rate in2016 over2015(%)	人均粮食产量(公斤) Per Capita Output of Grain (kg)	肉类总产量(吨) Output of Meat (ton)	2016年比2015年增长(%) Increase Rate in2016 over2015(%)
南明区	Nanming	0		0	767	-72.7
云岩区	Yunyan	0		0	529	0.2
花溪区	Huaxi	44608	-2.0	172	13103	-25.9
乌当区	Wudang	30030	-10.4	217	9476	-13.8
白云区	Baiyun	8861	-13.6	108	4427	-18.9
观山湖区	Guanshanhu	7193	-28.2	49	1398	11.6
开阳县	Kaiyang	104855	0.6	327	47997	0.6
息烽县	Xifeng	65601	-9.2	332	20976	22.3
修文县	Xiuwen	91577	1.6	349	18718	-6.9
清镇市	Qingzhen	89129	1.5	218	34538	2.2
钟山区	Zhongshan	22310	5.1	129	10426	-4.5
六枝特区	Liuzhi	192367	-3.3	316	23953	-3.3
水城县	Shuicheng	193915	-14.2	236	31092	-3.3
盘　县	Panxian	362650	…	340	52422	-4.2
红花岗区	Honghuagang	179095	—	379	33592	—
汇川区	Huichuan	186446	—	553	35078	—
播州区	bozhou	348032	—	430	65976	—
桐梓县	Tongzi	245601	1.1	363	40260	-6.6
绥阳县	Suiyang	257149	1.0	485	26192	-7.0
正安县	Zhengan	232808	1.1	486	23485	-7.0
※道真县	Daozhen	149060	1.7	489	20077	-8.4
※务川县	Wuchuan	174246	…	415	24090	-6.7
凤冈县	Fenggang	209621	3.2	537	31158	4.7
湄潭县	Meitan	230694	2.2	513	28323	-8.0
余庆县	Yuqing	187331	3.3	703	28661	-7.5
习水县	Xishui	261916	0.3	385	70909	1.7
赤水市	Chishui	148375	3.3	616	15844	-7.4
仁怀市	Renhuai	233800	-0.3	392	43071	-9.0
西秀区	Xixiu	169520	0.6	264	41277	-4.2
平坝区	Pingba	108449	1.9	329	17132	-2.7
普定县	Puding	102691	4.2	220	21601	-4.2
※镇宁县	Zhenning	104625	9.9	293	13020	-0.3
※关岭县	Guanling	94924	0.6	256	19631	0.8
※紫云县	Ziyun	107810	3.4	289	32720	-2.6
七星关区	Qixingguan	435645	0.9	400	65293	-5.6
大方县	Dafang	272828	1.5	320	40127	-4.3
黔西县	Qianxi	283810	1.5	400	37185	-5.4
金沙县	Jinsha	243525	1.2	532	33529	-6.7
织金县	Zhijin	346115	1.0	394	40042	-5.3
纳雍县	Nayong	280682	6.6	335	33738	-4.4
※威宁县	Weining	497582	0.7	374	87913	5.6
赫章县	Hezhang	268616	5.4	352	38141	-6.5
碧江区	Bijiang	84322	1.1	516	12764	-5.0
万山区	Wanshan	47466	-4.3	363	11518	-4.4

注：人均粮食产量按照乡村人口计算。

Note:Per capita output of grain calculated by the rural population

25-42 续表 continued

县(市、区、特区)名称	County (City,Section, Special region)	粮食产量(吨) Output of Grain (ton)	2016年比2015年增长(%) Increase Rate in2016 over2015(%)	人均粮食产量(公斤) Per Capita Output of Grain (kg)	肉类总产量(吨) Output of Meat (ton)	2016年比2015年增长(%) Increase Rate in2016 over2015(%)
江口县	Jiangkou	66861	0.2	312	14520	-5.1
※玉屏县	Yuping	41345	1.1	309	10534	3.0
石阡县	Shiqian	141543	3.7	354	23530	-4.2
思南县	Sinan	232396	1.7	383	43052	-4.4
※印江县	Yinjiang	144816	4.5	351	28950	-3.6
德江县	Dejiang	177705	1.5	418	27591	-3.5
※沿河县	Yanhe	189698	…	310	32507	-2.9
※松桃县	Songtao	242194	0.9	354	36674	-3.8
兴义市	Xingyi	257202	1.6	392	48052	-3.4
兴仁县	Xingren	173516	1.6	400	22425	-1.4
普安县	Puan	85747	2.3	257	11523	-9.0
晴隆县	Qinglong	89896	3.8	296	11854	-8.9
贞丰县	Zhenfeng	121208	2.5	305	13758	-8.9
望谟县	Wangmo	80944	7.1	264	16214	-6.9
册亨县	Ceheng	53713	3.6	224	10796	-0.7
安龙县	Anlong	201729	3.3	466	25956	-5.1
凯里市	Kaili	100313	0.1	264	23293	-0.5
黄平县	Huangping	110033	2.7	308	11843	-4.8
施秉县	Shibing	58642	2.4	519	6890	-5.1
三穗县	Sansui	55507	2.8	278	13190	-2.9
镇远县	Zhenyuan	84551	3.0	487	10400	-3.9
岑巩县	Cengong	65912	3.0	345	9569	-4.4
天柱县	Tianzhu	117171	1.5	325	21131	-5.2
锦屏县	Jinping	59276	1.4	274	8845	-5.4
剑河县	Jianhe	62630	1.4	252	13022	-3.5
台江县	Taijiang	43395	2.3	303	4820	-5.0
黎平县	Liping	129455	1.3	289	15733	-5.4
榕江县	Rongjiang	83560	1.3	282	11604	-3.0
从江县	Congjiang	110932	1.4	337	15237	-1.1
雷山县	Leishan	45993	0.7	332	5996	-3.5
麻江县	Majiang	47785	1.7	322	10143	0.2
丹寨县	Danzhai	48319	3.5	300	8190	-3.8
都匀市	Duyun	100335	-1.9	302	24776	-4.3
福泉市	Fuquan	116910	-0.6	563	13425	-4.4
荔波县	Libo	50555	0.6	298	9275	-3.4
贵定县	Guiding	81134	0.2	327	9942	-4.3
瓮安县	Wengan	185629	0.4	428	38746	-3.4
独山县	Dushan	113093	0.2	350	16926	-3.5
平塘县	Pingtang	110138	持平	346	13504	-4.5
罗甸县	Luodian	105100	0.3	331	20247	-4.5
长顺县	Changshun	98288	持平	401	12574	-4.5
龙里县	Longli	70890	持平	355	9017	-4.4
惠水县	Huishui	141386	0.5	364	19588	-3.4
※三都县	Sandu	100330	0.3	323	15873	-4.1

25-43 各县(市、区、特区)油菜籽、烤烟产量(2016)

Output of Rapeseed and Fluecured Tobacco and Its Order by County(City,District,Special region)

县(市、区、特区)名 称	County (City,District, Special region)	油菜籽产量(吨) Output of Rapeseeds(ton)	2016年比2015年增长(%) Increase Rate in 2016 over2015(%)	烤烟产量(吨) Output of Flue-cured Tobacco (ton)	2016年比2015年增长(%) Increase Rate in 2016 over2015(%)
南明区	Nanming				
云岩区	Yunyan				
花溪区	Huaxi	3932	-14.4		
乌当区	Wudang	5040	6.5		
白云区	Baiyun	595	-8.0		
观山湖区	Guanshanhu	975	7.1		
开阳县	Kaiyang	19548	-0.7	5635	-32.3
息烽县	Xifeng	8342	-19.5	1245	-4.4
修文县	Xiuwen	13581	0.9	1475	1.2
清镇市	Qingzhen	11521	1.1	2435	-47.2
钟山区	Zhongshan				
六枝特区	Liuzhi	8337	4.1	283	3.3
水城县	Shuicheng	197	-16.9	6983	4.1
盘 县	Panxian	2358	3.5	6246	-4.0
红花岗区	Honghuagang	19588	—	5064	—
汇川区	Huichuan	14656	—	1005	—
播州区	Bozhou	51874	—	6802	—
桐梓县	Tongzi	18904	-6.0	5162	-15.1
绥阳县	Suiyang	30013	-2.9	5230	-34.8
正安县	Zhengan	22969	0.1	6800	-2.9
※道真县	Daozhen	9362	2.7	8044	-33.3
※务川县	Wuchuan	9094	-2.1	10958	-18.3
凤冈县	Fenggang	14386	-7.9	6549	-7.2
湄潭县	Meitan	18387	-11.6	6219	-17.0
余庆县	Yuqing	16180	-2.5	6373	-32.3
习水县	Xishui	8835	1.3	901	-56.2
赤水市	Chishui	340	3.0		
仁怀市	Renhuai	15242	3.0	1293	-53.7
西秀区	Xixiu	36172	3.4	3890	-21.1
平坝区	Pingba	12325	3.2	2358	-35.8
普定县	Puding	12966	4.6	825	34.4
※镇宁县	Zhenning	10742	1.6	156	-62.8
※关岭县	Guanling	5733	6.5	292	-4.9
※紫云县	Ziyun	14850	9.6	2786	4.3
七星关区	Qixingguan	7106	1.6	6329	-25.1
大方县	Dafang	7209	-0.3	11027	-17.9
黔西县	Qianxi	80473	3.0	6454	-22.0
金沙县	Jinsha	27504	2.7	3920	-11.8
织金县	Zhijin	15382	1.8	3060	-7.9
纳雍县	Nayong	294	16.7	3520	…
※威宁县	Weining	54	…	28020	-11.2
赫章县	Hezhang	170	-2.9	5270	-4.7
碧江区	Bijiang	4667	1.0		
万山区	Wanshan	3851	3.5		

25−43 续表 continued

县(市、区、特区)名 称	County (City,District, Special region)	油菜籽产量(吨) Output of Rapeseeds(ton)	2016年比2015年增长(%) Increase Rate in 2016 over2015(%)	烤烟产量(吨) Output of Flue-cured Tobacco (ton)	2016年比2015年增长(%) Increase Rate in 2016 over2015(%)
江口县	Jiangkou	5177	8.1	1530	-18.2
※玉屏县	Yuping	4203	0.5		
石阡县	Shiqian	19863	-0.8	3760	-44.4
思南县	Sinan	22178	1.8	3975	-17.4
※印江县	Yinjiang	15190	3.3	1960	-30.0
德江县	Dejiang	15644	3.6	5335	-21.2
※沿河县	Yanhe	9881	0.2	4920	-5.4
※松桃县	Songtao	14387	0.2	1860	-17.2
兴义市	Xingyi	13005	3.5	10947	-3.5
兴仁县	Xingren	8071	11.2	6684	-1.0
普安县	Puan	2156	2.2	8169	-10.2
晴隆县	Qinglong	1864	6.4	2710	11.9
贞丰县	Zhenfeng	6750	12.0	4380	11.2
望谟县	Wangmo	3326	15.0		
册亨县	Ceheng	4315	9.0		
安龙县	Anlong	6613	28.5	7910	-2.1
凯里市	Kaili	3884	-2.2	540	-21.4
黄平县	Huangping	7271	1.5	2387	17.9
施秉县	Shibing	4600	-0.9	5100	0.1
三穗县	Sansui	3463	6.0	101	-39.2
镇远县	Zhenyuan	7896	0.6	5358	5.1
岑巩县	Cengong	6063	4.2	4625	-16.1
天柱县	Tianzhu	6159	2.0	961	-15.4
锦屏县	Jinping	5309	8.7	58	-83.0
剑河县	Jianhe	3214	4.8		
台江县	Taijiang	2472	0.5		
黎平县	Liping	9030	8.0		
榕江县	Rongjiang	6983	2.0		
从江县	Congjiang	5806	6.3		
雷山县	Leishan	594	1.4		
麻江县	Majiang	3753	2.0	1740	-17.0
丹寨县	Danzhai	910	19.1	180	9.8
都匀市	Duyun	8851	1.4	411	-27.6
福泉市	Fuquan	12523	4.3	3737	-6.6
荔波县	Libo	4910	0.3		
贵定县	Guiding	7194	0.1	1060	-8.5
瓮安县	Wengan	18100	1.6	4722	-27.1
独山县	Dushan	10200	7.4	825	-52.3
平塘县	Pingtang	10150	2.4	1550	-31.1
罗甸县	Luodian	3250	15.2		
长顺县	Changshun	6630	1.6	2571	-24.7
龙里县	Longli	7466	10.3	688	-8.9
惠水县	Huishui	7379	4.7	1594	-8.2
※三都县	Sandu	12037	5.0		

25−44 各县(市、区、特区)规模以上工业增加值(2016)

Value-added of Industry above Designated Size and Its Order by County(City,District,Special region)

单位：万元 (10000 yuan)

县(市、区、特区)名称	County (City,District, Special region)	工业增加值 Value-added of Industry	2016年比2015年增长（%） Increase Rate in 2016 over 2015(%)
南明区	Nanming	460906	12.2
云岩区	Yunyan	461463	9.0
花溪区	Huaxi	2410939	8.7
乌当区	Wudang	666373	12.2
白云区	Baiyun	1048729	12.0
观山湖区	Guanshanhu	149670	10.0
开阳县	Kaiyang	700547	12.5
息烽县	Xifeng	624010	12.5
修文县	Xiuwen	755635	12.3
清镇市	Qingzhen	427288	12.1
钟山区	Zhongshan	962072	11.0
六枝特区	Liuzhi	288664.5	10.8
水城县	Shuicheng	1450611	11.0
盘　县	Panxian	2467204.5	11.3
红花岗区	Honghuagang	949032	12.8
汇川区	Huichuan	1023299	5.7
播州区	Bozhou	1241618	14.9
桐梓县	Tongzi	299038	14.6
绥阳县	Suiyang	267258	14.9
正安县	Zhengan	114891	15.8
※道真县	Daozhen	69660	14.7
※务川县	Wuchuan	57357	14.8
凤冈县	Fenggang	124787	14.7
湄潭县	Meitan	241709	15.6
余庆县	Yuqing	199781	15.2
习水县	Xishui	626012	14.3
赤水市	Chishui	365252	15.0
仁怀市	Renhuai	5049427	13.2
西秀区	Xixiu	987001	13.9
平坝区	Pingba	374853	10.5
普定县	Puding	267134	12.0
※镇宁县	Zhenning	56897	12.0
※关岭县	Guanling	37717	1.4
※紫云县	Ziyun	22746	11.9
七星关区	Qixingguan	1046089	6.4
大方县	Dafang	419084	15.3
黔西县	Qianxi	373196	14.1
金沙县	Jinsha	851176	15.6
织金县	Zhijin	327735	11.6
纳雍县	Nayong	574810	15.5
※威宁县	Weining	274780	14.1
赫章县	Hezhang	145637	15.1
碧江区	Bijiang	365904	13.0
万山区	Wanshan	145354	12.5
江口县	Jiangkou	65346	12.2
※玉屏县	Yuping	416973	12.9
石阡县	Shiqian	82418	12.3
思南县	Sinan	233462	12.8
※印江县	Yinjiang	80054	12.6
德江县	Dejiang	141935	12.4
※沿河县	Yanhe	121717	12.4
※松桃县	Songtao	317880	12.6
兴义市	Xingyi	1219478	12.5
兴仁县	Xingren	346220	12.6
普安县	Puan	268935	12.7
晴隆县	Qinglong	195176	12.4
贞丰县	Zhenfeng	639271	12.5
望谟县	Wangmo	51525	13.3
册亨县	Ceheng	48300	12.3
安龙县	Anlong	255847	12.2
凯里市	Kaili	576834	15.0
黄平县	Huangping	51696	13.2
施秉县	Shibing	12193	-27.2
三穗县	Sansui	83344	14.9
镇远县	Zhenyuan	323242	13.8
岑巩县	Cengong	165525	13.5
天柱县	Tianzhu	210615	8.7
锦屏县	Jinping	178355	8.9
剑河县	Jianhe	49876	14.0
台江县	Taijiang	57836	10.1
黎平县	Liping	125953	14.3
榕江县	Rongjiang	112683	12.7
从江县	Congjiang	57901	14.6
雷山县	Leishan	3436	7.7
麻江县	Majiang	22386	8.5
丹寨县	Danzhai	114270	12.2
都匀市	Duyun	393444	12.6
福泉市	Fuquan	603236	12.9
荔波县	Libo	135508	11.7
贵定县	Guiding	458719	12.8
瓮安县	Wengan	466706	13.1
独山县	Dushan	252207	12.9
平塘县	Pingtang	55825	12.1
罗甸县	Luodian	110137	12.3
长顺县	Changshun	157643	12.6
龙里县	Longli	513352	13.5
惠水县	Huishui	384471	12.8
※三都县	Sandu	53734	11.5

注：统计口径为年主营业务收入2000万元及以上的工业企业。

Note: The Statistical caliber of this table in the table refers to the industries which main business revenue achieve 20 million yuan and above.

25-45 各县(市、区、特区)社会消费品零售总额(2016)
Total Retail Sales of Social Consumer Goods by County (City,District,Special Region)

单位：万元 (10000 yuan)

县(市、区、特区)名称	County (City,District, Special Region)	社会消费品零售总额 Total Retail Sales of Consumer Goods	城镇 Urban	乡村 Rural
南明区	Nanming	3441956	3441956	
云岩区	Yunyan	3416934	3416934	
花溪区	Huaxi	2357638	1348569	1009069
乌当区	Wudang	387298	371807	15491
白云区	Baiyun	488109	485766	2343
观山湖区	Guanshanhu	1160503	1160503	
开阳县	Kaiyang	407459	169910	237549
息烽县	Xifeng	221110	123258	97852
修文县	Xiuwen	257422	107944	149478
清镇市	Qingzhen	456652	325602	131050
钟山区	Zhongshan	1844535	1567854	276680
六枝特区	Liuzhi	409144	340817	68327
水城县	Shuicheng	191786	159758	32028
盘　县	Panxian	872463	726762	145701
红花岗区	Honghuagang	2075461	2000721	74740
汇川区	Huichuan	1191725	1116551	75174
播州区	Bozhou	838095	775895	62201
桐梓县	Tongzi	284211	207723	76489
绥阳县	Suiyang	220052	150537	69515
正安县	Zhengan	219424	163257	56167
※道真县	Daozhen	138285	64384	73901
※务川县	Wuchuan	139718	72040	67679
凤冈县	Fenggang	189728	117065	72663
湄潭县	Meitan	291282	239427	51855
余庆县	Yuqing	180709	122529	58180
习水县	Xishui	273347	214618	58730
赤水市	Chishui	264656	193611	71045
仁怀市	Renhuai	927659	867459	60200
西秀区	Xixiu	694415	486091	208325
平坝区	Pingba	262461	157477	104984
普定县	Puding	198102	118861	79241
※镇宁县	Zhenning	211027	126616	84411
※关岭县	Guanling	233382	140029	93353
※紫云县	Ziyun	163699	98219	65480
七星关区	Qixingguan	1218420	916501	301919
大方县	Dafang	325138	253608	71530
黔西县	Qianxi	345139	269209	75931
金沙县	Jinsha	352841	275216	77625
织金县	Zhijin	325612	253977	71635
纳雍县	Nayong	268244	209230	59014
※威宁县	Weining	327177	255198	71979
赫章县	Hezhang	238898	186340	52558
碧江区	Bijiang	460892	375620	85272
万山区	Wanshan	110382	89960	20422

25-45 续表 continued

单位：万元 (10000 yuan)

县(市、区、特区)名 称	County (City,District, Special Region)	社会消费品零售总额 Total Retail Sales of Consumer Goods	城镇 Urban	乡村 Rural
江口县	Jiangkou	93742	76398	17344
※玉屏县	Yuping	100898	82230	18668
石阡县	Shiqian	107606	87698	19909
思南县	Sinan	253185	206342	46843
※印江县	Yinjiang	135922	110774	25147
德江县	Dejiang	177767	144877	32889
※沿河县	Yanhe	189074	154093	34981
※松桃县	Songtao	241441	196771	44670
兴义市	Xingyi	1504405	1314969	189436
兴仁县	Xingren	194630	129073	65557
普安县	Puan	87347	70259	17089
晴隆县	Qinglong	71784	53229	18555
贞丰县	Zhenfeng	101524	82633	18891
望谟县	Wangmo	49994	37085	12908
册亨县	Ceheng	28334	22996	5337
安龙县	Anlong	130134	117321	12813
凯里市	Kaili	1136997	866392	270605
黄平县	Huangping	124951	95213	72552
施秉县	Shibing	84290	64229	48943
三穗县	Sansui	141225	107614	82002
镇远县	Zhenyuan	143257	109162	83181
岑巩县	Cengong	116290	88613	67523
天柱县	Tianzhu	194895	148510	113165
锦屏县	Jinping	104845	79892	60877
剑河县	Jianhe	109152	83174	63378
台江县	Taijiang	62716	47789	36416
黎平县	Liping	213918	163006	124210
榕江县	Rongjiang	144988	110481	84186
从江县	Congjiang	143528	109368	83338
雷山县	Leishan	70289	53560	40813
麻江县	Majiang	48281	36790	28034
丹寨县	Danzhai	61972	47223	35984
都匀市	Duyun	701081	652005	49076
福泉市	Fuquan	236760	220187	16573
荔波县	Libo	112530	104653	7877
贵定县	Guiding	171141	159161	11980
瓮安县	Wengan	214209	199214	14995
独山县	Dushan	186006	172985	13020
平塘县	Pingtang	135391	125914	9477
罗甸县	Luodian	125162	116401	8761
长顺县	Changshun	107676	100139	7537
龙里县	Longli	165180	153617	11563
惠水县	Huishui	189652	176376	13276
※三都县	Sandu	134279	124879	9400

25－46 各县(市、区、特区)金融机构人民币各项存贷款余额(2016)

Urban and Rural Resident Savings Deposit Balance and Loan by County(City,District,Special region)

单位：亿元 (100 million yuan)

县(市、区、特区)名称	County (City,District, Special region)	金融机构人民币各项存款余额 Total Deposits	#个人储蓄蓄存款 Personal Saving Deposits	金融机构人民币各项贷款余额 Total Loans
开阳县	Kaiyang	137.46	63.24	89.89
息烽县	Xifeng	100.22	46.25	72.95
修文县	Xiuwen	98.28	43.43	74.32
清镇市	Qingzhen	198.37	97.89	181.09
六枝特区	Liuzhi	140.67	68.54	127.02
盘　县	Panxian	340.72	166.92	232.91
遵义县	Zunyi	344.31	196.08	212.75
桐梓县	Tongzi	152.60	92.64	88.81
绥阳县	Suiyang	147.55	73.38	77.74
正安县	Zhengan	135.26	70.38	91.34
※道真县	Daozhen	104.13	59.17	44.61
※务川县	Wuchuan	109.99	54.35	64.92
凤冈县	Fenggang	92.17	54.60	62.57
湄潭县	Meitan	153.20	85.66	109.74
余庆县	Yuqing	95.37	54.23	77.27
习水县	Xishui	175.91	80.88	123.47
赤水市	Chishui	131.50	73.54	101.63
仁怀市	Renhuai	992.88	128.69	251.65
平坝区	Pingba	155.40	68.80	108.69
普定县	Puding	96.92	38.80	77.48
※镇宁县	Zhenning	97.68	36.92	79.21
※关岭县	Guanling	77.57	34.84	57.85
※紫云县	Ziyun	72.24	28.46	43.81
七星关区	Qixingguan	612.07	203.89	386.13
大方县	Dafang	174.26	94.71	91.31
黔西县	Qianxi	172.02	79.20	134.29
金沙县	Jinsha	133.63	76.52	123.05
织金县	Zhijin	199.50	89.80	157.16
纳雍县	Nayong	120.33	61.93	94.45
※威宁县	Weining	149.81	78.88	96.38
赫章县	Hezhang	105.69	60.57	65.55
碧江区	Bijiang	415.52	118.44	221.22
万山区	Wanshan	45.39	19.58	19.64

注：资料来源于人民银行贵阳中心支行。

Notes:Data in the table are obtained from Guiyang Central Branch of PBC.

25-46 续表 continued

单位：亿元 (100 million yuan)

县(市、区、特区)名 称	County (City,District, Special region)	金融机构人民币各项存款余额 Total Deposits	#个人储蓄存款 Personal Saving Deposits	金融机构人民币各项贷款余额 Total Loans
江口县	Jiangkou	62.64	30.71	51.92
※玉屏县	Yuping	84.29	28.13	57.09
石阡县	Shiqian	89.26	46.11	62.15
思南县	Sinan	122.04	73.29	97.10
※印江县	Yinjiang	102.76	50.28	79.53
德江县	Dejiang	97.71	47.98	69.18
※沿河县	Yanhe	127.55	62.82	67.61
※松桃县	Songtao	132.97	67.10	92.22
兴义市	Xingyi	632.31	212.67	414.30
兴仁县	Xingren	139.00	46.36	95.84
普安县	Puan	81.98	31.26	56.19
晴隆县	Qinglong	59.34	26.04	32.31
贞丰县	Zhenfeng	104.86	42.86	54.73
望谟县	Wangmo	76.54	23.66	40.01
册亨县	Ceheng	53.67	21.26	33.54
安龙县	Anlong	146.53	53.22	75.60
凯里市	Kaili	551.95	188.59	333.27
黄平县	Huangping	74.58	43.41	43.55
施秉县	Shibing	53.87	31.54	27.13
三穗县	Sansui	46.65	27.69	32.65
镇远县	Zhenyuan	66.32	34.93	45.29
岑巩县	Cengong	61.79	28.11	40.36
天柱县	Tianzhu	97.33	56.07	55.69
锦屏县	Jinping	57.59	38.90	33.68
剑河县	Jianhe	51.52	34.31	29.09
台江县	Taijiang	45.77	20.33	44.58
黎平县	Liping	96.29	63.16	72.79
榕江县	Rongjiang	72.85	41.68	58.15
从江县	Congjiang	55.85	30.98	35.40
雷山县	Leishan	41.49	22.36	27.22
麻江县	Majiang	47.23	26.98	33.91
丹寨县	Danzhai	45.57	21.17	24.54
都匀市	Duyun	431.26	162.59	269.70
福泉市	Fuquan	144.76	60.83	136.52
荔波县	Libo	73.29	32.79	48.89
贵定县	Guiding	87.55	43.20	61.18
瓮安县	Wengan	148.21	82.65	112.67
独山县	Dushan	110.24	60.66	69.37
平塘县	Pingtang	69.07	32.71	63.22
罗甸县	Luodian	69.11	32.17	54.44
长顺县	Changshun	70.62	25.39	46.38
龙里县	Longli	128.12	53.90	76.57
惠水县	Huishui	87.94	44.37	69.25
※三都县	Sandu	101.29	39.45	58.02

25-47 各县(市、区、特区)普通中学(2016)

县(市、区、特区)名称	County (City,Distric, Special Region)	学校数(所) Total Schools (unit)	#初中 Junior Secondary Schools	毕业生数(人) Graduates(person) 初中 Junior Secondary Schools	高中 Senior Secondary Schools
南明区	Nanming	69	59	8148	2708
云岩区	Yunyan	64	51	10123	5573
花溪区	Huaxi	56	44	8163	4189
乌当区	Wudang	15	11	2468	1062
白云区	Baiyun	14	10	4456	2354
观山湖区	Guanshanhu	29	20	4392	2626
开阳县	Kaiyang	20	18	5139	3079
息烽县	Xifeng	14	11	3059	1727
修文县	Xiuwen	15	9	3295	1809
清镇市	Qingzhen	26	17	7244	3737
钟山区	Zhongshan	51	41	14754	11239
六枝特区	Liuzhi	38	33	10892	3871
水城县	Shuicheng	57	52	12118	3691
盘　县	Panxian	71	59	18622	12379
红花岗区	Honghuagang	41	30	9345	7066
汇川区	Huichuan	37	29	8931	3511
播州区	Bozhou	45	36	14400	11242
桐梓县	Tongzi	46	40	9374	4290
绥阳县	Suiyang	31	24	7938	2889
正安县	Zhengan	40	35	7759	3551
※道真县	Daozhen	21	19	5491	2584
※务川县	Wuchuan	28	24	8275	3897
凤冈县	Fenggang	21	17	6629	3295
湄潭县	Meitan	25	22	7552	3815
余庆县	Yuqing	15	13	4577	2585
习水县	Xishui	34	27	9704	4075
赤水市	Chishui	18	15	3247	1662
仁怀市	Renhuai	36	29	10865	5044
西秀区	Xixiu	52	42	13937	7644
平坝区	Pingba	22	17	4975	2092
普定县	Puding	16	15	6622	2170
※镇宁县	Zhenning	19	17	4692	1076
※关岭县	Guanling	21	19	4573	1453
※紫云县	Ziyun	19	18	5758	1852
七星关区	Qixingguan	106	88	30381	12319
大方县	Dafang	55	41	17800	6530
黔西县	Qianxi	58	50	13976	5484
金沙县	Jinsha	30	27	10489	3727
织金县	Zhijin	46	38	21283	5941
纳雍县	Nayong	45	40	17535	4612
※威宁县	Weining	68	57	43659	11297
赫章县	Hezhang	50	40	18059	5870
碧江区	Bijiang	26	18	6700	6395
万山区	Wanshan	11	9	2175	638

注：资料来源于省教育厅（以下相关表同）。

Regular Secondary Schools by County(City,District,Special region)

招生数(人) New Enrollment(person)		在校学生数(人) Students Enrollment(person)		专任教师(人) Full-time Teachers(person)	
初中 Junior Secondary Schools	高中 Senior Secondary Schools	初中 Junior Secondary Schools	高中 Senior Secondary Schools	初中 Junior Secondary Schools	高中 Senior Secondary Schools
7689	2957	23858	8714	1893	638
8528	5161	26735	16190	2068	1329
7239	4649	21658	13311	1667	959
3259	1247	9239	3679	781	347
4296	2998	12777	8365	808	698
4581	2897	12735	8856	1016	620
3239	2481	10930	8008	846	484
2603	1726	7992	5352	603	347
2592	2208	8274	6213	659	418
5498	3546	17010	11304	1327	912
12665	8170	40774	27013	2433	1717
10968	4225	31229	12136	1843	761
12230	4997	36296	12987	2422	637
11229	11024	41787	32684	3117	1952
9206	7032	27073	20981	1955	1422
7514	3938	23530	11959	1784	859
10789	9516	34322	29772	2808	1725
8383	4546	26482	13216	1774	804
5750	3678	19254	10835	1393	693
6880	3902	21185	11582	1664	755
4212	3133	13879	8997	895	490
6837	4089	22162	12392	1435	800
5274	3507	17328	10577	1245	612
5953	3786	18997	12075	1448	761
4053	2332	12468	7244	836	427
8614	4254	27570	13059	1755	841
3134	1641	9426	4945	711	327
8862	5186	29130	15787	2311	1033
13909	8016	41281	24328	2471	1407
4580	2031	14224	6299	926	432
6768	1654	19590	5909	1231	383
4423	1261	13347	3794	894	228
5851	2498	16307	5551	960	341
5402	1948	15407	5145	1000	314
29506	15770	89947	43102	5510	2693
14233	7989	48044	22310	3289	1498
11785	5510	37418	17092	2607	889
9872	4223	28922	11812	1900	767
16438	8448	54092	24558	3182	1331
16828	5152	49791	16079	2744	804
34623	16620	104604	45597	5171	2225
15111	7798	49902	20546	3104	1285
6450	7306	19877	21330	1464	1210
1740	1234	5506	3972	459	309

Note：Data in the table are provided by the Provincial of Education(The rclative tables in the chapter are the same).

25-47 续表

县（市、区、特区）名称	County (City,Distric, Special Region)	学校数（所）Total Schools (unit)	#初中 Junior Secondary Schools	毕业生数(人) Graduates(person) 初中 Junior Secondary Schools	高中 Senior Secondary Schools
江口县	Jiangkou	15	13	3068	1659
※玉屏县	Yuping	9	7	1955	1020
石阡县	Shiqian	27	23	6673	2881
思南县	Sinan	40	34	12939	6962
※印江县	Yinjiang	21	18	6851	3078
德江县	Dejiang	34	29	8965	3440
※沿河县	Yanhe	37	33	11538	3025
※松桃县	Songtao	41	37	10502	3810
兴义市	Xingyi	79	60	15971	10310
兴仁县	Xingren	42	37	9000	2402
普安县	Puan	31	29	6242	1421
晴隆县	Qinglong	24	21	5581	1720
贞丰县	Zhenfeng	23	20	5488	1683
望谟县	Wangmo	20	18	5141	1684
册亨县	Ceheng	19	17	4327	857
安龙县	Anlong	25	21	7051	2812
凯里市	Kaili	38	25	9852	6690
黄平县	Huangping	14	10	6527	2280
施秉县	Shibing	7	6	2533	972
三穗县	Sansui	7	6	2666	1288
镇远县	Zhenyuan	14	12	4018	1638
岑巩县	Cengong	15	13	3668	1502
天柱县	Tianzhu	17	14	3735	2430
锦屏县	Jinping	17	15	2580	1861
剑河县	Jianhe	15	12	4080	1373
台江县	Taijiang	5	4	2297	897
黎平县	Liping	24	19	7502	3374
榕江县	Rongjiang	18	14	5091	2004
从江县	Congjiang	20	18	4847	2700
雷山县	Leishan	6	5	2270	1082
麻江县	Majiang	8	7	2254	1068
丹寨县	Danzhai	5	4	2675	925
都匀市	Duyun	27	16	5624	4275
福泉市	Fuquan	15	12	3682	2484
荔波县	Libo	7	6	2540	1475
贵定县	Guiding	15	13	3901	1433
瓮安县	Wengan	23	20	5772	3911
独山县	Dushan	7	5	3897	2300
平塘县	Pingtang	16	15	4382	2061
罗甸县	Luodian	19	17	5042	2245
长顺县	Changshun	15	14	3729	1485
龙里县	Longli	9	8	2968	887
惠水县	Huishui	22	21	7448	2956
※三都县	Sandu	23	20	5686	2404

continued

招生数(人) New Enrollment(person)		在校学生数(人) Students Enrollment(person)		专任教师(人) Full-time Teachers(person)	
初中 Junior Secondary Schools	高中 Senior Secondary Schools	初中 Junior Secondary Schools	高中 Senior Secondary Schools	初中 Junior Secondary Schools	高中 Senior Secondary Schools
2751	1778	8517	5084	683	329
1839	977	5507	2904	454	211
5678	3962	18453	11028	1338	697
10248	6873	32638	22825	1844	1417
5945	4418	19155	11062	1285	583
9578	4488	29165	12764	2170	744
11322	4511	34243	11083	2113	554
9281	5556	28543	15217	2231	911
16438	11587	49629	33704	3471	2209
8759	3953	26384	9159	1823	623
4985	2098	16214	5575	971	324
4286	2599	13084	6318	743	244
7607	2165	20281	5799	1222	365
5896	2425	17029	6231	1162	273
3036	2036	10061	4701	729	319
5575	3616	16672	9455	1272	524
9308	7426	28537	21449	1885	1425
4914	2817	16546	7625	1036	445
2128	1058	6777	2903	451	157
2728	1266	7953	3751	546	250
3207	1942	10820	5591	700	325
3152	1801	10234	5359	682	334
3754	2111	10766	7102	1118	439
2353	1558	7200	5134	584	349
3372	2030	11131	5919	702	308
2116	1062	7113	3052	439	161
4973	3781	16552	11415	1249	588
4944	2654	14758	6845	977	427
4882	2334	14317	6822	918	352
1957	1088	6199	3388	416	204
1815	1112	6080	3523	525	203
2458	912	7186	3303	472	182
5226	4449	15450	12724	1334	770
2890	1649	9188	5764	668	389
2092	1462	6562	4360	445	250
3153	1688	9718	4689	728	314
5171	3606	15717	10532	1146	583
3018	2122	9732	6327	719	447
4390	2121	13554	6356	831	397
4860	2504	15779	6474	987	417
3170	1665	10519	4263	748	269
2587	1082	7943	3286	593	202
6051	3420	19334	10021	1303	592
5908	2580	17812	7152	975	440

25-48 各县(市、区、特区)小学(2016)

Primary Schools by County(City,District,Special region)

县(市、区、特区)名称	County (City,Distric, Special Region)	学校数(个) Schools (unit)	毕业生数(人) Graduates (person)	招生数(人) New Enrollment (person)	在校学生数(人) Students Enrollment (person)	专任教师(人) Full-time Teachers (person)	学龄儿童入学率(%) Enrollment Ratio of Primary Schools(%)	学龄女童入学率(%) Enrollment Ratio of School Girls(%)
南明区	Nanming	85	9051	10638	58825	3145	123.5	124.0
云岩区	Yunyan	72	9926	11750	62924	3204	184.0	180.3
花溪区	Huaxi	89	7418	10412	51418	2689	101.2	102.4
乌当区	Wudang	45	2550	3707	18552	1231	99.6	100.7
白云区	Baiyun	46	4011	5351	27274	1477	98.5	98.5
观山湖区	Guanshanhu	44	3815	6861	33119	1635	125.3	130.2
开阳县	Kaiyang	47	3295	4656	23589	1368	99.6	102.2
息烽县	Xifeng	27	2615	3312	17662	1019	99.6	102.9
修文县	Xiuwen	32	2544	4483	20805	1063	96.8	98.1
清镇市	Qingzhen	76	4994	7985	37847	2016	102.5	102.6
钟山区	Zhongshan	76	12753	12715	69354	3284	128.0	126.0
六枝特区	Liuzhi	129	10404	12434	64558	3196	99.0	98.8
水城县	Shuicheng	157	11949	12035	61013	3577	96.8	101.6
盘　县	Panxian	147	10861	14455	66554	4131	99.0	97.3
红花岗区	Honghuagang	62	8557	10487	56426	2720	128.2	127.4
汇川区	Huichuan	89	7153	8270	44461	2520	112.7	113.2
播州区	Bozhou	183	10287	12413	65600	4342	101.0	104.5
桐梓县	Tongzi	134	8112	9540	49807	2595	72.8	67.1
绥阳县	Suiyang	78	5744	6088	32307	1856	91.7	94.4
正安县	Zhengan	81	6436	6652	38061	2152	97.8	97.3
※道真县	Daozhen	62	4115	4041	24608	1444	86.3	87.0
※务川县	Wuchuan	64	6494	5167	31093	1827	75.7	76.8
凤冈县	Fenggang	75	5015	4508	28033	1592	91.4	92.9
湄潭县	Meitan	64	5640	5438	32143	1956	100.4	102.7
余庆县	Yuqing	69	3918	3879	23431	1173	91.7	93.3
习水县	Xishui	144	8433	10499	55502	3045	85.0	87.1
赤水市	Chishui	33	3063	3748	21710	1311	76.7	77.0
仁怀市	Renhuai	84	8950	9544	48142	3003	96.3	93.0
西秀区	Xixiu	140	13091	14112	78023	4120	105.4	105.2
平坝区	Pingba	94	4780	5597	29845	1795	128.7	129.4
普定县	Puding	75	6828	7355	40268	2221	99.7	100.0
※镇宁县	Zhenning	74	5711	5330	30565	1713	85.5	87.8
※关岭县	Guanling	94	5055	5741	33069	1653	100.4	100.2
※紫云县	Ziyun	84	5295	5774	32620	1733	99.0	99.9
七星关区	Qixingguan	295	27445	27667	157778	8713	100.6	99.9
大方县	Dafang	239	15777	18150	96515	4959	98.2	97.8
黔西县	Qianxi	142	11615	13041	67589	3647	99.1	99.3
金沙县	Jinsha	86	10034	10701	62536	3560	86.0	86.0
织金县	Zhijin	276	17464	16743	94109	4279	94.9	97.1
纳雍县	Nayong	222	17759	17246	97061	4469	99.1	99.4
※威宁县	Weining	374	34767	27979	170257	7859	96.9	97.4
赫章县	Hezhang	248	15629	15164	87017	4307	99.2	99.7
碧江区	Bijiang	50	5487	6426	35063	1962	150.0	150.8
万山区	Wanshan	35	1572	1964	10745	696	80.8	84.3

25−48 续表 continued

县(市、区、特区)名 称	County (City,Distric, Special Region)	学校数(个) Schools (unit)	毕业生数(人) Graduates (person)	招生数(人) New Enrollment (person)	在校学生数(人) Students Enrollment (person)	专任教师(人) Full-time Teachers (person)	学龄儿童入学率(%) Enrollment Ratio of Primary Schools(%)	学龄女童入学率(%) Enrollment Ratio of School Girls(%)
江口县	Jiangkou	32	2648	3005	16070	1085	84.9	82.1
※玉屏县	Yuping	30	1869	2158	12037	778	98.3	117.1
石阡县	Shiqian	66	5923	4099	26065	1992	81.4	82.1
思南县	Sinan	130	9859	7233	47149	2880	95.9	96.0
※印江县	Yinjiang	98	6793	5076	32010	2105	97.7	100.2
德江县	Dejiang	102	9110	7012	45097	2972	98.3	98.6
※沿河县	Yanhe	194	11211	9834	58600	3533	99.1	101.2
※松桃县	Songtao	143	9437	8653	47418	3720	99.9	97.2
兴义市	Xingyi	158	13230	15376	82423	4805	99.9	100.0
兴仁县	Xingren	124	8885	8659	53261	2933	100.0	99.9
普安县	Puan	104	5317	4560	28595	1818	99.0	96.7
晴隆县	Qinglong	95	5079	5648	32411	1552	99.5	99.5
贞丰县	Zhenfeng	111	7706	6095	40283	2405	97.5	98.4
望谟县	Wangmo	94	6116	4256	29928	1996	99.1	99.0
册亨县	Ceheng	47	3162	3634	19717	1040	99.2	99.0
安龙县	Anlong	54	5772	6921	36317	2052	102.6	105.1
凯里市	Kaili	70	8813	9761	54158	2944	111.9	110.2
黄平县	Huangping	71	5030	4043	25490	1426	99.5	99.5
施秉县	Shibing	38	2253	2060	12584	796	89.4	89.4
三穗县	Sansui	35	2757	3334	17479	872	99.6	98.5
镇远县	Zhenyuan	29	3183	3851	18797	1030	99.1	97.6
岑巩县	Cengong	35	3055	2886	16477	1067	99.4	94.6
天柱县	Tianzhu	47	3891	4774	25621	1604	77.7	73.3
锦屏县	Jinping	40	2324	2662	14308	829	91.1	91.0
剑河县	Jianhe	35	3291	3765	20306	1131	93.3	90.7
台江县	Taijiang	14	2099	2467	13629	907	99.3	99.2
黎平县	Liping	137	4820	6875	36163	2078	103.9	104.2
榕江县	Rongjiang	73	5063	5368	28023	1568	99.3	97.1
从江县	Congjiang	89	5170	5417	28063	1554	91.1	90.1
雷山县	Leishan	27	1897	2048	11355	802	99.2	102.8
麻江县	Majiang	21	1845	1964	10580	737	99.2	99.0
丹寨县	Danzhai	25	2455	2512	14802	929	100.0	101.7
都匀市	Duyun	39	5086	5523	29439	1913	99.7	102.7
福泉市	Fuquan	62	2887	4945	22628	1342	99.2	99.6
荔波县	Libo	39	2039	2311	12634	770	94.2	95.8
贵定县	Guiding	61	3212	3788	19514	1219	99.8	99.8
瓮安县	Wengan	51	4999	6677	34999	1741	99.1	100.7
独山县	Dushan	24	2718	3778	20809	1219	99.2	103.5
平塘县	Pingtang	80	4471	3742	23278	1194	99.9	100.1
罗甸县	Luodian	70	4809	4805	27389	1585	95.9	94.3
长顺县	Changshun	60	3218	3408	17245	1154	99.3	100.0
龙里县	Longli	25	2557	3398	17456	1171	99.8	99.7
惠水县	Huishui	59	5660	6284	33129	1985	99.9	99.8
※三都县	Sandu	58	5896	5723	32131	1579	99.7	97.5

25-49 贫困县名单(2016)
Poverty County

县 名	County
六盘水市	
六枝特区	Liuzhi
▼水城县	Shuicheng
盘 县	Panxian
遵义市	
桐梓县	Tongzi
▼正安县	Zhengan
※道真县	Daozhen
※务川县	Wuchuan
凤冈县	Fenggang
湄潭县	Meitan
习水县	Xishui
赤水市	Chishui
安顺市	
西秀区	Xixiu
平坝区	Pingba
普定县	Puding
※镇宁县	Zhenning
※关岭县	Guanling
▼※紫云县	Ziyun
毕节市	
七星关区	Qixingguan
大方县	Dafang
黔西县	Qianxi
织金县	Zhijin
▼纳雍县	Nayong
▼※威宁县	Weining
▼赫章县	Hezhang
铜仁市	
碧江区	Bijiang
万山区	Wanshan
江口县	Jiangkou
※玉屏县	Yuping
石阡县	Shiqian
思南县	Sinan
※印江县	Yinjiang
德江县	Dejiang
▼※沿河县	Yanhe
※松桃县	Songtao
黔西南州	
兴仁县	Xingren
普安县	Puan
▼晴隆县	Qinglong
贞丰县	Zhenfeng
▼望谟县	Wangmo
▼册亨县	Ceheng
安龙县	Anlong
黔东南州	
黄平县	Huangping
施秉县	Shibing
三穗县	Sansui
镇远县	Zhenyuan
岑巩县	Cengong
天柱县	Tianzhu
锦屏县	Jinping
▼剑河县	Jianhe
台江县	Taijiang
黎平县	Liping
▼榕江县	Rongjiang
▼从江县	Congjiang
雷山县	Leishan
麻江县	Majiang
丹寨县	Danzhai
黔南州	
荔波县	Libo
贵定县	Guiding
瓮安县	Wengan
独山县	Dushan
平塘县	Pingtang
罗甸县	Luodian
长顺县	Changshun
龙里县	Longli
惠水县	Huishui
▼※三都县	Sandu

注：1.资料来源于省扶贫办。2.▼为深度贫困县。

Note: 1.Date in the table are provided by the Poverty Allevation and Development office of Guizhou. 2."▼"is the County of deepiy Anti-poverty.

全国及各省（区、市）资料

26

Main Statistics of Provinces (autonomous regions,municipalities) in the Whole Country

简 要 说 明

一、主要内容

本篇资料包括全国及各省（自治区、直辖市）主要经济社会指标。

二、资料来源

本篇资料由国家统计局相关专业司提供，部分数据为快报统计数。

Brief Introduction

I、 Main Contents

National and provincial (autonomous regions, municipalities directly under the central government) economic and social indicators.

II、 Sources of Data

Data is provided by the relevant professional division of the National Bureau of Statistics, Some of them are preliminary statistics.

26-1 全国及各省(区、市)人口、地区生产总值(2016)

单位：亿元

地 区	Region	年末总人口(万人) Total Population at year-end (10000 persons)	位次 Order	地区生产总值 Gross Domestic Product	位次 Order	第一产业增加值 Primary Industry	位次 Order
全 国	**National Total**	**138271**		**744127**		**63671**	
北 京	Beijing	2173	26	25669.13	12	129.79	29
天 津	Tianjin	1562	27	17885.39	19	220.22	28
河 北	Hebei	7470	6	32070.45	8	3492.81	8
山 西	Shanxi	3682	18	13050.41	24	784.78	25
内蒙古	Inner Mongolia	2520	23	18128.10	18	1637.39	20
辽 宁	Liaoning	4378	14	22246.90	14	2173.06	14
吉 林	Jilin	2733	21	14776.80	23	1498.52	21
黑龙江	Heilongjiang	3799	17	15386.09	21	2670.46	10
上 海	Shanghai	2420	24	28178.65	11	109.47	31
江 苏	Jiangsu	7999	5	77388.28	2	4077.18	3
浙 江	Zhejiang	5590	10	47251.36	4	1965.18	15
安 徽	Anhui	6196	8	24407.62	13	2567.72	11
福 建	Fujian	3874	15	28810.58	10	2363.22	12
江 西	Jiangxi	4592	13	18499.00	16	1904.53	16
山 东	Shandong	9947	2	68024.49	3	4929.13	1
河 南	Henan	9532	3	40471.79	5	4286.21	2
湖 北	Hubei	5885	9	32665.38	7	3659.33	6
湖 南	Hunan	6822	7	31551.37	9	3578.37	7
广 东	Guangdong	10999	1	80854.91	1	3694.37	5
广 西	Guangxi	4838	11	18317.64	17	2796.80	9
海 南	Hainan	917	28	4053.20	28	948.35	24
重 庆	Chongqing	3048	20	17740.59	20	1303.24	22
四 川	Sichuan	8262	4	32934.54	6	3929.33	4
贵 州	**Guizhou**	**3555**	**19**	**11776.73**	**25**	**1846.19**	**17**
云 南	Yunnan	4771	12	14788.42	22	2195.11	13
西 藏	Tibet	331	31	1151.41	31	115.78	30
陕 西	Shanxi	3813	16	19399.59	15	1693.85	18
甘 肃	Gansu	2610	22	7200.37	27	983.39	23
青 海	Qinghai	593	30	2572.49	30	221.19	27
宁 夏	Ningxia	675	29	3168.59	29	241.60	26
新 疆	Xinjiang	2398	25	9649.70	26	1648.97	19

注：鉴于时效性，除贵州省以外，全国及其他各省2016年地区生产总值及分行业增加值均采用初步核算数。

The Population and GDP of the Whole Country and All Provinces

(100 million yuan)

第二产业 增加值 Secondary Industry	位次 Order	第三产业 增加值 Tertiary Industry	位次 Order	地区生产总值比上年增长(%) Increase Rate of GDP in 2016 over 2015(%)	位次 Order
296236		**384221**		**6.7**	
4944.44	23	20594.90	5	6.8	28
7571.35	19	10093.82	14	9.1	4
15256.93	6	13320.71	11	6.8	27
5028.99	22	7236.64	22	4.5	30
8553.63	15	7937.08	19	7.2	24
8606.54	14	11467.30	13	-2.5	31
7004.95	20	6273.33	24	6.9	25
4400.69	25	8314.94	17	6.1	29
8406.28	16	19662.90	6	6.9	25
34619.50	2	38691.60	2	7.8	14
21194.61	4	24091.57	4	7.6	20
11821.58	11	10018.32	15	8.7	7
14093.47	8	12353.89	12	8.4	8
8829.54	13	7764.93	20	9.0	5
31343.67	3	31751.69	3	7.6	16
19275.82	5	16909.76	7	8.1	9
14654.38	7	14351.67	10	8.1	10
13341.17	10	14631.83	9	8.0	12
35109.66	1	42050.88	1	7.5	21
8273.66	17	7247.18	21	7.3	23
905.95	30	2198.90	28	7.5	22
7898.92	18	8538.43	16	10.7	1
13448.92	9	15556.29	8	7.8	14
4669.53	**24**	**5261.01**	**25**	**10.5**	**2**
5690.16	21	6903.15	23	8.7	6
429.17	31	606.46	31	10.1	3
9490.72	12	8215.02	18	7.6	16
2515.56	27	3701.42	27	7.6	16
1249.98	29	1101.32	30	8.0	12
1488.44	28	1438.55	29	8.1	10
3647.01	26	4353.72	26	7.6	16

Note: In view of timeliness, except to Guizhou, nation and other provinces' GDP and sector added value are employed the number of preliminary accounting in 2016.

26-2 全国及各省(区、市)固定资产投资(不含农户)、房地产开发情况(2016)

地 区	Region	固定资产投资(亿元) Investment in Fixed Assets(100 million yuan)	位 次 Order	房地产开发投资(亿元) Real Estate Investment (100 million yuan)	位 次 Order
全 国	**National Total**	**596500.75**		**102580.61**	
北 京	Beijing	7888.69	25	4000.57	11
天 津	Tianjin	12756.36	21	2300.01	18
河 北	Hebei	31340.07	5	4695.63	7
山 西	Shanxi	13859.35	18	1597.35	23
内蒙古	Inner Mongolia	14893.96	17	1133.48	24
辽 宁	Liaoning	6436.33	27	2094.85	20
吉 林	Jilin	13773.17	19	1016.76	25
黑龙江	Heilongjiang	10432.55	22	864.84	27
上 海	Shanghai	6751.68	26	3709.03	13
江 苏	Jiangsu	49370.85	2	8956.37	2
浙 江	Zhejiang	29571.00	6	7469.37	3
安 徽	Anhui	26577.37	10	4603.56	8
福 建	Fujian	22927.99	11	4588.83	9
江 西	Jiangxi	19378.69	13	1770.94	22
山 东	Shandong	52364.49	1	6323.38	4
河 南	Henan	39753.93	3	6179.13	5
湖 北	Hubei	29503.88	7	4296.38	10
湖 南	Hunan	27688.45	9	2957.04	14
广 东	Guangdong	32947.30	4	10307.80	1
广 西	Guangxi	17652.95	14	2397.99	17
海 南	Hainan	3747.03	28	1787.60	21
重 庆	Chongqing	15931.78	15	3725.95	12
四 川	Sichuan	28229.79	8	5282.64	6
贵 州	**Guizhou**	**12929.17**	**20**	**2148.96**	**19**
云 南	Yunnan	15662.49	16	2688.34	16
西 藏	Tibet	1596.05	31	48.54	31
陕 西	Shanxi	20474.85	12	2736.75	15
甘 肃	Gansu	9534.10	24	850.03	28
青 海	Qinghai	3455.51	30	396.92	30
宁 夏	Ningxia	3709.04	29	728.16	29
新 疆	Xinjiang	9983.86	23	923.40	26

注：本表统计口径为计划总投资500万元及以上固定资产项目投资和房地产开发项目投资，分省数据不含跨省项目。

The Investment in Fixed Assets(Excluding Rural Households) and Real Estate Development of the Whole Country and All Province

房地产开发企业房屋施工面积(万平方米) Floor Space under Construction(10000 aq.m)	位次 Order	房地产开发企业房屋竣工面积(万平方米) Floor Space Completed (10000 aq.m)	位次 Order	房地产开发企业商品房销售面积(万平方米) Floor Space of Commercial Houses(10000 aq.m)	位次 Order
758974.80		**106127.71**		**157348.53**	
12976.00	22	2369.95	19	1658.93	27
9349.76	26	2914.25	13	2711.08	19
30476.78	9	4287.78	10	6682.29	10
17069.25	18	2683.59	15	2061.06	23
16906.28	19	1664.02	25	2527.85	21
26364.11	13	2709.29	14	3711.90	16
11797.33	23	1351.65	27	1919.30	24
10865.75	25	2375.61	18	2117.29	22
15111.24	21	2550.64	16	2705.69	20
58761.73	3	10073.96	1	13962.09	2
41609.78	5	7925.40	3	8636.79	6
35645.44	7	5382.95	7	8499.65	7
31064.14	8	3665.25	11	4915.35	12
16427.25	20	1635.61	26	4691.84	13
59957.07	2	8253.50	2	11789.88	3
47359.55	4	6299.44	6	11306.27	4
29879.88	11	3127.49	12	7427.16	9
30139.38	10	4533.74	8	8085.36	8
64233.80	1	6593.75	5	14611.60	1
21134.65	15	1735.05	22	4215.39	14
8936.78	27	1674.61	24	1508.53	28
27363.39	12	4421.30	9	6257.15	11
41532.14	6	7050.24	4	9300.47	5
20352.24	**17**	**1901.45**	**21**	**4156.93**	**15**
20593.19	16	2115.08	20	3639.75	17
348.77	31	31.53	31	74.61	31
22297.53	14	2431.70	17	3262.70	18
8933.24	28	991.73	29	1679.49	26
2847.71	30	386.67	30	437.85	30
7110.06	29	1294.55	28	966.07	29
11530.59	24	1695.91	23	1828.22	25

Note: The statistic scope in the table refers to those projects planned to invest 5 million yuan at least in investment in fixed assets and real estate development, but provincial data don't include inter-provincial project.

26–3 全国及各省(区、市)内外贸易(2016)

Imports and Exports of the Whole Country and All Provinces

单位：亿美元 (USD 100 million)

地 区	Region	社会消费品零售总额(亿元) Total Retail Sales of Consumer Goods (100 million yuan)	位 次 Order	进出口总额 Total Exports and Imports	位 次 Order	出口额 Exports	位 次 Order	进口额 Imports	位 次 Order
全 国	**National Total**	**332316.0**		**36855.52**		**20976.32**		**15879.20**	
北 京	Beijing	11005.1	12	2823.50	5	520.23	7	2303.27	3
天 津	Tianjin	5635.8	24	1026.56	8	442.79	8	583.77	7
河 北	Hebei	14364.7	8	466.75	14	305.76	12	161.00	14
山 西	Shanxi	6480.5	22	166.61	23	99.32	22	67.29	25
内蒙古	Inner Mongolia	6700.8	20	116.40	25	43.96	25	72.44	24
辽 宁	Liaoning	13414.1	10	865.57	9	430.63	9	434.94	9
吉 林	Jilin	7310.4	17	184.53	21	42.02	26	142.51	16
黑龙江	Heilongjiang	8402.5	15	165.39	24	50.36	23	115.04	19
上 海	Shanghai	10946.6	13	4337.66	3	1833.52	4	2504.14	2
江 苏	Jiangsu	28707.1	3	5093.00	2	3190.55	2	1902.45	4
浙 江	Zhejiang	21970.8	4	3365.74	4	2678.62	3	687.12	6
安 徽	Anhui	10000.2	14	444.13	15	284.47	14	159.66	15
福 建	Fujian	11674.5	11	1568.25	7	1036.78	6	531.47	8
江 西	Jiangxi	6634.6	21	400.28	16	297.98	13	102.30	20
山 东	Shandong	30645.8	2	2343.51	6	1370.96	5	972.55	5
河 南	Henan	17618.4	5	712.13	10	428.06	10	284.08	10
湖 北	Hubei	15649.2	6	393.89	17	260.39	16	133.49	18
湖 南	Hunan	13436.5	9	262.43	19	176.93	18	85.51	22
广 东	Guangdong	34739.1	1	9552.98	1	5986.02	1	3566.96	1
广 西	Guangxi	7027.3	19	476.27	13	229.26	17	247.01	11
海 南	Hainan	1453.7	28	113.48	26	21.26	29	92.23	21
重 庆	Chongqing	7271.4	18	627.54	11	406.54	11	220.99	12
四 川	Sichuan	15601.9	7	493.06	12	279.48	15	213.59	13
贵 州	**Guizhou**	**3709.0**	**25**	**57.00**	**28**	**47.43**	**24**	**9.57**	**28**
云 南	Yunnan	5722.9	23	199.02	20	114.90	21	84.12	23
西 藏	Tibet	459.4	31	7.82	31	4.72	31	3.10	30
陕 西	Shanxi	7367.6	16	299.47	18	158.38	19	141.10	17
甘 肃	Gansu	3184.4	26	68.33	27	40.63	27	27.70	26
青 海	Qinghai	767.3	30	15.29	30	13.70	30	1.59	31
宁 夏	Ningxia	850.1	29	32.52	29	24.87	28	7.66	29
新 疆	Xinjiang	2825.9	27	176.38	22	155.82	20	20.56	27

注：进出口数据按经营单位所在地分。

Note: The data of import and export are estimated according to the enterprise's location of business activity.

26–4 全国及各省(区、市)主要农产品产量(2016)

The Output of Main Agricultural Products of the Whole Country and All Provinces

单位：万吨 (10000 tons)

地 区	Region	粮食产量 Output of Grain	位 次 Order	油料产量 Oil-bearing Crops	位 次 Order	肉类产量 Output of Pork, Beef and Mutton	位 次 Order	蔬菜产量 Vegetables Products	位 次 Order
全 国	**National**	**61625.05**		**3629.50**		**8537.8**		**79779.71**	
北 京	Beijing	53.69	31	0.56	31	30.4	29	183.58	29
天 津	Tianjin	196.37	26	1.60	29	45.5	26	450.36	27
河 北	Hebei	3460.24	7	156.50	8	457.7	5	8193.37	2
山 西	Shanxi	1318.51	18	15.43	25	84.4	24	1294.51	22
内蒙古	Inner Mongolia	2780.25	10	220.02	6	258.9	15	1502.25	20
辽 宁	Liaoning	2100.63	13	81.33	14	430.9	6	2257.48	11
吉 林	Jilin	3717.21	4	82.54	13	260.4	14	852.44	24
黑龙江	Heilongjiang	6058.50	1	21.75	24	231.2	16	936.84	23
上 海	Shanghai	99.16	30	0.90	30	17.4	31	334.23	28
江 苏	Jiangsu	3466.01	6	131.93	9	355.6	12	5593.91	4
浙 江	Zhejiang	752.20	23	29.09	23	118.1	21	1865.09	19
安 徽	Anhui	3417.40	8	214.83	7	411.4	9	2774.69	10
福 建	Fujian	650.87	24	31.03	21	225.6	17	1951.62	14
江 西	Jiangxi	2138.11	12	122.02	10	330.9	13	1420.16	21
山 东	Shandong	4700.71	3	326.78	3	777.5	1	10327.05	1
河 南	Henan	5946.60	2	619.09	1	697.0	2	7807.61	3
湖 北	Hubei	2554.12	11	329.75	2	425.2	7	4001.70	7
湖 南	Hunan	2953.20	9	242.87	5	529.8	4	4196.40	6
广 东	Guangdong	1360.22	17	113.29	11	415.5	8	3569.12	8
广 西	Guangxi	1521.30	15	68.95	17	411.2	10	2928.81	9
海 南	Hainan	177.86	27	11.18	27	76.3	25	579.75	26
重 庆	Chongqing	1166.00	21	62.72	20	210.8	18	1875.13	18
四 川	Sichuan	3483.50	5	311.29	4	696.3	3	4388.58	5
贵 州	**Guizhou**	**1192.38**	**20**	**103.43**	**12**	**199.3**	**19**	**1878.48**	**17**
云 南	Yunnan	1902.89	14	68.50	18	375.6	11	1968.61	12
西 藏	Tibet	101.91	29	6.21	28	27.7	30	70.69	31
陕 西	Shanxi	1228.29	19	63.80	19	111.7	22	1896.18	16
甘 肃	Gansu	1140.59	22	76.02	15	97.3	23	1951.48	15
青 海	Qinghai	103.45	28	30.04	22	36.0	27	170.02	30
宁 夏	Ningxia	370.60	25	14.65	26	30.9	28	593.12	25
新 疆	Xinjiang	1512.28	16	71.39	16	161.0	20	1966.45	13

26-5 全国及各省(区、市)主要工业产品产量(2016)

The Output of Main Industrial Products of the Whole Country and All Provinces

地　区	Region	成品钢材(万吨) Products Steel (10000 tons)	水　泥(万吨) Cement (10000 tons)	农用化肥(万吨) Chemical Fertilizers (10000 tons)	家用电冰箱(万台) Household (10000 sets)	十种有色金属(万吨) Ten Kinds of Nonferrous Metals (10000 tons)	原铝(万吨) Electrolyzed Aluminum (10000 tons)	铁合金(万吨) Ferroalloy (ton)
全　国	**National Total**	**113801.2**	**240295.3**	**7004.9**	**9238.3**	**5283.2**	**3187.3**	**3558.8**
北　京	Beijing	162.8	510.3					1.4
天　津	Tianjin	8667.0	788.6	13.4	64.3	3.4		9.5
河　北	Hebei	26150.4	9861.2	226.2		11.9	1.0	26.7
山　西	Shanxi	4279.0	3595.4	437.5		120.5	86.8	169.0
内蒙古	Inner Mongolia	2016.8	6296.8	250.2		334.2	248.5	698.7
辽　宁	Liaoning	5906.3	3931.4	58.8	145.7	92.8	44.3	42.4
吉　林	Jilin	961.4	3410.4	15.9		0.2		27.7
黑龙江	Heilongjiang	332.7	3305.5	63.4				7.2
上　海	Shanghai	2080.1	418.4	1.7	56.4	5.0		
江　苏	Jiangsu	13469.7	17989.8	207.2	945.8	33.9		178.8
浙　江	Zhejiang	3760.9	10796.5	27.5	797.7	42.6		22.3
安　徽	Anhui	3225.8	13390.8	290.9	3058.8	218.5		0.7
福　建	Fujian	2859.6	8091.2	51.8		45.6	12.4	27.9
江　西	Jiangxi	2585.0	9513.0	148.2	98.1	161.1		1.9
山　东	Shandong	9788.2	16080.4	528.5	883.4	959.9	830.9	142.5
河　南	Henan	4667.9	15604.2	532.4	283.7	543.2	314.8	155.2
湖　北	Hubei	3563.8	11586.7	1156.1	392.1	87.5	6.8	30.2
湖　南	Hunan	1998.7	12177.7	102.8		226.7	0.4	183.8
广　东	Guangdong	4113.3	15078.6	68.6	2135.5	36.3		2.4
广　西	Guangxi	3644.7	11970.6	85.6		180.3	78.4	521.1
海　南	Hainan	36.3	2227.9	51.6				
重　庆	Chongqing	1234.2	6781.6	177.4	144.2	60.9	55.3	37.6
四　川	Sichuan	2837.2	14584.2	506.9	85.6	54.9	27.9	192.4
贵　州	**Guizhou**	**526.2**	**10748.8**	**611.3**	**147.0**	**96.7**	**86.5**	**311.7**
云　南	Yunnan	1654.7	10963.5	271.7		355.5	128.5	73.5
西　藏	Tibet	1.8	617.7			0.8		
陕　西	Shanxi	1233.8	7555.9	153.1		229.4	72.8	72.6
甘　肃	Gansu	665.9	4633.0	29.9		374.6	230.5	76.5
青　海	Qinghai	125.1	1874.6	552.2		232.7	221.5	177.3
宁　夏	Ningxia	164.1	1945.9	54.7		122.5	105.1	346.2
新　疆	Xinjiang	1087.6	3965.0	331.8		651.7	635.0	21.1

注：统计口径为年主营业务收入2000万元及以上的工业企业。在纳入规模以上工业统计的主要产品中，本表选取了贵州支柱行业生产的13种主要产品列示。

Note:The Statistical caliber of the table refers to the industry enterprises whose main business revenue are 20 millions yuan and above. Among the main industrial products above designated size, this table choose 13 major industrial products which producted form Guizhou pillar indnstrials.

26-5 续表 continued

地 区	Region	轮胎外胎（万条）Tires (10000 tires)	磷肥（万吨）Phosphate Fertilizer (10000 tons)	磷矿石（万吨）Phosphorite Mineral (10000 tons)	卷 烟（亿支）Cigarettes (100 million pieces)	白 酒（万千升）Distilled Spirit (10000 kiloliter)	中成药（万吨）Traditional Chinese Medicine (10000 tons)
全 国	**National Total**	**94697.7**	**1828.6**	**14439.8**	**23825.8**	**1358.4**	**361.1**
北 京	Beijing				174.6	31.0	4.2
天 津	Tianjin	3038.8			220.3	2.7	0.9
河 北	Hebei	51.4	4.3	62.1	763.5	22.4	6.7
山 西	Shanxi	145.8	7.6		155.5	10.3	2.1
内蒙古	Inner Mongolia		6.5		329.5	75.1	1.6
辽 宁	Liaoning	2724.5		7.9	278.9	8.3	1.1
吉 林	Jilin	353.7	8.1		545.7	78.2	39.1
黑龙江	Heilongjiang	541.6	0.4		404.5	60.9	2.5
上 海	Shanghai	894.7			926.7		0.6
江 苏	Jiangsu	9440.3	10.1	6.5	1027.7	106.9	2.8
浙 江	Zhejiang	7577.8	0.7		915.8	1.1	3.6
安 徽	Anhui	4792.0	85.7	99.8	1003.2	44.9	4.9
福 建	Fujian	3694.7	15.5	7.1	832.2	5.3	1.7
江 西	Jiangxi	192.9	18.8		646.1	16.0	15.6
山 东	Shandong	46105.6	56.6		1328.0	112.6	19.2
河 南	Henan	2395.9	28.3	113.1	1528.1	117.5	42.0
湖 北	Hubei	1054.1	601.8	5180.3	1221.0	90.3	46.1
湖 南	Hunan	496.0	12.9	20.0	1694.6	30.6	15.5
广 东	Guangdong	2907.7	68.6		1354.1	18.9	23.6
广 西	Guangxi	487.2	48.6		738.7	12.0	31.0
海 南	Hainan				119.5		0.1
重 庆	Chongqing	2531.0	45.9	33.7	440.4	22.2	11.8
四 川	Sichuan	3836.1	214.3	1405.8	668.2	402.7	59.5
贵 州	**Guizhou**	**494.2**	**373.8**	**5256.0**	**1160.6**	**49.0**	**10.5**
云 南	Yunnan	9.8	176.5	2246.7	3736.9	10.2	5.6
西 藏	Tibet					0.1	0.2
陕 西	Shanxi	377.0	18.3	0.9	861.2	14.3	5.8
甘 肃	Gansu		12.8		479.0	4.6	2.0
青 海	Qinghai					2.6	0.2
宁 夏	Ningxia	396.1	10.1		84.5	0.8	0.1
新 疆	Xinjiang	158.8	2.4		187.0	6.8	0.4